[MIRROR]
理想国译丛
065

想象另一种可能

理想国
imaginist

理想国译丛序

"如果没有翻译,"批评家乔治·斯坦纳(George Steiner)曾写道,"我们无异于住在彼此沉默、言语不通的省份。"而作家安东尼·伯吉斯(Anthony Burgess)回应说:"翻译不仅仅是言词之事,它让整个文化变得可以理解。"

这两句话或许比任何复杂的阐述都更清晰地定义了理想国译丛的初衷。

自从严复与林琴南缔造中国近代翻译传统以来,译介就被两种趋势支配。

它是开放的,中国必须向外部学习;它又有某种封闭性,被一种强烈的功利主义所影响。严复期望赫伯特·斯宾塞、孟德斯鸠的思想能帮助中国获得富强之道,林琴南则希望茶花女的故事能改变国人的情感世界。他人的思想与故事,必须以我们期待的视角来呈现。

在很大程度上,这套译丛仍延续着这个传统。此刻的中国与一个世纪前不同,但她仍面临诸多崭新的挑战。我们迫切需要他人的经验来帮助我们应对难题,保持思想的开放性是面对复杂与高速变化的时代的唯一方案。但更重要的是,我们希望保持一种非功利的兴趣:对世界的丰富性、复杂性本身充满兴趣,真诚地渴望理解他人的经验。

理想国译丛主编

梁文道　刘瑜　熊培云　许知远

[英]保罗·贝茨 著　陈超 译

毁灭与重生：
二战后欧洲文明的重建

PAUL BETTS

RUIN AND RENEWAL:
CIVILISING EUROPE
AFTER THE SECOND WORLD WAR

民主与建设出版社
·北京·

© 民主与建设出版社，2024

图书在版编目（CIP）数据

毁灭与重生：二战后欧洲文明的重建 /（英）保罗·贝茨（Paul Betts）著；陈超译 . -- 北京：民主与建设出版社，2024.4

书名原文：Ruin and Renewal：Civilising Europe After the Second World War

ISBN 978-7-5139-4520-2

Ⅰ．①毁… Ⅱ．①保… ②陈… Ⅲ．①文化史—欧洲—现代 Ⅳ．① K500.3

中国国家版本馆 CIP 数据核字（2024）第 047150 号

RUIN AND RENEWAL: Civilising Europe After the Second World War
by Paul Betts
Copyright © Paul Betts, 2020
Simplified Chinese edition copyright © 2024 by Beijing Imaginist Time Culture Co., Ltd.
All rights reserved.

北京市版权局著作权合同登记号 图字：01-2024-1433

毁灭与重生：二战后欧洲文明的重建
HUIMIE YU CHONGSHENG ERZHAN HOU OUZHOU WENMING DE CHONGJIAN

著　　者	［英］保罗·贝茨
译　　者	陈　超
责任编辑	王　颂
特约编辑	刘　铭
装帧设计	陆智昌
内文制作	陈基胜
出版发行	民主与建设出版社有限责任公司
电　　话	（010）59417747　59419778
社　　址	北京市海淀区西三环中路 10 号望海楼 E 座 7 层
邮　　编	100142
印　　刷	山东临沂新华印刷物流集团有限责任公司
版　　次	2024 年 4 月第 1 版
印　　次	2024 年 4 月第 1 次印刷
开　　本	635 毫米 ×965 毫米　　1/16
印　　张	33.25
字　　数	466 千字
书　　号	ISBN 978-7-5139-4520-2
定　　价	118.00 元

注：如有印、装质量问题，请与出版社联系。

目 录

引　言　为旧世界带来新生 ………………………………… 001

第一章　呼吁救济 …………………………………………… 029
第二章　惩罚与悲悯 ………………………………………… 071
第三章　信仰与边界 ………………………………………… 119
第四章　科学、住所与礼仪 ………………………………… 165
第五章　再造帝国 …………………………………………… 211
第六章　去殖民化与非洲文明：加纳、阿尔及利亚和塞内加尔 … 251
第七章　世界文明 …………………………………………… 295
第八章　社会主义在非洲的文明教化使命 ………………… 327
第九章　宗教、种族与多元文化主义 ……………………… 363
结　论　新铁幕 ……………………………………………… 407

后记与鸣谢 …………………………………………………… 435
注释及参考文献 ……………………………………………… 441
索　引 ………………………………………………………… 491

引言
为旧世界带来新生

20世纪国际政治最突出的特征之一,是为了保护处于危机中的文明而发出的广泛呼吁。自骇人听闻的"9·11"事件以来,历任美国共和党总统,从乔治·W.布什(George W. Bush)到唐纳德·特朗普(Donald Trump),其演讲都在大谈"为文明而战",并将它与"反恐战争"联系在一起,而欧洲近期发生的事件也令许多政治家发出欧洲文明岌岌可危的警告。2015年11月,巴黎遭受恐怖主义袭击后,法国总理曼努埃尔·瓦尔斯(Manuel Valls)立刻将法国和伊拉克与叙利亚伊斯兰国[Islamic State of Iraq and Syria,下文简称伊斯兰国(ISIS)]之间的冲突称为"一场价值观之间的战斗,一场文明之间的战斗"。匈牙利总理维克托·欧尔班(Victor Orbán)一再强调:来自叙利亚与其他地区的、逃离中东冲突的难民将危及欧洲的基督教根基,并将永远改变"欧洲的文明"。波兰、奥地利、荷兰、丹麦、塞尔维亚、德国、英国与其他国家的政治人物也表达了类似的担忧,表示欧洲脆弱的边境、文化认同与"基督教文明"正面临致命的威胁。俄国总统弗拉基米尔·普京(Vladimir

Putin）曾援引俄语中的"独特文明"一词以抵制美国式的全球化，并用它为俄国在乌克兰的军事扩张行动开脱。2015年3月，突尼斯的巴尔杜国家博物馆（National bardo Museum）遭到袭击；同年8月，"伊斯兰国"炸毁叙利亚古城帕尔米拉的巴尔夏明神庙（Temple of Baalshamin）；这些行径被欧洲、中东国家及联合国教科文组织（UNESCO）等国际机构谴责为对"世界文明"的亵渎。同样令人担心的情况还有：过去几年来，我们目睹种族主义者加强对"白人文明"的捍卫，并以此号召欧洲与北美的激进右翼。文明面临危险的口号被反复加以利用，一部分原因是文明的定义很含糊，因应语境与对威胁的认知，足可将世俗的、基督教的、国际的或国家的事业统统囊括其中。这类事态演变通常被归结为对后冷战时期全球化的恐惧反应，但在欧洲，与重塑面临危机的文化认同有关的政治活动得追溯到数十年前。[1]

对保卫文明的再度关注既不是直截了当的，也没有人能够预料，尤其是考虑到这个词语所背负的沉重历史包袱。长久以来，批评家斥责文明这一理念是自18世纪以来欧洲政治与文化中最令人反感的因素之一，是与始自19世纪末帝国主义者的"文明教化使命"（civilising mission）、发动战争和众多本土社会工程项目联系在一起的臭名昭著的历史残余。文明是19世纪欧洲自我了解的中心概念，同时也是在第一次世界大战爆发之前建立海外霸权并扩张势力的关键意识形态纲领，现在却普遍被评论家视为欧洲不堪回首的历史遗留下来的尴尬问题而遭摈弃（幸好在20世纪中期它便已不复存在）。根据这个观点，20世纪的两场世界大战、对犹太人的大屠杀和去殖民化运动的残酷历史永远埋葬了欧洲的海外文明教化使命，在20世纪欧洲文明的诸多低谷期，无论是凡尔登、奥斯维辛还是阿尔及尔，宣读其临终祷文。英国历史学家托尼·朱特（Tony Judt）曾写道，纳粹主义与第三帝国的种族灭绝战争令欧洲文明沦为"最大的幻灭"

（grandest of all illusions），这番话引起了许多人的共鸣。[2]

然而，文明的政治话语并没有随着德国无条件投降而消亡。恰恰相反，它作为一种有力的隐喻重新出现，为战后的物质与道德重建赋予正面意义。1945年，欧洲大陆沦为废墟，将近5000万人死去，城市变成瓦砾，大片大片的土地因现实与道德的挫败而饱受煎熬。第一次世界大战主要在乡村地区进行，打仗的主体是参战士兵；而第二次世界大战则与之不同，它无情地抹掉了平民与战斗人员之间的界限，成为现代史上第一场平民伤亡人数远远超过士兵伤亡人数的战争。法律与秩序陷于崩溃，难民流离失所，外部强权势力控制一切。集中营的解放将第三帝国所发动的种族灭绝战争的诸般恐怖情形暴露在国际社会眼前，揭露了纳粹政权针对犹太人与其他成为目标的少数族裔的暴行，其流毒之深与影响之坏，竟然令一个长久以来自诩为全世界文明标杆的大陆走向代表野蛮的反面。国际法律界觉得有必要创造新的词语以试图理解（并惩戒）德国的恶行，譬如种族灭绝与反人类罪行，这突出了生活在翻天覆地的新时代的强烈感觉。汉娜·阿伦特（Hannah Arendt）在1945年的名言——"邪恶的问题将会是欧洲战后精神生活的基本问题，就好比死亡成为上一场战争后的基本问题。"——引起了同时代的人对希特勒统治过的欧洲所残留的黑暗道德遗产的共鸣。集中营的发现与如何处置德国及其被俘领导人的问题引起了关于文明自身似乎命悬一线的广泛讨论。[3]

尽管当时的一部分人在哀悼文明的衰亡，但更多的人致力于再造新的文明。正是欧洲文明本身的衰败与脆弱激起了来自各界的思想家、政治家、社会活动家与改革者的努力，尝试将它从战争的废墟、毁灭与道德崩溃中拯救出来。肩负起重塑欧洲文明这一使命的人士绝不仅仅局限于保守主义者，跨越政治谱系和铁幕两边的、令人眼花缭乱的、相互对立的事业与利益群体也投身其中。战争结束后，文明成为超越民族国家边界与冷战阵营划分去理解欧洲战后新情况，并重新思考它与过去、未来及世界其他地区的关系之参照物。

本书表达了许多人的观点，他们曾参与这场以复兴与改造为名义进行的热火朝天的重建工作，其范围横跨冷战的东西阵营，甚至遍布许多前殖民地。他们当中，有战争贩子，也有反战人士，有保存主义者（preservationists），也有自由派现代主义者，有科学家，也有人道主义援助工作者，有基督教保守主义者，也有共产主义者，有民族主义者，也有国际主义者，还有欧洲的帝国主义者与非洲的反帝国主义者。他们尝试以不同的方式理解失败与分裂的欧洲，并对将会为这片破败的大陆带来和平与进步的文明形成新的认识。接下来的内容不只是欧洲知识分子如何对"二战"以来彻底改变的命运进行哲学上的探讨，因为重塑文明的使命激发了一系列切实可行的改革措施。有些人认为文明是单一的、普世的；其他人则认为文明是多元的，多种文明各自独立。但是，各方的目标都是从纳粹主义与战争的废墟残骸中重建欧洲。文明话语权的争夺激发了来自铁幕两边形形色色的人群为当时各个重要议题寻求支持而努力，其中最重要的内容当数战争与和平、宗教与科学、权利与重建、帝国与反殖民解放运动、共产主义与反共产主义。

捍卫文明的呼吁可能会以顽强的姿态在今天卷土重来，但它到底是如何发生的，我们知之甚少。我们准备不足，无法把握住正在发生的事情，其中一个原因是文明这个概念令我们爱恨交加。书籍与报刊在提到文明时总是会加上表示讽刺的引号或冷冰冰的"所谓"二字——否认笔者与这个词语本身有任何关联的修辞手法。这种疏远与道德排斥的立场是有原因的，这个概念背负着18世纪的精英主义与19世纪的帝国主义、种族主义与宗教褊狭的包袱——它们以五花八门的形式残存至今。一个半世纪以来，与文明这个概念联系在一起的强烈情感激发了以多种形式进行的公共讨论，在

"二战"后尤为盛行，关于文明的各种理念启发了如何复兴和保存遭到重创的欧洲文化传统的新政治愿景。1945年的秩序崩溃促使从不同角度去看待与思考欧洲成为可能，关于文明的含义与其发展方向的相互冲突的主张构成了重建欧洲的政治活动的底层支持。在战后，文明常以和平、正义、去殖民化和多元文化主义之名，作为"创造更美好的欧洲"的口号出现，但今天的保守主义者和新法西斯分子将其据为己有，以关于文明的激进言论掩盖了这些方面。右翼分子为了重新将文明占为己有而以强健派基督教（muscular Christianity）、捍卫帝国与反美主义为形式发起运动，但这些观点遭到了来自自由主义者、东欧社会主义者、第三世界的激进分子、联合国教科文组织的保存主义者与其他改革者关于新欧洲理念的同样强有力的反驳。问题的关键在于，第二次世界大战后重建文明的使命在欧洲大陆和其他地方，为对欧洲进行文化想象和重组的多样性政治叙事提供了舞台。文明这个古老而棘手并且备受诟病的观念为何并如何被用于帮助化解欧洲的身份危机——无论是当时还是现在——构成了本书的主题。[4]

我们忽略文明一词丰富而充满矛盾的历史遗产的另一个原因，是它被简而化之地用于解释后冷战时期政治冲突的根源。文明从来不是单一事物，在许多情形下，它由互相对立的理念、价值观、渴望实现的目标与权力主张构成，本书将探讨它的不同侧面。最近十多年来，文明被选择性地解读为诠释21世纪的战争与暴力的万能钥匙。美国政治学家萨缪尔·亨廷顿（Samuel Huntington）在1996年出版的国际关系畅销书《文明的冲突与世界秩序的重建》（*The Clash of Civilizations and the Remaking of World Order*）中就提出了这个著名的观点。他那些充满争议的理念最早刊登于1993年《外交事务》（*Foreign Affairs*）杂志的一篇文章里，3年后被扩展为一部篇幅厚重的作品。亨廷顿的主要论点是：未来的全球冲突将不太与政治和经济有关,而会更集中于文化层面。他写道:"全球政治是文明之间的政治",在这个舞台上,"超级大国间的对抗将被文明的冲突所取代"。根据他的叙述,单个文明本质上是不变也难以改变的区域性文化认同集团,由共同的宗教和文化历史塑造,这些文明彼此冲突的价值观必定会激起和框定后冷战世界的政治敌对。虽然我们没有必要再去回顾这个论点中广为人知的缺陷,但亨廷顿确实提出了文明的含义在冷战结束后被彻底改造的问题。[5]

英国历史学家阿诺德·J. 汤因比(Arnold J. Toynbee)有一部早已被遗忘的作品,对文明作为全球性政治力量所扮演的角色及其历史做出了更有意义的诠释。出版于1936年至1961年间的12卷本世界通史《历史研究》(A Study of History)数十年间一直是全球历史的标准参考读物。汤因比总是与奥斯瓦尔德·斯宾格勒(Oswald Spengler)被归为同一类人:欧洲走向衰落的悲观预言家。但这种大而化之的分类忽视了汤因比的某些深刻见解,而它们对于本书具有重要意义。现代历史只专注于将民族国家作为历史分析的主体,而他的主旨是超越这一窠臼。对他而言,"历史研究中最基础的单位既不是民族国家,也不是(作为前者对立面的)全人类,而是我们称之为社会的由人构成的群体",而"这个物种的社会,通常被称为文明"。因此,文明的本质是拥有共同的信仰与价值观的大型社会,并且是作为世界多样性与多元化的最后阵地。汤因比是虔诚的基督徒,早在20世纪30年代,他便一再呼吁抵制国家权力这个"新的异教信仰"(new paganism)与"偶像崇拜"(idolstrous worship),无论它是以共产主义、民族主义还是法西斯主义的面目出现。他甚至批判西方优越性的神话与"直线前进"的"进步幻觉",这在一定程度上解释了为何他总是受到欧洲之外的反殖民主义者与东欧共产主义者的一致推崇。但这并不是在为文化相对论辩护。汤因比提出,作为个体的文明或许会消亡,但在全球范围内,文明作为贯穿历史的恒常因素，会一直保持稳定。正如他在出版于1947年的小册子《接受审判的文明》(Civilization on Trial)中所写的："诸般文明来来往往，但大写的文明每一次都能成功地以崭新的范式获得重生。"虽然其中的一部分内容似乎很抽象，但从20世纪30年代到50年代，汤因比的作品引起了全世界无数读者的共鸣，令他成为20世纪最畅销的历史学家。他那么受欢迎，与其说是因为他对世界各个文明的崛起与衰落做出了复杂深入的诠释，毋宁说是因为在20世纪中期动荡不安的数十年间，他能带给读者某种共同归属感和超越民族国家的更为广阔的历史使命感。[6]

尽管如此，要定义文明并不是一件容易的事情。著名的英国艺术史学家肯尼斯·克拉克（Kenneth Clark）在1969年大受欢迎的英国广播公司电视系列剧《文明》(Civilization)中——由节目衍生的书籍被售往60多个国家——开宗明义："什么是文明？我不知道。我无法以抽象的术语去定义它，我做不到。但我认为，当我见到它时，我能认出它来。"无论你如何看待克拉克在论断什么是文明而什么不是文明时，充满贵族风范而又轻松自信的姿态，他都确切地指出了确定"什么是文明"的难题。对他与其他人而言，它是艺术和科学领域中一系列令人肃然起敬的文化手工艺品的代名词，是一个民族或文化独特的物质遗产。用他的话说，那是追溯至古希腊时代的西方文化传承。对于其他人而言，对于文明的更直观的理解是都市生活的文化成果：道路与中央政府、食物生产与医院、货运船只与大教堂。德裔美国神学家莱因霍尔德·尼布尔（Reinhold Niebuhr）在创作于20世纪50年代初的作品里接受了这个观点，指出文化与文明之间的区别在于规模、包容性与持久性。文化"代表一个文明的艺术、哲学、文学与宗教的总和，而文明则代表为人类共同体带来秩序的社会、经济、政治与法律的各种制度安排的总和"。在这番话里，尼布尔呼应了19世纪对文化与文明之间区别的定义，我们将了解到这一区别在德国最为明显。到了20世纪50年代，这个曾被极力维护的二分法已不复原先的文化影响力，只是在德意志联邦共和国偶尔有人提起。法国人类学家克洛德·列维-斯特劳斯（Claude Lévi-Strauss）在出版于1955年的经典作品《忧郁的热带》（*Tristes Tropiques*）中反省人类学的局限，把文明的范围延伸得更广，将其定义为在一个相互联系的世界里最后也最基础的物种归属的要素。"对我们每个人来说，成为人类意味着，"他写道，"要属于某个阶层、某个社会、某个国家、某个大陆和某个文明。"[7]

虽然有一些人认为文明意味着启迪与包容，其他人却没有这么乐观。一个多世纪以来，西欧的左翼人士断然排斥文明这一意识形态，认为它只是西方帝国主义、统治霸权与种种野蛮行径的遮羞布。犹太裔德国文学批评家与哲学家瓦尔特·本雅明（Walter Benjamin）在发表于1940年的作品《历史哲学论纲》（*Theses on the Philosophy of History*）里激化了这番争辩，他写道："每一份关于文明的记录，同时都是野蛮行径的记录。"对于那些被迫接受欧洲扩张与殖民征服的人而言，文明与野蛮的界限是如此微妙，几乎难以区分。据说有人曾询问圣雄甘地（Mahatma Gandhi）对西方文明有什么看法，他语带讥讽地说："我认为它会是一个好主意。"这番话概括了许多人对欧洲文明与生俱来的暴力与虚伪的共同观感。然而，这些广为人知的反对意见错失了两个要点。首先，西方文明从来不是统一或一致的，自18世纪以来，它的历史一直伴随着来自各方的怀疑与自我批判，特别是在"二战"之后。其次，反殖民主义的知识分子并没有彻底摈弃文明的主张；我们将会了解到，在经历了去殖民化运动之后，亚洲与非洲的精英人士如何改造文明的话语，以展现前殖民时代本土文明的荣耀，并将其作为后殖民时代国家主权的象征。非洲是这一发展演变的特例，因此，我们将着重关注它。与此相关的是，早期的后殖民时代批判并没有彻底否定文明这个概念，而是主张文明是多元且平等的，没有哪一个大陆（尤其是欧洲）能占据垄断或优越地位。

著名法国哲学家与前政府官员雷吉斯·德布雷（Régis Debray）在近期关于美利坚帝国全球扩张的研究中精准地捕捉到文明变化万千和价值多元的特征。在其研究中，他形容文明是"一个虚无缥缈、空灵微妙、变幻不定的词语"，"它在各种情景中放声高歌，被万人称颂"，它是"一个游走于世间的精灵，在绚丽如彩虹的朦胧中化为乌有"。虽然德布雷确切地把握住了这个词语不断改变的本质，但他忽略了文明的力量蕴含于它既有可见的一面，也有不可见的一面这个事实。文明超越了眼前所见的事物，是从此时此地抽象出来的关于起源和发展的神话，与不及它那么庄严神圣的近亲（文化遗产）形成了鲜明对比，后者通常以更加华丽浮夸的形式出现，譬如历史经典场面的再现、展现爱国情怀的盛大庆典、令人身心愉悦的旅游名胜与大规模生产的纪念品。与文化遗产不同，文明没有显眼的标志或旗帜，十字军东征的旌旗、大教堂与麦当劳快餐店对于许多人而言或许代表了西方文明，但这些例子并不贴切。问题的重点在于文明虚无缥缈，难以捉摸，其中一个重要的原因是它超越了民族国家、宗教认同或任何单一民族；它既是物质的，又是超越性的，通过对历史遗产的信仰、想象和争辩而成为现实。文明既是一种看待事物的方式，也是一种行为模式，历史学家玛丽·比尔德（Mary Beard）在2018年参与主持的英国广播公司电视节目《文明》中，称之为"信仰的眼睛"（the eye of faith）与"信仰的行为"（act of faith）。[8]

世界各地的图书馆里堆满高深的文明史，它们记载了众多帝国、国家、地区与民族的丰功伟绩，总是被编写为体现文化财富和归属感的神圣化的宗谱。但我们要记住：对文明的呼唤往往是秩序破裂的迹象和对行动的呼吁。1945年欧洲秩序的崩溃是一个具有启示意义的例子，这片大陆成为致力于重建欧洲与令欧洲人再度振作的巨大试验场，尽管理念与做法各有不同。在这种情况下，文明成为道德警示，宣告文化的崩溃和确立边界的需要，以确定将哪些事物纳入其中，将哪些事物排除在外。它并非统一的目标和统一的声音，只为一个事业服务；恰恰相反，它被用于为形形色色的议程和改革提供理论支持。正如民主是"二战"后政治斗争的主题——从其纷繁复杂的修饰性定语如社会民主、基督教民主、自由主义民主、社会主义民主中可见一斑——文明也被细分为多样的相互重叠又彼此对立的叙事，如西方文明、基督教文明、大西洋文明、非洲文明、白人文明、普世文明与社会主义文明。正是由于1945年之后（无论是在西方还是在东方）展开的关于民主制度的讨论，体现了明显着眼当下的心态，掩盖了浅薄的历史根源，文明才被用于赋予后法西斯时代的欧洲以更加深刻的地域感与目的感。[9]

1945年之后，文明的概念有了新的含义，在很大程度上偏离了它的传统内涵。其中最重要的是，与19世纪不同，战后对文明的理解受到了动荡、焦虑、挫败与从头开始这个艰巨任务的影响。如果我们想更好地了解这个诞生于20世纪中叶的新事物，那就需要追溯这个词语的历史渊源。在词源学意义上，文明的概念源于18世纪的法国，是一个旧词新义的概念，长期以来与基佐（Guizot）、孔多塞（Condorcet）、米拉波（Mirabeau）、伏尔泰（Voltaire）及苏格兰启蒙运动人物，如亚当·弗格森（Adam Ferguson）、大卫·休谟（David Hume）和约翰·戈登（John Gordon）等人联系在一起。在18世纪早期，文明一词的使用与法理学联系在一起，其含义是将审讯犯人的流程变得文明。到了18世纪的最后25年，文明成为进步、优雅、人道的同义词，而其对立面则是野蛮。这个概念的历史在很大程度上要归功于著名的德国社会学家诺贝特·埃利亚斯

(Norbert Elias),他的 2 卷本作品《文明的进程》(The Civilizing Process)出版于 1939 年,从两方面分析了文明的影响:一方面,埃利亚斯认为文明代表了斯文、优雅、礼貌、谦恭、仪态和以法律为基础的国家与公民社会的出现;另一方面,埃利亚斯将文明诠释为更广义的维持国家安定与统一的行动的一部分,甚至新崛起的绝对主义国家消灭敌对的尚武贵族阶层与其他被视为威胁的势力也被认为是文明的应有之义。至于"文明的进程"是源于公民社会还是政府,这是一个见仁见智的问题。这两个维度的共同之处在于,文明的理念在呼唤行动与追求权力。事实上,早在 18 世纪末,文明这个词语以名词形式出现之前,它先是以动词"civilize"(教化或被教化之意)的形式存在。尽管在意识形态上有着种种区别,但在 18 世纪,文明的理念被认定是单一的,与进步和对普世性的展望紧密相关。[10]

这个词语在 19 世纪有了多元化的新定义,1789 年之前的关于单一文明的理念,在 19 世纪下半叶裂变为差异重重的哲学概念,并逐渐沾染了民族与种族的色彩。伴随着帝国主义的扩张,这一特征变得尤为明显,以(怀有私心的、认为人种与文化高低有别的)进化论为基础的文明教化使命成为欧洲扩大版图与实施征服的正当化理由。法国大革命将文明的世俗使命重塑为由法国主导并以共和进步为基础的普世主义。随后,拿破仑在被征服的地区强制实施改革,将文明等同于法兰西民族。德国人、法国人、意大利人与英国人如何对文明做出不同的定义,以及它如何被注入神圣化的民族价值观与美德是一段漫长而复杂的历史。德国大肆宣扬与土地紧密联系的内敛高雅的德意志文化(German Kultur),骄傲地与背离传统并奉行物质至上的肤浅的盎格鲁–法兰西文明(Anglo-French Zivilisation)形成了鲜明对比。但随着强权大国逐渐将文化视为国家竞争的舞台,文明的范畴反倒令超越民族国家的更加广泛的同盟成为可能。这体现于更为抽象空泛的欧洲文明、西方文明或基督教文明等用语。在第一次世界大战期间，文化与文明之间在语义上的差异被国界线固化，所有关于政治共同体的超越性哲学都被用来为国与国之间的战争服务。[11]

这场世界大战令所有交战国的文明转向黩武主义。H.G. 威尔斯（H.G.Wells）形容这场冲突是"思想的战争与文化的冲突，别无其他"。用他的话说："我们之所以战斗，不是为了摧毁一个国家，而是摧毁一个充斥着邪恶思想的巢穴。"1914 年 10 月，93 位德国的顶尖知识分子起草了《致文明世界呼吁书》（An Appeal to the Civilized World），断然驳斥对德国军队在比利时犯下严重暴行的指控，坚称德国军队是德意志文化的伟大守护者。托马斯·曼（Thomas Mann）在 1918 年发表了《一个与政治无关之人的反思》（Reflection of a Non-Political Man），将这场战争渲染为德意志文化的浪漫理念与"人类民主文明社会"和"人类文明帝国"的种种罪恶之间关乎生死存亡的斗争。德皇向东欧发起的侵略被美化为条顿文明的教化使命，目的是向欧洲大陆的更远端传播德意志人的价值观。法国人的应对是谴责德意志哲学与军事侵略狼狈为奸，并声称他们自己的军事行动是在捍卫法兰西文明的共和原则。美国的战争海报则宣扬这场战争是"文明的召唤"，而在战争期间，意大利拥护革命的记者贝尼托·墨索里尼（Benito Mussolini）夸张地将这场战争描绘成"拉丁文明"与"德意志文明"之间史诗般的斗争。[12]

这场战争以工业化手段进行的杀戮和道德上的破产促使人类对文明本身的含义进行深刻内省，其中一个重要原因是科学、技术、宗教与民族主义遭到扭曲，被用于制造毁灭。一种与人性沦丧和西方步向衰亡相关联的末日来临的不安感弥漫在这片大陆上。卡尔·克劳斯（Karl Kraus）的《人类的末日》（The Last Days of Mankind）体现了 19 世纪的虔诚旧世界已一去不返的共同情怀。描写文明沦为废墟的惨状最具张力的作品,当数法国诗人保罗·瓦雷里(Paul Valéry)在1919年致《新法兰西评论》(*La Nouvelle Revue Française*)的信件。在信中,他声称文明就像战壕里正在战斗的士兵,迎接着毁灭的命运。"正如现在我们所见到的,历史的深渊大得足以吞噬每一个人。我们感受到,文明原来就像生命那般脆弱";"最美好的事物,最古老的事物,最令人畏惧的事物,设计最为精妙的事物,都会在不经意间灰飞烟灭"。[13]

对西方价值观的所谓优越性的幻灭激发了对其他文明的好奇。在两场战争之间,欧洲对伊斯兰文明、佛教文明、儒家文明与印度教文明的兴趣日益浓厚,它们当中的一些理念与以巴黎和其他欧洲国家的首都为基地的方兴未艾的反殖民主义运动不谋而合。战争彻底否定了单一文明进化模式的理念,之后,世界由多个文明共同构成的理念成为国际思想的新焦点。虽然对非西方文明的欣赏在19世纪就已经产生,尤其是在考古学与世界宗教研究等领域,但这个兴趣在"一战"过后急剧发展。这一点体现于冈仓天心(Okakura Tenshin)、拉宾德拉纳特·泰戈尔(Rabindranath Tagore)、梁启超与圣雄甘地,更不用说斯宾格勒与汤因比等人的作品中。哈布斯堡王朝、霍亨索伦王朝、俄罗斯帝国与奥斯曼帝国的崩溃解体、共产主义革命的前景、民族主义的爆发和法西斯主义的兴起促使欧洲对"在迅速改变的新世界里其命运将何去何从"的问题做出深刻反思。1917年的俄国革命加重了这些焦虑,在两场世界大战之间,欧洲的思想家、政治家与宗教领导人的关注重点逐渐放在红色威胁(Red Menace)与它在宗教层面和世俗层面为欧洲传统文化认同的支柱所带来的冲击上。整个西欧世界都在呼吁保卫岌岌可危的欧洲文明,自由主义者、民族主义者、基督教保守主义者甚至社会主义者,都发出欧洲大陆处于动荡危机中的警告。激进右翼分子也在利用文明面临危机的话语达到自己的目的。意大利的法西斯分子利用文明正遭受威胁这一主题支持墨索里尼的执政合法性与帝国幻梦，尤其是 1935 年意大利侵略阿比西尼亚（Abyssinia）的行径。假借文明的名义这一做法在第二次世界大战中盛行，同盟国的事业始终被吹捧为一场抗击纳粹主义和"保卫文明"的战争。而纳粹德国也同样不遗余力地进行宣传，声称自己是欧洲文化与文明的捍卫者，抵抗英美的物质主义、苏联的行径与据称已被犹太人统治的世界。[14]

20 世纪关于文明的观念与之前的不同之处在于，它与文化危机有着明确的关联。关于文明理念最严肃的评论者——吕西安·费弗尔（Lucien Febvre）、约阿希姆·莫拉斯（Joachim Moras）、诺贝特·埃利亚斯和汤因比，当然，还有晚年的西格蒙德·弗洛伊德（Sigmund Freud）——都在 20 世纪 30 年代进行创作，这并非偶然。对于两场世界大战之间的英国人而言，文明是一个横跨政治谱系的共同思考对象，总是带着对美好时代的缅怀之情。文明的危急处境被援引以表达世界大战之后的秩序崩坏、让资本主义陷于危险的动荡、对人种退化的恐惧和另一场战争将会爆发的担忧。西格蒙德·弗洛伊德与阿尔伯特·爱因斯坦（Albert Einstein）之间一封名为《为何会有战争》（*Why War?*）的信件在 1933 年刊登发表，爱因斯坦在信中指出，战争的威胁是"关乎文明生死存亡的大事"。1933 年，纳粹主义在德国取得胜利，有几本书对此事的评论是"野蛮的回归"。1939 年，弗洛伊德的文集以《文明、战争与死亡》（*Civilisation, War and Death*）的标题出版。[15]

两场战争之后，危机重重的文明成为欧洲政治评论的中心主题，但 1945 年之后的历史叙事受到的关注相对较少。战后的新格局还受到文明与情感之间关系的影响。文明的传统理念围绕着对情感，尤其是强烈情感的控制与自我控制而展开。不受支配的情感被视同野蛮，是需要被驯服与约束的力量。这是苏格兰启蒙运动时期的思想家及托马斯·霍布斯（Thomas Hobbes）的中心主题，在 20 世纪50年代以各种形式再度出现（也是礼仪手册作家格外重视的主题）。尽管19世纪西方关于受启蒙的自我、社会和国家的理念是基于对情感的严格控制，但到了20世纪，情况已不再是这样，尤其是在1945年后的欧洲。战后的文明重塑与以克制的方式公开表达情感（包括同情与鄙视、希望与恐惧、尊严与羞耻、愤怒与悲哀）紧密地联系在一起。与之前几个世纪一样，礼仪与文明仍在呼吁变革，但被彻底破坏和剥夺的经历令重建的梦想获得了情感的力量与道德的分量。虽然这些改革的倡议内容广泛，但它们的共同特征是一种毫无疑问的信念，即在希特勒覆灭之后有可能也有必要重建欧洲和重塑欧洲人。[16]

战后的欧洲迎来了一场针锋相对的论战，主题是文明是什么以及它在经历了纳粹主义、战争和帝国毁灭之后将会如何演变。文明（的理念）是欧洲化色彩最为浓厚的意识形态，也是最受重视的"被发明的传统"（invented traditions），总是在遇到危难和秩序崩溃之时最为凸显。文明可以被理解为某个政治共同体关于人的起源、成就、习俗和价值观的代代相传的信仰，在动荡与危难时刻，它的脆弱性表露无遗。因此，关于文明的各种理念也就带有对历史的诸般想象，这些历史想象在理解对巨大变革的共同体验时，将其放在了联通古今的那些故事中。虽然我们认为文明的内涵大体上是持久的、连续的、永远存在甚至永恒不变的，但在遭遇道德困境、政治动荡与生死存亡的威胁时，总是会响起保卫文明的历史主张。这正是欧洲在经历了法国大革命、拿破仑战争与两场世界大战之后的情形。因此，对文明之命运的关注并不是和平与繁荣的产物，而是文明的断绝、危机和改革的动力共同促成的。因此，尽管文明被推崇为持久、连续和永恒不变的传承，但在1945年之后，文明大体上是一个诞生于毁灭与动荡的、渴望被重新恢复的虚构之物。文明是在主观愿望上重塑欧洲概念的关键，牢牢植根于愿望、渴求与志向的领域。1945年，欧洲在物质层面与道德层面上崩溃，这是文化面临中断与接受审判的非常时刻，文明的话语被用于帮助阐述欧洲在世界的新地位。本书的主旨是通过这一方式，展现与重塑欧洲大陆文明相关联的广泛实践如何反映战后欧洲人不断改变的希望与恐惧。

1945年联合国的诞生是展示这种情形如何发生的绝佳范例。它昭示着在希特勒倒台后，由"热爱和平的国家"共同缔造的国际新秩序，启动了志向高远的20世纪国际主义实验。那年春天，来自世界各地的众多人士齐聚旧金山，在联合国国际组织会议（United Nations Conference on International Organization）的支持下开启缔造世界和平的新使命。会议选择在美国举行，目的是打破自19世纪初以来欧洲（维也纳、柏林与巴黎）在举办大型国际会议这一领域的统治地位，同时也标志着美国在经济与军事力量上的崛起。选择旧金山的特别用意在于表明太平洋力量的崛起——中国是富兰克林·D.罗斯福总统（Franklin D. Roosevelt）所说的"同盟国四巨头"与联合国的创始成员之一——而旧金山与"二战"有着直接联系，正如一位观察家所说："从它的群山与码头，每一位访客都可以见到满载部队与物资的船只出发前往太平洋战区，其他船只正载着战争的死伤者返航归国。"从1945年4月25日到6月26日，来自51个国家与将近250个国际组织的与会代表齐聚这座海滨城市宏伟的战争纪念歌剧院（War Memorial Opera House）。有数百位政府官员与技术人员在操办会议，报纸与电台记者向国际社会全面报道每天的讨论内容，日均印刷50万张报纸。会议的规模十分庞大，有超过2600名美国陆军与海军成员、400名红十字会工作者、800名童子军男孩与额外招聘的200名电话接线员受雇为此次外交盛会服务。"此前从未有过，"美国代表弗吉尼亚·C.吉尔德斯利夫（Virginia C. Gildersleeve）曾说，"商议最重要事务的国际会议以如此大的规模,在令人目眩的公关宣传中召开。"《纽约邮报》(New York Post)甚至称之为"人类自最后的晚餐(Last Supper)之后最重要的聚会"。文明自身的过去、现在与未来是与会代表十分关心的问题,因为刚刚创立的联合国既是一个军事同盟,也是风雨飘摇的战后世界文明的守护者。[17]

南非总理兼陆军元帅扬·克里斯蒂安·史末资(Jan Christiaan Smuts)是26年前曾参与创建"国联"(League of Nations)的硕果仅存的代表之一,他的开幕致辞体现了这场盛会的庄严气氛:"对于人类而言,关键的时刻已经到来。人类已面临自身命运的危机,作为一个文明世界在将来的命运。"为了人们,必须确立一份"基于公义之信仰与捍卫基本人权之决心"的新宪章。在"二战"期间,史末资曾发表数次演讲,内容是关于文明的危机与战后创立一个新国际组织以确保和平的必要性。在1941年一场关于"新世界秩序愿景"(A Vision of the New World Order)的广播演讲中,史末资表示:"在我们西方文明中代表前进方向的自由民主国家已经迫于时势而团结起来。"史末资推动了《联合国宪章》(United Nations Charter)中高屋建瓴的前言的起草,向全世界清楚表明联合国的宗旨。在他看来,联合国最重要的使命是"欲免后世再遭今代人类两度身历惨不堪言之战祸"并"重申基本人权、人格尊严与价值,以及男女与大小各国平等权利之信念"。这些"史末资原则"(Smuts principles)构成了宪章前言的主体内容,而吉尔德斯利夫借鉴了《美国宪法》(American Constitution)的著名开篇,为它增添了美式风格,向全球发出呼吁:"我联合国人民同兹决心……"一位加拿大代表提交的报告精准地总结了那年夏天纷繁复杂的工作,他写道:"自联合国在旧金山开始运作以来,德国投降了,丘吉尔下台了,原子弹落下了,日本垮台了。情况进展迅速,每一天,新的基础都在夯实。"[18]

旧金山既是政治舞台,也是技术规划的中心,它的目标是建立新的全球秩序。当时欧洲的大部分地区处于军事占领状态,其命运由外国强权在遥远的异邦讨论决定。联合国的宗旨是实现罗斯福基于1941年《大西洋宪章》(Atlantic Charter)所描述的全球秩序愿景,它号召建立"一个更普遍和更持久的全面安全体系","使所有国家能够在它们境内安然自存"。旧金山会议的特别之处在于,它不是一场在战后协商条约的会议,而是一次战时会议,在会议召开时,与会各国在名义上仍处于冲突状态。战败的轴心国和中立国家如瑞士与瑞典都未得到邀请。美国国务卿小爱德华·R.斯退丁纽斯(Edward R. Stettinius Jr.)担任美国代表团团长,用他的话说,这次会议既是"平民的会议",也是"军人的会议"。在经历了一场抗击轴心国侵略行径与纳粹主义诸般罪行的战争之后,人们心中燃起建立世界新秩序的希望,这个新的秩序将以国际司法、人权、种族平等与终结殖民主义为基础。与会代表收到来自全球各地献上衷心祝福的信件。吉尔德斯利夫收到了65000封信件,在回忆录里,她描写了这些信件如何"激励我为创建一个将能阻止战争发生的国际组织而努力,他们为我送上祝福,并对我说他们正在为我祈祷"。哈里·杜鲁门(Harry Truman)总统专程从华盛顿赶赴会场,受到了热烈欢迎;每个与会国都在这座城市的街道上大张旗鼓地展示本国国旗,接受围观群众的欢呼。在全体会议结束时,杜鲁门感叹道:"我们必须创造一个新世界——一个更加美好的世界——在那个世界里,人的永恒尊严将在友好文明的国家共同体中得到尊重。"根据大会的总结报告,全体大会在热烈的气氛中结束,"与会代表和全体听众起立欢呼"。[19]

从"国联"到联合国的转变标志着文明从旧时的话语转变成强调个体权利和集体安全的更加具体的话语。"国联"为人诟病地将"文明国家大家庭"与世界其他地方加以区分的做法在联合国的所有文件中被摈弃,文明作为基本的道德规范从会议决议中被删除。可是,虽然人权成为1945年讨论的中心话题，但文明的话语并没有消失。恰恰相反，它获得了远远超越史末资开场演讲的意外新生。在某种程度上，这是因为它的含义如此含糊，在被加以改造之后，可以被用于任何诉求。它的道德权威吸引了形形色色的利益群体和拥护者，他们都希望利用这个词语申诉冤屈或达成目的。在欧洲的战败国，文明有时候被改造为道德呼吁。1945年9月10日，著名的意大利哲学家贝内德托·克罗齐（Benedetto Croce）曾向《曼彻斯特卫报》（*The Manchester Guardian*）寄去一封信件。在信中，他表达了对同盟国可能会惩罚意大利的担忧，并告诫同盟国："意大利、法国与英国是历史上对西欧文明做出最明确贡献的三个国家"，因此，在战后"摧残、羞辱与打压意大利"并非"建立和平文明的国际秩序的正道"。1945年，由非裔美国活动家保罗·罗伯逊（Paul Robeson）担任主席的非洲事务理事会（Council on African Affairs）出版了一本宣传册《旧金山会议与殖民地问题》（*The San Francisco Conference and the Colonial Issue*），指出世界安全的关键在于"所有附庸民族"都能行使自决权，他们必须"与其他民族团结一致，令世界迈向一个更高层次并且更加稳定的文明"。非裔美国知识分子W. E. B. 杜波伊斯（W. E. B. Du Bois）和史末资一样，曾参加过1919年的巴黎和会，他以更加高蹈的姿态表示，为了将人类文明从自我毁灭中解救出来，《联合国宪章》应该"明确清晰地、毫不含糊地、直接地支持民族平等的文明世界"，因为"美国曾经历过的事情时至今日仍在文明世界发生，我们不可能在一半人口获得自由而另一半人口仍被奴役的情况下继续生存下去"。在他们的笔下，对文明的呼吁是制约强权大国的政治手段。其他人则对文明的使命怀有戒心。英国代表、保守党政治家克兰伯恩子爵罗伯特·阿瑟·詹姆斯·加斯科因-塞西尔（Viscount Cranbourne Robert Arthur James Gascoyne-Cecil）坚称战后和解必须基于"不同种族的人民、不同宗教信仰的人民与处于不同文明阶段的人民"之间的区分。诸多关于文明的理念围绕着旧金山打转，内容包罗万象，从欧洲文明到普世文明，从激进变革到保守重建，从殖民主义到反殖民主义，不一而足。[20]

众所周知，1945 年复兴与重建的志向高远的梦想遭遇了错愕与失望。在会议上的女权游说群体，如由丹麦外交家博迪尔·贝格特鲁普（Bodil Begtrup）担任主席的妇女地位委员会（Commission on the Status of Women），因以安全和全人类的福祉为名义的"缔结和平的行动"遭到严重限制而深感沮丧。同样的情况发生在呼吁实施民族自决与正式确立种族平等的宣传运动身上。在它的批评者看来（他们和 1919 年被"国联"种种虚伪承诺欺骗的人一样感到失望），新的宪章同样受到帝国主义、民族主义与种族主义等问题的掣肘。长期鼓吹种族隔离与白人统治的南非总理史末资居然是《联合国宪章》前言的主要起草人，批评者认为这充满了讽刺虚伪的意味。杜波伊斯尖锐地评论道："我们征服了德国，却没有征服他们的理念。我们仍然相信白人至上主义，继续压制黑人，在对 7.5 亿殖民地人民实施帝国主义统治的同时，炮制着民主的谎言。"因此，尽管戴着重新开始的光环，联合国（至少在它早年的历史里）在很大程度上还是为了维系本已摇摇欲坠的帝国主义秩序而创立的。文明一词在国际法律中消失并不意味着它不再发挥作用，恰恰相反，文明的诉求进入了欧洲公共讨论的其他领域，包括人道主义、国际司法、帝国、科学、宗教与物质福祉。[21]

《毁灭与重生》探讨的是伤痕累累的文明之理念为何以及如何激发许多欧洲人的想象，他们深切地意识到自己生活在一个翻天覆地的新时代。文明究竟是什么？这个问题从来没有高度统一或受众人认可的概念，但正是这一点构成了它经久不衰的吸引力。它具有不一致性和可塑性，而且富于争议，时而具有限制性，时而富于开拓扩张的精神，但总能引起广泛的公众兴趣和政治关注。这个词语的广泛流行与1945年西欧矛盾重重的情况有直接关联。由外国势力在这片大陆确立秩序的同时，一度被纳粹势力占领的西欧帝国主义国家（法国、荷兰和比利时）也蠢蠢欲动，希望在第三帝国垮台后重建自己的帝国。众所周知，就在1945年5月8日欧洲胜利日（V-E Day）当天，法国正忙于镇压在阿尔及利亚塞提夫（Sétif）爆发的民族起义。而这并不是孤立事件，它表明曾经战败的欧洲强权势力正在谋求重塑本已土崩瓦解的帝国。长期以来，把帝国主义解释为法国在1870—1871年普法战争中耻辱性失败的后果，已成为理解法国在19世纪末向非洲和亚洲扩张的一种方式，而这种再次征服失去的殖民地的意愿在1945年后有了新的表现。这一演变如此令人瞩目的原因，是重建帝国的行动发生之时，欧洲自身的大部分地区遭到纳粹占领和战争的摧毁。国际救济机构、外国宗教慈善团体与人道主义组织遍布欧洲大陆。在那关键的几年里，德国的命运是欧洲命运的戏剧化写照。第三帝国的势力在1942年如日中天，但短短3年后，全面战败、战争破坏和军事占领令它一蹶不振。虽然德国沦为一个被瓜分的国家或许不是欧洲各国的共同命运，但它沦为"殖民地"的新状况被视为欧洲命运的缩影：如今它被一分为二，由两个超级大国主宰。接下来的情况极其特殊：从1945年到1955年，各种文明教化使命为西欧在战后既是帝国又是殖民地的双重身份增添了种种色彩。

　　本书的各章从几方面探讨为什么文明的新使命长久以来对于如此多的人有着如此重要的意义。它们阐明了并不是那么久远之前的文化战争为何并如何继续塑造当代欧洲及其与全世界的关系。它们考察了欧洲在20世纪40—50年代如何被重建，探讨主题包括毁灭、难民、救济以及国际司法与军事占领。不出意外，战败德国的命运（它的领导人、受害者与垮台的帝国）构成了同盟国早期关于如何在被占领的欧洲重建文明的讨论框架，欧洲的和解为确保冷战不至于演变为热战发挥了作用。同样重要的是从激进基督教的视角复兴欧洲大陆的愿景。在 20 世纪 40 年代，由教宗庇护十二世（Pius XII）掌控的复兴的天主教会势力围绕信仰边界、基督教民主主义和西方新身份等问题，率先重申他们在重新划分冷战欧洲的文化地理中所扮演的角色。捍卫基督教文明——更确切地说，犹太教–基督教文明——是这个使命的核心内容。西欧保守派的复兴新中世纪"西方世界"（Abendland）的理念帮助天主教和新教在对抗"无神论"共产主义和抵御来自美国的不当影响时克服了教义上的分歧。此外，西方文明的世俗理念被美国军方和文化权威部门用以促成美国和西欧缔结横跨大西洋的新同盟，马歇尔计划（Marshall Plan）的援助与 20 世纪 40 年代末干涉希腊内战的行动就是最好的证明。

但文明不单被用于为西欧与东欧划清界线。文明的话语有时候也会被用于克服冷战的分歧。科学、和平运动、住房建设与礼仪读物都是两个阵营之间存在着共同点，甚至可以携手合作的生动案例。核战争的来临在欧洲激发了关于广岛轰炸对于文明意味着什么的热烈讨论，并促成了铁幕两边志同道合的组织与和平运动的出现，它们的目标是令科学变得"文明"并成为和平与国际合作之源。我们还将关注大众对房屋建设、家庭至上与社交礼仪的理解，以及西欧与东欧对"美国文明"来袭的担忧。国际组织以文明为名义克服冷战分歧的努力也起到了关键作用。联合国教科文组织，尤其成为主要的国际机构，推动了以共同拥有的过去、社会科学和世界遗产为基础的"世界文明"新概念的形成。在所有这些例子中，战后关于文明的理念被改造为对普遍物质进步的更加和平，并且精英主义的色彩更淡的理解，与 18、19 世纪对文明的理解形成了鲜明对比。

本书的前半部分专注于欧洲大陆，后半部分则专注于欧洲在全世界中正在改变的位置，重点将放在帝国、去殖民化与多元文化主义在 20 世纪 70—80 年代冷战双方阵营所遇到的挑战。欧洲失去海外殖民地不仅深刻地改变了亚洲与非洲的历史，也深刻地改变了欧洲的历史，关于文明的新理念为双方的政治剧变赋予了意义。在这里值得关注的是战后随即发生的、以武力方式在非洲重建帝国的行为所造成的恶果。文明教化使命这个旧词成为奉行帝国主义的英国、法国、比利时和葡萄牙，以及奉行反共产主义宗旨的西班牙和希腊独裁政权的辩护说辞，并影响了他们在联合国与共产主义者和非西方民族主义者的接触。然而，即便在帝国倾覆之后，对文明的幻想仍在继续影响欧洲与非洲之间的文化联系。我们将会了解到，从帝国主义、反帝国主义和后帝国主义的视角出发，非洲在变动的边境和对欧洲的理解中扮演着特殊的角色。我们将以加纳、阿尔及利亚、塞内加尔为例进行专门分析，它们为了达到自己的特殊目的，对来自欧洲的历史传承进行了改造。在这三个国家与其他地方，非洲的民族精英在争取独立与新民族身份的斗争中，颠覆了欧洲文明的话语。这些国家以自己的方式重塑前殖民时期以非洲为中心的文明，令其成为非洲现代化与主权独立的关键因素，并由此成为建设独特的后帝国主义时代新文明这一历史使命的先锋。

为了达到不同的政治目的而改造文明这个词语的非西方国家并不止这些新独立的非洲国家。苏联与其卫星国也是如此，他们对文明这个词语的运用反映了东欧与世界逐步演变的关系。起初，这或许令人感到困惑不解，因为苏联与东欧阵营一开始以猜疑与不屑的态度对待文明这个概念。由于冷战早期西方对文明这个词语的公然利用，共产主义者往往将西方文明一词斥为掩盖野蛮行径、假仁假义和帝国主义侵略的意识形态外衣。共产主义政权很少直接运用文明的话语，而是倾向于使用其他表述方式（人道主义、公义、尊严与团结）以宣扬社会主义政治文化的美德。英国民主社会主义团体费边社（Fabian Society）的领军人物比阿特丽斯与西德尼·韦伯夫妇（Beatrice and Sidney Webb）在出版于1936年的《苏维埃共产主义：一个新的文明？》（Soviet Communism: A New Civilization? 该书在1944年重版时，问号被去掉了）一书中，最早将文明这一概念应用于苏联，但在当时，文明一词在苏联境内并不是很受待见。可是，在"二战"期间，苏联的意识形态拥护者套用了文明处于危机中的话语；在纽伦堡审判进行时，苏联的报刊也沿用了这一手段。随后，"社会主义文明"这个被赋予了新含义的词语出现了，在20世纪60年代与亚洲和非洲的接触中，它是共产主义世界在全球事务中对其新角色的共同自我描述。当时，苏联与东欧各个小国锐意倡导一系列增强"软实力"的措施，将发展中世界里有可能成为社会主义伙伴的国家团结在一起，尤其是在非洲。东欧各国围绕着社会主义的和平、福祉与性别平等原则构筑了自己的国家身份和国际使命，以此为社会进步做出重要贡献。东欧的现代化运动成为社会主义版本的文明教化使命，反殖民主义运动兴起之后，苏联与东欧国家（尤其是南斯拉夫）在非洲各地建立了广泛深入的文化联系网络。现代化运动还有另外一层含义：东欧人士以反帝国主义与国际友爱精神为名，将大量精力用在支持第三世界传统文化（从民间艺术到考古研究）的保护工作上。社会主义人道主义与社会主义文明成为与第三世界的伙伴携手反抗帝国主义的桥梁概念。文明还出现在东欧关于科学与即将到来的工业社会的讨论中，并被异见人士如瓦茨拉夫·哈维尔（Václav Havel）采纳，用于对社会主义的"技术文明"概念进行剖析。社会主义的文明概念推动了20世纪70年代的考古运动，并在后来塑造了戈尔巴乔夫（Gorbachev）对"欧洲文明"的理解，开启了他"重返欧洲"的改革时代。

需要明确的是，本书并不是"抓字眼"的练习，即文明依照某种对广义语言学趋势的粗陋的"n元语法"（n-gram）分析被应用于政治。本书探讨的出发点是：在一个危机重重的政治世界里，各个社会群体如何理解文明并采取行动去保护文明，总是与譬如文化遗产、传统、人道乃至民主等出于同源的词语相关联。分析的地理范畴也被拓宽了，超越典型、排他的西方概念史，追溯文明这个词语如何传遍整个欧洲大陆，并来到欧洲在非洲的前殖民地。在那里，它被独立的非洲国家颠覆并加以改造来为新的政治目标服务。到了20世纪60年代末，文明的意识形态披上危险的新外衣，重回欧洲大陆。

几十年来，对文明的研究一直是思想史家和国际关系理论专家的领地，在大多数情况下，他们应用这个词语去描述欧洲强权国家在海外的崛起与扩张并为之辩解。过往对于这个话题的关注总是局限于观念史，尤其是被视为国际关系的"温良教化者"的国际法的兴衰。本书所讲述的文明的故事并不局限于国际法的范畴，以体现它在战后欧洲更广泛的公共讨论中所占据的显要地位。我的研究方法也有别于那一时期的标准治史方法，以几种方式展开。托尼·朱特、马克·马佐尔（Mark Mazower）、康拉德·贾劳施（Konrad Jarausch）与伊恩·克肖（Ian Kershaw）等人对1945年后的欧洲历史展开了卓越的政治研究，与他们不同，我的研究范围不仅包括西欧与东欧，还包括探讨范围更广的帝国、国际组织、去殖民化运动和多元文化主义。1945年后描述欧洲的叙事模式要么只关注经济复苏、政治稳定与冷战阵营划分，要么只关注冷战时期欧洲文化的美国化与苏联化，二者都忽略了关键的文化发展。本书接下来的内容结合了政治史、思想史与文化史，将宗教、科学、摄影、建筑与考古囊括其中。文明的新观念意味着新的欧洲文化版图，它重新定义了在去殖民化运动之前和之后，西欧、东欧与欧洲海外领土之间的关系。《毁灭与重生》并没有将战后的欧洲史视作超级大国实施统治的故事，或一系列互不相干的国家叙事；恰恰相反，它追溯文明的话语如何令精英与平民在总是身不由己的政治环境里重塑欧洲的特定内涵。[22]

本书并不是一个自鸣得意的故事,讲述欧洲人如何在遍地焦土的废墟上建立起一个热爱和平的闪亮辉煌的国度,并学会与邻国和平共处。西欧的和解本身无疑是一个了不起的故事,2012年诺贝尔和平奖被授予欧盟,以表彰它对保卫和平所做出的贡献,这只是最新的重塑欧洲文明的正面故事。时至今日,关于20世纪欧洲的研究通常由两部分内容构成:前半部分的内容以战争、毁灭、危机与革命为主题,后半部分的内容则讲述了被强加的和平、政治稳定和两大阵营之间距离逐渐拉大的经济繁荣程度。然而,这种描写太过于简单,因为战后时期本身可以被划分为两部分,文明一词用法的改变也预示着更大层面的政治转型。到20世纪70年代,文明已经从倡导道德重建、反殖民主义和反西方主义的进步运动演变成拱卫受到威胁的保守政权及其事业。在冷战的最后20年,文明与以反对移民、保卫西方的基督教和放弃多元文化主义为形式的反革命本土主义(counterrevolutionary nativism)紧密地联系在一起。"9·11"事件之后,右翼分子对文明的利用更是变本加厉,因为国际恐怖主义和难民危机为文明面临危机这个主题送上了可资利用的武器,这是自冷战早期以来从未出现过的情况。

本书绝不是在倡导在我们这个时代恢复文明的使命,恰恰相反,它的主旨是表明自1945年之后,文明为何以及如何一直停留在欧洲支离破碎的身份认同和历史的中心。我们将会了解到,在战后的每一个十年里,被重塑的文明的传承仍然受到启蒙时期的两个遗产(礼仪与暴力)的深远影响。

《毁灭与重生》是一部关于1945年后欧洲重建的另类历史,将这片大陆饱受创伤与争议重重的文化遗产摆在中心位置。欧洲的文明教化使命曾以进步与发展的名义传遍世界的各个角落,在停战之后，欧洲遭到这个使命的反噬。到了20世纪40年代后期，欧洲已经成为在分裂和去殖民化的时代"重塑文明"（re-civilising process）的主要试验场。这片大陆在政治和文化上的改头换面或许是由超级大国以不公的方式主导实施，但欧洲人从新的角度找到了重新定义自己在历史和世界中所处位置的途径。文明为超越民族国家、冷战阵营划分和帝国藩篱，思考欧洲及其战后状况提供了一种方式，也在今天为我们得以重新诠释"二战"后的欧洲历史提供了有用的视角。曾困扰1945年旧金山会议的巨大矛盾在此之后一直影响着欧洲事务的发展演变。在头条新闻尽是关于欧洲陷于分裂的时代，本书将回顾四分之三个世纪之前欧洲如何在更大危机的阴影下热火朝天地重建。古老且饱受诟病的对文明的信仰为何以及如何在"二战"后帮助厘清和维持欧洲的历史遗产，是本书探讨的主题。

第一章
呼吁救济

1945年7月，英国诗人斯蒂芬·斯彭德（Stephen Spender）从法国前往德国执行一项特别任务。在魏玛共和国垂死的那几年里，他曾在汉堡和柏林居住，之后便再也没有回去过。这一次，斯彭德以同盟国管制委员会（Allied Control Commission）官员的身份来到德国的英军占领区，执行一项为期6个月的不同寻常的任务，内容是"了解德国知识分子的生活与想法，重点是发现德国文学界幸存的人才"并"了解图书馆的情况"。他为此次任务撰写了日志，在1946年以《欧洲见闻》（*European Witness*）一书出版，是关于遭到毁灭的欧洲最早的第一手回顾资料。几年前的1942年，斯彭德出版过一本名为《毁灭与景象》（*Ruins and Visions*）的诗集，里面谈及他的个人体验，主题包括空袭、纳粹势力占领法国与死亡本身。但他没有做好准备，来面对在德国等待他的废墟和景象之震撼与规模。科隆的市容——或者说，科隆的遗迹残骸——深深地震撼了他，"经过科隆时，我的第一印象是这里居然连一间房屋也没有剩下"；烧得焦黑的残垣断壁"就像一张薄薄的面具，挂在潮湿空洞的、散发恶臭的、内里已被彻底破坏的房屋前面"。同样令他内心不安的，还有惨状堪比废墟的幸存者："居民的内心就像这座城市，同样沦为废墟。他们就像一个流浪的部落，在沙漠中发现了一座荒废的城市，在那儿露营、居住在地窖里，在废墟间搜寻抢掠一个死去文明的残存之物。"[1]

对斯彭德而言，这些惨遭轰炸的城市里正在冒烟的废墟，不仅仅表明它们是希特勒第三帝国的牺牲品。这些"鬼城"已经成为"我们文明的丰功伟绩"，它们的废墟"是我们这个世纪的造物，正如哥特式大教堂是中世纪的造物"。斯彭德承认，"我们这个时代造成的骇人听闻的情景"令他感到心中不安，而与之密不可分并且令他更加心烦意乱的，是对"德国的废墟将有可能波及整个欧洲，令其同样沦为废墟"的担忧。令他感到困扰的情形还有："当我走在波恩的街头，一阵风刮起散发着腐朽气息的废墟尘土，味道就像胡椒粉那般辛辣扑鼻，愈发令我觉得我们的整个文明只有脆如蛋壳的墙壁作为保护，一天之内就会被吹倒。"[2]

描写欧洲文明在零点时刻（Zero Hour）崩溃的人并非只有斯彭德。对他与其他人而言，对文明的呼唤与19世纪早期浪漫主义时代对文化传承断绝的思考根本不可同日而语。我们将会了解到，这些记录讲述着巨大的冲击和断裂，它们意味着欧洲的权力和文化力量的急剧崩溃。大规模的毁灭也促成了对采取行动的呼吁。本章将探讨来自新成立的联合国善后救济总署［United Nations Relief and Rehabilitation Administration，简称"联总"（UNRRA）］的外国观察家、慈善工作者与国际救济人员如何见证了欧洲沦为废墟，并在战后立刻投身在物质层面与道德层面的重建工作前线。这不是小规模的历史演变，从某种程度上说，它标志着19世纪欧洲文明教化使命的彻底逆转。长久以来，欧洲一直是在全球各地积极传教的力量，现在，这里的传教活动却热火朝天，也颇受外部力量的影响。

外国救济机构——它们既有宗教背景，也有世俗背景——为在轴心国占领时期受尽苦难的人们提供援助；"联总"在遍布欧洲的 16 个国家开展任务，并照顾德国、奥地利与意大利的流离失所者（DPs）。这些由国际协调进行的大规模救济任务是战后推行国际主义的大胆实验，也导致了冲突与争议。虽然冷战的起点通常被认为是 1947 年杜鲁门主义的发表或 1948 年至 1949 年的"柏林空运"行动（Berlin Airlift），但其实它在流离失所者安置营里就已经开始出现。我们将关注这些直面废墟、难民和所谓文明危机的国际援助工作者的日记与照片。在战后欧洲第一批叙述者和建造者当中，有服务于宗教慈善团体和国际政府组织的外国志愿者，他们的工作对欧洲大陆的物质与道德重建起到了至关重要的作用。

1945 年是报应来临、苦难深重的一年，这体现于堆积成山的瓦砾、尘土与死尸，令欧洲大陆面目全非。一座座城市被摧毁，格尔尼卡、鹿特丹、卡昂（Caen）、德累斯顿和华沙被夷为平地，成为全面战争时代的建筑标志。华沙超过九成的房屋被摧毁到无法修复的地步，明斯克、布达佩斯、基辅和哈尔科夫（Kharkov）以及临近战争结束时的许多德国城市也遭受了相同的命运。即便如此，谈到毁灭的严重程度，柏林仍占据了特殊地位。美国战地记者威廉·夏勒（William Shirer）形容柏林为"一大片满是瓦砾的荒芜之地，其中散布着没有屋顶、被烧毁的建筑，低矮的日头从原本是窗户的地方照进来，看起来就像是捕鼠器"。死亡、阴森的寂静与末日的感觉是当时描写战败德国的主基调。一个在柏林的英国士兵被"笼罩一切的寂静"深深震撼，在寂静中，人们"低声交谈，似乎害怕吵醒埋在废墟下的死者"。苏联战地记者注意到柏林"一片狼藉，到处是巨大的弹坑、被烟熏黑的石头、混凝土碎屑、扭曲的钢梁和玻璃碎片"，这总是令他们感到心满意足。[3]

观察家经历了超出理解范围的毁灭，尤其是德国与德国人被彻底颠覆的命运。夏勒在 1945 年 11 月 3 日的柏林日记里写道（当时已经停火将近 6 个月了），他根本无法"以言语去真切地描述这座已被摧毁得面目全非的宏伟首都"，也无法去描述这个一度意气风发而如今却遭遇彻底失败的"优等民族"（master race），他们"在废墟间翻寻，沦为神志恍惚、意志消沉、瑟瑟发抖、饥肠辘辘的可怜人，失去了意志、目的或方向感，像牲畜般觅食和寻找栖身之所，只为了再苟活一天"。《纽约客》（New Yorker）记者珍妮特·福兰纳（Janet Flanner）强调了第二次世界大战与上一场世界大战的区别："上一场战争的失败并没有令德国本土有任何损失，而这一次，毁灭者自身遭受了毁灭。"来自费城的年轻贵格会信徒科妮莉娅·斯特布勒·吉勒姆（Cornelia Stabler Gillam）曾到欧洲举行钢琴演奏会以慰劳美军，她在 1945 年 6 月一封写给父母的信件中描述了亚琛这座大城市的毁灭："人们像老鼠一样爬出他们居住的沦为废墟的建筑，""有好几次，我害怕自己会失声痛哭，我知道这么做可能会产生误解。我不是在为德国人哭泣，而是在为全世界哭泣。"[4]

德国作家也记录了内心的震撼与困惑，尤其是那些结束流亡返回祖国的人。克劳斯·曼（Klaus Mann）以美国军方报纸《星条旗报》（Stars and Strips）记者的身份回到心爱的慕尼黑时，记录下了心中的疑惑与绝望："这里曾经是德国最美好的城市，如今却变成了一座巨大的墓地。我差点在那片曾经很熟悉的街区迷路了。"西奥多·普里维尔（Theodor Plievier）在 1945 年春天从莫斯科来到德国，描述了德累斯顿"奇怪的幽灵般的"气氛，"一堆又一堆的瓦砾和碎石冻结了似的纹丝不动"。在《废墟之城行记》（A Journey through the City of Ruins）一文里，阿诺德·茨威格（Arnold Zweig）将柏林的废墟描写为"全面战争的反噬"，一道阴森的等价交换公式:"灾祸就是在这里被释放:曾经有10万张喉舌在体育馆高呼赞成,就有10万间房屋沦为废墟,当中便包括那座体育馆,""柏林为希特勒与戈培尔(Goebbels)的花言巧语付出了惨痛代价"。对于茨威格与其他人而言,柏林的毁灭是第三帝国战争机器的暴力行径在战争最后两年反噬德国而导致的报应。[5]

柏林激发了对欧洲在全面动乱的情况下命运将何去何从的历史反思,人们援引古典历史以理解毁灭的含义。斯彭德来到德国国会大厦与总理府的废墟,"那种感觉就像来到古罗马竞技场,心中怀着相同的惊诧,激起相同的想象"。哈里·霍普金斯(Harry Hopkins)曾长期担任富兰克林·D.罗斯福总统的顾问,1945年,他从飞机舷窗俯瞰柏林,将其比喻为"第二个迦太基"。客居英国的波兰流亡历史学家伊萨克·多伊彻(Isaac Deutscher)将这座遭到狂轰滥炸的第三帝国首都比喻为远古废墟,1946年,他在发表于《观察者报》(The Observer)的文章里写道:"柏林令人觉得它犹如一座奇迹般被保存完好的远古废墟——就像庞贝或奥斯提亚(Ostia)——只是规模更加庞大。"这种废墟浪漫情怀在第三帝国时期就已经存在,阿尔伯特·施佩尔(Albert Speer)曾惆怅地期盼他所设计的柏林大型建筑能在经历几个世纪的自然侵蚀之后依然闪耀着崇高之美。在1945年,施佩尔臭名昭著的"废墟价值理论"以野蛮的形式得以实现,千年帝国就只剩下彻底战败后静默无声的废墟。[6]

外国人士留意到德国的幸存者对于这场毁灭的反应。一个贵格会救济人员在记录中写道:"我见证了一种麻木的绝望,如此多你曾经了解的美丽城市如今已不复存在,你几乎无法意识到不可挽回的损失有多大。"这种绝望的感觉不会立刻消散。另一个英国贵格会信徒在描述1946年5月于柏林举行的一场艺术展时,察觉到"一种令人震惊的启示,让人了解到当前德国人心中是多么混乱与沮丧,所有这些汇聚为一个充斥着恐怖、灭亡与虚无的故事"。据一本日记主人的记载，在伦敦市民热烈庆祝德国无条件投降，"特拉法尔加广场陷入兴奋疯狂，半个伦敦灯火辉煌"之时，黑暗与寂静笼罩着德国。德国的日记主人以"零点时刻"（Stunde Null）去形容他们的世界彻底崩塌。一个柯尼斯堡人在欧洲胜利日的日记里总结了战争的影响，他说："由伟大的德国统治世界这个迷梦的结局，就是欧洲沦为废墟，而苏联的势力范围大大扩张。"对毁灭程度最精确的描写，或许出自一个14岁的柏林少年之手，他在1945年5月见到躺在公园里和马路边的尸体，总是被扒个精光，根本分辨不出那到底是中枪的士兵还是被杀害的平民。他继续写道："被强暴的女人大张着嘴巴，里面的金牙已被强盗撬走。在焚毁的房屋废墟里躺着烧得半焦的尸体。再也没有紫丁香与洋水仙为这个春天带来芬芳。"[7]

这种现实世界和伦理道德彻底毁灭的感觉最深切地体现于对解放集中营的记述。在1948年的回忆录《欧洲的十字军东征》（Crusade in Europe）中，驻欧洲的盟军最高指挥官德怀特·D.艾森豪威尔（Dwight D. Eisenhower）回忆在解放布痕瓦尔德附近的奥尔德鲁夫（Ohrdruf）分支集中营时，他"直面了证明纳粹政权的残暴行径与罔顾道义的无可辩驳的证据"，并补充道，"我从未体验到同等程度的震撼"。艾森豪威尔深受触动，当即便致电华盛顿与伦敦，讲述自己的所见所闻，敦促两国派遣"各大报刊的编辑"，并推举代表前往德国，"不让猜忌怀疑有任何存在空间"。12位美国国会议员、18位报刊编辑与8位英国下议院的议员在1945年4月考察布痕瓦尔德时，目睹了——用一个随行的美国记者的话说——一桩"有组织的反文明罪行"。英国工党下议院议员梅维斯·泰特（Mavis Tate）在刊登于《旁观者》（Spectator）的一篇文章中写道："我刚从德国回来，目睹了德意志民族内心深处的邪恶与暴虐，一个几世纪来大谈西方文化与文明的民族居然是这副德行，实在是令人始料未及。"[8]

据英国目击者的描述，贝尔森的"恐怖营"（horror camp）是纳粹势力的残酷暴行与人类苦难最为阴森残酷的表现。英国广播公司的战地记者理查德·丁布尔比（Richard Dimbleby）在报告中写道："经过栅栏之后，我发现自己置身于噩梦之中。马路和车辙两旁堆放着死尸，其中一部分已经开始腐烂。"1945年4月24日，德国策勒的市长与该地区其他城市的市长以德国人民代表的身份被召集起来，亲眼见证在贝尔森发生的暴行，高音喇叭上在朗读一则德文告示："你们在这里所见到的情形令德意志民族蒙上莫大的耻辱，它的名字必须从文明民族中被清除。"一位市长在掩面痛哭，另一位市长在恶心呕吐。英国陆军第八军团的犹太拉比莱斯利·哈德曼（Leslie Hardman）只是请求英国军官耐心对待被解放的囚犯，因为作为一个民族，他们不仅遭到"蓄意的灭绝行动，而且他们的灵魂已彻底崩溃"。[9]

据贝尔森的幸存者讲述："在我们得到解放的那一刻充满了诡异的寂静。我们太虚弱了，经历了太多的苦难，已经无法感受到快乐。"据一个英国士兵的记述，被解放的囚犯"似乎连话都说不清楚，哪怕我们之间语言相通"。贝尔森标志着文明自身的终结和转折点，W. J. 巴克利（W. J. Barclay）军士撰写的《贝尔森报告》（*Belsen report*）开头第一句便尖锐地表达了这一点："贝尔森。文明的纪年1945年4月21日。"在伯根集中营（Bergen camp）于1945年5月21日被焚毁之前，英国官方在入口竖起了一块控诉其罪行的告示，结尾写道："在这里曾发现1万名未被埋葬的死者，另外还有1.3万人丧命于此，他们全都是德国的欧洲新秩序的受害者，也是纳粹文化的范例。"[10]

在描写德国彻底战败与全面毁灭的文字中，形容末日灾难的语句俯拾皆是。在雅尔塔会议和波茨坦会议上，被征服的德国及其原来的首都被分割为不同的占领区。德国失去了自主权，任由同盟国处置。虽然当时有一些观察家（之后还有许多历史学家）对这种"白板"（tabula rasa）情绪表示异议，因为它抹除了与过去的延续，但"零点时刻"这一用语深刻地揭示了这个历史时刻的内涵，在这个时刻，过去与未来似乎融合为永恒的当下。过往的其他重大历史动荡（如法国大革命与俄国革命）都自豪地声称他们的政治革命具有拯救世界的意义，是造成断裂的全球性重大事件，使1789年或1917年成为现代政治的起点，重写了历史进程。尽管1933年的纳粹革命并没有带来同样的"历史至此终结，新千年即将展开"的感觉，但第三帝国"国祚千年"的自我吹捧却广为流传。戈培尔与其他纳粹理论家一直在不知疲倦地鼓吹：1933年始料未及的希特勒掌权是20世纪在规模和影响力上足以与法国大革命相媲美的政治事件，远远超过了之前发生并为它所深恶痛绝的苏维埃革命。[11]

"零点时刻"这个词语标志着彻底的灾难与毁灭，是以往充满希望的革命宣言的对立面。它是一个负面的词语，意味着历史被彻底清除。熬过黑暗时刻的经历对中欧并不是什么新鲜事情——在黑死病肆虐与三十年战争时期，以及世界大战开始与结束时，相似的末日来临的感觉被记录了下来。魏玛共和国早期曾经历恶性通货膨胀，货币在不断贬值，每一天的生活都会迎来数字"零"的急剧增加——在1924年，情况一度严重到1兆德国马克兑1美元的地步。在恶性通货膨胀的那几年里流传着许多恍如狂欢节的故事，人们用平板车推着钞票匆匆赶到银行，在钞票进一步贬值之前存进去，这概括了魏玛共和国早期经济生活一团糟的情况。德裔保加利亚诺贝尔文学奖获得者埃利亚斯·卡内蒂（Elias Canetti）记述了一个建立在节俭、理性交换和心理预期之上的世界（更不用说安稳的过去和对未来的乐观）对于个体和国家而言是如何突然被清零并消失得无影无踪的。1945年，"零"的意义发生了剧变，彻底战败导致食物和住房短缺，政治局势动荡，道德秩序崩塌，这些都是自三十年战争以来未曾见过的情况。与魏玛共和国时期不同，1945年并没有在大规模地制造货币单位后面的零，令其币值不停缩水；更确切地说，它标志着价值观与文明的陨落，是欧洲文化的归零点（Ground Zero）。现在这片大陆的标志是废墟与流离失所者，就好像香烟、苦难和怨天尤人成为中欧的普遍现象。[12]

对由许多作家与观察家做出令人难忘的描述、已饱受摧残的中欧来说，仍有大量实际工作需要完成。文明不只是一套已经摇摇欲坠的价值体系，它还意味着必须迫切务实地组织行动。在这种情形下，文明从传统精英人士的专用词汇转变为对战争受难者实施救济的呼吁。流离失所者安置营的大部分日常工作由外国救济人员执行，大部分人来自英国、法国、加拿大和美国。这片大陆有数百万流离失所者、被驱逐者和战俘躲在临时搭建的安置营里瑟瑟发抖，这些安置营密布于欧洲中部和南部从前交战的地区。瑞典小说家斯蒂格·达格曼（Stig Dagerman）在创作于1946年的作品《德国之秋》（*German Autumn*）中将难民描述为时代的见证者与象征。"这帮不受欢迎的人衣衫褴褛，目光呆滞，麇集在散发恶臭的漆黑车站或没有窗户的巨大掩体里，后者就像长方形的贮气罐，若隐若现，如同书写德国战败的巨型纪念碑。"[13]

到战争结束时，欧洲有4000万流离失所者。在1945年，光是德国就有800万平民被列为流离失所者，其中有十分之一是犹太人。虽然战时规划者已经尽力为这场危机做好准备，但流离失所和人口迁徙的规模仍压倒了一切。美国助理国务卿迪安·艾奇逊（Dean Acheson）早在1944年就已经向美国众议院做出陈述："我相信自中世纪以来，从未有过像这场战争造成的如此大规模的人口迁徙。"

随处都可以看到社会稳定、道德权威和基础设施陷于崩溃的情景。紧急情况的范围远远不止修复被炸毁的建筑和道路、供水系统、卫生体系、医院和学校。疟疾与结核病在这片大陆肆虐，饥荒盛行，尤以维也纳和布达佩斯的情况为甚。同样棘手的还有幸存者自身的暴力倾向和心理失衡等问题。他们的行为被归因于战时暴力行径、家庭生活破裂和道德秩序崩塌所导致的心理创伤。战后的欧洲总是被形容为只剩下女人的大陆，但它也是儿童沦为孤儿或家人天各一方的大陆。在1946年，罗马、那不勒斯和米兰三地有将近18万名流浪儿童。在流离失所者安置营里，人们在广泛讨论令人困扰的所谓"狼孩"的出现，用英裔美国作家艾丽斯·贝莉（Alice Bailey）的话说："这些孩子毫无道德感，也没有任何文明的价值观。"[14]

人道主义以新的方式在援助数以千万计的流离失所者方面发挥了作用。"二战"期间，许多私人及宗教慈善机构纷纷成立，并在欧洲和亚洲展开工作。一神普救派服务会（Unitarian Service Committee）创建于1940年，天主教救济会（Catholic Relief Services）创建于1943年，路德派世界救济会（Lutheran World Relief）创建于1945年，或许最出名的美国援助欧洲合作组织［Cooperative for American Remittances to Europe，简称"援欧组织"（CARE）］创建于1945年。外国救济人员在欧洲出现并不是什么新鲜事儿。红十字会创建于1864年，此后在许多国家设立了分支机构以救助天灾人祸的受害者。其他服务机构加入了它们的行列，譬如美犹联合救济委员会（American Jewish Joint Distribution Committee，创建于1914年）与美国公谊服务委员会（American Friends Service Committee，创建于1917年）。第一次世界大战结束后，社会改革家埃格兰泰恩·杰布（Eglantyne Jebb）创建了英国救助儿童基金会（British Save the Children Fund）；在第二次世界大战期间，其他私人机构纷纷成立以救助受战事波及的平民。犹太救济与救援委员会（Jewish Relief and Rescue Committee）于 1944 年至 1945 年间在布达佩斯积极行动，1942 年美犹联合救济委员会的一份关于"援助海外犹太人"的报告记录了该机构在困难重重的条件下为救济犹太人所做出的努力。尽管它悲观地指出"总体来说，这份报告是一份毁灭、死亡与绝望的记录"，但美犹联合救济委员会还是设法"为数十万犹太人带去了帮助与希望"，而且它是德国境内美军占领区里援助规模最大的机构。[15]

救济人员见证了欧洲的满目疮痍。1945 年后，私人组织的人道主义外展服务的兴起总是被解读为——与基督教团体的关系尤为密切——战后欧洲在经历了战争与政治暴力之后"重振基督教精神"新使命的一部分。当然，正如我们将在第三章了解到的，对于某些教会权威人士而言，这确实是一个关键问题。但对于大部分救济人员而言，当前的主要任务就只是帮助那些有需要的人。以传教为己任的欧洲反倒成为外国关怀与抚慰的对象。

天主教的救济人员在 1945 年大批抵达欧洲。梵蒂冈救济组织派遣援助人员到战后德国的全部 3 个西方国家军事占领区，为流离失所者提供精神与医疗上的救济。天主教救济会在战后率先抵达意大利，之后又在德国、波兰和捷克斯洛伐克开展救济行动。虽然天主教救济团体在战争最后两年将重点放在救助波兰天主教徒上，战后又放在救助德国天主教徒上，但很快他们就将慈善工作拓展到所有处于危难中的人群。勒尼奥神父（Abbé Regnault）是梵蒂冈教团驻贝尔森的领导人，他明确表示天主教将一视同仁，"不分种族或宗教"，为所有人提供援助，因为我们"是为全人类服务"。天主教提供外展服务，目的除了化解国际社会对天主教会在犹太人需要帮助时无所作为的批评之外，还表明罗马教廷将会在战后欧洲事务中发挥更积极的作用。[16]

新教人道主义者也不甘人后。全世界超过五分之一的路德宗信徒在第二次世界大战之后沦为难民，特别是在德国，他们迫切需要物资援助，路德宗信徒们对此深表关切。斯堪的纳维亚国家与瑞士弟兄们伸出了援手，加拿大路德宗世界救济会（Canadian Lutheran World Relief）在 1946 年成立。光是 1946 年年初的 3 个月，路德宗世界救济会就送出了 2260 包衣物与床单，外加 245 箱鞋子到德国、芬兰、荷兰、捷克斯洛伐克、比利时和南斯拉夫。贵格会沿袭在战区提供救济的传统，在 1945 年的现场工作中尤为活跃。虽然他们的人数不是最多的——在 1945 年大约有 1200 名义工——但他们经验丰富、成绩斐然。自克里米亚战争以来，公谊会（Society of Friends）一直在救助战争的受害者；在第二次世界大战中，贵格公谊会救护队（Quakers' Friends Ambulance Unit）在埃及、阿拉曼、希腊、法国、中国、缅甸、叙利亚、埃塞俄比亚和印度展开行动。1945 年后，他们的人员遍及欧洲，从西西里、希腊到南斯拉夫和奥地利，当然还有德国，都可以见到他们的身影。贵格会的特别之处在于，他们奉行向所有有需要的人提供援助的原则，包括从前的敌人，这使得军事当局或本国公众对他们报以冷淡的态度。[17]

外国援助人员是战后欧洲的第一批叙述者。他们在笔记和回忆录里讲述了欧洲在"二战"之后所面临的困境，他们记录的发生在欧洲的暴行、疏离和道德迷失是了解纳粹势力投降后日常生活状况的资料来源。他们当中有许多人是经验丰富的救济人员，参加过第一次世界大战，后来又在西班牙内战中发挥作用。但就连他们也被欧洲的新情况深深震撼。在他们的日记里遍布诸如"蛮荒之地""在巴比伦的河边""失去方向的欧洲"等标题，反映了如今的欧洲显得如此陌生古怪时，他们心中的困惑。许多人感受到实施援助的沉重负担所带来的压力，有些人承认自己在面对德国人时未能以和蔼的态度相待。红十字会的工作人员罗伯特·科利斯（Robert Collis）一直认为奥斯纳布吕克（Osnabrück）的毁灭是 1940 年德国进攻鹿特丹的报应，因为"是他们先挑起了战端"。一个法国救济人员为她的弟弟在战争中遇害而哀悼，她记下了自己面对德国人时内心的愤怒，她写道："我恨透了他们！""没有哪个文明的民族会接受一个如此卑劣的独裁政权。"一个英国救济人员被分配到德国维尔德弗莱肯（Wildflecken）的流离失所者安置营，他毫不隐讳地承认："当我见到一个可怜人身上有数字刺青时，我对他可不会客气。"[18]

贵格会与天主教救济人员拍摄的照片充满了人道主义情怀。它们总是捕捉到慈善服务、同志情谊乃至友爱之情体现于非正式场合的情景，其重点落在捐赠者与接受者之间交流的瞬间，总是令人想起宣扬基督教慈善工作的传统图像。这一点可以从图1中看出，在图片中，天主教救济会驻德国负责人阿尔弗雷德·施奈德蒙席（Monsignor Alfred Schneider）正为德国流离失所者安置营里一个无家可归的孩童分发食物；图2展现了一位修女在某座不知名的营地里拥抱一位年迈的难民。在这些与其他照片里，天主教徒以经典的传教士风格向惨遭蹂躏的可怜人提供救济。贵格会信徒的照片略有不同，他们一般不采用摆拍的手法，而在吃饭、玩耍甚至举行婚礼时拍摄，以反映他们与流离失所者的同志情谊。这在一定程度上与传播媒介和受众有关。天主教提供救济的照片有时候会被教会的公关宣传资料采用，而贵格会信徒很少发表他们的照片，即便发表出来，也是在多年后才出版的日记里。[19]

贵格会信徒的许多叙述体现了他们对欧洲救济使命的理解。他们当中有一些人记录了发现"到处躺着未能安葬的死者，而活死人在粪土中爬行"时内心的震撼。英国贵格会信徒罗杰·威尔逊（Roger Wilson）记述了自己1940年至1948年在法国、德国、意大利、荷兰、奥地利和波兰从事救济工作的经历。和许多人一样，他记录了令人抓狂的物资紧缺，以及申请衣服、被褥、毛巾、食物和牛奶时遇到的困难。当他从希腊前往德国，面对不计其数的战

图 1　天主教救济会驻德国负责人阿尔弗雷德·施奈德蒙席正向一个无家可归的德国孩童派发援助物资，1945 年

图片来源：艾琳·伊甘（Eileen Egan），《天主教救济会：开始的岁月，为了世界的生存》(*Catholic Relief Services: Beginning Years; For the Life of the World*)，纽约：天主教救济服务处，1988 年

第一章　呼吁救济　　　　　　　　　　　　　　　　　　　　043

图 2　天主教救济会的修女正向被驱逐者提供援助。德国，1945 年

图片来源：艾琳·伊甘，《天主教救济会：开始的岁月，为了世界的生存》，纽约：天主教救济服务处，1988 年

俘、难民、猖獗的黑市交易和犯罪时，情况变得更加糟糕。对他来说，改善外国人对德国人的观感，并照顾绝望无助的欧洲人的身体与灵魂是基督教慈善精神的高贵表现。正如他所说："战争最严重的破坏并不是时而发生的骇人听闻的事件，而是它对人的灵魂缓慢而持久的侵蚀。"许多贵格会信徒认为，公谊会救助服务（Friends Relief Service）的使命是："遵循在上帝面前的奇妙的共同责任感行事，得到快乐、平和与力量。"虽然许多流离失所者和被驱逐者说他们觉得贵格会信徒都是怪人，尤其对他们的反战思想感到疑惑，但公谊会的成员仍然努力在营地里营造出持久的信任、同情与互相理解的关系。[20]

英国贵格会信徒玛格丽特·麦克尼尔（Margaret McNeill）的回忆录《在巴比伦的河边》（*By the River of Babylon*）是格外有启示意义的资料来源。书名来自《圣经》中的《诗篇》："我们曾在巴比伦的河边坐下，一追想锡安就哭了。"她怀着同情与恻隐之心，讲述欧洲"不幸的流亡者"的故事，体现了德国与波兰的流离失所者在生活中所经历的困惑与不安。她描述了贵格会信徒的工作如何试图改变军事占领者和绝望的难民之间冷漠而疏远的关系。1945年7月1日，麦克尼尔第一天来到德国的流离失所者安置营，她写道："在一片污秽中，有一群人正忙于将一头死猪剁碎，准备大吃一顿。在完全不知所云的波兰语和其他没有多少人能听懂的小语种的吵闹声中，英国的士兵在巡逻，脸色铁青，强忍着不发火。"和其他援助人员一样，她发现自己的任务不只是分发食物和物资，还包括向德国人解释盟军为何会对他们抱以敌意。"德国平民的无知一再令我们感到惊诧，他们根本不知道为什么曾被德国军队占领过的国家会对德国怀着仇恨与轻蔑"，他们当中大部分人"认为盟军对流离失所者的特别关照，即使那并不算什么照顾，其实只是刻意为之的针对德国人的羞辱"。她的其他记述里写到德国平民艳羡地看着犹太人得到外国援助人员的救助，有时候以至于许多人"开始将奥斯维辛与德累斯顿相提并论，并认为在东欧地区强行迁徙德国人的举措与迫害犹太人的行径其实没什么两样"。这一观点与汉娜·阿伦特的看法不谋而合，在1950年发表于《评论》（*Commentary*）的文章《来自德国的报告》（Report from Germany）中，阿伦特指出，德国人在"逃避责任，拒绝接受现实中发生的事情"。在20世纪50年代以及后来的时间里，否认现实并将自己打扮成受害者成为德国幸存者的主流战争叙事，麦克尼尔是最早一批记录它们如何被表达的外国人士之一。[21]

麦克尼尔对重新引入文化以为流离失所者带来文明的慰藉这个

问题的看法也同样令人印象深刻。众所周知,流离失所者踊跃地在安置营里创办图书馆、剧院和报纸,举行手工艺品展览、演唱会、体育赛事和交响乐表演,努力补偿多年的文化剥夺。救济工作者细心地记录了这些活动,但他们也注意到围绕着营地里的文化节目爆发了"民族主义间的竞争"。贵格会慈善工作者的应对措施是在营地里倡导传统舞蹈表演而不是举办手工艺品展览或体育比赛,他们相信舞蹈能激发对其他民族文化的好奇心并鼓励合作精神。有时候,复兴文化甚至引发了悲伤。麦克尼尔提请我们注意,外国救济人员像传教士一样热情地举行文化活动以抚慰战争创伤,这与战争幸存者饱受创伤的心理状况之间格格不入。"对文化的热爱并不一定能令人们团结起来",因为对于许多流离失所者而言,文化是"与他们支离破碎的过去密不可分的事物",也是战前"一个自尊自重、稳定的社会的产物,它非常脆弱而且复杂,竞赛与小组讨论并不能促进它的成长"。在这里和其他地方,救济工作揭示了重塑文化的局限性以及降低期望的必要性。最后,麦克尼尔总结说:"我们不再尝试为流离失所者组织文化活动,只是与他们分享令我们自己非常快乐的事物。"这些宗教慈善工作者与流离失所者之间交流的记录很早便揭示了新的文明教化使命的梦想与局限性。[22]

在救济工作的世界里,欧洲最引人注目的新来者是与联合国新创立的特别救济机构"联合国善后救济总署"有关的人员,它与宗教慈善团体有着本质上的不同。"联总"创立于1943年,当时来自44个成员国的代表在白宫东厅(East Room)里举行会议并签署协议,承诺展开合作——用富兰克林·D. 罗斯福总统的话说——对"德国和日本的野蛮行径的受害者"实施援助。虽然名义上是联合国的特别机构,但"联总"早在联合国正式成立的两年前就已经存在。

美国人是"联总"主要的出资人和救济工作组织者，根据一位评论家的描述，这些工作是"战后秩序的第一份蓝图"。"联总"在中国、菲律宾、朝鲜和中东设立了办公室，协助从战争到和平的过渡工作，提供"恢复的途径"。这个新机构的特别之处在于它把重点放在国际合作上，因为在"二战"之后，正如一份宣传册所说，"各国联合行动，共享资源，实现共同福祉"的理念方兴未艾。[23]

战时欧洲对食物与住房的迫切需求，引发大西洋两岸展开对欧洲文明生活最低限度要求的讨论，并帮助促进了新的国际组织和欧洲福利国家的发展。在这方面有影响力的一次事件是1942年12月费边社国际局（International Bureau）在牛津大学组织的一次战时会议，主题是探讨救济与欧洲重建。那是群星荟萃的盛会，有英国的公共知识分子伦纳德·伍尔夫（Leonard Woolf）、朱利安·赫胥黎（Julian Huxley）与哈罗德·拉斯基（Harold Laski）。工党下议院议员菲利普·诺尔—贝克（Philip Noel-Baker）开启会议，希望与会者关注具有重大意义的历史时刻，他表示："停战协定将开启人类有史以来集体进步的最大机遇。"杰出的维多利亚时代作家伦纳德·伍尔夫的发言最为深切地表达了卷入战争所付出的高昂代价。他说："城市被轰炸和焚毁并不要紧，真正的问题是人类生命与文明本身的破坏和毁灭"，因为"这些人才是我们文明真正的废墟残骸，而罪魁祸首是纳粹分子和这场战争"。对于伍尔夫而言，欧洲的文明重建必须以民主体制与国际规划的结合为开始，如此一来，"从野蛮行径、希特勒主义和战争的灰烬中，新秩序或将出现，那就是自由的人民结成的文明社会"。赫胥黎的讲话也遵循着类似的主旨，强调超越"所有国家享有平等与主权的威尔逊式幻想"的必要性，以协调新的国际救济任务；拉斯基甚至提出当前需要建立一个联合协作的新"救济机制"，而那将"再度营造令文明生活成为可能的氛围"。这些英国费边社成员并不孤单，20世纪40年代初期各国政府、国际组织和慈善团体曾有过大量的国际讨论，探究在战胜纳粹势力之后如何处理欧洲的残局。[24]

"联总"的宗旨是实现1941年《大西洋宪章》第6条的内容，其中写明了美国与英国的作战目的，包括希望"保障所有地方的所有人在免于恐惧与不虞匮乏的自由中，安度他们的一生"。最令人担心的问题是如何避免第一次世界大战之后肆虐欧洲的瘟疫卷土重来。发生于1918年至1919年的西班牙大流感在和平时期的4个月中杀死的平民比为期4年的战争中死去的所有战斗人员还多。"联总"的主要任务是为欧洲和亚洲的战争受害者提供食物、衣物和房屋，重点是提供饮用水、伙食、公共卫生、衣服、住所、专业技术、消费必需品和通讯设备。它由实际事务驱动，众多医生、护士和护理人员受命抗击疾病和解决物资匮乏。这个新的联合国机构体现了战时大联盟人道主义的一面，但它的使命远不止如此。它还承担起寻找失踪者、监督难民中心和遣返儿童的任务。它与其他援助机构的不同之处在于，它既不是私人机构，也不是国家组织或宗教团体。事实上，"联总"类似于协调行动的组织，负责整合横跨欧亚的40多个国家政府与民间慈善团体的救济行动，标志着历史学家杰西卡·赖尼希（Jessica Reinisch）称之为"国际主义使命"（missionary internationalism）的历史新起点。[25]

这些国际组织的援助引发了如何处理人道主义与国家主权之间关系的种种问题。这些并不是新问题，长期以来，人道主义危机被认为是侵害受援助国家独立主权的托词。英国自由党政治家威廉·尤尔特·格拉德斯通（William Ewart Gladstone）发布于1876年的小册子《保加利亚的种种恐怖情形与东方的问题》（*Bulgarian Horros and the Question of the East*）是一个著名的例子。在这本小册子中，这位英国首相对奥斯曼土耳其人被指控针对基督徒犯下的暴行感到十分气愤，拒绝承认奥斯曼帝国的主权，也不接受不干涉别国内政的国际准则。1945年德国和日本的无条件投降，以及这两个国家饱受摧残的状况，为以从前无法想象的方式扩大国际救济规模提供了独一无二的机会。[26]

主权与救济之间的矛盾在法国引发了热烈讨论。法国没有派代表出席1943年德黑兰战时盟国会议，也没有出席1945年在雅尔塔和波茨坦举行的后续会议，这些会议讨论了许多关于战后军事占领德国与奥地利的实际操作细节。战争结束时，法国在"联总"中没有明确的地位，这是因为它拥有双重身份：它曾被纳粹德国占领过，因此根据"联总"的指导方针，它是有资格接受援助的国家；同时它又是击败德国的胜利者之一。无论这个国家多么迫切需要救济，法国官方都不会允许国际援助侵犯它刚刚失而复得的国家主权。对于法国的"联总"官员而言［在1944年由政治经济学家与外交家让·莫内（Jean Monnet）指导］，最重要的问题是确保法国不被列入"受援助国家"，以免令国家主权受到侵犯。正如一位法国官员所说，法国"不希望受人恩惠，宁可让自己的人民饿肚子也不会乞求施舍"。1944年秋天，夏尔·戴高乐（Charles de Gaulle）将军甚至签署了与苏联结盟的条约，以减少法国对英国和美国这两个盟友的依赖。战后，法国加入了"联总"，认为它对于增强与西方集团的联系以及获得急需的物资和外汇至关重要。关于主权的问题在其他国家也出现了，如重新掌权的希腊右翼政府怀疑"联总"遭到共产主义者渗透，坚持要接管它在希腊境内的项目，之后"联总"只担任顾问的角色。[27]

另一个例子是苏联，它曾遭到纳粹政权的大规模入侵，在抗击希特勒的军队时发挥了中流砥柱的作用，停战之后急需得到援助。美国副国务卿迪安·艾奇逊并不愿意将美国的资金用于帮助共产主义国家的战后重建，但由于"联总"已经支援了从前的敌对国家，如德国、奥地利和意大利，根据章程规定，它不能拒绝苏联的请求，因此苏联以纳粹侵略行径的受害者身份，得到了应有的食物与援助。"联总"在白俄罗斯和乌克兰展开多项任务，其工作人员几乎都是美国人。当他们抵达时，就因明斯克与波尔塔瓦（Poltava）等城市遭到的严重破坏与饥荒和结核病四处蔓延的情形而大为震惊。他们在这些地区展开了大规模行动，根据1946年的一份报告所述："几乎每一个白俄罗斯的农民、产业工人、政府官员或党的领导人都与'联总'的项目有过接触。"在困难重重的情况下，美国救济人员与当地的苏维埃政府和工作人员结下了友好的关系，美国机构的官员留意到苏联市民普遍对美国代表团报以善意。正是在那里，"联总"驻乌克兰特派团团长，纽约律师马歇尔·麦克达菲（Marshall MacDuffie）与乌克兰的共产党领导人尼基塔·赫鲁晓夫（Nikita Khrushchev）结下了深厚的友谊，正如他在记录了自己驻守俄国和乌克兰经历的回忆录《红地毯》（The Red Carpet）里所记述的那样。虽然在苏联境内的"联总"工作人员清楚地知道，壁垒分明的意识形态分歧不可能一厢情愿地消失，但他们相信——正如一份"联总"报告所写的那样——"懂得如何和平地共同生活与工作的人"可以创立一个有行动力的主权国家共同体。[28]

冷战时期对"联总"受到操纵以及损害被援助国主权的担忧围绕"救援管理"而产生。一方面，苏联的疑心变得越来越重。虽然苏联在1944年发行的宣传册《战争与工人阶级》（War and the Working Class）中对"联总"的人道主义援助大加赞许，但它怀疑这个机构的主要目的是实现"英美两国政商圈子的利益"。当然，"联总"经费负担的分配是不均衡的：美国承担了"联总"73%的整体预算开支，英国贡献了16%。在苏联的眼中，"联总"代表了英美两国以人道主义为幌子的侵蚀计划，它被禁止在德国的苏占区开展行动。另一方面，美国人同样担心"联总"在工作现场会受国际主义影响而偏离使命，尤其是在共产主义国家。1945年11月，《生活》

（*Life*）杂志的一位编辑气愤地表示，这个救济机构"已经成为英美两国救济受苏联控制之欧洲的行政机构"。一时间谣言四起，说苏联境内的项目被安插了许多间谍和共产主义同路人，他们受到蒙蔽，将美国的救济资金用于俄国的军事目的。猜忌的阴云笼罩在"联总"官员的头顶，因为他们太富于国际主义情怀、同情共产主义，以至于那些曾经在苏联和南斯拉夫服务过的人员后来一律被联合国禁止录用或勒令不得参与马歇尔计划。虽然对间谍活动的指控被过分夸大了，但有时候指控的罪名也得以确认：1947年，有6位美籍"联总"高层人员被揭穿为苏联间谍，更是加深了美国对这个机构的猜忌。[29]

但这个机构还是在困难重重的情况下取得了令人瞩目的成绩。援助的船只早在1945年3月就抵达南欧，比欧洲胜利日足足早了两个月。"联总"由72艘船组成的船队运送了超过30万头家畜前往海外，被一份刊物形容为"自诺亚时代以来最重要的动物水上迁移"。它在欧洲的行动起初只局限于欧洲东南部的几个国家（希腊、南斯拉夫和阿尔巴尼亚），但后来逐渐扩展到波兰、乌克兰、白俄罗斯和捷克斯洛伐克，接着是德国、意大利、奥地利和匈牙利。欧洲有超过300个流离失所者安置营由它管理。有时候它是一个勇于作为的机构，救济人员不得不动用军事手段才能展开救济。在撒丁岛，救济人员动用了火焰喷射器和吉普车才将成群的蝗虫驱走，并使用新式的六氯化苯化学剂杜绝虫患和抢救那里的粮食收成。这个机构有1万名受训员工在17个国家分发援助物资，监督实施了被誉为有史以来在和平时期规模最大的海运行动。到1946年底，它那支由6000艘船组成的船队运送了2500万吨物资前往欧洲和亚洲，是"一战"结束后救济水平的三倍多。尽管它总是遇到瓶颈、在行政工作上错漏百出，但这个机构可以自豪地宣称它为大量流离失所者摆脱许多无家可归、饥寒交迫、衣衫褴褛、被迫流亡以及心怀绝望的状态做出了重大贡献，并向那些在德国和日本战线后方苦

第一章　呼吁救济

等的人证明——用"联总"的一份出版物里的话说——他们并没有被遗忘。[30]

阵容庞大的志愿者（和平主义者、出于良心拒服兵役者、宗教活动家、护士与社工）聚在一起帮助战争的受害者。大部分人员来自英国和美国，但也有一些人来自法国、加拿大、荷兰、意大利、捷克斯洛伐克和波罗的海国家。比起其他国家的人员，加拿大的官员和护士往往更加胜任工作，为那些有需要的人提供了出色的服务。许多志愿者是妇女，在1946年年中，42%的员工是女性；到同年年底，这个比例增加到了将近50%。1945年后许多在欧洲展开行动的机构护士和救济人员最初是20世纪30年代在西班牙服务的贵格会救济人员，他们加入"联总"是因为无论在行政部门还是在现场救援部门，待遇都更好一些。艰苦的条件、激烈的政府预算争夺和重叠冗余的人员构成导致组织内部出现了分歧，美国工作人员遭到其他国家工作人员的指责，后者认为前者人浮于事，而且还是投机分子。英国作家艾丽斯·默多克（Iris Murdoch）曾在1945年当过这个机构的志愿者，她讽刺那帮无所事事的美国官员"坐在宽大的办公桌后面，嚼着口香糖，和自己的同胞称兄道弟"。[31]

"联总"工作人员还面临文明崩溃的难题，这体现于人满为患的营地、住房紧缺和临时搭建的卫生设施，但回忆录的重要内容还是在战争中付出巨大代价的人——身体孱弱、精神错乱的幸存者。他们记录了流离失所者心中极度的破碎感与失落感，用某人的话说："惊慌孤独的无家可归者在绝望呐喊，却没有得到回应。"他们描述了流离失所者如何遭受所谓的"解放情结"的折磨，沮丧、情绪波动和复仇的渴望交织在一起，这使得管控他们变得非常困难。流离失所者难以融入战后生活的情形是如此普遍，以至于被专家与救济人员称为"流离失所者淡漠"（DP apathy）或"贝尔森症状"（Belsenitis）。满足他们的需求被视为欧洲在精神层面开始重建的第一步，创伤的发生地点从战场转到了流离失所者安置营。[32]

窘迫的处境坚定了完成使命的决心，弗朗西丝卡·M. 威尔逊（Francesca M. Wilson）的回忆录《后果》（Aftermath）所记录的救济工作经历清楚地体现了这一点。这个新机构令她欣赏之处在于，它"不会把时间耗费在会议桌上，也不会尽说一些陈词滥调，纠缠于细枝末节"，恰恰相反，"它的职能就是行动"。它由机智的冒险者构成，他们积极投身任务，令许多军官感到恼火，这些军官怀疑他们的动机与能力，还质疑他们偶尔利用黑市交易获取匮乏物资的做法。威尔逊是英国贵格会的职业福利工作者，在"一战"时曾与法国、塞尔维亚与黑山的平民共事过，接着在20世纪20年代初期积极参与救济俄国饥荒的行动，后来还参加过西班牙内战的救济工作。这一次，威尔逊"与如此多志同道合者共事，参加从敌人的领土上解救祖国与其他国家的被驱逐者的任务，心中非常振奋"。在巴伐利亚州费尔达芬（Feldafing）的流离失所者安置营里，她惊诧地见到"会行走的骷髅"，而且"他们的神情和姿态就像被捕猎的动物那般鬼鬼祟祟"，"经年的残酷遭遇与长期以来对死亡的恐惧将所有生而为人的品质统统消磨殆尽"。与其他人一样，她坚信"纳粹集中营的阴影将笼罩欧洲长达几个世纪之久"，并将"夺走作为欧洲人的尊严"。[33]

凯瑟琳·休姆（Kathryn Hulme）的《蛮荒之地》（The Wild Place）记述了她在"联总"驻德国维尔德弗莱肯的波兰流离失所者安置营担任副主任的经历。在回忆录里，这位美国志愿者留意到维尔德弗莱肯的本意正是"蛮荒之地"，对她而言是这个就像世界尽头一样的地方最合适不过的名字。物资长期匮乏，难民如潮水般无休无止涌来，她就在这样极度艰难的条件下发放食物，勉强度日。她觉得"联总"在某种意义上是"接受考验的联合国"，"流离失所者的世界变得恍如爱丽丝漫游的奇境"，在这个世界里，"我们守护着大地上一个风雨飘摇的角落，情况变得越来越诡谲离奇"。她承认有时候福利工作者会在压力下崩溃。当休姆面对另一批有数百人之多的绝望的波兰流离失所者吵吵闹闹要求领到食物时，她承认："当时我觉得国际救济简直就是疯狂的举动，竟然以为能为这座人类灵魂的废墟做些什么，它比欧洲境内所有堆积如山的瓦砾废墟还要可怕得多。"苏珊·T.佩蒂斯（Susan T. Pettiss）的回忆录也记述了类似的情绪。佩蒂斯是来自亚拉巴马州莫比尔（Mobile）的社工，为了逃避即将破裂的婚姻，志愿前往欧洲。她投身其中是希望为创造"一个有新社会体制和国际关系的真正的大同世界"尽一份心力。佩蒂斯记录了那些无家可归的难民无休止的要求与24小时连轴转的工作，以及偶尔与黑人士兵结交和跳舞的经历，甚至记录了作为一个美国南部的白人妇女第一次与非裔美国黑人男子交往的体验。佩蒂斯还描写了欧洲陷入道德危机的情形，因复仇、遣返和暴力行径而变得面目全非，所有这一切都在挑战她的信念。救济人员不可避免地堕入一个无所不用其极的世界，以乞讨和"月下征用"（即偷窃）德国人的物资等手段填饱饥民的肚子，这些做法在考验她的良心。"我觉得自己的价值观被动摇了"，"我总是得面对一个难题，那就是如何分辨偷窃、缴获、没收与征用敌人的物资这些行为的区别"。[34]

"联总"与传统宗教援助机构的区别在于，对身体的照顾取代了对灵魂的关怀，救援人员充当起新一代的传教士。这一点可以从这个人道援助机构的照片中看出。将近一个半世纪以来，人道主义者借助摄影引起人们对与战争破坏、社会动荡和贫穷密不可分的人间苦难的关注。尽管这类人道主义摄影起源于19世纪，但在第一次世界大战之后，作为使不公与暴行成为政治议题、为各种国际道德事业争取公众支持的手段，它却迎来了大爆发。第二次世界大战结束后，以人道主义摄影打动人心的手段再度回归，而"联总"是令这一摄影手法复兴的中坚力量。它的大部分摄影师是美国人，许多人是曾在美国陆军通信兵团（US Army Signal Corps）服役的退伍军人。描绘流离失所者的方式受到了美国农业安全管理局［Farm Security Administration，简称农安局（FSA）］著名的考察纪实工作的启发。在 20 世纪 30 年代，"农安局"以美国流动工人为对象的摄影作品引发了推行社会改革的强烈呼吁。"联总"的两位最负盛名的摄影师——在波兰的约翰·瓦尚（John Vachon）和在中国的阿瑟·罗思坦（Arthur Rothstein）——都曾就职于"农安局"，这并非巧合。如图 3 所示，瓦尚镜头下满目疮痍的华沙荒凉黯淡的照片以被摧毁的建筑、遍地狼藉的都市生活和无助的儿童为主题，所有作品都流露出深切的同情与怜悯。[35]

"联总"的摄影作品流露出明确的政治意图。在一定程度上，这是因为该机构在美国遭到抨击。美国副国务卿艾奇逊抱怨大部分的救济物资被投放到了东欧，"被对我们怀有深深敌意的政府用于增强自身的实力，与雅尔塔会议达成的协议背道而驰"。波兰与南斯拉夫是"联总"援助的两个最大受益者，这令美国公众对"联总"大为不满。《生活》杂志的出版人亨利·R.卢斯（Henry R. Luce）是坚定的保守派，对"联总"在欧洲援助共产主义国家重建的行动报以高度批判的态度，拒绝在海外刊登正面宣扬"联总"活动的照片。结果，"联总"不得不将相当一部分资源用于通过电影和摄影作品宣传自己的善行。吉恩·福勒（Gene Fowler）在 1946 年上映的纪录片《命运的种子》（Seeds of Destiny）中怀着爱心记录了一船船粮食被运往世界各地的情景，"联总"的摄影媒介记录了许多犹太家庭兴高采烈地登船返回祖国或前往巴勒斯坦的场面。曾罹患营养不良的儿童的前后对比标准像被用于宣传流离失所者安置营卓有成效的工作。发布于 1946 年的宣传册《关于联总的五十个事实》（Fifty Facts About UNRRA）在欧洲和亚洲接受援助的国家广泛发

第一章　呼吁救济　　　　　　　　　　　　　　　　　　　　055

图3　新鲜牛奶送到了。波兰，格但斯克（Gdansk），1946年

图片来源：约翰·瓦尚摄，"联总"/4459，联合国档案与记录管理科（United Nations Archives and Record Management）

行（见图4）。该宣传册的封面印着一个迫切需要得到照顾的瘦弱小孩，而其他图片（见图5、图6、图7）则反映救济人员如何在南斯拉夫、德国和意大利为孩子们提供援助。[36]

虽然许多流离失所者和救济人员总是经历混乱、绝望与挫折，但机构的官方照片描绘的却是一个秩序井然的世界：营地运作良好，难民遣返井井有条。一个救济人员承认乌克兰人——"体格魁梧强健的男人"——"在我们寄回国的展示流离失所者正在工作的照片中占了很大比重。"痛苦、折磨和哀愁并没有被展现，恰恰相反，重点放在了难民生活的正面时刻：能吃上饱饭、得到照料、接受医治、

图 4 《关于联总的五十个事实》封面。伦敦：皇家文书局（His Majesty's Stationery Office），1946 年

图片来源：联合国档案（United Nations Archives）

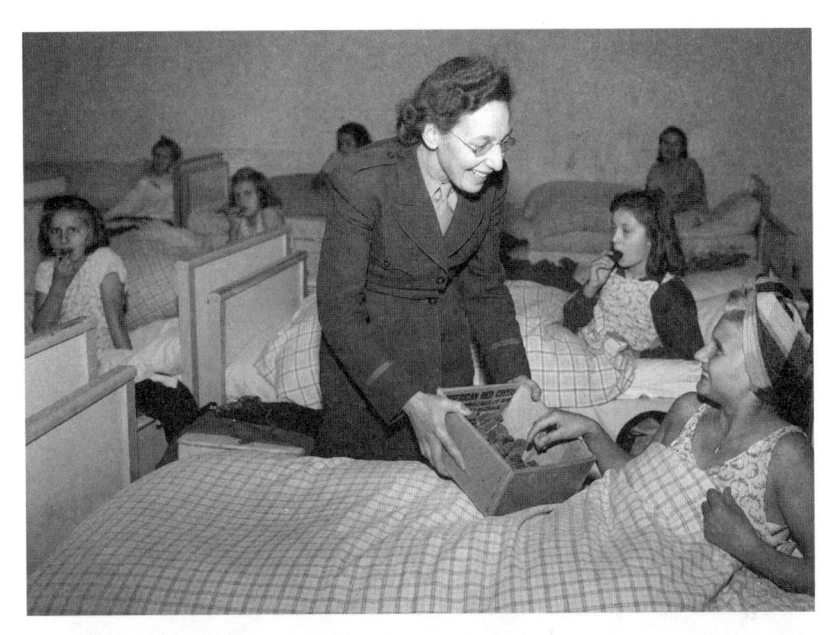

图 5 德国克洛斯特·因德斯多夫流离失所者安置营（Kloster Indersdorf DP camp），1945 年

图片来源：盖蒂图片社（Getty Images）

图 6 "联总"的援助物资被分发给意大利的孩童，1946 年

图片来源：联合国档案

图 7　犹太裔流离失所者在奥地利林茨附近的美占区宾德米克勒流离失所者安置营（Bindermichl DP camp）里接受"联总"分发的食物，约 1946 年

图片来源：莱波（Lepore）摄，美国犹太人大屠杀纪念博物馆（United States Holocaust Memorial Museum），美国国家档案和记录管理局（National Archives and Records Administration）供图，马里兰州科利奇帕克，编号：111-SC-234939

孩子们在玩耍、难民登上船只或火车返回故乡，这一点体现于那张展示犹太难民在"联总"运作的奥地利林茨城（Linz）外的流离失所者安置营里领取食物的照片。

许多照片的拍摄内容是成年人在工作，因为"联总"的使命是殖民时代"通过劳动得到重生"理念的升级版。这些照片还强调了"帮助受援助者自立"的口号，其设想是流离失所者受纳粹迫害的创伤将通过自力更生而得以痊愈。最重要的是，该机构的照片被用于证明这个迅速扩张的国际人道主义事业的善行（和成本急剧增加的合理性），并向其他待在营地里的难民传达进步的故事。摄影师得到明确指示，要正面烘托联合国的这一救济使命，瓦尚不满地称之为"联总角度"。[37]

机构的照片也反映了"联总"使命的内在矛盾。与基督教慈善工作的照片不同，从"联总"的照片里可以看出情感上的疏离。起初这或许会令人感到惊讶，因为"联总"的创立是为了展现全球治理的人道主义的一面。机构的官员不得不与主持工作的军事当局合作，并总是在流离失所者安置营的行政管理上与他们发生争执。救济人员抱怨军队对他们负责看守的流离失所者根本漠不关心，只满足于让这些人有地方住，有饭吃和接受除虱。一个救济机构的工作人员绝望地说："他们似乎对实际工作所产生的情感联系没有丝毫察觉或根本不加重视"，因为"这里遵循的是类似于福特生产线的组织模型"，令我们觉得自己就像"任由上级官员摆布的棋子，这是令我们总是有挫败感的原因之一"。他们的沮丧总是借由文明的话语加以表达。一个英国救济人员在1945年6月17日的日记中表达了内心的气愤，他写道，是否这些"身居高位的混蛋"能"勉强意识到这些人也是人，他们身处战火中时，我们正在本国过着安逸的生活。如今在哈瑙（Hanau）这里，他们多年来第一次有机会去建立属于自己的文明"。[38]

"联总"的工作还包括提供医疗协助并协调政府间行政管理事务，但没有像宗教团体那样通过关怀照顾而形成非正式的亲密关系。"联总"甚至贬低宗教慈善团体的工作"虽是出于好心却不够专业"。贵格会则指责"联总"墨守成规，坚持一成不变的赈粮安排，以军事化管理的方式提供物资；其他宗教团体的慈善工作者讥讽"联总"的员工"光拿高薪，心中却毫无理想"。营地里总是出现疾病肆虐的情形，需要保持严格的卫生安排，而这也是令救济工作的施与者与接受者彼此疏远的因素之一。另一个决定性的因素是它在美国受到抨击，人们怀疑它在其他国家遭到同化，有国际主义倾向和同情共产主义；体现了职业距离和人际疏离的照片被用于传达这个机构着重效率的自我形象。通过这种方式，官方发布的反映工作人员发放食物和提供医药的照片达成了一个更广泛的目标，即尝试将观看者的同情与支持引向这个救济机构本身而不是接受援助的人。[39]

正面的摄影作品并不能掩饰"联总"面临重重难题的事实。首先，它完全依赖于国家政府和军事占领当局的施政重点，因此只能服从于风云突变的国际政治局势。同盟国军事当局倾向于与已经成立多年的慈善机构如红十字会合作，其中一个重要原因是"联总"的官员缺乏经验而且能力不足。伦敦《图画邮报》（Picture Post）的记者洛娜·海（Lorna Hay）1945年在德国进行报道工作，她注意到"联总逐渐意识到自己是没人要的孩子，没有人对它寄以希望，它招人讨厌，因为它总是出现在救济现场，别人还得为其人员提供住所"。救济人员注意到，流离失所者（尤其当他们与同胞在一起时）总是会捍卫自己的自主权，对救济人员抱有戒心，认为他们是不请自来的人，总是好心办坏事，对自己在战时的斗争与牺牲根本漠不关心。"联总"还与其他慈善救济机构展开竞争，后者的工作人员有时会嘲讽"联总"名字缩写的真正含义其实是"你哪一个都帮不了"*。据悉，有些官员还从波兰流离失所者中挑选情妇，所有这一切都损害了它的使命和道德合法性。[40]

遣返工作是最棘手的问题。在欧洲有4000万非战斗人员在战争期间流离失所，而"联总"的任务是尽快将他们遣返。那是"二战"之后范围更广的、有组织的人口迁徙的一部分，在国际社会的支持下推进。历史学家彼得·加特雷尔（Peter Gatrell）曾表示："纳

---

* 联总的缩写是"UNRRA"，"你哪一个都帮不了"的英文是"U Never Really Rehabilitate Anyone"（如无特别说明，本书所有页下注均为译者注）。

粹主义的失败根本没有结束有组织的人口驱逐，反而令这个想法更加普遍。"在战争期间，粮食、住房和遣返流离失所者已经是讨论的焦点，而在停战之后，它们成为严重的问题。一开始，最迫切需要处理的问题是遣返俄国人——到战争结束时有600万俄国人流落苏联境外——他们被视为危险人物，将会对被分而治之的德国的公共秩序构成威胁。为俄国人提供伙食的成本很高昂，因为按照"雅尔塔协定"，他们享有与同盟国士兵同等的待遇。"联总"还被告知，他们越快遣返俄国人，莫斯科就会越快遣返仍滞留在苏联境内的同盟国战俘。[41]

如何处置流离失所者也是同样复杂的问题——尤其是来自波兰、匈牙利、捷克斯洛伐克和苏联的流离失所者——他们并不想返回自己的祖国。他们当中许多人已经失去了一切，认为自己回到祖国将成为不受欢迎的人，害怕受到报复，希望在别处开始新的生活。汉娜·阿伦特在当时曾说："有相当大一部分人认为所谓遣返其实是驱逐出境。"救济人员清楚地知道情况并不明朗，但他们受到严格指示，要为流离失所者的遣返做好准备工作。尽管"联总"在创办初期心怀从战争废墟中营造大同世界的美好愿望，但它不得不依照国籍区分援助的对象，并将他们送回各自的祖国。这方面的工作是"联总"与宗教慈善机构的区别，令许多援助人员感到难过与不安。当凯瑟琳·休姆得知一些俄国难民"宁肯割腕、脱光衣服和上吊，也不愿登上遣返的火车时"，她的内心深受震撼。这种绝望是否普遍，我们不得而知，但苏联非常重视抵制遣返的情况。诸如《归家路》(*The Road Home*)、《飘零无家终归返》(*Home for the Homeless*) 等苏联制作的电影展现了被解放的波兰与波罗的海国家积极正面的生活；在伊朗、希腊、埃及和其他地方负责遣返工作的苏联官员兴办报纸，鼓励流离失所者返回祖国。一部分宗教团体，尤其是贵格会，基于道德原因强烈反对这些强制迁徙的措施。与之相反,"联总"不得不强制遣返所有被驱逐者。统计数字相当惊人:1945年5月,在德国境内有大约770万流离失所者;到7月底,已有超过400万流离失所者被"重新安置"。救济人员罗达·道森(Rhoda Dawson)惊诧地指出,机构的政策从原先对难民是留下还是回国奉行"绝不干预"的方针,转变到"援助是最后考虑的事情,遣返才是主要任务"。道森还写道:到1946年底,"联总"的"遣返官员"与"遣返工作组"配备了一辆"安装有高音喇叭的面包车、留声唱片和电影播放设备",以波兰语、俄语和意第绪语播放,鼓励流离失所者回国。据说机构的工作人员甚至以停发口粮威胁那些拒绝回国的人。但苏联仍怀疑西方在遣返流离失所者的工作上拖拖拉拉。联合国内部就流离失所者的命运与捍卫难民的人权免遭邪恶国家蹂躏等议题展开的多次辩论,加深了冷战的矛盾,令人道主义成为新的分界线。埃莉诺·罗斯福(Eleanor Roosevelt)曾担任联合国人权理事会的主席,将关于难民命运的争执形容为"苏联与西方早期冲突当中的一个场面"。[42]

情况同样棘手的是如何处理不是本国国民的群体,首先是幸存的犹太人。在经历了"二战"的种种恐怖之后,犹太人群体对各国政府里既没有"联总"承认的犹太人中心团体,也没有一个犹太人中央机构在协调救济犹太人的行动这一情况感到十分担心。他们呼吁创立专为犹太人服务的机构,但"联总"坚决拒绝在国际范围内对犹太战争受害者提供特别优待,理由是"犹太人的问题"必须在每一个受到战争破坏的国家里单独解决。早在1944年,美国犹太人大会(American Jewish Congress)和世界犹太人大会(World Jewish Congress)就呼吁犹太代表在"联总"里的人数应该增加,一个重要原因是纳粹分子对犹太人犯下的暴行使人们注意到为犹太人提供救济和帮助他们重新振作的迫切性与独特性。犹太幸存者前途未卜的命运成为说服犹太人迁移至巴勒斯坦的契机。对于无路可走的集中营幸存者而言,犹太复国主义成为代表理想和出路的意识形态。在德国的流离失所者安置营里,救济人员注意到"犹太民族国家"(Jewish ethnological nationality)这一理念的兴起,随着时间推移,"联总"承认了犹太人移居巴勒斯坦建国的诉求。大卫·本-古里安(David Ben-Gurion)曾担任世界犹太复国主义组织的行政首脑,后来成为以色列的首任总理,在1945年到1946年曾5次巡游欧洲,发表热情洋溢的演讲,鼓励幸存的犹太人迁徙至巴勒斯坦。关于犹太人定居巴勒斯坦的正面报告被撰写、印制并在营地里分发,希望说服欧洲的犹太人支持犹太复国主义事业,其使命以中东地区新的文明教化使命的话语加以表达:"在特拉维夫的城郊,我见到第一批房屋。这里的情况有了明显改善。我在心里对自己说:'犹太人正将文化带到中东地区,你眼前见到的情形就是证明。'"招募行动取得了成功,据说所有犹太流离失所者中有四分之一最终定居新成立的以色列国,其他人则被遣返东欧。对于一些援助人员而言,民族主义和犹太复国主义在营地里的兴起并不符合"联总"自身的国际主义原则。佩蒂斯怀着"大同世界"的理想来到"联总",但团结并没有立刻实现,她的理想幻灭了,她意识到:"无论是出于心理安慰还是务实,在动荡不安和饱经创伤的时代,对于流离失所者的生活而言,民族抱团才是最好的做法。"[43]

还有另一个关键因素将世俗的人道主义与宗教慈善区分开来。"联总"的宗旨是只帮助"德国和日本暴行的受害者",不会为前轴心国的士兵或平民提供救济或支援。只有那些被认定为"纳粹恐怖行径受害者"的德国人才有资格得到援助。这种做法并非没有前例。1945年,波兰红十字会拒绝为铁路沿线各个车站的德国人提供热饮与食物。然而,正是这一歧视性的做法令"联总"有别于大部分宗教救济群体，尤其是贵格会，后者恪守政治中立和基督教服务精神，为所有需要帮助的人提供食物、衣服和照料，无论他们是什么国籍、种族或政治立场。1945年从东方大批涌入的德国难民令机构的官员感到良心不安，他们希望将救济的对象扩展到现场有需要的德国人，但政策并没有被修正。结果就是，德国人依然没有被列为"联总"展开人道主义支援和维护人权的对象，这表明该机构（以及国际社会）在战后对人性与人道主义的有条件的理解。[44]

"联总"对德国人的歧视政策在美国本土激发了围绕慈善与文明的激烈的道德讨论。美国的罗马天主教主教阿洛伊修斯·约瑟夫·明希（Aloisius Joseph Muench，1951年至1959年担任驻西德教廷大使），力主通过救济促成德国人与非德国人之间的和解。在他写于1946年的广为流传的布道讲稿《慈善世界》（One World in Charity）里，明希呼吁对德国人应抱有仁慈之心，并结束美国冷漠的、精心算计的报复政策。明希对"在基督教国家的历史上第一次出现由于强权政府的阻挠而令基督教慈善工作无法开展"的情况表达了强烈不满，并明确谴责"官方的不人道政策"阻止"联总"向德国人提供援助。他继续说道："慈善是文明最卓有成效的建设者。"他在讲稿里认为天主教徒是无罪的，几乎没有提及犹太人，还否认任何集体罪咎。这篇讲稿在美国被广泛重印，翌年被翻译成德文并在德国出版，引起了一场轰动，成为战后初期德国基督徒受迫害神话的佐证。明希一直在为德国的美占区组织大规模的慈善活动，帮助重建美国与德国天主教徒之间在精神与物质上的纽带。[45]

1946年1月，美国参议院就德国发生饥荒的情况进行了一场激烈的辩论。一部分参议员要求"联总"与美国救济人员改变对德国人的歧视政策。文明处于危难之中的话语被援引以证明新行动的正当性。1945年12月15日,一份由内布拉斯加州参议员肯尼斯·S.惠里(Kenneth S.Wherry)起草并得到两党34位参议员签名的请愿书被提交杜鲁门总统。他们要求结束"德国与奥地利骇人听闻的饥荒","这两个国家今天正面临一场西方文明史上规模空前的饥荒"。科罗拉多州参议员尤金·米利金(Eugene Millikin)表示:"这并不是同情德国人的问题,而是关乎是否认同我们自己的文明准则的问题。"反对宽大处理德国的人士则引述了不久前出自杜鲁门总统的一封信件,在信中,杜鲁门总统坚称:"除了德国自己之外,没有人应该为德国的不幸付出代价。"但反对援助德国的人只占少数,绝大多数参议员都认为美国和"联总"拒绝为德国人提供援助的政策正在导致大饥荒,并将酿成一场"世界性的灾难"。宗教团体对这个事业伸出援手。1945年11月,《基督教世纪》(*Christian Century*)刊登了一份由世界基督教会联合会(World Council of Churches)的联合委员会、国际红十字会、世界犹太人大会和救助儿童基金会共同签署的呼吁书,声称:"当前美国正在中欧地区推行的冷血无情的政策是对基督教慈善精神的否定,违背了基督教的道德准则。"面对各教派的联合请愿和草根阶层的广泛呼吁,美国开始对德国和不在"联总"救助渠道内的德国人实施援助。到了1947年,60%的美国援救物资被送往德国。这一政策转向逐渐被视为合乎道德并且在政治上有利的举动。卢修斯·D.克莱(Lucius D. Clay)将军当时是驻德国美军副司令,他补充了自己的观点:"我们不能指望在一个饥荒肆虐的国度建立民主。"这场争辩反映了人道主义活跃分子对国际救济工作的道德使命和对待战败敌人的态度发生了改变,这是我们将在下一章中了解到的内容。[46]

不管怎样,"联总"在困难重重的条件下取得了卓越的成就。到1947年6月结束运作时,它协助解救了奥地利、南斯拉夫和希腊的饥荒,监督德国境内的美占区和英占区数百座安置营、奥地利境内21座安置营和意大利境内8座安置营的运作。在两年时间里，东欧有将近1000万流离失所者得到支援。受援助的国家以各种形式表示感激。数千封感谢信被寄到当地的援助机构；在波兰，有一座献给援助机构的雕塑举行了揭幕庆典；在捷克斯洛伐克，一座学院被以"联总"的名字命名；在中欧和亚洲，举行了多场游行和展览活动；在中国的村庄，农民蜂拥而至，为"联总"征用的吉普车的到来而欢呼；在中欧，许多人以"联总"的名字为孩童、马匹和牲畜起名。这个机构标志着在紧急情况下实施全球治理的初次尝试，由恻隐之心、技术官僚主义和美国主导的自由国际主义共同塑造。虽然它遗留的影响好坏参半，但"联总"确实为战后欧洲的文明及其文明教化使命创造了一种新的语言。在其短暂的历史里，它展现了协调一致的国际支援行动的力量与问题，以及改变各民族混居的局面（以强制遣返的形式进行）是政治和平的前提条件这一意识形态信仰。国际援助促成的结果反倒强化了民族国家和以民族为基础的国际体系。在战后推动政府间救济和重建工作的两个指导原则——家庭和国家的恢复——继续成为冷战时期欧洲、西方和东方政治秩序的道德基础。从事现场救援的"联总"在许多方面与日益沉重的冷战压力格格不入。乌克兰援助任务的领导人马歇尔·麦克达菲说，在苏联开展的任务是"英美两国与苏联的关系照亮整个世界的最明亮的标志"，他确实言之有理。一篇刊登于《经济学人》（*Economist*）的文章表达了类似的观点，认为这个援助机构是"唯一仍能沟通东西两方的组织或活动"。华盛顿的欧洲复兴计划（European Recovery Program）在1948年4月启动，标志着美国拒绝了"联总"式的国际主义，以"国家利益压倒一切"的理念控制了对欧洲的援助。用1947年美国国务院一位官员的话说："我们必须避免再产生另一个'联总'。此次行动必须由美国主导。"[47]

这些新的人道主义者为欧洲大陆的和平做出了贡献，并塑造了西欧在面对战后余殃时的新理念。在第一线工作的救济人员面对的是战争的受害者和从前的敌人。战时的敌意被一种新的文明教化使命所取代，这种使命以关怀、同情与为欧洲各地不计其数的流离失所者治愈战争创伤的愿望作为驱动力。规模前所未有的国际救济工作以人性和人道主义的名义组织进行，幸存者的基本物质需要压倒了一切。即便对于宗教慈善团体而言，肚皮而不是《圣经》才是最受关切的问题。极富热忱和使命感的欧洲见证了民族主义与国际主义围绕救济和帮助战争受害者重新振作这些问题而产生的矛盾；它也标志着美国在和平时期的孤立主义的终结，以及在美国主导下与西欧缔结的跨大西洋新同盟的成立。

1945年既有狂热的破坏行为，也有热烈的重建活动；在这一年，志愿救济人员在同盟国军事当局的阴影下辛苦工作，终于迎来了和平与文明的希望。处处都可以察觉到文明的危机，面对文化意义与道德准则的崩溃，一些人埋首于久远的过去，包括古典文明。对于斯蒂芬·斯彭德和其他人而言，中欧的废墟和难民象征着一个世界的终结和新世界充满不确定性的开始。从零开始的感觉绝不仅限于战败国，它还蔓延到西欧其他地区。在1945年，文明的危机从困惑与绝望迅速转变到协调国际行动以应对战争的破坏和照顾受害者，故事可谓峰回路转，出人意表。对于在现场工作的人道主义工作者而言，文明不是一个与过去的辉煌或传承联系在一起的概念，与历史进步乃至未来也没有丝毫关系。它代表了零点时刻，代表了此时此地的废墟和断裂；此外，它还是在艰难的情况下要求采取行动的呼吁，呼吁踏踏实实地帮助最需要帮助的人。大面积展开的救济行动标志着战后新式的、世俗化的国际使命，流离失所者安置营是它展开活动和履行使命的主要地点。

这些人道主义者也是战后欧洲的第一批见证者和建设者，致力于欧洲大陆从战争到和平，从杀戮到关怀的转变。他们当中有世俗团体和宗教团体的志愿者，有男人也有女人。他们的经历大体上被记录在不会出版的私人日记、信件和照片里。在它们当中也有例外：休姆的《蛮荒之地》出版于1953年，并在那一年获得《大西洋月刊》（Atlantic Monthly）非虚构作品奖。这些战后初期关于救济和重建的经历和故事大体上在欧洲历史中被忽略了，1945年到1950年这段时期通常会被一笔带过，认为它只是希特勒帝国覆灭和冷战开始之间的过渡。这种叙事上的缺失与所谓的德国"瓦砾女"（rubble women）的崇高地位形成了鲜明对比。在停战之后，她们夜以继日地工作，清理德国各个遭到轰炸的城镇里堆积如山的废墟，以便重新开始生活。其实这些女人并不像传闻中那样无私和富于自我牺牲精神，她们当中许多人清理废墟只是为了得到口粮或是遭到同盟国的惩罚。即便如此，令人惊叹的"女性时刻"（Hour of the Woman）得到盛赞并被新发行的国家报纸普遍宣传，作为德国（西德）坚忍不拔的比喻与战后恢复的象征，这些女人对重建做出的贡献被拔高为这个国家获得重生的寓言。[48]

这种待遇并没有发生在国际援助工作者身上，无论是他们的行动还是他们讲述的事迹。一部分原因是他们总在军事占领政权的阴影下默默工作，任务宣告完成之后就返回祖国。"联总"的许多工作人员继续在世界上其他危机四伏的地区从事国际公共卫生服务，而且总是和世界卫生组织（World Health Organization）保持联系。他们的经历和故事悄无声息地消逝，同时也因为更宏大的事业——处理紧急情况的国际主义和协调进行的外国福利支援——在民族国家逐渐恢复和冷战分歧日益加深的世界里根本没有叙事空间。当然，国际援助并没有消失，因为接下来的马歇尔计划促进了欧洲的经济恢复。对于马歇尔计划，存在于这个平凡世界上的第一人称叙事者是政客、商人和精英媒体人，大部分内容是西欧如何被美国同化。

第一章　呼吁救济

相比之下，从1945年到1947年在欧洲从事援助工作的普通志愿者的艰苦经历和谦逊回忆并非精英人士所书写。其中有许多内容出自女性志愿者的笔下，她们以照顾和安慰饥肠辘辘的流离失所者的亲身经历，讲述了欧洲产生的巨变。她们是西欧默默无闻的文明建设者，改善了数百万流离失所者和战争受害者的生活，也是这片正迅速从热战转向冷战的大陆上正在消失的调解员。讽刺的是，她们在流离失所者安置营里的行动在不经意间加速了战时大联盟的瓦解和世界大同前景的崩溃，比超级大国之间的关系变得更加冷淡和剑拔弩张还早了几年。

在当时，人们并不知道这将对欧洲的未来产生怎样的影响，因为1945年标志着希特勒帝国的垮台以及美苏两个超级大国的势力扩张。著名美国作家和文学评论家埃德蒙·威尔逊（Edmund Wilson）捕捉到了这一时刻的全新意味。和斯彭德一样，他曾在1945年夏天游历欧洲。战前埃德蒙经常探访欧洲，但这一次无论去到哪里，他见到的欧洲都令他深感不安。他心中深深的困惑体现于其游记作品的书名：《失去方向的欧洲：意大利、希腊与英国的废墟纪实》（*Europe Without Baedeker: Sketches Among the Ruins of Italy, Greece and England*）。在书中，他记录了各欧洲小国的急剧凋零，认为这是新的超级大国造成的影响。在意大利和希腊，他与深感挫折的"联总"官员进行交流。在意大利的官员坦承他们的工作虽然很有意义，却只是杯水车薪，而且他们的心中充满"无助感"。即使他们的努力得到当地人的衷心赞许，这些救援人员也承认自己觉得很尴尬，因为"他们贡献甚微，却过得很舒坦"。特权者与弱者在一起时会觉得不自在，这原本是司空见惯的事情，但威尔逊察觉出这种情绪背后隐藏着更严重的问题——帝国的负担和在彻底改变的环境下重塑欧洲文明的使命。"在敌人无家可归、忍饥挨饿的地方，在我们将他们的城市夷为平地的地方，我们现在甚至得不到任何有用的战利品,也没有找到一个可以被肆意抢掠的帝国,"他写道,"只有令人不胜其扰的无休止的要求与责任。"我们将会在下一章了解到,虽然外国军事管制的期限和要求改变了,但军事控制、司法和重建的道德代价这些问题(就像国际援助一样)将继续影响盘踞在中欧的各方。[49]

第二章

惩罚与悲悯

1945年11月21日，罗伯特·H. 杰克逊（Robert H.Jackson），美国最高法庭大法官与同盟国首席法律顾问，在纽伦堡司法宫（Nuremberg's Palace of Justice）主持了审判主要战犯的国际军事法庭的开庭。这座被轰炸得七零八落的中世纪古城被视为举行审判的合适地点，因为这里曾是纳粹党举行党代会的会场，臭名昭著的《纽伦堡法案》（Nuremburg Laws）也是在这里通过的，该法案禁止犹太人与德意志人通婚并褫夺犹太人在新成立的第三帝国的公民资格。法庭里有22个德国高层领导人因一系列的卑劣行径与战争罪行而接受审判（见图8）。大部分第三帝国的主要头目，包括约瑟夫·戈培尔、海因里希·希姆莱（Heinrich Himmler），当然，还有希特勒本人，已在大约6个月前自杀身亡。但其他人，包括赫尔曼·戈林（Hermann Göring）、阿尔伯特·施佩尔与汉斯·弗兰克（Hans Frank），都被逮捕归案，在接下来的几个月里成为国际媒体争相报道的焦点人物。最后，12个人被宣判死刑，3人被无罪释放，其他人则被判处监禁，时间从十年至终身不等。

图8 纽伦堡审判，1946年
图片来源：弗雷德·拉米奇（Fred Ramage）摄，盖蒂图片社

可是，这场审判的意义远不止让被告人接受法律审判。成立国际军事法庭的最高宗旨是帮助国际社会以新的方式为第二次世界大战画下休止符，不只是通过决定性的军事胜利与占领地盘去实现，更要彰显法律与正义的胜利。同盟国依照1945年8月8日协商通过的《国际军事法庭宪章》（Charter of the International Military Tribunal）对审判做了法律业务上的分工：美国负责审判阴谋罪，英国负责审判危害和平罪，苏联负责审判东欧地区的战争罪，法国负责审判西欧地区的战争罪。虽然有法律学者对被告人遭受指控的几条新罪名感到不安，譬如危害和平罪，尤其是反人类罪，但纳粹政权犯下的暴行性质如此恶劣，影响如此深远，必须在国际战争罪

法庭上接受审判。约翰·麦克洛伊（John McCloy）曾担任华盛顿助理国防部长，并在1949年后担任驻德国高级专员，用他的话说，对被捕的纳粹领导人实施集体处决意味着"沦落到动用轴心国的手段这一地步"。对美国人而言，进行审判以彰显法治尤为重要，英国人、法国人与苏联人也做出了自己的贡献。整个世界此前从未见过如此高规格和如此深入的审判，法庭里一派喧闹，挤满了来自各国的媒体记者，尤其是在聆讯的开始与结束阶段。据说这是吸引了最多记者的事件，在为期10个月的庭审中，有6万张旁听许可证被发放。[1]

上一章探讨了作为新的文明教化使命的国际人道主义援助所发挥的作用，本章将重点转移到帮助战败国重塑文明的目标如何通过国际司法与军事占领等形式实现。不出意外，此次审判从一开始就被极尽渲染，试图体现其独特而重大的意义。杰克逊称这是"历史上对危害和平罪的首次审判"，并说"如此高规格的诉讼案实属前所未见"。波兰犹太裔法学家赫希·劳特派特（Hersch Lauterpacht）曾帮助杰克逊及其团队制定了"反人类罪"的新法律原则，他被这场史无前例的审判所震撼，在日记中写道："历史上第一次有一个主权国家出现在被告席上，这个场面实在令人毕生难忘。"[2]

文明这一概念构成了诉讼的大部分内容。杰克逊在他的开庭致辞里抬高了道德的标杆，说道："法庭上真正的原告方其实是大写的文明。我们要声讨与惩罚的罪行是何其精心算计，何其歹毒绝伦，何其惨绝人寰。"杰克逊继续说："文明绝不能纵容和罔顾它们的发生，因为如果同样的事情再度发生，文明将会灭亡。"法国的首席检察官弗朗索瓦·德·芒东（François de Menthon）严肃地表示，纳粹主义应该被视为"所有野蛮本能的爆发，它们在漫长的世纪里遭到文明压制，但一直潜伏在最深邃的人性中，是对传统人文价值的全盘否定"。在审判即将结束时，英国检察官哈特利·肖克罗斯（Hartley Shawcross）庄严地补充说，同盟国认为，为了捍卫文明，

78 应当并且必须指出纳粹分子犯下的这些罪行（即便在实施时"符合德国的法律规定"）已不再是"内政事务"，而是"对国际法的亵渎"。1946年4月底在日本，远东国际军事法庭（International Military Tribunal for the Far East）的首席检察官约瑟夫·B.基南（Joseph B. Keenan）以几乎相同的言论为东京战争罪审判奠定了基调："主审法官阁下，这并不是一次寻常的审判，因为我们在此代表文明进行殊死战斗，保护整个世界免遭毁灭。"在这两处法庭里，同盟国的律师与法官在未知领域里实施审判，指出侵略行径与战争罪行是前所未有的对文明的侵犯，需要为国际司法引入新的概念。在这两处法庭里，文明被视为赋予人类以灵魂和意义的价值观的集合，现在它被传召到法庭里，参与集体审判。[3]

本章探讨的是德国战败后的命运——它的领导人、受害者与满目疮痍的帝国——如何成为同盟国在商议帮助被占领的欧洲重建文明时的讨论框架。我们的关注焦点将放在通过纽伦堡国际军事法庭所体现的同盟国内部关于国际司法与文明之间的关系而产生的矛盾。接着焦点将转移到军事占领，关注英美两国的非亲善政策（policy of nonfraternisation）激起关于战胜国应该如何处置战败国的广泛的公共讨论。最富争议的媒体讨论发生在英占区（摄影新闻在推波助澜），内容是怜悯与人道主义在欧洲被占领区所起到的作用，因此，这方面的内容会得到特别关注。草根阶层发起的让德国人吃饱饭、获得物资供应甚至得到原谅的宣传［带头人包括伦敦出版商维克多·格兰茨（Victor Gollancz）］很快就演变为全国范围内关于英国文明真正含义的探讨，内容包括同盟国对国际司法、再教育以及与前敌国逐步和解的理解如何反映了战胜国对后法西斯欧洲不断变化的愿景。

79 1945年不是纳粹政权第一次接受审判。1934年3月7日，一场针对希特勒政府的模拟审判在纽约市麦迪逊广场花园里不少于2万名旁听者面前举行。它的开场致辞是："所有希望在这座文明的法庭上提出申诉的人，只要道出缘由，你的声音将被听取。"来自各工会、犹太人团体、教会、运动组织与各国政府的20位代表提起了"文明诉希特勒主义案"（The Case of Civilization Against Hitlerism），指控后者侵犯人权、实施宗教迫害、囚禁劳工领导人与进行思想审查。起诉书指控第三帝国"迫使德国人民从文明倒退回古老野蛮的专制主义，并威胁到人类迈向和平与自由的进步"。接着它说德国政府"因其对文明的犯罪行径而被判有罪"，这个判决得到"全场喝彩"以示赞同。同年晚些时候，一群作家、政治家、记者、律师与犹太拉比出版了一部名为《纳粹主义：对文明的冲击》（Nazism: An Assault on Civilization）的作品，其部分主旨是希望"唤醒人类的良知，抵制对弱势群体的残暴欺凌"。这些姿态可能看起来只是来自大西洋彼岸的绝望无助的怒吼，但它们确实指明了文明如何成为表达愤慨与文化冲击的话语，多年之后，它将在纽伦堡的法庭里再度出现。[4]

第二次世界大战见证了这个词语的广泛使用。果不其然，纳粹德国总是因其种族主义、反犹主义和政治暴力而被视为野蛮的化身——不时有我们现在称之为犹太人大屠杀的恐怖罪行的点滴真相被揭秘，更是加深了这一印象——最后，在全球范围内，它成为根本之恶（radical evil）与文明终结的代名词。1938年，纳粹德国吞并捷克斯洛伐克的领土；1939年，纳粹德国入侵波兰；1941年12月，日本进攻珍珠港；这些行径引起了法学刊物对保卫文明、抵抗"无法无天"的法西斯主义的兴趣。西方同盟国曾将"人的权利"奉为战争的最高道德理由，或许最能体现这一点的是H. G. 威尔斯在1940年出版的小册子《人的权利，或我们为何而战？》（The Rights of Man, or What Are We Fighting For?）。在这本小册子中，威尔斯强调了保卫"人的权利"是在战争期间团结起来的"大西洋诸文明"的道德使命。"自由法国"的领导人戴高乐将军曾于1941年11月25日在牛津大学发表演讲,论述"文明的危机"。在演讲中,他表明英法两国只有深化在军事、政治和思想领域的合作——因为它们是"人的自由权利"的两大"家园"——"才能确保文明的事业取得胜利"。作为对极权主义的回应,1941年的《大西洋宪章》和1942年以创建一个基于"对生命、解放、独立与宗教自由的信仰,并在本土和别的土地上保卫人权和公义"的"人类大同盟"为宗旨的《联合国家共同宣言》(United Nations Declaration,有26个国家签署)被用于为意识形态服务。西奥多·罗斯福(Theodore Roosevelt)是第一位将美国的帝国主义外交政策与西方文明的扩张联系在一起的总统,而他的表亲富兰克林·德拉诺·罗斯福将文明这个词语用到了极致,尤其是在第二次世界大战的前奏与进行期间,以强调抗击纳粹主义的全球道义责任。但对他而言,文明并不表示孤立主义和民族主义,而是多边合作。正如富兰克林·德拉诺·罗斯福在1938年一次演讲中所说:"文明不是民族主义,而是国际主义。"在一封战时的私人书信中,罗斯福将这场战争形容为"十字军东征","挽救文明免遭暴政摧残,后者将会毁灭文明和人类生活的所有尊严"。[5]

苏联在战争期间也进一步加强了对这个词语的运用,以巩固20世纪30年代的反法西斯人民阵线。起初这似乎很奇怪,一个重要原因是苏联在早年便向世界宣称它与旧欧洲的腐朽影响彻底决裂。虽然列宁与斯大林很少用到"文明"这个词语,但他们毫不犹豫地谴责沙皇政权是"亚洲的野蛮制度"和"亚洲的反动势力"。在苏联的语境里,文明是一个负面的词汇,用于斥责西方,并颂扬苏联作为与全世界受压迫人民团结在一起的、富于开拓精神的进步文明在世界历史中所扮演的重要角色。1927年,斯大林痛斥西方倾向于

第二章　惩罚与悲悯

将世界严格划分为高低有别的种族体系这一做法，即认为非欧洲人民是未开化的民族，而白色人种则是文明的传承者。斯大林曾写道：十月革命的一个重大成果是将这些"传说"彻底摧毁，鼓舞"得到解放的非欧洲人民"去缔造"真正进步的文化，真正进步的文明"。几年后，流亡的苏联革命家列昂·托洛茨基（Leon Trotsky）进一步以文明的话语阐述俄国革命所做出的贡献。1932年，在以"捍卫十月"（In Defense of October）为主题的演讲中，托洛茨基坚称革命并不是文明的对立面，而意味着新文明的诞生。"单单是十月革命教会了俄国人民——沙俄治下十几个民族的人民——学会了读书写字这件事情，就远远超越了先前由养尊处优的阶层创造的俄罗斯文明的所有成果，"他总结指出，"十月革命为新的文明奠定了基础，这个文明不是为了一小撮人，而是为了所有人。"虽然文明的革命式民主化并不是苏维埃意识形态的核心纲领，但斯大林与托洛茨基的观点高度契合了苏联反帝国主义和团结被殖民世界的更为宏大的宗旨。[6]

纳粹主义的威胁改变了意识形态格局。1941年6月，纳粹势力向苏联发动进攻，促使苏联立刻推出英文宣传作品《保卫文明，抗击法西斯野蛮行径：来自伟大民族的宣言、信件与电报》（*In Defence of Civilization Against Fascist Barbarism: Statements, Letters and Telegrams from Prominent People*），它的出版是为了帮助动员西方支持苏联抗击纳粹德国的战斗。苏联人在被动防御和遭受威胁时，选择了文明作为沟通的话语。"人类所有进步力量必须联合起来，共同抗击法西斯主义"，因为"文化与文明、科学与艺术，乃至人类的未来能否得救，皆维系于此"。苏联的文化名人，包括阿列克谢·托尔斯泰（Alexey Tolstoy）、德米特里·肖斯塔科维奇（Dmitri Shostakovich）、谢尔盖·普罗科菲耶夫（Sergei Prokofiev）、谢尔盖·爱森斯坦（Sergei Eisenstein）和瓦莱里娅·巴索娃（Valeria Barsova）在内，纷纷发声呼吁，为了接下来抗击"希特勒式的文明掘墓人"的战斗，向"我们在英国与美国的友人寻求支持"。西方的文化名人，如西奥多·德莱塞（Theodore Dreiser）、厄普顿·辛克莱（Upton Sinclair）、H. G. 威尔斯、海因里希·曼（Heinrich Mann）和于乐·罗曼（Jules Romains）纷纷表示支持，坎特伯雷教长休利特·约翰逊（Hewlett Johnson）最后给予了暗示性的肯定，他表示："伟大的苏联人民"正"扛起文明的旗帜，与法西斯分子进行抗争"。[7]

这种修辞在苏联境内也发挥了作用。1941年6月22日，希特勒发动侵略；2天后，苏联的报刊便撰文宣扬红军的使命是"保卫祖国，拯救文明"；几个月后，《真理报》（Pravda）宣称"红军在保卫世界文明"，这份报刊甚至将1945年5月的胜利称为"战无不胜的苏联红军"的伟大胜利，遏止了"纳粹主义对全人类和世界文明的致命威胁"；几个月后，在《真理报》的另一篇文章里，苏联人民受到热烈赞扬，因为他们"从法西斯刽子手的魔掌中挽救了欧洲文明"。对"苏联保卫了文明"的再三强调赋予同盟国军事合作以更宏大的意义，其中一个重要原因是马克思列宁主义在苏联境外并没有情感上的吸引力，甚至在战争期间的苏联境内也是如此。[8]

一些人认为文明一词在纽伦堡审判中的再度出现是19世纪末希望将法律和道德相结合这一逻辑的回光返照，它可以追溯到约束战争的《海牙公约》（Hague Conventions）。确实，在1899年与1907年举行的海牙和平会议（Hague Peace Conferences）反复提到文明陷入绝境，文明一词被广泛用于"文明国家""文明民族""文明国度""世界文明"与"文明人性"。但纽伦堡审判对文明一词的使用更多是应用了20世纪30—40年代的人民阵线的反法西斯主义。[9]

即便如此，在战争结束时，同盟国的主流心态并不是冷静地进行司法审判以实现正义。丘吉尔曾说过一番名言，对待纳粹领导人的正义之举就是"让他们排成一列，统统枪毙"。斯大林起初对审判战争罪行的意义心存疑虑。据说在审判开庭的前夜，他以半开玩笑半是认真的姿态向英美两国的领导人敬酒，请在场的人举杯祝贺处决德国领导人，而审判甚至还没有开始。其他人更加直接地要求实施报复。苏联作家伊利亚·爱伦堡（Ilya Ehrenburg）在出版于1945年的作品《替天行道》（*We Come as Judges*）中声称："如果有人忘记了德国人曾经干过什么，（那）他将遭到躺在坟墓中的无辜死难者的诅咒。"美国国务卿科德尔·赫尔（Cordell Hull）在1945年被授予诺贝尔和平奖，他曾阴暗地向英国与苏联的同仁说，他只希望"将希特勒、墨索里尼、东条英机及其罪大恶极的同伙带到临时成立的军事法庭面前"，之后，"在翌日黎明时分，一起能够名垂青史的事件将会发生"。[10]

呼吁向德国人实施报复是战争期间欧洲境内的普遍现象，包括罗伯特·范西塔特爵士（Lord Robert Vansittart）出版于1940年的小册子《黑皮书：德国的过去与现状》（*Black Book: Germans Past and Present*），在这本小册子里，他斥责德国是"群氓的民族，有史以来便掠夺成性、好勇斗狠"；爱伦堡的劝告则是："没有任何事情能令德国免遭无情的惩罚。"战后，欧洲陷入寻仇与报复、违法与动乱的暴力狂欢，各地都遭到大肆清洗与破坏。国家与政治权威或者彻底垮台，或者名誉扫地，导致劫掠四起、盗贼横行。逮捕与私刑是各地惩罚通敌者与其他被指控敌人的惯用手段。意大利获得解放之后，法西斯分子立即被追捕、惩罚，有时候还遭到处决。此外还有许多德国人对付德国人的暴力事件，形式包括不计其数的寻仇、检举和报复行径，以及令人震惊的集体强奸事件。在维也纳，根据各诊所的报告，有8.7万名妇女在解放后遭到强暴；在柏林，妇女被强暴的数字还要高得多，据报道，德国境内有200万名妇女受到暴力伤害。大部分犯事者是苏联红军士兵，但许多人忘记了1942年至1945年在北非和西欧，据报道有1.7万名妇女遭到美军士兵强暴。[11]

有几个民族全体遭到恐吓，害怕自己将会因被指控的罪行而遭到报复。以国家安全与种族清洗的名义展开的暴力驱逐事件时有发生，在客观上完成了斯大林与希特勒在战争期间开始的工作。德意志人被强迫离开波兰和捷克斯洛伐克，因为他们曾向德国元首效忠；捷克斯洛伐克境内苏台德地区的德意志妇女被强迫吃下希特勒的肖像画，有些女人的头发被剃光，然后被塞进嘴巴里。匈牙利人被逐出斯洛伐克和罗马尼亚，罗马尼亚人被逐出匈牙利和乌克兰，意大利人被逐出南斯拉夫。到20世纪50年代，保加利亚将与土耳其接壤的边境地区里的14万名土耳其人和吉卜赛人统统驱逐。简陋的大众司法以临时拼凑的"人民法庭"（people's courts）形式草草实施，惩罚被指控的通敌叛国分子。在比利时，有5.7万人被控告通敌；荷兰审判了5万名通敌分子；在匈牙利，这个数字大约是2.7万人；而在希腊的数字是5万人。在法国，超过6000人在1944年的大清洗（*l'épuration sauvage*）中因被控告与德国合作而遭处死，其中有将近2000名法国妇女因曾向敌人投怀送抱而被处决，或被以暴力形式公开实施带有仪式化色彩的羞辱，以家国叛徒的身份被扒光衣服、剃光头发和被强迫在故乡游街示众。这些事件还被看客骄傲地拍下照片，作为正义得以伸张的严肃场面，女人的身体则成为复仇和民族净化的场所。这些"髡发女"（*femmes tondues*）的悲惨命运并不局限于法国，在荷兰、比利时与挪威等国家也有同样的事情发生。[12]

纽伦堡审判在一定程度上是终止这种残暴的地方司法并帮助恢复欧洲大陆的法治与秩序的努力。正如杰克逊的名言所说："那4个伟大的国家遍体鳞伤，享受着胜利的喜悦，克制住出手报复的冲动,自愿将俘虏的敌人交由法律审判,这正是权力服膺于理性的最意义深远的姿态。"但是,审判中对文明一词的频繁提及——比起人权,它唤起了更多的情感——也是与苏联一起寻求共同事业的一种手段。虽然斯大林一开始并不愿意让苏联参与审判,但他改变了主意。由律师、记者、摄影师与电影制作人组成的庞大的苏联代表团被派至纽伦堡参加审判,并为苏联国内的民众记录审判过程。苏联检察官安德烈·维辛斯基(Andrey Vyshinsky)意识到纽伦堡国际军事法庭将成为国际层面的作秀式审判。苏联的法律团队主要由20世纪30年代末的莫斯科作秀式审判的法官与检察官(其中便包括维辛斯基)构成。在莫斯科审判上,所谓的左翼和右翼托派反党分子遭到审判与处决,引起西方法律观察家的警惕,但苏联人在完善"危害和平罪"这一法律概念上确实起到了关键的作用。苏联检察官总是援引"热爱自由的国家"与"伟大的民主国家"以表示他们与西方国家团结一致。他们还认可将文明的话语作为此次审判更为宏大的道德意义。《真理报》的文章以俄语的"文明"(*tsivilizatsiya*)一词界定纳粹的罪行。1946年1月9日,《真理报》发表评论,指出:"希特勒及其党羽实施并宣扬《我的奋斗》(*Mein Kampf*)中的理念,处心积虑地将文明推向战争的深渊。"几个月后,《真理报》的报道指出,德国法西斯主义"曾是人类文明的致命威胁"。1946年8月,《真理报》刊文报道纽伦堡审判中苏联代表团首席检察官罗曼·鲁坚科(Roman Rudenko)将军代表苏联全体人民发表的讲话,指控"法西斯刽子手对人类、文明与法律犯下了令人发指的滔天罪行"。苏联人对文明这个词语的引用意义非常深远,因为在老一辈共产主义者的认知中,将文明与法西斯主义和资本主义等同而论,而新的诠释以反法西斯的语言重新定义文明,以示与西方的团结。[13]

在纽伦堡审判之前,文明在法律语境中的使用主要是负面性的,将被视为不文明的国家排除在独立国家和自治资格之外。第一次世界大战之后，西方的法理学家将德国、奥斯曼帝国与新成立的苏联逐出欧洲文明国家的行列，这三个国家缺席凡尔赛会议的谈判桌正是这一情况的体现。1919年的和平会谈是基于重新划定的区分文明与蛮夷的文化地图。但在纽伦堡审判中，律师与法官援引文明这个词语，目的是希望将德国留在文明国家的行列，与纳粹分子无法无天的野蛮行径做切割。因此，在法庭上，纳粹主义被视为文明步入歧途的结果，理由是魏玛共和国已经建立起"文明开化的法律体系"。因此——这对法庭的裁决至关重要——法官认为"被告人知道或本应知道，自己由于参与在国家层面有组织地实施震撼人类道德观的不公与迫害而负上罪责"。换句话说，德国在1933年之前的法律体系与其"文明规范"意味着这些接受审判的人知道或本应知道他们的行为是违法的。问题的重点是将罪孽深重的政权与德国人民分开，承认德国在1933年之前的国际法律地位。[14]

在审判中，人们对普世文明还有另一种理解。文明这个词语被反复提起，帮助弥补了检控方最薄弱的环节，即缺乏关于反人类罪的法律规范。光是破坏文明的指控并不足够，罪行还需要被展示，而在这一点上，媒体和法律的结合具有决定性的意义。在纽伦堡，同盟国的检控方依靠书面文件与视觉素材作为证据，尤其是照片与电影。他们审阅了2.5万张抓拍照片，并准备了不少于1800张作为呈堂证物。[15]

可以这么说，审判中真正的明星是胶片本身，它被用于代替证人指证纳粹分子的罪行。虽然在英国和美国，犯罪现场的照片在法庭上偶尔被用作证物已有几十年的历史，但引入反映暴行的电影片段是史无前例的举措。在战争进入尾声时，美国人和英国人已经在制作影片以帮助维持国内民众对战争的支持，并为战后可能占领德国做好舆论准备。正如1944年一位英国摄影师所说，反映暴行的电影提供了"证明我们为何而战的最令人震惊的证据"。同样地,苏联拍摄反映解放的电影,其用意是鼓舞士兵和大后方民众抵抗德国人的决心并加速实施惩罚。同盟国所有国家都制作了自己的纪实电影,以反映纳粹分子的罪行并用于诉讼。美国影片《纳粹集中营》(*Nazi Concentration Camps*)是检控的关键证据,在放映时令全场哗然。虽然一部分律师和记者对审判中引入"恐怖电影"的做法感到不安,但它们被用作法庭证据以揭露第三帝国的诸般恶行,突破被告人矢口否认和拒不合作的防线,是合乎情理的。[16]

同样令人瞩目的情况还有,播放这些反映暴行的电影是为了在特别搭建的实施公开惩罚和强迫忏悔的舞台上唤醒被告人的良知。许多美国人的相机聚焦于法庭里播放恐怖影片时被告人的反应。当法庭熄灯放映影片时,被告人的脸庞被微弱的光线照亮,让观察家能端详被告人的反应。外国记者总是透过看歌剧用的小望远镜或军用望远镜窥视被告人,正如记者珍妮特·福兰纳所说:"试图从他们的表情中发现被望远镜放大的羞愧、紧张或罪恶感的迹象。"由此诞生了一种新的报道手法,记者会评论纳粹战犯对电影的反应。历史学家乌尔丽克·韦克尔(Ulrike Weckel)曾说,那些肉眼可见的羞愧反应被同盟国(尤其是美国人)视作德国人可以被教育改造的证据。因此,同盟国在德国人战败后对其进行改造这个更为宏大的计划上非常重视影像的威力。[17]

纽伦堡审判同时取得了短期与长期意义上的成功。德国前领导人出现在被告席上并没有像当时担心的那样会勾起德国人对他们的同情,也没有激起复仇的妄念。事实恰恰相反,正如一个德国人所说:"我们实在太饿了,根本顾不上去关心他们的命运,对于那帮家伙来说,就算被判处死刑也是便宜他们了。"因此,从这个意义上说,这场审判取得了胜利,激起人们对法治的新的信念,并帮助创造了恢复政治秩序和稳定局面的条件。就连名誉扫地的、不可靠的主要证人阿尔伯特·施佩尔后来也承认："这场审判尽管有着种种不足，却是通往文明重建之路的一个台阶。"这场审判还引领了其他过渡时期的特别法庭审判，先是由同盟国主持进行，然后由被占领国自己接手。纽伦堡总共进行了12场审判，涉及184名军队、工业与卫生部门的高级官员。在美占区举行了489场审判，有1600人受审；光是在英占区，德国的司法机关就举行了2.4万场聆讯，但在366万接受去纳粹化措施的德国人当中，大部分人并未被起诉。就像《大西洋宪章》一样，纽伦堡审判开始自发演变，并为世界范围内其他自由斗士带去鼓舞。美国全国黑人大会（American National Negro Congress）受同盟国首席法律顾问杰克逊发言的感召，向联合国提交"公义请愿书"（plea of justice），以立意高远的语句痛斥违反文明和人性的行径，希望引起对生活在美国的1300万"遭受压迫的黑人"的关注。[18]

到了1945年底，随着冷战的敌意逐渐加深，在审判中达成的对文明更为广泛的理解开始退居次席。到审判结束时，美国人开始着手将文明定义为自由主义价值观的同义词。在审判中，他们要手段对付苏联人证明了这种逐渐增加的敌意。美方的检察官一度允许德国被告人提出足以证明苏联人危害和平罪的证据，这明显违背了审判前达成的不提及此种联系的协议；与之形成对比的是，美国人或英国人犯下战争罪行（包括轰炸非军事目标）的证据没有被提出或引发讨论。这一做法破坏了同盟国在审判中的共识。当苏方的检察官作结案陈词对希特勒主义者提出控诉时，美国的报纸却在大肆报道丘吉尔在1946年3月5日发表的"铁幕演说"，标题是"团结起来阻止俄国人"。在那次演讲中，这位英国前首相公然将共产主义者与法西斯分子并列为"基督教文明"的两大威胁。丘吉尔发表"铁幕演说"的消息在法庭上引起一片哗然，根据一位评论员的讲述，接受审判的纳粹分子的脸上洋溢着"无法掩饰的希望之光"，认为自己的刑期可能得到减免。正是从这时开始,英美两国将这场审判视为自由主义的胜利。[19]

卡尔·施米特(Carl Schmitt)是两场世界大战期间德国最杰出的法理学家和纳粹法律秩序的早期拥护者,他察觉到了这一政治风向的转变。在1950年影响深远的专著《欧洲公法的国际法中的大地法》(The Nomos of the Earth in the International Law of the Jus Publicum Europaeum)中,施米特指出,直到20世纪初,国际法的概念就像"人性、文明与进步的普世主义概念",骨子里是欧洲中心主义,而文明的含义"不言自明地只包括了欧洲文明,而'进步'指的是欧洲文明的线性发展"。令施米特感到悲伤的是,情况已不再如此。虽然其中一部分原因是经历了这场大战之后,欧洲的权力受到动摇,但加速了局势发展的是美国在1945年后迅速崛起,成为新的超级大国。随之而来的是新的国际秩序,摆脱了中世纪基督教界的"基督教共和国"(res publica christiana)的理念。施米特或许低估了基督教在第二次世界大战之后自由主义文明中的基础地位,关于这一点我们将在下一章中了解到,但他指出文明的使命正被改造成英美两国专属的事业,这个看法是正确的。[20]

战败的德国和奥地利被划分为四个军事占领区,由美国、英国、法国和苏联共同占领,西方同盟国治理西部地区,苏联人控制东部地区。柏林与维也纳也被瓜分,但维也纳的中心地区由同盟国管制理事会(Allied Control Council)共同控制。国际司法是胜利者与被征服者之间沟通的关键因素,在占领势力与德国和奥地利这两个前敌国之间高度紧张的交流中也是如此。西方同盟国特别重视将被征服者重新纳入所谓的跨大西洋同盟,该同盟是一个由英美两国担任领导人的排外团体。

在1945年的雅尔塔会议上,丘吉尔、罗斯福和斯大林联合宣布:

"我们坚定不移的目标,是消灭德国的军国主义和纳粹主义,确保德国再也不能危害世界和平。"彻底改造最开始的重点是所谓的"三灭一化":消灭纳粹、消灭中央集权化、消灭垄断和民主化。这一态度反映了1943年罗斯福在德黑兰会议上的一席话:"当德国被分割成107个行省时,那它对文明就不至于构成威胁。"在德国,大部分再教育措施的用意是消灭普鲁士和普鲁士军国主义,因为那是德国之恶的根源。1947年普鲁士正式解体,正是受到这一思路的影响。除了军人,"消灭普鲁士"对于历史学家而言也同样重要。向来坦率直言的英国著名历史学家A. J. P. 泰勒(A. J. P. Taylor)将代表了普鲁士贵族与大地主的容克阶级形容为"被征服土地的残酷无情的剥削者,根本不受欧洲文化的熏陶和影响"。为了实现这一目的,所有的军事学校、俱乐部和协会统统被取缔,所有宣扬德国军事传统的纪念品、纪念碑和宣传海报都被销毁;在德国全境的公共场所里,纳粹的"卐"字徽被统统抹除,街道的名字、邮票的图案和公章的样式也都改变了。同样的政策也在被占领的奥地利推行,裁军命令禁止所有准军事活动,从退伍军人协会到军乐演奏一律被查禁。这一政策也被贯彻到民间社会,不少奥地利的志愿者组织,譬如青年团体和滑雪俱乐部,都被解散了。[21]

对于美国人而言,再教育成为他们在莱茵河地区使命的核心环节。有些人认为将民主强加于其他民族是一个悖论,但军事当局认为这是必要的步骤。虽然大部分残存的校舍一开始被用作兵营、军事医院或流离失所者安置营,但到了1945年10月,它们作为正常运作的学校重新开放。大量的时间和资源被用于创建西柏林的自由大学(Free University),该校在1948年开办创学,提倡自由探究,美国与德国的学生、文化名人和教会领导人之间频繁的文化交流为它提供了支持。美国国务院在西德境内创造了几间美国之家(Amerika-Häuser),在20世纪50年代初成为文化中心,用于展示美国书籍、杂志、音乐和电影。军事当局还在莱茵兰-普法尔茨（Rhineland-Palatinate）地区创建了第七军交响乐团，并在美占区组织合唱团与爵士乐团演出；德国和美国的神职人员组织了双语祈祷服务；当局还组织友谊委员会和舞会以改善占领者与被占领区人民之间的关系。美国官方确保所有的军事标志都被翻译成德语，希望展示自己作为盟友而不是占领者的形象。随着时间推移，他们甚至发起"开放日"活动，让德国当地人每年有机会参观美军基地。一些德国人继续抱怨"欧洲意味着旧文化，而美国代表了（新）文明、电冰箱和爵士乐"，但越来越多的人赞赏美国文化和军事当局迎合当地文化品味的努力。[22]

英占区的情形也很类似。一开始，英国人因其举止和傲慢而遭到批评，有时候甚至被形容为德国泥腿子簇拥下的君王，那帮泥腿子"住在废墟之中，就像肯尼亚白色高原上的土著居民"。和美国人一样，英国当局将纳粹领导人和被误导的民众区分开来。在英占区，关注的重点也是健康、卫生和学校教育，并仔细清除教师团队中的纳粹分子。作为消灭纳粹的一部分，到1945年10月1日所有小学正式复学时，有11467名教师被逮捕、解雇或被拒绝聘用。英国人还投入了许多资源用于审查德国的书籍、电影和音乐制作，同时通过英国文化协会（British Council）宣传文化作品，该协会与伊丽莎白·鲍恩（Elizabeth Bowen）、格雷厄姆·格林（Graham Greene）、弗吉尼亚·伍尔夫（Virginia Woolf）和D. H. 劳伦斯（D. H. Lawrence）等作家一起倡导英国的生活方式。[23]

德国苏占区生活的主题是强制赔偿、经济剥削和军事占领。在这里，消灭纳粹就等同于政治控制和建设斯大林式的社会主义。学校被重新组织和世俗化，"新教师"兜售马克思列宁主义和反法西斯主义思想。苏联人的任务是将法西斯分子改造成社会主义者，甚至比英国人或美国人投入了更多资源在文化和教育上。约翰尼斯·贝歇尔（Johannes Becher）创办了德国民主复兴文化协会（Kulturbund zur demokratischen Erneuerung Deutschlands），致力于"在坚定的民主世界观引导下德国精神的重生"。他们还组织象棋比赛和举办普希金节（1949年纪念这位作家150周年诞辰的庆典尤为盛大），德国作家如安娜·西格斯（Anna Seghers）和金特·魏森博恩（Günther Weisenborn）以"进步知识分子"的身份被邀请到莫斯科进行访问。苏联在柏林开设了一间"文化之家"（House of Culture），播放电影、举办展览、运作育儿项目、安排嘉宾演讲并提供语言课程。苏联的全国对外文化关系协会（All-Union Society for Cultural Relations with Foreign Countries）派遣民乐团、古典音乐团、芭蕾舞团、话剧团和作家前往柏林。1949年8月，为了庆祝歌德200周年诞辰，苏联人将歌德渲染为"德国的普希金"，是"进步与民主"的倡导者、马克思主义的先行者和人民的斗士。这一切的主要目的是尝试阻止西方把歌德奉为"大西洋文化"的代表人物，并将其占为己有。他们甚至邀请在美国加州的托马斯·曼到东柏林接受文化协会的歌德奖（Goethe Award）。[24]

与英国人和美国人不同，法国人并没有那么重视消灭纳粹。法占区没有臭名昭著的政治调查问卷（Fragebogen），那是由美国人和英国人设计的，用于要求德国人描述之前参与纳粹活动的经历。大体上说，相比其他地区，前纳粹分子在法占区受到更宽大的对待。法国人对如何治理占领区的看法体现于法占区首任总司令让·德·拉特尔·德·塔西尼（Jean de Lattre de Tassigny）将军的言论。1945年3月（欧洲胜利日来临前2个月），他声称参与对德作战的最后胜利是"展现法国重获新生的最可靠的方式"，它将"不仅提高我们在全世界的威望，并且奠定战后我们在莱茵河流域的地位"。[25]

一开始，法国人提倡实施报复和经济剥削的政策，以洗刷曾被纳粹分子占领的屈辱。法国政治经济学家让·莫内和财政部长罗伯特·舒曼（Robert Schuman）认为占领德国是恢复法国经济的必要措施。法国的占领军据说是维希政府合作者逃脱国内惩罚的避难所。拉特尔和他的亲信以张扬的风格实施统治，刻意要让法国的占领部队在排场和派头上比肩甚至超越纳粹势力。拉特尔及其参谋人员住进法占区里最奢侈的别墅，举办盛大的晚宴，公然享受帝国总督的奢华生活。英占区及后来德意志联邦共和国社会民主党的领导人库尔特·舒马赫（Kurt Schumacher）挖苦地将法国人称为"西方的俄国人"，他们在法占区就像俄国人在苏占区一样不受待见。拉特尔的继任者，"自由法国"的将领皮埃尔·柯尼希（Pierre Koenig）将军不那么严厉和注重面子，更关心法国与德国取得和解，尤其是在文化领域。在柯尼希实施管制期间，他倾注了大量资源在教育设施和文化活动上，作为法国复兴文明之使命的一部分，其形式包括学校教育、大学改造和艺术展览。他相信挫败普鲁士军国主义的方式是宣扬法国的普世主义，其中包括复兴以歌德、康德和贝多芬为代表的"真正的人道主义"。在法占区的德国人抱怨他们被灌输了太多文化，而他们需要的是粮食。许多人气恼地说改头换面的带有殖民主义色彩的"文明教化使命"把他们折磨得好苦。随着时间推移，这一似乎带有"殖民主义色彩"的理念逐渐让位于更加成功的文化交流和教育课程。[26]

德国人自己也在忙碌地重建文化生活，在同盟国的帮助下获取许可证和安排场所。1945年5月13日（停战刚过5天），柏林室内乐团（Berlin Chamber Orchestra）在舍恩贝格区（Schöneberg）市政厅举行了首次公开演奏，几天后，柏林爱乐乐团在施泰格利茨（Steglitz）的泰坦尼亚宫（Titania-Palast）举行了首次音乐会。5月20日，柏林举行了首场足球比赛，约有1万名观众到场观战。多场文化展览活动得以举行，书店重新开门营业，魏玛时代的现代主义精神重新流行并成为文化指南。在1945年至1946年那个寒冬，柏林的戏剧界上演了46场戏剧，包括了从莎士比亚到贝托尔特·布莱希特（Bertolt Brecht）的作品，没有暖气的大厅里挤满了听众。[27]

在与德国平民百姓的日常交往中，尤其是在军事占领的头几个月里，英占区和美占区严格实施所谓的非亲善政策时，复兴文明这个词语再度浮出表面。虽然这一反对融合的政策在德国和奥地利两国执行，但关注的大部分重点落在德国身上。禁止社会交往的政策主要是出于保证安全、防范恐怖主义以及健康与卫生的顾虑，此外还有道德层面的担忧。根据一位驻守维也纳的美国军官在1945年所说："在一个其社会法则已被纳粹主义和难民涌入彻底颠覆的国家里，这种限制将会避免道德放荡和诸多诱惑。"限制的措施有很多，而且十分广泛：如非必要，德国人和奥地利人不得与美国士兵或英国士兵交谈；他们不能旅行，不能寄信，不能接受从国外寄来的报纸或书籍；接受宵禁管制；不能打电话；随时接受搜查或问话，其财物随时都会被征用。在英占区，情况有时候十分严重，就连德国官员也不例外，如果有英国军官进入他们的工作场所而他们没有起立敬礼，那他们可能会被送上军事法庭。起初美国人甚至更加严厉：普通士兵不得与德国人握手，不得上他们家里做客，不得与他们一起运动、交换礼物，或参与有德国人在场的社交活动。政策还规定社会空间须执行种族隔离措施，英国人和德国人在乘地铁时得分开车厢，英国士兵不得在有德国人在场时进德国的教堂做礼拜。他们甚至不能一起听音乐，这往往意味着交响乐团得把同一场音乐会演奏两回。许多德国人发现这些指示让他们摸不着头脑，正如一个人所说，"对英国军官和德国军官在办公场所外没有多少接触而感到遗憾"，这导致"彼此间互不信任，气氛非常拘谨"。[28]

非亲善措施在战争期间就已经制定，胜利者与被征服者之间保持社交距离被视为道德重建的重要环节。1944年9月12日美军进驻德国,翌日便宣布了这些规定。在1944年公布的一份关于同盟国士兵在德国的行为守则的通告中,德怀特·艾森豪威尔将军坚持士兵不能与平民同住,不得结婚或一同参加宗教仪式,不能一起运动或跳舞。在他看来,"德国人必须被刻意回避"。[29]

1945年3月,英国的伯纳德·劳·蒙哥马利将军(Bernard Law Montgomery)发表了《占领区总司令关于非亲善政策的一封信》(Letter by the Commander-in-Chief on Non-Fraternisation),命令英国全体部队"必须与德国人保持距离——不得接近男人、女人和小孩——除非你在执行命令"。同盟国认为德国人负有集体罪责的观念在战争刚开始时并不是有很多人认同。战争爆发几天后,在面向德国人民的一则广播中,英国首相内维尔·张伯伦(Neville Chamberlain)做出保证:"德国人民,我们不是在与你们作战,我们对你们并不反感,我们的敌人是背信弃义、残暴成性的政权,它不仅背叛了自己的人民,而且背叛了整个西方文明和你我共同珍视的所有价值。"到1944年末,副首相克莱门特·艾德礼(Clement Attlee)写道:即将到来的胜利不应该"表示占领部队可以不把所有德国人当人,做出和纳粹分子没什么两样的举动"。1945年1月到4月间骇人听闻的死亡人数——这4个月内在东线战场的激战中死去的人比战争前5年在西线战场上死的人加起来还要多——改变了政治观点。蒙哥马利的信件继续写道:"现在,一个罪恶的国度必须反省自己的罪行,因为只有这样,对它进行教育改造的第一步才能迈出,并将它带回正派人性的社会。"因此,非亲善政策既是惩罚,又是安全措施。1919年未能实现的和平便是前车之鉴:"上次我们赢得战争的胜利,却让和平从我们手中溜走。这一次,我们绝不会放手,我们必须赢得战争,并获得和平。"让胜利者和被征服者之间保持距离,是为了确保占领军在战后与德国人的关系不至于像在"一战"后胜利者占领莱茵兰时那样,变得太过于友好。[30]

当英国人和美国人在1944年准备军事占领德国时，部队为士兵准备了指导手册，上面规定了在战败的轴心国内应该有怎样的行为，以及如何与德国人交往。新产生的对文明的重视是其中的一部分。以1944年由战争部整理发布的《驻德美军指导手册》（American Pocket Guide to Germany）为例，这本手册要求美国士兵必须时刻保持警惕，因为"你正置身于敌国！这里的人不是我们的盟友或伙伴"。德国人"犯下了惨绝人寰的罪行，绝不能由得他们伸出手道声'抱歉'就重回文明世界"，"保持距离"的告诫是最高指示。当然，这一点在何种程度上得以贯彻值得商榷，指导手册里甚至有一个章节讲述"婚姻事实"，里面写道："你们应该知道，和一个外国姑娘结婚牵涉到复杂的程序。"英国的士兵指导手册是一本有64页篇幅的小册子，名为《德国：英国士兵手册》（Germany: The British Soldier's Pocketbook），1944年由隶属外交部的政治战行政部门（Political Warfare Executive）编撰。这本手册的开篇写道："你将置身于一个陌生的敌对国家，你将会遇到一个陌生的民族。"在这本手册里，面对战败的德国人时保持警惕也是绝对必要的："你或许会对他们表示同情，但他们所讲述的不幸遭遇都是不实之词，只是在试图博取同情"，尤其是女人，"她们装出可怜巴巴的模样，是为了从你们身上捞得好处"。英国政府显然希望士兵在德国待上很长一段时间，因为这本手册就像一本士兵的旅行指南，里面有关于德国食物、建筑、语言和风俗的介绍。[31]

非亲善政策并没有被一以贯之地推行。相比之下，在被占领的日本就没有不许同盟国士兵与从前的敌人交往的严格禁令。在欧洲，英国和美国的军事当局知道士兵与意大利、比利时、荷兰和法国的平民妇女有"亲昵行为"，这种情况被认为可以接受，甚至得到鼓励。1945年在荷兰，茱莉安娜公主（Princess Juliana）和伯恩哈德王子（Prince Bernhard）曾主持"亲善行动"（Operation Fraternization），为10

万余名加拿大士兵介绍会说英语的女性伴侣。无疑,亲善现象一直存在,因为在军事占领区的非婚生育情况很严重,光是1945年在荷兰就有7000个私生子出世,是1939年的足足三倍之多。[32]

胜利者对德国非亲善政策的态度也各不相同。在法占区,非亲善政策的措施相对少一些,因为法国人大体上只和自己人来往,颁布宵禁的情况也少一些。在法占区,德国人不能骑单车,没有遵守法国人的命令会遭到惩罚,但他们获准与法国人住同一间房屋,大体上的关系还算不错,用一位历史学家的话说,德国人总是被视作"有着共同文化传承的受欢迎的伙伴"。在苏占区更加没有什么非亲善政策这回事。虽然从1947年年中开始,苏联官员一旦被发现与德国女人同居就会被遣返回国,但除此之外,限制措施相对少一些。事实上,苏联人一开始推行的怀柔政策成为令人尴尬的竞争焦点。1945年5月,美国人发布了一则备忘录,犹豫地承认"俄国人正在积极争取德国人的民心,而我们却在坚持最终将会令德国人对我们疏远的做法"。[33]

驻守的士兵表达了自己心中的疑虑,尤其是英占区的士兵。主要的批评是社交禁令在士兵与平民之间制造隔阂,使沟通变得困难。英国官员伦纳德·O. 莫斯利(Leonard O. Mosley)抬高了这件事情的政治意义,他表示英国士兵如何与德国当地人相处"将彻底证明欧洲文明是否仍有希望"。他同情德国人心中的怨恨,他写道:"这种负面的反应不是出于一个民族对自己输掉了战争而感到气愤,而是出于一个友善的民族觉得自己一夜之间被无来由地打入冷宫,遭到冷落和羞辱。"根据他的判断,"我发现德国人(善良、诚恳的德国人)心中充满热切的希望,不但愿意做出补偿,而且希望靠自己的努力重返文明"。非亲善政策还令赶来与英国军官团聚的妻子们感到很不自在,她们当中有一些人指出了这么做的政治含义。1946年10月10日,伦敦《泰晤士报》(*Times*)的编辑收到一封来自

20个"身在德国的英国妻子"的联名信,抱怨20个德国人被逐出自己的住所,就只是为了安置一个英国军官与其妻子,这种情况屡见不鲜;此外,英国军官的妻子得乘坐"特殊交通工具",免得让她们坐在德国人身边。信的结尾冷冰冰地说,这么做将会"令英国人变得不受欢迎、名誉受损,不得不增加驻军的数量并延长士兵驻守的时间"。[34]

关于非亲善政策的辩论以对战后德国性别状况的了解为中心而展开。在一定程度上,这是1945年军事占领区里德国平民女性过剩的情况引起的,到战争结束时,女性的数字是男性的足足三倍。战后德国的"女性化"改变了同盟国士兵对自身使命的看法,从与凶悍的敌人作战,到给沦为战俘的平民提供衣食。前面提到的《驻德美军指导手册》在征服德国后很快就被收回,以免它鼓励更多接触(里面有一个章节关于德语对话),围绕亲善行为而产生的焦虑由此可见一斑。这意味着士兵在德国没有明确的指引,总是游手好闲。美国军方为海外士兵发行的《星条旗报》的编辑试图填补空白,撰写故事警告士兵要注意"与德国妞交朋友的危险",要他们警惕"德国佬最致命的武器——性病(VD)"。亲善现象是一个含义非常有弹性的词语,涉及卖淫、强奸、性传播疾病(性病通常被称为"Veronika Dankeschön")*和非正式的食物分配,以及"占领区私生子"(occupation children)数量的剧增,这些都是美国人与德国人接触交往后出现的结果。[35]

种族问题是令亲善现象变得更加复杂的因素,尤其是非裔美国士兵和德国当地妇女的关系。老一辈的德国人都还记得,在20世纪20年代初为了惩罚德国人拒不支付战争赔款的行为,法国军队占领鲁尔区,并安排非洲士兵住进兵营,在当时令德国人深感震惊

---

* 性病(venereal disease),缩写为"VD",也被戏称为"Veronika Dankeschön",意思是:谢谢你,维罗妮卡(小姐)。

与耻辱。1945年后,许多德国人觉得属于"劣等种族"的非裔美国士兵出现在城镇里是对自己的冒犯。在奥地利,非裔美国士兵受到敌视。奥地利的报纸刊登了许多关于黑人士兵如何不守规矩和如何不受待见的报道,令美国军方感到不悦,并不惜耗费精力应对这些引发不安的报道。黑人士兵与当地妇女的亲密关系也引发了白人士兵与黑人士兵之间的矛盾。此外,美军在德国还面临另一个同样尴尬的问题:非裔美国士兵公然承认他们很享受驻守德国的时光,总是与当地人相处甚欢,并说他们在德国体验到了新的自由。与当地人在一起令他们得以从军事基地里推行种族隔离的社交世界中解脱出来。非裔美国人的旗舰月刊《乌木》(Ebony)在1946年刊登了一则报道——还附带了反映跨越种族界限相亲相爱的照片——"这里曾是至高无上的雅利安人统治的国度,但黑人在此找到了友谊,他们比在本土更受尊重,享有更公平的待遇",还以挑衅的姿态总结指出,"比起孟菲斯的比尔街,民主在柏林的威廉大街上有更为深刻的意义"。直到1948年,杜鲁门总统才开始废除美军内部的种族隔离政策。到了1952年,只有7%的驻欧洲黑人士兵在人种混杂的部队里服役。到了20世纪60年代中期,64%的黑人士兵声称比起在美国,他们在德国感受到了更大的种族平等。非裔美国士兵与德国妇女之间的关系搅乱了军队里的阶级划分和文化认同,胜利者和被征服者合力对后法西斯时代德国的种族重建做出了贡献。[36]

德国人对非亲善政策反应不一。一部分人基于特定的理由赞成同盟国的社交隔离政策,包括种族主义和左翼反同盟国抵抗运动。同盟国的观察家总是从政治层面去解读德国人对待非亲善政策的态度。根据一位美国陆军中尉所说,德国人对同盟国士兵与德国妇女的"亲昵行为"的接受程度是"他们在何种程度上接受战败的温度计","比起愿意和我们合作的德国人,见到德国女人和美国征服者在一起会令'未完成改造'的德国人更加气愤不已"。战败与失去男性雄风联系在一起，这体现于1945年德国男性的相对缺乏，以及他们无力保护和照顾自己的家庭和社区的状况。[37]

随着时间逐渐推移，同盟国对受其管制的德国人的态度开始软化。这在一定程度上是因为相处的经历让同盟国士兵发现有血有肉的德国人并不像自己原先所想的那么凶神恶煞。当美国士兵抵达德国时，他们总是惊讶地发现并没有多少人以挑衅的姿态支持纳粹主义，他们面对的是一个陷入自我否定、自怜自伤的民族。1945年11月，一项美军士兵意见调查发现，80%的受访者报告对德国人怀有正面印象，只有43%的受访者责备德国人挑起了战争，只有不到25%的受访者觉得德国人应该为集中营的惨剧负责。或许相关联的是，超过56%的受访者承认曾与德国当地人"交谈过"，违反了非亲善政策的禁令。[38]

到了夏末，注定会失败的同盟国非亲善政策被废除了，所有的占领区都认为没有必要这么做，而且根本无法执行，只会妨碍更宏观层面的重建工作。一些观察家仍然担心军事当局对德国人太过于友好，被德国人无罪论欺骗了。美国记者玛莎·盖尔霍恩（Martha Gellhorn）讽刺了这种对德国人怀柔的新姿态："显然，没有人是纳粹分子，以前没有，现在也没有。我们应该奏响音乐，然后德国人会伴着调子唱起这段副歌，情况会更加美妙。"在一本标题的暗示意味非常明显的作品《余烬仍在燃烧：一个我们对德怀柔政策的见证者的讲述》（*The Embers Still Burn: An Eye-Witness Account of Our Get-Soft-with-Germany Policy*）里，前"联总"驻德国特使伊拉·赫希曼（Ira Hirschmann）也认为"我们的士兵与德国姑娘做出的那些羞耻勾当"是对德国逐步抱以怀柔态度的体现，他认为这是在摧毁罗斯福提出的"同一个世界"的愿景，并促使欧洲沿着冷战阵营分界线加剧分裂。但这些是相对孤立的声音。事态演变的方

第二章　惩罚与悲悯

向很明确,占领政策从惩罚转向了冷战同盟。[39]

1945年秋天,非亲善政策被终结。与此同时,被逐出捷克斯洛伐克和波兰的德意志人以前所未有的规模来到德国,尤其是英占区。这不仅是如何应付来自东边的难民大量涌入的问题,还有另一个与无条件投降和划区占领相关的更为重大的道德问题等待处理。到了1945年秋天,英国人对德国人的公共舆论开始转变,摄影在促成对昔日敌人的新态度上起到了关键作用。英国人在德国的摄影作品——以及随之而来的关于这些影像的公共讨论——反映了英国人对受其管制的德国人的态度,对战后人道主义的发展具有广泛的影响。令人惊讶的是,提供衣食和原谅德国人成为公众讨论英国文明本质的广泛话题之一。

在短短几年之内,英国人对德国幸存者的看法是如何从鄙夷与疏远变成包容与合作呢?答案很简单:在战后的前几年里,情况发生了翻天覆地的变化,主要的政治话题从战争走向和平,从作战走向占领再到冷战同盟。然而,这依然没有让我们深入了解这一情感上的变化是如何发生的,在这件事情上,英国的摄影记者发挥了作用。我们要记住,起初,大部分反映德国战败后情形的照片是由胜利者拍摄的。对于同盟国而言,媒体与战争之间有着直接的联系:同盟国进攻德国的部队里有不少于558位作家、记者、摄影师和电影制作人,他们受雇的目的正是记录军事胜利。相比之下,在战争的尾声,第三帝国却在查禁反映破坏和社会动荡的照片。摄影师大量拍摄了轰炸造成的破坏,尤其是在科隆一带,但这些照片都遭到审查,大部分内容直到战争过后才得以展示。苏联的占领部队要求全体德国人把相机上交给当局。事实上,战争刚结束时,没有多少德国人愿意拍摄遭到彻底摧毁的祖国。少数几个拍摄者,譬如奥古斯特·桑德(August Sander)、弗里德里希·塞登斯塔克

（Friedrich Seidenstücker）和威利·泽格（Willi Saeger）尝试将焦点放在被摧毁的城市和被炸毁的雕像上，作为这个国家及其国民命运的隐喻。到了20世纪50年代初，反映被轰炸的德国城市的摄影作品在商业市场上很畅销，反映德国城市（尤其是柏林、科隆和汉堡）遭受轰炸前后对比的所谓废墟作品集成为最畅销的作品类型。[40]

同盟国的摄影师留下了反映战争行为的令人印象深刻的影像资料，而描述战败德国情形的第一批照片将题材集中于德国战俘营的解放。从1941年起，苏联人就已经在记录纳粹分子的暴行，但他们在战时的拍摄焦点很快就从德国罪行的恐怖转到庆祝征服与宣扬英雄主义——攻占国会大厦和帝国总理府是最受欢迎的摄影作品。虽然在1944年和1945年初，同盟国（尤其是英国人）对被俘虏的德国士兵表示同情，但随着解放集中营所揭示的骇人听闻的情状，这种同情很快就烟消云散。同盟国的士兵详尽地拍摄了贝尔根－贝尔森集中营（Bergen-Belsen）、达豪集中营（Dachau）和布痕瓦尔德集中营，接着，这些照片登上美国和英国的各大报刊。美国人对占领区内德国人的反感，体现于通信兵团所拍摄的照片中施暴者与受害者之间黑白分明的道德世界。美国部队总是强迫德国人面对自己犯下的恶行，有好几次还逼迫德国人拥抱尸体（以摆拍照片），作为对其罪行的惩罚。[41]

美国人拍摄的照片反映了占领者与被占领者之间身体上和道德上明显的疏离。玛格丽特·伯克－怀特（Margaret Bourke-White）出版于1946年的照片书《亲爱的祖国，安息吧：关于希特勒的千年帝国陨落的报告》（*Dear Fatherland, Rest Quietly': A Report on the Collapse of Hitler's 'Thousand Years'*）正是这个题材的著名范例。摄影师用手中的相机对德国人民做出判决，拍摄集中营里的受害者、被摧毁的城市、无耻的劫掠乃至亲善关系的道德灾难。1945年6月，李·米勒（Lee Miller）在《时尚》（*Vogue*）杂志上刊登了名为《原来德国人是这样子的》(Germans Are Like This)的文章,同样毫不留情。米勒在文中写道:"我们声称只与纳粹分子作战。我们对德国人付出了无限耐心,让他们真的以为自己可以逃避惩罚。"其他记者对同盟国强迫德国人直面战争暴行罪证的种种举措表示欢迎。[42]

对德国人的同情一直是敏感问题。1945年刊登于伦敦《画报》(Illustrated)的一篇文章《人间惨剧》(Gallery of Misery)就是一个好例子,文章还配上了英国摄影师伦纳德·麦库姆(Leonard McCombe)拍摄的照片(见图9)。编辑觉得有必要在直触人心的、反映贫穷与悲惨之恐怖情状的照片下面补充一则附注,以免读者对德国的幸存者报以太多同情。正如他们所写的:"这些德国流离失所者遭到了残酷的对待,但他们没有沦为其政府曾经对其他人犯下的处心积虑的残忍罪行的受害者。至少,他们还能活下来。"[43]这种道德上的矛盾在汉弗莱·詹宁斯(Humphrey Jennings)的短片《一个被打败的民族》(A Defeated People)中反映得尤为明显。这部影片拍摄于1945年秋天的英占区,在1946年上映。它展现了对受苦难折磨的德国人的深切同情,展现了成群的战俘、绝望的平民和赤贫的儿童。但再一次,影像与文字,画面与政策之间有着明显的脱节。语气严肃的画外音与怀着深切同情的画面显得格格不入,它在训诫德国人,嘲笑这个被打败的"优等种族"遭受这一命运是罪有应得,并总结指出:"我们将一直留在德国,直至我们得到真正的保证,下一代德国人将再度成为明理的基督徒。"[44]

美国军事当局比英国人更严格地保持部队维护和平的形象。美国士兵进驻德国之后,美国军方的新闻摄影师随即拍下德国平民热烈欢迎美国士兵的画面,以为这一题材不会引发争议。艾森豪威尔对这种过分展现亲善的做法深感愤怒,随后他的新闻人员被明确告知,任何展现亲善的照片都会遭到查禁。这种对美国人与德国人的

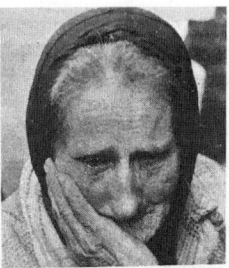

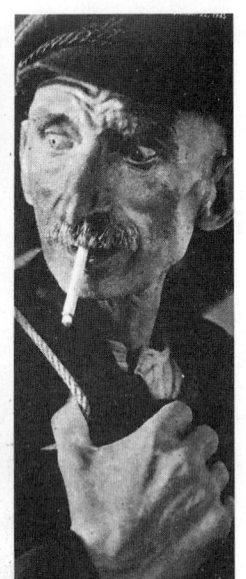

图9　伦纳德·麦库姆拍摄的德国的照片。《画报》（伦敦），1945年9月22日

图片来源：奥德姆斯出版社（Odhams Press），伦敦

交往加以严格限制的做法给了英国摄影师施展的机会，由他们主导构思反映同盟国人员与德国幸存者接触的含义更为模糊的新影像。

到了1945年的下半年，英国与美国的摄影师分道扬镳，推出明显对德国人表现同情的报道。柏林火车站和临时宿营地的悲惨景象是英国摄影师最喜欢拍摄的题材，并帮助塑造了那一年英国人对德国生活的观点。这一点从工党发行量巨大的《每日先驱报》（Daily

第二章　惩罚与悲悯

Herald）和持自由主义立场的《新闻纪事报》（News Chronicle）等报刊中可以看出。和美国通信兵团的同行一样，大部分英国摄影师隶属于陆军部，在陆军电影与摄影部门工作。停战后为英国的画报杂志拍摄照片的摄影师里，有许多人曾是战时的随军摄影记者。背负特别使命的英国记者的目击报道总是在探讨令德国全境"无家可归之人"蒙受痛苦的人道主义危机。许多篇报道在介绍英占区德国人极其恶劣的生存条件，他们生活在肮脏的住所里，营养不良，而且饱受病痛的折磨。1945年，《新闻纪事报》刊登了一篇报道，耸人听闻地报道了柏林"在人间悲剧的浪潮涌至柏林后留下死者、垂死之人和饥肠辘辘的流浪汉"的骇人场面。[45]

在1945年9月《图画邮报》的一篇名为《对混乱场面的报道》（Report on Chaos）的文章里，记者洛娜·海与摄影师海伍德·马吉（Haywood Magee）报道了德国境内210万流离失所者的境况。据他们所写，流离失所者每天的食物只有1000卡路里的热量，而英国人每天的食物有2000卡路里，美军的伙食是每天3500卡路里。他们严肃地总结道："这个冬天，德国将遭受自中世纪以来欧洲未曾经历的苦难。有人或许会说：'那是德国人活该，我们为什么要担心他们呢？'或许德国人的确罪有应得。但难道我们的占领部队活该得驻扎在这样一个国家，或被要求面对9000万人口文明生活崩溃的后果吗？"其他报纸刊登的图片描述了关卡和火车站的混乱场面、载满了难民的卡车和蜷缩在破破烂烂的营地里的拾荒人，构成了一幕幕"人间惨剧"。虽然这些摄影作品仍是写实风格，却带有确凿无疑的同情色彩。[46]

一位《每日先驱报》的记者精准地捕捉到了对昔日敌人表示怜悯这个道德难题："今天我见到数千个德国平民——有男有女，有老有少——遭受了昔日纳粹势力推行残暴统治时施加于其他民族身上的悲惨与苦难。"对于这位记者而言，德国人的悲惨状况是对英国价值观和英国国民性的考验:"但如果我们要向德意志民族证明我们为人处世的方式、我们的文明、我们的信念是正确的,而他们是错误的,如果我们要与那些死去之人、残疾之人和遭受无法忍受的艰辛痛苦之人一同保持住信念,那么,这些问题必须得到解决,还得立刻解决。"这种观点反映了英国人目睹全体欧洲人共同承受的苦难之后油然而生的同情心,刊登在《泰晤士报》和《新闻纪事报》上的那些令人不安的照片激起了英国媒体的广泛讨论。[47]

许多英国政治家加入了辩论。在《图画邮报》刊登的一篇名为《德国需要推行新政策》(Wanted: A New Policy for Germany)的文章里,工党议员莫里斯·埃德尔曼(Maurice Edelmann)写道,他厌倦了"那是你咎由自取"的主题,并反驳说:"我们不应该以纳粹分子的标准,而是应该以基督徒的标准去对待人类同胞。"英国自由党的主席维奥莱特·博纳姆·卡特(Violet Bonham Carter)将这场辩论的道德意义抬到更高的程度。1945 年 10 月 9 日,博纳姆·卡特在康威大厅(Conway Hall)发表演讲,将德国英占区的粮食危机形容为"或许是自 1940 年来,我们作为一个国家所面临的最重要并且最关键的考验时刻,无论在当时还是现在",她继续说道,"我们都是为了某些价值观挺身而出,难道我们有权利说出'我岂是看守我兄弟的吗'*这句话,无论我们属于哪个种族?"[48]

对更好地照顾英占区德国人的呼吁得到了圣公会的支持。乔治·贝尔主教(George Bell)确立了基调,并向公众表明自己的观点。在战争期间,贝尔曾与持不同政见的德国新教团体"认信教会"(Confessioning Church)建立了良好关系,并努力争取向希特勒统治下的德国基督教徒伸出援手。他批评英国轰炸德国的做

---

* 此句出自《圣经·创世记》,该隐杀害了他的兄弟亚伯后,上帝质问该隐,他却回答:"我不知道!我岂是看守我兄弟的吗?"

法，1941年4月，他在《泰晤士报》上撰文写道："如果欧洲是一个文明大陆的话，那怎么可以原谅夜间轰炸城镇和恐吓平民的做法呢？"到战争临近结束时，其他圣公会的领导人表达了类似的观点。贝尔在1946年的布道稿《如果你的敌人在挨饿》（If Thine Enemy Hunger）中指出，英国对昔日敌人的敌意违背了基督教的原则。对于贝尔来说，干预的理由是1946年2月底英国占领当局在柏林宣布英占区将"大幅削减"对德国人的粮食配给，在贝尔看来，这一政策将意味着"大批德国人肯定会活活饿死"。贝尔将希望诉诸英国公民的基督徒良知，声称德国人的苦难将"挑战他们的人性"，因为这个世界——在此处他直接向读者发出呼吁——只能通过"以爱的能量去驾驭你的灵魂"才能得到救赎。值得注意的是，贝尔率领圣公会反对在纽伦堡审判后继续进行战争罪审判，理由是：如今是时候原谅，而不是无休止地实施报复了。[49]

最能体现对德国人情感转变的事件，是1945年秋天发生的关于驱逐行动的道德问题的辩论。战争结束之后，捷克人和波兰人联合起来，将德意志人逐出自己的国家以实现民族清洗与缔造和平。捷克总统爱德华·贝奈斯（Edvard Beneš）在1945年5月16日发表的首次演讲中表示："我们必须清洗这个国家的德意志人和马扎尔人，以便让捷克人与斯洛伐克人建立起一个团结的国家。"对于贝奈斯而言，"我们国内的德意志人背叛了我们的国家，背叛了我们的民主，背叛了我们，背叛了人性，背叛了人类"。战争爆发之后，波兰与捷克的流亡政府便一直在讨论将德意志人逐出自己的国家，以1923年《洛桑条约》（Treaty of Lausanne）签署之后希腊人和土耳其人的迁徙为样板。苏台德地区的德意志人曾在捷克斯洛伐克扮演"第五纵队"的角色，1938年纳粹占领捷克斯洛伐克后展开了严酷的剥削、强制劳动和集体处决，以有192个平民遇害的臭名昭著的利迪策惨案（Lidice）为顶点。再度兴起的民族主义被视为迈向国家建设的关键，捷克的领导人辩解称，驱逐德意志人并没收他们的土地将有助于缓解农业人口过剩的问题。斯大林在与波兰和捷克领导人的许多次对话中都表示支持这一行动；1944年12月15日，丘吉尔在下议院的演讲中认同驱逐德意志人将会取得"令人十分满意和持久的政治效果"。英国、美国和苏联的领导人在《波茨坦协定》（Potsdam Treaty）中也同意这一政策。在波兰和捷克斯洛伐克，集体罪责的原则被应用于德意志人，其后掠夺与充公之风盛行，构成了去德意志化这场更为广泛运动的一部分。苏台德地区的德意志人背上总是被画上"卐"字徽，捷克人还强迫德意志人戴上白色的臂章，上面画着N字（Nemec），表示"德意志人"之意。临时组建的人民法庭审判、报复仇杀和人口迁徙构成了战争过后的主题。新成立的联合国对人口驱逐睁一只眼闭一只眼，担心出手干涉会显得过分同情前纳粹分子。人口驱逐被视作战后缔造和平这个更为宏大的主旨的一部分——在上一次世界大战之后，当权者划分了后哈布斯堡王朝时代中欧的新国界线，以适应生活在那里的各个族群分布的情况；而1945年后，规划者选择了人口迁徙这一手段，以适应新划定的国界线。重要的是，各个强权大国和联合国都支持波兰和捷克斯洛伐克以现代化和国家建设的名义实施国内的民族分离。[50]

然而，国际团体发声表达了自己的不满。1945年秋天，英国和美国的报刊公开谴责驱逐行动违反了《波茨坦协定》的第12条款，该条款要求进行"有序"的人口迁徙。《纽约时报》（New York Times）的记者安妮·奥海尔·麦考密克（Anne O'Hare McCormick）将波兰和捷克斯洛伐克有组织地驱逐德意志人这一做法称为"致力于保卫人权的政府所做出的最不人道的决策"。《曼彻斯特卫报》谴责捷克人对待德意志人的做法"令人想起了希特勒的泛德意志主义"，其种族政治"令捷克国父马萨里克（Masaryk）蒙羞"。罗马天主教会谴责贝奈斯和他的"新世俗化清教徒党羽"（new secular Puritans）令他们的国家走向"后基督时代的野蛮状态"。1946 年 2 月,世界基督教会联合会下属的一个委员会在日内瓦召开会议,贝尔大主教与知名德国新教牧师和反纳粹活动家马丁·尼莫拉（Martin Niemoeller）与会,会议恳请战胜国既要捍卫正义,又要顾及怜悯,因为"向旧日的敌人寻求报复只会招致新的灾难"。[51]

1947 年,美国人发行了一本名为《亡者的土地:东德驱逐行动研究》(*The Land of the Dead: Study of the Deportation from Eastern Germany*) 的宣传册,拉响了道德警报。它由以纽约为总部的反大规模人口驱逐理事会（Committee Against Mass Expulsion）出版,有众多公共知识分子如瓦里安·弗莱（Varian Fry）、多萝西·汤普森（Dorothy Thompson）、约翰·杜威（John Dewey）、诺曼·托马斯（Norman Thomas）等署名支持。他们抗议暴力驱逐"违背了我们文明的基本原则",是对《大西洋宪章》明目张胆的藐视。对他们而言,事态的发展挑战了文明本身的根基,他们总结指出:"今天发生在苏台德地区和东欧地区德意志人身上的事情,明天将可能发生在印度的穆斯林、巴勒斯坦的犹太人、南非的白人、美国的黑人身上。"值得一提的是,许多德意志人团体向联合国和国际社会表达了自己的愤怒,声称他们的人权遭到捷克人和波兰人极其恶劣的侵犯。[52]

国际社会对捷克人和波兰人驱逐德意志人这一做法的批评激起了他们的愤怒。一个波兰人在 1946 年 5 月向英国工党致公开信,在信中写道:"谁有权利谴责我们的态度?那个'无罪之人'在哪里呢?置身于我们的处境,他会做什么呢?"贝奈斯以捍卫文明为理由为其国家政策作辩护。在接受《泰晤士报》驻莫斯科一位记者的采访中,他坚称驱逐德意志人是必要之举,并神情严肃地补充说,别的做法"将会是有失人道之举。如果我们因为文明的举措而遭到惩罚,那将是一个遗憾"。1946 年 3 月,在捷克国民大会（Czech

National Assembly）上的一次演讲中，捷克外交部长扬·马萨里克（Jan Masaryk）严肃地表示："我们拥有作为文明民族的好名声。我们会将它继续保持下去。"[53]

虽然波兰政府和捷克政府的驱逐政策一开始得到了国际社会的支持，被认为是迈向政治和平的必要举措，但突然间就成为英美公共舆论的新道德政治的抨击目标。英国的摄影新闻对这次辩论起到了推动作用，并引发了对昔日敌人的道德同情。就连铁石心肠的英国记者也开始改变心意，因为报纸上刊登的反映被驱逐的德意志人在英占区受尽折磨的照片唤起了人们的同情。《每日邮报》（Daily Mail）的记者乔治·毕兰金（George Bilainkin）长年以来对德国人充满仇恨，起初对捷克人和波兰人驱逐德意志人的做法表示理解，但在日记里，他一反常态地承认："年迈的妇人、年轻的姑娘还有小孩子被迫离开自己的家园，经过长途跋涉，几乎死在柏林的火车站里的照片，是对政治信念的考验。基于人道主义而不是心软的考量不由自主地涌上心头。"毕兰金并非孤例，媒体对被驱逐者的报道（尤其是在英国）继续令英国公民社会朝新的方向前进。[54]

正是在这一阶段，维克多·格兰茨使这场辩论更加激烈。格兰茨是伦敦的一位勇于作为的犹太出版商，利用自己在20世纪30年代创办并取得相当大成功的左翼图书俱乐部（Left Book Club）中获得的收益，宣扬自己对当代政治问题富有争议的观点。在20世纪30年代和40年代初，格兰茨出版了一系列记录纳粹恐怖行径的宣传册，譬如《纳粹恐怖行径棕皮书》（The Brown Book of the Nazi Terror，1933年）、关于德国境内的犹太人遭到残忍对待的《黄色的污点》（The Yellow Spot，1936年）和《容我的百姓去》（Let My People Go，1943年）等作品，尝试引起公共舆论对波兰犹人困境的关注。即便如此,他并不仇视德国人。事实上,格兰茨对罗伯特·范西塔特爵士那本臭名昭著的畅销书《黑皮书:德国的过去与现状》充满义愤,对"范西塔特主义"的危险影响和他认为对德意志人不合理的恨意提出挑战。在出版于1942年的小册子《我们的孩子应该活下去还是死掉? 关于德国人问题对范西塔特爵士的回应》(*Shall Our Children Live or Die? A Reply to Lord Vansittart on the German Problem*)里,格兰茨希望表明德国人的问题并不只局限于德国,德国和德国人并非特别具有侵略性。在1945年4月,格兰茨出版了小册子《布痕瓦尔德的真正含义》(*What Buchenwald Really Means*),激起了更大的争议。在这本小册子里,他反对德国人负有集体罪责的指控,认为它是错误的裁决,充满报复情绪。接着,他指责英国人没有采取任何行动来拯救犹太人,刺激了许多人向他寄去宣泄仇恨的邮件。对他而言,有一个更加重大的问题要处理:"犹太教—基督教传统是我们内在的堡垒。为了我们的孩子,我们一直在奋斗,希望将它保住;现在,就在胜利的时刻,我们却要将它放弃吗?"[55]

在那一年,来自英占区的骇人听闻的媒体报道令格兰茨越来越气愤,他运用书信、宣传册和照片呼吁为德国人提供更好的待遇。1945年8月,在一封寄给《新闻纪事报》的信件里,他哀叹一种危险的"新道德观"出现了,那种道德观认为仁慈与怜悯"不仅根本无关紧要,而且令人感到羞耻"。1945年5月,一份调查发现54%的英国人"痛恨德国人",80%的英国人赞成实施严酷的和平条款。格兰茨觉得这对于维系战后和平而言并不是好兆头。在1946年的小册子《他们的命运,由他们自己去面对:饥饿的伦理》(*Leaving Them to Their Fate: The Ethics of Starvation*)中,格兰茨将这一套话语发挥得更加淋漓尽致。他觉得在"强烈羞耻感"的压迫下,他必须在这本小册子里写出英占区的情况,指责英国人"任由德国人活活饿死"的做法。在格兰茨看来,德国的无条件投降使之成为英国"贵族义务"(noblesse oblige)的最高道德问题:"我们要求德国人任凭我们处置,"他严肃地说道,"如果这不构成一个自诩文明的国家的特别义务,那么,还有什么是特别义务呢?"英国的"特别义务"是作为"奉行自由主义或信奉基督教的征服者与西方价值观的捍卫者"对他的敌人负有的责任。[56]

格兰茨出版于 1947 年的作品《我们受到威胁的价值观》(Our Threatened Values)卖出了超过 5 万本,在这本书中,他引用了蒙哥马利子爵一篇演讲的片段,据说后者曾经表示"削减德国的粮食供应已成定局"。对于格兰茨而言,蒙哥马利的话揭示了"西方文明所面临的道德危机"。格兰茨痛斥英国的非亲善政策,因为它们侵害了同盟国投身这场战争所捍卫的价值观。[57]

格兰茨要求更人道地对待德国人的宣传,生动地反映于他已出版作品中的照片。1945 年年底,他在圣诞节前匆忙出版了一本名为《难道这对你来说根本无所谓吗?》(Is It Nothing to You?)的宣传册,要求救济被驱逐的儿童。当英国的粮食部长本·史密斯爵士(Ben Smith)宣布英国人的粮食配给将在圣诞节之前增加,与德国英占区的惨状形成鲜明对比时,格兰茨感到十分愤慨。格兰茨的宣传册里刊载了骨瘦如柴的、被驱逐的德国儿童躺在医院病床上,因为痛苦和饥饿而变得憔悴不堪的照片,这些照片都是他亲手拍摄的。宣传册的封面——展示的是一个正在挨饿的德国小孩——在呼吁英国读者对旧时的敌人报以同情(见图 10)。

这些照片本身并不新鲜,让人想起 1919 年由英国救助儿童基金会的创建者埃格兰泰恩·杰布设计的海报《一个挨饿的孩子》(A Starving Child),这幅著名海报的用意是:引起英国人对第一次世界大战期间由于遭受协约国封锁而身陷惨境的维也纳儿童的关注。杰布将焦点放在儿童身上,以构筑对旧时敌国的善意,并引领了

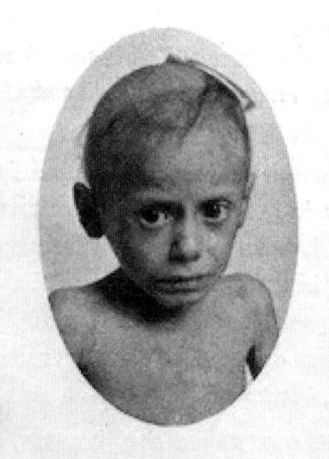

图10　营养不良的小男孩。维克多·格兰茨的宣传册《难道这对你来说根本无所谓吗？》封面，柏林（伦敦，维克多·格兰茨出版社，1945年）

图片来源：猎户星出版集团（Orion Books），伦敦

1921年俄罗斯大饥荒后捐献食物救助当地儿童的宣传。[58]

在这个意义上，格兰茨的照片既老套又有新意。对德国人的处境表示同情的人总是利用流离失所的儿童作为唤起同情的手段。格兰茨的策略与"国联"和红十字会在第一次世界大战后制作的宣传人道主义救济的电影相契合，也呼应了西班牙内战期间国际救济与支援机构制作的摄影纪实作品。他的照片还让人想起了战时救助饥饿儿童的宣传，这体现于泰蕾兹·博内（Thérèse Bonney）在1943年出版的相册《欧洲的孩子》（*Europe's Children*），它在一夜之间引起了轰动。但在1945年，主要的内容当然是大规模印制的关于犹太人大屠杀幸存者忍饥挨饿的照片，在解放集中营后成为西方报纸争相报道的题材。格兰茨在这里尝试使罔顾人道主义的残酷故事跨越1945年的阵营分歧，模糊化施暴者与受害者之间的区别。格兰茨出版于1946年的反映德国之行的报告文学作品《在最黑暗的德国》（*In Darkest Germany*）里面包括了反映肮脏生活条件和营养不良儿童的令人辛酸的照片，目的是表明德国并没有从战争中恢复元气（见图11）。

他还加入了十几张照片，拍摄的是衣衫褴褛的孩童的鞋子，以强调英占区对德国人糟糕的照料（见图12）。格兰茨本人总是以严肃的见证人身份出现在照片里，像慈父般站在孤苦伶仃的孩子身后。有些人声称他出版这本书和这些照片的主要用意是引起对管理英占区的开支与困难的关注，目的是鼓励尽快将英占区归还德国人。在这个意义上，我们要记住，在人口多达2200万人的英占区，起初只有不到100名英国公共卫生官员。即便如此，这些照片仍然深深地震撼人心。令它们如此不同寻常的原因，是它们试图在已经厌倦战争、但对德国人并不报以同情的英国公众的心中激起羞耻与怜悯。

和"一战"后杰布的英国救助儿童基金会一样，格兰茨宣传行动的帮助对象是战争结束后的旧敌。虽然杰布因为她的海报被控告有碍

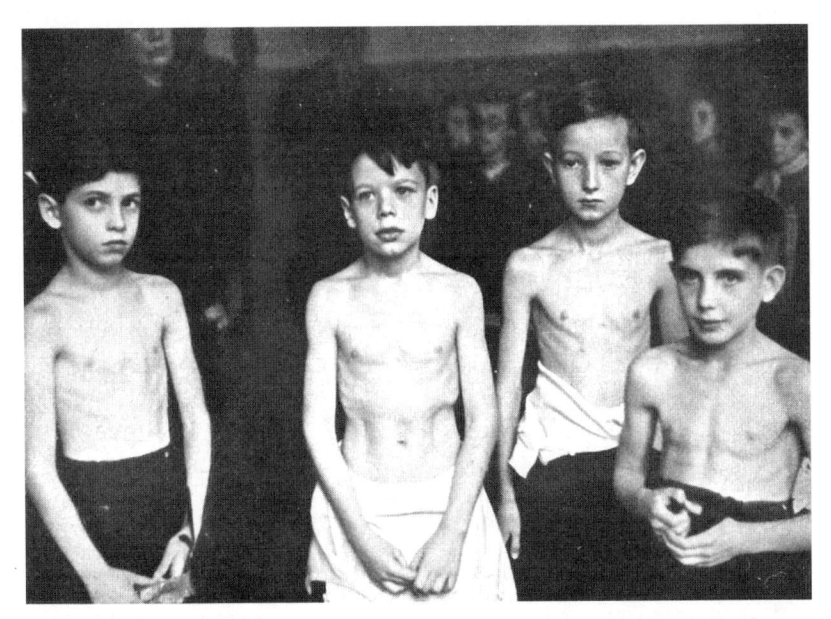

图11 营养不良的男生。德国,1947年。出自维克多·格兰茨,《在最黑暗的德国》(伦敦:维克多·格兰茨出版社,1947年)

图片来源:猎户星出版集团,伦敦

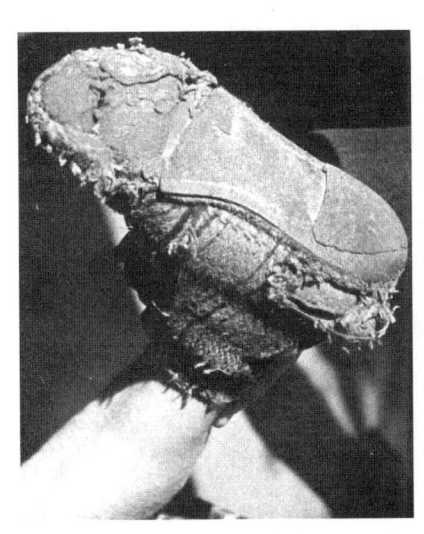

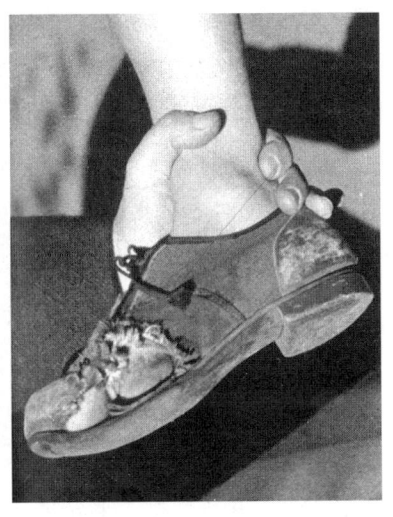

图12 德国儿童的破鞋子。1947年,出自维克多·格兰茨,《在最黑暗的德国》(伦敦:维克多·格兰茨出版社,1947年)

图片来源:猎户星出版集团,伦敦

观瞻而被逮捕，但格兰茨所拍摄的骇人听闻的照片得到了读者（尤其是教会人士）的支持，促使许多人向英国的旧敌给予人道主义捐赠。[59]

由于得到读者积极的支持，格兰茨在1945年发起了"拯救欧洲，就是现在"（Save Europe Now）的计划，恳求英国公众自愿削减口粮以救助急需食物的德国儿童。他在1945年9月初发出了第一次呼吁，10天之内就收到了寄来的5000张粮票；又过了一个星期，有2万多人做出了积极回应。从某种程度上说，这种情怀并不是崭新事物。在1940年8月的一次演讲中，丘吉尔曾表示："我们应该尽最大努力鼓励增加世界范围内的粮食储备，这样的话，欧洲人民，其中包括——我要特别强调——德国人和奥地利人，将确信纳粹政权的垮台会立刻为他们带来食物、自由与和平。"到了战争的尾声，英国人（从教会到劳工组织等团体）逐渐倾向于提供更多的粮食，支援满目疮痍的欧洲大陆。纳粹暴行的揭露和集中营的发现逆转了英国人和美国人对德国人的态度，民众变得铁石心肠，反对提供援助或表示同情。但令人惊讶的是，帮助德国平民的行动在停火后迅速展开。[60]

在这方面，1945年和1946年英国媒体发起的宣传取得了巨大成功。德国难民危机是日报里的主导话题，尤其是画报刊物，诸如哲学家J. B. 普里斯特利（J. B. Priestley）和维奥莱特·博纳姆·卡特等公众人物都支持援助德国。教育大臣埃伦·威尔金森（Ellen Wilkinson）甚至表示："格兰茨的'拯救欧洲，就是现在'计划传承了敦刻尔克的精神。"一部分议员纯粹是基于国家利益而支持这次宣传，指出欧洲遭受饥荒或许会导致瘟疫横行，影响在德国的英国驻军。格兰茨的慈善计划送去了大量来自英国家庭捐赠的定量供应食物包，由红十字会救济队伍分发。到1948年底，超过3.5万包食物被送到欧洲大陆，其中有一半分配给了德国，根据一篇报道的讲述："它们在精神意义上和心理意义上的重要性远远大于其营养

第二章　惩罚与悲悯

价值。"在英占区让德国人吃上饱饭——无论这个任务在战后多么难以接受——成为衡量英国文明的指标。[61]

随着时间推移，英占区摄影作品的基调也发生了改变。到了20世纪40年代末，随着占领部队逐渐习惯了在德国与德国人一道生活，原本态度更加强硬并将英国军事人员与受管制的德国人民严格区分开来的军方摄影作品在态度上软化了。随着局势稳定下来，摄影师逐渐将重点转移到日常生活和民间重建上。那些被称为"瓦砾女"的德国妇女，她们不知疲倦地清理遭受轰炸的城市的废墟瓦砾，成为英国摄影师最喜欢拍摄的题材。新颖之处在于，英国摄影作品以表现德国人与英国人在一起为特色。社交距离的拉近是一度非常严格的非亲善政策逐渐松动的部分结果，这体现于反映德国妇女与儿童情况的照片，她们总在与同盟国的士兵互动，在20世纪40年代末使旧敌"变得人性化"方面起到了重要作用（见图13）。

不是每个人都赞成救助德国人。工党内阁没有多少人支持格兰茨同情旧敌的观点。首相克莱门特·艾德礼曾在"一战"时担任陆军军官，长久以来一直持反德态度；外交大臣欧内斯特·贝文（Ernest Bevin）曾经激动地表示："我尝试做到对他们公平，但我真的痛恨他们。"直到1948年"柏林空运"期间，艾德礼和贝文才到访柏林。诺埃尔·科沃德（Nöel Coward）写于1943年的著名歌曲《我们可别对德国人太凶狠》（*Don't Let's Be Beastly to the Germans*）嘲讽英国人中那些"同情心泛滥的人道主义者"，他们"对我们的敌人太过于宽容"，其中就包括J.B.普里斯特利、伯特兰·罗素（Bertrand Russell）和格兰茨。据说艾德礼拒绝了由格兰茨和经济学家威廉·贝弗里奇（William Beveridge）带队的代表团出访，因为他们呼吁英国继续资助德国并施行仁政。一个英国士兵反驳说："我可从来没见过德国有人在挨饿，至少在英占区和柏林没见过。而且威斯特伐利亚人比英国的许多人生活得更好。"一个德国集中营的

图 13　威尔克斯军士（Sergeant Wilkes）拍摄的照片。柏林，1945 年 7 月
图片来源：帝国战争博物馆（Imperial War Museum），伦敦，编号 BU8610

幸存者弗朗茨·伯格（Franz Burger）斥责格兰茨"悍然抛弃了英国人的良心"，处心积虑地将"英国人送上被告席"，从而令每一个英国人都负上罪责，他还希望其他英国人"挺身反抗对他们做出指控的格兰茨"。英国犹太人社区和右翼媒体对格兰茨展开严厉批评，斥责他毫无爱国之情、傲慢自大、持反犹立场，许多人觉得他流于道德说教，而且战争刚刚结束，这么做并不合适。其他人也对英国对德国人的同情感到震惊。诺贝尔文学奖得主、波兰诗人切斯瓦夫·米沃什（Czesław Miłosz）曾在 1945 年对一位英国访客说："我实在不明白你们英国人……是的，你们有良心，但你

第二章　惩罚与悲悯

们是以良心来思考吗？"[62]

不出所料，格兰茨对旧时敌人的浪漫情怀在西德受到了赞美。康拉德·阿登纳（Konrad Adenauer）在1949年成为德意志联邦共和国的第一任总理，他承认："维克多·格兰茨是德国的大恩人，考虑到他是犹太人出身，这份恩情更是伟大。"1950年，在纽伦堡歌剧院（Nuremberg Opera House）举行了一次正式聚会，市长盛赞格兰茨是"当代的'智者纳坦'（Nathan the Wise），从不宣扬对德国人的仇恨与报复"。1953年，格兰茨被德国大使授予功绩勋章（Order of Merit），成为得到这个奖项的首位非德国籍获奖者。确实，格兰茨的宣传运动一直带着自命正义的道德气息，但他的宣传确实使得人们以不同的目光看待德国人，并激发了民众对英国在德行动的兴趣与支持。[63]

英美两国原谅德国人并让他们吃饱饭的宣传活动，是更广泛的跨大西洋公民志愿行动的表达，一开始便对军事当局的严苛政策提出挑战，而随着时间推移，甚至促进了政策的转变。虽然这类运动中的一部分相对很短暂，譬如格兰茨的"拯救欧洲，就是现在"宣传运动，但它们确实标志着道德情感的决定性转变。展现他人伤痛的媒体宣传是在努力构筑看待旧时敌人的新视角，而英国人起到了表率作用。和19世纪废除奴隶制的宣传一样，战后人道主义的主旨是在一定的距离之外构筑一个有同情心的新道德共同体。大部分学者将这一态度上的转变与1948年至1949年"柏林空运"相关的粮食危机联系在一起，在那段时间里，柏林从纳粹军国主义的大本营转变为西方同盟国与西德人民之团结的脆弱前哨。然而，真正的起点应该是在1945年秋天。

同盟国与其旧敌的关系在1945年至1946年间经历了所有的情感：从复仇到羞耻，从仇恨到同情。国际战争罪审判是为了阻止报复，并在欧洲社会全面崩溃后重新确立法律在国际事务中的权威。虽然纽伦堡审判引起了许多争议，但它的确帮助实现了西欧占领区的政治和平，并帮助扼杀了法西斯分子妄图复仇的幻想。"文明教化使命"——19 世纪欧洲与非欧洲世界接触时的推动力和框架——现在转向了其他欧洲人，主要是德国人，由国际秩序的新规范和以物质福祉为基础的道德重建来保障。1945 年后文明的——尤其是在处理德国与德国人的问题上——核心是表达怜悯与同情，这是西方的标志。

　　这就是为什么摄影新闻如此重要，因为它在战后催生了一种新的普世情怀。正如 19 世纪早期的浪漫主义小说帮助促成了人们对正在遭受苦难的遥远的陌生人产生新的人本主义情怀，这些照片在 1945 年后帮助推动人道主义进入新阶段方面起到了类似的作用。这种情怀总是与 20 世纪 40 年代末其他具有里程碑意义的摄影作品联系在一起。战争结束两年后，联合国教科文组织出版了摄影集《需求之书》(*The Book of Needs*)，标志着专注儿童、教育和重建的新基调。1949 年，联合国教科文组织出版了摄影集《欧洲的儿童》(*Children of Europe*)，里面刊登了由大卫·"希姆"·西摩（David 'Chim' Seymour）拍摄的照片。从英国救助儿童基金会到西班牙内战，这些孤苦伶仃、受尽折磨的孩子在"一战"后成为呼吁人道主义支援的视觉影像的主要内容，而到了 1945 年后，这些照片再度成为至关重要的道德指南。在《欧洲的儿童》里，欧洲的孤儿被刻画为遭到毁灭的欧洲背景下的战争受害者（无论他们的背景出身或国籍），从而帮助促成了一种新的包容性的欧洲情怀（见图 14）。这种情怀在 1955 年大获成功的展览"人的家庭"(*The Family of Man*) 中得到了淋漓尽致的表达。这次展览由爱德华·史泰肯（Edward Steichen）与纽约的现代艺术博物馆（Museum of Modern Art）合作进行，是有史以来最受欢迎的国际摄影展览，在 38 个国

第二章　惩罚与悲悯

图 14　出自《欧洲的儿童》(巴黎：联合国教科文组织，1949 年)
图片来源：大卫·西摩摄，马格南摄影通讯社（Magnum Photographers），纽约

家展出，有超过 900 万人参观。"人的家庭"的目的是展现史泰肯所说的"全人类本质上的一体性"，展现来自世界各地的人在后法西斯主义时代家庭生活其乐融融的情景。但这些英国人拍摄的反映战败德国人的照片在构筑人性与包容性的新视觉语言方面发挥了遗忘的作用，并被用于争取心怀敌意的英国公众对生活在英国人治下的德国人予以道德和物质支持。[64]

英国人对德国人的看法的独特之处在于，他们将批判矛头对准身为占领者的自己,认为在英占区善待德国人是英国文明的试金石。虽然这场道德运动总是受到基督教准则的激励,但是激发采取行动之呼吁的因素,是对肉体的照顾(而不是对灵魂的照顾)。战后初期同盟国与受其管制的德国人之间互动的历史,让人想起人道主义表达仍受到严格限制的时期,正是因为在停战之后战败的敌人立刻被纳入普遍人性的新道德世界里。

向德国人表示同情,并将他们纳入人类的伤痛叙事,是以牺牲纳粹罪行的受害者为代价的。值得注意的是,援助德国人的宣传运动正好发生于纽伦堡审判开庭时,关于纳粹暴行的讨论和影像证据每天都见诸报端。尽管在审判进行期间以及审判结束后,人们对纳粹的暴行进行了广泛讨论,但6个月前解放集中营骇人听闻的照片在那个秋天显然已经成了旧闻。关于怜悯的辩论已经转移了焦点。当时激起美国和英国公众同情心的不是犹太人的悲惨命运,而是德国难民的艰难处境,所有这一切都以人性、基督教慈善精神和新的道德普世主义为名。格兰茨的媒体宣传在令英国受众接受这些转变的观念方面扮演着重要的角色,尤其是因为它以"犹太教—基督教文明"的观念进行表述。20世纪40年代和50年代的这些著名摄影展览所支持的将所有人一律视为受害者的做法,无意间消除了犹太人作为受害者所承受的苦难的特殊性,纳粹势力对犹太人实施种族灭绝的暴行在公众心目中被边缘化,成为更加宏大的"二战"叙事中的一个小章节。直到20世纪80年代,纳粹大屠杀和奥斯维辛集中营才成为"二战"历史乃至整个20世纪历史的中心话题。

随着欧洲冷战局势的恶化,敌友之间的道德关系有了新的地缘政治表现。文明被再度用于描绘和叙述对这片大陆的不断改变的理解,而在20世纪40年代末,宗教成为身份认同新领域的中心内容。

第三章

信仰与边界

1948年圣诞节翌日,枢机主教若瑟·敏真谛(József Mindszenty)被匈牙利国家警察逮捕。几年来,匈牙利当局的领导人一直密切关注这位直率敢言的匈牙利天主教会保守派领导人,并对这位教会高层人士不愿妥协的个性和挑衅姿态感到厌烦。匈牙利人民共和国在1948年底以叛国罪名取缔了一切宗教组织,并指控敏真谛是国家公敌。检方花了一个月的时间准备起诉内容,之后,这位枢机主教、他的秘书和几位关系密切的教会人员成为从1949年2月3日起在布达佩斯召开的众所瞩目的作秀式审判的被告。经过持续了整整2天的大肆谴责和装样子走形式的庭审,他们全都被判有罪并被判处终身监禁。这是教会与新政权之间一场被精心安排的对决,匈牙利共产党希望把这位枢机主教树立为典型以儆效尤。审判的大部分内容通过匈牙利电台进行现场直播,并在由官方控制的印刷媒介上加以宣传。[1]

敏真谛的名字在今天差不多已经被遗忘了,但他的案子在当时激起了相当大的国际争议。冷战初期没有哪一起事件能在国际天主教界引起更大的反响，全世界的罗马天主教领导者和宣教人员都发声抗议，在大西洋两岸组织了许多次示威抗议活动。这次审判不仅以多种独特的方式动员国际天主教团体，而且对于战后基督教西方的人权和文化边界的确立起到了同样重要的作用。美国政府十分关注这位枢机主教的困境，中央情报局（CIA）对此次审判看上去如何展示了新式洗脑逼供的方式尤为感兴趣。敏真谛的命运是20世纪40年代末和50年代初关于文明危机的广泛讨论的中心话题，本章将专注于此次审判以及它如何影响了对基督教西方的重新定义。1949年的布达佩斯审判在几个方面成为国际焦点，其内容涉及宗教组织、人权和基督教文明的冷战地缘政治。

敏真谛案件的特别之处，一定程度上在于他的生平事迹。数十年来，他都是匈牙利天主教会的关键人物。在1919年第一次世界大战刚刚结束时，他便被短命的贝拉·库恩（Béla Kun）政权逮捕；接着在1944年，他因抗议在匈牙利的土地上继续战争而再度被箭十字党（Arrow Cross Party）法西斯政权逮捕。敏真谛出生于匈牙利西部一个小村庄，担任乡村牧师近30年，然后在1945年被教宗庇护十二世（Pius XII）擢升为匈牙利天主教会的领导人，很大一部分原因是他直言不讳地表达反共产主义的观点。他拥有无可挑剔的反法西斯履历，是左翼人士不共戴天的敌人，而且对斗争毫不畏惧。在被任命为枢机主教之后的就职布道中，敏真谛大胆地形容自己为"'造桥者'（pontifex）、本国最重要的人物，被赋予了有900年历史的权利"。而他的对手本身就是一个极具分量的大人物——匈牙利共产党的领导人马加什·拉科西（Mátyás Rákosi），后者决意要摧毁旧匈牙利的残余，在多瑙河畔建立起新的革命秩序。[2]

虽然在战后的头几年里，教会与政府的关系相对平和，但敏真谛和他的教会逐渐被视为新政权的政治规划和社会工程的绊脚石，在新政权希望展开的土地改革、儿童教育国有化和国家报刊去基督教化等领域更是如此。这位枢机主教反对这些计划,以各种方式发起反击。譬如说,他拒绝向匈牙利政府宣誓效忠,除非当局保证所有天主教组织的信仰自由,允许天主教出版日报而不仅仅是周报,并恢复与梵蒂冈的外交关系。在1947年一封牧函里,敏真谛运用人权的新话语挑战政府的合法性:"我们必须公开宣布,没有哪一个信奉基督教的投票者会支持一个以暴力和压迫实施统治,并践踏所有自然法准则与人权的政党。"为了击退官方的侵蚀,他宣布从1947年8月到1948年12月是"圣母玛利亚之年"(Year of the Virgin),以"匈牙利是圣母玛利亚的国度"为口号。庆祝圣母节的目的是通过弥撒布道、巡游、朝圣之旅和示威游行,为受困的匈牙利天主教界注入活力,并抵制国家政权干预传统天主教文化。大体上说,此次庆典取得了巨大的成功,教会人员引领了几次朝圣之旅,估计有多达150万名信众参加。[3]

此次庆典是敏真谛精心部署的行动,不仅是为了反对政府,还希望借助民众的宗教情怀重新团结教会。我们要记住,"二战"结束之后,圣母玛利亚崇拜在这片受到战争重创的大陆上戏剧性地再度兴起,并通过在许多国家吸引了数十万信徒的大量宗教瞻仰、游方信仰疗法医师、朝圣之旅和神迹显现而得以强化。在一定程度上,这是民众宗教情怀的爆发,在"二战"后的历史里大体上仍未受到关注。

众所周知,见证圣母的现代模式始于19世纪中期的法国,以1858年圣母在卢尔德(Lourdes)显灵最为著名。到卢尔德朝圣的风俗始于1872年法国被普鲁士人打败,这场败仗被诠释为神明在审判法兰西共和国和巴黎公社的罪行。[4] 1945年后,欧洲各地,从西班牙、法国和爱尔兰到西德、奥地利和匈牙利,有许多人见到了神迹和异象。1947年到1954年,每年有十几宗圣母玛利亚显灵的事迹被报告至教会权威机构，超出之前和之后几十年平均数量的三倍有余。旧时的朝圣地点，譬如卢尔德和德国的马尔平根（Marpingen），在"二战"之后仍保持着自己的地位，但随着新的民粹主义天主教福音布道热潮席卷后纳粹时代的欧洲，现在在其他地方也涌现出新的朝圣地点，吸引了数以万计的信众，一待就是几个星期甚至几个月。一些景点带有冷战的特征：1917年著名的葡萄牙法蒂玛圣母（Fatima）显灵——据说它所预示的大灾变异象揭示了俄国革命的悲伤与苦难——成为冷战评论的标准，用于检验1945年后不断增强的对共产主义的恐惧。事实上，一尊供国际朝圣者瞻仰的圣母像——受过葡萄牙莱里亚主教（bishop of Leiria）祝福的法蒂玛圣母像的复制品——于1947年在世界巡回展出，据说一路上都有神迹显现，并有神秘的白鸽相伴。1941年德国作家弗兰茨·韦尔弗（Franz Werfel）以卢尔德的故事为蓝本创作了小说《圣女之歌》（*The Song of Bernadette*），该小说被改编为电影，并于1943年夺得数个奥斯卡奖项，1948年在西欧公映期间成为该年西德票房最高的影片。1949年，位于西德东南地区的黑罗尔茨巴赫—图恩（Heroldsbach-Thurn）村庄出现了圣母显灵崇拜（Apparition Cult），伴随而来的是广泛传播的报道，据说有一群年轻女性先知每天都会见到上帝显灵。到了1952年，大约有150万名朝圣者瞻仰了此处的圣地和四位女性先知并见证了频繁显现的神迹。这个小村庄靠近捷克边境，在1948年共产主义政权巩固权力时，它加深了冷战时期人们对世界末日的恐惧。这类瞻仰朝圣活动并不局限于西欧。据说在波兰的卢布林大教堂（Lublin Cathedral），圣母玛利亚的雕像开始哭泣，每天吸引了多达10万名信徒前来瞻仰。这些事件更为宽泛的意义在于，战后时期——它总是被形容为经济与政治奇迹的年代——同时也充斥着各种宗教神迹。[5]

1950年，教宗庇护十二世希望使这种新的民众宗教情怀为教会所用。他宣布1954年是国际圣母玛利亚年（International Marian Year），宣言在电视节目上播放，传播他引以为傲的"耶稣与圣母玛利亚进一步的胜利"。在他看来，这个重获新生的信仰诞生于战时的艰难处境，反映了天主教徒的共同观点：纳粹主义是始于文艺复兴与法国大革命的以人类为中心的世俗化世界观的极端体现。在冷战两边的阵营中，天主教的教会人员普遍认为他们教区的信徒受到了极权主义意识形态的蛊惑，因为他们背弃了教会，或被世俗主义、物质主义和个人主义迷惑了心智。因此，信奉圣母是通向和平、恩典和重塑教会权威的一步。[6]

因此，不难理解匈牙利政府为何将敏真谛举行圣母庆典视为颠覆活动，各地警察奉命对信众实施镇压。他们中止庆祝活动，手段包括断水断电，拒绝火车通行，没收麦克风和高音喇叭，还强迫信众迁徙至其他地方。敏真谛被逮捕是维持秩序的最后行动。[7]

匈牙利政府对敏真谛提出了数项指控。根据内政部长所说，警察在这位枢机主教位于埃斯泰尔戈姆（Esztergom）的府邸查获一个金属圆筒，据说里面装有敏真谛亲笔书写的文件，"鼓动西方强权国家对匈牙利实施干预"。警察还表示这位枢机主教是1945年保皇运动的发起人，他在阴谋策划与从前以维也纳为根基的奥托·冯·哈布斯堡（Otto von Habsburg）古老皇族合作，意图推翻"民主国家秩序与共和国"。大部分罪证是所谓的手写供词，里面招供他"希望在第三次世界大战美国获胜之后恢复帝制"。敏真谛还被指控挪用资金和使用外汇参与黑市贸易。匈牙利政府迅速准备了一本所谓的涉罪文件黄皮书，供外国媒体转载（有英文和法文版本），目的是赢得由于这位枢机主教被捕而感到震惊的国际社会的支持。里面还包括了画面粗糙的指控照片，其中一张照片展示了一反常态身着华服的敏真谛正准备搭乘"美国教团专门为他准备"的私人飞机前往罗马；另一张照片拍到他的秘书和档案保管员拿着那个铝制圆筒，里面就装着足以定罪的文件，据说是在这位教会高层人士的府邸地板下找到的。[8]

接着，这位枢机主教被强迫在审判时公开招供。虽然敏真谛后来在自传里回忆当时他被服用了药物，被强迫剥夺睡眠，还遭到橡胶警棍的殴打，但没有人知道当时发生了什么事情。敏真谛口头招供的方式令他的朋友们感到陌生，因为他的样子疲惫不堪，口水直流，这立刻引起他的支持者的关注。同样令人感到不安的情况还有，他的手写供词充斥着基本的语法和拼写错误，与他的风格根本不符，令人怀疑那是——用一个局外评论家的话说——"戈培尔和希姆莱的忠实模仿者采用的恶毒手段"。根据《纽约时报》的报道，两位被政府聘用的笔迹专家后来逃离匈牙利，并承认他们受警察胁迫伪造了那些文件用作庭审证据。[9]

这场虚假审判虽然激起了国际公愤，但这一点起初并不是那么明显，其中一个重要原因是这位枢机主教的案件在当时的东欧地区司空见惯。我们需要记住，1948年是东欧局势非常微妙的一年，因为"柏林封锁"（Berlin Blockade）事件以及铁托和南斯拉夫共产党与苏联彻底决裂之后，斯大林下令大规模逮捕内部敌人。斯大林还担心教会领袖将扮演"第五纵队"的角色，谴责罗马教廷任命几位著名的美国教会高层人员担任铁幕一边（如罗马尼亚和南斯拉夫等国家）关键外交职位的做法。"二战"结束后，宗教迫害在东欧并不是什么新鲜事情。1946年，萨格勒布（Zagreb）的大主教阿洛伊修斯·斯迪皮纳克（Aloysius Stepinac）被铁托（Josip Broz Tito）元帅的秘密警察逮捕和囚禁，罪名是他曾在战争期间与法西斯分子勾结。从某种意义上说，这是敏真谛审判的预演。回到斯迪皮纳克的案件，他被指控在第二次世界大战期间与德国和意大利的法西斯分子合作，参与了克罗地亚的乌斯塔沙（Ustasha）运动，在天主教的报刊上煽动反南斯拉夫观点并强迫民众皈依，还阴谋策划推翻政

第三章 信仰与边界

权。斯迪皮纳克被判定是参与乌斯塔沙叛国运动的修士与牧师小团体的头目,被判16年有期徒刑。[10]

审判斯迪皮纳克之后,国际社会发起抗议,加剧了东西方的意识形态分裂。西方的报刊上充斥着抗议信,教宗将铁托与逮捕和定罪斯迪皮纳克的相关人员逐出教会。美国的几位主教认为共产主义政权罔顾东欧地区的人权和法治,并予以猛烈抨击,呼吁西方必须坚守在雅尔塔会议上做出的承诺,保护东欧的人民免遭宗教迫害。世界各地的天主教领导人纷纷谴责这次逮捕,纽约大主教方济各·斯贝尔曼(Francis Spellman)将斯迪皮纳克称为"每一个宗教信仰里成千上万的殉道者中的一员,每一天都有残忍无情、道德败坏的独裁者在背叛和抹黑他们,这些独裁者动用被毒害的权力和武力,妄图实现在全世界建立无神论政府的目标"。斯贝尔曼还为创建纽约州白原市(White Plain)斯迪皮纳克大主教高中筹款,并在新泽西州组织了一次集会,吸引了14万人参加。梵蒂冈的《罗马观察报》(L'Osservatore Romano)甚至声称这次审判代表了"一场更大层面的战争中的一个关键战术时刻,这场战争并非由贝尔格莱德指挥,而是两大文明正在争夺对世界的控制权"。东欧教会人员陷入丑闻的命运,令教会得以摆脱苏联共产党对梵蒂冈曾在20世纪30年代同情亲法西斯势力的抨击,并促使西欧的公共舆论转向苏联的对立面。就这样,用一位历史学家的话说,斯迪皮纳克大主教被塑造成"第一位因意识形态扩张政策而牺牲的殉道者"。40年代末迫害教会人士的行径并未到此结束,还有其他宗教领导人面临东欧阵营各政权的愤怒。匈牙利路德宗的领导人路易斯·奥达斯(Louis Ordass)主教在1948年底被指控滥用钱财而遭到逮捕;在保加利亚,15位新教牧师被指控从事间谍活动;布拉格的大主教若瑟·贝兰(Josef Beran)因类似的罪名在1949年被捕和判刑;波兰的枢机主教斯特凡·维辛斯基(Stefan Wyszyński)从1953年到1956年被软禁在家。

他们的遭遇也成为动员天主教徒的号召理由。[11]

作秀式审判在东欧地区盛行成风，作为这些政权的一种手段来传达共产主义遭到围攻的信息。随着时间推移，这些事先排练的司法审判的焦点从宗教领导人转到政府官员，形式与20世纪30年代的莫斯科大清洗审判更加接近。1949年9月，匈牙利共产党领导人拉斯洛·拉伊克（László Rajk）在布达佩斯接受审判，随后1949年特拉伊乔·科斯托夫（Traïcho Kostov）在保加利亚接受审判，1952年鲁道夫·斯兰斯基（Rudolf Slánský）在捷克斯洛伐克接受审判。东欧新成立的政权希望利用这些作秀式审判揭露国家的内部敌人，从而赢得对共产主义事业的支持。它们是对抗危险的"铁托主义"（Titoism）的战斗——它被视为具有煽动性的反莫斯科的分离主义——和抵制西方干预行动的一部分。所有嫌疑人都被指控在美国人的资助下阴谋发动武装叛乱，并且经常被指控与希特勒和法西斯主义沆瀣一气以造成严重后果。因此，这些审判促成了一种新的恐怖政治在整个东欧地区蔓延，这种政治基于清洗和保卫新政体免遭内外危机的颠覆。它们还在实质上强化了铁幕的理念，加剧了基于对异议、危险和政治共同体的不同理解而造成的冷战时期欧洲的分裂。[12]

但是，审判敏真谛的案件达到了另一个高度。匈牙利政府希望借助那本黄皮书消除国际社会警惕的努力起到了反效果，西方国家对审判表达了强烈愤怒，其中一个重要原因是早在审判开始前一个月，匈牙利政府就出版了对这位教会高层人士的控诉。敏真谛审判作为国际传媒事件很快就拓展到罗马天主教信徒之外的群体，他的处境成为冷战时期反映宗教迫害、人权受到侵犯、文明受到威胁的轰动性事件。西方国家出版了十几部作品讲述这位遭到囚禁的教会高层人士的审判，它们还被翻译成日文、中文、西班牙文和阿拉伯文。[13]

东西方在意识形态上的差异长期以来（现在依然是）被描述为

第三章 信仰与边界

相对立的世俗乌托邦理念的激烈对抗,通常被描述为奉行自由主义的美利坚帝国和奉行公平主义的苏联长达半个世纪的正面对决。在这个背景下,经济、政治和文化等领域成为强权大国展开激烈角逐的战场,每个阵营都努力展示自己为群众提供美好生活的独特能力,兑现在第二次世界大战期间向疲惫的后方民众做出的种种承诺。但从一开始,宗教对于冷战而言就有着极其重要的意义,并以令人意想不到的方式影响了冷战的敌对情绪。

基督教与美国的冷战政策之间的关系便是一个好例子。虽然在战争期间罗斯福并没有经常援引宗教,这在一定程度上是为了与苏联保持良好关系,但援引上帝和宗教成为冷战初期美国政策的标志。杜鲁门总统、艾森豪威尔总统以及国务卿约翰·福斯特·杜勒斯(John Foster Dulles)的强健派基督徒立场在冷战早期深刻地影响了美国的内政与外交政策,并帮助确立了1945年后美国在全球积极展开行动的方针。1947年8月,杜鲁门与教宗庇护十二世之间往来的书信广受瞩目,被刊登在西方各大报刊上,还被翻译为6门语言。在这些信件中,他们表达了保卫遭受威胁的基督教文明的共同需要。杜鲁门是虔诚的浸信会信徒和《圣经》收藏家,在第一封信件中他便开宗明义:"和平如果不以基督教原则为基础,那就不可能长久。"并且,美国人对公义的追求只有"遵循圣保罗那启发人心的言语,并(让我们)穿上神所赐的铠甲"才能取得胜利。虽然有一些新教信徒对美国与罗马教宗结为新同盟感到气愤,但更宏大的主旨是结成以强大的基督教价值观为基础的新的西方联盟。

因此,这次交流被广泛视为马歇尔计划在精神层面的必然结果也就不足为奇了。艾森豪威尔也对自己的信仰直言不讳,用他的话说:"精神武器是我们国家最强大的资源。"在1953年1月就任总统后,他举行了一场高调的受洗仪式——在美国历史上,这是第一次也是唯一一次总统接受洗礼——奠定了他总统任期的宗教基调,据说每次召开内阁会议他都以短暂的默祷作为开始。1955年，美国国会通过一项法律，在全美国所有学童都必须朗诵的《效忠誓词》（Pledge of Allegiance）中加入了"在上帝之下"这一句；2年后，美国政府将其官方格言从"合众为一"（E pluribus unum）改为"吾等信奉上帝"（In God we trust），1957年后这句话被印在所有的纸币上。众议院非美活动调查委员会（House Un-American Activities Committee，创建于1938年，在20世纪50年代得到扩展）加紧展开的臭名昭著的诱捕赤色分子行动，在很大程度上是其对共产主义敌视宗教的认知所推动的。[14]

西欧的情况也很相似，但在这件事情上，是天主教（而不是新教）主导了基督教国际团结和道德使命的话语。1948年意大利的竞选凸显了1945年后西欧地区宗教与政治的新结合，以梵蒂冈发出明确的竞选口号——"支持或是反对基督，这是首要的问题"——为高潮。西德总理康拉德·阿登纳是基督教民主联盟（Christian Democratic）的党员，他毫不忌讳地谈论"精神武器"和捍卫基督教西方的紧迫性。对于阿登纳而言，"如果没有信奉基督教的西欧，这个世界将不复存在"，因此，战后的首要任务是"将信奉基督教的西欧从道德恶疾中拯救出来"。信奉天主教的亲欧洲主义政治领导人，譬如阿登纳、阿尔契·德·加斯贝利（Alcide De Gasperi）和罗伯特·舒曼认为处于萌芽状态的欧洲经济共同体（European Economic Community）在一定程度上是抵御无神论的基督教壁垒。英国工党政府的外交大臣欧内斯特·贝文在1948年呼吁基于共同的西欧价值观的各个国家成立"精神同盟"（spiritual union），也是这一思想的体现。[15]

敏真谛的审判成为国际基督教团体的众矢之的。此次审判引发了整个基督教世界（从西欧到美国再到南非）发出潮水般汹涌的抗议。梵蒂冈率先发难，声称将枢机主教团的成员定罪是"针对教会

第三章　信仰与边界

权利和人权的顽强捍卫者的暴力行径"。1949年2月20日，教宗庇护十二世在圣彼得广场面向30万信众演讲，在演讲中便对此次审判发出声讨。随后，罗马教廷明确宣布绝不妥协，那些与指控枢机主教有关的人员被正式逐出教会。在美国，自欧洲胜利日之后，斯贝尔曼大主教首次踏上纽约市圣帕特里克大教堂（St Patrick's Cathedral）的布道坛，对着3500名听众发表演讲。他开宗明义地说，美国需要团结起来，为这位被"世界上最穷凶极恶的刽子手"陷害入狱的枢机主教祈祷和抗议。对他和其他教会人员而言，这次审判等同于"将人类钉死在十字架上"。在伦敦，6000多名天主教信徒涌进阿尔伯特音乐厅（Albert Hall），抗议对敏真谛的起诉；在巴黎，据报道有数万名示威者要求释放这位枢机主教；5月1日在都柏林，有15万人（包括工会的代表）抗议这位枢机主教被捕入狱。即便在印度这个遥远的国家，全国的天主教堂都在举行特别的弥撒，向这位遭到囚禁的教会高层人士致敬。类似的情绪延伸到世界各地的新教徒团体。譬如说，约克郡的圣公会大主教"谴责这次审判是对公义的歪曲"，并认为此次审判应该被用于巩固遭到围攻的跨大西洋同盟。杜鲁门本人将此次审判斥为"无耻之尤的草台班子法庭审判"。《生活》杂志对各方情绪的总结是："他们将枢机主教变为烈士。"生活在西方的东欧流亡人士也表达了类似的愤慨。有一本书总结指出："在这场世界史上最震撼人心的精神斗争中，枢机主教敏真谛成为今天西方基督教价值观的化身。"[16]

　　这宗案子在主流媒体上得到广泛报道。国际媒体发起了辩护和反击，以法文、德文和英文出版，通常附有证明文件。国际社会对这次虚假审判的抨击是如此猛烈，以至于匈牙利政府不得不出版《黄皮书》的续作，将其命名为《黑皮书》（Black Book），试图反驳西方媒体对此次审判的声讨。匈牙利政府抨击西方国家和教宗的指责态度"在国际关系中实属罕见，在纳粹德国垮台之后几乎已被遗忘"。

匈牙利政府对西方提出的关于使用恶毒药物实施诱供的指控感到尤为愤怒，并嘲笑西方的智力水平"远不及埃德加·华莱士（Edgar Wallace）笔下的谋杀凶案"。匈牙利政府希望将这位枢机主教渲染为法西斯分子和反犹分子而不是宗教烈士和人权斗士，借此化解西方的批评。他们附加了不同的图片，展现这场审判的另一面，其中一张照片反映这位教会高层人士平静地端坐着与他的顾问进行探讨，另一张照片则反映秩序井然的庭审现场。[17]

敏真谛成为西方流行文化的讨论焦点，尤其是在美国。在20世纪40年代末和50年代初，许多美国电视节目［譬如说《一号摄影棚》（Studio One）、《十字路口》（Crossroads）与最出名的富尔顿·希恩（Fulton Sheen）主教广受欢迎且大肆批评共产主义的节目《人生毕竟值得》（Life Is Worth Living）］以宗教为主题，将大量的播放时间用于讲述敏真谛的处境。电影业也意识到此次审判的重要意义。第一部反映这位枢机主教命运的电影是费利克斯·费斯特（Felix Feist）在1950年上映的《叛国罪》（Guilty of Treason），它讲述了一位匈牙利音乐教师由于拒绝让她的学生在逮捕敏真谛的呼吁书上签字而被折磨至死的故事。彼得·格兰微尔（Peter Glenville）在1955年上映的电影《囚徒》（The Prisoner），由亚历克·吉尼斯（Alec Guinness）担纲主演。它改编自1954年在伦敦西区上演的由布里奇特·博兰（Bridget Boland）创作的同名舞台剧。这部电影在票房上获得成功，并得到英国和美国影评家的好评。显然，它拨动了观众的心弦。[18]

这场审判在20世纪40年代末和50年代初令西方的政治家和思想家普遍认定东欧是遭到奴役的半个大陆。从约翰·福斯特·杜勒斯的宣言到切斯瓦夫·米沃什出版于1953年的经典作品《被禁锢的头脑》（The Captive Mind），铁幕后面"被囚禁的人民"是他们最喜欢使用的描述语。或许这一观点最著名的表达出自齐格弗里德·克拉考尔（Siegfried Kracauer）和保罗·伯克曼（Paul Berkman）出版于1956年的东欧研究作品《卫星式的思维》（*Satellite Mentality*），这本书以对流亡人士的访问为基础撰写而成。在该书中，他们总是堆砌诸如"思想控制"（thought control）、"思维操控"（mind manipulation）、"灌输"（indoctrination）等既定用语作为论点，甚至声称这些生活在东欧的"卫星式的非共产主义者"认为自己的国家就是莫斯科的殖民地。[19]

这场审判的另一个后果是，在冷战早期，天主教与政治的关系变得更加紧密，尤其是罗马教宗与欧洲各国的关系。敏真谛的审判令教宗庇护十二世决心抛弃教会惯常的中立立场，更加直接地参与世界事务，捍卫信奉基督教的欧洲及其典章制度。对这位枢机主教的定罪立刻促使教宗在1948年的演讲中恳请"欧洲大陆的各个大国"组建起"一个政治大联盟"进行自卫，在这个背景下，教宗为由法国、英国与比荷卢联盟国家（Benelux countries）在1948年9月组建的欧洲军事同盟"西欧联盟"（Western Union）送上祝福。1949年7月1日，在20世纪第一次有教宗将所有共产党的支持者与追随者统统逐出教会，据说他甚至将禁令延伸至阅读共产主义报纸的读者。一位评论家说："教宗此前从未如此毫不含糊地认可西方同盟。"这番话并没有错。教宗的敌人将罗马教廷斥为"为'北约'服务的牧师"，苏联还嘲笑教宗庇护十二世是"可口可乐教宗"，因为他对由美国人主导的西欧予以热烈的支持。[20]

这次审判在科学意义上的另一面吸引了国际社会的关注，而这个问题也触及了文明。最令国际社会感到震惊的事情（无论是宗教人士还是普通民众）是审判中的逼供，尤其是明目张胆地使用药物实施诱供的做法。天主教的报刊率先报道了此事。据英国的罗马天主教周刊《碑铭》（*The Tablet*）报道："这位枢机主教被迫服用了一片含有强效神经破坏剂苯丙胺的药片,令他自证其罪。"[21]

枢机主教令人惊诧的露面让观察家深感不安,他神色惊慌,眼神迷离。这次审判没有被录制为影片,只有为数不多的照片被拍摄下来。结果,后面所展现的这位教会高层人士接受审判的广为流传的照片成为整场审判自身的象征,是关于冷战早期文化的传播最为广泛的影像之一(见图15)。一位持不同政见的匈牙利政治家后来表示这张照片的公布是"官方宣传机构犯下的最大错误之一"。斯贝尔曼大主教提出抗议,表示敏真谛是遭受"酷刑与投毒"的受害者,将在庭审时拍摄的照片与两年前在他探访美国时所拍摄的照片进行对比。据说那种神秘药物令敏真谛完全丧失心理防御,摧毁了他的记忆力与判断力,提供了令人触目惊心的证据,表明"他遭受折磨、神志不清、心理失衡,而且丧失了自控力"。据这次审判的一个内部人士所说,苯丙胺是"致命武器,任何人都无力做出抵抗"。[22]

公众对敏真谛精神状况的关注与当时吸引了冷战西方想象力的另外两件事情紧密相关。其一是1949年在布达佩斯进行的间谍案审判,被告是美国国际电话电报公司(ITT)的商业主管罗伯特·沃格勒(Robert Vogeler),在敏真谛审判结束几个月后进行。沃格勒案成为匈牙利与美国之间的国际外交危机。在审判中,令关心此次案件的国际观众始料未及的是,沃格勒竟然对从事间谍活动的指控供认不讳,然后他被判处15年有期徒刑,但刑期被减至2年。国际记者强烈谴责此次审判是另一次"由恶魔操控的木偶戏"。引起媒体大范围关注的是沃格勒回到美国后出版于1952年的毫无隐瞒的回忆录,讲述了他遭受精神折磨和被迫服用药物的经历。沃格勒的故事在一夜之间引起了轰动,关于思想操纵的阴森故事得到广泛报道,并成为小说作家的创作素材,其中最有名的当属保罗·加利科(Paul Gallico)在1952年出版的小说《恐怖笼罩下

图15 若瑟·敏真谛枢机主教在作秀式审判上。布达佩斯,1949年2月8日
图片来源:盖蒂图片社

的审判》(Trial by Terror)。

第二宗事件是爱德华·亨特（Edward Hunter）于1951年出版的作品。亨特是美国中央情报局的宣传工作者和卧底记者，他发明了"洗脑"一词。根据亨特的讲述，他的用意是展示当时中国的意识形态改造。对于亨特而言，这种精神层面的斗争代表了冷战迈进了危险的新阶段。当中国在1952年发起宣传行动，披露被俘的美军飞行员供述的在朝鲜战争中犯下的战争罪行，包括参与细菌战时，焦虑进一步加剧。到朝鲜战争结束时，据报道，在7190名美军战俘中，有70%已经认罪或签署了要求美国终止在亚洲作战的请愿书，只有5%的战俘公开表示抵制。对西方观察家而言，更糟糕的是，大部分认罪的人在战争结束回到美国后仍然认为自己有罪。[23]

媒体对敏真谛、沃格勒和朝鲜战争战俘招供的综合报道激发了一系列关于心理操控的新科学研究，大部分在美国进行。民众对个人主义将被摧毁的恐惧被美国的通俗文学借机利用，代表作品包括罗伯特·海因莱因（Robert Heinlein）的《傀儡主人》(The Puppet Masters, 1951年)、杰克·芬尼（Jack Finney）的《人体入侵者》(The Body Snatchers, 1955年)、A. E. 范·沃格特（A. E. van Vogt）的《思想囚笼》(The Mind Cage, 1957年)。这种恐惧也在电影中找到其表现形式。刘易斯·塞勒（Lewis Seiler）上映于1954年的电影《喋血战俘营》(The Bamboo Prison)利用了洗脑这一主题，并与美国介入朝鲜战争结合起来。将这个问题引入美国大众想象的作品是理查德·康登（Richard Condon）出版于1959年的畅销小说《满洲候选人》(The Manchurian Candidate)，在1962年由约翰·弗兰肯海默（John Frankenheimer）执导改编，成为一部票房大片。在这个背景下，关于敏真谛所承受苦难的电影以下毒和洗脑为焦点并非出于偶然；《叛国罪》引起了观众对这位枢机主教遭到恶毒的催眠从而招供的关注，而《囚徒》则表现了审讯者对现代心理技巧的运用，而那是见不得人的伎俩中的一部分。[24]

对于敏真谛招供背后的阴险的科学手段,并不只有电影和小说表达了不安的情绪。恶毒的"吐真剂"(truth serums)所带来的危险非常广泛,引起了联合国的关注,敏真谛审判再度成为其主要参考的内容。1950年4月,联合国提出一项动议,禁止吐真剂的应用,理由是它们侵犯了人权。这次动议以失败告终,根据《纽约时报》的一位记者的讲述,在使已获批准的禁止酷刑或不人道待遇的条款纳入"诱供药物"这个问题上,国际委员会无法达成一致;但即便如此,联合国将其纳入探讨范围反映了这次审判的国际影响是如此深远,将"暗黑精神病学"(dark psychiatry)与违背文明和侵犯人权联系在一起。[25]

不过,美国中央情报局是此次审判最热切的学习者。和小说作家与电影制作人一样,中央情报局也相信洗脑是一种现代巫术,它的恶毒诅咒(以及施咒者)需要被加以研究并做出应对。甚至到了20世纪40年代末,中央情报局内部还在担心(背叛者的供词起到了推波助澜的作用)美国在利用药物获取情报这方面已经落后,而这位枢机主教的招供被广泛视为苏联精神控制技巧取得新进展的体现。中央情报局的特工热切期望新技术能立刻从被俘的苏联特工身上获取关键情报,又希望它能帮助美国人员在被捕时能抵抗吐真剂或其他心理化学制剂。这位枢机主教的审判,以及同年晚些时候苏联引爆第一颗原子弹,还有朝鲜战争被俘美军的"招供",都在催促新创立的中央情报局加紧心理医学科学研究的步伐。退役的中央情报局特工后来接受采访时回忆说,他们曾端详过这位匈牙利教会高层人士在接受叛国罪审判时的照片中"那双空洞的眼睛","感到惊骇莫名";他们相信敏真谛的招供是在"某种神秘的扭曲精神的药物"作用下取得的,这令人想起了从20世纪30年代开始的作秀式审判。[26]

中央情报局的内部文件表明该机构对敏真谛在法庭上的模样深感忧虑。1949年2月，中央情报局已经在收集海外关于敏真谛审判的报道。关于这位枢机主教受到了"某种未知力量"影响的猜测可谓众说纷纭，他们怀疑那是苯丙胺（又名苯胺碱）的神秘效力。到了1952年，"苏联在这个方向的兴趣和研究"，以及它对"美国国家安全的威胁"所引起的恐惧愈演愈烈。[27]

于是，中央情报局创立了一项新的秘密项目：蓝鸟计划（Project Bluebird），进行科学研究以抵制对手的思想控制技术。第一次实践行动在1950年进行，试验行为控制技术和药物（阿米妥钠和苯胺碱），目的是让受怀疑的双重间谍丧失记忆。该计划后来更名为洋蓟计划（Project Artichoke，1952年）和人类心灵控制计划（MKULTRA，1953年），其秘密任务进一步延伸，基本上不受政府监督或问责。约翰·马克斯（John Marks）在1977年出版《寻找"满洲候选人"：中央情报局与思想控制》（*The Search for the 'Manchurian Candidate': The CIA and Mind Control*），首次揭露了中央情报局的秘密计划。与这些隐秘的项目相关的科学家在极其热切地钻研"暗黑精神病学"的神秘世界；幸运的是，他们的许多想法一直停留在蓝图层面，中央情报局继续对心理化学制剂进行研究，目的是令人说出真相。此次审判激起了美国情报界内部新一轮的担忧（和资金投入），希望能制造出属于自己的、具有当时称之为"敏真谛效应"（Mindszenty effect）的药物，这促使中央情报局在20世纪50年代中期展开臭名昭著的麦角酸二乙基酰胺（LSD）研究实验。虽然"在思想控制方面的差距"就像"在导弹方面的差距"一样是虚假幻象，但到了20世纪50年代初，思想控制研究已在自发地突飞猛进。1963年2月，国际文献与信息中心（International Documentation and Information Center）在海牙创立，由法国、西德与荷兰共同合作，以抗衡"意识形态威胁"，并建立在美国控制

第三章　信仰与边界

范围之外的西欧情报网络。东欧的情报机构,譬如东德的史塔西（Stasi）、罗马尼亚的国安局（Securitate）也对心理学和社会科学产生了兴趣,目的是监视异见分子和控制知情人士。[28]

敏真谛审判和朝鲜战争战俘的招供开启了对苏联社会科学进行研究的新社会科学领域。在一定程度上,这与有悖常理的心理学的逆转运用有关——弗洛伊德式的心理分析研究原本的宗旨是为了使人们摆脱精神上的痛苦并"重塑他们的人格",而新的"暗黑精神病学"却反其道而行,目的是实施操纵、控制和摧毁个体人格。西方的观察家知道在20世纪30年代进行的作秀式审判是对付老一辈的布尔什维克党人并加以羞辱的手段;而1945年后进行的审判的独特之处在于,其对象是坚定的反对者,他们的认罪因此更加令人感到不安。这便是某位观察家所说的"铁幕之谜"（Iron Curtain mystery）,值得进行严肃的科学探讨。"巴甫洛夫式"心理学（'Pavlovian' psychology）如何被用于达到新的政治目的成为新的学术兴趣。其中的例子包括乔治·S.康茨（George S.Counts）和努希亚·洛奇（Nucia Lodge）合著的《盲人的国度》（*The Country of the Blind*,1949年）,约斯特·梅洛（Joost Meerloo）的作品《对心理的强暴:思想控制的心理学》（*The Rape of the Mind: The Psychology of Thought Control*,1956年）,最著名的是罗伯特·杰伊·利夫顿（Robert Jay Lifton）的《思想改造与极权主义心理学》（*Thought Reform and the Psychology of Totalism*,1961年）。到了20世纪50年代末,对洗脑的恐惧促成了数百本社会科学著作和文章的出炉,探讨美国联邦调查局局长J.埃德加·胡佛（J.Edgar Hoover）称之为"思想控制机器"的危险。这一主题作品的大量涌现反映了20世纪50年代与日俱增的担忧,人们害怕冷战正进入新领域,暗示和思想控制的科学成为新的战场。因此,敏真谛审判成为一座里程碑,标志着心理学和社会科学在冷战早期沦为政治工具。[29]

敏真谛案件所引发的效应还体现于人权领域。从一开始，人权探讨就服从于东西方之间的意识形态对立，歧视与不公的问题被铁幕两边的阵营大肆渲染，以展示各自的体制优越性。一方面，西方用人权作为武器抨击铁幕之后的苏联人，并借此帮助巩固新的冷战反共产主义共识。1949年5月，欧洲委员会（Council of Europe）由10个西欧国家联合创立，其宗旨是捍卫欧洲的人权、民主与法治。这是针对1948年捷克斯洛伐克的民主体制遭到颠覆（又称捷克政变）而做出的应对。随后，欧洲委员会对成为其成员国的规定是必须尊重人权与民主。另一方面，苏联一直在不遗余力地指出西方国家的虚伪，将西方国家的贫困、失业和罔顾人民福利斥为对人权的侵犯。民权运动期间，美国南方非裔人口的悲惨命运成为苏东阵营在20世纪50年代和60年代最常谈及的焦点，以引起人们对美国种族政治的关注。[30]

在20世纪40年代和50年代初的西欧，人权正被以明确的基督教观点进行改造，以至于人权总被理解为基督教的独特课题。各个基督教会的杰出知识分子（尤其是法国和英国的天主教会）认为人权是唯灵论、个人主义和人道主义的结合——在当时被称为"人格主义"（personalism）——据说它比政治世界更早形成，而且凌驾于后者之上。信奉天主教的思想家在第二次世界大战期间总是以人权作为抵抗法西斯和倡导反法西斯团结的话语，战后许多关于人权探讨的内容出自天主教进步人士的圈子。回想罗斯福和丘吉尔于1941年在纽芬兰海岸外的一艘美军战舰上签署《大西洋宪章》的场面，那是一份英美的联合宣言，一部分内容是保护人权的誓言，并以祈祷和讴歌基督教的精兵强将作为结束。有人甚至声称，1948年的联合国《世界人权宣言》（Universal Declaration of Human

Rights）在其核心内容中斩钉截铁地确认宗教信仰自由，是美国和西欧的基督教游说团体努力争取的结果。人权概念在战后的兴起与基督教民主西欧的建设紧密联系在一起，在很大程度上是更广泛的保守主义宣传运动的一部分，旨在以基督教精神重塑资产阶级欧洲。在这个意义上，人权成为西欧反共产主义共识的支柱。[31]

在这个转变中有一位关键人物，那就是法国人雅克·马里坦（Jacques Maritain）。在他影响深远的工作中，他帮助促成了人权与宗教的结合，是《世界人权宣言》的主要起草人之一。自20世纪30年代以来，马里坦一直是天主教人道主义、人格主义和人权的拥护者，在当时促进了基督教与民主的结合。这一点可以从他的作品《不可或缺的人本主义》（Integral Humanism，1936年）中看出，它是20世纪30年代小规模的基督教民主运动的标准文本。在这场运动里，他声称现在需要的是反世俗化的、追求精神层次的新人本主义，即建立一个"新的基督国度"——"与文明或文化不可分离，因为这两个词语拥有相同的含义"。在他出版于1943年、流传广泛的宣传册《基督教与民主》（Christianity and Democracy）中，他预示这一结合是战后道德重建的最佳路径。1943年，这本宣传册的数千份副本由战机空投至纳粹势力控制的地区，作为同盟国向被纳粹势力占领的欧洲发起攻势的一部分。1939年，他在法国出版了《文明的黄昏》（Twilight of Civilization），详尽地阐述了影响欧洲的道德崩溃。1943年，这本书被翻译成英文。在马里坦看来，文明危机的悲剧性在于这个世界背离了上帝，投向对"以人类为中心的人的概念与文化概念"的虚假信仰。对他来说，这将导致"物质主义、无神论和戴着国家专制主义面具的无政府主义"，其发展的顶点便是"纳粹种族主义"。他继续表示，当下需要的是"新的人本主义"，它以"受造之物获得尊严"为基础，并通往"神圣与超理性的世界"——马里坦称之为"道成肉身的人本主义"。接着马里坦提出了基督教的使命:"不仅是欧洲,而且是整个世界都要解决文明的问题。昨日的欧洲已经无可救药,但对于今天被钉上十字架的欧洲而言,情况还不算太迟。"[32]

在西方,对敏真谛审判的谴责充斥着人权的话语。由于《世界人权宣言》刚在几个月前被签署,敏真谛审判成为它遇到的第一次真正的考验。1949年2月14日,在面向枢机主教团就此次审判做出的发言中,教宗援引了对人权的重新理解。他严肃地表示,这位教会高层人士的悲伤命运"不仅深深地伤害了诸位的杰出的枢机主教团与教会,而且深深地伤害了人的尊严与自由的每一位拥护者"。自教宗颁布面向社会的通谕《新事物》(Rerum Novarum,1891年)和《四十年》(Quadragesimo Anno,1931年)以来,天主教与"人的尊严"之间的联系便已经存在,但现在它被加以改造,以适应新的政治环境。研究希腊东正教信仰的黎巴嫩哲学家查尔斯·马里克(Charles Malik)是联合国宪章的共同起草人之一,或许他在构思《世界人权宣言》时参考了这几份教宗通谕的内容。天主教的公关人员很快就意识到将人权与天主教事业相结合的力量。虽然其他非欧洲代表,如中国代表张彭春强烈要求将非基督教的儒家思想纳入人权概念的起草中,但人权的浓厚基督教色彩仍然是西方政治思想的标志。[33]

将纽伦堡审判与敏真谛审判联系起来,这进一步巩固了冷战早期西方对人权的理解。1949年10月,曾在4年前担任纽伦堡审判英方检察官的英国检察总长哈特利·肖克罗斯(Hartley Shawcross)爵士对这位匈牙利教会人士的遭遇做出声讨。1949年在联合国演讲时,肖克罗斯声称:"时至今日,纳粹分子曾用过的手段现在正被使用——在这些从前的敌对国家原先挂着'卐'字徽的地方,如今高高挂起了红旗。"在这个联系中更为重要的人物是大卫·马克斯韦尔·法伊夫(David Maxwell Fyfe),他曾担任纽伦堡审判的英方法官,后来是 1950 年颁布的《欧洲人权公约》(European Convention on Human Rights)的起草人之一。对于马克斯韦尔·法伊夫而言,敏真谛事件在某种意义上是纽伦堡审判的延续。1949 年 4 月,他接受英国罗马天主教周刊《天主教先驱报》(Catholic Herald)关于敏真谛审判的采访,并清楚阐述了当中的联系:"在纽伦堡,我通过他们的亲口招供而详细了解到:当正义的源泉被污染时,人权和文明所代表的一切事物都会被摧毁",而这,"正是枢机主教敏真谛在匈牙利与之抗争的事情之一。但愿他不至于白白牺牲"。这些观点反映了人权、宗教和文明正被整合进反共产主义的基督教民主事业之中。[34]

西方对敏真谛审判的观感使得拉科西政府陷于被动。令他们尤为不满的是,西方传媒将这宗案件扭曲为"戕害宗教信仰自由",并将敏真谛描述为"天主教的烈士"和"人权与言论自由的守护者"。匈牙利当局坚称这场审判根本不是在向罗马天主教或宗教权利发难,而是关乎一个"普通罪犯"的叛国活动。英国外交大臣欧内斯特·贝文声称此次审判"完全背离了我们对于人权与自由的理解"。匈牙利政府不得不推出关于此次审判的黑皮书予以反驳,这表明拉科西政府在这场国际层面的辩论中落于下风。事实上,此次事件得到了充分的推动和国际媒体的报道,因此它被提交至联合国。审判结束的第二天,美国国务卿迪安·艾奇逊在联合国谴责这位枢机主教被判刑是"对宗教和个人自由的罔顾良知的戕害"和"消除这个对新政权进行道德抵制的源头"的无耻行径。艾奇逊在联合国发表的另一次演讲中提出抗议,直指匈牙利、保加利亚和罗马尼亚正在迫害宗教人士,这表示那几个多瑙河河畔的国家集体违背了关于人权的条款,这些条款被载入 1947 年与这些国家签订的和约中。[35]

这次审判对 1950 年《欧洲人权公约》的缔结产生了强烈的影响,这份公约在几个方面与两年前确定的联合国《世界人权宣言》有着巨大的区别。1948 年的宣言提供了一系列包容性的权利,远远超越了保护公民不受专制政府迫害的经典自由权利。这些更具扩张性的权利包括工作的权利、受教育的权利和接受医疗保健的权利，这在很大程度上应归功于苏联在讨论中的参与。而《欧洲人权公约》的反共产主义基调十分明确，1948年的《世界人权宣言》所规定的社会和经济权利被悄悄地删掉了。写入文本中的是西欧对人权之理解的新特征：法律的神圣地位、禁止强制劳动、法庭的正当程序、思想与信仰的自由，以及，正如新条款明确指出的："每个人的私人和家庭生活、居家和通信，都有权利受到尊重。"——全部都是明确的自由主义原则，被共产主义者视为针对他们政权的肆无忌惮的抨击。《欧洲人权公约》由一群有强大影响力的保守主义思想家起草，其中包括温斯顿·丘吉尔和马克斯韦尔·法伊夫，在很大程度上是围绕基于个体自由的对于人权的理解构筑新的西欧共识，并努力遏制国内的左翼政党和国外的苏联霸权所带来的威胁。更宽泛的重点是：在保守主义者的笔下，人权不再源于1789年，而是基督教缔造之物，要保卫它不受法国大革命遗毒的影响与共产主义革命的威胁。[36]

对于欧洲委员会而言，宗教信仰自由和"基督教文明"是《欧洲人权公约》的基石，在东欧被捕的枢机主教的命运（尤其是敏真谛的命运）强调了它们的意义。敏真谛案件促成了人权与反共产主义之间的紧密结合，宗教信仰自由成为冷战初期西方最为突出的人权问题。1949年4月（敏真谛审判结束的几个月后），联合国就枢机主教敏真谛和保加利亚几位新教牧师被定罪是否违反了联合国成员国尊重其公民人权的义务展开辩论。东欧阵营驻联合国大会的代表激动地争辩说，这些问题并不在联合国的管辖范围之内，而是各国内部的司法事务。他们继续指出，几位被告都是普通罪犯，他们的案件并不涉及人权问题，因此，他们拒绝接受联合国对国家主权的干预。经过为期十天的辩论，联合国在1949年4月通过了一项

第三章　信仰与边界

决议，谴责作秀式审判的定罪严重违反人权。结果，匈牙利、保加利亚和罗马尼亚被逐出联合国，理由是它们罔顾"人权和基本自由"。敏真谛事件使得这三个国家在国际社会遭到外交孤立。

在某些方面，20 世纪 40 年代末基督教的反共产主义倾向是当年天主教会对俄国革命和"1917 年精神"发起讨伐的重演。1918 年后成立的危险却短命的匈牙利苏维埃共和国和巴伐利亚苏维埃共和国政权、意大利的"赤色两年"（Two Red Years，1919 年至 1920 年，发生了占领工厂和农民罢工的事件）、墨西哥革命（1910 年至 1920 年），当然，还有西班牙内战（1936 年至 1939 年），都令基督徒深感忧虑，因为布尔什维克反教权主义红色浪潮的兴起威胁到全球各地的传统基督教据点。作为应对，梵蒂冈教廷在 20 世纪 30 年代发起了类似于"天主教国际"（Catholic International）的大规模跨国攻势，以抗衡其对手的力量和影响，手段包括通过广播和出版进行精心组织的媒体宣传、巡回展出和电影制作，目的是重新征服天主教遭到威胁的地盘。罗马被描绘成抵御莫斯科的坚强堡垒。教宗庇护十一世在 1937 年 3 月颁布的教宗通谕《赎世主》（Divini Redemptoris）中，将信奉无神论的共产主义斥为"迫在眉睫的危险"，它正在侵蚀"基督教文明的根基"。如此强烈的反共产主义思想将主宰梵蒂冈教廷长达一代人之久，而 1937 年的教宗通谕成为天主教的正式信条，直至 20 世纪 60 年代初第二次梵蒂冈大公会议（Second Vatican Council）举行。新教徒也发起了类似的行动——早在 20 世纪 20 年代，新教活动家就缔造了瑞士"国际反共产主义协定"（Swiss International Anticommunist Entente），并发起了"德国教会反对背离上帝和反神圣势力运动"（German Church's Campaign Against the Alienation from God and Anti-Divine Forces），它们也成为专门应对意识形态威胁的出版物与会议的信息交流中心，为冷战期间跨基督教派别的团结提供了坚实基础。[37]

随后，基督教欧洲的地理被重新划分。所谓的大西洋文明、西方文明或基督教文明，将西欧视为新的文化战争的主战场，而东边与南边的几个国家则是抵御新政权威胁的关键侧翼。

铁幕之后对枢机主教的逮捕和迫害帮助塑造了欧洲的新文化地图。敏真谛本人毫不犹豫地将匈牙利天主教对抗新政权的斗争置于更为宏观的基督徒与异教徒的斗争史中。长久以来，匈牙利王国一直被视为西方的基督国度在东边的前沿阵地，现在敏真谛将这场斗争的意义加以改动，以适应冷战所关注的问题。对他而言，与新政权的对抗只是与反基督教势力最新一轮的敌对冲突，这种冲突始于匈牙利在16世纪和17世纪与伊斯兰教的斗争。1948年10月4日（他被捕的前2个月），敏真谛为玫瑰圣母庆典在布达佩斯向3.5万名天主教信徒进行了一场布道。他利用这次集会提醒听众，这一庆典源于欧洲基督教国家在1571年战胜奥斯曼土耳其舰队的战役。在此役中，"基督徒手持《玫瑰经》在勒班陀（Lepanto）取得大捷"。自1453年君士坦丁堡陷落之后，布达佩斯曾被土耳其人占领。对于敏真谛而言，这场泛基督国度的大胜与匈牙利直接参与的事件联系在一起，即1716年哈布斯堡的军队在蒂米什瓦拉（Temesvár）战役中战胜奥斯曼土耳其的军队。在敏真谛看来，哈布斯堡王朝的将军欧根亲王（Prince Eugène）能打败土耳其人，主要是因为他注重祷告。就这样，欧洲在面对共同的异教徒敌人时，达成了政治团结并获得了道德力量。[38]

用敏真谛的话说，反宗教改革（Counter-Reformation）意味着基督教文明"从内部得以恢复，并抵御外部敌对势力的进逼"，而做出这番诠释的不只是他一个人。19世纪的匈牙利天主教会成员普遍认同这个观点，并认可重获生机的罗马天主教是欧洲大陆超越国

第三章　信仰与边界

家层面的最重要的文化力量。这一解读在 20 世纪 30 年代被注入了新的活力,一个重要来源是枢机主教欧金尼奥·帕切利（Eugenio Pacelli）,即后来的教宗庇护十二世。在 1938 年于布达佩斯举行的第三十四届国际圣体大会（International Eucharistic Conference）上,帕切利称赞"无畏的匈牙利军队"在之前的几个世纪里捍卫基督教文明,抵御"伊斯兰教傲慢的新月"。在总结发言中,他希望匈牙利军队的事迹将鼓舞今天的天主教徒,"就像匈牙利在 17 世纪那样,保卫教会和基督教文明,抵抗否定宗教和发起社会革命的领导人"。1947 年 10 月 7 日,帕切利已是教宗庇护十二世。在一次面向参观梵蒂冈的美国参议员的演讲中,他表示这场与共产主义的战斗具有高度重要的历史意义。他提醒参议员,"10 月 7 日是西欧历史中一个值得纪念的日子",因为正是在 1571 年的这一天,"代表着基督教文明的诸大国团结起来,战胜了来自东方的致命威胁",从而使基督教欧洲免遭土耳其人的侵略。勒班陀战役成为冷战时期欧洲的保守主义者最喜欢运用的、抵抗来自东方的"新土耳其人"的象征,并帮助塑造了 1945 年后教会在世界事务中所扮演的角色。因此,当敏真谛以这种方式重写历史时,他遵循的是自 20 世纪 30 年代以来,天主教领导人关于共产主义和天主教之间展开对抗所涉及的世界历史意义的观点。现在,匈牙利这个共产主义国家成为这场新的国际基督教斗争的前线战场。[39]

同样令人瞩目的是,敏真谛案件促使新的跨大西洋同盟走向扩张,将其他宗教团体也包括在内。事实上,美国人对敏真谛审判的观感成为团结基督教各个教派的推动力,并获得犹太人对宗教自由这个更大的政治事业的支持。尽管"犹太教－基督教文明"这个词语源于 19 世纪末,但它更经常与全国基督徒与犹太人大会（National Conference of Christians and Jews）的工作联系在一起,这个机构创建于 1928 年,并在 20 世纪 30 年代积极提倡超越教派信仰的和谐。

在战争期间，犹太教—基督教文明的事业得到许多信奉基督教的主流知识分子的拥护，譬如莱因霍尔德·尼布尔、雅克·马里坦和保罗·蒂利希（Paul Tillich），希望借助它构筑起文化统一战线以对抗纳粹主义。纳粹死亡集中营的真相被揭露并引发轰动后，捍卫基督教文明显得太过于片面和缺乏包容性，因此，"犹太教—基督教文明"成为描述美国生活共同精神基础的更受认可的名字。但直到冷战期间，这一话语才得到加强。1952年圣诞节前在纽约发表的一次演讲中，已当选但尚未就职的艾森豪威尔总统声称："如果我们的政府不是建立在感受深切的宗教信仰之上，那它根本毫无意义。我不在乎那是什么，但对于我们而言，它肯定是犹太教—基督教的信仰，而且必须是人皆生而平等的宗教信仰。"在20世纪50年代初，所谓的犹太教—基督教价值观被抬高，成为奉行自由主义的美国的所谓"三大信仰"的道德基石。虽然这次宣传的目的在一定程度上是抵制反犹主义，但它也帮助巩固了宗教组织、反共产主义和政治自由主义之间在意识形态上的联系。[40]

思想更为开放的美国新教徒在犹太教—基督教文明的名义下与天主教徒和犹太人携手合作，是20世纪50年代美国政治文化的重大标志之一。这一趋势体现于50年代美国政坛无处不在的早餐祷告会，在祷告会上，一位牧师、一位拉比和一位神父为所有重大政治会议作开场致辞，令宗教与冷战时期自由主义的新联盟蒙上神圣色彩。这一兼容并蓄的泛基督教主义在当时甚至曾短暂地延伸到穆斯林世界。在1956年的苏伊士运河危机中，美国反对英国、法国和以色列三国同盟的做法赢得了国际穆斯林社会对美国的好感。在华盛顿新成立的伊斯兰教中心的开幕仪式演讲中，艾森豪威尔试图利用这一点，称赞了伊斯兰教对世界文明做出的贡献，并期望"全人类在独一真神的保佑下和平前进"。尽管如此，基督徒和犹太教信徒的团结仍然是冷战时期新宗教情怀的核心内容。在这个意义上，包容基督徒和犹太教信徒的新的宗教共识被视作西方文化价值观的基石。[41]

关于信奉犹太教—基督教价值观的跨大西洋基督教西方的表述，在一定程度上是由来自中欧地区的重要流亡人士促成的。美国必须扮演犹太教—基督教文明守护者的角色这个理念在第二次世界大战期间得到了明确表达，尤其是20世纪30年代从魏玛共和国逃到美国的信奉自由主义的德国流亡人士。这一点可以从德国天主教神学家瓦尔德马·古里安（Waldemar Gurian）的作品中看出，他在1935年出版的影响深远的作品《威胁世界的布尔维什克主义》（*Bolschevismus als Weltgefahr*）被翻译成英语并改名为《布尔什维克的未来》（*The Future of Bolshevism*），引起了世界范围内天主教读者的共鸣。他在战争期间的作品甚至指出，发生在亚洲和欧洲的第二次世界大战"并不是一场关乎经济或政治的战争，而是关乎文明的战争"，由于"它涉及文明秩序的精神与宗教原则，它也是一场宗教战争"。另一位有影响力的流亡人士卡尔·J.弗里德里希（Carl J. Friedrich）在20世纪50年代充当魏玛共和国与美国自由主义之间的桥梁。弗里德里希曾担任德国美占区总司令卢修斯·克莱将军（Lucius Clay）的首席顾问，随后创立了哈佛大学著名的公共管理研究生院。弗里德里希在他的作品中提出，民主并非源于启蒙运动，而是来自17世纪的新教思想。这个看法之所以重要，不仅是因为他将民主与基督教联系在一起，更是因为他声称民主诞生于德国，后来随着新教徒迁徙才到了美国。在弗里德里希看来，只有美国具备保卫"现代文明共同的宗教遗产"的能力，这个神圣的"犹太教—基督教"传统需要由新教徒、天主教徒、犹太教信徒共同守护，抵御纳粹主义的围攻。战后他留在美国发展，培养出了多位冷战时期美国政府的高层人物，包括亨利·基辛格（Henry Kissinger）和兹比格涅夫·布热津斯基（Zbigniew Brzezinski），这两人都拥护在共产主义面前由美国担任西方文明守护者的角色。通过这种方式，这些流亡人士帮助巩固了美国和西欧之间的联系，作为带有宗教色彩的、对抗莫斯科的自由主义使命的一部分。[42]

虽然敏真谛对美国和西欧走到一起并构筑跨大西洋基督教西方新世界起到了促进作用，但罗马天主教会还在忙于以其他方式重绘欧洲的文化地图。天主教在欧洲的政治前沿不只是东欧地区——这片大陆的南方边境地带也有决定性的意义。南欧防线的最前沿是意大利。1948年意大利大选是宗教与政治在战后西欧联姻的第一个例子。此次选举成为受到密切关注的欧洲天主教反共产主义的试验场，保守主义者希望削弱意大利共产党在民众中的影响力及其与莫斯科的密切联系。1944年，意大利共产党领导人帕尔米罗·陶里亚蒂（Palmiro Togliatti）以胜利者的姿态从莫斯科返回国内，其使命是要"为意大利铺设通往社会主义的道路"，这对天主教群体造成了强烈冲击。以《罗马观察报》和富有影响力的耶稣会刊物《公教文明》（La Civiltà Cattolica）为首的、持保守主义立场的天主教报刊发起了反对"苏联极权主义"的宣传，刊登了许多文章并出版了好几本宣传册。虽然那份鼓吹"天主教文明"的耶稣会刊物原本创办于1850年，目的是抵御世俗化自由主义和共济会带来的危险，但现在它将矛头直指来自莫斯科的威胁。梵蒂冈教廷和美国中央情报局深刻地影响了此次选举，为基督教民主党造势。选举的胜利标志着反共产主义的复兴，它成为动员人民的理由，并在意识形态上衔接了法西斯主义与后法西斯主义，意大利基督教民主党人还将自己描绘为西方价值观和基督教文明的前沿守护者。基督教民主主义在意大利的胜利鼓舞了西欧各个志同道合的政党，努力抵挡共产主义在各国内的威胁。[43]

保卫基督教欧洲的南部地区还体现于将奉行法西斯主义的西班牙重铸为抵御"赤色威胁"（Red Menace）的堡垒，西班牙独裁者弗朗西斯科·弗朗哥（Francisco Franco）成为基督教文明在伊比利亚半岛的勇敢守护者，还自命为"神圣十字军最虔诚的将军"。在1936年至1939年西班牙内战期间，弗朗哥一再利用文明的话语为自己的政治暴行辩护，形容那是一场史诗般的保卫战，帮助"西方文明抵御莫斯科蛮族的进犯"，帮助"基督教文明对抗共和主义的'撒旦部落'"。法国天主教会与前沿保守主义者，譬如保罗·克洛岱尔（Paul Claudel）和亨利·马西斯（Henri Massis），称赞西班牙是遭受威胁的天主教价值观和西方文明的明灯。1945年后，弗朗哥再度利用这种话语以应对冷战的燃眉之急。在他的新诠释里，是对传统天主教民族价值观的背弃导致了西班牙爆发内战，并陷入罪恶、混乱和毁灭的渊薮，而共产主义向西扩张进入中欧，令赤色威胁变得更加紧迫。同样的，葡萄牙将威权主义与天主教相结合，被纳入这个自命的基督教文明伊比利亚侧翼防线。因此，基督教宣传人员将意大利、西班牙和葡萄牙重新粉饰，作为获得重生的基督教欧洲的冷战新版图中至关重要的角色。[44]

　　欧洲的西北地区也是重要的前哨阵地。事实上，在大肆宣扬西欧的基督教基础是后法西斯时期的道德指引上，英国扮演着关键（但未得到充分承认）的角色。在西方文明的国际防线中，沟通英美两国的知名人士是伦敦经济学院学识渊博的历史学家阿诺德·J.汤因比，他还同时担任皇家国际事务研究所（Royal Institute of International Affairs）所长。他的12卷本《历史研究》（1934年至1961年出版）以文明为主题，诠释世界历史的整体模式。他的作品描述了全球范围内26个世界文明的起源、成长和瓦解的斑斓画卷——其中16个已经消亡，另外9个奄奄一息，只有"西方的基督国度"仍在发展演变。前3卷被誉为及时医治文明弊病的良方，最后3卷出版于第二次世界大战爆发之前，并被认为是对一个即将再度爆发重大冲突的世界的尖锐分析。《历史研究》的删节本在英国和全世界卖出了数十万册。汤因比的作品如此受欢迎，以至于他被形容为20世纪"被阅读、翻译、讨论最多的在世学者"之一，及时地解释了西方文明走向倒退的普遍感受。战后，汤因比成为美国地位显赫的文化名人。美国出版业巨擘亨利·R.卢斯（Henry R. Luce）盛赞汤因比是基督教的一位新先知，还在他创办的最畅销的杂志《时代》（Time）的1947年3月刊封面故事中宣扬他的观点。在这位英国历史学家的肖像下方有一行附文："毁灭并非我们的文明不可避免的下场。"《时代》杂志的这篇封面故事恰逢汤因比出版《历史研究》的删节本，而这部著作原先出版于1936年。根据《时代》杂志对汤因比理念的阐述，美国在世界历史中的地位正悬于天平之上。这篇文章主张当前的"西方文明危机"要求美国必须成为"保卫基督教文明残躯的斗士，与威胁它的邪恶势力进行斗争"。这篇封面故事激发了美国人对汤因比作品的浓厚兴趣——教会人员、教育家和政治家纷纷给《时代》杂志写信，要求重印他的作品并在各地发行。汤因比在美国展开巡回演讲，所到之处吸引了大量听众。[45]

这个新欧洲梦的另一个关键的思想催生者不是别人，正是温斯顿·丘吉尔。1945年7月，他在英国大选中失利，随后将大部分精力放在他非常重视的"欧洲运动"（European Movement）上，以此支持欧洲的团结，但无论是在英国本土还是在欧洲，这一运动都没有吸引到多少关注。毕竟，呼吁欧洲团结在1945年并不是一个受民众支持的立场。轴心国占据欧洲的时期，反法西斯主义斗争的主要方向是解放被纳粹势力占领的国家。战争结束后，欧洲大陆对国际主义并不感兴趣，对欧洲主义更不买账。事实上，在"二战"期间，"欧洲人民团结起来！"一直是通敌合作者最喜欢的口号。丘吉尔的看法并不相同。在1943年3月的一次广播讲话中，丘吉尔曾号召成立欧洲理事会与亚洲理事会，并对他的欧洲主义信念阐述如下："在悠久岁月以前的欧洲大陆上生活着作为我们祖先的种族，我们的西方文明在很大程度上是由他们确立的。我相信自己是一个所谓的好欧洲人，我认定重振富于创造力的天才和重塑真正伟大的欧洲是一个高尚的任务。"1945 年，丘吉尔继续他的欧洲运动之路，寻求对反布尔什维克主义西欧联盟（anti-Bolshevik Western European unity）的支持。西方文明是他常挂在嘴边用于表达西欧文化复兴的术语。1947 年 5 月 14 日，他在皇家阿尔伯特音乐厅发表以"欧洲崛起"（Europse Arise）为主题的演讲，有数千名听众参加，那是欧洲运动的首次群众集会。在演讲中，丘吉尔明确提到了"欧洲的精神概念"。他强调说："欧洲和亚洲的真正分界线既不是山脉也不是天然的边境，而是信仰与理念的体系，我们称之为西方文明。"[46]

1948 年 9 月 19 日，丘吉尔在苏黎世发表了关于"欧洲悲剧"的演讲，更加具体地阐述了他的欧洲理念。他指出，"这片高贵的大陆"依然是基督教信仰和基督教伦理的源泉，"是古代与现代绝大部分文化、艺术、哲学与科学的由来。"对于丘吉尔而言，"重塑欧洲大家庭"必须以"法德两国携手合作为基础"，丘吉尔知道这番话将会引发争议。"在此我并不是在故作惊人之语"，他表示，"没有具备伟大精神的法国和具备伟大精神的德国，欧洲复兴将无从谈起。"同样引发争议的是，丘吉尔的欧洲运动启动的第一步是在呼吁原谅和忘却的基础上，迅速将西德纳入他所设想的欧洲大家庭。在他看来，纽伦堡审判的结束意味着"报复也必须就此结束。许多年前，格拉德斯通先生曾说过'忘却是有福的'"，如果欧洲"希望摆脱无尽的苦难，确切地说，摆脱最后的毁灭，那么，它必须信赖欧洲大家庭，必须忘却过往的罪行和愚念"。丘吉尔这番呼吁原谅的话非常真切，他本人曾捐款给诸如埃里希·冯·曼施坦因（Erich von Manstein）元帅等被指控犯下战争罪行的德国军官的辩护基金。不用说，这些观点在 1946 年并没有得到很多人的认同。英国历史学家 E. H. 卡尔（E. H. Carr）对丘吉尔的演讲表示不满，认为它只会进一步危及与苏联的关系，因为"许多人会认为他的演讲并不是在呼吁建立欧洲合众国，而是建立西欧合众国"。然而，即便丘吉尔的"原谅与忘却"态度在当时或许是很不寻常的立场，但他的确是被遗忘的西欧政治一体化的拥护与倡导者之一。[47]

遗忘的政治还体现于其他方面。其中一个例子是天主教徒和新教徒成功地埋葬了两场世界大战之间的反自由主义和教派斗争的传统，转而支持各教派大团结的基督教新阵线，以维护新的信奉自由主义的基督教民主主义。天主教和新教的神学家在神学思想上的严重分歧依然存在，或许最直接的体现是，罗马天主教会从未被邀请成为世界基督教会联合会的成员，该协会创建于1948年，是一个庞大的跨越教派分歧的信仰组织。即便如此，冷战时期"无神论共产主义"的威胁促使教会领导人与持保守主义立场的西欧政治精英达成合作，共同对抗莫斯科。欧洲长久以来的宗教战争似乎已就此结束。[48]

天主教会进行宣传的热情格外高涨。早在1945年的圣诞节致辞中，教宗庇护十二世就已经表示，真正的和平只能建基于"基督教民主主义的国际主义，而不是无神论共产主义的国际主义"。教宗对西欧联盟的支持成为大西洋主义之外的另一种选择，并帮助驳斥了梵蒂冈教廷与美国的政策过于一致的普遍看法。欧洲煤钢共同体（European Coal and Steel Community）创立于1951年，其宗旨当然是致力于重要物质资源的集中利用，但它带有同样明显的文化和基督教特征。如此看待这个超越国家层面的西欧团体，是赋予新欧洲以思想框架和更为崇高的文化目标的宏观层面努力的一部分。虽然一些信奉新教的观察家抱怨欧洲煤钢共同体其实是梵蒂冈教廷出资赞助的组织，由天主教领导的法国、比利时、西德和意大利牵头，但他们确实帮助促成了这个经济联盟的成立，表明了西欧在文化上的团结。就连左翼政治家也加入其中。信奉社会主义的比利时外交大臣保罗−亨利·斯巴克（Paul-Henri Spaak）一直认为20世纪50年代西欧的一体化是基于——正如他在1950年发表于《外交事务》上的一篇文章所说——"保卫某个文明，某种生活方式和某门哲学"的需要，而根据他在1957年发表于《外交事务》上的一篇文章所说，那个文明，那种生活方式和那门哲学的基础，是"对人的尊重"。在1947年12月一封寄给美国国务卿乔治·马歇尔将军（George Marshall，著名的1948年欧洲复兴计划正是由他设计并以他的名字命名）的信件中，英国工党政府的外交大臣欧内斯特·贝文呼吁实现"西方文明的精神团结"，在与法国外交部长乔治·皮杜尔（Georges Bidault）的谈话中，他甚至声称我们的主要任务是"拯救西方文明"。[49]

到20世纪50年代中期，保卫西方文明已经成为整个西欧基督教民主主义的基本要素。基督教民主主义的活力源于欧洲性（Europeanness）和基督教西方的理念，以两次战争之间德国天主教关于"西方世界"的讨论作为基础。"西方世界"的概念（它在字面上的意义是"夜晚的国度"）源自查理曼大帝（Charlemagne）和教宗格里高利一世（Gregory the Great）的时代，原本是前现代中世纪时期信奉天主教的西方的概念。这个词语最早是在16世纪进入德语，作为马丁·路德的东方世界（*Morgenland*，其字面意义是"日出之地"）的对立面。"西方世界"是对中世纪信奉基督教的西方的怀旧与向往，在法国大革命之后，这一理解获得了更高层面的含义，因为信奉天主教并反对革命的知识分子，如诺瓦利斯（Novalis）和夏多布里昂（Chateaubriand），希望构建一个带有浪漫主义色彩的概念作为启蒙运动、世俗主义和革命暴力的对立面。在19世纪，德国天主教徒更喜欢使用"西方世界"这个词语，而不是"欧洲"，因为对于他们来说，欧洲与新教、民族主义和民族国家体系的关系过于紧密了。奥斯瓦尔德·斯宾格勒出版于1918年的畅销作品《西方的没落》(Der Untergang des Abendlandes)在第一次世界大战德国战败后,向德国读者普及了这一历史诠释。已经衰落的"西方世界"需要振兴的理念在20世纪20年代得到了思想上的认同,以应对俄国革命、法西斯主义以及基督教文化在整个欧洲能够感知到的衰退。法国人和德国人对保卫共同拥有却正遭到威胁的"西方世界"这个话题越来越关心,赫尔曼·普拉茨(Hermann Platz)在1925年创办了德国的顶尖刊物《西方世界:欧洲文化、政治与经济月刊》(Abendland: Deutsche Monatsschrift für europäische Kultur, Politik und Wirtschaft),正是希望利用这一情绪。1945年后,基督教民主党希望实现以"新加洛林人"(neo-Carolingian)之梦为蓝本的西欧团结,以此作为后法西斯主义时代欧洲的道德基石。几本刊物和组织被创建以提倡对"西方世界"的保卫,将其视为欧洲同盟的真实历史与身份认同。[50]

在20世纪50年代,"西方世界"这个词语被西欧的政治家频繁使用,以帮助实现西欧的团结。法国政治家罗伯特·舒曼不厌其烦地描述欧洲是"精神与文化的共同体"和"共同命运",与基督教西方的遗产紧密相连。1954年,意大利总理阿尔契·德·加斯贝利在欧洲议会大会(European Parliaments Conference)上发表演讲,表示"基督教是欧洲文明的起源",是"欧洲共同遗产的底层支撑"。对于西德总理康拉德·阿登纳而言,有两个德国:西半边信奉罗马天主教的德国和东半边信奉新教的普鲁士德国,伴随宗教改革而来的物质主义、无神论和军国主义起源于后者,并延续至第三帝国和苏占区的"普鲁士德国"。戴高乐也支持基于共同文化和精神遗产的"横跨大西洋到乌拉尔山脉"的欧洲共同文明这一理念,并在1963年的著名演讲中加以表述。对于戴高乐而言,欧洲的团结有赖于法德两国的基督教民主主义,据说他还将它与"恢复

第三章　信仰与边界

查理曼的事业"联系在一起。当时的观察家立刻指出欧洲煤钢共同体的地理轮廓与1000年前查理曼的"法兰克王国"统治下的欧洲（'Frankish' Europe）高度重合。[51]

刚成立的德意志联邦共和国对这个带着保守主义色彩的"西方世界"的身份格外重视。强调西德在西方历史与使命的中心地位有效地用延续性弥补了断裂，并以国家重生的名义帮助实现了天主教徒和新教徒以及自由主义政党和基督教政党的团结。西德基督教民主党的纲领明确建基于"基督教与西方文化的生活价值观"的维系。通过这种方式，"西方世界"这个概念帮助将西德与美国联系在一起，成为基督教西方冷战版图的一部分。虽然反美主义仍是西德精英文化的一个重要特征，但阿登纳和追随他的基督教民主党成员毫不掩饰地称赞美国的"西方基督教精神"。事实上，德国天主教和美国自由主义的联盟是西德政治生活最突出的特征之一。为了庆祝它成为基督教西方的一分子，西德的"西方世界"意识形态搁置了在近期内实现德国统一的希望，从某种程度上说，这是为了令由社会民主党这个政敌提出的左翼民族主义和自决政治主张丧失合法性。重塑基督教西欧的最受重视的事件发生于1962年7月，当时戴高乐邀请阿登纳到兰斯大教堂（Reims Cathedral），在会晤中，这两位信奉天主教的政治家一起为和平、安宁与和解进行祈祷。这是西欧版本的冷战遏制政策。[52]

在这里和其他地方，基督教文明的维护体现于物质层面。虽然重建的紧迫需要影响了所有关于为战争的幸存者提供食物、住所、药品和教育的讨论，但战争的废墟对于许多欧洲人而言具有高度的象征意义，对于基督徒而言更是如此，他们总是将历经劫难的城市景观视为欧洲背离上帝而遭到的神圣惩罚。西欧各地热火朝天地重建遭到破坏的大教堂和被摧毁的礼拜堂的工作得到了文化界的广泛关注，认为这是战后欧洲大陆"重塑基督教"的必要步骤。

图16 瓦砾里的基督像。德国，科隆，1945年。出自赫尔曼·克拉森，《熔炉之歌》，杜塞尔多夫：雪旺出版社（Düsseldorf: L. Schwann），1949年，第29页

图片来源：杜塞尔多夫，雪旺出版社

不出所料，德国在这一叙事中占据了特殊地位。在清理瓦砾和设想新的德国将会是什么样子的过程中，人们很早就将注意力集中在修复受损的大大小小的教堂上，因为它们是战后迫切需要的道德指引。这个任务的艰巨程度令人生畏，譬如说，在亚琛的498座教堂只有43座幸免于难；在莱茵兰，大约400座教堂被彻底摧毁。因此，重建教堂被认为是战后道德与物质重建的迫切任务。引人注目的亚琛和科隆的教堂修复工作——更遑论令人触目惊心的西柏林的威廉皇帝纪念教堂（Kaiser-Wilhelm-Gedächtnis-Kirche）废墟——是德

第三章　信仰与边界

图17　废墟中的生活。德国，科隆，1945年。出自赫尔曼·克拉森，《熔炉之歌》，杜塞尔多夫：雪旺出版社，1949年，第31页

图片来源：杜塞尔多夫，雪旺出版社

意志联邦共和国奉行"西方世界"文化政策的著名例子，该政策被当作堡垒来抵御纳粹主义的过去和可能被共产主义征服的未来。战后有几十部作品出版，翔实地记录了以堆积如山的瓦砾为背景的各大教堂的受损情况。最早出版或许也是最为出名的作品——赫尔曼·克拉森（Hermann Claasen）出版于1947年的反映科隆情况的摄影集《熔炉之歌》（Gesang im Feuerofen）——援引浪漫废墟的悠久传统以强调基督教重生的情怀与前景（见图16、图17）。克拉森的作品是让德国公众谨记第二次世界大战的最早的尝试之一，怀有相同主旨的反映德累斯顿、柏林和斯图加特等地情况的摄影集陆

图 18　伦敦大轰炸中的圣保罗大教堂
图片来源：赫伯特·梅森摄，盖蒂图片社

续出版。赫伯特·梅森（Herbert Mason）摄于 1940 年的反映伦敦圣保罗大教堂（St Paul's Cathedral）遭受德国轰炸的著名照片也被用于相似的目的，作为基督教屹立长存的标志（见图 18）。同样的，法国、荷兰和比利时也在展现遭到破坏的教堂，以此来比喻西方文明遭到攻击。在德国，同盟国（尤其是美国人）对重建教堂和恢复宗教生活表示欢迎，认为这是消除纳粹影响和迈向进步的正面信号。与之形成对比的是，犹太教堂的毁灭与修复在战后欧洲具有象征意义的重建工作中没有发挥任何影响，直到 20 世纪 80 年代，犹太教堂的重建才成为跨越冷战界限的国家性赎罪的政治事件，尤其是在分裂的德国和波兰。[53]

第三章　信仰与边界

这样一种看待西欧共同的价值观、文化遗产和文明的观点很快就被写入战后主要机构的基本道德原则中。成立于1949年5月5日的欧洲委员会就是其中一个好例子，它由10个国家签署通过，宗旨是捍卫欧洲的人权、民主和法治。它是一年前在海牙召开的欧洲大会取得的成果之一。有22位前总理或首相、28位前外交部部长和数百位受邀者——包括来自工会、妇女运动和宗教组织的代表——参加了会议。是否接纳来自弗朗哥统治下的西班牙代表引起了一番争论，但最后，大会决定奉欧洲团结之名，接纳"半官方性质"的西班牙代表团，标志着西班牙自1945年以来首次参加国际会议。大会的最后决议强调了基督教是新委员会的根基，声称："即使我们存在着民族、意识形态和宗教上的分歧，团结也将借由基督教和其他精神财富与文化价值的共同传承而实现。"[54]

新成立的欧洲委员会的泛基督教精神与西欧人本主义还体现在其他方面。在1949年的会议上，委员会的官员以向斯特拉斯堡大学的歌德雕像献上花圈作为闭幕仪式，缅怀他作为西欧重生的基督教文明的象征人物。这次仪式因应当时全世界庆祝歌德诞辰200周年而举行。那一年，歌德是在美国和东西德举行的跨大西洋庆典的主角。1949年，科罗拉多州阿斯彭市（Aspen）举行了歌德200周年诞辰纪念大会与音乐节，颂扬歌德这位人文主义者，群星荟萃的演讲嘉宾中有约瑟·奥尔特加·伊·加塞特（José Ortega y Gasset）和阿尔伯特·史怀哲（Albert Schweitzer），他们盛赞这位"反极权主义"的德国思想家是沟通旧世界与新世界以及西欧与美国的桥梁。[55]

不是每个人都认可这个新成立的委员会的保守主义论调，《伦敦工人日报》（*The London Daily Worker*）谴责欧洲委员会是"战争集团的马前卒，正在鼓吹第三次世界大战"。意大利的共产主义日报《联合报》（*L'Unit*）嘲讽欧洲委员会是狭隘偏激的持反革命立场的"新的神圣同盟"。在英国，一些保守主义者担心欧洲委员会是整合天主教"黑色国际"（black international）的步骤之一，而工党议员詹姆斯·卡拉汉（James Callaghan）预测"这么一个联盟将会是信奉天主教与自由主义的反革命团体"。即便如此，到20世纪40年代末，关于西方文明的言论已经成为西欧身份、使命和边界的标志。文明的话语不仅充斥于所谓的软实力机构，有时候也渗透到硬实力机构中。1949年4月签署的北约"宪章"在前言中保证，它的12个签署国会一直"坚定不移地在民主原则、个体自由和法治的基础上保卫各国人民的自由、共同遗产以及文明"。[56]

基督教文明的新使命是西欧在20世纪40年代和50年代的特征，而围绕着敏真谛审判的丑闻赋予它意义。但到了60年代初，敏真谛和他在冷战世界的地位逐渐被边缘化。华盛顿与罗马的紧密关系在50年代初达到了顶峰，直到1978年，波兰裔教宗若望·保禄二世（John Paul II）即位，梵蒂冈教廷才在欧洲拥有类似的政治影响力。随着20世纪50年代对洗脑和思想控制的浓厚兴趣逐渐消退，中央情报局的秘密精神研究项目在60年代中期纷纷停止。随着时间推移，敏真谛也不再是国际政治家乃至天主教活动家的关心对象。然而，敏真谛的故事又有了峰回路转的变化——在1956年的布达佩斯起义中，他出人意料地再度出现。在起义中，数千名抗议者发动游行，反对匈牙利人民共和国与其在苏联授意下推行的政策。经过一番混乱后，伊姆雷·纳吉（Imre Nagy）释放了这位枢机主教，允许他以自由之身回到布达佩斯。敏真谛旋即称赞叛乱者，还发表演讲和广播讲话，呼吁恢复基督教的公共生活。然而，4天后，苏联出动坦克镇压抗议者；这位枢机主教——他被视为此次暴动的带头人之一——躲进美国公使馆寻求政治庇护，在里面待了15年之久，直到1971年才离开。他在1956年被短暂释放——在此之前他已服刑7年——接着又被困在美国公使馆中，引起了新一轮的国际谴责。愤怒的情绪如此高亢，以至于一个激进的枢机主教敏真谛基金会（Cardinal Mindszenty Foundation）于1958年在美国成立，将这位匈牙利的教会高层人员抬高为美国反共产主义事业的殉教先驱。但在东欧的基督教圈子里，敏真谛逐渐被视为一个负累，他的顽固立场令匈牙利与东欧地区的教会及其教区信众的处境相当艰难。在东欧，天主教徒认为敏真谛出尽风头的对抗姿态只会给镇压提供借口。为了维护教会的半独立地位，在与新政权的接触中，他们选择了更加包容的方针。海因里希·格吕贝尔（Heinrich Grüber）是东德福音派教会的高层人物，他甚至说敏真谛是一个"觊觎权力的阴谋家"，要为1956年布达佩斯的流血事件负责。[57]

在美国公使馆里，敏真谛不能从事任何被视为有煽动性的活动，被禁止干涉匈牙利罗马天主教会的运作或下达任何命令。在写给几位美国总统与国务卿的信件里，他经常流露出心中的沮丧，恳求西方为匈牙利的解放提供援助。1957年11月8日是匈牙利起义一周年纪念日，在一封致国务卿约翰·福斯特·杜勒斯的信件中，敏真谛动情地表述："在长达十个半世纪里，匈牙利经受住了鞑靼人、土耳其人和俄国人的进逼，并捍卫了西方文明——就在不久之前，他们还让西方看到他们的斗争——这也将是他们在未来的使命，站在全人类的最前线。"即使这些信件总是因为担心引起与苏联外交的紧张气氛而没有得到回应，但它们表明了敏真谛是一个匈牙利民族主义者和基督教反共产主义十字军战士。[58]

虽然敏真谛没有改变，但冷战已经改变了。首先，教宗庇护十二世于1958年逝世，由教宗若望二十三世（John XXIII）继位。1963年，他颁布教宗通谕《和平于世》（Pacem in Terris），公开表达了与共产主义并存的可能性，启动了梵蒂冈的"东方政策"。在20世纪60年代，匈牙利教会终于与政府达成和解，东欧阵营的其他教会也是如此。事实上，共产主义国家成功地封锁了天主教跨越东西方划分与铁幕阵营的国际联系，这意味着对这些教会的国家改造起到了效果。到 20 世纪 60 年代末，新教宗保禄六世（Paul Ⅵ）继续这一缓和政策的精神，他宣称枢机主教敏真谛是"历史的受害者"（值得注意的是，不是共产主义的受害者），并废除了敏真谛对他的政治对手实施的禁令。作为回应，匈牙利政府准备允许敏真谛出国。到 70 年代初，美国人觉得敏真谛已经成为缓和美苏关系的绊脚石和尴尬话题，正如这位大主教本人所承认的那样，"妨碍了缓和政策的实施"。1971 年，他被尼克松（Richard Nixon）列为不受欢迎人士，被毫不客气地逐出美国公使馆，随后这位枢机主教开始了第二次流亡，逃到维也纳的帕兹玛尼恩修道院（Pázmáneum seminary）。虽然他以前的支持者对教会从冷战早期就丧失了斗志而感到愤怒，但敏真谛现在成了逝去时代的遗老。[59]

在他的回忆录里，信奉社会主义的比利时前外交大臣保罗—亨利·斯巴克曾说过一番名言：斯大林才是欧洲经济共同体真正的父亲，是对苏联的恐惧激发了西欧走向团结。苏联是促使西欧走向整合的负面背景，从这个意义上说，这番话是成立的。当然，1948 年 3 月共产主义者推翻捷克斯洛伐克政府的事件被解读为苏联意图控制欧洲的不祥前兆，西欧对政变的反应巩固了西欧是由各个致力于保卫宗教信仰自由、人权和其他自由主义价值观的国家构成的这一理念。但在这个消极意义上的西欧团结并不足够，欧洲经济共同体也不仅仅是为了整合工业资源。枢机主教敏真谛的牺牲在为西欧萌芽中的团结提供道德指引方面扮演了极其重要的作用。他那场举世瞩目的审判帮助塑造和激励了冷战早期基督教文明的复兴，在形式上体现为重新整顿的教会、复兴的基督教民主主义、体现基督教特色的人权、犹太教—基督教的价值观以及欧洲文化边界的新版图——所有这一切都是新的西欧身份的底层支撑，超越了你争我夺的民族国家的框架。心理学和社会科学研究在认识上的转变——部

第三章　信仰与边界

分原因是人们普遍担心洗脑是"反文明"的科学——也可以被追溯到枢机主教敏真谛的审判。捍卫基督教文明为新成立的西方联盟提供了慰藉、参与和斗争的话语。因此，尽管这位被罢黜和被抛弃的枢机主教在结束囚禁生涯后沦为被遗忘的人，但1947年后西欧在意识形态上的再度巩固在很大程度上应归功于他。[60]

为文明而战不只是在精神世界里进行，也不只是在西欧的布道坛、街道、新闻办公室和法庭中进行。我们将在下一章里了解到，这片大陆在物质层面的重建激发了关于后法西斯时代欧洲的和平、繁荣乃至得体礼仪之含义的热烈辩论，而在铁幕两边的阵营里，文明的理念占据了这些话题的中心。

第四章

科学、住所与礼仪

1948年8月最后一个周末,来自40个国家的超过450位作家、艺术家和知识分子齐聚在刚刚改名的波兰城市弗罗茨瓦夫[Wrosław,原名是布雷斯劳(Breslau)],参加世界知识分子保卫和平大会(World Congress of Intellectuals in Defense of Peace)。此次大会由新成立的波兰人民共和国主办,吸引了诸多国际知名左翼人士,包括格雷厄姆·格林、贝尔托·布莱希特、保罗·艾吕雅(Paul Éluard)、安娜·西格斯、费尔南德·莱热(Fernand Léger)、伊蕾娜·约里奥—居里(Irène Joliot-Curie)、巴勃罗·毕加索(Pablo Picasso)与阿道司·赫胥黎(Aldous Huxley)。它的目标是建立一座"脆弱的桥梁"(tenuous bridge),跨越东西方之间逐渐扩大的地缘政治和意识形态鸿沟,并培养合作交流的精神,讨论世界和平的前景。英国电影制作人艾弗·蒙塔古(Ivor Montagu)称赞那些反对把世界分为所谓的"大西洋文化""欧洲文化"或"西方文化"与东方文化相区别的发言人,借此强调文化生活对整个大陆的"不可分割的相互影响"。许多与会人士特别关注的问题——正如此次大会的决议中所指出的——是"科学的崇高使命正被用于秘密制造毁灭性武器"与"和平事业的中止"。大会号召世界各地"进步文化"的拥护者"以世界文明为念,协力促进各个文化与民族之间的相互理解"。[1]

然而,和平与世界文明的事业在大会上遇到了阻碍。会议进程很快就演变成为哗众取宠和互相责难,尤其是在苏联和英国的代表之间。这主要是因为苏联代表利用这个机会屡屡谴责西方煽动战争的行径和美国核武器的危害。波兰裔英国艺术家费利克斯·托波尔斯基(Feliks Topolski)形容此次大会是苏联代表团在"宣告信仰的呐喊"。苏联作家协会主席亚历山大·法捷耶夫(Aleksandr Fadeev)宣称"美帝国主义者的桎梏将整个世界变成其管辖下的警区,全世界的人民沦为资本的奴隶",然后他呼吁"来一场雷鸣电闪的战争,涤荡西方腐朽的文学与艺术",气氛顿时变得尴尬。法捷耶夫以生动而丰富的语言对几位著名的西方作家大肆嘲讽:"如果豺狼学会打字,如果走狗懂得挥笔,那它们写出来的东西一定就像米勒、艾略特(Eliot)、马尔罗(Malraux)和萨特(Sartre)等人的作品。"这番攻讦的口吻与内容令与会者惊诧莫名,促使英国著名历史学家 A. J. P. 泰勒做出反驳:"知识分子的任务是宣扬宽容与和谐,而不是煽动仇恨。这番言论是在宣战,而不是倡导和平。"对于许多来自西方的与会代表而言,法捷耶夫的激烈言论嘲弄了大会寻求和平与跨文化理解的主旨,一些代表退场以示抗议。尽管此次大会以未来合作的漂亮门面话作为结束,但显然,要让东西两大阵营在和平问题上达成合作——即使在国际左翼人士内部——将不会是一件轻松的事情。几场衍生的国际会议的主旨是宣扬"热爱和平的人性",但这几场会议基本上也因为冷战分歧而以失败告终。苏联尝试通过主导 1949 年到 1951 年的和平宣传来掌握在这个问题上的控制权。这场宣传运动的前身是创建于 1947 年的世界

第四章　科学、住所与礼仪

和平支持者大会（World Committee of Partisans of Peace），由共产党和工人党情报局［Information Bureau of the Communist and Workers' Parties，即所谓的共产党情报局（Cominform）］主持。1950年，这个群体更名为世界和平理事会（World Peace Council），不知疲倦地游说国际社会警惕美国四处煽风点火挑起战争的危险。和平就像欧洲一样，也陷入了分裂。[2]

虽然这场注定会失败的大会确实是一次具有重要象征意义的事件，标志着同盟国战时军事与文化联盟的瓦解，但国际和平的梦想并没有随着冷战的开始而消失。为了营造更美好的世界，一系列以和平与文化为宗旨的倡议被提出，其中便有一些倡议将冷战两边阵营的积极分子团结起来。两个出人意表地相互交融的领域是科学与人道主义法律。上一章讨论了这两个领域被卷入了冷战的政治斗争，体现于对人权的两极对立的理解以及西方关于洗脑这一"暗黑科学"的辩论。但在其他方面，科学和人道主义法律仍有可能跨越意识形态和国界线的区隔而达成合作，它们通常围绕着世俗文明的主题进行。住房建设、家庭生活、指南读物和反美主义是相关的话题，在铁幕两边的阵营都有类似表述。这些文明的物质表达形式与宗教或地域无关，和保卫文化边界或受到威胁的文化遗产也没有明确联系。对于这些心胸广阔的科学家、和平的拥护者和家居生活现代主义者而言，文明事业的宗旨是提高市民与社会的物质福祉。

1945年8月，美国在日本的广岛与长崎引爆了两颗原子弹，虽然这么做或许加速了太平洋战区战斗的结束，在对日战争的最后阶段将苏联排除在外，但美国战争部部长亨利·史汀生（Henry Stimson）在前几个月预测的"人类历史上最可怕的武器"所造成的影响立刻促使西方对所发生事件之后果做出广泛而深刻的反省。两座日本城市及其平民人口在顷刻间灰飞烟灭，这意味着原本这场战争就已远远超越了欧洲对大屠杀的道德与技术约束，而现在它所造成的大规模杀戮又进入了一个新的层面。核战争的巨大破坏力意味着广岛与长崎的悲剧超越了日本的历史，成为一个新时代的阴森恐怖的象征，那朵具有象征意义的蘑菇云标志着在面对前所未有的技术力量时，关切人类共同命运的全球意识的诞生。核战争的来临在世界范围内引发了激烈争辩，尤其是美国公众，他们对政府以自己的名义做出的事情感到不安。美国电台评论员爱德华·R.默罗（Edward R. Murrow）在1945年8月12日宣称："历史上从未有过一场战争，在它结束时，胜利者心中感到惶恐不安，他们意识到未来一片渺茫，不知道自己能否幸存。"科学家、宗教团体、妇女组织和大众传媒在道德上备感不安，文明的危机似乎无处不在，即将爆发。在遭受原子弹的毁灭性破坏后，日本裕仁天皇于1945年8月向臣民下达《终战诏书》，其内容深刻地体现了人类面临的危险："如仍继续作战，则不仅吾国将遭受灭族之祸，更将导致人类文明毁于一旦。"[3]

广岛与长崎标志着科学与战争命运攸关的结合，并推动了将核能科学置于文官控制之下的迫切要求。史汀生希望："如果恰当使用这件武器的问题能得以解决，我们将有机会获得世界和平，我们的文明便可得救。"对于许多观察家而言，这件事情太重要了，不能托付于行事反复无常的美国政府。现在迫切需要的是新的政治参与和得当的国际监督，文明的话语框定了此次讨论的内容。1945年11月，英国首相克莱门特·艾德礼表示，"如果没有能与智者倾注于研究上的热情相媲美的道义热忱，许多个世纪以来所营建的文明将毁于一旦"。法国作家阿尔贝·加缪（Albert Camus）谴责轰炸广岛是"有组织的杀戮"，现代文明竟沦落至"如此野蛮的地步"，现在必须在"集体自杀或科学征服的明智运用"之间做出选择。美国记者多萝西·汤普森担心引爆原子弹的政治后果，争辩说轰炸广岛"远远不只是将风景、建筑和人口统统炸毁,它摧毁的是(联合国的)旧金山宪章,令它就像拿破仑战争之后结成的神圣同盟那般毫无意义"。[4]

核战争激起了创造一个对核武器实施管制的世界政府的广泛兴趣,最关心这个问题的是日本、斯堪的纳维亚国家、荷兰、美国和英国。新发起的世界联邦主义运动(World Federalist Movement)致力于将核技术交由国际社会实施谨慎管控,以维护和平。科学团体发挥了带头作用,因为许多科学家觉得全球原子威胁没有得到充分的管控。1945年10月,《纽约时报》刊登了来自阿尔伯特·爱因斯坦的一封信件,信中说联合国并没有起到作用,因为它太执着于"相互敌对的民族国家的绝对主权";但如果我们希望阻止核战争的话,当前需要的是"在世界范围内实施联邦体制和可行的世界法治秩序"。协调科学、和平与道德的愿望是20世纪40年代末跨越冷战对立阵营的政治讨论中最受关注的主题,从艾德礼到斯大林,都在思考这个问题。可是,最强大的支持来自公民社会领域,到1949年,全球有4.7万人成为世界联邦主义运动的成员。1950年,一群支持此次运动的名人,包括加缪、美国作家约翰·斯坦贝克(John Steinbeck)、法国哲学家雅克·马里坦、意大利电影制片人罗伯托·罗西里尼(Roberto Rossellini)、塞内加尔诗人与政治家利奥波德·塞达尔·桑戈尔(Léopold Sédar Senghor)与德国作家托马斯·曼,联名签署了请愿书。他们的声明内容如下:"面对如今人类所掌握的毁灭性武器,所有关于政治、种族与信念的分歧都变得无关紧要",因为它们"将与人类一道不复存在,除非人类达成共识,以和平的方式建立一个世界政府"。他们总结指出,当前的选择是"拥抱同一个世界或步入毁灭"。虽然在冷战分歧面前,世界联邦主义运动逐渐失去了影响力,但它确实反映了当时国际社会致力于寻找摆脱民族国家体系的新思考模式。[5]

虽然世界政府运动失败了，但相对而言，将科学用于文明用途的宣传更加成功。1945年，知名原子学家尤金·拉比诺维奇（Eugene Rabinowitch）与海曼·H.戈德史密斯（Hyman H. Goldsmith）创办了《原子科学家公报》（Bulletin of the Atomic Scientists）。他们原先都是研发首批核武器的著名的曼哈顿计划（Manhattan Project）的成员。在早年，这份公报倾注了大量精力用于宣传原子能的危险，并希望达成禁止使用核武器的目的。根据拉比诺维奇所说，原子科学家运动"是通过恫吓人类以促使他们进行理性思考，从而挽救我们文明的计划的一部分"。1946年3月，《关于国际原子能管制机构的报告》（Report on the International Control of Atomic Energy）唤起了两个超级大国达成共识的希望，作为迈向世界宪法的一步。一本由前沿核科学家撰写的名为《拥抱同一个世界或是毁灭》（One World or None）的短篇作品集在1946年出版，曾获诺贝尔物理学奖的丹麦物理学家尼尔斯·玻尔（Niels Bohr）撰写了序文《科学与文明》（Science and Civilization），呼吁不要将科学用于军事。1954年，以日内瓦为总部的欧洲核子研究组织［European Organization for Nuclear Research，简称"欧核组织"（CERN）］成立，并采取了进一步的合作措施。"欧核组织"的最初宗旨是争取让已经前往美国并为美国的"军工复合体"服务的欧洲科学家回到故乡。"欧核组织"以粒子物理学而著称，以驯服科学用于和平用途为己任，在将欧洲科学界与更加注重军事应用的美国科学界作区分这件事情上起到了关键作用。不过，欧洲各地的科学家继续为核物理被用于研发武器感到担忧并发声呼吁。1957年4月12日，18位西德核物理学家——他们被称为"哥廷根十八人"（Göttingen Eighteen），其中包括4位诺贝尔奖获得者——发表了一则宣言，抵制西德军队装备战术核武器。在1958年比利时举办的布鲁塞尔世界博览会上，国际社会对和平地应用科学为人类谋求物质福祉的

第四章　科学、住所与礼仪

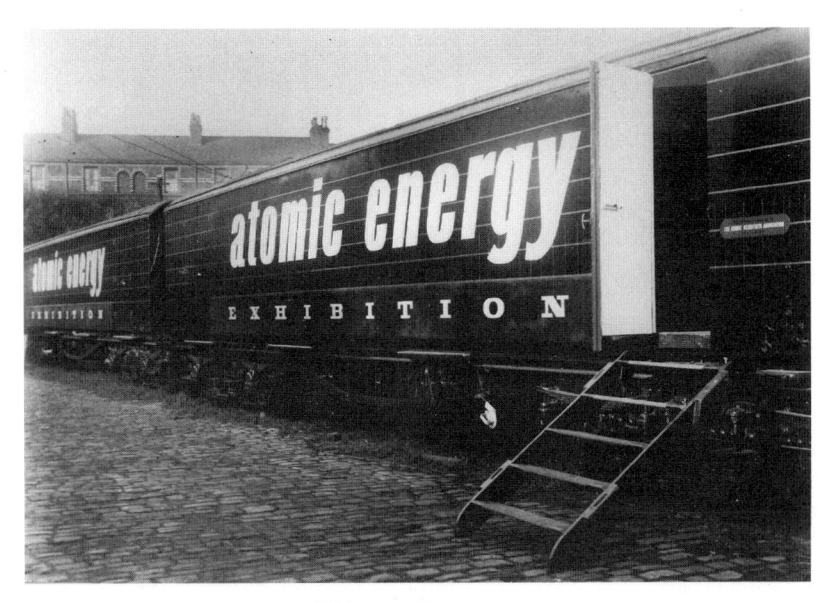

图 19　"原子火车"巡回展示。伦敦，1948 年
图片来源：伦敦，丘吉尔档案馆（Churchill Archive）

兴趣表达得淋漓尽致，那是自第二次世界大战以来首次举办此类展览会。驯服科学是这场国际展览的主题，一座巨大的铁晶体结构模型（原子塔）成为这场国际盛会的标志。各国的展馆都以不同的方式展现了现代科学的和平与家居应用。[6]

各国政府都在牵头开展自己的关于核能潜在益处的公共教育宣传。1947 年至 1948 年，艾德礼政府资助了"原子火车"巡回展示，一台特别制作的火车头驶遍英国全境，向公众介绍和平利用原子科学可以为本国能源使用带来的好处（见图 19）。它由各个政府机构组织、私人企业和原子科学家协会（Atomic Scientists' Association）联合举办，目的是消除公众的恐惧，并帮助倡导国际社会对核能的管控，据说为期 168 天的巡回展示吸引了 16.8 万位参观者。几年后，美国政府推出了自己的关于倡导民用原子能的介绍，最有代表性的例子是由艾森豪威尔总统在1953年12月宣布的"和平利用原子能"（Atoms for Peace）倡议。艾森豪威尔的宣传目的很明确，那就是通过宣传"友好原子"的益处，消除国际社会对美国原子能的恐惧。要说服公众并不容易，其中一个重要原因是：就在前一年，美国引爆了它的第一枚氢弹；1953年8月，苏联也做出同样的举动。艾森豪威尔在联合国大会的演讲中宣布"和平利用原子能"计划，并保证美国将"全心全意致力于找到一种方法，令这项人类的神奇发明不会被用于毁灭人类，而是造福于他们的生活"。美国新闻署（US Information Agency）也在加大媒体宣传的力度，向国际各大报纸发送此次演讲的内容。华特·迪斯尼（Walt Disney）甚至制作了一部名为《原子是我们的好朋友》（Our Friend the Atom）的短片，于1957年在美国电视节目上和学校里放映。"和平利用原子能"计划制作了超过1600万份海报和宣传册，各种设备和教材被送至全美及其他国家的学校、医院和研究机构。大型巡回展览的展品（值得注意的是，"炸弹"或"武器"这两个词语从未被提起）被放置在卡车拖车上，再运到西欧、亚洲和非洲的各大城市，传达原子能安全有益的信息。据说这些展览在法兰克福、布宜诺斯艾利斯、罗马、斯德哥尔摩、京都和阿克拉（Accra）都吸引了超过10万位参观者。一篇美国报道骄傲地声称，在印度，"虽然我们轰炸广岛所引起的恐惧与显露出的反亚色彩依然挥之不去，但我们'驯服'原子能的努力为我们加分不少"。这番话是否属实尚未可知，但"和平利用原子能"的宣传充分强调了美国希望洗刷其好战成性的糟糕名声并消除全球对原子能的恐惧的强烈愿望。[7]

克服冷战时期科学政治化危险的最著名尝试是帕格沃什会议（Pugwash Conference）。帕格沃什是始于1957年的国际运动，有当时最著名的几位科学家参与其中，他们的目的——用创始人约瑟

第四章 科学、住所与礼仪

夫·罗特布拉特（Joseph Rotblat）的话说——是"确保人类不至于走向自我毁灭"。它的主要任务是在冷战时期为美国与苏联提供非正式的沟通渠道，希望借此面对核战争的威胁，如果有可能的话，令东西方共同彻底放弃核武器。首先提出东西方举行会谈这一理念的人是英国哲学家伯特兰·罗素，1945年11月28日（就在轰炸广岛几个月后）他在英国上议院发表演讲，提议为西方和苏联的科学家举办一场会议，这将是避免文明遭到进一步毁灭的最合适的做法。1953年，艾森豪威尔在联合国发表演讲，警告说核战争将意味着"文明或许会遭到毁灭"，翌年3月，苏联部长会议主席格奥尔基·马林科夫（Georgy Malenkov）也表示"动用核武器的世界大战"将意味着"世界文明的终结"。但这件事情迟迟没有进展，促使罗素与爱因斯坦联手起草了一则宣言，呼吁国际社会终止战争和放弃核武器，以避免非常真切的"全人类毁灭的风险"；这篇请愿书还得到了其他知名科学家联署，当中许多人是诺贝尔奖得主。[8]

第一次会议在加拿大新斯科舍省（Nova Scotia）的一个渔村帕格沃什举行，这里是美国实业家赛勒斯·伊顿（Cyrus Eaton）的出生地和避暑别墅，正是他在早年间出资赞助会议。有22位著名科学家参加了第一次会议，其中7位来自美国，苏联和日本也各有3位代表。会议促成了苏美裁军研究小组（Soviet-American Disarmament Study Group）的诞生，该组织的关注重点是军备控制，因而成为避免军事冲突升级的非正式讨论的主要论坛。苏联共产党中央第一书记尼基塔·赫鲁晓夫（Nikita Khrushchev）是帕格沃什会议的主要支持者，一再称赞它在促进和平与裁军以避免"文明毁灭"这方面所做的工作。尽管这些会议最终被卷入美苏中三国的政治权力斗争，但它们确实是促成国际合作的重要推手，并帮助促成了1963年的《部分禁止核试验条约》（Limited Test Ban Treaty）、1968年的《不扩散核武器条约》（Nuclear Non-Proliferation Treaty）

和 1972 年的《禁止生物武器公约》（Biological Weapons Convention）的签署，而 1972 年的《第一轮战略武器限制谈判协议》（SALT I agreement）与《反弹道导弹条约》（Anti-Ballistic Missile Treaty）是最突出的成就。[9]

跨越冷战分歧、达成国际合作的另一个出人意表的例子是令战争本身变得文明的宣传。在这件事情上最显著的例子是 1949 年《日内瓦公约》（Geneva Convention）的正式生效。那一年的 8 月，来自 59 个国家的代表在日内瓦开会，讨论并正式起草一份全新的、在未来发生武装冲突时约束军事行为的国际守则。它有两个宗旨：保护被俘的士兵在敌人手中免遭虐待，保障平民不受敌人武装力量施暴。因此，它超越了早前分别签订于 1899 年和 1907 年的《海牙公约》，令平民成为新战争法的关注焦点，而不是士兵、护士和红十字会干事，后者才是之前的公约规定的保护对象。红十字会由瑞士商人亨利·杜南（Henry Dunant）创建于 1864 年，宗旨是奉基督教的慈善精神、普世主义和中立主义之名，向所有受伤的士兵提供人道主义援助，无论他们是什么国籍。红十字会参照第一次世界大战和西班牙内战骇人听闻的平民的悲惨遭遇，主导起草了内容详尽的战时公约。然而，战争技术的进步（包括空中作战和以平民为目标的做法）一直超出了国际社会保护身陷战区的无辜者的能力。1949 年的《日内瓦公约》尝试恢复作战人员与非作战人员的区别，以免第二次世界大战时毫无保护的平民的悲惨命运再度上演。更宏大的目标是解决人类在军事技术和道德进步之间令人担忧的差距，起草者觉得那才是导致文明危机本身的根本原因。国际红十字会副主席让·S. 皮克泰（Jean S. Pictet）是这份公约最著名的评论者，他声称稳定的新国际规范将会为无数人提供关乎生死的保障，是文明和人性的最后避难所。另一位法律评论员以更加雄辩的话语，声称两场世界大战标志着"西方基督教文化的全面危机，将会威胁我们文明的生存"，暴露了"20世纪接受文化熏陶的人只不过是以文明为遮羞布的野蛮人"这一事实。[10]

1949年达成的《关于战时保护平民之日内瓦公约》（Geneva Convention for the Protection of Civilian Persons in Time of War）是战争史上的一个里程碑，内容围绕文明与野蛮之间的界限而展开。这并不是什么新鲜事情，文明一词的起源（使……合乎礼仪）正如17世纪的法学理论家所强调的，最重要的含义是将刑事审讯变得更加文明。将文明与一个国家对其公民的道德和法律约束联系起来的这一宽泛理解在18世纪末成为标准共识，杰里米·边沁（Jeremy Bentham）是第一位在国际法的语境中运用"文明"这个词语的作家。到了19世纪中期，文明逐渐被理解为对战争的约束。这一方面的最佳例子是多份19世纪人道法文件的序言，譬如1863年的《利伯法典》（Lieber Code）和1868年的《圣彼得堡宣言》（Declaration of St Petersburg），前者在美国南北战争中约束联邦士兵的行为，后者明文禁止"在文明国家之间开战时"使用某些弹道武器。在20世纪的世界里，和平条约不再是武装冲突的常见结果，战争更常见的结束方式是停火和休战，无论有没有国际维和部队介入，因此《日内瓦公约》被视为防止暴行进一步发生的必不可少的屏障。当皮克泰写下这份公约的主要宗旨是"保障对个体、人的基本权利及其生而为人的尊严的尊重，并希望世界和平——这是所有心存善念之人的共同愿望——终有一天将会达成"这番话时，他捕捉到了他那一代人在"二战"后对国际的效用既抱有希望又忧心忡忡的心情。因此，《日内瓦公约》成为关于战争法的新国际政治角力的中心话题。[11]

经常被人遗忘的是，苏联对这份公约发挥了重要作用。起初这或许令人感到困惑，因为苏联一直斥责红十字会是西方的傀儡组织。在十月革命后俄国爆发内战时，苏联人曾指责红十字会过于同情白俄士兵，还在"二战"期间为法西斯的死忠分子提供庇护。但到了1949年，苏联正式撤除对红十字会的抵制，甚至承认了两场战争期间订立的具有标志性意义的公约，譬如1929年的《关于战俘待遇之日内瓦公约》（Convention Relating to the Treatment of Prisoners of War）。令其他国家的代表惊讶的是，1949年苏联人派出了盛大的代表团，他们与盟友尽最大努力让这份影响更加深远的公约普遍应用于所有战争和全体平民。苏联甚至指责那些希望限制对平民的定义与保护措施的国家是"人类的公敌"。虽然苏联采取这一行动的目的主要是令以英美为首的西方同盟难堪，但它还是成为令战争法规及战争惯例"人性化"的国际宣传的领导者。[12]

将苏联人的这一努力斥为哗众取宠很简单，因为我们已经了解到苏联人在冷战早期如何将和平当作政治手段。但苏联人在日内瓦的努力是认真的。《日内瓦公约》的第一个重大考验是关于核武器的问题，这场辩论暴露了冷战双方阵营在和平政治上的问题。苏联是1948年《防止及惩治危害种族罪公约》（Convention on the Prevention and Punishment of the Crime of Genocide）的签署国之一，这份公约构成了平民的国际保护伞，现在苏联主张将这份1949年的公约列为1925年签署的禁止使用化学与生物武器的《日内瓦公约》的扩充内容。在1925年的日内瓦确定的经各方认同的禁止针对平民进行（否则将会招致法律惩罚）的犯罪清单里面（譬如谋杀、折磨和进行药物实验），苏联人还希望加入禁止无差别轰炸和使用核武器的条款。于是他们起草了一份决议，呼吁基于人道主义立场全面禁止原子弹，但遭到英美两国代表的直接批判。对苏联动议的反应根据冷战阵营的划分可谓泾渭分明：它得到了保加利亚、罗马尼亚、白俄罗斯和捷克斯洛伐克的充分支持，美国及其盟友则断然拒绝。加入那则条款的动议被否决了，理由是这场辩论最好交由联合国处理，要消化这个议题还需要更多时间。然而，苏联人的发言

第四章 科学、住所与礼仪

以和平与人性为名义,令美国与其盟友处于不利地位。苏联人继续施压,并取得了几项影响持久的成绩。譬如,在20世纪70年代初,他们主导起草了《禁止细菌(生物)及毒素武器的发展、生产及储存以及销毁此类武器的公约》(Convention on the Prohibition of the Development, Production and Stockpiling of Bacteriological and Toxin Weapons and on Their Destruction),并在1975年正式生效,但美国拒绝签署这份公约,否则它将不得不承认美军在越南的军事行动是违法行径。就这样,《日内瓦公约》成为在奥斯维辛集中营、轰炸广岛和"全面战争"之后新的国际文明能否实现的试验场。[13]

苏联以和平为手段的政治活动并不局限于国际外交,在国内也引起了反响。在20世纪40年代末,"争取和平"在苏联的大众传媒上频繁出现,促使苏联公民为实现外交政策目标而更直接地参与其中。不出所料,《真理报》大肆宣传莫斯科是对抗西方侵略并引领世界和平运动的领袖这一理念,因此,和平就等同于保护苏联不受西方侵犯和战争打击。1950年朝鲜战争爆发之后,"争取和平"的媒体宣传得到加强,以动员民众支持与西方对抗,并让苏联是被压迫者的斗士和世界和平的守护者这一理念深入人心。产业工人、家庭主妇和普通市民纷纷给保卫和平委员会(Committee in Defense of Peace)写信以示支持。这种对苏联外交政策的公开支持或许会被轻易当作民众如何学会满口拥戴政府以示服从的又一个例子。无疑,这一说法的确带有真实的成分,但这些信件可以从不同的角度去看待。譬如,"争取和平"的宣传——以及平民百姓对它的接受——或许帮助苏联公民培育了新的超级大国意识,了解自己的国家以和平与保护的名义在全球事务中担任监护人的角色,并将苏联的事业与国际事务联系在一起。这些对身处战争的朝鲜人民表示同情的信件也可以被解读为,在促成国际和平的更为宏大的事业中,苏联公民以独特而间接的方式承认他们自己惨痛的战时经历。[14]

和平政治也融入了东欧其他地方的外交与内政方针。由政府引导的团结倡议在这片地区促成了意义重大的活动。东德、匈牙利和波兰的和平委员会组织了群众集会,谴责美国和法国入侵朝鲜和独立的越南;工厂收集捐献的物品,加班加点运送军事与人道主义援助物资。1950年6月,东德的各个和平委员会组织全国的群众示威,并发起宣传活动支持朝鲜人民军和捐献医疗物资。1953年7月停战之后,捷克斯洛伐克共产党发起了"让我们帮助朝鲜!"的倡议,内容包括通过文化表演筹集资金。就像在苏联一样,展现与朝鲜和越南团结一致的表演打动了许多经历过"二战"的恐怖与毁灭情形的东欧人民。正如一份波兰报纸对美国入侵朝鲜行径的评论所说:"我们波兰人民了解这一套。纳粹占领者正是以同样的方式和口吻对待波兰人民。在朝鲜的美国占领者还表明,他们与纳粹分子的不同之处仅仅在于军服的款式而已。"1950年,匈牙利妇女联合会(Hungarian Women's Federation)举行反对朝鲜战争的示威游行,一位演讲者声称:"我们誓将守住和平的阵线,我们会为每一粒谷物的种子而战斗。"这种富有战斗精神的言论是为了唤起外交与内政密不可分的意识,并在意识形态上为20世纪60年代东欧转向第三世界做好准备,关于这方面的内容,我们将在第八章里了解到。[15]

促成和平的政治活动也在激励西欧,并塑造了公众对战后福利国家的认识。在19世纪,欧洲国家关心的是如何将平民变成士兵,1945年后,西欧国家的特征在于努力将士兵变回平民。战争结束后,死亡本身不再是社会契约的一部分。查尔斯·蒂利(Charles Tilly)曾说过一句名言:"战争造就国家,而国家制造战争。"1945年后,无论东欧还是西欧,似乎都在反驳这句话。从战争到和平的转变并非一蹴而就,也非全面落实——欧洲并没有放弃军事武装,这体现

第四章　科学、住所与礼仪

于美国和苏联都明目张胆地在各自的冷战势力范围里驻扎军队。此外，战后许多欧洲地位显赫的领导人曾经是军功卓著的英雄人物，包括戴高乐、丘吉尔、斯大林、铁托和弗朗哥，总是以一身戎装的形象出现。战争获胜一方的领导人总是穿上军装，令人想起他们在战时的英勇事迹和国家使命，而战败的一方不会这么做，以示与法西斯军国主义的过去彻底决裂，最明显的例子是意大利和西德。在德意志联邦共和国里，许多评论家注意到阿登纳是第一位不以军装作为正装的现代德国领导人。[16]

在20世纪50年代，西欧爆发了多次反对核能的大规模示威活动（既有宗教人士，也有民间人士），以新的方式重塑社会政治活动。50年代中期氢弹的开发激起了国际社会对地球毁灭这一前景的担忧，在西欧的各个地方，由草根阶层发起的呼吁和平与裁军的运动层出不穷。这些政治参与发生于丹麦、法国和希腊等国家，其中以英国的核裁军运动（Campaign for Nuclear Disarmament）和西德的"复活节游行"（Easter marches）与"反对核杀戮运动"（*Kampf dem Atomtod*）最为引人注目。许多成员都有和平主义基督教的背景，而且经常参加本国的劳工运动。这些运动在早期带有道德运动的色彩，与西班牙内战时期遍及欧洲的反法西斯运动颇有相似之处。但它所牵涉的意义更加重大，因为地球被原子弹炸毁的前景激发了新一轮的国际行动。据一位核裁军运动成员的讲述，1958年4月第一次奥尔德马斯顿（Aldermaston）抗议中有数千人在伯克郡的乡村游行，高举写着"禁止原子弹"的标语一路高歌前进，作为一种反美的"文明教化使命，远离恐惧，迈向正常状态，迈向人的标准"。英国裁军运动的精神领袖伯特兰·罗素形容这次运动是在保卫文明，他表示，起初"我们的心情就像圣哲罗姆（St Jerome）和圣奥古斯丁（St Augustine）眼睁睁看着罗马帝国沦陷，曾被视为如磐石般坚不可摧的文明毁于一旦时那样"。核裁军运动的创立会议吸引了5000人参加,到1959年时,它已在英国设立了270个分支机构,1962年的复活节游行有15万人参加抗议。但令人惊讶的是,和平与文明这两个词语很快就从此次运动中消失,部分原因是"参与运动,争取和平"的理念被共产党人采纳。欧洲大陆和平运动的情况更是如此,运动的宗旨和自述从和平转变为安全。西德的和平运动源于公民社会草根阶层的参与,它致力于唤醒在原子弹的威胁下对新的全球环境的认识,借助的是身为受害者任由超级大国处置的话语。在所有这些运动中,一度普遍运用的以"二战"的恐怖情状作类比的手法随着时间的流逝而渐渐消失,引述历史和文明陷入危机的手法也是如此。但东方与西方之间存在着巨大的区别。到了20世纪50年代末,西欧运动直接对抗本国政府的政策,认为政府是造成这些人类存亡新危机的同谋,而解决的办法是挑战更为宏观的以"原子和平"(pax atomica)为特征的冷战政治。简而言之,西欧的和平运动在与政府对抗,而东欧的和平运动则是在表达对政府的支持。[17]

国际和平运动还涉及性别问题。1958年,英国核裁军运动活动家多拉·罗素(Dora Russell)组织了一场跨越铁幕阵营的联合和平倡议——"妇女车队和平运动"(Women's Caravan of Peace)。有19位妇女乘坐一辆旧巴士和一辆福特牌卡车,进行为期14周的巡回宣传,将和平的信息传至中欧和东欧地区,以莫斯科为终点,在那里与苏联和平委员会的人员会晤。此外还有更大规模的行动在进行。为了促进世界和平,国际民主妇女联合会[Women's International Democratic Federation,简称"国际妇联"(WIDF)]于1945年在巴黎创立,与苏联有深厚的渊源。"国际妇联"在几条阵线积极推动和平议题、妇女权利、反殖民主义和反种族主义。1945年,它在大约40个国家设立了分支机构;到1958年,这个数字增加到超过70个国家;到1985年,已有117个国家加入。"国际妇联"还组织了针对拉丁美洲和东南亚的事实调查任务,了解当地妇女的生活状况,与发展中世界的区域性妇女组织进行合作,并参与全球的和平倡议。然而,"国际妇联"很快就被冷战政治牵连。1950年,在朝鲜战争期间,它发起了一项调查任务,了解美国与韩国士兵在战争中针对朝鲜平民的战争罪行,尤其是对妇女儿童。它的报告引起了轰动,这个组织成为联合国内部由英美两国牵头的反共产主义运动的针对目标。1951年,它的总部被迫从巴黎迁至东柏林,而且与世界和平理事会的关系越来越紧密,更加令人觉得"国际妇联"确实是受苏联领导的机构。然而,它仍参与了一系列关乎性别与和平的运动,尤其是在亚洲,而且还参与了阿尔及利亚战争和越南战争。[18]

这些和平运动帮助重塑了文明的话语。在20世纪40年代,文明总是被援引以讲述战争和大规模毁灭的阴暗面:死亡、损失和危险,这体现在关于核战争和人道法的讨论。这些大体上世俗化的论述包含了人性的全部内容,并提供了一个道德框架,阐明哪些事物正遭受威胁,哪些事物需要被保护。反战主义与和平——在战争时期被视为叛国罪行——现在重新成为欧洲美德的表述。但文明的话语并不总是在怀旧或回首往事,在20世纪50年代和60年代还促使欧洲人怀着热情在此时此地投入崭新闪亮的物质文明的建设。

1951年,信奉共产主义的法国诗人路易·阿拉贡(Louis Aragon)辛辣地嘲讽美国是"浴缸和冰箱的文明"。当时的左翼人士普遍抱持着美国文明威胁论。在20世纪50年代末,大部分西欧人认为美国代表了强大的消费文化,充斥着各类电器、青春时尚、爵士乐、摇滚乐和电影明星,对战后文化的现代化影响随处可见。到了20世纪60年代中期,摩登美国的象征已深刻地融入了西欧社会日常生活的脉络中。虽然一些欧洲知识分子总在斥责"美式生活"是文化帝国主义的一种形式,但美国的"浴缸和冰箱的文明"受到厌倦战争的西欧人普遍欢迎,为他们提供了慰藉与愉悦。[19]

家庭生活的情况更是如此。1945年后,拥有一个温暖、干爽而宁静的家成为人们的夙愿。首先是拥有自来水、煤气、室内管道和电,接着是添置收音机、电视机和汽车,这些东西成为许多市民生活中的里程碑,并塑造了所谓的"重建一代"的梦想与愿望。1961年在法国进行了一次民意调查,询问1000个妇女需要什么才会过得幸福。结果显示,只有22%的受访者回答是爱情,而54%的受访者选择了"舒适生活和物质便利"。在1954年,只有7%—8%的法国家庭拥有冰箱和洗衣机,只有1%的家庭拥有电视机。到了1962年,超过三分之一的家庭购置了冰箱和洗衣机,四分之一的家庭购置了电视机。到了1975年,这几个数字分别达到了91%、72%和86%。东欧地区也展现了类似的模式。在战后欧洲每一个国家,房屋建设都是社会政策的中心话题,尽管它们各自在物质损失、住房紧缺、社会动荡和难民危机方面的经历极为不同。住房问题吸引了相当大的公共关注,包括各国政府、市政决策者、福利工作者、妇女组织、建筑师、设计师、广告商和消费维权人士。所有人都有强烈的重新开始的愿望——强烈到对于许多欧洲人而言,拥有属于自己的家才算标志着战争及其后忍饥挨饿的年月真正结束,这一点体现于当时英国和欧洲各地的回忆录和口述历史,叙述者中包括流离失所者与难民。[20]

乍一看,1945年后房屋与家庭生活的首要地位似乎是第一次世界大战后的发展和情感的重现。1918年后,家庭具备了高度的政治意义,对工人住所来说尤其如此。尽管工人住所在19世纪中期首次成为社会改革者关心的新议题(随着改善工人住所的计划在1851年伦敦世界博览会上首次亮相),但直到20世纪20年代,欧洲的住房改革运动才真正展开。正是在两次世界大战之间的年月里,住房建设成为社会政治的中心话题,总是被当作新的欧洲福利国家能

第四章 科学、住所与礼仪

否恪守战时许下的承诺的试金石。英国曾答应建造"配得起英雄的居家"就是著名的例子,而欧洲各国都提出了类似的倡议。倡议所取得的结果在当时总是格外引人注目,先锋派建筑师、城市规划者和思想进步的市长齐聚一堂,赋予了大规模住房建设以新的面貌和新的政治优先地位。

第二次世界大战的大规模杀戮、破坏、种族灭绝和强迫人口迁徙令住房的含义变得很不一样。不出意外,"家"成为战争刚结束时最受欢迎的展览主题。在欧洲各地,政府官员、工业界领袖、教育家和博物馆馆长重新对家居展览感兴趣,以此作为国家恢复、社会进步和审美教育的标志。这正是西欧的情形,早在1946年举办的"英国制造"(Britian Can Make it)展览和1951年举办的"不列颠节"(Festival of Britain)展览就已经定下了基调。这两次展览会重点强调的是爱国主义和工业制造。1945年后的展览与两次世界大战之间展览的不同之处在于低调处理帝国和阶层的议题,关注的焦点落在国家的团结、经济与本土文化上。[21]

冷战同样加强了家庭的政治意义。20世纪40年代末,在西德和意大利运作的马歇尔基金会(Marshall Fund)举办家居展览会,向贫困交加的西欧人民展示"美式生活",并赋予了将美国和西欧联系在一起的西方文明在物质层面的表述。"大西洋共同体"(Atlantic Community)这个词语总是被提及,而它是由美国主导的"北约"军事同盟在文化上的必然结果。许多展览的主题关于理想的居家生活,里面配备了来自美国的最新型的家居电器,强调重建、个体主义、消费主义与家庭幸福之间的联系,而家庭幸福的基础是有着明确性别区分的愿望与责任。被军事占领的柏林到处都在举办互相竞争的展览,主题关于战后重建和美好生活,其中大部分展览将重点放在了丰富的物质与现代化的生活上。德国被分而治之的特殊情况造成了家庭沦为政治工具,成为铁幕双方阵营的意识形态象

图 20 "我们正在建设更美好的生活"展览。西柏林，1952 年

图片来源：阿尔方斯·莱特尔（Alfons Leitl），《西方人的寓所》（Die Wohnung der westlichen Völker），《建筑与工作形式》（Baukunst und Werkform）第 12 期（1952 年），第 39 页

征。1952 年，马歇尔基金会赞助了西柏林展览会，以"我们正在建设更美好的生活"（We Are Building a Better life）为主题——展示的内容是一个两居室的独户家庭，与大约 6000 件"供我们西方文明畅享的"物品——吸引了将近 50 万人参观，其中有四成人来自东柏林。展览会还聘用了几个演员展示美式现代家居生活的种种美

好，参观者则从上方俯瞰这场消费品的盛景（见图 20）。借助消费品的救赎力量与纳粹历史划清界限的一个突出例子是西德的工业城市埃森，当地被炸毁的犹太会堂（当地的犹太人小群体在写给市政官员的一封信里形容它是"欧洲最美丽庄严的教堂"）在 1961 年翻修后以工业设计之家（House of Industrial Design）的面貌重新开放，骄傲地展示各式闪闪发亮的消费品，以证明西德经济已经恢复。在展览会上，市长威廉·尼斯万特（Wilhelm Nieswandt）庄严地表示："将这座遭到破坏的前犹太教堂用于这一庄严的新用途将令我们意识到并下定决心，不让那种盲目且褊狭的事件在自由民主的德国再度发生。"（见图 21）同样的，东德的建筑师、规划者和理论家在努力工作，向生活在社会主义国度的公民证明执政党充满理想的房屋建设政策将会带来种种好处。东柏林的斯大林大街——1952 年在这条大街启动了修建华丽壮观的"工人宫"（worker palaces）计划——是这个国家广为宣传的"国家重建计划"的首个大型建筑项目，被誉为带有意识形态色彩的灵丹妙药，将会注入新的社会主义集体主义精神，并帮助抵制西方的各种诱惑。[22]

赫鲁晓夫治下的苏联也将房屋建设置于中心地位，希望为他的新社会主义理想赢得支持。从 20 世纪 40 年代末开始，房屋作为个人安全、社会进步和物质繁荣的标志，成为政府在战后首要关心的问题。从 20 世纪 30 年代开始，大型房屋建设就是社会主义成就与繁荣的一个重要指标，赫鲁晓夫还启动了一个大型基建计划，目的是实现苏联共产党在 1956 年第二十次全国代表大会上做出的承诺，即每一户苏联家庭都将住进属于自己的居所。苏联房屋极度短缺问题的解决方案是在国内大兴土木，在 20 世纪 50 年代修建的是低矮的五层楼公寓，到了 60 年代则是高层公寓。设计改革者通过广泛的渠道发动宣传，从政府委员会文件、设计刊物、社会政策倡议到家居装饰杂志，所有内容都在鼓励居住者放弃古旧物件和其他小资

图 21　工业设计之家（上图为外观，下图为内部装潢）。埃森，1961 年

图片来源：德国，埃森，鲁尔博物馆（Ruhr Museum）

第四章　科学、住所与礼仪

情怀的物品，转而接纳更能代表社会主义现代化精神的物品。在苏联和东欧，强调实用性和技术性的现代设计以及现代家具的推广被称颂为向实现共产主义和结束从前的悲惨与贫穷更进一步。[23]

在冷战时期，比意识形态对手建造更多更好的房屋是对执政合法性的关键考验，战胜对手的渴望进一步推动了西欧与东欧的住房建设热潮。冷战在家居领域展开斗争的一个具有戏剧性效果的例子是：1959年美国副总统理查德·尼克松与苏联部长会议主席赫鲁晓夫在莫斯科举行的美国国家博览会（American National Exhibition）上进行了著名的言辞激烈的"厨房辩论"。尼克松站在一间朴素的牧场风格住宅中的样板厨房旁边，面向世界各地传媒的镜头和麦克风侃侃而谈，利用这个机会宣扬"美国在冷战中的优势不在于武器，而在于现代郊区寓所里安稳殷实的家庭生活"。这场辩论清楚地表明了生存本身（房屋、壁炉与家庭）在原子时代岌岌可危。它还强调了东西方令现代家居成为文明的象征与尺度的愈发强烈的渴望。[24]

对于西欧的保守主义者而言，保卫家庭被视为抵御国家社会主义所必须坚守的防线，因为家庭在国家与社会、公共空间与私人空间、工作与休闲之间竖立起健康的屏障，并将性别角色与性别活动区分开来。妇女成为家居现代化的目标，在这一时期并不是什么新鲜事情。这可以被追溯到19世纪末和两次战争之间的年月，并在20世纪30年代和40年代奉行自由主义、法西斯主义和共产主义的政权里得到强化。"二战"结束后，西欧理想化的中产阶级现代家居生活，连同衣着优雅（也就是说不用去上班）的家庭主妇和高科技厨房，是西方有闲阶层最喜欢向外界展示的自我形象。但战后家庭生活的恢复还有其他新的特征。西欧的传媒——我们将会了解到，还有指南读物——在强调关于父亲身份正在改变的观念，传统的严肃、正经、德高望重的一家之主的形象逐步让位于更加和蔼可亲的父亲形象，待在家里，穿着拖鞋，和孩子们一起玩耍，甚至帮忙做家务。这被称颂为男性与父亲身份的文明化，战时勇武阳刚的男性形象逐渐被和平时期所渲染的轻松顾家和注重亲情的形象所取代。[25]

家居和重新恢复的核心家庭成为战后欧洲的道德与审美理想浪漫化的领域。在西德和意大利，情况更是如此，因为安稳的家庭生活、传统的两性关系和个人得体举止的私德被称颂为后法西斯时代社会秩序的坚强支柱。这些倡议总是与执政的持保守主义立场的基督教民主党有关，但巩固家庭的政策得到了来自教会、女性组织、社会民主党人和社会主义者跨越政治谱系的广泛支持。西欧的社会主义者在尽自己的努力将社会主义与物质文明相结合。1950年，英国费边社推出了以"社会主义走向何方？"为主题的一系列讲座，其中有几场直接探讨文明的问题。下议院议员理查德·S. 克罗斯曼（Richard S. Crossman）因在1949年出版的反共产主义作品《失败的上帝》（*The God That Failed*）而闻名，他曾担任其中一场讲座的嘉宾，主题是"变迁文明中的社会主义价值"。对他而言，社会主义绝不能被简化为经济唯物主义和科学社会主义。在他看来，"道德价值"（moral values）——包括工党对"公允价值"（fair values）的推动，如国民医疗服务——才是"过去五年来社会主义的真正成就"。克罗斯曼继续说："我们的任务是令冷战变得文明，就像工人阶级的长期奋斗令英国资本主义变得文明那样。"对于许多西欧社会民主党人和社会主义者而言，先进的福利国家正是文明自身的体现。[26]

家庭在意识形态上的重要性并不只局限于西方。在东欧阵营，现代化的家庭生活也被当作社会主义人道思想的骄傲成就进行宣传。就像在西欧一样，生活在现代社会主义下的家庭成员一起休息，享受最新家居消费品的画面成为苏联和东欧阵营在生活杂志里表达

第四章 科学、住所与礼仪

大规模生产带来安定和繁荣的标志。革命早期在斯大林治下激进的家庭改革已经偃旗息鼓，20世纪30年代的特征是相对保守的家庭生活观念；到了50年代中期，西欧与东欧的理想家居在幸福与美好生活的文化表述上有着惊人的相似之处，以至于50年代东欧家庭生活的图景——尽管共产党在大力宣扬性别的全面平等——背叛了它自己关于"社会主义新女性"的神话，而在很大程度上以关于女性得当举止与责任义务的旧资产阶级观念为蓝本。[27]

这一意识形态与对妇女的要求产生了矛盾，尤其是生活在社会主义国度里的女性。在推行社会主义的社会里，妇女不得不同时应付工作、家务和参与政治的紧张需求，这个所谓的"三重负担"（triple burdens）令她们的沮丧感逐渐累积。在社会主义消费社会里，到处都在排队，而队伍中的人大部分都是女性；大部分寄给当地政府的投诉信出自女性之手；女性还经常以职业母亲的身份开展宣传，要求政府提供更好的社会服务。福利政策向家庭的拓展在很大程度上是以帮助过度操劳的母亲减轻负担的名义进行的，毕竟是她们承担起了照顾孩子和料理家务的大部分责任。许多家庭改革倡议由妇女组织牵头，她们成功地令政府明白家庭生活问题需要国家予以迫切关注。在整个社会主义世界（和在西方一样），妇女越来越需要能减轻劳动的家居设备和清洁工具、更舒适的家具、更容易准备的食物、给自己和家人穿的更好看迷人的衣服。这意味着家庭领域——传统的社会主义理论与实践长期忽略的盲点——在20世纪60年代和70年代回到了人们的视野中，女性活动家要求国家对工作、房屋与家庭提供更多的福利援助。最后，这场改革运动成为社会主义世界对1968年西方的女性主义口号"个人即政治"（the personal is political）的回应。[28]

瑞典总是被当作进步文明的榜样，它既满足了居住者对舒适生活的需要，又令设计改革者在构建实现社会公平的经济适用房上一展所长。瑞典在战争期间没有遭到严重破坏,其社会民主主义的家庭文化可以追溯到战前的岁月。在两场世界大战期间,瑞典社会主义民主党(Swedish Social Democrats)不仅利用"人民之家"(folkhem)的理念作为团结国民的口号,还提出带有浓厚瑞典特色的现代性概念,将家庭生活与民主化和现代生活结合在一起。配备了毫不张扬但质量上乘的木制家具、素色墙壁和天然纺织品的现代瑞典住宅总是被援引为沟通现代公民身份与现代美学的桥梁,而在1955年的赫尔辛堡展览会(Helsingborg Exhibition)上,一场成功的国际家居展示便体现了这一点。恪守中立的瑞典对后斯大林时代的铁幕另一边的世界也产生了吸引力,东欧地区的建筑师、设计师和作家都对瑞典的家庭生活表示欣赏。瑞典的家庭生活理念成为20世纪50年代和60年代超越冷战双方阵营的第三条道路的文化体现。著名瑞典社会学家阿尔瓦·米尔达(Alva Myrdal)的作品《国家与家庭》(Nation and Family)在1941年首次出版,在20世纪60年代中期被翻译和再版,成为欧洲政策制定者的参考读物,用来借鉴如何将福利规划、家庭政策和性别平等结合在一起,作为社会秩序与政治稳定的基石(美国的译本出版于1968年,人们都希望它会是解决1967年在全美接二连三爆发的种族骚乱的一剂良方)。这些观点构成了和平时期欧洲的社会与道德基础。[29]

  对斯堪的纳维亚半岛福利国家的向往反映了战后西欧对国家观念的深刻转变。与1945年之前现代欧洲国家的发展相反,西欧的各个新政体没有在军事装备或大规模常备军上投入大量预算。虽然自18世纪以来,身着戎装的欧洲年轻人一直是城市生活的风景线,但在1945年后,这道风景线便绝迹了。穿军装的人往往都是外国人,要么是西欧的美国士兵,要么是东欧的红军士兵。不过,应征入伍、穿戴全副军事装备的公民当时仍在欧洲各地出现。由外部势力驻军为欧洲带来和平是这个大陆文明重建的一部分,这使得欧洲国家得以将更多资源投放在和平时期的民政事务上。对于法国、荷兰、比利时、英国和后来的葡萄牙而言,去殖民化运动(详情请参阅后文)大大加速了这一国家预算和国际接触去军事化的进程。1945年后从战争国家到福利国家的转变反映了新的形势以及欧洲公民态度的转变。美国社会科学家罗纳德·英格尔哈特(Ronald Ingelhart)曾对欧洲人正在改变的价值观进行过有影响力的研究,并在1977年出版了研究成果,表明战后西欧人民认为政府的首要政治目标是促进经济增长、扩大教育机会、提供经济适用的住房和提升卫生保健,而国防支出、政治参与乃至公民权利则不是那么受到重视。在国际层面,这一关于政府存在目的的思想转变清楚地表明,这片从前厮杀不断的大陆正迈向和平,而社会福利和安稳家庭生活的首要地位反映了这些战后出现的趋势。[30]

欧洲的相对和平与繁荣产生了关于文明潜在危险的新担忧,这往往表现为逐渐兴起的反美主义,尤其是在欧洲的精英人士中。自19世纪末以降,对现代文明的批判一直是欧洲文化评论的标志,在魏玛共和国时期,关于"美国主义"(Amerikanismus)与大众文化的辩论尤为盛行。这类批判总是与所谓的"法兰克福学派"思想家联系在一起,但对于美式技术现代性威胁的担忧在右翼人士中也非常普遍。尽管许多人在讨论来自美国的威胁,尤其是这个新的超级大国消解传统阶级和社会阶层的能力,但在20世纪60年代,许多西欧的批评家更担心美国式现代化将会造成的文化后果。1964年3月,法国政治学家莫里斯·迪韦尔热(Maurice Duverger)在《快报》(L'Express)中对读者说,共产主义已不再是真正的威胁,恰恰相反,"欧洲只有一个紧迫的危险,那就是美国文明"。反思物质繁荣黑暗面的小圈子首先出现在美国。许多关于异化、不受约束的物质主义、社区崩溃和麦迪逊大街的广告商如何处心积虑地败坏美国社会的作品在20世纪50年代出版,万斯·帕卡德(Vance Packard)、大卫·理斯曼(David Riesman)和约翰·肯尼思·加尔布雷思(John Kenneth Galbraith)等评论家成为受追捧的名人。这类批判最为尖锐的表达或许出自赫伯特·马尔库塞(Herbert Marcuse),他曾是逃离德国的流亡人士,最终定居美国,并成为新左派运动的精神导师。他的作品《爱欲与文明》(*Eros and Civilization*,1955年)和《单向度的人》(*One-Dimensional Man*,1964年)捕捉到了与日俱增的担忧,即文明本身将带有压迫性的"建制派价值"(Establishment values)强加于现代社会并扼杀了真正自由的表达。贝蒂·弗里丹(Betty Friedan)出版于1963年的畅销评论作品《女性的奥秘》(*The Feminine Mystique*)从女性主义角度批判所谓的舒适愉悦,她指出,对于妇女而言,受到热烈追捧的郊区寓所其实是"镀金的牢笼"和"舒适的集中营"。对于这些批评家而言,物质文明(及其广告文化)的诡计在于,虽然它展示了自由解放的诱惑,但其所造成的主要影响,是将解放自由的力量转变为对物质享受永不餍足的追求。[31]

很快,西欧的精英阶层也表达了他们自己带有本土色彩的对于物质繁荣的担忧,其中一个重要原因是,他们认为欧洲大陆在面对美国文化的大举入侵时根本毫无防备。在战后的前几十年里,一场美国与西欧之间的跨大西洋文明冲突就此展开。20世纪40年代的欧洲文明危机,主要是恢复饱经摧残的战前欧洲文化遗产与作为道德指引的价值观的需要,但到了50年代末与60年代,西欧的悲叹更着重于当前的现代化所带来的危险。到40年代末,美国在西欧建立的军事和经济霸权已经成为既定事实,因此,文化领域成为欧洲人表达心中疑虑和抵制情绪的主要渠道。对工业现代性的负面内容的反省基本上局限于西欧,但东欧阵营也在发声表达担忧。在很大程度上,这些共同批判的促成契机是卡尔·马克思年轻时发表

第四章　科学、住所与礼仪

的探讨异化与主体性的经典著作《经济学手稿（1857—1858 年）》（*Grundrisse*）在 20 世纪 60 年代中期的再版。我们将在第八章中了解到，在东欧和西欧所发生的事情是重新以人本主义和文明对以机器为中心的工作、生活和文化的世界进行批判。[32]

在 20 世纪 50 年代和 60 年代，西欧的许多知识分子和文化评论家对普通市民追求物质丰盛和自我富足等虚假偶像的做法很是不满，以古板的姿态对他们指指点点，告诉他们哪些事物才值得追求以及应该如何生活。奥地利裔散文作家让·埃默里（Jean Améry）在出版于 1964 年的作品《未来的序章》(*Preface to the Future*) 开篇中哀悼："站在 1950 年至 1960 年这个风雨飘摇的十年的终点回望欧美文明，发现它只有一个基准，那就是消费。其他的一切皆为虚幻。"西蒙娜·德·波伏娃（Simone de Beauvoir）在出版于 1966 年的作品《美丽的形象》(*Les Belles Images*) 中斥责法国同胞"在追求虚无缥缈而且或许根本不曾存在的富足"，并说他们应该满足于"维持生存的最低需求，非常贫困的地区如撒丁岛和希腊，情况正是如此，在那些地方，技术还没有全面侵入，金钱还没有将其败坏"。波伏娃接着总结指出："只有一场道德上的革命，不是社会革命，不是政治革命，也不是技术革命，才能引领人类回归失去的真理。"在波伏娃看来，一定程度的贫困应该被视为保护民众抵御繁荣与现代性引发的道德危机的手段。在这里和其他地方，西欧的精英人士——当然还有东欧的精英人士——总是援引美国消费主义的刻板印象作为修辞上的对照，以构筑更加符合道德的欧洲生活方式。[33]

但有人表示异议。这方面的代表人物是法国思想家让-雅克·塞尔旺-施赖伯（Jean-Jacques Sevran-Schreiber）。他在 1967 年出版的作品《美国的挑战》(*Le Défi Américain*) 是战后法国最畅销的作品。他曾在美国受训成为飞行员，然后加入"自由法国"的空军部队。战后，塞尔旺-施赖伯创办了新闻杂志《快报》，后来因直言揭露阿尔及利亚内幕的作品《在阿尔及利亚的中尉》(*Lieutenant in Algeria*)而遭到起诉,被指控打击了法国军队的士气。《美国的挑战》的内容是关于美国经济对法国的侵蚀,但他的观点并不是司空见惯的反美悲观主义。恰恰相反,他在呼吁欧洲人(不只是法国人)采取行动,向美国人学习经营管理的知识,以及民主文化、社会体制和技术知识的应用。在他看来,美国的企业已经控制了西欧,如果欧洲人希望保持独立的话,那他们需要做出调整。值得注意的是,他以保卫文明作为欧洲最后的避难所来阐释自己的理由,建议说,西欧就像19世纪末的日本,正处在十字路口,国家的规划者必须做出决断:是徒劳地挑战美国的商业霸权,还是找到将美国现代文明化为已用的方法。在这本书里,保卫文明并不是缅怀朦胧的逝去的日子,而是对重建一个适应新时代、拥有自主性的崭新的欧洲文明做出冷静预测。他总结指出,如果欧洲不能把握时机,那它将会"像其他许许多多一度辉煌的文明,缓缓地走向衰落,永远不明白情况为何或如何演变至此"。[34]

其他人没有他那么乐观。一些更加有趣的思想家认为美国在1945年后的影响是原子弹的威力与消费社会的结合。在这方面有影响力的人物是奥地利哲学家金特·安德斯(Günther Anders),他的作品《人类的怀古》(*Die Antiquiertheit des Menschen*)在1956年出版时引起了轰动。安德斯一直是技术的批判者,这本书由短文和日记构成,许多篇章的内容源于他在20世纪40年代流亡美国的经历。对于安德斯而言,原子时代最危险的一个发展演变是人类创造和破坏的技术能力与欠发达的想象、诠释与避免毁灭的能力之间逐渐扩大的距离。轰炸广岛是这一现象的最好例证,安德斯成为西德和平运动的思想领袖之一。但真正令他感到焦虑不安的问题是现代社会的"物性"(thingliness)。在一篇引起争论的文章里,安德斯以"普罗米修斯的羞愧"去界定人与物之间变动的关系,因为他们制造了"如此'令人羞愧'（beschämend）的高品质工业产品"。对安德斯而言，"普罗米修斯的羞愧"源自与那些物品相比，人类是"诞生而非受造而成"这一事实。安德斯深恶痛绝的是一个由物推动的世界，在这个世界里，人的位置被逐渐侵蚀，根本没有任何方式去控制它，却又对这一恐怖的情形麻木不仁，因为这些物品带给他们赏心悦目的美感与舒适。他总结指出：现代文明的巨大悲剧是它扼杀了人类进行理性思考并避免全球危机的能力——更遑论进行诠释。从某种意义上说，安德斯的悲叹呼应了19世纪后半叶以来德国表现主义对都市生活的批判，但在一个以原子战争、科学进步和不受约束的消费主义为特征的时代，这种焦虑才有意义。[35]

或许对文明的前景思考得最深刻的思想家是汉娜·阿伦特。确实，阿伦特是20世纪最负盛名的政治思想家，这总是与她刊登于《纽约客》杂志的新闻纪实作品《艾希曼在耶路撒冷》（Eichmann in Jerusalem）所提出的争议性观点联系在一起。但阿伦特在20世纪50年代还提出了关于文明的影响深远且不落窠臼的理念。首先，她以罗马帝国为参照，剖析了当代的各个国家（尤其是美国）。在几篇文章里，阿伦特以赞许的态度认可古罗马文明的里程碑式的价值观，认为它是以法律为基础的共和国，令它有能力将异邦人和被征服者纳入其帝制政体中，从而在一个"公民社会"（civitas）里保持了自身文化身份的独特性。对于阿伦特而言，这正是美国革命和法国革命的道德基础，令以古罗马帝国的共和价值为基础的、奉行自由主义的文明得以发展，而这个文明仍需要加以保护。其次，阿伦特在出版于1958年的作品《人的境况》（The Human Condition）里，清楚地表明：公共领域和私人领域的分离是自由政体和建立和平社会秩序的基础。但她深感忧虑的是大众社会如何侵蚀公共领域与私人领域。对她而言，大众社会"不仅剥夺了人类在世界中的地位，还剥夺了他们私密的家，原本他们觉得家是抵御外面世界风风雨雨的避难所"，回到家里，"就连那些被世界抛弃的人也能得到壁炉的温暖和家庭生活的有限真实"。大众社会不仅有能力颠覆自由主义政治秩序，而且有能力颠覆它的物质与道德基础。她在该书的后半部分拓展了这个理念，人与物之间的关系——包括追求不朽的渴望——受到高度重视。正如她所说："正是世间物品的持久性令它们得以摆脱其制造者与使用者，获得了相对独立的地位。"她继续阐述："从这个观点看，世间物品的功能在于令人类的生活保持稳定，而它们的客观性在于，尽管人类的天性反复无常，但当他们与同一张椅子和同一张桌子联系在一起时，他们就会重拾其相同性，即他们的身份。"[36]

阿伦特这段话的引人注目之处在于，它关于战后一代人的固有认识是真假参半的。因为，如果说这场战争起到了什么影响的话，那就是它暴露了在遭遇全面战争和大规模毁灭时，个人、城镇与事物是何等脆弱而且无足轻重——就连人类自身也一样。不朽、身份与存在本身不再是理所当然之事，而是和其他所有事物一样，必须被重建并加以保护。正是这一道德与物质灾难的背景，将战后欧洲的家庭生活与美国的家庭生活区分开来，使得欧洲对家居和安定的渴望更加强烈与独特，超越了地域、阶级和冷战阵营的区分。它是在文明命运的问题上将这些形形色色的思想家联系在一起的共同线索，他们都在以自己的方式呼吁关注在重建欧洲时家庭、日常生活和政治共同体之间更为宏观的联系。

然而，西欧的反美主义思潮和对工业文明的批判最终并没有得到公众的支持，因为绝大部分欧洲公民张开双臂欢迎美式现代性及其带来的物质享受。在20世纪50年代，群众认为阿拉贡所戏谑的"浴缸和冰箱的文明"本质上是反精英主义，向所有人承诺物质上的改善；战后各国能否在选举中得到人民的支持，恰恰与其能否履行充满理想色彩的福利政策有关。结果就是，文明开始摆脱18世纪和

第四章　科学、住所与礼仪

19世纪遗留的影响：物质文明的到来并不意味着物质挂帅或排挤其他的一切，而是与民主化和克服旧时的精英壁垒联系在一起，这体现于战后迅速扩张的大众教育、医疗服务与房屋建设。兑现物质福祉的承诺成为各国政党在政策上进行竞争的主要命题，而东欧与西欧之间的竞争也是如此。它是西方的物质身份的标志，历史学家维多利亚·德·格拉齐亚（Victoria de Grazia）曾说："拿它的新物质文明与第三世界的贫困和国家社会主义的破败作对比，就如同白瓷与黑土之间的区别。"社会主义世界也有自己对这一充满光明的新消费文化的理解，并在同一个舞台上展开竞争。它与军备竞争和军事对峙舞台的不同之处在于，这场竞争在厨房和汽车层面展开，没有人受到直接的威胁；原则上说，所有人都是受益者，令文明成为包容所有阶级的新话语。当时面对的问题不是"普罗米修斯的羞愧"，情况完全相反，普罗米修斯这位神话中的造物者成为给这片大陆带来文明的伟大教化者、战后欧洲跨越冷战边界的象征性的守护神。[37]

战后关于现代文明的愿景并不只局限于重建民族国家和重塑家庭空间，还包括个体与社会的改善。或许最能体现这些改变的例子，是1945年后遍及整个欧洲大陆的礼仪手册的涌现。在条件极其恶劣的"饥荒年代"，欧洲人不得不面临如何解决基本的温饱和住房问题，指南读物与当时的紧迫需要似乎八竿子打不着。在历史上，这些书籍是和平与繁荣时期的产物，迎合的是会客厅里搽脂抹粉者的焦虑，而不是遭受轰炸的城市和临时搭建的棚屋所呈现的流离失所、无家可归的恐怖情形。但是，战争刚刚结束，从20世纪40年代末开始就有一大批介绍规矩礼仪的书籍在欧洲和北美出版，到了50年代末达至鼎盛。这类指南读物甚至吸引了著名历史学家的注意，当中包括小阿瑟·施莱辛格（Arthur Schlesinger Jr.）与哈罗德·尼科尔森（Harold Nicolson）。在其所认为的"西方文明的危机"过后，他们撰写了关于礼仪的严肃历史，希望能以"礼不可失"的主题与军国主义抗衡，甚至改善国际关系。在20世纪40年代末和50年代的再教育时代，礼仪读物在更为宏观的重塑文明的进程中发挥作用，将好战的欧洲人转变为热爱和平的公民。[38]

起初，礼仪手册在战后的再度出现或许并不令人感到意外。这类作品的出版历史表明它们大体上在战争与革命之后大量涌现，在这些时期，日常生活的结构发生了根本改变。出版这些作品的宗旨通常是希望重塑已被颠覆的世界秩序。这并不是说它们一定持保守主义立场或在缅怀过往。在20世纪20年代的一个典型的例子是，新成立的苏联出版了大量共产主义指南读物，内容专注于如何在革命社会里生活（在维也纳或德国出版的无产阶级文化作品更是如此）。欧洲出版礼仪读物的鼎盛时期分别是19世纪20年代、20世纪20年代和50年代。从1870年到1970年，光是在德国就有超过800种礼仪读物出版；而在1948年到1965年之间，大约有150种在西德印制出版。而从20世纪50年代末到60年代，苏联每年出版50—100种新的作品。[39]

1945年后在欧洲出版的指南读物，其特别之处在于它们所处的政治形势。物质的毁灭和人命的损失意味着传播阶级品味、传承家族物品和继承社会地位的传统方式都被战争打断了，这使得活下来的年轻一代——正如这类作品总在指出的那样——被切断了历史关系，而且缺乏教养，未能充分接受道德与文化的引导。这些指导手册创作者的宗旨是解决战后一代不知道该如何生活和注意言行举止的问题。

礼仪读物正是在这一新的精神的指引下创作出来的，并成为1945年后欧洲横跨铁幕阵营自发形成的文明教化产业。它们探讨的不止是重新学习餐桌礼仪。这些指南读物的基本宗旨是对个体进行再教育，重新培育其身心，以便在战后的新世界中生存下去，并让军事化的社会重拾和平、尊严与个人荣誉的价值观。德国是冷战中东西方展开意识形态斗争的第一个战场，这也为指南读物蒙上乌托邦的色彩，去积极地创造一个德国美丽新世界，塑造后法西斯主义的市民文化，无论那是自由主义文化还是共产主义文化。将德国瓜分的两个超级大国都很支持这份改革的热情，因为重塑公民生活的文化宣传是通过再教育将从前高度军事化的敌国转变为奉行法治、秩序与礼仪的国家这一更宏观运动的一部分。德国的礼仪读物是本章关注的焦点，但它的主题广泛传播于整片大陆。

让我们先了解德国的指导手册，你会在里面找到新旧结合的内容。所有作品的共通之处包括如何正确地介绍别人、与陌生人打招呼，在剧院和公共交通设施里遇到别人时应该有怎样的举止，如何在各个场合恰如其分地发言。这些指引当中有许多内容针对的是年轻女性，包括关于着装、调情、恋爱、选择伴侣和准备当家庭主妇的指引。其他指引针对的是年轻男性，他们当中有从前的敌军战士，有在战争期间失去父母的男孩，都是需要文明教化的特别对象。关注的中心内容是卫生、清爽的发型、时尚的衣着和锃亮的鞋子。现代生活的要素——如何在电影院里举止适当，如何应答电话——大体上是18世纪文化符号的延伸。此外还有一些要素反映了正从灾难中恢复的世界，这体现于介绍如何应对家人的死讯，如何在葬礼上举止得体，如何安慰一位寡妇等内容。其主旨仍然是着眼于令社会交往不与现代世界脱节，但又令德国人能表达自我，不用去模仿外国人。有一本西德指南读物赞美了英国人的绅士风范，但坚称："德国人不应该亦步亦趋地模仿外国的习俗与规矩。但是，绅士风范的观念已传遍整个世界，同样可以为我们所用。"接着它开始探讨打招呼的适当方式，在各个场合应该戴什么帽子，什么时候用"您"

(Sie), 什么时候用"你"(Du), 如何正确得体地着装和进餐, 以及如何写出一封符合礼貌的现代德国公民身份的动人信件。同样值得关注的是, 这些礼仪手册完全没有提及美国。虽然在西德文化的其他方面明显流露出对美式生活的着迷, 但根本没有体现在这些读物里。[40]

西德话语的新颖之处在于它高度强调个体尊严与相互尊敬。1949年, 西德出版了一本《在工作场合与私人空间里的得体举止: 为年轻人准备的行动指南》(*Proper Behavior at Work and in Private: A Useful Guide for Young People*), 里面写道: 这些书籍的任务是为了"阐明隐藏于外在行为下面的道德本质, 帮助年轻人了解主导社会互动的规范, 它们是为了捍卫人性而在社会层面与文化层面进行的战斗"。在这种情况下, 这场"在社会层面与文化层面进行的战斗"被描述为20世纪的重头戏, 个人的得体举止远远不只是私人礼节的问题: "它绝不能被矮化为只是私人事务, 因为它触及至关重要的经济、国家与社会事务, 探讨的是在本世纪具有决定性意义的文化事务, 即个体的荣誉与尊严, 以及他的自由和他与全人类的关系。"你能察觉到这番话呼应了《联合国宪章》与西德新的临时宪法[即所谓的《基本法》(Basic Law)], 个体的荣誉与尊严被赋予了中心地位, 成为进步与文明的象征。[41]

摆脱受纳粹主义支配的过去的努力还体现于战后对社交距离以及公共领域与私人领域之间明确界限的关注。这方面的重点放在了优雅举止和在打交道时轻松而不失矜持的话语, 情感的表达受到了严格的控制。这些书籍都在强调保留正式称谓"您", 而不是非正式的称谓"你", 目的是恢复并保持得体的行为规范, 作为战后社会交往的基本准则。在20世纪20年代, 面对政治动乱, 持保守主义的德语指南读物保卫阶级文化; 而1945年后的指南读物则不同, 它们对任何一种大众文化(*Volkskultur*)或个体融入更大的集体中——无论那是国家、阶级还是种族——有着强烈的抵抗情绪。在战后的西欧文化中，对得体斯文的个人举止的肯定是一个共同特征，社交距离本身被认为是自由社会正常运作的前提条件。[42]

这些指导手册并不是在鼓励读者回避公共生活，躲进自己的小天地里享受咖啡和蛋糕。许多指导手册关心的问题是对德国的年轻人进行再教育，让他们能适应办公室的生活。此外还有为妇女准备的关于工作生涯的建议，这也是1945年后在欧洲涌现的礼仪读物的特征之一。它们还向西德与荷兰的年轻职业女性提供如何在职业、办公室生活与女性气质之间取得平衡的建议。但在那些针对年轻男性的手册里，女性几乎没有出现在关于办公室得体举止的讨论里，G. 冯·希尔根朵夫（G. von Hilgendorff）在1953年出版的《得体举止助你迈向成功》（*Good Behavior, Your Success*）便是其中一例。而且一旦提及工作女性，性别歧视的意味通常最为严重。W.A. 宁斯蒂尔（W. A. Nennstiel）出版于1949年的《工作场所与私人空间的得体举止》（*Proper Behavior at Work and in Private*）将办公室里的女性比喻为有助于改善人际关系的"温暖的湾流"。然而到了20世纪60年代初期，这类话语开始消失，在工作岗位上的良好行为与在家里或在城里的得体举止联系在一起。这些关于办公室得体举止的建议，其特别之处在于它们与从前的军国主义之间的关系。用宁斯蒂尔的话说，兵营是文明生活的对立面："无论在一个人的工作单位还是私人生活的社交世界里，军事纪律都没有存在的意义。"在其他章节里，根除粗鲁的军事习惯以更加直白的语言加以表述："在接受指示或任务安排时，你应该避免军队里的举止，你不需要身姿挺拔地站立，不需要让双手垂在身体两侧，不需要把膝盖伸得笔直，不需要并拢脚跟再说：'遵命，长官！'恰恰相反，以斯文甚至'布尔乔亚'的姿态去回答会更好些。"[43]

这些战后涌现的指南读物还有其他特征。在美国，宗教宽容作为一种新的社交美德，成为礼仪读物的一部分内容。艾米·范德比尔特（Amy Vanderbilt）出版于 1952 年的《礼仪完全指南》（Complete Guide to Etiquette）里有一个章节在探讨"不同宗教信仰之间的礼节与理解"，目的是向信奉新教的美国人解释犹太教和天主教的仪式与节假日。这些观点反映了艾森豪威尔时代构成了犹太教—基督教文明支柱的"三教并存"的美国理想。相比较而言，西欧指南作品的一个新特征是移民的经历。从移民的视角出发，最著名的例子是匈牙利裔英国记者与幽默作家乔治·米凯什（George Mikes）的作品。米凯什在 1940 年迁居至英国。他出版于 1946 年的作品《如何做一个外国人：入门者与进阶者手册》（How to Be an Alien: A Handbook for Beginners and More Advanced Pupils），凭借它的机智言辞和对外国人努力学习英国文化的古怪特征时遇到的窘境的温和讽刺，在英国立刻成为畅销书。书中的内容包括如何排队、喝茶和谈论天气，以及如何尝试理解英国人与欧洲人对亲密关系的不同观念："欧洲人会做爱，而英国人则选择分享热水壶。"米凯什后来还写了大约 40 本游记，涉及多个严肃与幽默的话题，作品包括从《如何做到特立独行：在英国的岁月》（How to Be Inimitable: Coming of Age in England，1960 年）到 1957 年由英国广播公司制作的电视节目《匈牙利革命》（The Hungarian Revolution）。他的作品被当成冷战的宣传材料，罗马尼亚电台将他的作品《如何做一个外国人》当作"反英宣传册"，制作成揭穿资产阶级文化生活种种虚伪的系列剧。总之，米凯什描写各个国家的游记与轻松讽刺作品都以欧洲移民问题、狭隘的民族主义和渴望文化融合等 20 世纪中期的共同经历为题材。[44]

非欧洲移民来到欧洲的各大城市成为文明教化使命的另一个例子，尤其是针对女性。譬如说，从 20 世纪 50 年代初开始，任职外国工人援助机构（Aid to Overseas Workers）与北非家庭社会服机构（North African Family Social Service）的法国社工以生活在巴黎、梅斯、里尔和马赛的阿尔及利亚妇女为扶助对象，举行介绍法国文明的家政课程，内容包括如何缝纫编织、如何洗涤、如何保持家居整洁、如何烹饪营养丰富的食物、如何买菜购物，以及如何得体地进行法语会话，并将法国的价值观灌输给整个家庭。荷属东印度群岛独立之后，有18万混血的印尼-荷兰人迁居至荷兰，荷兰政府推出了"再社会化与融合"计划，帮助这些新移民适应荷兰的生活，其中甚至包括在归国的船上应该有怎样的举止。这些新移民随后接受了家政、簿记以及如何避免负债的课程，作为成功融入荷兰社会的一部分。虽然这些催人上进和实施操控的殖民地教育方法在19世纪末是通行的内容，但现在它们被重新引入大都会里，以国家建设与文化融合的名义，用在来自前殖民地的新移民身上。[45]

共产主义政权也在提供自己的礼仪读物，甚至比西方更加重视。正如社会主义宗旨的一部分是驯化资本主义，社会主义国家也在采取措施传播共产主义。道德被视为关键因素，确保社会主义社会能忠于它的崇高目标并把持住自己，从而避免被意识形态上的敌人同化。1936年通过的斯大林宪法首次强调"满足物质与文明的需要"，随后在1945年，这句话被一字不漏地加入所有社会主义共和国的民法典中，目的是制约"剩余价值"（surplus value）和"非理性消费主义"（irrational consumerism）这两个魔鬼。克里姆林宫总在大谈"通过过度生产来不受约束地积攒个人财富的观念并不是共产主义的应有之义"，或共产主义是"资产阶级社会道德观的对立面，后者将'归我所有'的概念奉为最高准则"。苏联在1961年通过的《共产主义建设者道德法则》（*Moral Code of the Builder of Communism*）肯定了社会主义的集体主义美德，其中包括"热爱社会主义祖国""高度的社会责任意识""在社交生活与个人生活中做到诚实、公正、纯洁、朴素与端庄"等。这些道德法则被张贴在校园里，学生总是被要求背诵里面的内容。每年，苏联都会出版几十份社会主义行为规范手册。A. 多罗霍夫（A. Dorokhov）的《至关重要》（*It Does Matter*，1961年）与匿名作家创作的《行为的美学》（*Aesthetics of Behavior*，1963年）在苏联刊印了成千上万份。它们的内容包括从如何修修补补的建议，到探讨公民行为举止的新的可能性，20世纪20年代礼仪手册的中心内容——卫生与自我教育——逐渐被介绍得体的餐桌礼仪、优雅的着装和斯文谈吐的内容所取代。在20世纪30年代再度兴起的重视"文化程度"（*kul'turnost'*）的伦理观念，主张无论在家里还是在工作岗位上，谨慎得体的私人品行都应该被遵守。即便如此，这仍然是一件微妙的事情。I. S. 鲁诺娃（I. S. Runova）的《我们必须与小资产阶级的庸俗情怀作斗争》（*We Must Struggle with Petty-Bourgeois Vulgarity*，1962年）希望克服小资产阶级价值观带来的危险，提倡人不应该拥有"松软的大床、镀镍把手、长毛绒桌布和宽敞的餐具橱等东西"。[46]

同样的，在东德执政的统一社会党第一书记瓦尔特·乌布利希（Walter Ulbricht）在1958年宣扬他那具有规范性的社会主义道德十诫，重点强调工作表现、忠诚、清洁与体面。这些诫令在媒体里得到广泛宣传，并印制成卡片大规模派发，可以被装在钱包里或被挂在家里的壁炉架上展示。公职人员和学校教师被要求为了国家利益而宣扬尽忠职守、组建家庭和勤奋工作的美德。在1965年第十一届全体会议上，时任教育部长的埃里希·昂纳克（Erich Honecker）——后来成为统一社会党总书记——发表演讲说："我们德意志民主共和国是一个干净的国家，有不可动摇的伦理道德和礼节规范。"这些观点契合了关于为社会主义国家与社会缔造新的"社会主义个人品质"的持续不断的讨论。在斯大林治下的苏联，社会主义行为的新美德意味着公共价值观的转变，促使激进革命禁欲主义转变到以正直的私人生活和文明举止为基础的受管制的个体消费。[47]

虽然在东欧地区出版的指导手册数量较少，但它们的发行量很大，并且得到了政府的全力支持。卡尔·斯莫尔卡（Karl Smolka）出版于1957年的《良好行为完全手册》（Gutes Benehmen von A bis Z）到1974年已再版了10次，而W. K. 斯韦科特（W. K. Schweickert）与伯特·霍尔德（Bert Hold）合著并出版于1959年的《早上好，尼格先生！一本关于何谓得体举止的幽默作品》（Guten Tag, Herr von Knigge! Ein heiteres Lesebuch für alle Jahrgänge über alles, was 'anständig' ist）到1969年迎来了第20次再版。与西德的指导手册不同，战争在东德的指导手册里几乎没有体现。作品的基调更着重与资本主义的过往决裂，对社会主义的未来充满向往，而且里面没有明确地将苏联盟友奉为模范公民。确实，苏联对东德日常文化改造的影响很大，但大体上只是局限于政治再教育和学校教育的领域，尤其是在育儿这方面。相比较之下，个人仪表和餐桌礼仪的世界没有受到苏联的影响，情形就像在西德的指导手册中只字不提美国那样。[48]

关于日常礼仪如何完美地体现了东西方之区别的讨论层出不穷。东德的礼仪手册总是在谴责西德人恬不知耻地奉行自我中心主义，认为外表打扮就代表了个人教养，其主旨全都是为了在人际竞争中获得优势，把礼仪当作个人飞黄腾达的助力。汉斯·马丁（Hans Martin）在西德出版于1949年的指导手册《请问我可否……？美好生活方式的指引》（Darf ich mir erlauben … ? Das Buch der Guten Lebensart）中开宗明义地说："良好的行为是成功之路上的一个重要里程碑。"这番话令东德人格外反感，在卡尔·斯莫尔卡眼中，西德的这类作品充斥着精英主义和遮遮掩掩的资本家的残暴本性，在他1957年的畅销作品《良好行为完全手册》中，他做出抨击："它们是'上流社会'将自己与普罗大众区分开来的必不可少的手段，展现他们作为统治阶级主导社会秩序的合法性。"但是，这里所牵涉的不只是尝试以新的平等主义去重塑人际关系。斯莫尔卡在预示社会主义文明的新曙光："一直以来，绝大多数人民不知道美好行为是何物，更没有机会去践行，就像他们一直无法得到司法公正与教育那样。我们德意志民主共和国是工人与农民的国度，在德国历史上首次实现了由劳动人民当家作主。现在他们将得到长久以来拒绝给予他们的事物：教育和知识——当中便包括决定人们如何共同生活的良好行为规范的知识。"[49]

尽管德意志民主共和国的指导手册在努力表达社会主义的独特之处，但它们与西德出版的指导手册在基调和内容上存在着明显的相似性。和西德出版的指导手册一样，它们详尽地探讨了如何端坐、行走、交往、握手，什么时候应该摘帽，如何布置餐桌与得体用餐，参加宴席时应该带什么礼物等（见图22）。不过，它们在几个方面存在着关键的区别：在德意志民主共和国的指导手册里，介绍工作领域的内容要少得多，相当大的篇幅被用于介绍如何与公务员和官僚阶层打交道。尤其突出的是，死亡这个话题（如何在葬礼上举止得当、如何安慰丧亲之人、如何撰写讣告等）根本没有被提及。暴露小资产阶级观念最为明显的部分，是他们对待妇女和姑娘的态度。对社会主义家庭价值观的宣扬——其主旨是妻子/母亲应该承担起家务与育儿的责任——与大肆宣扬的性别全面平等的社会主义意识形态背道而驰。指导手册的大部分内容集中于下班后的世界，正是在这里，它们宣扬了传统价值理念，与西德的指导手册并没有什么分别。克莱因施米特（Kleinschmidt）的作品《得体礼仪不须愁》(*Don't Be Scared of Good Manners*) 就是一个典型例子："由女士邀请男士跳舞，无论在今天还是1000年前，都是荒唐透顶的事情。"妇女和姑娘无论在家里还是在城里，都应该培养优雅迷人的女性特质。[50]

图 22　得体的握手与公共场合问候的提示。东德，1957 年

图片来源：卡尔·斯莫尔卡，《良好行为完全手册》，柏林，新生活出版社（Verlag Neues Leben），1957 年

就像在西德一样，这些指导手册针对的读者通常是年轻男性。卡尔·斯莫尔卡出版于 1964 年的广为流传的作品《如今的年轻人》（*Junger Mann von heute*）就是这一社会主义态度的好例子。具体而言，斯莫尔卡这部作品的主旨是教育生活在社会主义国度里的年轻男性如何做一个上进的集体成员，他不厌其烦地讲述着如何认真工作、光荣服役、做一个忠实的好朋友、选择志同道合的伴侣和享受体育乐趣。这些读物与西德同类读物的不同之处，不仅在于让男性气概变得更加温柔，还在于提供了许多关于如何缝纫和剪出迷人发型的提示。它们的另一个特点是对年轻男性的生活更加广泛的介入。西德的指导手册提供的建议通常只局限于指导年轻男性如何工作、着装和在公共场合的礼节，大体上没有涉及私人的家庭生活。直到 20 世纪 60 年代末，西德的礼仪手册基本上不会谈论两性亲昵行为。在东德的礼仪手册里，性教育是司空见惯的话题，从 20 世纪 60 年代初开始就有了相当广泛的介绍。斯莫尔卡的作品可以说是为年轻男子迈向成年提供社会化的指导，从谈恋爱到熨衣服无所不包，它的主旨是以社会主义的名义消除生活的私密性。在社会主义的指南读物里，社交距离并不被视为健康的政治发展的前提条件。礼节、道德与马克思主义被联系在一起，正如一本指南读物里的表述："在社会主义社会里，男人不会遮遮掩掩，不会卑躬屈膝，不会坑蒙拐骗，不会用刀叉吃鱼，不会用红酒杯喝香槟，更加不会去剥削或掠夺别人的钱财。"[51]

但是，将东欧的指南读物简单地斥为保守主义和小资产阶级思想是不得要领的诠释，因为它们蕴含着非常现代的思想，即社会工程的理念。指南读物的行业紧跟自上而下全面改造欧洲社会的更宏观运动的步伐。或许这就是为什么在 20 世纪 50 年代末和 60 年代初社会主义国度的礼仪手册语气更为严厉的原因。当时人们逐渐觉得虽然资本主义与传统的政治结构已经被肃清，但生活在东欧社会主义体制下的公民的日常生活并没有被充分改造。这可是一件大事，因为马克思主义的经典名言——改造基础必将改造上层建筑（价值观与文化）并没有如期发生。不受欢迎的小资产阶级态度的残余似乎蕴藏于一切之中，从青少年犯罪的增加到家庭暴力事件，全都指向一个事实，那就是社会主义文明并没有自发出现，这证明国家有必要对日常生活实施更多干预。因此，指南读物行业推进了东德的使命，即建设以自我和礼仪的新概念为基础的社会主义新社会。

在冷战时期的欧洲，指南读物的大规模出版反映了东欧与西欧建立行为守则、为公民的日常生活设立规矩的迫切希望。日常生活的点点滴滴（饮食、着装与交谈）构成了矫正出现偏差的人性这个共同使命的基本要素。在这一层面上，1945年后的生活在许多方面回归19世纪，在那时候的西方世界里，介绍礼仪的读物蓬勃发展，并奉维多利亚时期的英国为圭臬。以礼仪凝聚社会的理念一直备受重视。亚历西斯·德·托克维尔（Alexis de Tocqueville）曾考察19世纪初的美国，他多次指出礼仪是这个新成立的合众国的凝聚力，它创造了归属感、思维模式和行为方式。对于1945年后的欧洲人来说，这无疑是在战争和破坏之后重返法治和正派世界的动力之一。在战后出版如此多礼仪读物的浓厚热情，体现了欧洲人正在努力尝试恢复被纳粹分子以长筒靴和坦克无情摧毁的至关重要的事物——公民社会。[52]

随着政治与经济逐步稳定，为求生存的残酷斗争也在缓缓结束。自1914年起便一直侵扰欧洲日常生活的暴力与动乱，除了零星特例之外，在东欧和西欧正逐渐被社会秩序取代。20世纪50年代温和的行为举止是安稳的政治局势与宁和的日常生活造就的产物。同样重要的是，日常的交往互动是欧洲人进行自我再教育的领域，相对而言不受各自的超级大国支持者的直接影响。

在第二次世界大战结束后的前20年里，科学、人道主义法律、居家生活和礼仪等领域各自在发挥作用,帮助欧洲各国从战争转变为福利国家,令这片大陆重塑文明。将它们团结在一起的是共同的信念:文明代表了和平与进步。我们将在下一章了解到,其他社会群体有不同的观点,他们对文明的理解与欧洲霸权和再度征服海外殖民地紧密联系在一起。

第五章
再造帝国

1945年5月8日，当世界上的大部分地方正在庆祝希特勒最后的覆灭时，法国政府却希望庆祝同盟国不久前再度征服阿尔及利亚的军事胜利。在那里，首个欧洲胜利日的庆祝活动旨在纪念法国摆脱希特勒的魔掌并获得解放，并重新确立帝国对其前殖民地的控制。但情况并没有按照计划进行。阿尔及利亚城市塞提夫成为法国军队与阿尔及利亚分离主义者展开暴力对抗的地点。塞提夫是穆斯林抗议、骚动与阿尔及利亚民族主义运动的中心，当地人并不愿意见到自1830年以来便一直占领他们的国家并实施压迫的殖民者卷土重来。民族主义者希望见到阿尔及利亚的国旗与同盟国各个强权大国的国旗一道飘扬，并与其他政党一道在这座城市的战争纪念碑前献上花圈。当地激进主义者的旗帜上写着"我们希望拥有和你们同样的权利！""打倒殖民主义！""阿尔及利亚独立万岁！"等标语。警察奉命查禁这些标语，并设立路障阻止示威人群行进。群众聚集起来，在混乱中有人开枪。接下来的5天里，分离主义者的各个群体手持棍棒和刀具在乡间游荡，好战分子被逮捕，戒严令颁布。

骚动很快就传播到邻近的盖勒马（Guelma）和君士坦丁等城市，还爆发了数场农民起义。法国政府对阿尔及利亚暴动的严酷镇压持续了数日之久，结果有 6000—8000 名阿尔及利亚人伤亡，102 名殖民者丧命。此次事件造就了阿尔及利亚新一代的民族主义者。作家卡提卜·亚辛（Kateb Yacine）当时才 16 岁，亲眼见证了暴力镇压，他写下这段话："我一直无法忘记那场残酷无情的屠杀所造成的冲击，有数千名穆斯林枉死。从那一刻起，我便成为坚定的民族主义者。"[1]

就这样，在欧洲胜利日之后，法国对内严惩通敌卖国者，对外派遣军队在殖民地以暴力建立秩序。在国内反对帝国主义（反抗纳粹势力的占领），又在海外推行帝国主义这两件相悖的事情同时存在，在战后并非特别现象。但是，令 1945 年这一时刻的意义如此重大的原因，是解放欧洲大陆国家与重新夺回海外殖民地的戏剧性结合。在欧洲，一个帝国覆灭了（希特勒的第三帝国），取而代之的是法国、荷兰和比利时对旧帝国的收复。

本章讨论的中心是在 20 世纪中期的欧洲史上几个帝国主义国家的复辟，关注欧洲的新文明教化使命的暴力一面。它集中讨论的是法西斯主义的遗留影响、希腊内战、"欧非共同体"（Eurafrica）的梦想和 20 世纪 50—60 年代几个复辟的帝国在联合国受到的待遇，它们是西欧重建的里程碑。文明的理念从底层巩固了西欧与美国新缔结的地缘政治关系，以及西欧的帝国主义强权国家与殖民地之间的关系。1945 年总是被视为欧洲时代步入终结的起始年份，标志着欧洲占据世界统治地位长达 500 年之后开始走向衰落。1945 年 5 月 8 日分别发生于欧洲和北非的两起事件表明战争的结束并不意味着帝国的消亡。事实上，1945 年后发生在世界各地的所有战争，要么是殖民战争，要么是反殖民战争，帝国的复辟造成了进一步的暴力。从全球角度看，20 世纪的后半叶在血腥程度上并不亚于前半叶，据估计，1945—1983 年间，世界各地发生了将近 100 场严重的军事冲

第五章　再造帝国

突，有1900万—2000万人丧生。但20世纪中期欧洲重新征服殖民地的战争——除了几场引人注目的战争之外，譬如阿尔及利亚战争和越南战争——在很大程度上被遗忘了。[2]

对欧洲帝国的否定在一定程度上与欧盟自我吹嘘的故事联系在一起。当下依然盛行的神话是：在经历了第二次世界大战之后，西欧的各个帝国主义强国放弃了自己的殖民地和海外利益，为了和平与繁荣，彼此守望相助，不去觊觎海外的领土。迈向西欧一体化的正面故事以1957年《罗马条约》（Treaty of Rome）的签署为高潮，该条约促成了欧洲经济共同体的诞生，这总是被描述为自我革新的体现，西欧人民以高贵的姿态放弃了从前推行帝国主义的暴力手段。沃尔特·利普根斯（Walter Lipgens）是首批研究欧洲一体化的历史学家中最具影响力的人物之一，他的著名理论是将西欧走向团结描述为对"纳粹主义的种族傲慢"和极权主义做出的回应，"欧洲人恢复了理智，并回归真正的欧洲传统——团结与合作"。不得已而为之的举动被吹捧为美德，而去殖民化被解读为欧洲文明在道德上的重申。[3]

2012年，欧盟被授予诺贝尔和平奖时，1945年后欧洲推行帝国主义的历史却无人提及。欧盟委员会主席若泽·曼努埃尔·杜朗·巴罗佐（José Manuel Durão Barroso）与欧洲理事会主席赫尔曼·范龙佩（Herman Van Rompuy）将他们在诺贝尔颁奖会上的演讲起名为"从战争到和平：欧洲的故事"（From War to Peace: A European Tale）。在这个场合，他们为欧盟高唱赞歌，称许它为保卫美德与世界和平的力量，代表了"新的法律秩序"，并非"以各国之间的势力平衡为基础，而是基于国家之间的自愿同意"，"它在努力追求一个世界秩序，在那个秩序里，某人有所得不一定意味着另一个人有所失"。在演讲即将结束时，他们表示，正是因为欧盟是"由已经克服战争并与极权主义对抗的国家组成的团体，我们会一直与那些追求和平与人类尊严的人并肩携手",并将"帮助世界走向团结"。可是,签署《罗马条约》的欧洲经济共同体6个创始成员国中,有4个国家(法国、比利时、荷兰和意大利)在当时仍是帝国主义强权势力。1957年,这几个国家坚持要将其海外领土纳入这个新的共同体,当中包括法属阿尔及利亚、比属刚果和卢旺达、荷属新几内亚和意属索马里。这并不是古代历史:时至今日,欧盟地图上仍有法属瓜德罗普(Guadeloupe)、留尼汪(Réunion)与马提尼克(Martinique)、葡属亚述尔群岛(Azores)与马德拉(Madeira)、西属加纳利群岛(Canary Islands)——全部都被标注为"欧盟特别领域"。1957年签署《罗马条约》时及其后,这些地区就很少被当作殖民地或受保护领地来讨论。可是在"二战"结束后的前15年里,帝国的地位与意义对于重新定义西欧至关重要。[4]

欧洲成功地转型为热爱和平的大陆是基于战后重建的另一层面——埋葬法西斯主义的幽灵。虽然在1945年,法西斯主义被击败而且遭到唾弃,但消除其流毒的工作远远不止在战后立刻对法西斯政权与其合作者做出粗暴的制裁。与这场消灭法西斯主义的国际运动紧密联系在一起的,是欧洲改写了抵抗运动的历史:原先它被认为是叛国的战时活动,如今则被奉为后法西斯时代欧洲的道德基础。曾被纳粹势力占领的欧洲现在成为基于反法西斯理念的欧洲新文明的试验场。在20世纪50年代,就连残余的法西斯分子也改变了论调。他们谴责战争,在会议上和刊物里表达对基于严格限制移民配额的战后欧洲和平形象的拥护,几乎放弃了两场战争之间纳粹主义的中心纲领,即建立煽动民族情绪、一心复仇的好战国度。战后的法西斯分子大体上不再奉行民族主义,甚至成为某种程度上的新欧洲人。奥斯瓦尔德·莫斯利(Oswald Mosley)曾是英国下议院的议员和新法西斯主义者,他在战后推行英国联盟运动(British

第五章　再造帝国

Union Movement），并在 1953 年创办一本内部刊物，将其命名为带有明显暗示意味的《欧洲人》(The European)。

更重要的是，将战争、帝国主义扩张与文明捆绑在一起的法西斯主义意识形态在停战后便销声匿迹。这与 1918 年之后，同盟国集团（Central Powers）对战时损失的反应形成了鲜明对比。从一开始，意大利和德国的法西斯政权便处心积虑想要夺回曾经拥有的领土，无论是在"一战"时失去的（这是德国的情况）还是在和平谈判中失去的（这是意大利的情况）。心怀怨恨的人并不只是刚兴起的法西斯分子。德国公众对非洲殖民地的丧失也感到十分气愤；1919 年 3 月，"不败将军"保罗·冯·莱托—福尔贝克（Paul von Lettow-Vorbeck）身着戎装，率领被遣返回国的东非殖民地警备部队（East African Schutztruppen），在群众的欢呼声中穿过柏林的街道。魏玛共和国的殖民运动反对协约国对德国在德属西南非洲实施"野蛮"暴政的指控，将殖民地罪行的"谎言"与臭名昭著的《凡尔赛条约》的战争罪条款所激起的义愤联系在一起。在 20 世纪 20 年代涌现的展览、照片与媒体报道都在强调对德国殖民地的"非法"剥夺和伍德罗·威尔逊（Woodrow Wilson）总统非法强制实施的凡尔赛"专制"（Diktat）。纳粹分子掌权后利用民众的愤慨为这些受到不公对待的"殖民地英雄"举办摄影展，竖立公共雕像，放映纪实电影和举行学校纪念活动，庆祝德属西南非洲建立 50 周年。[5]

保卫文明是意大利法西斯主义者最喜欢的修辞手法。1920 年 9 月 20 日，墨索里尼在的里雅斯特发表第一次演讲，将法西斯主义与古罗马帝国联系在一起，声称法西斯主义是罗马"普世文明"的正统继承者。1921 年 2 月 6 日，这位"领袖"（Il Duce）在的里雅斯特发表第二次演讲，对这个观点做出阐释，声称："罗马注定会以西欧文明传播者的身份回归。让我们升起帝国的旗帜，宣扬我们的帝国主义，它绝不能与普鲁士主义或大英帝国主义混为一谈。"

墨索里尼经常挂在嘴边的话是年轻的法西斯文明已经诞生，它正在取代一个垂死的自由主义秩序。1933年8月，墨索里尼在其创办的报纸《意大利人民报》（*Il Popolo d'Italia*）中夸夸其谈道："我们已经完全处于从一个文明进入另一个文明的过渡时期"，而且"再没有景象比新的文明在地平线上曙光乍现那一刻更令人心醉神迷"。法西斯意大利甚至倾注了大量精力谴责仍存在于非洲的"野蛮"奴隶制度，一部分用意是将注意力从墨索里尼对内推行的残暴统治转移开，并巩固意大利作为一个关怀人民的天主教国家的国际名誉。1935年，意大利入侵阿比西尼亚，他们向国际社会辩解这一做法是人道主义紧急干预，目的是制止当地的奴隶贸易，奴隶制成为对埃塞俄比亚的所谓野蛮政体和失败政府的关键指控。就这样，19世纪将帝国主义和人道主义相结合的经典手法在20世纪30年代以激进右翼分子的视角再度上演。[6]

意大利军队在阿比西尼亚战争中击败埃塞俄比亚人后，墨索里尼更是变本加厉地运用这套文明的话语。1936年5月5日，在发表庆祝攻占亚的斯亚贝巴的演讲时，他扬扬得意地说："埃塞俄比亚是意大利的，这已经成为既定事实，因为它已被我们战无不胜的军队占领，在法理上属于意大利的领土，凭借着罗马的利剑，文明战胜了野蛮。"这些话语不只是被用在这场非洲战役上。意大利在战争期间曾经征服了欧洲，但那早已被遗忘——当时意大利军队占领了科西嘉岛、法属阿尔卑斯山的部分地区、斯洛文尼亚、黑山、克罗地亚、阿尔巴尼亚、马其顿和希腊——墨索里尼吹嘘意大利的新"文明贵族"和精英战士在经历了许多个世纪的失败与耻辱之后，重新为罗马带来荣耀。所谓的意大利的"新文明教化使命"建基于法西斯意大利自己的种族主义版本的"生存空间"（*spazio vitale*），在这个空间里，意大利的"新人"将控制被占领土——用拥护法西斯主义的意大利思想家多梅尼克·索普拉诺（Domenico Soprano）

的话说——作为"一个高等文明的守护者与传承者"。即使这些帝国幻梦到最后烟消云散,但它们确实反映了法西斯分子对文明与战争之间关系的理解。墨索里尼最后的演讲(1944年12月16日在米兰歌剧院)呼吁抵御"财阀统治与布尔什维克主义的丑恶联盟"的侵蚀,它们挑起的"野蛮战争"正在摧毁"历经20个世纪才创立的欧洲文明"。[7]

但是,这些话语并非只是法西斯分子的夸夸其谈——它得到了意大利民众的支持,尤其是这位"元首"发动的入侵阿比西尼亚的行动。祝贺信纷纷涌入当地的意大利政府机构,颂扬这次洗刷过往耻辱的机会,并将光辉灿烂的意大利天主教文明带给一个野蛮的民族。1896年,意大利在阿比西尼亚耻辱地战败,那是非洲军队首次战胜欧洲的现代强权国家。教会也予以支持,各位枢机主教、大主教与主教纷纷在报刊上撰文公开支持1935年的侵略行径。一位来自蒙特普齐亚诺(Montepulciano)的年轻电报员在日记里写下:作为第一批"将文明的气息带给这片未开化的土地"的成员之一,他在1935年末抵达阿比西尼亚时心中充满"自豪"。许多人就"为祖国和法西斯主义服务"这个主题表达了类似的观念。一位来自帕多瓦在攻读物理学的20岁女大学生听说了意大利军队进驻亚的斯亚贝巴的消息,对她而言,这场侵略行动是正义之举,为世界确立"罗马式和平",并"将最辉煌伟大的文明传入非洲大地,从而令这个古老的拉丁帝国重现昔日的辉煌"。[8]

第三帝国总是利用文明的话语。在德国,经常提到的三个词语分别是"民族共同体"(Volksgemeinschaft)、"文化"(Kultur)与"西方世界";其他相关的西方词语(例如"人道")总是被轻蔑地斥为"多愁善感的人道主义"(Humanitätsdüselei),既滥情又有害的同盟国说辞。但是,希特勒的政权也在利用德国才是欧洲文明或"西方世界"的真正守护者这一理念。虽然纳粹分子的早期宣传重点是纳粹主义反对法国大革命的理念，但 1941 年希特勒与斯大林之间的战争爆发之后，纳粹文化的反布尔什维克色彩变得更加突出。由纳粹势力主宰并统一欧洲的观点利用了魏玛共和国右翼圈子的强烈反美主义，在 1933 年后更得到进一步强化。在德国，反西方的态度在"一战"时比在"二战"时更加强烈，因为第三帝国将自己打扮成西方文明的传播者，尽管它是一个推行暴力种族主义和反犹主义的政体。希特勒的第二个"四年计划"（Four-Year Plan）于 1936 年 10 月启动，其主旨是对付逐渐变得强大的红军，以对抗布尔什维克主义对欧洲文明的威胁来描述。1937 年纳粹政权参加巴黎世博会时的展馆就是一个好例子，它的反布尔什维克立场被宣扬为与西方国家共同的特征。1940 年后，德国纳粹政权在其占领的法国大肆宣扬莫斯科才是西方文明的真正威胁这一理念。纳粹政权甚至利用其臭名昭著的党报《人民观察家报》（*Völkischer Beobachter*）鼓吹第三帝国作为欧洲人文主义继承者的文化宣言，重点强调西方文化的"德意志"渊源。[9]

　　法西斯意大利与纳粹德国还联手在欧洲建立新的文化秩序。1935 年，意大利人在瑞士的蒙特勒（Montreux）举行了法西斯国际会议，向国际社会宣扬带有法西斯主义色彩的现代主义思想。反对西方的"意德革命同盟"（Italo-German revolutionary alliance）被视为墨索里尼在 1936 年宣布的"罗马—柏林轴心"在文化上的体现。这个由两个法西斯强权国家组建的新的文化合作计划包括丰富多彩的作家庆典、音乐会和艺术展，并在德国境内创立了数十个德意协会。用一个意大利公关人员的话说，这两个法西斯强权国家被赞誉为伟大的"精神文明"（civilizations of the spirit）的引领者。文明的话语被用于弥补两国之间的分歧，乍一看似乎令人感到困惑。毕竟，在第一次世界大战时，意大利的宣传工作者曾与法国盟友联手，将意大利文明（*civiltà*）和法国文明（*civilisation*）与德国文化

第五章　再造帝国

划清界限。而德国人也倾注了大量精力用于颂扬德国文化的独特品质，作为希特勒救世使命的基础。但在整个20世纪30年代，尤其在战争爆发之后，意大利人和德国人淡化了彼此间的差异，将自己重新定义为抵抗来自西方与东方双重威胁的新欧洲的守护者。"欧洲"与"文明"成为表达团结的词语。1941年6月，希特勒发动入侵苏联的军事行动5天后，第三帝国的宣传部长约瑟夫·戈培尔向媒体报刊下达指示，阐明这场战争的新含义："欧洲团结一致，对抗共同的敌人，奋起反对践踏人类所有文化与文明的压迫者。这是新欧洲诞生的时刻，并非出自德国的要求或胁迫。"法西斯分子为了欧洲而向布尔什维克主义和美国主义宣战。1942年，当英国对德国城市发起轰炸时，戈培尔的宣传机器全力运转，以强化"文明对抗野蛮"的主题。1942年3月，戈培尔的宣传指示是"反对英国恐怖轰炸的野蛮行径"，谴责那是"世界历史中鲜有之举"，因为它针对的是"欧洲最为宝贵的文化中心"；1942年4月26日，《人民观察家报》在英国轰炸罗斯托克（Rostock）之后刊登了一篇文章，标题是"英国的野蛮行径：罗斯托克的历史纪念碑惨遭轰炸"（British Barbarism: Historial Monuments Bombed in Rostock）；1942年5月底，英国发动空袭并导致科隆大教堂遭到破坏，《人民观察家报》将其斥责为"英国对欧洲文化的暗杀行动"。[10]

1939年，纳粹势力入侵波兰，并以文明教化使命作为掩饰。随之而来的是"一战"时期的"东欧德意志化"（Germanisation of the East）宣传运动在1939年后再度上演，而且变本加厉。第三帝国在波兰的总督辖区成为德国势力在东欧扩张的试验区，它在一定程度上借鉴了几年前意大利在东非尝试建立的行政结构。臭名昭著的波兰总督汉斯·弗兰克在1939年受访时不经意间承认，波兰现在是一个"殖民地"，而波兰人是"伟大的德意志世界帝国的奴隶"。弗兰克和他的政府进驻克拉科夫的瓦维尔城堡（Wawel Castle）

办公，在历史上这里曾是波兰王室的住所。据说弗兰克曾表示："我有一个理想，那就是教化波兰人民，让他们配得上欧洲文明的荣誉。"1942年，在华沙的斯卡尔贝克剧院（Skarbek Theatre）新装修后的开业志庆上，弗兰克夸口说："我们德国人不会像英国人那样，带着鸦片之类的物品前往异邦的土地；恰恰相反，我们为其他国家带去的是反映了德意志人民伟大成就的文化与艺术。"第三帝国的"文明教化使命"还与其他地方的帝国征服联系在一起，总是被骄傲地拍摄为照片。譬如说，纳粹政权提供了详尽的纪实照片，反映在战争初期来自拉脱维亚、爱沙尼亚、加利西亚、比萨拉比亚（Bessarabia）和布科维纳（Bukovina）等地的德意志人重新定居的情形，向版图进一步扩大的第三帝国庆祝"人民回到故国"。纳粹政权甚至在被占领的法国为德意志国防军的士兵组织了许多场画展与摄影展，以强调军事征服者的文化鉴赏力。1943年出版的一本新的旅游手册介绍了纳粹占领下的华沙，盛赞首都华沙美轮美奂的建筑和风景，而这些"大体上是通过德意志人的努力"而实现的。这种视再度征服为理所应当之举的感觉是纳粹帝国主义与其欧洲对手之间的区别之一，后者基本上从不声言要夺回曾经属于他们的土地。以波兰为例，戈培尔曾委派在德国很受欢迎的作家埃德温·埃里希·德温格尔（Edwin Erich Dwinger）撰写报告文学，反映波兰人对生活在华沙的德意志人犯下的惨案。在他出版于1940年的作品《波兰命案》（Der Tod in Polen）里，德温格尔将纳粹入侵波兰描写成一场保卫性质的文化战争，声称是因为波兰"对不计其数的文化人犯下难以置信的文化暴行（Kulturschande）"，以后"这个民族没有资格抱怨，因为他们已经将自己逐出了文化民族的行列"。文明成为战争与报复行动的借口。[11]

不出意外，波兰人做出了反击，在向国际社会求助时，他们还尝试将文明的话语反过来对付德国人。在第一次世界大战期间，德

第五章 再造帝国

国人和波兰人也曾为了文化遗产与战争破坏而展开过争执，但第二次世界大战造成的破坏程度根本不可同日而语。1939年，波兰流亡政府出版了一本薄薄的英语作品，名为《德国侵略波兰：波兰黑皮书》(The German Invasion of Poland: Polish Black Book)，内容包括亲历者的叙述和揭露暴行的可怕照片，详尽讲述了德国人所犯下的"邪恶罪行"。它指出德国人违反了《海牙公约》，做出恐吓平民和轰炸城市、教堂与文化纪念碑等行径。富兰克林·D. 罗斯福、教宗庇护十二世和英国首相内维尔·张伯伦也予以支持并发声谴责德国。书中的内容还包括了华沙市长斯蒂凡·斯塔金斯基（Stefan Starzynski）在1939年9月19日演讲的片段，他毫不掩饰地直言这是一场"正义与强权、文明与野蛮之间的斗争"。1941年，它的后续作品《德国在波兰的新秩序》(The German New Order in Poland)出版，记录了"屠杀与酷刑"、集中营和宗教迫害，以及波兰民族及其文化遭受的"羞辱与奚落"。该作品为国际读者比较了1914年的比利时与1941年的波兰，但"德国人违反神圣法则与人间法律所犯下的罪行"，其有组织和残酷的程度显然达到了新的高度。1945年后，波兰人民向国际社会发出呼吁，希望得到战争赔偿，尤其是在艺术与文化领域。波兰文化与艺术部在1945年出版了一本宣传册，结尾内容是一则呼吁，希望国际社会承认并为波兰遭到毁坏的珍贵文物与历史遗迹提供特别赔偿。波兰的临时政府设立了重建首都办公室（Reconstruction of the Capital），该办公室立刻于1945年在波兰国家博物馆（Poland's National Museum）举办了名为"华沙在控诉"（Warsaw Accuses）的展览，展示这个国家遭到毁灭的"民族文明"象征的前后对比照——皇家城堡（Royal Castle）、圣约翰大教堂（St John's Archcathedral）和老城集市广场（Old Town Market Square）——并将这座城市比喻为"当代的庞培古城"。这场展览还被搬到美国，在展出中，纳粹德国被指责意图"扼杀波兰的文化与民族"。[12]

虽然这些控诉未能进入法庭进行审理,但它们表明文明如何在"二战"期间成为诠释国际冲突的中心概念。文明是受到珍视的、代表了身份与行动的词语,不仅对于奉行自由主义的西方是这样,而且在卫国战争中也被苏联人用作团结的语言。文明还被纳入法西斯意识形态的体系中,先是意大利,然后是纳粹德国,都欣然接受了文明,态度甚至更加热烈。在各个行动领域,文明成为发动战争和保卫遭受侵略的民族文化的理由。1945年后,文明的话语在国际战争中发挥的作用下降了,但我们将会了解到,在许多场内战和帝国主义的冒险行动中都有它的影子。法西斯、战争和文明之间的联系或许已经结束,但威权主义与和平时期文明教化使命之间的关系在南欧依然存在。

希腊内战在冷战时期的欧洲起到了独特的影响,并以戏剧性的方式重塑了西欧文明的使命。1944年,德国军队在希腊被同盟国军队打败后,最根本的政治问题是流亡海外的国王乔治二世(George II)是否会重回希腊的王座。1944年,希腊爆发内战,抗击德国驻军的斗争演变成为一场由"民族解放阵线"(National Liberation Front,缩写为"EAM")和它的军事武装力量"希腊人民解放军"(Greek People's Liberation Army,缩写为"ELAS")领导的民族复兴之战,二者都由希腊共产党指挥。这些游击队战士面临艰难的局势,因为斯大林基于各种战略考量并不予以支持。但希腊游击队员仍在继续争斗,拒绝被"君主法西斯主义"(monarcho-fascism)的武装力量收编,并矢志挑战英国人复辟保守主义君主制的努力。"民族解放阵线"的起义得到了南斯拉夫人的支持,他们不仅在希腊,还在阿尔巴尼亚和意大利煽起内战之火。1946年3月,右翼势力赢得有争议的选举之后,大批西方援助与物资令形势变得对人民解放

第五章 再造帝国

军不利。由于希腊共产党无法从莫斯科或贝尔格莱德那里得到相应的支持，接连得到英国和美国资助的保守武装力量最后控制了雅典和全国各地。在 20 世纪 40 年代末，大批希腊共产党员遭到起诉并被判处死刑。到 1945 年底，大约有 4.9 万"民族解放阵线"的支持者被关进监狱，许多人被关押至 60 年代，在里面受尽折磨。这场战争撕裂了希腊的政府与社会，制造了大规模的难民问题，在整个国家留下数十年来难以愈合的伤疤。[13]

与本书关系更密切的内容是希腊的矛盾如何从一场情况复杂的内战演变成众所瞩目的冷战大戏，并对重新绘制战后欧洲的地缘政治版图产生了深远影响。这场战争不只是标志着英国的世界霸主地位被美国取代，而且还成为保卫西方文明的主要舞台。希腊曾被誉为西方的基石，现在还成为冷战时期大西洋秩序的战略侧翼。在 19 世纪初，希腊的命运一直是抱持浪漫民族主义的异邦人关心的话题，其中最出名的人物当属拜伦勋爵（Lord Byron）；这一次，西方与受到威胁的希腊团结一心，纯粹是基于国策考量。1946 年，苏联插手干预伊朗和土耳其海峡的事务，引起紧张的西方对这一地区的关注，并清楚地表明经过抗击希特勒德国的漫长而代价高昂的战争之后，英国不再具备保护这片地区免遭苏联侵犯的实力。1947 年 2 月 21 日，英国驻华盛顿大使馆向美国国务院发函，宣布英国政府无力继续支援希腊和土耳其，并恳求华盛顿承担起保卫该地区的责任。形势极为严峻，足以说服此前一直抱持孤立主义立场的新任美国总统相信需要采取紧急干预措施。令情况变得复杂的是，当时共和党占据了国会的大部分议席，不愿意背负巨额支出和涉足海外事务。杜鲁门意识到要与国内的政治对手达成共识并不容易，而且他需要时间进行准备。为了实现目的，杜鲁门从一开始便强调其行动的目标是维护民主制度，而不是保护中东的石油资源。顾问们建议他不要在演讲中提及苏联，以免过度刺激斯大林。他需要以更宏大的话语进行表述。[14]

杜鲁门告诉顾问们援助希腊将会是"有史以来美国总统面对的最困难的游说工作",他需要想办法说服心存疑虑的国会和美国公众接受美国的全球责任。在杜鲁门发表演讲的前几周,政府与《纽约时报》联手精心策划了一场媒体宣传作为政治铺垫。这份报纸一方面夸张地渲染苏联在该地区的实力和行动,另一方面淡化英国和美国对该地区的干涉。希腊内战的详细情形被低调处理,将这场内战渲染成苏联与美国的直接冲突。美国报刊积极支持杜鲁门以国家安全的名义对希腊和土耳其的援助计划,并赋予了这场遥远的内战以史诗般的意义。正如一位记者所写的:"历史的进程将取决于我们的抉择",因为如果"西方世界失去了"希腊,接下来就会轮到土耳其和意大利。《纽约时报》的一篇文章开篇便说:共产主义正在意大利和法国蓬勃兴起,而西欧其他地方的民主体制仍很脆弱,令局势存在潜在危险,因为"自然界与共产主义厌恶真空"*。对于这位记者来说,形势到了再凶险不过的地步:"英国和法国的衰败以及西欧其他地区几近崩溃的情形,意味着只有美国有能力维护西方文明。"现在希腊成为保卫西方的新前线。[15]

1947年3月12日,杜鲁门总统发表具有历史性意义的国情咨文,并宣布现在美国的政策是"支持自由民族抵抗少数武装分子或外来压力的征服企图",行动的第一步是向希腊和土耳其提供大规模援助。正如杜鲁门所说,这场战斗的本质是自由主义与极权主义这两种生活方式之间的斗争。虽然极权主义这个词语是意大利法西斯分子首先在20世纪20年代创造出来的,用于描述他们充满野心的反自由主义政治纲领,但现在它成为冷战中最受欢迎的词语,用于抹黑自由主义的敌人,无论他们是法西斯分子还是其他人。乔治·凯

---

* 此句是对古希腊思想家亚里士多德的名言"自然界厌恶真空"的仿写。

南（George Kennan）是极具影响力的外交家，担任杜鲁门的政治顾问，他草拟了华盛顿毫不妥协地遏制苏联的新政策。鲜为人知的是，他还对杜鲁门把提供援助视为保卫西方文明的美国式理解做出了夸张的阐释。杜鲁门发表国情咨文的2天后，凯南在华盛顿的国家战争学院做演讲，警告说如果不援助那些需要帮助的国家，将会导致危险，因为"如果我们放弃希腊，我们放弃的不仅是我们自己的文化与传统的本源，还有世界上绝大多数推行进步的代议制政府的其他地区"。援助土耳其被辩解为出于捍卫西方边缘地区的需要。不只是国家领导人与政客抱有这些观点，当时的媒体报刊也将希腊内战重新诠释为美国的新十字军东征。[16]

外界对杜鲁门演讲的反应不一。一方面，希腊国王乔治二世发送电报向杜鲁门致谢，对后者"意义不可估量的援助"表示感激，据说在美国驻雅典大使馆外面有数千民众高呼"杜鲁门万岁"，商店里装饰着美国国旗和希腊国旗。另一方面，希腊共产党的领导人尼科斯·扎卡里亚迪斯（Nikos Zachariadis）将杜鲁门的演讲解读为危险的姿态，预言它将会造成"新的废墟"和"公墓数目的增加"。共产主义阵营也一致予以谴责。波兰总理约瑟夫·西伦凯维兹（Józef Cyrankiewicz）嘲笑这次演讲是"不加掩饰的帝国主义自白"，目的是将地中海各个国家变成美国的殖民地。法国和意大利的左翼报纸也表达了相似的反对意见。莫斯科的《消息报》（Izvestia）严正斥责杜鲁门所说的"极权主义威胁令人想起了希特勒对布尔什维克主义的叫嚣"。在美国，对杜鲁门主义的看法并不都在表示欢迎。左倾立场的出版物，如《新共和》（New Republic）和《国家》（Nation）都报以猜疑，许多国会议员担心这一"世界范围的新门罗主义"终止了美国舒坦的孤立主义，转而冒险参与风险重重的欧洲事务。杜鲁门的前商务部部长亨利·华莱士（Henry Wallace）补充表示，杜鲁门的这番话无异于向苏联"宣战"。[17]

但是，杜鲁门的演讲很快就成为美国外交政策的信条。1947年5月22日，希腊－土耳其援助法案正式通过，此后文明的话语总是被援引以赢得合法性和宏大性。一个月后的1947年6月，国务卿乔治·马歇尔在宣布欧洲复兴计划（此后被称为马歇尔计划）时高谈文明，便是一个明显的例子。对于马歇尔而言，援助欧洲是"在很大程度上将决定历史进程和西欧文明特征的事件——无论是在我们这个时代，还是接下来的许多年"。1947年11月，一份关于"欧洲复兴与美国援助"（European Recovery and American Aid）的报告指出："在1940年，我们口中所说的西方文明已经有很大一部分似乎已无可挽回地失去了"，但"如果我们以打赢这场战争的精神去缔造和平，我们将会看到同样振奋人心的、全世界自由人民的理念与原则获得胜利的证明，难道不是吗？"中情局局长艾伦·杜勒斯（Allen Dulles）指出："为了西方文明而拯救欧洲是我们此前未曾有过的艰巨任务。"1948年捷克政变发生时，马歇尔大声疾呼如果美国希望保卫处于危险之中的西方文明，那它就必须"坚决地采取紧急行动"，这并非出于巧合。[18]

重新缔结西方同盟与希腊内战有着直接的联系。1946年，丘吉尔在美国密苏里州富尔顿市（Fulton）由杜鲁门陪同，发表了著名的"铁幕演说"。在这次演说中，他表示英美两国已结成一致对外的新同盟，致力于保卫"基督教文明"和西方的价值观。从那时起，西方同盟的初期蓝图开始形成。1947年3月杜鲁门演讲的特别之处在于，他表明美国做好了自己单干的准备。苏联对杜鲁门演讲的反应很是激烈。苏联政治家安德烈·维辛斯基声称这次演讲是要让当时已经分裂为两大敌对阵营的世界爆发战争。根据驻苏联的美国大使所说，维辛斯基关于美国武力恫吓的讲话在俄国得到了广泛报道，引发了可能将与美国开战的巨大恐慌，到了"家庭主妇排队买糖、囤积更多土豆，并以花钱购买或以物易物的形式获取多余保暖衣物"

第五章 再造帝国

的地步。当时冷战已经开始，在这场战争中，权谋、宣传和文化成为新的作战武器。和丘吉尔在1944年一样，美国人认为恢复君主制作为合法政体是维护希腊国内秩序的最佳方式。自此之后，新的希腊政府依靠军队、君主制和美国的支持实施统治，与其说它是自由民主体制的前哨阵地，毋宁说它是一个反革命政权。这就是为什么民主本身被淡化处理，为美国的介入做开脱。文明成为巩固新大西洋同盟的理由。1952年，希腊和土耳其被纳入"北约"，随后美国在两个国家都设立了有相当规模的军事基地。[19]

美国干预欧洲事务带来的文化影响体现于几个方面。美国的许多大学在20世纪40—50年代开设所谓的"西方文明课程"，对它所承担的全球领导人的新角色做出文化诠释。西方文明必修课程始于"一战"过后哥伦比亚大学和芝加哥大学开设的"名著选读专业"（Great Books programmes），其用意主要是让归国的士兵了解自己为何而战，从20世纪40年代到80年代乃至以后都成为美国高等教育的标准设置。它们的主旨是超越狭隘的民族主义，帮助学生理解美国在战后世界和整部世界历史中的新地位。这些课程将国际史与国家史结合在一起，并强调美国既是西方文明的继承者，也是其守护者的理念。这也难怪批判者嘲讽这些课程是自我感觉良好的由美国改编的西方历史"从柏拉图到'北约'"的故事。因此在英国，全球史的学术研究领域源自帝国史研究，而20世纪50—60年代这些大学的基础课程则成为美国研究全球史的滥觞——其所讲述的西方文明的故事构成了美国版本的世界史。[20]

美国在西欧加大了施加文化影响的力度。美国的机构，譬如洛克菲勒基金会和卡内基基金会，向西欧的高等教育、思想交流和文化外交等领域倾注了大量资金，目的是将美国和欧洲的文化利益捆绑在一起。美国政府在20世纪50年代资助了一系列美国现代艺术展览［展示抽象表现主义艺术家如杰克逊·波洛克（Jackson

Pollock）和马克·罗斯科（Mark Rothko）的作品］，以及爵士乐团巡回演出［包括路易斯·阿姆斯特朗（Louis Armstrong）和迈尔斯·戴维斯（Miles Davis）］，目的是颂扬美式自由、艺术个性和美式生活，所有的一切都被渲染为苏联式社会主义国度古板木讷的现实主义的对立面。1950年，由中情局资助的文化自由协会（Congress for Cultural Freedom）在西柏林创立，其鼎盛时期在35个国家设立了分支机构，是冷战时期美国干预西欧事务的另一个例子。它的宗旨是既反法西斯主义，又反斯大林主义，集中了星光璀璨的作家和艺术家，包括阿瑟·库斯勒（Arthur Koestler）、伯特兰·罗素、卡尔·雅斯贝尔斯（Karl Jaspers）和让－保罗·萨特等文化名人，阐述自由与暴政之间的关系。它的目标是以自由民主和思想自由的名义，帮助满目疮痍的欧洲重建文化。文化自由协会在西欧组织了不计其数的会议与文化活动，并创办了诸如西德的《月份》（Der Monat）和英国的《文汇》（Encounter）等刊物，希望令文化自由主义的反苏宣传深入人心。值得注意的是，它们所运用的话语里没有"欧洲"这个词语，因为它仍令许多知识分子心生反感，尤其是左翼人士。正如上一章提及的丘吉尔的"欧洲运动"所表明的那样，关于欧洲的论述被斥为保守派的计划，旨在阻止社会主义福利政治在西欧的传播。对于许多欧洲人而言，统一的欧洲和统一的欧洲文化这个理念仍让他们联想起法西斯分子的口号，尤其是在法国。正如让－保罗·萨特在1947年所说，欧洲这个词语令人想起了"德国纳粹分子的军靴踏步声"和"奴役与德意志主义的恶臭"。在占领时期，由德国人运作的布鲁塞尔电台（Radio Bruxelles）每晚都以"为了新欧洲"开头的曲子结束广播。西方文明与自由西方反而成为这一时期沟通时首先使用的词语。杜鲁门主义为这个由美国主导的西方新联盟提供了军事保护和文化目的。[21]

美国出手干预希腊内战还在其他方面造成了深远的国际影响，

第五章 再造帝国

这就是为什么它被称为"冷战的第一枪"。首先，它导致斯大林采取强力措施，西欧地区的共产党人和东欧地区的非共产党人都遭到惩罚。1947年，意大利、法国、比利时和卢森堡将共产党人逐出政府，非共产主义的政党在东欧也遭受了类似的命运，两起事件的背后都有两个超级大国从中干涉，虽然它们各自所采取的方式大相径庭。其次，在希腊发生的种种事件令法国和意大利的共产党人意识到单独依靠自己夺权并偏离莫斯科太远所带来的风险。或许最重要的是，这场内战标志着英国的军事力量在欧洲和中东的部署开始步入终结。这是继承英国霸权之战的第一步，因为之前由英国人控制的奥斯曼帝国的土地被新的超级大国接管。美国政府与希腊政府之间的关系是如此紧密，连希腊申请与杜鲁门主义相关的美国援助的文件都是由美国人起草的。结果就是，用挪威历史学家盖尔·伦德斯塔德（Geir Lundestad）的话说，"美国被推上了帝国的王座"，因为西欧人民明确鼓励美国人更加积极地介入欧洲事务。法国的大西洋主义者态度最为坚决，总是以捍卫文明作为联盟的话语。1948年3月，法国外交部部长乔治·皮杜尔恳请华盛顿巩固"旧世界与新世界之间在政治上和军事上的合作，因为双方都负有捍卫宝贵文明的责任"。在1950年后的头三年里，随着美国开始将军事及意识形态的保护伞覆盖至西欧，其防务预算增加至原先的三倍。[22]

美国承担起为作为冷战欧洲新边境的希腊提供保护伞的角色，意味着美国承担起西方文明主要守护者的职责。两年后，"北约"作为新的集体防御机构正式成立，美国打破了长久以来的外交传统，致力于在和平时期与欧洲列强组建军事同盟。但和第三章探讨过的20世纪40年代匈牙利、意大利和西班牙的情况不同，基督教在保卫希腊的任务中并没有起到作用。恰恰相反，此次任务纯粹是冷战期间精心算计的反共行动。那一章讲述了犹太教—基督教文明如何成为欧洲一体化的道德基石，而现在西方文明成为在欧洲处于脆弱无助的过渡时期组建跨大西洋联盟的世俗化话语。

欧洲大陆在"二战"时期的崩溃,以及接下来它被外国强权势力控制的情形,迫使西欧人民以新的方式去考虑主权、政治共同体和欧洲自身的问题。从战争结束到帝国终结这 15 年在战后欧洲的主流叙事中总是被当作尴尬的插曲而被一笔带过,但那是欧洲帝国主义历史的关键时刻。首先,从 1947 年到 1958 年,法国在其殖民帝国上投放了比 1880 年至 1940 年更多的公共资金。虽然 1945 年后对欧洲重新征服海外殖民地的关注总是集中于法国在阿尔及利亚注定失败的殖民统治上,但重建帝国是更宏观趋势的一部分。事实上,战后早期更像是两场世界大战之间事态发展的重演,不能被当作欧盟形成之前的一段异常时期而被轻松地打发掉。早在 20 世纪 60 年代出现的民族解放斗争浪潮之前,欧洲人在亚洲和非洲的新"文明教化使命"就一直在塑造西欧与所谓的第三世界的关系。

欧洲势力重回非洲的一个最经常被谈论的计划是充满争议的欧非共同体计划。它的基本理念是欧洲的各个强权国家将会协调海外的殖民地以加速欧洲的恢复,并堵住与美国打交道时出现的庞大"美元亏空"。整合海外资源的呼吁或许听起来是史无前例的举动,但事实并非如此。欧洲人曾在多个发生骚乱的殖民地区域展开联合军事行动,譬如清朝统治时期的中国。八国联军对 1891 年至 1901 年义和团运动的残酷镇压表明西方强权国家可以——而且确实做到过——在共同利益受到威胁时一起行动。"一战"过后,新创立的"国联"容许帝国主义强权国家展开国际合作,在各个托管地管理殖民地的发展,同时维持帝国主义强权国家与殖民地被统治人民之间等级森严的文化体系。根据"国联"的协定,托管地体系是基于"文明的神圣信任","监督殖民地人民的任务应该交付于先进国家"。对于"国联"而言,帝国、文明与发展之间的关系是密不可分的。[23]

欧洲的殖民主义梦想在两场世界大战之间蓬勃发展，被视为抵御正在兴起的美国强权的必要手段。它与极具影响力的日裔奥地利政治家与知识分子理查德·康登霍维−凯勒奇伯爵（Richard Coudenhove-Kalergi）有密切的关系。他不知疲倦地努力促成欧洲一体化，在1923年创建了"泛欧运动"（Pan-European movement），倡导欧洲统一的事业。对他而言，欧非共同体是从挪威北角（North Cape）直到刚果的地理空间，能为欧洲提供小麦、稻米、玉米、铜、棉花、橡胶以及其他物资。康登霍维−凯勒奇对欧非共同体的愿景诞生于第一次世界大战所造成的后果，尤其是欧洲在世界舞台上的经济衰落。尽管英国和法国这两个帝国的势力实际上在两场大战之间达到了顶峰（这在一定程度上是因为德国从前的殖民地以新托管地的名义被移交给他们），但泛欧洲主义者坚信，整合欧洲的海外资源是巩固欧洲霸权以对付美国和新崛起的苏联的最佳策略。对于康登霍维−凯勒奇而言，欧洲的统一、海外的扩张和欧洲文明的复兴紧密地联系在一起。在他出版于1923年的作品《泛欧》（Pan-Europe）里，康登霍维·凯勒奇声称泛欧是"欧洲文化共同体的政治表达"，一个将苏联排除在外的"西方国度"。在他看来，欧洲文明建立在人文主义、基督教义和种族归属感的基础之上，他甚至表示："欧洲的文化是白人的文化，它源自古希腊罗马与基督教的土壤。"到了20世纪20年代末，他认为欧洲面临严酷的选择，要么拥抱泛欧主义，要么步入战争；他的意思是，如果欧洲人继续自相残杀，那将导致欧洲匆匆告别世界舞台。康登霍维·凯勒奇在出版于1939年的作品《欧洲必须团结》（Europe Must Unite）里进一步发展了这些理念，他声称，欧洲人必须知道全体欧洲人"是一个共同文明的孩子，属于一个共同的种族，来自一片共同的大陆，是共同传统的传承者和共同使命的承担者，永远团结在命运与生活的共同体里"。20世纪30年代，法西斯意大利成为欧非共同体的主要支持者之一。在第二次世界大战期间,这个理念继续鼓励着法国维希政府的欧洲主义者。从30年代起,康登霍维·凯勒奇的泛欧运动得到了许多知名人士的支持,当中包括海因里希·曼、阿尔伯特·爱因斯坦、康拉德·阿登纳、阿里斯蒂德·白里安(Aristide Briand)和温斯顿·丘吉尔。[24]

1945年后,康登霍维·凯勒奇的欧非共同体方案被重新翻出来,成为西欧政策制定者和殖民地当局严肃探讨的话题,他们迫切希望恢复这片大陆的财富。1950年,康登霍维·凯勒奇被授予著名的查理曼奖(Charlemagne Prize)以表彰他倡导欧洲统一的工作,强调"以20世纪的精神复兴加洛林帝国将是迈向欧洲统一的决定性一步"。各个帝国主义强国在战后也认为这个理念具有吸引力。它们如此重视夺回失去的殖民地,部分原因是它们都认为海外领土曾为同盟国的胜利发挥了不可或缺的作用。非洲是欧洲的粮食和原材料的天然储备地这一旧殖民时代的理念再度出现,但现在披上了欧非合作的伪装,从超越欧洲民族国家的脆弱和有限的层面去思考,并想象实现跨地域整合的替代模式。随着1952年马歇尔计划援助的结束,欧非共同体还被视为补充正在急速下降的美元储备的手段。[25]

欧洲各个强权国家对这个计划有不同的反应。英国做出过考虑,但最后放弃了,转而投向大西洋同盟的阵营,将其视为安定繁荣更可靠的来源。法国、荷兰、比利时和意大利对欧非共同体的规划更加热切,许多公共知识分子对这个计划表示热烈支持。譬如,奥地利作家安东·齐施卡(Anton Zischka)在其书名有所意味的作品《非洲:欧洲共同体的头等重要问题》(*Afrika: Europas Gemeinschaftsaufgabe Nr. 1*)中主张法德煤钢合作是迈向开发非洲资源的第一步。齐施卡认为非洲的定位应该是"欧洲的后花园",开发非洲将帮助西欧完成经济与政治一体化,同时对苏联的霸权起到制约作用。类似的观点在西德和法国传播，是在战后新世界重新构建欧洲与非洲关系的更宏观努力的一部分。法国、荷兰和比利时的持保守主义的政策制定者与思想家认为，统一新欧洲的未来将建基于对非洲的共同殖民控制之上。就连臭名昭著的不列颠法西斯联盟（British Union of Fascists）创始人奥斯瓦尔德·莫斯利也将欧洲的恢复与控制非洲资源联系在一起。如他1949年在肯辛顿市政厅（Kensington Town Hall）发表的演讲所说，如果"英国人、法国人、德国人和意大利人的能量"可以"由共同的意愿和目标集中和指引，从地球上最富庶大陆获取财富"，那么"一个新的文明将会诞生"。[26]

欧非共同体的理念与国家规划在法国最为契合。第二次世界大战见证了新的福利政策在非洲的推行，其宗旨类似于1942年英国的贝弗里奇报告（Beveridge Report）。1944年初，"自由法国"在法属赤道非洲（French Equatorial Africa）的首都布拉柴维尔（Brazzaville）举行讨论战后帝国事务的会议，宣布法国殖民政策的目标是"通过提高非洲人的购买力和改善他们的生活水平，确保非洲人的生活更加美好"。1945年，殖民地的人民成为法兰西联盟（French Union）的公民，同年在法属非洲举行了选举，推选进入法国国民议会的直接代表。法国外交政策的方向曾以非洲为中心。正如法兰西第四共和国的一位年轻官员弗朗索瓦·密特朗（François Mitterand）在1957年写道："我们的国家安全与外交政策的中心不是莱茵河，而是地中海。"在当时的其他人，譬如著名的法国历史学家阿尔弗雷德·格罗斯（Alfred Grosser）意识到，法国国家安全的新精神版图是"巴黎—阿尔及尔—布拉柴维尔轴心"，法国的国家安全与西方的防务"似乎都证明了在阿尔及利亚采取军事行动的合法性"。重要的是，法国并不觉得必须在欧洲与帝国之间做出抉择，而是二者可以兼顾。将复兴的帝国、欧洲联邦主义和欧洲文明的输出联系在一起的国家并不止法国。1957年庆祝《罗马条约》签署时,丹麦外交大臣约瑟夫·伦斯(Joseph Luns)声称,"我们坚信",这份条约"令它辉煌的全球文明教化使命得以延续"。[27]

虽然法国和比利时将欧非共同体计划与复兴帝国联系在一起,但对于其他国家而言,它与帝国的衰落联系在一起。荷兰人重塑帝国的努力未几就结束了,在失去印尼这个殖民地之后,阿姆斯特丹寻找着赢得海外市场与影响力的新方式。1947年7月和1948年12月,荷兰发起了两次大规模的军事进攻,尝试夺回曾属于自己的殖民地,但都以失败告终。1945年到1949年,15万荷兰部队在东南亚的作战中节节败退。在冲突中,据估计有5000名荷兰士兵和超过10万名印尼士兵丧生。即便如此,1945年和1946年的荷兰国会辩论揭示了持保守主义立场的基督教政党——譬如罗马天主教国家党(Roman Catholic State Party)和天主教人民党(Catholic People's Party)——在多大程度上仍在大谈强制推行荷兰统治的"使命、责任与召唤(roeping)"。在他们看来,"响应天国的号召,团结荷兰人民与东印度群岛人民",这将会"令两个伟大民族享有自由的国度,并缔造精神文明与物质福祉"。由于印尼共产党领导发动起义并展开卓有成效的游击战,加上美国威胁如果荷兰不给予印尼独立便会中止马歇尔援助,荷兰人被迫承认在前殖民地的失败——印荷两国签署了一份全面协议,印尼于1949年11月成为拥有完全主权的国家(荷兰继续占有新几内亚直至1960年,保住在亚洲推行帝国主义的立足点)。故而,在20世纪50年代初,荷兰成为欧非共同体计划的推动者之一,其外交政策专注于欧洲一体化、与非洲建立联系并在"北约"与跨大西洋秩序中扮演忠实盟友的角色。[28]

欧非共同体计划有一位被遗忘的重要推动者,那就是刚成立的欧洲委员会。我们在第三章中了解到欧洲委员会如何帮助促使欧洲一体化成形,它还坚持纳入西欧在海外的领土成为委员会的成员。

第五章 再造帝国

1952年,它的斯特拉斯堡计划(Strasbourg Plan)阐明将西欧与其海外领土联系在一起构成新的欧非贸易共同体的理念。一位记者指出它意味着"地中海没有理由被视为欧洲大陆与非洲大陆的分界线",因为这片水域可以被视为"其疆域从挪威北部延伸到非洲南部的一块互为弥补的广袤土地上的浩瀚内海",构成"真正的欧非大陆"。到了1958年,有18个非洲国家与欧洲经济共同体缔结了特别关系。1957年的《罗马条约》或许否定了欧洲委员会的欧非共同体提案,但法属与荷属领地,比属刚果以及意属索马里被《罗马条约》授予了会员资格。并不是每个人都对这一新殖民主义协定感到满意,尤其是西德人。但在这件事情上,我们曾在第三章中遇到积极推动欧洲一体化的比利时外交大臣保罗—亨利·斯巴克,他在说服西德人认可1957年《罗马条约》中联合海外领土的原则方面起到了重要的推动作用。[29]

战后重新启动的欧非共同体计划遭到共产主义世界的尖锐批判。苏联谴责这个计划只是用新的话语加以掩饰的欧洲帝国主义。1960年,苏联的《国际事务》(*International Affairs*)月刊刊登了一篇文章,指出非洲正"逐渐沦为帝国主义强权推行集体殖民主义的自留地"。东德的报刊态度尤为激烈,一个重要原因是它为这个社会主义政权提供了机会,去斥责西德的欧非共同体计划只是沉渣泛起的19世纪帝国主义与纳粹党得势时期的"非洲计划"(*Afrikapläne*)。法国与西德提倡的"共同政治阵线"被斥为帝国主义阴谋,意图阻碍非洲解放并破坏非洲与社会主义逐渐升温的外交关系。[30]

欧非共同体计划还得到了一些西欧社会主义者的支持。在英国,欧内斯特·贝文提倡的由英法领导并推行帝国主义的"西欧联盟",是他关于欧洲如何在世界舞台上证明自己是除了美国和苏联之外第三股势力的设想的一部分。1947年的英镑危机(sterling crisis)意味着工党执政的英国希望与法国结盟,共同剥削殖民地以纾缓财政危机。英国对非洲的态度大体上是费边殖民地局(Fabian Colonial Bureau)拥护的"发展式帝国主义"原则的延伸,该机构创建于1940年,大体上是带有社会主义色彩的自主智库,并一直延续到战后时期。法国的社会主义者也支持帝国跨欧洲实施管理,并以20世纪30年代初法德两国在北非的工业合作为先例。法国社会主义者居伊·摩勒(Guy Mollet)支持欧非共同体的理念,明确提出"阿尔及利亚人与法国人携手合作,确保联盟的团结"。在20世纪50年代,法国社会主义者致力于推动非洲的发展而不是独立,部分原因是他们怀疑民族主义能否构成进步的国际政治势力。西欧的其他大部分社会主义政党也支持这类发展政策,但也有人持批判态度。以西德的社会民主党为例,它对欧非共同体计划表示严重关切,甚至为阿尔及利亚的独立进行游说工作。结果就是,欧非共同体计划造成了西欧的社会主义者之间的深刻裂痕。或许更严重的是,该计划使欧洲的社会主义者与其在亚洲和非洲的同志在国家主权的问题上陷入分歧。[31]

了解到这些情况后,你可以想象,1945年后西欧的帝国旧梦将会遭受到来自非洲的领导人、知识分子与政策制定者的一致反对。加纳总统夸梅·恩克鲁玛(Kwame Nkrumah)将《罗马条约》与1885年的柏林会议(Congress of Berlin)相提并论,并说:"后面那份条约表明非洲进入殖民主义时代,而前者标志着非洲迎来了新殖民主义。"几内亚总统塞古·杜尔(Sékou Touré)谴责欧非共同体只是"欧洲对非洲一厢情愿的想法,将非洲当成欧洲的延伸"。突尼斯总统哈比卜·布尔吉巴(Habib Bourguiba)认为法国在阿尔及利亚的战争扼杀了对非洲示以善意的可能性,并阴暗地总结说:"欧非共同体将葬送于阿尔及利亚。"[32]

然而,却有一部分非洲领导人表示支持。一个有力的例子是利

第五章 再造帝国

奥波德·塞达尔·桑戈尔，当时他是来自塞内加尔的（刚通过选举成立的）法国国民议会的代表，后来成为塞内加尔独立后首任总统。在20世纪40—50年代（塞内加尔独立前的15年），桑戈尔将大量精力倾注在支持塞内加尔留在刚刚更名的法兰西联盟里，理由是塞内加尔的最好前途是作为法国联邦的一分子。他最担心的是非洲独立之后会走向巴尔干化，就像第一次世界大战结束后哈布斯堡王朝和奥斯曼帝国陷于崩溃那样。选择加入一个重新改组的欧非同盟是更加明智的选择，我们要记住，新独立的国家很难得到急需的援助，只能向前宗主国求救或小心翼翼地周旋于超级大国之间，为自己谋求利益，许多领导人就是这么做的。整个20世纪50年代，援助大体上仍是双边事务，大型国际机构如世界银行在当时所起的作用相对较小。当时，世界银行只是一个边缘化的国际债权人，1957年时在所有的发展援助中只占据不到5%的份额。直到20世纪60年代末，世界银行才将注意力从工业化国家转移开来。桑戈尔支持欧非共同体的理念，因为在他看来，更加密切的欧非合作是值得进行的探索，但他明确坚持把"海外领土"的人民必须有自己的政治代表作为非洲人参与这个计划的前提条件。在20世纪50年代中期，桑戈尔热情洋溢地说："就人口规模和它所控制的各类资源而言，一个拥有8800万人民的横跨欧非的法国将会成为第一流的国家。"对他而言，将法国从推行帝国主义的共和国改造为民主联邦体制的时机已经成熟。故此，联邦主义提供了非洲国家与法国达成超越民族国家的共享主权体系的可能性。[33]

20世纪50年代，保守主义者对西欧一体化在文化上的愿景仍然很强烈，并帮助创造了不受美国影响的文化空间。到了20世纪50年代末，欧非共同体的理念逐渐淡化，被诸如欧洲经济共同体等更广泛的区域组织和迅速建立的后帝国主义时代欧非双边关系吸纳了。在20世纪40年代末，更加强硬的地区同盟在冷战双方阵营成形,"北约"与"华约"便是最好的例子。作为另一种路径的联邦理念当时在非洲进展很不顺利:夸梅·恩克鲁玛的泛非联盟和利奥波德·桑戈尔的西非联邦都以失败告终。民族国家逐渐被证明是国际秩序神圣不可侵犯的基础,但在当时,这并不是一早便已注定或被普遍期待的事情。[34]

提起超越国家的政治共同体模式,当时人们心中想到的仍然还是帝国。在20世纪50年代关于帝国的国际辩论总是被视为去殖民化的先声,但有必要重新思考当时它是如何与对文明的理解联系在一起的。帝国的现状与未来是50年代联合国的关键话题,直到多年之后,第三世界的声音和议程才在联合国里占据主要地位。历史学家马克·马佐尔(Mark Mazower)曾说,在初创时期,联合国(就像它的前身"国联")倾向于捍卫欧洲帝国的领土,而不是向它们提出挑战。一直被忽略的是,旧时帝国与文明之间的联系在当时如何遭到质询。[35]

在20世纪50年代中期,来自拉丁美洲、印度、苏联和几个非洲国家的联合国代表提出反对帝国主义的意见。战后帝国的复辟与战时受到普遍拥戴的自由主义价值产生了矛盾,尤其是《联合国宪章》的原则。英国和法国坚持要在《联合国宪章》中加入无耻的"殖民地条款",该条款坚称海外的殖民地不在该宪章致力倡导的平等与公正之列,这成为苏联与其盟友攻讦的口实,在联合国成立初期的大会上向西方提出挑战。这些批判意见总是以人权的话语加以表述。1950年,一位来自波兰的联合国代表直斥西方的虚伪,他表示那些国家之所以坚持要加入殖民地条款是因为"它们希望维持殖民地的弱势地位,并实施压迫和肆意剥削"。1951年,埃及和印度以人权的话语羞辱控制摩洛哥的法国人,表达反对帝国主义的态度;来自菲律宾和智利的代表要求西方必须终结其文明教化使命。[36]

第五章 再造帝国

两个新的超级大国介入了这场纠纷,情况对于欧洲的帝国主义国家而言很是尴尬。毕竟,美苏都表明自己在国际社会里承担着反殖民主义的任务。一方面,美国骄傲地认为自己是世界上第一个成功反殖民统治的国家,并为世界范围内的反殖民统治事业提供帮助;另一方面,自20世纪20年代起,苏联就骄傲地发起了反帝国主义运动,并在原则上支持所有国家实施自决。当然,这两个国家的所作所为与它们奉行的方针大相径庭(关于苏联的情况将在第八章进行探讨)。在苏伊士运河危机中,美国曾与贾迈勒·阿卜杜勒·纳赛尔(Gamal Abdel Nasser)统治的埃及一同反对英法两国,但除此之外,在20世纪50年代关于帝国的辩论中,华盛顿都支持其西欧盟友。1952年埃及爆发革命之后,艾森豪威尔总统先是为埃及提供军事支持,但很快就改变了心意,据说原因是丘吉尔的一个电话。这位英国前首相对艾森豪威尔总统说:"我亲爱的朋友,难道你的白宫任期将以提供武器给埃及作为开始吗?那将是对在解放欧洲的伟大战役中曾由你指挥的昔日战友倒戈相向。"尽管艾森豪威尔曾高声表达自己"站在当地人民这一边"的愿望,但他继续向"北约"的盟友示以忠诚,因此再也没有公开批评盟友在殖民地的所作所为。在1949年时,美国官员认为欧洲的殖民地对于欧洲复兴计划而言非常重要,因为它们将有助于帮助解决西欧与美国进行交易的收支逆差问题,并提高非洲经济的生产率。和其他殖民国家一样,华盛顿逐渐意识到西欧的经济恢复依赖于非洲的物质发展。其结果就是,艾森豪威尔政府从未在联合国中投票支持非洲的独立或自决运动,而且倾向于支持在非洲陷于困境的欧洲盟友,包括比利时和葡萄牙。譬如说,在1960年5月出访里斯本时,艾森豪威尔明确表态支持其"北约"盟友——受国际社会鄙夷的安东尼奥·德·奥利维拉·萨拉查(António de Oliveira Salazar)的政权,并表示两国政府"同心同德,精诚合作"。[37]

鲜为人知的是，联合国成了为帝国辩护的重要论坛，他们以欧洲文明的话语为遭受猛烈批评的现状辩护。到了20世纪50年代末，法国和英国对联合国新成员的思想转变感到气愤，包括旧时的文明话语正成为指控和嘲讽的对象。1956年，一位法国官员轻蔑地说这些"新加入的国家妄想审判我们被横加指责、处境艰难的文明"，目的是"羞辱他们从前的主子，将其仅剩的海外领土剥夺殆尽"。[38]

艾伦·伯恩斯（Alan Burns）爵士是为帝国辩护最卖力的人士之一，在1957年出版了《捍卫殖民地》（In Defence of Colonies）。从1941年到1947年，伯恩斯曾担任黄金海岸（如今的加纳）总督，此前曾在英国殖民地公职机构任职数十年。从1945年到1955年，他担任英国在联合国的代表，在那些会议里亲耳听到对大英帝国的批评。战后的第一个十年见证了英国在非洲急剧的殖民扩张，其特征是一些人所谓的专制发展主义（repressive developmentalism）。在那一时期，英国的殖民地工作人员增加了45%，其中三分之一是开发专家。它的官僚机构也随之膨胀，尤其是农业、林业和土地测量部门，在法国的殖民地如几内亚也有类似的趋势。更重要的是，英国殖民地部对联合国的风向转变以及它对殖民主义的高调批判逐渐感到不安。希尔顿·波因顿（Hilton Poynton）爵士从1959年到1966年担任殖民地部的常务次官，他担心"龙蛇混杂的国际会议"或许会令大英帝国遭受质疑。和所有联合国的成员国一样，英国也同意《联合国宪章》的内容，里面规定所有"负责管理的国家"须提交报告，听取请愿并接受探访托管领土的使团，同时为它们的独立做好准备。这意味着其主权可能会受到冒犯，但1956年的苏伊士运河危机改变了国际社会对大英帝国的道德观感。英国—法国—以色列三国联合展开入侵埃及的军事行动，但以失败告终；当时还发生了苏联入侵布达佩斯事件，许多联合国成员国和世界各地的反殖民主义批判者对英国、法国和苏联人的帝国主义侵略行径纷纷予

第五章 再造帝国

以道德上的谴责。[39]

伯恩斯的作品是对英国管治不当这一指控的反击,并反过来斥责他的批评者奉行逆向种族主义。"反殖民主义只是强烈的种族主义情绪的掩饰,"伯恩斯在开篇便大胆地说,"一种逆向的肤色歧视,反映了深色人种对过去由欧洲国家统治的世界的反感。总之,'反殖民主义'是基于情感而不是基于理性。"接着他维护英国的殖民统治记录,称虽然"它远远谈不上完美无瑕",但"还算是差强人意"。在他看来,联合国里对大英帝国的批评者都是不知羞耻的伪君子,"他们的政府是最臭名昭著的、推行暴政的、低效无能的、腐败不堪的政权",他接着说,"苏联对外扩张的受害者"比英国殖民地的人民失去了更多自由,而比起英国附属领土的人民,"美洲的印第安土著在自己的国家并没有得到更好的待遇"。联合国的辩论令伯恩斯感到尤为愤怒的,是他所说的"海水谬误"(Salt Water Fallacy),即"一个国家在陆地上推行扩张,将其他人种与民族生活的大片领土并入自己的版图是值得称赞的丰功伟绩,而通过海洋拓展一个国家的领土却被污蔑为'帝国主义殖民'和'对受统治民族的压迫'"。他补充说:"如果我们承认苏联对其境内广袤领土拥有'单一主权'",那么"我们同样必须坚称英国的殖民帝国虽然被海洋分隔开来,但它和苏联一样,是单一的国际实体"。同样令他恼火的是,"英国在过去一直致力于引导受他们保护的落后民族迈向文明、繁荣与自治,却被视为残暴无道的帝国主义者"。[40]

在联合国里,大部分的攻击火力针对的是其他殖民国家。遭受抨击最厉害的是比利时,乍一看或许它不大可能是敌意的焦点。在第二次世界大战之前,比属刚果是比较小的殖民地,殖民者的人数并不多——在1930年只有1.7万人,到了1934年降至1.1万人——在国内并没有多少人表示支持或感兴趣。但在战后,比利时在刚果投入了更多的人力与金钱,希望借此重振比利时的经济。大量的国家投资被用于刚果的社会基础设施,尤其是在教育和医疗领域,原本这两个领域只有基督教传教士在提供服务。殖民者的数目也增加了,从1947年的2.4万人增加到1959年的8.9万人。1955年,比利时国王博杜安(Baudouin)御驾出巡殖民地,展现贤明君主的正面形象,在殖民地首都向7万民众宣布"比利时和刚果是同一个国家"。在比利时政府的眼中,殖民地的现代化与博杜安所说的"比利时的文明教化角色"并行不悖。刚果是比利时人誓要保护的重要投资与宝贵资产(尤其是它的铀矿)。[41]

在20世纪50年代初,比利时再度复苏的殖民政策受到密切关注。比利时共产党和刚果天主教的枢机主教团支持刚果独立。但最令比利时难受的是国际舆论的批评,比利时派出精英外交官团队在国际舞台上为其殖民政策辩护。1953年,比利时政府出版了一本名字带有明显意味的宣传册《文明的神圣使命:利益应延伸至哪个民族?》(*The Sacred Mission of Civilization: To Which People Should the Benefits Be Extended?*),向国际社会为自己辩护。在这场辩论中,杰出的比利时政治家和政府代表纷纷在联合国发表演讲。比利时外交大臣保罗·范·泽兰(Paul van Zeeland)提出所谓的"比利时论点"(*thèse belge*),其主旨是比利时不仅遵守了《联合国宪章》,而且在开发刚果的物质财富方面做出了巨大贡献。范·泽兰和其他人抱怨比利时遭到了不公平的指责,并声称联合国过于同情亚洲与非洲的民族主义事业。和伯恩斯一样,他们指出大部分国家的疆域里都有欠发达的民族和地区,因此每个国家都应该受到同样的批评。[42]

两位资深的比利时驻联合国代表费尔南德·范·朗恩霍弗(Fernand van Langenhove)和皮埃尔·里克曼斯(Pierre Ryckmans)在接下来出版的作品里援引文明的话语作为辩护。1954年,范·朗恩霍弗出版了篇幅达100页的名为《联合国成立前的土著问题:比利时的论点》(*The Question of the Aborigines Before the United Nations: The Belgian Thesis*)的宣传册。资深外交官、联合国安理会前主席范·朗恩霍弗再度引述19世纪的话语，声称"文明国家对落后土著人民的责任不只是提供保护，还是教化文明"，"以这些民族的福祉与进步为依归"。范·朗恩霍弗抱怨新独立的非洲国家在殖民世界煽动好战的民族主义，妨碍了文明教化的责任，当中包括"将最卑贱的土著从被奴役的状态中解救出来，让他们免于贫困和被彻底灭绝的威胁"。在同一年，比属刚果的前总督和联合国托管理事会（Trusteeship Committee）的比利时代表皮埃尔·里克曼斯向联合国提交了《比利时的报告》(*Report from Belgium*)，公开为比利时在刚果的主权辩护，针对的是国际劳工组织（International Labor Organization）在前一年出版的谴责性报告《独立国家的原住民的生活与工作状况》(*Living and Working Conditions of Aboriginal Populations in Independent Countries*)。对于里克曼斯而言，这本"糟糕的读物"荒谬地声称刚果人民的生活标准远远不如比利时本土的人民。他也援引19世纪的话语进行反驳，提醒他的听众"从前的刚果只不过是一片遍布各个部落的沼泽，大部分人和亚马逊盆地的丛林种族同样落后"。接着他说："直到白人的来临，这片大陆才终于第一次领略和平——自此之后，刚果的和平便一直未被打断。"由于比利时尽到了照顾的责任，如今到刚果旅游的人见到的是"接受了教育和文明教化的土著居民"。不出意外，这番言论激起了国际社会的强烈反对。虽然英国和法国礼貌地向比利时盟友表示支持，但布鲁塞尔因为捍卫帝国统治的立场而逐渐遭到孤立。但在20世纪50年代，这并没有阻碍比利时的内阁大臣在本国和国际场合坚称"仓促推行的自治"对于刚果、西方和联合国本身而言将会意味着灾难。[43]

　　许多批评还指向联合国的一个新成员：葡萄牙。葡萄牙是欧洲最古老的帝国，其海外扩张可以追溯至1415年吞并北非的休达（Ceuta），这时还占有安哥拉、莫桑比克、佛得角、中国澳门和帝汶（Timor）。自1932年担任总理之后，安东尼奥·德·奥利维拉·萨拉查便致力于建设他的"新国家"（*Estado Novo*），一个威权体制政权，宗旨是令葡萄牙走向现代化和加强它与各殖民地之间的联系。萨拉查通过学校课本、演讲和节日庆典大肆宣扬葡萄牙帝国的光荣和文明教化使命，歌颂葡萄牙对文明和传播基督教的贡献。1945年后，他加紧实施殖民政策，开启了以福利殖民主义、天主教宣教和强力军事控制为基础的新改革时代。和法国人与比利时人一样，新的重点落在政治同化与经济整合上，它们被视为确保帝国得以延续的最佳手段。1953年，萨拉查在安哥拉和莫桑比克启动了充满野心的经济扩张六年计划，兴建了许多公路、铁路、港口、酒店和工厂。随之而来的是，葡萄牙移民至非洲领土的人数在1950年至1960年猛增至10万人。在那个十年里，政治警察、平叛民兵和海外驻军的规模急剧扩张，官员、行政管理者、技术规划者和情报人员也大大扩编。教会和传教组织也实现了现代化，被视为配合殖民官僚阶层的文明教化使命的强大助力。[44]

1955年12月14日，这个伊比利亚半岛国家被接纳进联合国，随后它的殖民政策遭到印度、苏联和其他国家的猛烈抨击。1956年2月，联合国秘书长致信葡萄牙政府，质询安哥拉和莫桑比克这两片"非自治领土"的福利状况。在接下来的联合国辩论里，伊拉克、加纳、印度和摩洛哥牵头就殖民统治记录向葡萄牙发难。葡萄牙的代表对这一粗暴态度感到震惊，反复重申葡萄牙已经建立起"世界上唯一成功的多种族文明"。葡萄牙并没有预料到会在联合国遭到批评，因为直到20世纪50年代中期，西方一直在支持萨拉查的政权。美国在偏僻的亚述尔群岛建立了军事基地，作为战略性军事补给站，应对可能会发生的需要向欧洲、非洲和中东快速调遣军队的情况，

第五章 再造帝国

并保证会支持葡萄牙。里斯本分别于1946年、1948年、1951年和1957年谨慎地就建立这些军事基地的权利进行谈判以换取政治保护,结果就是,葡萄牙巩固了自己在冷战期间南欧的美国势力范围中的地位。萨拉查的政权还加入了马歇尔计划和"北约",得到了经济援助、军事保护以及盼望已久的国际认可,尤其是经历了1946年苏联投票否决葡萄牙加入联合国的申请之后。[45]

为了制止国际社会的强烈抗议,葡萄牙政府出版了《联合国与葡萄牙:反殖民主义研究》(*The United Nations and Portugal: A Study of Anti-Colonialism*)为自己辩护。该书的作者是阿尔贝托·弗兰科·诺盖拉(Alberto Franco Nogueira),曾担任驻伦敦总领事,后来在1961年至1969年的动荡时期被萨拉查任命为外交部部长。诺盖拉为萨拉查的政策套上了学术思想的外衣,以文明的话语为葡萄牙的帝国主义政策辩护。关于葡萄牙的争议其核心问题是对《联合国宪章》第七十三条关于"尚未臻自治之充分程度的领土"的解读,该条约阐明各成员国必须"接受以充分增进领土居民福利之义务为神圣之信托"。这看起来又是一条乏味的法律条款,事实上,它继承自1920年的《国际联盟盟约》(League of Nations Covenant)中关于各成员国"文明之神圣信托"。虽然在两次世界大战之间,这则条款被用于帮助巩固帝国统治,但联合国的反殖民主义拥护者(由印度和苏联领导)对它重新进行了诠释,要求所有控制殖民地的国家必须向负责审查的联合国委员会提交良好管制的证明。诺盖拉反驳说葡萄牙不会服从这一要求。他声称葡萄牙在1951年修改了宪法,参照英联邦和法国联盟的方针,将其殖民地列为"海外省份"。这意味着从技术层面上说,葡萄牙并没有"非自治领土",从而将葡萄牙的海外领地变成内政事务,就像阿尔及利亚之于法国。诺盖拉还声称根据葡萄牙的法律或葡萄牙语的含义,"文明"与"蒙昧"并没有严格界限,生活在海外领土的全体人民都得到作为葡萄牙人的同等待遇。[46]

在联合国大会的辩论上,葡萄牙将自己打扮为受害者,被不公正地控告种族歧视。它在联合国的代表指出印度的种姓制度否定了绝大多数本国人口的"人权",而且没有人反对苏联这个"人类历史上规模最大而且最为残暴的专制殖民国家"的种种行径。其他葡萄牙行政人员指出葡萄牙海外领土的"生活方式保护了普世价值",虽然它的殖民统治记录正遭到联合国的第三世界"部落联盟"(tribal allegiance)在"专制种族主义"(despotic racialism)和不负责任的心态煽动下的诽谤。因此,他们坚称葡萄牙应该受到表彰,因为它为其领土带去了"基督教人道主义",承担起了文明教化使命。[47]

许多知识分子介入并鼓吹葡萄牙文明教化使命的种种优点,其中最重要的人物是巴西著名社会学家吉尔贝托·弗雷尔(Gilberto Freyre)。弗雷尔是拉丁美洲重要的思想家,曾在哥伦比亚大学师从法兰兹·鲍亚士(Franz Boas),他在1933年出版的人类学著作《主人与奴隶》(The Masters and the Slaves)是其最广为人知的作品。这是关于巴西的人种与文化影响深远的研究,支持了黑人文化遗产在巴西发挥的作用,证明葡萄牙在巴西的同化政策是成功的。原本抱有左倾人类学思想的弗雷尔在态度上逐渐转向保守主义,很快他便成为萨拉查推行帝国主义政策的捍卫者。在他的作品中,他发明了"葡萄牙热带主义"(Luso-tropicalism)一词,用于诠释葡萄牙在热带地区的独特存在。在他看来,葡萄牙的帝国主义与其他欧洲强权国家的帝国主义有所不同,因为它更加着重于一种更具融合性的文化同化模式,将本土文化融入更高形式的文明之中。弗雷尔将罗马天主教同化非基督教信徒与葡萄牙自身在热带地区的政策做类比。因此,葡萄牙热带主义是一种杂糅的文明,将前殖民时代与前基督时代的元素融入欧洲文化中。对于弗雷尔而言,在非洲和拉丁美洲发生的葡萄牙文化与土著文化和谐共融这一情况与其他欧洲帝国主义政权的情况形成了鲜明对比,后者倾向于将土著文化在农业、医药与艺术方面的表达形式统统扫除。对于弗雷尔而言,其他欧洲强权国家如今"正退出热带地区"并非出于巧合,而是因为它们从未孕育出符合现代文明的"精神"与"活力"。他争辩说,只有葡萄牙人做到了将欧洲人的价值观在热带地区加以调适,造就了成功的多种族社会,其文化价值理念超越了种族和民族。在国际社会对里斯本的海外霸权逐渐感到不满时,为葡萄牙辩护的人士总是会引述弗雷尔的作品。[48]

对西欧帝国主义的批评还有另一个源头:教会。正如第三章中提到的,在 20 世纪 50 年代,天主教和新教的神学家致力于构筑联合各个教派的新的共同阵线;但鲜为人知的是,挑战西方文明的传统观念成为他们共同关心的问题之一。在教会领导人和平信徒作家眼中,西欧联盟和去殖民化是对欧洲民族主义和帝国主义倒行逆施的合乎情理的历史回应。帝国在道德上站不住脚,全球的基督徒在非洲和亚洲发展信徒时从一开始便放弃教会与帝国主义政治之间的联系。在 20 世纪 30 年代,有一些新教神学家和传教士曾讨论过将基督教与欧洲的文明教化使命做切割,这清楚地体现于 1938 年在印度塔姆巴拉姆(Tambaram)举行的国际传教理事会(International Missionary Council)会议的记录中。而 20 世纪 60 年代的去殖民化浪潮强化了基督教反帝国主义动员的号召。这场运动的领导人是坦桑尼亚姆万扎(Mwanza)的荷兰籍天主教主教约瑟夫·布罗姆乔斯(Joseph Blomjous)和苏格兰长老会主教莱斯利·纽毕真(Lesslie Newbigin),两人都主张非洲和亚洲新国家的出现意味着基督教必须改变宣教方式,并为了基于和平、泛基督教主义和文化多样性的新普世基督教,切断它与西方文明的世俗暴力存在已久的关系。1960 年,厉行改革的教宗若望二十三世(John

XXIII）朝这个方向迈进，创建了促进基督教团结秘书处（Secretariat for Promoting Christian Unity），作为1961年第二次梵蒂冈大公会议准备工作的一部分。5年后，布罗姆乔斯和纽毕真创建了社会、发展与和平委员会（Committee on Society, Development and Peace），以新的精神协调各大基督教慈善团体和传教组织的工作，不让基督教与殖民活动沆瀣一气。现在是去殖民化，而不是帝国，代表了基督使命的实现和欧洲的道德重生。基督教的思想家认为，欧洲联邦主义和放弃海外领土是全新的、面向全球的、经过改造的基督教文明的双重表述，或许最明确表达这一理念的作品是瑞士作家丹尼斯·德·鲁热蒙（Denis de Rougemont）出版于1963年的影响深远的作品《欧洲的意义》（The Meaning of Europe）。虽然你能察觉到它仍带着家长作风，这体现于诸如"确实，欧洲在政治上撤退了，但与此同时，我们的文明正逐步被弱势的国家接受"等语句，但这些作品反映了切断基督教与欧洲的旧文明教化使命之间联系的宏观努力，希望将基督教文明的使命置于新的道德基础之上，超越教派信仰和旧时帝国南北之间的分界线。因此，联合国并不是唯一在与西欧的各个帝国做斗争的重要非政府组织。[49]

　　历史并不站在西欧的帝国这一边。葡萄牙对帝国的辩护被塞内加尔的联合国代表斥为"智力上的花招"，突尼斯的代表则斥之为"早有预谋的失职"，加纳代表甚至表示在非洲的殖民领地需要进行一场"根治性手术"。非洲国家的抗争运动得到了共产主义国家以及欧洲非殖民国家如瑞典和挪威最坚定的支持。苏联人利用这次冲突指责萨拉查在安哥拉的"种族灭绝战争"得到"其'北约'盟友的支持与协助"。到了20世纪60年代初，各个殖民领地爆发了反葡萄牙的民族主义运动——在安哥拉，游击战进行了数年之久；葡属几内亚局势动荡不安。安哥拉和莫桑比克的反葡萄牙运动得到了非洲各个独立国家的支持，民族主义游击队在阿尔及利亚、突尼斯和

第五章 再造帝国

马里受训。虽然这些起义遭到葡萄牙武装力量的镇压，虽然里斯本鼓励白人殖民者抵制非洲人的不满情绪，但争取独立的起义最终取得了胜利。欧洲第一个也是最后一个海外帝国在1975年宣告解体，结束了葡萄牙帝国主义在热带地区长达500多年的殖民统治。[50]

20世纪欧洲历史书写中流传最久的神话是，这个世纪可以被清晰地划分为两半，前一半的内容是战争、革命和大规模暴力事件，而后一半的内容则是相对的和平与繁荣。这一粗陋的诠释只让我们了解到1945年后帝国的重建，根本没有提及南欧延绵不断的内战（希腊）、法西斯主义肆虐（西班牙）和威权主义统治（葡萄牙）。第二次世界大战导致西欧各国及其帝国陷入停顿，在此之后，法国、荷兰和比利时希望通过夺回海外的帝国领地，借此摆脱曾被纳粹占领的阴影。它暴露了西欧再度推行文明教化使命的黑暗面，诸如它对外推行帝国主义，并在纳粹德国投降之后重新划定疆域和塑造国家身份。

文明这个意义不断在改变的词语反映了这些历史转变。虽然第三帝国的溃败或许摧毁了法西斯主义、战争与文明之间的联系，但和平时期西班牙和葡萄牙的威权统治政府继续标榜自己是在推行天主教的传教使命，尤其在葡萄牙统治的殖民地。文明依然是比利时和葡萄牙等国家推行帝国主义霸权和享受特权的保护伞，因为这些饱受抨击的欧洲帝国迟迟未能意识到世界正在发生怎样的改变。关于帝国与文明的激烈辩论促进了联合国从战时同盟转变为和平时期的国际政治仲裁者，成为主理新旧势力以及帝国主义与反帝国主义之间冲突的机构。到了20世纪60年代，文明的话语与去殖民化事业的关系越来越紧密。不仅冷战的范围扩大至南方世界，重塑文明作为反帝国主义斗争的一部分也蔓延到了那里。

1945年后出现的新情况是文明如何被用来保障立基于共同的历

史与身份之上的由美国领导的大西洋同盟。它是美国在和平时期实施扩张和履行对西欧承诺的一部分,美国使命的世俗化意识也起到了推动作用。西欧文明的美国化标志着它严重偏离了在先前的章节里我们已经探讨过的对于文明的理解。在1945年,对于许多观察者而言,文明意味着失落、怀旧和战前欧洲的梦想,西欧联盟的军事化将文明这个词语从防御性转变为进攻性,将地缘政治策略与崇高的道德主旨相结合。希腊内战成为将帝国与文化使命相结合的样板,影响了美国的外交政策长达数十年之久。譬如在1950年,朝鲜向韩国发动进攻之后,杜鲁门宣称"韩国就是远东的希腊",他还表示"如果我们像3年前在希腊那样勇敢地面对他们,那他们就休想占据整个东方"。在对越南的关系上,美国驻联合国代表亨利·卡伯特·洛奇(Henry Cabot Lodge)后来表示:"我们自由世界在希腊赢得了胜利,我们也能在越南获胜。"约翰·F.肯尼迪(John F. Kennedy)总统也将越南战争与"在希腊和亚洲与共产主义游击队的长期斗争"联系在一起。美国国防部部长唐纳德·拉姆斯菲尔德(Donald Rumsfeld)和乔治·W.布什政府之所以会援引1945年后盟军占领德国的例子,作为在始于2003年的第二次伊拉克战争后占领伊拉克的前例,正是沿袭了这一思路。对于经历了"9·11"事件后寻求新的道德使命的美国政策制定者而言,20世纪40年代的辉煌成功可以被作为现成的参照和历史指导。但下一章将会探讨的问题是,在这数十年里,随着去殖民化时代的到来,文明的话语被非欧洲人从根本上改变了。[51]

第六章

去殖民化与非洲文明：加纳、阿尔及利亚和塞内加尔

1957年3月6日，在阿克拉的旧马球场，加纳的首任总理，后来成为首任总统的夸梅·恩克鲁玛在超过10万名观众面前宣布，这个国家等待已久的独立终于实现。自1951年以来，恩克鲁玛一直带领大会人民党（Convention People's Party），在20世纪50年代以"自治政府，就是现在"作为动员口号，鼓舞黄金海岸的群众投身政治行动。50年代初，他曾因煽动革命被英国政府关进监狱，这段经历抬高了他作为正统非洲民族主义者的地位。1945年，泛非大会（Pan-African Congress）在英国曼彻斯特举行，恩克鲁玛帮助撰写了《致全世界殖民地人民的呼吁》（Declaration to the Colonial Peoples of the World）一文，宣称"所有民族都拥有实施自治的权利"。他还宣称只有在"得到政治自由的情况下"，殖民地的人民才能"和真正的文明国家一样"制定自己的经济计划和社会立法。在1957年，这一刻终于来临。[1]

虽然在大约6个月前，加纳就已经与英国政府就要求独立的动议达成一致，但这一刻是移交主权的庄严时刻。随着午夜钟声敲响，

268 米字旗被庄重地降下，在民众热情洋溢地高呼"自由"的喝彩声中，象征加纳新政府的红绿金三色国旗徐徐升起。恩克鲁玛宣布："今天，从现在开始，一个新的非洲国家来到这个世界，那个新的非洲国家做好了自主奋斗的准备，要向全世界证明，黑人终归能够管理好自己的事务。"他继续说道，"我们已经赢得了这场战争，我们将再度投身于解放非洲其他国家的斗争，因为光是我们获得自由并没有意义，除非它与整个非洲大陆的全面解放联系在一起。"恩克鲁玛发表完演讲之后，为时一分钟的静默表达了对这一时刻的尊崇，接着乐队演奏起加纳国歌。[2]

加纳是撒哈拉以南非洲第一个赢得独立的国家，因此，在接下来的十年里，它在去殖民化运动中占据着特殊地位。在现场的记者以史诗般的笔触描写此次盛会。阿克拉的主流日报《每日写真报》（Daily Graphic）预言加纳将会"成为全世界殖民地的典范"，"向它们表明有一条和平的独立之路，赢得自由的方式不是靠炸弹，而是靠头脑"。非裔美国作家理查德·赖特（Richard Wright）写道，加纳类似于"新非洲的试验计划"，为全世界人民所瞩目；出生于特立尼达的著名记者乔治·帕德莫尔（George Padmore）盛赞加纳是非洲的模范国家，以独特的方式将"黑人民族主义与社会主义"结合在一起。庆祝独立时适逢马丁·路德·金（Martin Luther King Jr.）与当时的美国副总统理查德·尼克松的第一次会面，当时马丁·路德·金语带嘲讽地说："我很高兴在这里与您见面，但我希望您到亚拉巴马州探望我们，我们还在那里寻找黄金海岸已经在庆祝的自由。"对于许多支持者而言，加纳标志着一个历史学家所说的"一个摆脱了殖民地统治和资本主义压榨的历史包袱的新文明诞生"，它昭示着新世界的来临。[3]

269 但是，尽管自治带来了新奇感与兴奋感，但过渡时期有着种种棘手的问题要处理。在出版于1963年的作品《非洲必须团结》

第六章　去殖民化与非洲文明：加纳、阿尔及利亚和塞内加尔

（*Africa Must Unite*）里，恩克鲁玛回忆了移交主权时对国家前途的陌生感。重新定义加纳身份的困难，"似乎可以用具有象征意义的空荡简陋来概括，当我们正式搬入克里斯蒂安堡（Christiansborg Castle）时，我与我的同事们遇见的正是这种空荡简陋，那里原先可是英国殖民政府的官邸。我们走过一个又一个房间，这里普遍的空旷令我们惊诧莫名。"他继续写道："除了零星几件家具之外，根本没有什么东西表明就在几天前，还有人在这里生活和工作。似乎有人意图切断过去与现在的所有联系，不让我们找到新的方向。这是一则隐秘的暗示：当我们拒绝了过去，现在我们只能靠自己去开创未来。"在接下来的内容里，恩克鲁玛安慰他的读者（或许是在安慰他自己），表示"我们加纳人在制定属于自己的计划，并将坚定不移地帮助我们的人民过上更加文明和更高水准的生活，靠我们自己的努力，我们能够取得胜利"。虽然这些关于一穷二白时期的历史回忆是在事情过去许久之后才写的，而且在一定程度上是为了证明他带有争议的政治选择的正当性，但它们确实引起了对各个新成立国家错综复杂的诞生情形的关注。加纳并非独一无二的例子，因为法属非洲的部分地区也经历了相似的命运。譬如说，1958年，戴高乐曾提议提高法国联盟内部非洲殖民地的自治程度，几内亚是唯一表示拒绝的非洲殖民地，并以投票表决的形式争取独立。投票结束后，法国的殖民地技术人员和文职官员接到指示，立刻撤离几内亚，接着破坏了殖民政府的所有残余物品，以惩罚几内亚令他们措手不及的反抗。新的几内亚总统塞古·杜尔曾有过与恩克鲁玛同样的感叹。1959年11月，杜尔在伦敦的皇家国际事务研究所（Chatham House）发表了演讲，他也表示："没有留给我们任何东西，连一份文件也没有，甚至连法典也没留下。"类似的情况还发生在肯尼亚，大部分相关文件被送回伦敦，据说还有一部分文件被丢进海里；同样的事情也发生在阿尔及利亚，经过与法国漫长的战争之

后，阿尔及利亚独立，法国殖民政府将行政档案运回本国，一直保存至今，此事依然令法国与阿尔及利亚心存龃龉。[4]

即便如此，当这些新的领导人致力于开拓新的未来时，这些国家与被欧洲殖民的过去依然有着强烈的延续性。这个令人不安的历史传承影响了当时亚洲和非洲所有新独立的国家，无论这些国家是以战争还是和平的形式取得独立。而且它还得面对另一个同样困难的挑战，那就是重振——或者应该说是重塑——本土的文化传统作为政治合法性的基础。本章探讨的是加纳、阿尔及利亚和塞内加尔如何构建新的国家身份，一定程度上是基于将前殖民时代的过去与后殖民时代的现在相结合。乍一看这似乎很奇怪，因为在后殖民时代的非洲，许多学术研究在现代性和现代化的领域里进行，而且独立之后各个领导人并不抗拒运用大型现代技术项目——最著名的例子是埃及的阿斯旺大坝（Aswan Dam）和加纳的沃尔特大坝（Volta Dam）——以展现即将到来的现代化和期盼已久的与殖民历史的决裂。相比较而言，文明的概念在当时（现在依然如此）总是被视为来自不愿回首的殖民历史的尴尬残余。

尽管如此，帝国终结之后，文明的话语仍在20世纪60年代继续影响着欧洲与非洲的文化联系，并被非洲的反殖民主义精英采纳以实现新的政治目的。虽然文明的话语曾长期被用于证明欧洲的扩张和帝国主义统治的正当性，但现在它被新成立的非洲国家利用并重塑，以推行反帝国主义、不受欧洲控制的主权和国家认同的意识形态。众所周知，中国和印度拥有古老璀璨的文明，许多个世纪以来为国际观察者所承认。然而，非洲除了埃及之外，其他国家并没有得到类似的承认，因此，在经历了去殖民化运动之后，对于这些曾是欧洲殖民地的国家而言，非洲文明独立自主而且拥有同样活力的主张就有了高度的政治意义。这些声明帮助巩固了后殖民时代新成立的加纳、阿尔及利亚、塞内加尔三国作为扎根于历史的现代政

第六章 去殖民化与非洲文明：加纳、阿尔及利亚和塞内加尔

体的合法性。这三个例子或许有很大的区别——一个是英语国家，另外两个是法语国家；一个曾受英国奉行间接统治的信条影响，另外两个则被法兰西帝国的共和主义影响。其中两个经历了和平的政权移交，另外一个则卷入了近十年的血腥斗争。但在每一个案例里，文明这个一直以来饱受诟病的词语都成为最称手的辩论武器，被调转矛头用来攻击从前的欧洲宗主国，并重新定义非洲与欧洲的关系。欧洲的意识形态如何并在何种程度上被移植到非洲，是非洲人当时考量的主要问题。

恩克鲁玛希望恢复长期以来遭到诋毁的非洲传统，借此克服文化断裂的感觉。首先，他将国名从黄金海岸改为加纳，以展示这片地区古老的非洲阿肯帝国（Akan empire）的重生。恩克鲁玛是坚定的民族主义者和非洲政治联盟的支持者，热切地希望构筑奉行不结盟主义的文化认同。在20世纪50年代末，加纳举办了一系列泛非会议，目的是复兴在两次世界大战之间便已产生的非洲大团结的梦想。在50年代末，加纳和几内亚结成非洲第一个后殖民主义时代的联盟，两国各自以维护联盟的名义，让渡一部分领土主权。加纳新总统将意识形态与个人统治风格相结合的做法是如此独特，以至于时人创造了一个新词：恩克鲁玛主义（Nkrumahism），它被理解为加纳民族主义、非洲社会主义和泛非主义的结合。[5]

恩克鲁玛对国家的文化事务和构建加纳的新国家认同非常关心。他亲自监督多个文化机构和博物馆的创立，以关切的态度主导位于莱贡（Legon）的加纳大学的教职任命。在他看来，政治独立必须通过非洲文明的去殖民化才能得到巩固。在出版于1961年的作品《我谈自由：关于非洲意识形态的阐述》（*I Speak of Freedom: A Statement of African Ideology*）中，他以明显带有心理学色彩的术语谈论大英帝国主义的遗留影响："我们曾接受培训，成为英

国人的拙劣仿品,我们假装是英国资产阶级的体面人",这让我们"不伦不类,成为别人的笑柄。我们既不能去了解非洲的历史,又被告知我们无路可走"。1962年12月,恩克鲁玛在阿克拉主持召开第一届非洲主义者国际大会(First International Congress of Africanists),庄严地表示:"欧洲教育的目的是让我们与自己的文化疏远,以便更有效能地为新的外来利益团体服务。为了重新发掘与振兴我们的文化、精神遗产和价值观,非洲研究必须帮助调整这一新努力的方向。"1961年,非洲研究学院(Institute of African Studies)在加纳大学成立,它的宗旨就是完成这项使命。恩克鲁玛为这个新学院的成立致辞,表示它的"本质功能"是"以非洲中心论的方式去研究加纳和非洲的历史、文化、制度、语言和艺术——完全摆脱殖民时期的主张和预设立场"。他相信这个学院将会吸引"那些真心希望投身于非洲与非洲文明研究的人士"。这个学院的图书馆收藏了丰富的阿拉伯语与豪萨语(Hausa)文献,展现加纳的本土学术研究成果,包括皇室"宝座史"、口述传统以及加纳国内外的诗歌。[6]

加纳独立日庆祝活动努力将传统文化与具有前瞻性的现代主义相结合。恩克鲁玛展现非洲文化遗产和文化团结的做法,其目的很明确,就是淡化部落的特征。庆典节目上有传统舞蹈和擂鼓表演,但没有展示代表各个地区的旗帜和徽章。恩克鲁玛本人是少数民族出身,他来自西部地区的纳齐玛族(Nazima),而加纳的主体民族是加族(Ga)和阿散蒂族(Asante)。特色舞蹈演出表现了某些地区的特征,但明确表达的总体信息是国家的统一。宣传本土文化被视作对于构筑加纳的国家和国际身份至关重要的事情。虽然在1957年主权移交仪式上,恩克鲁玛本人身穿西装,但在高规格的国事场合(譬如他在联合国的历次发言),他穿的是传统的肯特(kente)布料酋长服,以巩固他作为这个新非洲国家的象征性跨部落领导人的执政合法性。[7]

恩克鲁玛声称英国只教会了加纳人鄙视自己的传统，或许这番言论是为他更宏大的意识形态议题服务，但从严格意义上说，至少在文化领域里这并非实情。在独立前，精心保存传统非洲艺术的一个范例是具有开创意义的阿克拉市区外的阿奇莫塔学校（Achimota School）。它培养出了黄金海岸的本土精英，包括政治家和艺术家，其中便有恩克鲁玛本人，以及科菲·安图巴姆（Kofi Antubam）、阿蒙·科泰（Amon Kotei）和文森特·科菲（Vincent Kofi）。虽然这所学校是在1927年由英国殖民政府创办的，但受聘到那里任教的欧洲人并没有宣扬非洲的"原始文化"称不上是历史的观念。恰恰相反，他们相信现代非洲文化能够将本土传承与欧洲文化要素结合在一起。那所学校的教师拒绝接受长久以来基督徒将传统非洲艺术品斥为"拜物教"物品的诋毁，而是盛赞非洲传统的价值。这所学校没有遵循法国人的同化理念，反映的是英国人基于间接统治的理念培育新一代精英的做法。阿奇莫塔的课程将大量精力用在帮助学生在研究中发掘非洲本土的艺术形式，用一位艺术史家的话说，是"西非手工艺的包豪斯运动"。重要的是，殖民时代与后殖民时代在艺术与文化上有着鲜明的延续性，尽管这在当时遭到恩克鲁玛和加纳的文化权威人物的贬斥或忽略。[8]

与恩克鲁玛的文化使命关系最紧密的加纳艺术家是科菲·安图巴姆。安图巴姆是一位部落酋长的儿子，毕业于阿奇莫塔学校。安图巴姆曾在伦敦的金匠学院（Goldsmiths College）进修，他的作品曾于1947年在阿克拉的英国文化协会举办的"新非洲艺术展"（Neo-African Art）上展出。安图巴姆与恩克鲁玛相交甚厚，有共同的政治观。在一次演讲中，安图巴姆哀叹："我们的传统与文化模式已经被殖民者的种族中心主义摧毁了。"对他而言，"原本应该出现在林中的荒凉墓地里，或摆在架子上与廊台里长出蘑菇的阴森

图 23　夸梅·恩克鲁玛总统在议会里，端坐于科菲·安图巴姆设计的总统宝座上。加纳，阿克拉，1960 年

图片来源：法新社（AFP），盖蒂图片社

漆黑的民族博物馆里的奇形怪状的非洲艺术"早已成为过去，新旧事物的有机结合才是未来的出路。安图巴姆接受委派，设计出独立日庆祝活动最令人难忘的带有政治意味的艺术品，包括供恩克鲁玛端坐的阿散蒂金凳（Asante Golden Stool），它成为代表主权、传统与权力的新的国家象征。在那之前，宝剑、王座、华服、珠宝和雕刻一直是部落权威展示的一部分。由于加纳没有写作艺术的传统，加纳酋长的华丽服饰便具有特殊意义。安图巴姆专为恩克鲁玛设计的总统座椅和其他的国家象征是这些传统权力象征物品的现代版本（见图 23）。安图巴姆还为加纳名人画像，为阿克拉的中央图书馆和加纳国会大厦的主会场创作木雕，并为阿克拉社区中心外墙设计了

巨大的马赛克镶嵌图案，以传统加纳图案为素材。他的作品是恩克鲁玛提倡的融合新旧事物的"非洲特征"这一理念在视觉上的表达形式，与这个国家的首任领导人密不可分。[9]

1957年后，加纳发起了一系列将加纳文化民族化的倡议。从前的黄金海岸艺术委员会（Arts Council of the Gold Coast）更名为加纳艺术委员会（Arts Council of Ghana），其宗旨是"培育、提高和保存加纳的传统艺术与文化"。对文化的接管还体现于电影。1948年，英国殖民电影部门（British Colonial Film Unit）在黄金海岸设立，目的是"让在英国殖民统治下的黄金海岸人民了解我们（英国人）自己在享受的高度文明"。它也是西非第一间电影学校，旨在培养英国殖民地的电影学生。独立之后，殖民电影部门被改造以宣扬恩克鲁玛统治的加纳的国家形象，沿用了殖民时期的宣传手段。在20世纪60年代初，艺术委员会还发起了国家剧院运动（National Theatre Movement）。在俄国革命后，苏联曾将社会主义文化推广到乡村地区，恩克鲁玛受到这一模式的启发，鼓励加纳的剧团人员进行类似的社区建设工作。巡回演出的剧团为农村的观众上演了关于国家面临之问题的当代短剧。因此，他们就像"鲜活的杂志"，向广大乡村地区的文盲群体传播都市的时尚、贵族音乐（highlife music）*与舞蹈以及各种理念，通过这些行动帮助培养了加纳文化是现代文明的一种风格的意识。[10]

前进不仅关乎抹除帝国主义留下的痕迹——它还意味着与古老的过去重新建立联系。在1942年，黄金海岸的前沿知识分子纳纳·西尔·奥福里·阿塔一世（Nana Sir Ofori Atta I）出版了《现代非洲的酋长，关于黄金海岸的特别探讨》（*Chiefancy in Modern Africa,*

---

* 指一种起源于19世纪英属西非的音乐类型，其特点是非洲节奏与西方爵士乐的融合，使用传统非洲音乐的旋律和主要节奏结构，但通常使用西方音乐器演奏，在殖民时期与贵族有联系，并由贵族人士命名。

with Special Reference to the Gold Coast）。在书中，阿塔一世声称："我认为对于任何自诩文明的国家而言，如果没有自己的传统作为真正的根基，或没有传统背景可以作为依靠，那将是一个巨大的遗憾。这种国家的人民，可谓是乏善可陈。"身兼政治家与历史学家的 J. B. 丹夸（J. B. Danquah）在出版于 1944 年的作品《阿肯族的神之信条：黄金海岸的伦理与宗教一瞥》(The Akan Doctrine of God: A Fragment of Gold Coast Ethics and Religion）里指出，生活在这片地区的人民与古时候的加纳王国（许多人认为加纳这个国名正是丹夸所起）有着联系。后来，虽然这两人都对恩克鲁玛的独断专行提出强烈批评，但恩克鲁玛进一步发扬了他们将这个新独立的国家植根于前殖民时代文明的理念。在 1958 年 4 月 19 日首届非洲独立国家会议上（Conference of Independent African States），他清楚地表示新非洲身份的基础必须建立在古代历史之上，这段历史曾被殖民者、欧洲历史学家和众多本土统治者忽略或误解。对他而言，"生活在这片非洲大陆上的我们通过携手合作与整合科技资源，丰富我们对过往文明和文化遗产的了解的方式是不受限制的"。[11]

古代历史被新的国家视为政治合法性的重要来源。非洲传统的价值与成就早在 20 世纪 30 年代就已经被重新确立，或许最引人注目的是乔莫·肯雅塔（Jomo Kenyatta）出版于 1938 年的人类学研究作品《面朝肯尼亚山》(Facing Mount Kenya）。在这本书里，后来成为独立肯尼亚首位领导人的肯雅塔将基库尤人（Kikuyu）的传统方式颂扬为东非文明的基础。西方学者对非洲文明的概念也起到了帮助。在 20 世纪 50 年代，有一些以非洲人文、思想成就和道德演变为主题的书籍出版，其中有许多是出自法语学者的手笔。在英语世界里，雷蒙德·米什莱（Raymond Michelet）的《非洲帝国与文明》(African Empires and Civilisations，1945 年）、J.

第六章 去殖民化与非洲文明：加纳、阿尔及利亚和塞内加尔

C. 德·格拉夫特—约翰逊（J. C. de Graft-Johnson）的《非洲的荣耀：消失的黑人文明的故事》（*African Glory: The Story of Vanished Negro Civilizations*，1954年），以及乔治·巴朗迪耶（Georges Balandier）的作品都在挑战认为非洲社区是"活化石"和"僵化的社会"的旧观念。1957年《联合亚洲》（*United Asia*）发行特刊庆祝加纳独立，英国考古学家巴兹尔·戴维逊（Basil Davidson）主张，"阿肯族是否直接源于古代加纳并不重要，重要的是他们能理直气壮地宣称自己已经继承了那个久远之前的非洲王国的诸多传统与文明"。戴维逊接着说："那正是为什么黄金海岸在今天能回顾1200年的历史——一幕反映人性的历史剧，无论贫富贵贱，都是人类普世故事的内容。"文明这个词语被反复提起，在当时是普遍现象，其用意是消除旧时认为非洲人是没有历史和文化的民族这一殖民主义偏见。重塑非洲文明——其主导者是非洲领导人和知识分子，并得到国际专家的支持——是主权和新生的证明。[12]

在围绕久远过去的废墟与象征符号塑造新的加纳文化的过程中，还有其他问题令构建国家认同变得复杂。恩克鲁玛对没有行政交接仪式的忧伤回忆只是过渡时期的一面，另一面是殖民时代遗留下来的物质遗产，首先要探讨的是黄金海岸殖民统治时期的旧官邸，即克里斯蒂安堡。这座城堡最初由瑞典非洲公司（Swedish African Company）建造于1652年，原本是一个小小的贸易站；到了1661年，丹麦商人将其买下，并重建为一座城堡，在这里经营商贸业务，直到1873年英国人来到这里，将它改造为殖民地总部。1957年，它被独立的加纳接管，作为政府所在地，令这座建筑成为前殖民时代、殖民时代和后殖民时代一脉相承的象征。这些城堡象征着殖民时代的过去已经被克服。在20世纪50年代末，加纳政府投入了大量资源用于修葺全国的古堡，包括埃尔米纳城堡（Elmina Castles）和海岸角城堡（Cape Coast Castles），以保存民族文化并创造旅游收

入。将古迹文物收归国有的工作还体现于加纳国家博物馆和古迹委员会（Museums and Monuments Board）通过的一则新的条例，宣布1960年恩克鲁玛扩建克里斯蒂安堡时发掘出的所有古董（瓶罐、珠子和铜器）将由这个国家委员会"为了加纳的利益"统一管理。[13]

殖民时期的建筑遗产同样是棘手的问题。从帝国的废墟中构建新的文化身份并不是一件容易的事情，一个重要原因是，加纳的"身份究竟是什么"这个问题的答案仍不明朗。在后殖民时代的阿克拉，受政府委托的新建筑凸显了这个问题，它们总是殖民时代风格与后殖民时代风格的杂糅。阿克拉的几座最受瞩目的新国家建筑是由著名英国建筑设计师伉俪马克斯韦尔·弗赖（Maxwell Fry）与妻子简·德鲁（Jane Drew）依照他们所说的热带现代主义风格（Tropical Modernism）设计而成。1955年，弗赖和德鲁在伦敦建筑协会学院（Architectural Association）创立了热带建筑系（Department of Tropical Architecture），并通过"从人文主义层面诠释应用科学"的方法，将他们受包豪斯主义启发的理念发展成一种在热带气候里通行的建筑方式。他们的建筑体现了殖民时代晚期的审美风格，借鉴了两场世界大战期间中欧的国际风格，为英国的殖民地建筑和本土建筑风格注入现代主义色彩，呈现于他们在加纳、尼日利亚和印度的建筑作品中。对他们而言，重要的不仅仅是将欧洲建筑的风格带到加纳，而且是将英国现代主义和非洲现代主义结合在一起。正如图24所示，英式热带建筑对加纳独立前后的城市规划有着深远影响。这一功能主义风格被解读为现代性与进步的视觉表述，弗赖与德鲁将费边社的社会主义情怀和恩克鲁玛对非洲社会主义的理解结合在一起。恩克鲁玛或许一心致力于非洲传统主义的复兴，但他也热心于将这一现代主义风格作为他锐意进取的新政权的门面。他的政府建造了住所、医院和学校，作为政治合法性、社会福利和有效自治的体现。在首都阿克拉周边还修建了几座科学博物馆，包括

第六章　去殖民化与非洲文明：加纳、阿尔及利亚和塞内加尔

图 24　卫斯理女校。加纳，海岸角（弗赖、德鲁与合伙人建筑事务所，约 1953 年）
图片来源：《建筑评论》（*Architectural Review*），1953 年 5 月

地质博物馆（Geology Museum，1964 年）和民族博物馆（Museum of Ethnography，1964 年），清楚地表达了强烈的现代意味。本土建筑师也参与其中——曾在伦敦受训的加纳建筑师约翰·奥乌苏·阿多（John Owusu Addo）为位于库马西（Kumasi）的夸梅·恩克鲁玛科技大学（Kwame Nkrumah University of Science and Technology）设计了多座建筑。然而，在恩克鲁玛统治期间，大部分加纳后殖民时代的建筑都受到英国热带现代主义学派的影响，尽管也有明显来自东欧的特征，关于这一点将在第八章中探讨。[14]

或许最能反映这个国家文化身份矛盾重重的真实情况的一个例子是加纳国家博物馆（National Museum of Ghana），1957 年 3 月

图25 马克斯韦尔·弗赖与简·德鲁设计的国家博物馆。加纳，阿克拉，1957年
图片来源：《德雷克与拉斯顿建筑师事务所在热带地区的作品》(Works in the Tropics by Drake & Lasdun)，《建筑设计》(Architectural Design)，1958年2月刊，第78–79页

（就在加纳独立的几天后），它便开放了。这是一座很有现代气息的建筑，由弗赖和德鲁设计，其铝制穹顶带有明显的国际主义风格。它没有任何本土建筑的痕迹，被赞誉为结合了民主、现代性和国际主义的视觉体现——那正是加纳新国家认同的基础价值（见图25）。然而，在挑选送进博物馆的文物这个问题上，情况远远没有那么简单。虽然这座建筑的外观设计表达了普世主义和现代性，但展示的物品却是为了体现独立的加纳与前殖民时代本土文化的结合。令情况变得更加复杂的因素是，这座博物馆的藏品是基于20世纪20年代商业采矿时期挖掘到的文物，由英国民族学家整理归类的，这给殖民时期与后殖民时期的衔接带来了尴尬。[15]恩克鲁玛的许多政敌对社会主义与文化之间的联系持怀疑态度，并抵制他以牺牲地方权力为代价的中央集权计划。因此，许多加纳的酋长不希望自己地区或部落的文物成为恩克鲁玛的统一社会主义国家乃至泛非主义的宏大叙事的展览品。加纳的新国家博物馆开放的第一场展出是1957年的"人在非洲"（Man in Africa）展览，其核心展品是

第六章　去殖民化与非洲文明：加纳、阿尔及利亚和塞内加尔

60张阿肯族凳子，作为这个国家象征性的中心，但它只代表了这个国家四个民族语言群体中的一个。正是如何调和部落、国家和泛非意识形态的问题为这个新成立的博物馆和恩克鲁玛的宏大文化政治造成了困扰。[16]

即便如此，文明仍然是一个有弹性的词语，能够沟通后殖民时代多民族国家内部存在分歧并且有时候相互对立的身份认同。并非只有加纳在努力尝试重塑过去与现代的意义，但它是第一个尝试在欧洲人离开之后建设后帝国时代非洲文明的撒哈拉沙漠以南的非洲国家。

阿尔及利亚的情况截然不同，它与法国的战争是20世纪后半叶具有决定性意义的斗争之一。阿尔及利亚战争与激进的第三世界主义在国际舞台的兴起密不可分，并成为全球反殖民激进主义的标杆。关于文明的辩论如火如荼，法国和阿尔及利亚都希望赋予己方在这场暴力斗争中所扮演的角色以正面意义。正如20世纪60年代初一位驻阿尔及尔的法国外交家所说，这一反殖民激进主义强烈"反抗西方文明的惰性，将希望放在世界各地那些希望毕其功于一役地实现解放的年轻人身上"。这场战争引起了广泛的国际关注，是受到观察最密切的去殖民化的故事。阿尔及利亚民族解放阵线（National Liberation Front，缩写为"FLN"）受到纳赛尔和恩克鲁玛的泛非主义团结精神与铁托元帅的不结盟社会主义理念的鼓舞。埃及起到了关键作用，为这场反法斗争提供军事援助与道德支持，而南斯拉夫的军事和人道主义援助帮助将这场法国内战变成了影响范围更广的反殖民斗争大舞台。这场战争成为团结非洲的集结号，法属西印度群岛的精神科医生弗朗茨·法农（Frantz Fanon）担任阿尔及利亚民族解放阵线的巡回大使，鼓舞了来自各个倾向于和平过渡的国家的激进分子，当中便包括加纳。[17]

根据不久前进行的估算，这场战争夺走了30万—50万阿尔及利亚人的性命，有更多人口流离失所。从1954年到1962年，超过200万法国武装部队的人员曾在阿尔及利亚执行任务，大约有将近2.5万名法国士兵和将近3000名欧洲平民殖民者在冲突中死去。因此，这既是一场帝国主义战争，又是一场内战，虽然官方将其定义为一场"治安行动"或"平叛行动"，但这并不能掩盖它的残酷本质。双方都采取了恐怖主义行动，随着战争进行，情况更是变本加厉。酷刑、强奸、集体处决和悬尸示众是普遍现象。这场战争的主要杀人工具——匕首、小刀和土制炸弹——见证了近距离的暴力杀戮。因此，虽然加纳因政权的和平移交而受到赞誉，但争取阿尔及利亚独立的漫长而血腥的斗争代表了欧洲和非洲分离的另一种方式。与加纳争取独立的奋斗不同，阿尔及利亚战争为自决的要求和后帝国时代身份的缔造所塑造——而文明的话语是其中心命题。[18]

自19世纪中期以来，阿尔及利亚一直是国际司法的关注焦点。1830年，法国人战胜奥斯曼帝国在阿尔及尔的势力，被赞誉为基督教文明的胜利。征服阿尔及尔之后，1830年7月11日，巴黎圣母院和卡斯巴（Casbah）举行了赞美颂和弥撒以示庆祝。法军总司令在随军牧师前的致辞中赞美这场基督教的胜利："你们和我们一起打开了在非洲传播基督教的大门。让我们期盼它将再度复苏本已湮灭的文明。"法国在19世纪对阿尔及利亚的进攻引发了关于恰当的战争行为的道德争议，尤其是在托马斯·罗伯特·比若（Thomas Robert Bugeaud）元帅推行焦土政策之后。1845年，他竟下令将躲在达拉（Dahra）一个洞窟中的500名阿尔及利亚人熏死。亚历西斯·德·托克维尔总是被视为法国在阿尔及利亚的帝国主义扩张政策的辩护者，但他在游历阿尔及利亚时表达了内心的疑虑，在笔记中写道："我刚从非洲回来，我难过地意识到我们的作战远比阿拉伯人更加野蛮。此刻他们才是代表了文明的一方。"一个世纪过后，关于法国的帝国主义行径和在阿尔及利亚战争期间动用酷刑的辩论成为20世纪中期国际关系的重大道德争议之一。[19]

到了20世纪50年代末，阿尔及利亚战争成为革命暴力的同义词，而这场战争最主要的理论家弗朗茨·法农赋予了它思想的力量。法农原先是来自马提尼克的精神科医生，1955年加入阿尔及利亚民族解放阵线的军队。1961年，他出版了一部引起世界轰动的爆炸性作品《大地上的苦难者》(The Wretched of the Earth)，成为去殖民化时代第三世界暴力反抗的标志性文本，号召殖民世界以武力形式挣脱殖民者和欧洲文明在身体上与精神上的奴役。在他的作品里，他以马提尼克诗人和政论家艾梅·塞泽尔（Aimé Césaire）的作品为基础。塞泽尔在出版于1950年的被广为阅读的作品《关于殖民主义的论述》(Discourse on Colonialism)中开篇便对暴虐而虚伪的欧洲文明展开正面抨击："如果一个文明没有能力解决自己惹出来的麻烦，那它已是无可救药"，"而如果一个文明选择利用自己的原则去做欺诈瞒骗的勾当，那它已在垂死挣扎了"。在他看来，"'西方'文明"无法解决"它的存在所引发的两大问题：无产阶级的问题和殖民地的问题；欧洲的行径既'于情不合'，又'于理有亏'"。在这番话里，塞泽尔将马克思主义和反殖民主义结合，谴责欧洲文明的原罪，将殖民主义斥为"教化蛮夷"的失败尝试。和法农一样，他认为殖民暴力伤害的不仅是其受害者，其始作俑者也无法幸免。他写道，欧洲的殖民行径令它自己走向毁灭，更有甚者，"殖民活动令殖民者成为不开化的野蛮人"。他以滔滔雄辩的语言总结指出一个巨大的反讽：欧洲人"以为他们只是在屠杀印第安人，或是印度人，或是南太平洋的岛民，或是非洲人，但事实上他们一座接一座地拆除了原本能让欧洲文明自由发展的城墙。"[20]

阿尔及利亚战争见证了19世纪文明教化使命的意识形态与法国共和主义和福利家长制的融合。在战争的初期，法国军队与阿尔及利亚军队的僵持促使法国保守派与军队精英发出呼吁，希望让查尔斯·戴高乐复出，指挥这场战争以拯救法兰西第四共和国。1958年，戴高乐将军再度掌权，法国政府加强了推进现代化的文明教化使命和争取阿尔及利亚温和派的力度。戴高乐的所谓"君士坦丁堡计划"（Constantine Plan）正是为了实现这个目的。虽然自从20世纪40年代末已经有众多的改革倡议在流传，但这个计划有更加完善的社会与经济重建愿景，目的是协调共和价值理念与帝国体制。它是一整套社会工程项目，以进步与和解的名义，在数千个新建立的劳动营和村庄里重新安置数百万阿尔及利亚人，希望借此将阿尔及利亚的穆斯林变为有生产力的现代法国人。这一激进的殖民专制主义深入乡村地区，目的是改造"落后的"阿尔及利亚人日常生活的基本结构。它标志着社会规划和美式社会科学的新结合，目的是打破导致这个欠发达地区落后的恶性循环。正如一份官方公告所说：阿尔及利亚"为了它的全体人民，必须通过自己的努力争取全面参与20世纪的文明"。历史学家詹姆斯·麦克杜格尔（James McDougall）曾说，接受新的文明教化使命"无异于屈从于对他们的土地和他们自身的'二度征服'"。这个在20世纪50年代末为阿尔及利亚制订的计划契合了当时在宗主国推行的类似计划，目的是让已经在法国各个城市生活的阿尔及利亚人融入社会。从20世纪40年代末直到1962年战争结束，法国政府向30万迁居至大都市生活的阿尔及利亚移民提供延伸服务（住所、语言培训、工作培训和福利），以维持对阿尔及利亚的控制。[21]

军事策略是经济政策的补充。事实上，法国的平叛战役也是以在阿尔及利亚开展新的文明教化使命的名义进行。在这里，文明的价值理念被用于为军事暴行和帝制共和政体的生存需要做辩护。1956年，奉行强硬立场的罗伯特·拉科斯特（Robert Lacoste）被任命为政府驻阿尔及尔代表，在第一份总督命令里，他声称："我

第六章　去殖民化与非洲文明：加纳、阿尔及利亚和塞内加尔

们在这个国家进行的战争是西方文明世界与无政府主义的对抗，也是民主体制与独裁政权的对抗。"安德烈·拉朗德（André Lalande）上校是总参谋长的副官，并负责对阿尔及尔的心理作战行动。1959年4月，在向新招募士兵进行的培训中为反恐行动提供合理化解释时，他说："我们在保卫法国，我们的祖国，它不单单是由人与物组成，更有我们建立在人类的尊严与发展之上的文明的核心价值理念。在这里，我们是保卫自由世界的急先锋。"处于危难之中的正是法国文明本身，拉朗德的演讲被印发数千份，供法国部队传阅。法国人保卫文明的热情并不只限于军界，在民间也引起了回应。让·拉特盖（Jean Lartéguy）出版于1960年的畅销小说《百夫长》（The Centurions）讲述了以反共产主义和保卫西方文明的名义在阿尔及利亚保卫法兰西帝国主义的法国伞兵的奋战与功绩。书中的许多角色曾参加过在法属印度支那进行的奠边府战役并遭遇失利，他们在阿尔及利亚找到了新的道德使命。这本书几乎不是虚构作品：马塞尔·比雅尔（Marcel Bigeard）上校在回忆录里讲述了"每天晚上，我们围坐在石蜡灯旁边，谈论奠边府和我们死去的战友，我们还谈起当前这场（在阿尔及利亚的）战争，和我们如何快速赢得胜利"。法国人从印度支那的耻辱性撤退令这场阿尔及利亚战争对于保卫法兰西帝国更加至关重要。[22]

到了20世纪50年代末，这场战争成为联合国迫切需要解决的重大问题，在联合国大会上引发了关于人权的热烈争论。在1955年和1956年致联合国的最早几封函件里，阿尔及利亚民族解放阵线以侵犯人权和民族自决之权利的话语为自己的斗争辩护，提及大规模逮捕、取缔民族主义政党、查封报纸和肆意抄家等罪行，作为法国政府违反国际法的证据。基于这些理由，起义者在联合国大会上成功地争取到了其他发展中国家的支持，并以《联合国宪章》作为正当理由。我们在第五章中了解到比利时与葡萄牙政府如何为其

帝国主义行径辩护,和他们一样,法国驻联合国代表也被打了个措手不及。当阿尔及利亚人指控他们的诸般不义之举时,法国人坚决拒绝在联合国讨论阿尔及利亚的问题,认为这场冲突是内政事务,与这个国际团体无关。但联合国大会与它指派的殖民地事务特别委员会(Special Committee on Colonial Affairs)都不同意,1960年,来自非洲的17个新加入的联合国成员打破了意见的平衡,令情况对法国和殖民地强权国家不利。新独立的几内亚和马里带头抨击法国在阿尔及利亚的残暴行径。1958年后,法国人愤怒地退出了关于阿尔及利亚问题的任何辩论以示抗议,这是自苏联人在1950年因为安理会拒绝承认中国的合法地位愤而离席后,首次针对这个国际团体的抵制行动。[23]

另一方面,法国人投入了大量精力发起一项国际媒体宣传,希望争取国际舆论的支持。他们安排在纽约的联合国工作人员执行这个任务。《纽约时报》向法国大使馆保证会支持法国人的行动,并安排"黑脚"(*pied noirs*)*和说法语的穆斯林代表到美国进行巡回访问,为法兰西帝国做辩护并提请人们注意苏联侵蚀非洲的危险。1955年,法国政府向所有大使馆下达了一份备忘录,里面写道:"我们在阿尔及利亚遇到的麻烦蕴含于一场巨大的矛盾中,它在'二战'结束之后激起东西方之间的对抗。这绝非只是不同的政治理念之间的冲突,这是两个文明之间的冲突。"西欧的报刊响应了对这场战争的法国中心论诠释,认为它是"西方文明"抵御"伊斯兰狂热"的史诗级保卫战。但是,随着美国人逐渐了解发生在阿尔及利亚的酷刑与流血事件,法国的宣传工作者不得不改弦更张。1958年后,法国的公关人士改变了针对国际社会的宣传策略,从惯常的"文明对抗野蛮"的口径变成强调发展与现代化以及继续推进欧非共同体

---

* 指法国统治期间生活在阿尔及利亚的法国定居者。

第六章　去殖民化与非洲文明：加纳、阿尔及利亚和塞内加尔

的种种好处。[24]

即便如此，越来越多关于阿尔及利亚正在发生什么事情的信息传回了法国。点点滴滴公诸于世的法国士兵的不当行为与暴行激起了关于法兰西帝国的命运及其共和传统的激烈争论和深刻反省。在当时，主流媒体逐渐开始报道这场令人厌恶的战争的各个细节，令人不安的影像报道刊登于各大畅销报刊，如《巴黎竞赛》(Paris Match)画报和美国的《生活》杂志。虽然大部分讨论集中于在阿尔及利亚作战的法国准军事组织成员的行动，但法国首都也被这场战争的直接暴力所波及。1961年10月17日，200多名阿尔及利亚人被杀害并被扔进塞纳河中，下令者是臭名昭著的巴黎警察局局长莫里斯·帕蓬（Maurice Papon），后来他因曾在纳粹分子占领期间将1600名犹太人遭送至集中营而被控告反人道罪，并（在1998年）被裁定罪名成立。到了20世纪50年代末，左岸知识分子（Left Bank intellectual）里最杰出的人物正在挥笔疾书，反对这场战争本身。玛格丽特·杜拉斯（Marguerite Duras）、让—保罗·萨特、阿尔贝·加缪和西蒙娜·德·波伏娃加入了知识分子反对阿尔及利亚战争行动委员会（Action Committee of Intellectuals Against the Pursuit of the War in Algeria）。后来加缪脱离了这个组织，部分原因在于他是生长于阿尔及尔的"黑脚"，总是认为阿尔及利亚与法国密不可分。正如他在1955年所说："阿尔及利亚必须在合则各取其便与分则两败俱伤之间做出选择。"直至他在1960年1月遭遇车祸而英年早逝之前，加缪一直支持法国继续统治阿尔及利亚，并致力于推动这两个国家结成政治联盟，作为两个文化实现求同存异的象征。但他的观点属于不断萎缩的少数派的意见，尤其在知识分子内部；这场阿尔及利亚冲突令法国知识分子的生活充满了火药味，而萨特和德·波伏娃与从前的朋友加缪的决裂激化了这种冲突。[25]

此时阿尔及利亚战争已经成为人道与不人道的形象之争，双

方都通过媒体宣传各自的作战理由，总是以文明的话语为自己辩护。到了 20 世纪 50 年代中期，反映暴行的骇人听闻的影像在法国报刊上传播，激发了关于其真实性与意义的广泛讨论。法国人和阿尔及利亚人都出版了宣传册，里面充斥着反映惨剧的照片，令人想起了西班牙内战期间大肆渲染杀戮的媒体战。在 20 世纪 50 年代中期，法国政府制作了一系列反映惨剧的作品，包括《关于阿尔及利亚恐怖分子所犯下的罪行与侵略行径的文件》(Documents sur les crimes et attentats commis en Algérie par les terrorists，1956 年，以下简称《文件》) 和《阿尔及利亚叛乱的真相》(Aspects véritables de la rébellion algérienne，1957 年)。它们试图抬高这场斗争的道德意义，指责叛军令人发指的行径是对文明的背叛。1956 年出版的《文件》记录了 "一小撮恐怖分子在强盗头子的指挥下实施的暴行，其野蛮行径是一连串不间断的反人性、反文明、反进步的罪行"。这本小册子令人不忍卒读，醒目地展示了几十张令人毛骨悚然的、饱受折磨和被肢解的尸体的照片，这些不幸遇害者当中有教师、妇女、儿童和老人，他们通常被割喉、砍头或切掉鼻子。阿尔及利亚的基础设施被彻底毁灭的情景也被记录下来，法国人修建的医院和学校的残址 "就像沉默不语的纪念碑，在控诉一场声称是解放人民的运动的野蛮行径"。20 世纪 50 年代末，法国军方还在分发给服役期满归国士兵的宣传册里附上恐怖的照片，不仅是为了坚定士兵的意志，也是为了让他们明白这是 "一场被苏联共产主义利用的信奉泛阿拉伯主义的野心勃勃的领导人向西方发动的全球斗争"。据说法国殖民地首长罗伯特·拉科斯特曾向有影响力的编辑和作家邮寄富有冲击力的照片，希望得到道义上的支持。在阿尔及尔战役（阿尔及利亚民族解放阵线在 1956 年至 1957 年对抗统治阿尔及利亚的法国当局的都市游击战）之后，法国政府总共炮制了不少于 165 万页的宣传材料。这场战争不仅在阿尔及利亚的城市和乡村进行,而且还在国际媒体层面打响。[26]

阿尔及利亚民族解放阵线做出了回应,印制了自己的震撼人心的宣传册,吸引人们关注它为之奋斗的事业。阿尔及利亚民族解放阵线在纽约设立了阿尔及利亚公共关系办公室(Algerian public relations office),以对抗法国人的宣传。从1958年到1961年,阿尔及利亚民族解放阵线制作了46种宣传册,内容涉及这场阿尔及利亚斗争的方方面面,并在纽约组织了多场媒体活动,这些宣传册中包括如《阿尔及利亚的种族灭绝》(Genocide in Algeria,1958年6月)和《法国教会领导人谴责军队在阿尔及利亚滥用酷刑》(French Church Leaders Denounce Army's Excesses and Use of Torture in Algeria,1959年4月)等。在1958年发行的《阿尔及利亚的种族灭绝》宣传册中,阿尔及利亚民族解放阵线甚至使用了"种族灭绝"这个词语描述法国的平叛行动。另一部出版于1961年的作品声称法国人在阿尔及利亚的行径"似乎已经违反了人道主义的每一条准则。过去7年来,所有令这场战争人道化的尝试都以失败告终"。[27]

但是,吸引了最多人关注的还是酷刑问题,并激发了关于野蛮与文明的热烈讨论。1958年,萨特写道,酷刑"既不属于民事行为,也不属于军事行为,更不是只有法国人才会做出的行为,它是一场贯穿整部人类历史的瘟疫"。一群法国老兵从革命战争的准则出发,为酷刑辩解。这群老兵参加过殖民战争,尤其是在印度支那的战役。在20世纪50年代早期,法军为印度支那特别军事行动印发的作战手册允许在印度支那发起抵抗的地区挟持人质和无视平民。1952年,在某训练中心的演讲中,法军上校查尔斯·拉舍鲁瓦(Charles Lacheroy)满不在乎地耸耸肩说:"你总不能带着《拿破仑法典》(Code Napoleon)去打一场革命战争。"在法国的殖民地当局看来,阿尔及利亚的解放运动只不过是一伙罪犯的暴动,他们不是正规军,根本不受人道主义法律的保护。一位法军上校概括了那种情绪:"我们不会收容战俘,因为那帮人根本算不上是士兵。"拉乌尔·萨兰(Raoul Salan)在1956年底担任阿尔及利亚境内全体法国部队的总司令,在他的指挥下,这一准则意味着法军以叛军自己的手段去对付他们——展开宣传战、游击战和心理战。在萨兰看来,这场战争的意义等同于"白人基督教文明在北非的最后一战"。[28]

法国的报刊开始出现对酷刑折磨的控诉。在20世纪50年代初,像反抗纳粹占领势力的退伍军人克劳德·布尔代(Claude Bourdet)和天主教作家弗朗索瓦·莫里亚克(François Mauriac)这样的人偶尔会在主流报刊中发表类似控诉,但1957年之后,被披露的暴行越来越多,一个重要的消息来源是复员的预备役军人。来自塞纳河左岸咖啡馆和文学刊物的讨论进入了法国的主流社会。教会表达了对法国士兵战争行为的道德担忧,梵蒂冈教廷在20世纪50年代末发布对法军行径的谴责,其他教会领导人则在捍卫军队、国家和教会的"神圣同盟"。到了20世纪50年代末,酷刑折磨这个话题在巴黎爆发,成为公共讨论的主要话题。[29]

亨利·阿莱格(Henri Alleg)的回忆录《问题》(*The Question*)在1958年出版时引发了一场轩然大波。他是共产党员,在1950年到1955年曾担任支持阿尔及利亚独立的左翼日报《阿尔及利亚共和报》(*Alger Républicain*)的编辑。当这份报纸被查禁时,阿莱格藏匿起来,于1957年在阿尔及尔被法国伞兵逮捕,然后被移交城外的拘留营。他的作品毫无掩饰地记录了在阿尔及利亚的法国士兵对他的殴打、电刑和虐待,在一夜之间引发轰动。他的回忆录在头两个星期就卖出了6万本,接下来在法国继续畅销。阿莱格那种独特的不带感情和不做道德评判的文风令这本书具备了异常强大的张力,在书中的某一处,他回忆自己被"绑在一面湿漉漉的黑板上,上面还残留着无疑是其他犯人留下的黏稠的呕吐秽物"。这本书引发了如此巨大的争议,几番重印都遭到警察查禁,理由是它出卖国家,打击作战部队的士气,令它成为自18世纪以来首部遭到法国政府查禁的作品。随后,让-保罗·萨特在《快报》上刊登的为这本书辩护的文章也被警察奉内务部部长之命查禁。最令人不安的是萨特对法国人在经历了纳粹占领之后未能恢复道德水准的尖刻评论:"法国人惊骇地发现这个可怕的真相:如果没有任何事物——它的传统、它的忠诚或它的法律——能让一个国家仰仗以保护自己,如果15年的时间足以将受害者变成行刑人,那么,它所做的事情只不过是见风使舵的投机行为而已。任何人,在任何时候,都会发现自己原来可能既是受害者,又是行刑人。"他讲述的正是法国这个宗主国的文明之沦丧。[30]

另一起著名事件是审判年轻的阿尔及利亚女子贾米拉·布帕查(Djamila Boupacha),她把曾对她施加酷刑的虐待者告上法庭,控诉他们的罪行。她于1960年被逮捕,然后被带到比阿尔拘留中心(El Biar detention centre),在那里惨遭法国军方的折磨和强暴。战时对阿尔及利亚妇女的虐待是普遍现象,她们总是被抄家和搜身,据说强奸事件时常发生。被捕的阿尔及利亚民族解放阵线女战士也遭受到肉体的折磨和虐待。布帕查被指控代表阿尔及利亚民族解放阵线在阿尔及尔大学放置炸弹。由于没有目击证人,她遭到酷刑逼供。她的案件成为轰动一时的事件,促使另一本畅销书《贾米拉·布帕查》(Djamila Boupacha)出版,该书的编辑是她的律师吉赛尔·哈利米(Gisèle Halimi)和西蒙娜·德·波伏娃。在书中,布帕查讲述了她落入法国军方之手后为期33天的磨难,作为她的司法辩护的一部分,包括令人毛骨悚然的毒打、电击、烫烟头和性侵的经历。这本书还有知名法国公众人物的证词作为补充,当中包括记者丹尼尔·马耶尔(Daniel Mayer)和广受欢迎的作家弗朗索瓦丝·萨冈

(Françoise Sagan),其中有几位人士直指那场审判引发的犹太教－基督教文明或法国文明的危机。一位撰稿人提出了问题:"在法国人炮制了令人毛骨悚然的惨案后,已经不可能以文明的名义劝说当地人继续留在法国,难道不是吗?"萨冈一针见血地指出大肆宣扬的辉煌文明的阴暗面,她写道:"我不相信鼓号齐响的喧哗能盖过一个姑娘的悲鸣。"[31]

虽然阿尔及利亚民族解放阵线赢得了公共舆论的支持,但它赢得的最大道德胜利是在人道主义法律领域。国际社会关于酷刑的更广泛的讨论围绕着如何通过法律手段令战争变得文明这个问题展开,施加压力要求推行在第四章探讨过的1949年《日内瓦公约》。比起其他冲突,这场阿尔及利亚战争是对《日内瓦公约》的最大考验,这场战争的合法性和叛军的法律地位是最具争议性的问题。阿尔及利亚民族解放阵线发动宣传攻势以争取国际社会的支持——它先是声称自己是一个"民族政党",因此代表了阿尔及利亚人民的心声。它的理由是,它与法国人的斗争乃是一场民族解放战争,它的战士理应得到国际法律规范的保护。阿尔及利亚民族解放阵线叛军强调自身的道德合法性,一种努力的方式是宣布他们会坚守受国际社会认可的关于战争与司法的国际准则。1958年,阿尔及利亚民族解放阵线释放了50名囚犯,希望以这一姿态促进"法国方面逐渐人性化"。1960年,阿尔及利亚共和国临时政府——阿尔及利亚民族解放阵线位于开罗的流亡政府——发布了《关于在法国—阿尔及利亚冲突中应用1949年〈日内瓦公约〉白皮书》(*White Paper on the Application of the Geneva Conventions of 1949 to the French-Algerian Conflict*),包括出自法国士兵之口的证言、阿尔及利亚红新月会(Algerian Red Crescent)的报告和国际报刊与近期法国出版物斥责法国军方实施酷刑、报复和草率处决的内容。虽然阿尔及利亚民族解放阵线自己对待法国战俘的记录并非无可挑剔,但在

1958年2月,红十字会国际委员会获准视察阿尔及利亚民族解放阵线的拘留中心(法国人拒绝外界人士进入他们的拘留中心)。阿尔及利亚民族解放阵线和阿尔及利亚红新月会将人道主义话语转变为可以利用的政治资本。虽然法国人辩解说这些国际人道主义规范并不适用于这场冲突,但阿尔及利亚民族解放阵线在1960年发布的《白皮书》中反驳说:"如果我们的文明要不负其名的话,就必须由国际公约主导和决定人与人之间如何相待。"值得注意的是,阿尔及利亚民族解放阵线引用"我们"共同拥有的文明时,用的是单数形式,表示国际道德共同体正遭受帝国主义的压迫。文明的呼吁被殖民地人民改造为反抗帝国主义强权的武器。[32]

1960年,阿尔及利亚民族解放阵线加强了在联合国和红十字会的公关宣传攻势。它派遣常驻代表团到日内瓦,依据那一年早前通过的联合国大会决议《关于准许殖民地国家及民族独立的宣言》(Declaration of the Granting of Independence to Colonial Countries and Peoples)的精神,为其民族自决行动抗辩。这份宣言将自决权列为人权。1960年,当红十字会长达270页的指控法国人在阿尔及利亚拘留营实施酷刑折磨的报告被泄露给《世界报》(Le Monde)时,82间拘留营的阿尔及利亚囚犯(有具体名字和细节)遭受法国人虐待的情况被公之于众,引发了新一轮的媒体丑闻。法国政府先是拒绝承认这些指控,但在红十字会的证据面前,很快就不得不认罪,之后许多拘留中心被关闭。法国政府被迫承认这场战争从严格意义上说已不再是内部事务,而是已经演变成了一场全面的外交危机。阿尔及利亚民族解放阵线不仅成功赢得国际媒体的关注和这场战争本身,还令世界各地民族解放运动的合法性得到认可。[33]

然而,法国文明在阿尔及利亚的地位和意义并没有随着后者的独立而步入终结。恰恰相反,殖民时代的遗产在后殖民时代的阿尔及利亚离奇地复活了。一个有力的例证是法国艺术品在这场内战

295 的最后阶段被运回卢浮宫。在装箱秘密运回法国的物品当中有莫奈（Monet）、雷诺阿（Renoir）、毕沙罗（Pissarro）、德加（Degas）、德拉克洛瓦（Delacroix）等人的作品，它们构成了非洲规模最大的欧洲艺术展品。这批艺术品是1930年法国在庆祝（1830年）征服阿尔及利亚100周年时捐献给新装饰主义风格（new art deco）的阿尔及尔美术博物馆（Fine Arts Museum in Algiers）的。在阿尔及利亚战争期间，法国当局担心这些无价的艺术珍品——包括东方主义的裸女和文艺复兴时期的基督教绘画——或许会激起穆斯林的反感，因此会成为破坏的目标；于是，它们在20世纪60年代初被运回巴黎妥善保管。

出人意料的是，新独立的阿尔及利亚政府希望将这些法国艺术品要回来。这个做法乍一看似乎令人费解，因为阿尔及利亚革命全国委员会（National Council of the Algerian Revolution）在独立一个月前草拟的的黎波里计划（Tripoli Program）中使用了咄咄逼人的语言，要求"文化的定义"必须彻底摆脱令人厌恶的"文化世界主义和西方的影响"。随后发生的关于哪个国家应该拥有这批法国文化财产的法律诉讼持续了整整7年，最后，阿尔及利亚政府凭借1962年签订的终结战争的《埃维昂协议》（Évian Accords）里面的一条细则赢得这宗案件。这批法国艺术品的命运于20世纪60年代末在法国引发了广泛的讨论。当时主管法国各大博物馆的部长亨利·塞里格（Henri Seyrig）指出，这些法国文化遗产的艺术品或许将会"激发阿尔及利亚人对法国文明的崇拜与尊敬"。其他人——大部分是右翼人士——认为要求归还这些艺术品是法属阿尔及利亚的另一个背叛行径。这批有争议的艺术品于1969年在热烈的气氛中被归还阿尔及利亚，现在仍在阿尔及尔重新命名的国家美术博物馆里展示。值得注意的是，阿尔及利亚政府以"我们国家的财产""我们的艺术遗产"和文明的名义要求拿回这些美术作品。

第六章　去殖民化与非洲文明：加纳、阿尔及利亚和塞内加尔　　　279

要求拿回殖民时期艺术品的做法并没有在加纳或大英帝国的其他前殖民地出现。这表明阿尔及利亚人已经将法国共和文明的旧理念内化。阿尔及利亚再度接纳宗主国文化在法兰西帝国的前殖民地里是独特现象，充分体现了法国与阿尔及利亚自19世纪以来形成的深刻文化联系，在这场内战之后延续了很长时间。阿尔及利亚的古罗马遗产在20世纪70年代初甚至被宣布为国家遗产。这个争夺艺术品的故事引起了对去殖民化运动无法预料之后果的普遍关注，表明这些在后殖民时代新建立的国家——就连通过革命立国的那些国家——如何总是将它们新的国家认同建立在新旧文化的协调融合之上。[34]

利奥波德·塞达尔·桑戈尔统治的塞内加尔或许是在去殖民化后重塑非洲文明最出名的例子，当然在法语世界中也是如此。桑戈尔是20世纪60年代非洲能力最突出而且最具魅力的领导人之一，尤其是在国际文化界。他是一位成就斐然的诗人，"黑人精神"（négritude）理念的缔造者之一，毕生认为自己在文化上属于法国，即便独立后也是如此。他一手控制新独立的塞内加尔的文化事务，或许比恩克鲁玛统治加纳时做得更多。和加纳的情况一样，塞内加尔实现了权力的和平过渡，尽管与法国的关系依然密切。对于塞内加尔的新共和国而言，去殖民化绝不仅仅是军事、经济和政治独立的问题，关键因素在于欧洲文化与非洲文化崭新而独特的融合。在这个国家，去殖民化与非洲重新利用自己的民族遗产作为新赢得的主权的文化基石有着紧密联系。塞内加尔的特殊性在于，长久以来被宗主国摈弃的前殖民时代的历史现在被重铸为现代非洲的鲜活遗产。因此，古迹成为起源和遗产的组成部分，被用于构思新非洲国家的新历史，而桑戈尔是这场运动的急先锋。[35]

桑戈尔对非洲文明的理解与他对"黑人精神"的构想有着直接的联系。他一度将其定义为"黑人世界之文明的全部价值，它们体现于黑人的生活和黑人所创造的一切事物中"。他的目标是在非洲为非洲人建立"适合非洲与新时代的新文明"。然而，桑戈尔认为欧洲是这个文明模式的潜在伙伴，并致力于构筑沟通法国与非洲的桥梁，建立他有时候所说的"欧非文明"（Euro-African civilization）。早在1960年塞内加尔独立之前，他就在阐述这些观点，而且（正如第五章中所说）从1946年到1958年一直担任法国国民议会的代表。桑戈尔甚至与希望法国推行联邦制的战后提案有关，以让法国的各个殖民地拥有更加平等的政治地位。1946年9月，桑戈尔在国民议会上发表慷慨激昂的演讲，坚称"只要我们团结一心，我们将缔造一个以巴黎为中心的新文明"，它将"在全世界与全人类的尺度上迎来一种新的人文主义"。接着他表示，一个新的联邦民主国家的前景首先是可能的，"假如我们一举铲除纳粹主义应我们之邀而在我们心中播下的帝国主义种子。希特勒已经死掉，我们必须消灭他留在我们心中的影子"。桑戈尔接着说："只有文明之间的合作"才能确保和平和富有生机的未来。这是相互依存的政治哲学，由文明交融的新理念加以巩固。[36]

桑戈尔的"黑人精神"理念并不像通常所说的那样排外或有种族主义色彩。恰恰相反，它是桑戈尔所说的"普世文明"的基础。正如他所说，黑人精神"会在新人文主义的教育中再次发挥必不可少的作用，它更加符合人性，因为它将会把所有大陆、所有种族和所有国家所做出的贡献全部重新整合"。桑戈尔在20世纪30年代形成了这些普世主义理念，在纳粹分子占领法国期间，他曾作为战俘被关押2年——在用于关押殖民地军队的普瓦捷（Poitiers）第230号监狱——这是他人生的转折点。他在狱中阅读诗歌，自学德语，陶醉于歌德的作品中。根据桑戈尔所说，狱中岁月让他得以"思考'希腊的奇迹'，其文明建立在文化融合（métissage）之上"——古希腊文化与非希腊文化的影响（诸如埃及与埃塞俄比亚元素）相结合的产物。他的监禁经历还让他了解到全球环境下人类命运休戚与共的情况，甚至对历史上的种种不公表示谅解。他的经历塑造了他在战后的观点，认为帝国主义强权和被殖民的民族必须承认大家都是骨肉同胞，并重塑无法逃避的纽带。1960年，在罗马举行的一次非洲与欧洲知识分子的圆桌会议上，桑戈尔指出：欧洲和非洲一样地处十字路口，受到来自亚洲、非洲、埃及和以色列的影响；欧洲文明的缺失在于自负，将其纷繁复杂的世界性文化缩减为希腊理性的特权，作为其文化传承的主要特征。他继续说道，现在需要的是认识到世界文明由所有的文化构成。因此，对他而言，知识分子的作用是"彰显普世文明的价值，令所有的文化尽情发挥它们的作用，尊重其原创性和尊严"。在他看来，联邦制度是这一现实存在的文化融合与混杂的历史遗产最合适的政治表达。[37]

和他那一代的其他泛非主义者如艾梅·塞泽尔一样，桑戈尔指出20世纪30年代的法国超现实主义是促成这一非洲新思维的关键因素。超现实主义被视为非洲文化和欧洲文化能平等地进行交流的领域。"一战"之后，欧洲人对非洲古迹新产生的迷恋重新塑造了欧洲宗主国与非洲殖民地的关系，巴黎成为国际反殖民主义思想的中心。这些生活在法国首都的殖民地思想家意识到超现实主义具有以戏谑的姿态颠覆一切的革命潜力，包括所有的政治价值、文化等级和长期存在的帝国主义将传统非洲文化斥为原始和幼稚的诋毁。德国人类学家利奥·弗罗贝尼乌斯（Leo Frobenius）的作品起到了关键作用。1933年，他出版了《非洲文化史》(*Kulturgeschichte Afrikas*)，3年后这部作品被翻译为《非洲文明的历史》(*History of the African Civilization*)。弗罗贝尼乌斯在书中声称，非洲人不仅拥有漫长且引以为荣的文明——在1933年，说出这番话本身就已经是激进的言论——而且存在一个由相互联系、地位平等的文明构成的"人类文明统一体"。持反原始主义观点的人并不只是弗罗贝尼乌斯一个。法国人类学家马塞尔·莫斯（Marcel Mauss）在发表于 1929 年的一篇文章中向将全球文明划分高下等级的理念提出挑战，反驳说世界是由"不同社会组成的大集合"构成的，其文明应该被理解为"借鉴"的历史和"技术、艺术和制度的历史传承"。英国历史学家 R. H. 托尼（R. H. Tawney）在一项 1929 年关于毛利人经济的研究的序言中补充说，人类学家已经证明："所谓的原始社会并不一定是未开化的野蛮社会"。他接着说，"一些原始社会只是拥有另一种文明的族群"。法国人类学家克洛德·列维—斯特劳斯在发表于 1952 年的文章《种族与历史》（*Race and History*）中甚至说"信奉野蛮"的人才是真正的野蛮人。总之，弗罗贝尼乌斯的观点对 20 世纪 30 年代生活在巴黎的非洲知识分子产生了巨大的影响——桑戈尔后来回忆说弗罗贝尼乌斯的作品对他那一代人而言"就像振聋发聩的惊雷"，尤其是"野蛮的黑人"这个理念本身是欧洲人臆造的产物。这位德国人类学家帮助非洲知识分子重拾文明的话语为己用，作为表达自豪和反殖民主义的新的战斗口号，将前殖民时代的过去与后殖民时代的未来重新联系在一起。即便是那些文明话语的批评者也会因应重新占有文明的趋势调整自己的言论。马提尼克诗人艾梅·塞泽尔是最好的例子，他在《关于殖民主义的论述》中写道，文明本身并不是问题所在，问题是欧洲人对文明的操控——"我在一以贯之地捍卫我们自己的黑人文明，那是谦恭礼貌的文明。"虽然这几十年来，弗罗贝尼乌斯在人类学领域的明星地位急剧下降，但他对桑戈尔确实起到了决定性的影响。[38]

对非洲文明的力量、存在和团结统一的兴趣在 20 世纪 50—60 年代是一个强大的潮流。1955 年著名的万隆会议是非洲与亚洲各国领导人的首次大型聚会，之后埃及总统贾迈勒·阿卜杜勒·纳赛尔向非洲其他地区发动了积极的宣传攻势，颂扬埃及是古老而伟大的非洲文明。纳赛尔甚至说，非洲人内部的种族差异只是帝国主义的宣传，在1956年英国、法国和以色列部队撤离苏伊士运河后，这个观点得到了认同。其他人倾注了大量精力宣扬非洲必须在文化上实现统一。塞内加尔历史学家与人类学家谢赫·安塔·迪奥普（Cheikh Anta Diop）在1955年出版了一本关于非洲文明独特性的作品，书中讲述埃及与撒哈拉以南非洲都是同一个"黑人文明"的组成部分。迪奥普是正在兴起的非洲中心论意识形态的领军人物，其作品在当时被广泛阅读和讨论。1960年，他出版了后续作品，比较非洲与欧洲的政治体制，时间跨度从古代到现代国家的形成，围绕社会等级制度、国家的形成、技术和人口迁徙等主题展开，强烈呼吁实现各大洲之间的文化平等。1974年，迪奥普在《文明的非洲起源：神话或现实》(*The African Origin of Civilization: Myth or Reality*)中进一步深化了这些主题。虽然它在当时引发了争议，但迪奥普关于文明起源的作品反映了将前殖民时代的过去和走向现代化的现在结合在一起的更为广泛的趋势。从后殖民主义的视角重写非洲历史的热情反映于1964年加纳提出的撰写一部新《非洲百科全书》(*Encyclopedia Africana*)的倡议，发起人是著名非裔美国知识分子W. E. B.杜波伊斯（在恩克鲁玛的邀请下，他迁居至加纳）。在杜波伊斯看来，这部百科全书"将展示从史前到当代（非洲）人民的智慧，他们的历史、文化和制度"。[39]

这一文化趋势是非洲领导人和知识分子对前殖民时代历史逐渐浓厚的兴趣的一部分。它总是围绕着重塑非洲文化这一问题而展开。现在许多人忘记了要求归还文化财产是万隆会议的突出内容，它希望挑战"帝国主义文化沙文主义的无礼之举"。这体现于对帝国主义强权势力必须放弃从非洲和亚洲掠夺的艺术品的要求。一些欧洲国家配合了这一要求，作为后帝国主义时代的善意姿态，譬如说比利时将刚果的艺术品归还给扎伊尔*，荷兰将殖民时期掠夺的物品归还给印度尼西亚。虽然由于英国古人类学家路易斯·李奇（Louis Leakey）等人的著作，非洲作为"人类摇篮"和"文明起源"的概念在20世纪30年代出现，但到了60年代关于"人类摇篮"的讨论才得到普及和政治化，作为独立时期非洲中心论的历史和遗产的基础。1967年，在达喀尔举行了泛非史前史与第四纪研究大会（Pan-African Congress on Prehistory and Quaternary Studies），有32个国家派遣代表参加，会议以肯定非洲是"人类摇篮"开始。在开场致辞里，桑戈尔号召对"非洲性"和非洲"迈向完全统一的进步"做更加深入的考古研究。[40]

桑戈尔希望将这些趋势转化为他的优势。在他统治期间，政府在宣传这些文化活动方面发挥了主导作用。文化在政治思想中占据中心地位是他、塞泽尔和其他人在20世纪30年代努力的结果，甚至达到了坚称政治必须为文化服务而非反之的程度。桑戈尔一直忙于创建各个旨在保护国家文化遗产的新机构，譬如将马里艺术中心（Mali Arts Center）重组为培养新一代塞内加尔艺术家的国家艺术学院（National Arts School）。[41] 塞内加尔的文化政策有相当一部分围绕着发掘非洲文物而展开。对他而言，宣扬非洲文明这件事情本身就是让非洲人的思想摆脱殖民束缚并领略自己伟大而辉煌的过去这项工作的一部分。1961年，桑戈尔为考古发掘一座早已湮灭的11世纪城市奥达哥斯特（Aoudaghost）的计划送去祝福。奥达哥斯特位于毛里塔尼亚西胡德省（Hodh El Gharbi）从前的一片绿洲中，是贯穿撒哈拉沙漠的商队路线的南端。这项计划由法国考古学家让·德维斯（Jean Devisse）、雷蒙德·莫尼（Raymond Mauny）和来自达喀尔大学的24名训练

---

* 今刚果共和国。

有素的非洲学生共同发起。这是独立的塞内加尔首次进行这类考古发掘,得到了广泛的新闻报道。一份杂志以两位年轻的法国考古学家与非洲学生一道工作的情景为封面,展示了共同合作与相互承认(见图26)。文章的内容盛赞此次考古发现的政治意义:"在非洲现在取得独立并热情地关注自己的过去之时,对于我们而言,这是一次有重大意义的考察行动。事实上,笼罩着这个历史谜团的神秘面纱似乎即将被揭开。"[42]

1966年4月,备受瞩目的第一届世界黑人艺术节(World Festival of Black Arts)在达喀尔开幕,体现了这一情怀的转变。这是一次具有里程碑意义的非洲历史展览,是第一次在非洲土地上举行的非洲艺术国际展览,其宗旨很明确,用一位公关人士的话说就是"让非洲人能以自己的声音说话"。正如纪念册所说,此次展览会"证明了黑人世界不只是'文明的消费者',而是真正的'文明的生产者',从而消除外界的偏见和内部的忧虑不安"(见图27)。此次展览会有来自非洲各地大约2500名艺术家、音乐家、表演者和作家来到达喀尔庆祝黑人艺术,展现桑戈尔统治下的塞内加尔是一个有文化的现代国家。明星荟萃的嘉宾当中有桑戈尔、艾梅·塞泽尔、兰斯顿·休斯(Langston Hughes)、约瑟芬·贝克(Josephine Baker)、艾灵顿公爵(Duke Ellington)、沃莱·索因卡(Wole Soyinka)和美国阿尔文·艾利舞蹈团(Alvin Ailey American Dance Theatre)。休斯和美国舞蹈编导凯瑟琳·邓纳姆(Katherine Dunham)协助监督准备工作。来自30个非洲国家的代表以及6个重要的非洲侨民群体(分别来自美国、巴西、海地、特立尼达和多巴哥、英国以及法国)的代表到场,他们联手在达喀尔贡献了一场大型的美术、舞蹈、戏剧与音乐演出。

来自非洲、欧洲和北美50多个博物馆和私人收藏的600多件物品被自豪地展示。此次展览首次将散落于各个大陆的非洲物品聚

图 26　奥达哥斯特挖掘行动，毛里塔尼亚

图片来源：高畅（Augustin F. C. Holl）

第六章　去殖民化与非洲文明：加纳、阿尔及利亚和塞内加尔

图27　第一届世界黑人艺术节的纪念册封面。达喀尔，1966年

图片来源：伊布·迪乌夫（Ibou Diouf），泛非历史戏剧节藏品档案（Collection PANAFEST Archive），凯布朗利博物馆（Musée du Quai Branly），巴黎

齐，在这个意义上，此次展览体现了桑戈尔的黑人精神理念。桑戈尔对泛非主义的宣扬扩展了非洲艺术的新文化疆域，他欢迎美国爵士乐大师艾灵顿公爵为此次庆典开幕的姿态表明，这种艺术既跨越了从史前到当前的无数个世纪，又跨越了各个大陆（见图28、图29）。这一幕是黑人精神的体现，突出了泛非主义的种族归属感。古典的非洲艺术品（譬如雕塑和面具）与来自巴黎现代艺术博物馆

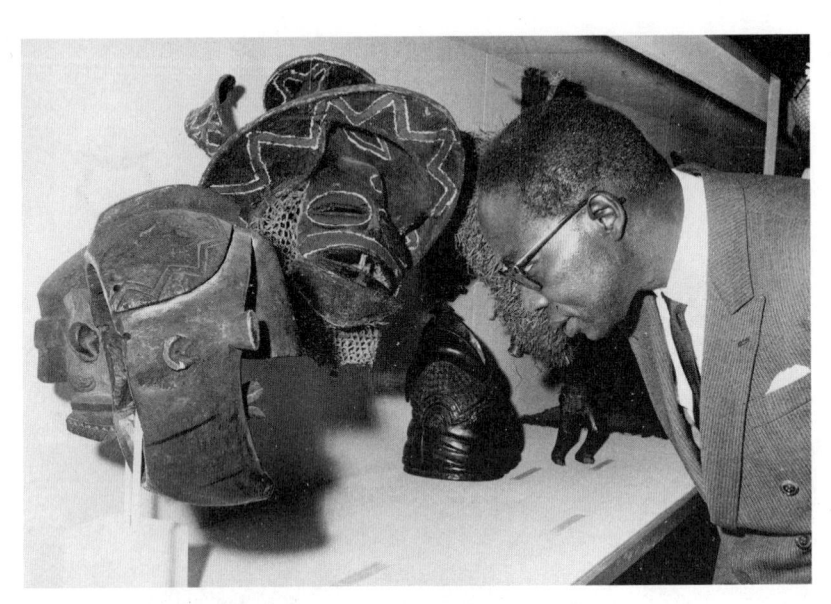

图 28　桑戈尔在第一届世界黑人艺术节上。达喀尔，1966 年
图片来源：布里奇曼图片社（Bridgeman Images）

（Museum of Modern Art in Paris）的毕加索、莱热和莫迪利亚尼（Modigliani）等人的作品选集一同展示，以强调非洲对欧洲现代主义的影响与欧洲和非洲的相互联系。此次展览由塞内加尔、联合国教科文组织和法国共同资助，世界各地有 2.5 万位宾客参加。[43]

塞内加尔的电台向公众广播了 1966 年艺术节的情况，国立日报《达喀尔晨报》（*Dakar-Matin*）刊登了将近 300 篇文章。有几十支民间舞蹈团在街头表演，尽管他们并不属于此次艺术节的正式组成部分。多贡族（Dogon）和开赛地区的巴卢巴族人（Baluba of Kasai）的艺术品以及贝宁（Benin）的艺术精品被公开展览。展品目录还强调"黑人艺术的多样性"与"内在的统一性"，"非洲黑人的艺术是人性这团面包的酵母"。这次展览还伴随着为期一周的研讨会，来自世界各地的非洲艺术与文化的专家参加了会议。研讨小

第六章　去殖民化与非洲文明：加纳、阿尔及利亚和塞内加尔

图29　桑戈尔与艾灵顿公爵握手。达喀尔，1966年
图片来源：美联社（Associated Press）

组强调非洲文化与它在北美和南美的分支之间的联系，体现于黑人灵歌、巴西雕塑和非洲的传统建筑。一个关于保护非洲文化的专题讨论会最后呼吁，在学校开展更多非洲研究、创办新的博物馆和保护致力于传统手工艺的工匠。所有这些措施都被视为"将非洲的过去从默默无闻中发掘出来"和为子孙后代保护非洲文明古代艺术品的手段。[44]

桑戈尔的黑人精神理念是"20世纪人文主义"的一个体现，但并没有得到普遍称誉。在《大地上的苦难者》里，法农斥责桑戈尔是典型的西化的"受殖民主义荼毒的知识分子",以人民的名义发表演讲,但与他们没有真正的联系。对于法农而言,"黑人精神的诗人"掩盖了"每个文化的首要特征是民族性"这个事实,因此,所有这些关于"黑人—非洲文化"和"非洲文化统一性"的会议只是在宣扬虚假意识和保守的抽象概念。民族(而不是黑人精神或非洲文明)才是抗争、主权和身份形成的关键。南非的流亡作家艾捷凯尔·姆赫雷雷(Ezekiel Mphahlele)向受到黑人精神鼓舞的诗歌发起挑战,视之为非洲的浪漫狂想曲——"祖先、赤足、半裸的女人等。"其他人则斥责桑戈尔宣扬非洲品质中感性和韵律性的一面是过度简化甚至"自我原始化"。因此,对于这些批评家而言,接纳非洲古代文明伴随着重现——而不是否定——不受欢迎的殖民时期历史遗产的危险。[45]

尽管如此,桑戈尔在独立后的前十年里建立了最为明确的非洲文明的意识。和恩克鲁玛统治的加纳一样,桑戈尔统治的塞内加尔强调文化作为与过去决裂和表述新的民族文化身份的主要手段。可是,恩克鲁玛倾向于模糊殖民文化与后殖民文化之间的联系,桑戈尔则接纳了前殖民时代和殖民时代的联系,作为新塞内加尔的建国基础。如前所述,桑戈尔长期以来支持法国联邦的构想,直到后来才支持通过和平变革的方式实现自决。他拒绝了阿尔及利亚民族解放阵线的革命暴力,甚至尝试调停法国与阿尔及利亚之间的战争,以促成和平。桑戈尔热情地维持与塞内加尔的前宗主国之间相互尊重的关系。但桑戈尔并不会包容一切。毕竟,我们要记住,在1966年举办的黑人艺术盛大庆典上,他明确禁止阿拉伯世界,包括马格里布人(Maghreb)参加,理由是他们不算黑人。他的泛非主义政策的排外色彩引起了批判者的不满,并造成泛非主义者在地区上的分裂。从这个意义上说,重新掌握的文明话语反映了新独立的非洲国家在文化上更广泛的重组,桑戈尔对鲜活的非洲文化遗产的构想

第六章　去殖民化与非洲文明：加纳、阿尔及利亚和塞内加尔

是不可或缺的内容。[46]

到了20世纪60年代中期，第三世界的第一代领导人大多已经失去了权力或丧命：印度尼西亚的苏加诺（Sukarno）、阿尔及利亚的本·贝拉（Ben Bella）和恩克鲁玛在1964年到1966年的军事政变中被推翻，而尼赫鲁（Jawaharlal Nehru）则在1964年去世。到20世纪60年代中期，这些第三世界独立国家"国父"的人品受到质疑，这片大陆当初拥抱民主的梦想演变成为严苛而且总是腐败堕落的威权政体。在这些后殖民时代的国家，政府对媒体、教育和文化生活实施严格的管制是普遍现象。利用文化——尤其是本土文化传承——作为宣扬新的政治权力以及摆脱被殖民历史的方式，与这些新成立的国家有紧密的联系，但大体上在第一代领导人下台后便偃旗息鼓。恩克鲁玛与加纳总统权力象征的联系是如此紧密，以至于之后继位的加纳国家元首没有人敢坐上他宣誓就职总统时坐过的椅子。但在激烈的去殖民化运动中，文明依然明显是一种超越民族国家、面向过去和未来去思考的世俗化语言。非洲联邦制的支持者，包括桑戈尔、几内亚的塞古·杜尔和马里的莫迪博·凯塔（Modibo Keïta）起初都不能肯定，到底是强调领土概念上的国家还是构建区域性的"非洲黑人文明"应该成为其政治关注的焦点。随着时间逐渐推移，民族主义和民族国家体系的固化戕害了非洲联邦主义的理想。后殖民主义时代的非洲文明理念可以说是这些较早的政治联盟和泛非主义梦想的最后残余。[47]

非洲对待人权的态度是这些宏观层面转变的另一个迹象。在20世纪40—50年代，非洲知识分子是普世主义的拥护者，致力于迫使欧洲的强权国家在其殖民领地履行《世界人权宣言》。异议的焦点是在第三章讨论过的引发争议的《欧洲人权公约》，它在1950年将人权局限于西欧的自由派基督教个人主义理念。反殖民主义者认

为这部带有反共产主义色彩的《欧洲人权公约》的内容极其保守和虚伪。桑戈尔当时是欧洲委员会协商会议（Consultative Assembly of the Council of Europe）的法国代表，同时也是支持社会主义的成员之一，他道出了自己的顾虑，认为这部公约"将会把《欧洲人权宣言》变为《欧洲人的人权宣言》"，将其他人排除在外。同样令人担心的情况还有：人权被扭曲和利用，专门为欧洲的利益服务。譬如说，去殖民化运动之后，人权的话语总是被从前的帝国主义强权国家用于保护仍然生活在非洲与其他地方的少数白人族裔（及其财产）。直到阿尔及利亚战争之后，法国政府才批准了《欧洲人权公约》，目的是保护仍生活在阿尔及利亚的一小部分欧洲人。但到了20世纪60年代末，第三世界倡导将人权作为迈向民主的努力已经结束了。在1968年于德黑兰举行的联合国国际人权会议（United Nations' International Conference on Human Rights）上，来自发展中国家的代表优先考虑的新重点是让经济发展成为一项人权。这些代表中有三分之二的人来自去殖民化的新国家，到1968年时，这些国家已经拒绝了民主制度。他们希望将聚光灯从本土的威权主义上转移开。这是文明的论述逐渐被更加激进的、强调发展权利的话语所取代的缓慢进程中，那些隐秘的和保守的方面之一。对文明的诉求曾是遍及这片大陆的反殖民主义和后殖民主义斗争的关键，并与维护主权、地区认同和独立有着密切关联。在这些新独立的非洲国家，强调权利与发展的政治活动仍然与国际公义（在发生内战或饥荒时提供的国际支援和紧急救济）联系在一起，但到了20世纪70年代早期，更广泛的对久远过去、跨越非洲大陆的身份认同和地区政治统一的兴趣开始逐渐消退。[48]

这些发展演变不应该掩盖早期去殖民化运动深刻地重塑了欧洲与非洲之关系的事实。这些具有重大意义的历史演变不仅体现在民族主义和独立运动的传播上，而且体现在对本土文化遗产的政治主

第六章 去殖民化与非洲文明：加纳、阿尔及利亚和塞内加尔　　　293

张上。这些诉求在阿尔及利亚战争中变得尤为激进，夺取控制权的战斗也在区分文明与野蛮的道德领域里展开。萨特对阿莱格的回忆录可能会引发的后果所做的评论触及一个尴尬的事实：法国在战争期间遭到纳粹势力的占领控制和不公对待之后，似乎并没有从维希政府的经历中汲取道德教训，现在法国政府自己正在阿尔及利亚展开破坏文明的任务。在英属肯尼亚、比属刚果、荷属东印度群岛、葡属安哥拉和法属阿尔及利亚展开的斗争，不只是帝国主义如何实行暴政并最终失去帝国的故事；它们也是对欧洲文明这个神话的全民公投。即使那些实现权力和平移交的国家——譬如加纳和塞内加尔——也以消除欧洲文明的残留影响作为国家建设和文化重生的根本基础。

因此，正在发生改变的文明理念反映了欧洲与外部世界正在改变的关系。就在15年前，文明还是欧洲人在后纳粹主义时代从道德上重建欧洲的集结口号，而这个词语现在被反殖民主义的领导人和运动——包括恩克鲁玛、阿尔及利亚民族解放阵线、桑戈尔等——用于为自己的民族主义事业辩护。当文明这个概念向南传播并与反殖民主义结合时，欧洲的领导人和知识分子便断然将其抛弃，这在很大程度上是因为它不再代表欧洲的权力和特权。然而，抛弃文明的这一做法并未一直持续下去，因为我们将在接下来的几个章节里了解到，文明这个概念很快就在欧洲被加以改造，用于不同的目的。在去殖民化运动中，颠覆文明的话语标志着欧洲与从前的殖民地自此在文化上分道扬镳。联合国教科文组织等国际机构围绕世界文明的宏伟理念，承担起了帮助建立跨越欧非大陆的新桥梁的使命。

第七章
世界文明

1957年，著名瑞士作家马克斯·弗里施（Max Frisch）出版了一部小说《能干的法贝尔》(*Homo Faber*)，在书中他探讨了身体上的颠沛流离、精神上的无家可归和由技术主宰现代生活的局限性等主题。男主人公瓦尔特·法贝尔（Walter Faber）是一位颇有成就的瑞士工程师，以联合国教科文组织技术专家的身份穿梭于欧洲和美洲。这本书可以看作是对"同一个世界"的浪漫主义和这个联合国衍生机构倡导的为了全人类但却好心办坏事的发展计划的嘲讽。在一个情景里，法贝尔正在前往南美的路上，准备帮助委内瑞拉建造涡轮机，与飞机上一位偶遇的熟人聊天，聊着聊着，对话突然间变味了："马塞尔开始谈论起我在联合国教科文组织的工作，说技术人员是白人传教士的最后伪装，工业化是一个濒临灭绝的种族的最后福音，而生活水平是人生目标的替代品，这时我发火了。"[1]

从批判的角度进行描写的不只是弗里施一个人。从一开始，联合国教科文组织就受制于不同派系的激烈争吵中。它的章程雄心勃勃：要加强、丰富和拓展联合国在国际政治领域的实验性尝试，并将其纳入国际政治,用一个评论家的话说,即为联合国这具躯体注入灵魂。在逐渐被阴影笼罩的国际政治气氛中,没有哪一个国际机构比联合国教科文组织做得更多,更能将自己置于国际文化事务的核心。这个机构创建于1946年战后理想主义正崭露头角的时期,在几十年的历程中因各个代表团一系列的抗议和退出而遭受损害。这个机构的崇高理想总是被世界各地的报刊嘲讽为可悲的幻想,与冷战强权政治的严苛世界脱节。到了20世纪50年代末,联合国教科文组织自己的文明教化使命遭到批判,被认为只是在"拉大旗作虎皮","口惠而实不至"。[2]

这些对联合国教科文组织过往记录的轻视忽略了它在1945年后在重塑欧洲文明方面所起到的重要作用。和第一章探讨过的联合国善后救济总署一样,联合国教科文组织致力于治愈战争的创伤,但它以不同的方式去处理这个问题。它不像"联总"那样负责分配紧急人道主义救济,而是专注于教育、科学和文化等领域,以促进和平与国际间的相互理解。该机构的一个标志性项目是维护和保存各个遭到战争、忽视和自然灾难威胁的世界著名的文明古物,当中包括从古代到现今的宗教建筑、宫殿、遗址和其他人类创造的文化瑰宝。照顾世界的珍贵物质遗产被认为非常重要,不能假手于政府和志愿机构,因此,各界达成决定,应该由一个新的世俗化国际团体接受委托,保护这些财富。联合国教科文组织是保护欧洲和世界各地遗产地的领头羊,这反映了保存主义者和自由派活跃分子的态度转变,从以欧洲为中心的立场到将保护行动与和平、平等与共享遗产等而视之的更广阔视野。在去殖民化运动的前后,联合国教科文组织是国际知识生产的独特枢纽,明确地专注于克服欧洲与发展中世界之间的文化障碍。它通过软实力的途径实现这一目的,旨在通过跨文化尊重、通识教育以及最重要的是,倡导它所说的"世界文明"等方式传播国际间的相互理解。[3]

第七章　世界文明

时至今日，大部分人将联合国教科文组织与管理世界遗产地联系在一起，这是其仍在增加的历史遗产的一个关键组成部分。但联合国教科文组织的世界文明概念的范围要广泛得多，它决心要通过扫盲运动、考古抢救工程等形式与层出不穷的民族主义、种族主义和欧洲中心主义等祸害做斗争。为了达到这一目的，联合国教科文组织修订了文明的版图，本着和平与保护的精神致力于沟通西方世界、东方世界和南方世界，这一做法与当时的其他国际机构有很大的区别。联合国教科文组织的特别之处在于，它严肃地尝试塑造超越民族国家和冷战阵营的世界历史和世界文明的新概念。战后的欧洲讲述了一个关于毁灭与重生的故事，而联合国教科文组织帮助塑造了文化重建的要旨与意义。

1945年联合国诞生，联合国教科文组织于翌年在巴黎成立。它的前身可以追溯到两场战争之间的各个政府间组织，譬如"国联"的国际文化合作研究所（International Institute of Intellectual Cooperation）和总部设于日内瓦的国际教育局（International Bureau of Education），但它的使命要宽泛得多。英国首相克莱门特·艾德礼曾说过的一句名言"战争起源于人之思想"引起了广泛的共鸣。曾担任联合国教科文组织代表的美国诗人阿齐博尔德·麦克利什（Archibald MacLeish）随后润饰了艾德礼的这句名言，构思出联合国教科文组织章程的启首语："战争起源于人之思想，故务需于人之思想中筑起保卫和平之屏障。"这个机构的创建是为了弥补以失败告终的"国联"的种种弊端，后者主要关心的是政治事务，希望达成一定程度的集体安全。如果战争是由意识形态引起的，那么，按照这个逻辑，和平也可以通过意识形态去达成。这个机构的任务就是向战争本身宣战。联合国教科文组织的一部分重要人物要么曾被关押于集中营，要么曾是欧洲各地反纳粹抵抗组织的活跃成员，这为联合国教科文组织增添了鲜明的道德色彩。自1944年以来，美国国务院就在酝酿成立一个致力于提倡国际间相互理解的新机构，其背后的推动力是罗斯福对"文明不是民族的，而是国际的"信念。在促成联合国诞生的旧金山会议上，杜鲁门总统强调了国际间共同努力推进文化与教育合作的重要性。随着冷战的到来，联合国教科文组织被视为一个平台，可以让超级大国进行对话，对发展中国家实施援助与推进跨国文化外交。[4]

这场运动的内在本质明确地反映于它在巴黎的总部。它的第一个办公地点位于美琪饭店（Hotel Majestic），从1946年一直到1958年。这座豪华酒店曾在第一次世界大战结束后承办了巴黎和会的部分会议，过了一代人的时间后，被征用为第三帝国最高指挥部的巴黎总部；巴黎解放后，它被美国军事当局实施改造。这座酒店被转交给联合国教科文组织使用，这被视为要与不堪回首的奉行军国主义、好战成性的过去断然决裂。正如这个机构的第一任总干事朱利安·赫胥黎在回忆录中严肃地说的那样："在我任职期间，实现了从战争与种族主义到和平与文化合作的转变。"联合国教科文组织帮助重塑现代世界的努力，体现于它在巴黎新建成并于1958年开放的总部所体现的风格与信念。这座高规格的混凝土与玻璃大厦由包豪斯建筑学派大师马塞尔·布劳耶（Marcel Breuer）与两场战争期间的现代主义学派建筑师皮埃尔·路易吉·奈尔维（Pier Luigi Nervi）和伯纳德·泽尔菲斯（Bernard Zehrfuss）共同设计，作为国际教育合作与全球文化交流的火车头。这座"20世纪的象征"被誉为国际现代主义的一个伟大展示，以毕加索、米罗（Miró）、考尔德（Calder）、亨利·摩尔（Henry Moore）和野口勇（Isamu Noguchi）等人的作品布置室内装修和花园。这座建筑被视为后法西斯主义时代普世主义理想的体现，和平、理性和透明将取代民族主义、偏见和暴力，成为定义这个时代的特征。[5]

这个新机构的首任领导人是朱利安·赫胥黎,他是查尔斯·达尔文的朋友与进化论的热烈拥护者托马斯·赫胥黎(Thomas Huxley)的孙子,同时也是著名作家阿道司·赫胥黎的哥哥。朱利安·赫胥黎自己也是一位了不起的人物。他是著名的动物学家和英国主流社会的科普作家,创作了一系列关于进化论以及社会与科学之关系的作品。"二战"期间,他是广受欢迎的英国广播公司电台节目《智囊团》(The Brains Trust)的常客,因为经常在媒体上出现而成为家喻户晓的人物。在科学界,赫胥黎是一位直率敢言的自由派人文主义者,也是纳粹主义及其恶毒的科学种族主义的著名反对者。在他出版于1946年的介绍读物《联合国教科文组织:它的宗旨与哲学》(UNESCO: Its Purpose and Its Philosophy)中,他指出,这个机构的指导理念将是"世界科学人文主义",以进化论概念为基础,包容人类的所有努力与活动,并实现科学与文化的完全融合。虽然赫胥黎的"世界科学人文主义"哲学在当时遭遇了一部分人的抵制,但他仍坚信联合国教科文组织将会促使"单一世界文化的出现"。[6]

这场联合国教科文组织的科学导向背后的另一个关键人物,是著名的剑桥大学生物学家与科学史家李约瑟(Joseph Needham)。"科"字被加入联合国教科文组织的名字中,在很大程度上应归功于他。他最为人所知的作品是出版于1954年至2004年的7卷本《中国科学技术史》(Science and Civilisation in China),长久以来被认为是科学史上的丰碑之一。李约瑟指出,直到文艺复兴时代之前,世界科学发现和技术突破在许多方面都受益于中国的科学,他致力于在更为宽泛的科学成就的历史中恢复中国的核心地位。李约瑟是赫胥黎的同事与密友,于"二战"期间作为英国文化协会特别使团的团长在中国待了很长一段时间,以便在日本人占领期间与中国的科学家保持联系。他对中国科学与文化的深刻认识被认为是联合国教科文组织的新世界历史倡议的巨大财富。在出版于 1945 年的短篇作品《中国科学》(Chinese Science) 中，李约瑟勾勒出这部历史的轮廓，希望这本介绍读物将成为有用的范本。与赫胥黎一样，李约瑟坚信科学与技术应该是人类历史的核心内容，因为他相信文化交往与科学知识的传播是我们所说的文明的重要内容。而且他的呼吁恰逢其时：在经历了原子弹轰炸日本之后，将科学纳入联合国教科文组织的宗旨被视为尤为迫切的任务，管理科学和原子能成为势在必行之举。在 1947 年的一份报告里，李约瑟写道，"在人类的所有活动中，最具有国际主义色彩的当属自然科学"，因为"无论科学工作者来自世界的哪一个角落，当他们相遇时，都能立刻心领神会彼此的想法"。虽然将科学作为团结因素的理念在 19 世纪已经很盛行，但在 1945 年后，它获得了新的生命力。到了 1949 年，联合国教科文组织已在多个欠发达国家的首都（蒙得维的亚、开罗、伊斯坦布尔、德里、雅加达和马尼拉）创立了实地科学合作办公室 (field scientific cooperation offices)，目的是传播知识和动员现代科学以促进和平与国际间相互理解。用英国小说家与化学家 C. P. 斯诺（C. P. Snow）的话说，这一新的科学普及阵线在许多方面被视为沟通现代性不可调和的两大分支——人文与科学的一种方式。[7]

联合国教科文组织在世界范围内发动了多场扫盲和创建图书馆的活动。在这个机构眼中，书籍构筑起了和平的主要防线，因为它们能培养同理心、好奇心和跨文化知识。在歌德的"世界文学"(Weltliteratur) 这一理念的鼓舞下，联合国教科文组织倡导共同的文学遗产，希望以此促使各个文化走到一起。为了实现这一目的，它宣传并翻译了世界经典作品集，并与国际翻译工作者联合会 (International Federation of Translators) 合作，帮助缔造了一批共同分享的文学遗产。从 1948 年到 1994 年，这个机构出版了来自世界各地以 91 门语言写成的 866 部作品。在 20 世纪 60 年代早期，

第七章 世界文明

两个免费分发课本的中心在加纳的阿克拉和喀麦隆的雅温得创立，目的是消灭文盲和传播国际文化。在获得独立的刚果，联合国教科文组织的干事致力于在比利时人撤离后让学校重新开放，培训新的教师员工，并帮助改革这个国家的教育系统。[8]

联合国教科文组织还将目光放在复兴遭受破坏的文化传统上，尤其是在欧洲。虽然它宣扬普世主义，但其早期的保护宣传明确指向欧洲，受到需要保卫被认为处于危难中的西方文明的鼓舞。在1944年于伦敦举行的同盟国教育部部长会议（Conference of Allied Ministers of Education）上，来自16个国家的教育部部长齐聚一堂，共同商讨战后重建以及修复遭到纳粹分子洗劫和破坏的欧洲文化遗产。此次会议开门见山地宣称："正在集中力量立刻对西方文明的文化遗产加以保护并最终将其复原。"联合国教科文组织在早年间延续了这一思路，拓展了文化重建的概念，为图书馆提供书籍、为学校提供课本、为实验室提供科学设备、分发乐器和创建国际青年营（International Youth Camps）。这个机构还组织用联合国各成员国的语言翻译世界经典作品。[9]

在联合国教科文组织初期的世界文明使命中，部分内容是倡导人权。1947年6月，它向世界各地的数十位国际法律师和公共知识分子发去一份关于人权的调查问卷，包括通晓中国、伊斯兰教及印度的法律和习俗的专家。受访者包括印度反殖民运动民族主义者圣雄甘地、意大利哲学家贝内德托·克罗齐和英国作家阿道司·赫胥黎。最令联合国教科文组织感到振奋的是，几乎所有的受访者都肯定了——虽然不一定是以直白的语言表述——人权这一共同理念。著名的法国天主教人权活动家雅克·马里坦收集并编辑了受访者的回应。在这份公开发表的报告的序文里，马里坦满怀欣喜地写道：受访者都认同以一套切实可行的价值与概念（包括"在生活中免于对贫穷与不安全的挥之不去的恐惧的权利"）作为人权的"共通之处"。

这份薄薄的报告被视为一个具有国际意义的关键的概念突破，尤其是在《世界人权宣言》起草委员会正努力为国际社会构筑关于人权的明确含义的时刻。这份问卷的答案为联合国教科文组织探寻关于普遍人性的概念提供了所需的思想底气和国际赞许。[10]

这个机构在 1950 年举行了以"人权集册"（The Human Rights Album）为主题的关于人权历史的巡回展览，这是关于该主题的第一次大型国际展览。一套照片与介绍文字被送到各国的联合国教科文委员会用作展示和教育。它是为学龄儿童设计的，以幻灯片的形式展现人类的进步，重点是奴隶制和不人道待遇的废除、宗教宽容、相互尊重、妇女解放、公民权利（例如言论、思想、集会与投票自由）、经济与社会权利（工作的尊严和休息的权利），以及文化权利（教育与科研）。附带的信息清楚地表明："贯穿许多个世纪，遍布整个世界的相距遥远的文明都走过通往解放的相同道路——吠陀时代的印度、古代的中国、希腊、伊斯兰国家、中世纪的欧洲等，直至现代。"这次展览坚称："人权绝对不是随意确定的惯例，事实上，它是人类生活和谐发展必不可少的本质需求，见证了四海一家的情谊"，"世界和平取决于普遍而切实地贯彻人权"。[11]

在众所瞩目的联合国教科文组织关于种族的宣言中，世俗普世主义的表达尤为明确。从一开始，联合国教科文组织就知道种族将会是达成世界文明共识的巨大障碍。朱利安·赫胥黎出版于 1935 年的合著《我们欧洲人》（We Europeans）是被广为援引的对种族主义的谴责，从科学探究的制高点得出著名的结论：种族是应该"被剔出科学的词汇"。尽管赫胥黎早年关于种族和优生学的观点很复杂，甚至带有浓厚的保守主义色彩，但他与时俱进地做出了改变，并领导联合国教科文组织致力于消除所有形式的种族主义。在 20 世纪 50 年代初，它发起了一项国际宣传，斥责科学种族主义是不实的虚假论述，不应该被用于评判人种的区别。1950 年，联合

第七章　世界文明

国教科文组织发布了著名的《关于种族问题的声明》（Statement on Race），清楚明确地表达了这一点。它的大部分内容由知名法国人类学家克洛德·列维－斯特劳斯起草，该声明表示"所有人都属于同一个物种，智人"。列维－斯特劳斯出版于1955年的关于人类学命运的挽歌式回忆录《忧郁的热带》捕捉到了这一从欧洲中心主义向一个由既独立又相互联系的文明构成的世界转变的趋势。几年后，他反思了后帝国主义时代的人类学危机，并指出"伟大的西方文明在方方面面都是杂糅的产物"，这番话呼应了在上一章里讨论过的塞内加尔诗人与总统利奥波德·塞达尔·桑戈尔及其他人的观点。[12]

从1950年到1967年有4篇关于种族的重大声明公布，每一篇都在强调人的平等并批判生物学种族主义（biological racism）似是而非的本质。联合国教科文组织关于种族的声明被分发给科学家、科学刊物和报纸，宣扬其研究结果。联合国教科文组织还组织出版关于种族问题的3卷本系列作品——《现代科学的种族问题》（The Race Question in Modern Science）、《种族问题与现代思想》（The Race Question and Modern Thought）和《种族与社会》（Race and Society）——三本都以英法双语宣传册的形式出版，通过联合国教科文组织在各国的委员会大规模分发。但不是每个人都会满意——联合国教科文组织的出版物在20世纪50年代初被禁止进入洛杉矶的公立学校，因为它的宗旨有反基督教和反美国并且支持共产主义的倾向，而南非则退出了联合国教科文组织，理由是这类出版物干预了该国的内政。即便如此，这些干预措施还是在东欧和发展中国家得到了热烈的欢迎，这证明该机构切实履行了反种族主义和促成世界文明的宣言。包括全国有色人种协进会（National Association for the Advancement of Colored People）在内的美国民权运动也一样。正如杰西·杰克逊牧师（Jesse Jackson）的回忆："我们走遍南方各地发表演讲，高举联合国教科文组织的研究报告，表明黑人并不是劣等种族。一个世界性机构曾进行过研究,并得出结论:我们不是劣等种族。这是一件大事。"1967年,美国最高法院援引联合国教科文组织关于种族的声明,裁定各州禁止种族通婚的法令违宪。这些行动促使联合国转变为世界范围内反种族主义的关键角色,自此之后与非裔美国人的民权斗争和非洲、亚洲与东欧的反殖民主义斗争紧密联系在一起。[13]

联合国教科文组织的世界文明理念很快就陷入了争议。1951年在巴黎举行的联合国教科文组织大会关于会员资格的棘手问题就是一个好例子。议程的内容是扩大成员国的名单,有几个申请国令情况变得很难堪。争论的焦点是同盟国在战争刚刚过去便面对的难题:如何处理战败的轴心国势力。联合国教科文组织是致力于让这些前法西斯国家作为平等伙伴回归"国际大家庭"的第一个大型国际团体。寻求国际社会原谅前法西斯国家在当时并不容易,因为国际社会各界仍对这些国家报以强烈反感。我们还记得,在1948年的伦敦奥运会上,国际奥委会通过投票禁止德国与日本的运动员参加,作为对两国政权在战争期间制造种种惨剧的惩罚,对于某些人而言,这一做法戕害了奥运会的国际主义精神。围绕着是否让西德、日本和西班牙加入联合国教科文组织的政治博弈暴露了世界文明这个理念与后法西斯时代国际社会的真实想法之间的裂痕。

起初,将西德与日本纳入联合国教科文组织的宣传遭到了猜疑和抵制。捷克与波兰在联合国教科文组织的观察家坚决反对该组织在被占领的德国设立分支机构。这里值得注意的是,虽然苏联是联合国的创始成员之一,但它直到1954年才加入联合国教科文组织,在此之前,它总是斥责这个联合国机构只是美帝国主义者的工具。苏联在20世纪40年代末对联合国教科文组织的批评得到各东欧成员国(波兰、捷克斯洛伐克、匈牙利和南斯拉夫)的响应,它们态度激烈地声称联合国教科文组织在德国和日本的活动会严重危及该机构的和平与合作准则。但这些观点都被忽略了。1950年，联合国教科文组织的官员来到西德和日本，希望推行全盘教育改革的计划。在这些战败的国家，国际会议被组织举行，图书馆与博物馆重新开放，历史教科书被重写以剔除危险的民族主义思想。这个新的机构迫切需要几个成功的项目作为宣传，西德和日本便被视为理想的对象。[14]

日本政府和西德政府都明白成为联合国教科文组织成员国的重要外交意义。在日本，对联合国教科文组织的友好姿态首先是来自公民社会。国际笔会（PEN）日本支会早在1947年就致力于促成合作，仙台合作协会（Sendai Cooperative Association）是联合国教科文组织第一个认可的世界分支机构。日本议员逐渐意识到与这个联合国机构建立联系的象征意义，它是将民主化与世界和平以及融入国际社会联系起来的一种方式。促成联合国教科文组织和西德走到一起的关键人物是康拉德·阿登纳政府的外交部部长沃尔特·哈尔斯坦（Walter Hallstein）。哈尔斯坦的名字总是与以他的名字命名的刻板的西德外交政策信条联系在一起，该信条的内容是：任何与东边的德意志民主共和国建立外交关系的国家，德意志联邦共和国都会与之断交。但我们要记住，哈尔斯坦曾在法兰克福大学担任校长直至1948年，是联合国教科文组织德国委员会的创始人，在1949年至1950年这段关键时期担任主席。从1950年6月起，他还担任舒曼计划（Schuman Plan）谈判西德代表团的团长，该计划提议由一个共同的权威机构协调法国和西德的煤炭与钢铁生产。1951年，他帮助起草了促成欧洲煤钢共同体诞生的《巴黎条约》（Treaty of Paris）。对他而言，所有这些问题都有着紧密的联系。和波恩政府的其他人一样，他知道被纳入联合国教科文组织（和2011年巴勒斯坦申请加入联合国教科文组织的情况一样）是成为国际社会正式成员并获得完整国家主权的至关重要的第一步。哈尔斯坦忠于自己的冷战政治思想，致力于确保东德加入联合国教科文组织的申请一直被搁置，令东德的活动家极为不满——直到1972年，经过再三申请之后，德意志民主共和国才被正式纳入联合国教科文组织。[15]

1951年联合国教科文组织大会在巴黎进行投票时，令人惊讶的是，没有多少国家表示反对，尤其是关于是否让日本加入的议题。联合国教科文组织大力宣扬的普世主义理想以接纳所有申请国家作为开始，无论它们在过去有怎样的作为。特别引人注目的是在解释为什么从前的法西斯主义国家应该被接纳时所采用的话语。巴拿马代表道出了大多数国家的心声，他表示：接纳日本意味着我们"必须忘记战争的种种恐怖，放下所有的怨恨与报复的冲动，当人们陷入疯狂时，他们倾向于将压迫和邪恶的体制强加于这个世界，而我们的任务就是向他们灌输我们所认可的高尚情怀"。正如第三章所说，成立欧洲委员会的部分宗旨是忘却仇恨，1948年丘吉尔在海牙发表演讲，表示原谅西德是建设强大而团结的西欧的前提。

联合国教科文组织将这一逻辑从欧洲延伸到全球，主动遗忘的主题在西德尤为明确。尽管以色列代表提出反对意见，指出西德"并不能令人信服它已经完成了道德革命，而没有这场革命就不可能实现救赎"，但大多数代表有不同的看法。一位表示支持的代表勇敢地声称："联合国教科文组织的使命在本质上是和谐、宽容以及一定程度上的遗忘。"经过短暂的审议，赞成两国加入的投票顺利通过。英国代表团的团长和教育部常务秘书约翰·莫德（John Maud）向德意志联邦共和国致以的美妙欢迎辞，有必要在此详尽引述："总干事先生，刚才您向我们引述了福楼拜（Flaubert）的名言：'历史就像壮丽的大海，将一切冲刷殆尽。'而且您以一如既往的才华补充说，您希望加上'历史潮流壮丽而浩荡，顺之者昌，逆之者亡'

第七章　世界文明

这一句,只有这样,您才认可那句名言。我认为我们刚刚所做的事情是具有历史意义的、出于信仰的壮举,可以将那些总是与纳粹势力联系在一起的充满仇恨的种族主义和战争教条冲刷殆尽,并确保德国人民的聪明才智将用于艺术、思想和为文明做出贡献。"接着,莫德总结说:"那正是莱布尼茨(Leibniz)和歌德的精神与声音,现在我们迎来了德国成为联合国教科文组织的一员,这让我想起了家里贝多芬的音乐。"来自国际社会的赞许和选择性记忆的慰藉得到如此公开的颂扬是很罕见的情形;哈尔斯坦当时在场,他认为那一刻是"我们与世界其他国家恢复正常关系的至关重要的一步",而他的想法确实是对的。[16]

　　对法西斯主义奉行善意遗忘的政策不会被轻易地用在其他申请国上。从前的法西斯国家与当前的法西斯国家不可同日而语。日本和西德申请加入的讨论大体上只是局限于内部审议,只有零星的国际媒体报道,1952年西班牙的申请却引发了激烈的国际争论。全球各地的报纸——尤其是在南美地区——嘲讽联合国教科文组织希望在道德上改造奉行法西斯主义的西班牙只是一厢情愿的想法,而诸如法国作家阿尔贝·加缪和西班牙大提琴演奏家与指挥家帕布罗·卡萨尔斯(Pablo Casals)等文化名人恳请这个机构撤回它的邀请。《纽约时报》的一篇文章总结指出:"如果联合国教科文组织接纳了一个臭名昭著的独裁政权成为其会员,那么,它作为'一股具有象征意义的道德力量'的价值将会受到侵蚀。"雪上加霜的是,在这场辩论进行期间,西班牙独裁者弗朗西斯科·弗朗哥下令处死了几位西班牙工团主义者,引起了国际工会领导人的强烈声讨。然而,联合国教科文组织为了坚持其普世主义态度和道德观,在那一年还是让西班牙顺利加入,这在一定程度上要归因于国际天主教社会一贯的支持。弗朗哥立刻利用了这种新的宽容精神:翌年,他与梵蒂冈达成协定,并与美国签订共同防御条约,接着,在1955年,西班牙被纳入联合国。然而，联合国教科文组织并非总是对非自由主义政权报以宽容，因为它不会轻易遗忘或原谅共产主义国家的所作所为。在1952年讨论是否让罗马尼亚和保加利亚加入时，美国代表列举了这两个国家最近的人权纪录，带头反对它们加入。捷克和波兰的代表反驳说美方的攻击"并非只针对罗马尼亚人民"，而是（更加糟糕地）"针对联合国教科文组织的全体成员"。但联合国教科文组织为了超脱于意识形态斗争并维持自己的普世主义，还是在1956年和1962年勉强接纳了保加利亚与罗马尼亚。[17]

然后联合国教科文组织制订了一个更加宏伟的计划以实现这一普世主义哲学。在20世纪50年代初，它开始着手为一个刚刚摆脱"二战"中的死亡与破坏的世界重新撰写全球史。它启动了一项在当时广受关注但现在已经差不多被遗忘的由多位作者执笔的6卷本《人类的历史》（History of Mankind）丛书，它最初出版于20世纪50年代初，并一直持续到70年代。该丛书有来自世界各地的数百位顾问与撰稿人，从未有一项世界历史项目引起如此强烈的国际兴趣和媒体关注。[18]

联合国教科文组织的世界历史项目源于在1945年后恢复已经失去的对共同人性的感受，并重新思考欧洲与更广阔的世界之关系的需要。这个新"人类的历史"计划由联合国教科文组织总干事朱利安·赫胥黎推动，并被称为"世界文明的自然史"。根据赫胥黎所说，联合国教科文组织的使命应该是——呼应温德尔·威尔基（Wendell Willkie）于1943年在美国出版的同名畅销书——"缔造精神与思想的同一个世界"。赫胥黎认同进步的观念，希望将所有独立的传统结合在一起，共同推进"世界文明"的发展。正如他所解释的："文明，因为文明代表了和平，本质上是和谐生存之道。世界文明，因为和平而必须是全球性的，因为只涵盖了一部分人类的文明并不符合联合国教科文组织的章程，事实上，它会引发暴力事件与战争；

第七章　世界文明

世界文明的进步，是因为它仍在襁褓时期，因为我们需要一个遥远的而且不停往后退去的目标的激励。"《人类历史》必须"强调人类的文化成就，只有在战争和政治影响到文化与科学的进步时，才去探讨战争和政治"。[19]

撰写全球史的理念有深层次的根源，但它作为一个现代的研究课题可以说是始于19世纪末和两场世界大战之间的岁月。英国历史学家和政治家阿克顿勋爵（Lord Acton）在1898年形容世界历史"并非简单地将各国历史合而为一"，并强调"人类的共同命运"；同一时间，德国历史学家卡尔·兰普雷希特（Karl Lamprecht）和汉斯·F. 黑尔莫尔特（Hans F. Helmolt）提倡关于世界历史的类似理念，着重强调的内容是国际交流，而不是战争。在20世纪20年代，H. G. 威尔斯写道："比起各国历史的综合，世界历史多了一些东西，同时也少了一些东西。"在他出版于1921年的作品《拯救文明》(*The Salvaging of Civilization*)中，威尔斯指出：《圣经》作为一部特别的世界历史，在许多个世纪来团结了西欧人民，现在需要有一部新的作品以类似的方式团结全世界的人民。斯宾格勒和汤因比令世界历史的理念更加深入人心，尤其是在一个逐渐专业化和强调民族国家的时代。大部分世界历史是从西方的视角书写的，而威尔斯和汤因比的叙事关注的是独特的个体文明。值得注意的是，虽然普世文明这个理念——即使它是建立在西方模式的基础之上——在19世纪末的奥斯曼帝国和日本帝国的亚洲知识分子中引起了共鸣，但这些观点在"一战"过后逐渐遭到非议，因为关注的焦点落在了个体文明的首要地位之上。[20]

联合国教科文组织的世界历史有一个明确的先例，那就是H. G. 威尔斯出版于1920年的篇幅达1100页的通俗世界历史《世界史纲》(*The Outline of History*)。这本书是20世纪前半叶最畅销的历史著作，据说到1931年累计卖出了超过100万本。它的叙述围绕着进化、生态学和社会达尔文主义等问题而展开。朱利安·赫胥黎认识威尔斯，甚至曾与他合作撰写了这部作品的姊妹篇《生命的科学》(The Science of Life)。不难发现，有许多相关主题进入了联合国教科文组织的人类历史计划：它致力于为广大读者撰写一部有可读性的世界历史，从历史伊始直到现今；它的重点放在人类出现之前的地球史；它把非西方的古代文明，譬如印度、埃及和中国的文明放置于重要的地位，以及它以科学作为穿针引线的线索。威尔斯认为民族主义的危险在于"它令人心丧失文明"，而"我们真正的民族身份是人类"成为联合国教科文组织珍视的准则。[21]

几位在国际上享有盛名的历史学家的加入令联合国教科文组织的世界历史计划更加璀璨耀眼。阿诺德·汤因比担任这个计划的顾问，支持从科技的视角书写世界历史这个想法。另一位同样重要的人物是著名的法国历史学家吕西安·费弗尔。1929年，费弗尔创建了著名的《经济与社会史年鉴》(Annales d'histoire économique et sociale)，在20世纪30年代担任新的《法国百科全书》(Encyclopédie française)编撰委员会的主席。费弗尔曾是1946年联合国教科文组织在伦敦的筹备委员会的法国代表之一，几位法国评论家将撰写《人类的历史》的倡议归功于他。在1949年的一份报告中，费弗尔指出这个计划的目标是"影响人的思想以根除致命的战争流毒"。1953年，他创建了《世界史杂志》(Journal of World History)，在创刊号的序言中，费弗尔明确地声称："联合国教科文组织的世界历史将不会由那些所谓的英雄，那些'上帝之鞭'式的人物构成，数千年来，他们带给这个世界的，似乎只有贪婪、杀戮、掠夺和焚烧。"恰恰相反，这部历史"不会煽动仇恨。它不会强调大国对所谓'小国'的碾压。它会将所有的国家视为一个伟大事业的共同参与者……戏仿那位原本将成为恺撒大帝却在色当一败涂地的大人物的口号，我们可以说，

第七章 世界文明

而且我们会反复强调：'历史意味着和平'*"。他的宣言是对被奉为圭臬的伟人历史叙事的直接挑战，发动战争的精英的历史将被关于文化的和平交流的编年史取代——人类在向前迈进。[22]

6卷本的《人类的历史》从史前叙述至20世纪前半叶。费弗尔奠定了这部作品的基调，他表示："没有无足轻重的民族，也没有对构建我们过于自信的伟大文明毫无贡献、只会借鉴的卑微贫乏的文明。"当时的中心任务不只是书写和平，还要将世界历史写成文化交流和相互滋养的记录。乍一看这个观点似乎平平无奇，尤其是在如今历史学家言必称网络与流动是新跨国历史之基础的热潮下。然而，联合国教科文组织的历史观在20世纪40年代末相当新颖，其中一个重要原因是现代文明的历史（正如斯宾格勒和汤因比的论述）认为大体上各个文明在地理上和文化上是独立的个体，有自己的内在逻辑、生命周期与成就。相比较而言，研究的重点放在了贸易、旅行、迁徙、思想交流，甚至战争上，但只有在战争影响到文化交流和相互作用的情况下才会对之进行探讨。另一个引发争议的特征是对欧洲中心主义的强烈抗拒。费弗尔的《世界史杂志》倡导明确反欧洲中心主义的视角，他任用著名的印度历史学家和外交家K. M. 潘尼迦（K. M. Panikkar）担任《人类的历史》第6卷（讲述20世纪历史）的编辑之一，令这一国际主义叙事手法拥有了更大的可信度。桑戈尔担任联合国教科文组织《人类的历史》国际委员会成员，此外还有列维－斯特劳斯和黎巴嫩哲学家与人权律师查尔斯·马里克。[23]

基于所有这些原因，许多人对这部新的世界历史满怀兴奋与期待。印度学者对这个计划表示欢迎，因为它将"纠正西欧学者的短

---

* "大人物"是拿破仑三世（Napolen Ⅲ, 1808—1873），他在1870年的色当战役中遭到惨败。他曾说过："帝国意味着和平。"

视,他们当中有许多人没办法看到希腊以外的地方,因此拒绝承认东方,尤其是印度的文化优先地位"。去殖民化是这个计划的出发点和框架。在讲述20世纪初直到1960年的世界历史的最后一卷里,讲述甘地的篇幅比希特勒的篇幅更多,而夸梅·恩克鲁玛和乔莫·肯雅塔比斯大林或墨索里尼得到了更多关注。对于联合国教科文组织而言,文明与和平是同义词,这部新的历史记录了人类过去在公民社会领域所取得的成就,是在陷入分裂和交战不休的冷战世界中与众不同的历史。联合国教科文组织还举办了数场相关的会议,从有着深刻历史矛盾的地区——德国与法国、日本与中国、墨西哥与美国——召集教师撰写新的教科书以挑战激进的民族主义,并强调以政治和平为名义的共同历史。因此,《纽约时报》盛赞这本教科书是"无与伦比的宏伟出版计划"。[24]

这部6卷本历史著作在20世纪60年代中期出版,甚至在此之前,这个计划就被卷入冷战冲突中。一方面,苏联及其共产主义盟友认为工人的历史在书稿中被忽略了,尤其是讲述20世纪的最后一卷。委员会里的苏联代表亚历山大·兹瓦里基涅(Alexandre Zvorikine)交回长达500多页的反对意见,抗议这一卷对共产主义、苏联的技术发展、经济及政治体系的论述。另一方面,宗教领导人(无论是天主教、新教还是犹太教)也对这个计划表示不满,理由包括它在推动无神论并淡化了犹太教的历史。最尖锐的批判来自似乎不会做出批判的一方——天主教会。让天主教会加入的努力一早就在进行:1949年,教宗委派一位特使进入联合国教科文组织;1951年7月,驻法国的罗马教廷大使安哲卢·若瑟·龙嘉利(Angelo Giuseppe Roncalli,即后来的若望二十三世)受邀在联合国教科文组织大会上发言。20世纪50年代初,梵蒂冈对这部世界历史的初稿提出了大量的批评。基督教对联合国教科文组织的世界历史计划报以怀疑的态度,而在上面探讨过的"人权集册"巡回展出结束后,怀疑更深了,因为此次展览几乎不涉及基督教,而耶稣根本没有被提起。世界各国的基督教报刊——法国、意大利、西班牙、瑞士、加拿大、墨西哥和美国的,甚至捷克斯洛伐克的——纷纷对这部新世界历史提出批评。16位持保守主义立场的法国代表签署了一封信,指责联合国教科文组织在宣扬"反基督教意识形态的影响"。[25]

《人类的历史》这项计划或许是出于善意的政治行为,但不一定是好的历史著作。报刊评论对它讲述历史的手法提出批评。它带有自由主义辉格史学派的色彩,在它的描述里,过去与现在呈现出一派凝聚团结、合乎情理、和睦安宁的情景,与绝大多数观察家所见到的危险的冷战世界形成了鲜明对比。报刊对关于20世纪的第6卷的评论褒贬不一。有一些人认为它是"一部引人入胜而且很有价值的作品",其他人却不这么认为。一位印度评论家指出这个计划到头来戕害了自己的目标:"它的宗旨原本是增进国际社会的相互理解。但当这部作品出版时,得到的是什么反应呢?它在一些国家引起了当地人民的不满,尤其是共产主义国家和新独立的发展中国家。"将暴力情感的世界摒除出历史的努力遭到一位《卫报》(Guardian)评论家的斥责,"结果就是温和的一致同意的自由主义和几份无关痛痒的报告","如果考古学家在联合国总部的遗址下进行挖掘,他们将可能达成新的共识,而那正是这部历史忽略的内容:人的情感与愤怒,正是它们导致这座大厦所在的城市被暴力摧毁"。美国保守派记者斥责这个世界历史计划是一个阴谋,目的是泯灭人们的"个体特征和他们的爱国情怀,以达成一帮官僚受虚妄的全球化理念鼓动的充满毒害的幻想"。穆斯林国家不满基督教十字军东征的温和诠释,还有人对非洲和南美洲的贫乏史料提出了批评。[26]

尽管联合国教科文组织进行了大量的宣传与投资,但它这部持续长达20年的多卷本国际历史书写计划并没有实现它的既定目标,也没有接触到广泛的读者群体。在一定程度上，这是因为联合国教科文组织和世界都已经改变了。著名的墨西哥外交家与作家海梅·托雷斯·博德特（Jaime Torres Bodet）接替赫胥黎成为第二任总干事，将这个机构的精力用于为贫穷国家提供技术援助上，将关注的重点从世界文明转向能取得确切结果的、更加实际的具体任务上。从1946年到1956年，其成员国的数目从30个增加到了80个——这些新独立的国家当中有许多对世界文明的理念表示怀疑，倾向于构筑关于民族振兴和民族成就的新叙事。就连这项计划的名称（《人类的历史》）似乎也显得严重过时了，因为"人类"（mankind）被视为顽固守旧的带有性别歧视色彩的历史残余。世界历史计划是"文明"自身被"发展"这个体现第一与第三世界关系的更加符合政治正确的口号客气地取代之前，文明的语言和使命的最后喘息。换句话说，在20世纪40年代的进步做法——书写一部新的人类普遍历史——到了20世纪60年代却被视为保守甚至带有新殖民主义色彩的做法。事实上，阿尔及利亚战争令联合国教科文组织的团结政策显得是在开历史倒车且带有帝国主义色彩，特别是该机构声称国内的种族主义（而不是殖民主义）才是亟待解决的真正问题。但联合国教科文组织的世界文明使命在其他领域取得了巨大成功。[27]

迄今为止，这个机构最成功的项目是抢救努比亚遗址不被横亘于埃及南部和苏丹北部的纳赛尔湖（Lake Nasser）的湖水淹没。没有其他任何事件能更好地表明联合国教科文组织建设和维护世界文明的持久使命，因此，它成为关于冷战时期国际主义的一个有教益的故事。1945年后，遗产产业（heritage industry）的国际化与国家项目的建设和新国家认同的构建紧密联系在一起，这体现于世界各地的国家重新取回古迹、宗教场所和自然公园所有权的活动。联合国教科文组织的做法却与这些趋势背道而驰，努力将国际法、历史保护和与世界文明的物质遗产有关的跨文化意识结合在一起。努比亚遗迹保护计划在这个文化运动中起到了特殊的作用，证明了尽管有着地缘政治的敌意和意识形态的分歧，遗产保护的全球意识仍然可能存在并且确实存在。由于在20世纪60年代初期，贾迈勒·阿卜杜勒·纳赛尔努力加快阿斯旺大坝的建成，努比亚这片古老的土地爆发了追求进步与保护历史之间的冲突，吸引了世界范围内的媒体报道。联合国教科文组织发起了"拯救努比亚遗址国际运动"（International Campaign to Save the Monuments of Nubia），它捕捉到了战后"文化遗产虽属人类共同拥有却面临威胁"的确切感受。当时一位评论家语带嘲讽地说："因此，努比亚这个注定毁灭的被遗忘的贫穷国度，在它临终的日子里却引起了全人类的关注。"[28]

纳赛尔的阿斯旺大坝计划始于1960年，花了十年时间才得以完成。虽然驯服尼罗河的想法可以追溯到古代的法老时期，但在现代修建一座水库以贮存尼罗河泛滥时过多水量的努力始于1898年至1902年间第一座阿斯旺水坝的建设。它由英国工程师设计，主要用于灌溉棉花。这座水坝在1912年和1933年被两度加高以满足埃及逐渐增加的用水需求。由于第一座水坝的建设已经接近完成，埃及古文物学者和其他人逐渐开始担忧一旦这片位于大坝后面的地区被水淹没，古老的努比亚遗迹和当地人民将会面临的命运。人们在仓促间达成妥协，譬如说，著名的菲莱遗址（Philae monument）获准在那一年的5个月时间里只被淹没一半。在这件事情上，保存主义者被技术官僚超越，是后者在推进征服尼罗河用于农业与经济发展用途的计划。[29]

1952年埃及爆发革命并推翻君主政体之后，新旧事物之间的冲突变得更加突出。尼罗河规划成为刚成立的阿拉伯联合共和国的政治基石，这座大坝因其核心的政治象征意义而被形容为纳赛尔的"当代金字塔"。1956年7月，纳赛尔宣布他准备将苏伊士运河收归国有，希望将这条运河所获得的收益用于承担建设大坝和开凿直径达300英里（约482公里）的纳赛尔湖的费用。同年晚些时候，战争爆发了，埃及迫切需要得到支持。1958年，苏联为这个计划提供财政援助，此外还有不可或缺的技术人员和重型机械。这个联合建设大坝的计划成为冷战大舞台上苏联—非洲新轴心的标志，并展现了苏联的工程实力（虽然苏联人只是在之前西德人的设计上略作修改）。

由国际社会保护文化财产的构想在一个多世纪前就已经成形，通常是对战争的破坏做出的回应。譬如说，拿破仑战争之后，劫掠成为国与国之间关键的道德问题，各项国际协议〔以1874年布鲁塞尔的"关于战争法规和惯例的国际宣言"（Project of an International Declaration Concerning the Laws and Customs of War）作为开始〕的明确宗旨是对战争时期各类国家财产遭受的破坏与毁灭做出补救。第一次世界大战之后，国际社会重新关注起遗产保护。"国联"与新成立的国际历史遗址委员会（International Commission on Historical Monuments）致力于创造新的法律条文以保护文化古迹，作为迈向国际合作的一步。"国联"提倡文化遗产保护的首次尝试始于1922年，在那年的早些时候，图坦卡蒙王陵被发现并引起了国际社会的兴奋。1926年，"国联"的国际博物馆办公室（International Museums Office）成立，其宗旨是承担文物保护的使命，并于1931年在雅典举行了一场引人注目的会议，其总结报告指出："保护属于全人类的艺术与考古财产的问题吸引了各国的注意，因为它们都是文明的守护者。"[30]

1945年后，出现了恢复并延伸这个产生于两场大战之间的梦想的行动，甚至将破坏行为定性为国际社会公认的犯罪行径。在纽伦堡审判上，破坏文化财产被宣布为反人类罪。第三帝国臭名昭著的国家社会主义意识形态与教育研究中心（Center for National Socialist Ideological and Education Research）的主任阿尔弗雷德·罗森堡

第七章　世界文明

（Alfred Rosenberg）被列为典型人物，因为他所管辖的中心曾非法夺取文化瑰宝。在接下来的十年里，联合国教科文组织的遗产保护使命开始逐渐成形。1950年，秘鲁库斯科（Cuzco）发生大地震，有3万人无家可归，促使这个机构发起第一次挽救考古遗址的行动。它派出几支由国际考古学家、艺术史家和技术专家组成的团队，与当地的秘鲁人合作以挽救阿兹特克遗址，从各方面看这都是一次非常成功的举措。联合国教科文组织新的全球愿景在1954年的《海牙公约》[即《关于发生武装冲突时保护文化财产的公约》（Convention for the Protection of Cultural Property in the Event of Armed Conflict）]中得到了进一步的表述。这一份公约是对1899年和1907年分别签订的公约内容的强化版本。该公约宣称："文化财产属于所有人，也是全人类的文化遗产。"[31]

联合国教科文组织需要一个大型计划以展示它作为世界文明守护者的新角色，努比亚遗址遭到威胁的时机可以说再适合不过。经过长达70年的军事占领后，埃及刚把英国军队赶走，纳赛尔认为联合国教科文组织是一个不同于西方组织的无党派国际机构。20世纪50年代初，《国家地理》（National Geographic）杂志的摄影师对努比亚逐渐产生兴趣，"拯救努比亚遗址"的运动着眼于利用国际社会的关注来做文章。专家向欧洲各界征求提议，最后选择了瑞典人提出的方案：将神庙的门面和墙壁切成大块，以便搬运到一个安全的地方，然后在地势较高处进行重建。岩雕神庙从悬崖上被切割下来，然后分批运送。而独立式的神庙则被拆除、转移再重新组装（见图30）。为了争取支持，埃及政府组织了以"5000年的埃及艺术"（5000 Years of Egyptian Art）为主题的展览，于1960年以布鲁塞尔为起点开始世界巡回展出。[32]

1960年3月，联合国教科文组织的新任总干事维托里奥·韦罗内塞（Vittorio Veronese）开始向国际社会发出呼吁。他为更高层

图30 抢救努比亚遗址。阿布辛贝勒神庙,联合国教科文组织,埃及,1965年
图片来源:联合国教科文组织档案(UNESCO Archive)

面的普世文明作辩护:"失去这些遗址的悲剧可能即将发生,它们不单单属于接受托管的国家",因为"它们与苏格拉底的言论、阿旃陀的石窟(Ajanta frescoes)、乌斯马尔的古城(walls of Uxmal)和贝多芬的交响曲构成了共同遗产的一部分"。权利和法律保护的话语成为这场遗产保护运动的中心。20世纪早期拯救著名的努比亚遗址行动的正当性得到埃及古物学家的认可,以便研究《圣经》的叙事和种族扩散理论,20世纪60年代的运动则受到世俗化的普世文明理念的激励,围绕着科学、文化与和平等理念,将古代和现代联结在一起。这个倡议以隐秘的方式挑战国家主权。在此之前,各国境内的所有遗迹完全属于该国的内政事务,由各个国家单独处理,但这一次情况有所不同。正如联合国教科文组织的努比亚遗址拯救

第七章　世界文明

行动的负责人阿里·弗里奥尼（Ali Vrioni）所说："这个世界首次见证了有组织的国际行动，拯救具有考古学价值的遗迹，而在法律意义上，它们只属于它们所处的两个国家。"[33]

　　这场媒体宣传进入了高潮部分。几份由联合国教科文组织编写的刊物帮助宣传了此次任务的迫切性。1961年，图坦卡蒙的财宝在美国进行巡回展览，协助争取对面临毁灭的努比亚遗址的兴趣。同年，约翰·F.肯尼迪总统在国会面前做出一番慷慨激昂的呼吁，希望美国提供援助，并以文明的话语作为理由："美国作为新晋的文明之一，长久以来一直非常尊重对过往文化的研究，希望保存人类在艺术与思想方面所取得的伟大成就，从而为保存过去的文明尽一份力，而我们自己的文明也会得以增强和丰富。"美国希望弥补它在支持阿斯旺大坝计划上的失败，响应抢救遗址的号召，埃及政府拨款1000万美元，美国也提供了相应金额的捐款。随着展览在美国和欧洲举行，有几个国家（譬如埃及和利比亚）发行了纪念邮票，希望保持公众对这场宣传的关注（见图31）。欧洲方面的情况也很有意思。努比亚拯救行动最初的赞助人名誉委员会（Honorary Committee of Patrons）由瑞典国王古斯塔夫六世·阿道夫（Gustav VI Adolf）担任主席，其他成员包括比利时的伊丽莎白皇后（Queen Elizabeth）、希腊的弗雷德里卡皇后（Queen Frederica）、日本的三笠宫崇仁亲王、联合国总干事达格·哈马舍尔德（Dag Hammarskjöld）、朱利安·赫胥黎和法国文化部部长安德烈·马尔罗。马尔罗以抒情的语言阐述联合国教科文组织的伟大使命，以消除时间的侵蚀并将世界历史重新构思为致力于实现安定与和谐的新的"人类大家庭"。正如他所说："当我们的文明凭着直觉体验到艺术的神秘与超越，并在朦胧间体会到大道归一的某个隐秘源头时，当我们将如此多的文明所缔造的杰作汇聚为一个大家庭，而原本这些文明彼此互不了解，甚至相互仇视时，你们在倡导的行

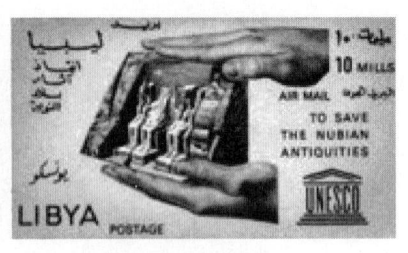

图 31　联合国教科文组织拯救努比亚遗址行动的纪念邮票，埃及与利比亚

图片来源：联合国教科文组织档案

动将令所有人团结在一起，共同对抗令人类陷入分裂的力量。"[34]

一开始，马尔罗对这个计划的支持似乎与联合国教科文组织更为宏观的使命完全一致。以巴黎为总部的联合国教科文组织因其定义并捍卫世界文明理念的宣传运动，而被视为一个特殊的法国机构。但我们要记住，在 20 世纪 20 年代，马尔罗与进步文化几乎扯不上关系。1924 年，马尔罗陷入丑闻，他参与考察高棉的古建筑遗址时，被指控偷窃了柬埔寨女王宫神庙（the temple of Banteay Srei）里的几尊雕像与浮雕。据说他曾被警告移走雕塑是违法之举，但他为自己的考古"发现"辩解，理由是这座神庙根本无人照顾看管，已经年久失修，因此属于"被遗弃的财产"（res derelicta），不属于任何人所有，而且当时它还没有被任何法定认可的权威机构正式登记。马尔罗和他的助手试图将重达整整一吨的历史文物经西贡运往巴黎，但遭到扣押，并在金边接受审判，成为关于文化遗产国际归属的轰动一时的事件［即所谓的"吴哥窟事件"（Angkor Affair）］，严重影响了法国与印度支那的关系。那些被盗的文物最终被归还神庙（它们今天依然在那里），其所有权被移交柬埔寨政府。由这么一个人来拥护世界遗产的重要性或许会被某些人认为是虚伪之举，但马尔罗转而支持普世主义事业也可以被视为 1945 年后国际主义情感发生变化的征兆。他的态度转变清楚地表明，联合国教科文组织的计划在很大程度上是令考古学（乃至文明本身）从此彻底超越帝国主义和民族主义范畴的努力。在他看来，整场抢救行动是"田纳西河谷管理局（Tennessee Valley Authority）式的考古研究"，是"现代大国尝试压倒对方、追求宏大效果的表现欲的对立面"。[35]

虽然埃及和苏丹与联合国教科文组织展开合作，但它们也在捍卫自己的国家诉求。尽管埃及政府与联合国教科文组织的理念有微妙的分歧，但它还是资助了该计划将近三分之一的资金。埃及的文化与国家指导部部长萨尔瓦特·奥卡沙（Sarwat Okasha）清楚地表明，努比亚遗址首先属于埃及。纳赛尔（在前几年里他对这个计划并不感兴趣）突然改变了立场，申明了遗址的归属权。他表示："我们将希望维系在保护努比亚的瑰宝之上，以便令遗址得以保留，它们不仅在作为守护者的我们心目中是如此珍贵，而且对全世界也有着宝贵的意义，我们一致认为人类文化的新旧要素应该构成一个和谐的整体。"苏丹的官员也站在民族层面强调这个国际抢救任务的重要性，称赞这个任务"激发了苏丹人对于自己的过去和文化遗产的兴趣"。[36]

在这场与时间的赛跑中，有25个国家派遣考古团队来到努比亚，在尼罗河将努比亚遗址淹没前积极进行记录、转移和拯救工作。他们夜以继日地热情工作，记录和拯救这些遗迹，将神庙变成研究和记录的电影工作室。在阿布辛贝勒神庙（Abu Simbel），你可以听到阿拉伯语、英语、德语、法语、西班牙语、意大利语、瑞典语和波兰语的交流，考古学家和工程师在和谐友善的气氛中携手合作。西班牙、斯堪的纳维亚国家、加纳、美国的考古团队纷纷赶来，此外还有法国—阿根廷的联合代表团，以及英国、西德和意大利的关键代表团。冷战双方阵营都予以支持，苏联、东德、匈牙利、捷克斯洛伐克、波兰和南斯拉夫都派出代表团。来自波兰科学院（Polish Academy of Sciences）和华沙国家博物馆（National Museum of

Warsaw）的考察队做出了最重大的发现，发掘出一座建于8世纪的大教堂，位于一座古代教堂的遗址之上，还发掘出了100多幅绘制于8世纪至11世纪的壁画。南斯拉夫的报纸对此次努比亚任务进行了详细的报道，特别提到该国的专家在苏丹境内努比亚地区的工作。在许多份刊物里，东欧的团队自豪地夸耀自己的贡献。丹麦的女王储玛格丽特公主（Crown Princess Margrethe）亲临现场，为考察行动增光添彩。她在1962年来到努比亚，作为斯堪的纳维亚考察团的一员，据说她拒绝入住豪华的尼罗河酒店（Nile Hotel），而是与团队成员同住，希望体验"努比亚人的生活方式"，给所有人留下深刻的印象。[37]

但最具吸引力的，还是令当时的记者深受触动的独特的反冷战国际合作精神。1961年，一位《纽约时报》的记者惊叹这个计划竟然将原本在正式场合互不承认对方（譬如西班牙和苏联）或正处于政治冲突中（譬如印度和巴基斯坦）的国家团结在一起。正如他所说："在库什（Kush）这片土地上似乎没有冷战"，莫斯科和华盛顿"原本在非洲的未来这个问题上斗得不可开交，如今正手挽手致力于保护它的过去"。联合国教科文组织总干事维托里奥·韦罗内塞忍不住称许他的机构所取得的成就，赞美道："许多个世纪以来，这片土地一直是无数充满贪念的争端发生之地——或争夺的目标——如今它却成为国际团结的令人信服的证明。"[38]

1980年3月10日，人们期待已久的24尊从纳赛尔湖中抢救出来的最著名的努比亚雕像的祝圣仪式举行，场面庄严隆重，使史无前例地长达20年的拯救遗址的国际运动达到高潮。到最后，这个计划得到了数十个国家和非政府组织的支持，有数千位考古学家、工程师和志愿者参加，超越了冷战的分歧并一道募集资金、争取政治善意和改进技术。联合国教科文组织的"拯救努比亚遗址"行动确实可以称得上是考古学上的一场伟大胜利。首先，它激活

第七章　世界文明

了更加宏大的国际遗产保护理念和实践。将散布于世界各地的古代遗迹重新列为人类的财产（由联合国教科文组织进行管理）的做法被正式列入这个机构在1964年公布的《国际古迹保护与修复宪章》（International Charter for the Conservation and Restoration of Monuments and Sites），又称《威尼斯宪章》（Venice Charter）。到了20世纪60年代末，随着越来越多的人相信保护世界文化遗产有助于提倡宽容与国际和平，"世界遗产地"的新概念作为普世遗产的共同语言得到了加强。随着1972年《世界文化与民族遗产保护公约》（Convention Concerning the Protection of the World Cultural and National Heritage）正式通过，世界文明的理想获得进一步的认可，这份公约明确宣称国际社会"有义务支持任何国家履行这份责任，如果它自身的资源无法完成保护任务"。1978年首批世界遗产名录（World Heritage list）发布时，里面有12个遗产地，而如今遗产地的数目超过了900个。[39]

联合国教科文组织在这个计划上所取得的成功成为在其他国家展开拯救行动的理由。1966年，佛罗伦萨和威尼斯遭遇洪水，它们得以恢复在很大程度上要归功于联合国教科文组织的国际募捐宣传。印度尼西亚的婆罗浮屠从1970年到1983年在联合国教科文组织的资助下得以清洁和修复。埃及政府捐赠了四座神庙表示感激——德波神庙（Debod）赠予西班牙、塔法神庙（Taffa）赠予荷兰、丹铎神庙（Dendur）赠予美国、埃莱西亚神庙（Ellesiya）赠予意大利——这些神庙被安置在海外，作为遍及全世界的"露天"努比亚博物馆（Nubian Museum）的一部分。这项计划所取得的成果是埃及政府在阿斯旺修建了努比亚博物馆，在开罗修建了埃及文明国家博物馆（National Museum of Egyptian Civilization）。努比亚抢救任务非常真切且永久地改变了全球范围内的考古学实践。这的确是——按照1966年《卫报》一篇文章的说法——"世界仅见的最为壮观的考古抢救行动",并从此塑造了世界各遗产地的管理方式。[40]

联合国教科文组织的使命在许多方面具有重要意义。首先,联合国教科文组织的早期辩论为国际层面的"遗忘与原谅"的呼吁提供了独特的视角,因为联合国教科文组织提倡世界文明的"同一个世界"愿景,希望将从前的法西斯敌人融入国际社会。以西德和日本为例,联合国教科文组织扮演了支持性的角色,帮助这两个好战成性的前法西斯国家重塑身份成为新的"民权"政体,以及后法西斯主义时代世界新秩序中的典范国家。这些联合国教科文组织成员国的辩论体现了一个国际体系悄悄地埋葬另一个国际体系(国际法西斯主义的幽灵)的时刻。在这一背景下,国际主义的治愈力量完美地契合了由第二次世界大战的失利者推进的国家复兴的新政治。

这个机构通过多项倡议构筑了横跨冷战阵营的新的合作关系。从20世纪40年代起,这个机构成为关于世界事务和跨越意识形态阵营进行文化交流的新思想的信息枢纽,并对重新构想战后欧洲与世界其他地方的关系起到了促进作用。对于西欧的精英人士而言,联合国教科文组织是否定西方在文化和种族上占支配地位的国际平台,倡导求同存异的世界文明模式。它在全世界的考古和发展计划,以及它关于种族的理论赢得了非洲和亚洲新精英的信任和信心,他们逐渐依靠联合国教科文组织,希望获取文化支持和物资协助,为新独立的民族国家建设文化基础设施。这个机构还在20世纪60年代资助了一系列在非洲各地举行的关于史前时期的国际会议,并大力赞助了上一章探讨过的桑戈尔在1966年举办的黑人艺术节大型展览。我们将在下一章中了解到,联合国教科文组织成为本着反西方的政治合作和社会主义团结精神的那些东欧和发展中世界精英人士分享社会科学的知识和专业技能的重要接触点。东欧国家起初对

第七章 世界文明

联合国教科文组织的猜疑很快就烟消云散，一个重要原因是联合国教科文组织成为西方帝国主义、种族主义和种族隔离政策的激烈批评者。从这个意义上说，这个机构为非欧洲人改造欧洲旧的文明观念，令它成为包容反殖民主义、互相承认和全球南方（Global South）身份认同的普世语言做出了许多贡献。

但是，联合国教科文组织的使命有其局限性，冷战的敌对气氛和长年的经费不足当然是原因之一。虽然有过以世界遗产的名义保护世界范围内考古遗址和文物的成功的国际合作行动，但这些合作在书写关于过去的共同叙事时，却只落得惨淡收场，以失败告终的《人类的历史》计划便是最好的例子。甚至连一些备受吹捧的拯救项目也有严重的缺失。对努比亚遗址保护计划的溢美之词掩盖了一个极为尴尬的问题：努比亚人民自己的撤离。从1963年10月开始，10万努比亚人历时9个月，历尽千辛万苦才被转移。在1963年之前，他们已经被迫迁徙3次——分别是在1902年、1912年和1933年。这一次，他们从苏丹境内下努比亚地区往北迁徙到埃及的康翁波（Kom Ombo），失去了自古相传的土地和与之相连的社会结构。在苏丹，当迁徙的消息公布时，苏丹各地发生了暴动，地方政府甚至一度被挟持。虽然一部分努比亚人，尤其是年轻男子，赞成重新安置，但大部分努比亚人心中充满困惑与愤怒。让·韦库特（Jean Vercoutter）是苏丹考古发掘的总干事，在1955年努比亚遗址修复行动开始之前的一封信里，他写道："努比亚人心怀怨恨，我们总是听到'如果我们是那些雕像就好了，那我们会得到更好的照料'这句话。"《国家地理》杂志一位负责报道抢救任务的摄影师捕捉到了阿斯旺大坝计划的负面影响："这一波新的忙碌令我有一种特别而强烈的感觉，与我们身边这片正在消亡的土地形成了鲜明对比。努比亚一直以来是空旷的地方，努比亚人一直觉得自己是地平线上的居民。但当这些现代努比亚人被迁徙以免被泛滥的洪水淹没后，这片地区失去了最后的生机。连一个人也没有，连一顶棚子也没有。"[41]

但是，联合国教科文组织的独特之处在于它既管理过去，也在管理当下，并构筑世界文明的愿景，其内容是主动忘记暴虐的国家历史，建立一个新的国际共同体。它的主旨是向世界表明欧洲已经从"二战"中得到了教训，放弃了种族主义和战争的充满暴力的遗产，转而支持和平、国际合作和互相尊重。此外，联合国教科文组织接受了欧洲逐渐下降的世界地位，明确承认欧洲只是众多文明之一。这种观点自从启蒙时代以来就被探讨，但联合国教科文组织是第一个正式表达这些理念的国际机构和国际力量。联合国教科文组织复兴遗迹的工作与欧洲的道德重建密不可分。这并不是说民族主义和欧洲中心主义自此从这个组织消失了，从20世纪70年代开始围绕着确定世界遗产地名录而展开的政治斗争证明了这一点。然而，我们不能无视联合国教科文组织的宏伟计划——它打破了长久以来将欧洲等同于文明的传统，将穷兵黩武的帝国主义和种族主义的包袱从文明的故事中剔除。和平与文明被视为密不可分的同义词，和平本身被认为是最珍贵的却遭到毁灭的财产，迫切需要得到照料和保护。

对发展中世界的现代化和古代历史都感兴趣的不只是西方政府、商务官员（business officials）和国际机构。下一章将介绍20世纪60年代的东欧人如何也在热切地与正在进行去殖民化斗争的非洲建立关系，并为此在社会主义文明的旗帜下与非洲各国建立了复杂的文化联系网络。

第八章
社会主义在非洲的文明教化使命

1961年1月6日，尼基塔·赫鲁晓夫在莫斯科的马克思—列宁主义学院（Institute of Marxism-Leninism）发表了具有里程碑意义的关于"为了世界共产主义运动的新胜利"（For new Victories of the World Communist Movement）的演讲，颂扬"非洲人民的觉醒"。这位苏联总书记声称，这是共产主义世界支持世界范围内的"解放战争"以消除殖民主义不公的"历史使命"。在他看来，这些支持不仅合适而且及时，因为"共产主义者是革命者，如果我们不把握新的机会，或不去寻找最能实现目标的新方法与形式，那可就不好了"。此次演讲标志着苏联在"二战"后相对孤立的政策至此结束，在那段时间里，苏联一心只想着恢复元气并保护自己不被战争摧毁。在赫鲁晓夫治下，苏联希望扩大它在全球的影响，同美国和其西方盟友以及中国相抗衡。这一次，苏联的目光焦点不像在"二战"尾声时那样放在西边，而是放在南边。苏联将自己描述成反殖民主义、非西方式发展和高速现代化的榜样，作为其20世纪60年代海外行动的一部分。1957年，苏联战胜美国，率先发送斯普特尼克号（Sputnik）人造卫星到外太空，进一步证明莫斯科正在陆地和太空成功地拓展共产主义的新领域。[1]

去殖民化标志着新的地域范围和想象空间的开放，世界各地的观察家意识到世界历史迎来了剧变。"新边疆"（new frontiers）是当时最时髦的术语，与之相关联的最著名人物当属美国总统约翰·F.肯尼迪。1961年，他在国情咨文中明确以"新边疆"为主题，特别提到美国需要遏止苏联对新非洲的令人担忧的侵蚀。在他的竞选演讲中，肯尼迪频繁使用"新边疆"这个词语，在就任总统致辞时也反复提起，以此激励美国与完成了去殖民化的新世界进行接触。他写道，"他们的革命在人类历史上堪称规模最大"，并补充说，"整个南半球如今成为保卫与扩展自由的伟大战场"。肯尼迪所构想的美国在非洲的新边疆是对赫鲁晓夫放眼南方的新政策的直接回应。肯尼迪曾仔细研究过赫鲁晓夫在1961年的演讲，在1961年1月底正式就任总统后曾在国家安全委员会的第一次会议上高声朗读它的部分内容。肯尼迪著名的"和平队"（Peace Corps）倡议在很大程度上是为了抵消当时东欧派遣越来越多医生、工程师、教师和福利工作者到非洲的影响，肯尼迪将其称为东欧阵营的"国际共产主义传教活动"。这位新就任的总统希望摆脱艾森豪威尔对非洲的冷漠态度，向非洲的民族领导人示好；在他未能完成的任期里，他在白宫招待过至少28位非洲国家元首。因此，肯尼迪的外交团队被称为"新边疆的开拓者"。但关注独立非洲的并不只是美苏两个超级大国，英国、法国和西德也在解放后努力营造自己在非洲殖民地的影响力。这也难怪坦桑尼亚总统朱利叶斯·尼雷尔（Julius Nyerere）嘲讽地将这段时期称为"围绕非洲展开的二度争夺"。[2]

新到这片大陆的共产主义者同样热情高涨。他们的出现在很大程度上要归结于国际共产主义世界在当时既在扩张也在破裂的事实。1949年，令人始料未及的中国革命令他们确信世界历史站在他们这一边,因为"共产主义世界"从1945年后增加了8.3亿新成员,其中包括来自东欧的8000万人。[3] 共产主义世界也在经历破裂,这体现于1948年南斯拉夫与苏联的决裂,以及1956年到1966年的中苏交恶。这意味着苏联、中国、南斯拉夫、古巴和东欧既与西方竞争,也在彼此竞争,希望赢得新独立国家精英的人心。新边疆思维也影响了共产主义世界。在20世纪的前几十年里,共产主义者的边疆思维与苏联自身的兴衰起伏有着密切关联。但现在形势正在改变,因为包括苏联、中国和南斯拉夫在内的几乎所有共产主义大国,以及东欧地区的各个小国,都热衷于放眼边境之外。

这一时期可以被理解为社会主义版本"边疆主题"的政治演变和意识形态重生,这个主题最初由美国历史学家弗里德里克·杰克逊·特纳(Frederick Jackson Turner)提出。在其1893年的经典作品《边疆在美国历史上的意义》(*The Significance of the Frontier in American History*)里,他重新诠释了政治与地理之间的动态关系,并认为那是美国历史的推动力。特纳提出美国人并非通过制度、学校或公民意识形态,而是通过他们在美国西部边疆的经历才成为民主主义者。在他的讲述中,是边疆让定居者成为美国人,再由美国人成为民主主义者。对于特纳而言,通过拓展和探索等方式,边疆是"反复重生"(perennial rebirth)的机会。在整个20世纪60年代,非洲成为全球接触的动态枢纽,它的边疆以前所未有的方式开启了东欧与南方世界文化交流的新可能。[4]

东欧人也在公共关系方面做了大量工作,坚称他们来到非洲的身份是"不一样的欧洲人",不带半分帝国主义色彩。虽然历史上这两个地区已经有过一些联系,但冷战令它们在现实中与精神上第一次有了密切接触。共产主义者坚定地抗拒文明教化使命的全盘意识形态计划,从来不以文明教化的话语去描述他们与非洲的接触。他们对充满偏见的文明与野蛮二分法冷嘲热讽,认为那是无可救药的西方帝国主义和种族主义精神武器的残余。西方也在改变交往的话语，倾向于以更容易被接受的发展与人权的话语去表达重新启动的使命。大体上，共产主义者做的是同样的事情，但他们还援引反帝国主义和社会主义现代化事业作为广泛友爱的基础。东欧与非洲精英共同的重点目标是工业现代化、独立和团结。这些联系——无论是真实的还是想象的——并不总是指向一个闪亮耀眼的技术未来；从社会主义者的视角出发，努力塑造一个横跨欧非大陆的后帝国主义时代的文明同样至关重要。在去殖民化时代，现代性与非洲文物古迹的结合成为欧非文化外交的一个出人意表之处。

在这一方面，东欧的精英人士围绕着进步和遗产保护的政策与非洲的精英人士建立起关系，并与联合国教科文组织和其他国际机构展开合作，与发展中国家构建起更加紧密的关系。结果就是，从20世纪60年代起，东欧的国际地位和在非洲的存在感发生了深刻变化。

1967年，苏联出版了一本名为《了解彼此》（To Know Each Other）的富于感染力的英文宣传册，目的是在急剧改变的政治世界里把握先机，并进一步拓展苏联与外国的文化联系。苏联友好协会联盟（Union of Soviet Friendship Societies）的使命是以"和平与人道"的名义促进"全球各国的友谊"。到20世纪50年代末，苏联举办了多场展览，展示来自其他东欧国家以及其他社会主义国家，诸如中国、朝鲜、越南和蒙古的艺术品。自20世纪50年代中期开始，这些事件成为苏联文化外交的惯常举动，西方的观察家视之为令人担忧的趋势。到了1967年，苏联友好协会联盟已经与至少32个非洲国家、14个拉丁美洲国家和7个东南亚与中东地区的国家建交。《了解彼此》还重点介绍了几个关于文学、艺术、舞蹈、摄影和民间手工艺品的事件，并附上反映交流的照片——譬如著名

图32 上图为波修瓦芭蕾舞团在埃及开罗表演，下图为喀布尔的音乐家在莫斯科表演

图片来源：《了解彼此》，莫斯科，新闻出版社（Novosti Press Agency Publishing House），1967年

的波修瓦芭蕾舞团（Bolshoi Ballet）在开罗表演，喀布尔的音乐家在莫斯科表演（见图32）。《了解彼此》记录了苏联在国外的文化活动与文化交流，被视为帮助弘扬各地本土文化的一种方式。[5]

赫鲁晓夫的文化外交呼应了苏联在早年的倡议。将外交政策和文化正式结合始于1925年的全苏对外文化关系协会［All-Union Society for Cultural Relations with Foreign Countries，简称"对外协会"（VOKS）］的创建。"对外协会"创立时是一个综合性组织，目的是向西方营造关于"伟大实验"的正面形象，甚至接待外国人（尤其是美国人）以展示这个国家的风光和成就。这个文化外交的传统在斯大林逝世后重新开始，作为和平时期与西方和中国展开竞争的一部分。针对发展中国家的文化攻势旨在呼应20世纪50—60年代莫斯科在东欧进一步的软实力宣传。苏联向世界的开放还有助于表达未来属于社会主义，而苏联代表了进步文化的信念。[6]

自革命伊始直至20世纪30年代，苏联就是世界范围内反帝国主义事业的热烈拥护者，一直在支持民族解放事业。发展中国家的反帝国主义者盛赞1935年阿比西尼亚危机时，苏联在"国联"对意大利的帝国主义行径予以谴责。东欧地区在埃塞俄比亚问题上团结一致，包括来自小协约国（Little Entente，当中包括罗马尼亚、南斯拉夫和捷克斯洛伐克）与巴尔干联盟（Balkan Pact，当中包括南斯拉夫、希腊、罗马尼亚和土耳其）的代表本着这个组织的创始宪章的精神，慷慨激昂地捍卫埃塞俄比亚作为"国联"成员的独立与主权。意大利对埃塞俄比亚发起进攻预示着3年后的另一场国际危机——纳粹德国占领捷克斯洛伐克的苏台德地区，特立尼达的知识分子乔治·帕德莫尔称之为"新阿比西尼亚"——推动了东欧和非洲联手，在全球范围内与欧洲的法西斯帝国主义势力展开斗争。1945年，面对重新巩固的欧洲殖民主义体系，在旧金山举行的联合国创始大会上，莫斯科表达了它对非洲反殖民主义运动的支持。[7]

为了拓展对发展中国家的支持，赫鲁晓夫于1955年出访了印度、缅甸、阿富汗、埃及和印尼等总共35个国家，与非洲各国元首的外交关系通过颁授仪式等文化活动得到进一步确立。1961年，苏联将列宁奖授予几内亚总统塞古·杜尔，1962年授予加纳总统夸梅·恩克鲁玛，1963年授予马里总统莫迪博·凯塔。20世纪60年代初，苏联成为联合国、联合国教科文组织、国际奥委会等200多个国际组织的成员国。苏联的出版社每年印制将近一亿本书籍送往发展中国家。从1955年到1958年，超过2万名苏联艺术家被派到60个国家（超过一半是非社会主义国家）；从1961年到1965年，这个数字增加到了8万名，并且在同一时期有同样多的外国艺术家前往苏联。1960年，莫斯科东方研究所（Institute of Oriental Studies）的大众月刊《当代东方》（*Sovremennyi Vostok*）被更名为《今日的亚洲与非洲》（*Aziia i Afrika Segodnia*），并使用新的话语来倡导如今得到苏联政治家支持的亚非团结组织。这本杂志的宗旨是令接触不到海外文化的苏联公民增加对它们的兴趣，并帮助抑制年轻人对西方社会的迷恋。儿童与年轻人跨越种族缔结友谊的影像被视为和平的象征，总是与反映美国南方的种族冲突的画面做对比。莫斯科还举办了几场大型的青年联欢节，作为国际学生的集会场所。譬如说，在1957年夏天，世界各地3万名年轻人来到莫斯科参加第六届世界青年与学生联欢节（World Festival of Youth and Students）。在两个星期里，这座苏联首都成为国际青年、和平、现代性和团结的中心，在此期间，所有的电影院、马戏团、展览会、运动赛事和公交设施免费开放，莫斯科电台提供全程报道。20世纪60年代初，苏联的电影制作人被派往非洲，以革命浪漫主义情怀歌颂苏联和新独立的国家之间与日俱增的友谊，这体现于《你好，非洲！》（*Hello, Africa!*，1961年）和《非洲，我们与你同在！》（*We Are with You, Africa!*，1963年）等电影。[8]

东欧的领导人，譬如南斯拉夫的约瑟普·布罗兹·铁托元帅、德意志民主共和国的总理奥托·格罗提渥（Otto Grotewohl）和罗马尼亚的尼古拉·齐奥塞斯库（Nicolae Ceausescu）也在20世纪60—70年代出访非洲，埃塞俄比亚的统治者海尔·塞拉西（Haile Selassie）、杜尔和恩克鲁玛则经常出访东欧各国的首都。东欧的领导人利用这些访问机会，不仅营造本国与非洲新国家的良好关系，同时也帮助原本彼此间并没有历史联系的国家培养起一种共同利益感和政治友谊。铁托前往非洲的国事访问格外引人注目——他与非洲领导人会面的影像资料远远不止握手、友好的拥抱和充满外交辞令的演讲。媒体还热情地报道这些文化交流的其他方面，譬如赠送与接受礼物、视察当地的庄稼、签订贸易协议、参观历史遗迹、观看传统舞蹈，甚至还有令铁托兴致勃勃的狩猎（见图33）。早在1954年，南斯拉夫就启动了与埃及的文化合作，派遣民间剧团并组织艺术展览，而一个埃及教授代表团也在那年夏天探访了南斯拉夫。这些措施被东欧其他地区效仿。从20世纪60年代初开始，捷克政府安排了与加纳的"经济促文化"交流，捷克向加纳提供经济支持，换取印刷材料和民族志物品供捷克的非洲研究者研究。1964年，15位捷克音乐家在开罗交响乐团表演；同年，捷克接待了印度儿童剧团、柬埔寨皇家芭蕾舞团、几内亚民族歌舞团和尼日利亚爵士乐团。[9]

社会主义国家主动示好的姿态总是受到非洲左翼精英人士的欢迎。从20世纪30年代到50年代，马克思主义对非洲知识分子有着深刻影响，塞泽尔的《关于殖民主义的论述》和弗朗茨·法农的《大地上的苦难者》都有着浓厚的马克思主义思想的色彩。恩克鲁玛声称自己是社会主义者，与苏联和其他东欧国家关系良好。他出版于1960年的作品《良知主义》（Conscientism）反映了他努力将马克思主义和去殖民化结合的尝试，成为后殖民主义思想的一盏明灯。杜尔出版了3本关于非洲社会主义和几内亚国家发展的作品，

图33　上图为铁托元帅与埃塞俄比亚总统海尔·塞拉西在1896年阿杜瓦战役（Battle of Adwa）旧址，1955年；下图为铁托元帅与埃及总统贾迈勒·阿卜杜勒·纳赛尔参观阿斯旺大坝，1968年

图片来源：南斯拉夫博物馆（Museum of Yugoslavia），贝尔格莱德

而桑戈尔以马克思主义人本主义作为黑人精神的重要组成部分，并将"黑人非洲文明"重新定义为"社群主义与社会主义文明"。尼雷尔的非洲社会主义理念也同样重要，尤其是他的乌贾玛（ujamaa）理念——以家庭为基础的社群主义——在全非洲乃至全世界可谓是声名远扬。[10]

苏联与其东欧盟友不时会面对来自反殖民主义精英的猜疑。在1955年著名的万隆会议上，与会代表毫不含糊地批评苏联是帝国主义强权势力。伊拉克外交部部长法迪勒·贾迈利（Fadhel Jamali）声称："比起从前的旧殖民势力，今天的共产主义世界以更深的程度控制亚洲和东欧的民族。"锡兰（今斯里兰卡）总理约翰·科特拉瓦拉（John Kotelawala）补充说："如果我们团结一心反抗殖民主义，那么我们的责任难道不是既要反抗西方的帝国主义，也要反抗苏联的殖民主义吗？"非裔美国作家理查德·赖特在1956年甚至表示："在黑人的心目中，俄国共产主义者是白人，美国的、英国的和法国的反共产主义者也是白人。"苏联与其盟友也在利用非洲解放斗争大肆批判西方，以至于杜尔恳请东欧阵营不要利用去殖民化运动达成自己的政治目的。[11]

1956年的匈牙利危机深化了对苏联帝国主义的敌意。虽然苏联和匈牙利坚称这是内政事务，与国际社会无关，但大部分观察家并不相信这番说辞。匈牙利政权在官方解释中表示，这是镇压妄图将反动的资本主义重新带回东欧的西方帝国主义和国内"反革命势力"的必要举措，甚至将自己描绘成与法国政府交战的阿尔及利亚人的天然盟友，但观察家并不买账。1956年，苏联入侵匈牙利的行动令它在处理去殖民化运动的国际危机时束手束脚。在1960年10月的联合国大会上，赫鲁晓夫做出愤而脱下皮鞋猛敲桌子的举动（并因此成为笑谈），是因为菲律宾代表指责苏联在东欧推行帝国主义。但非洲和亚洲的代表对美国人将苏联人斥为"红色殖民者"的宣传反应也很冷淡，其中一个重要原因是，在印度支那事务上，美国与法国站在同一阵营，总是将对"北约"的忠诚置于非洲的福祉之上（维护葡萄牙在非洲的领土便是最好的例子），而且没有与奉行种族隔离政策的南非断交。因此，联合国里的非洲代表逐渐怀疑莫斯科和华盛顿的动机，在头条新闻尽是超级大国之间爆发戏剧性冲突的年代，这为东欧地区的小国与第三世界国家结盟开创了空间。[12]

中国在非洲大陆上积极的反欧洲主义态度间接加强了东欧几个小国与新的非洲国家之间的关系。中国致力于借助民族团结应对刚刚出现的东欧—第三世界关系。据说中国领导人曾在1961年对一位肯尼亚记者说，"欧洲人都是一样的"，"我们作为非白人种族，必须团结一致"。他们多次向非洲领导人表示苏联人、东欧人和南斯拉夫人都是欧洲白种人，不可以轻信，这个观点在不结盟运动内部引起了震惊。1964年在贝尔格莱德会见阿尔及利亚总统艾哈迈德·本·贝拉时，铁托元帅谴责了"所有的黑人都是好人，所有的白人都是坏人"这一说法。本·贝拉表示同意，这在很大程度上是因为阿尔及利亚民族解放阵线在漫长的反法殖民战争中得到了南斯拉夫的支持，并总结指出："关于大陆和肤色的想法需要被克服，因为进步的力量存在于整个世界。"据说还有一次，本·贝拉对铁托说："我们和你们一样都是白人，只是皮肤略黑而已。"苏联与其盟友反驳说他们没有推行帝国主义的历史，而是以反殖民主义的欧洲人的身份来到非洲。来自东欧的文化中间人（cultural brokers）甚至提出——尤其是来自前哈布斯堡王朝国家的那些——他们自己也曾经遭受殖民控制，先是哈布斯堡王朝，接着是纳粹势力，这表明他们能与非洲国家在全球反帝国主义斗争的阵线中平等相待。从20世纪60年代初开始，不结盟运动帮助重塑了第三世界，使之成为一个没有成员受约束的政治实体，而不是与西方和白人划清界限的身份表达。[13]

文化被用于宣传这些社会主义政权的温情一面，以明确配合和平与反帝国主义的使命。非洲的政治领导人、学生和经济专家被邀请前往东欧与伙伴国家进行探讨、研究和交流。第二世界和第三世界的经典交流模式是东欧将白领劳动者（譬如医生和工程师）输送到非洲，并从全球南方输入学生（后来则是蓝领劳动者）。相比较而言，文化领域令真正的国际交流与接触在后帝国主义背景下成为可能。东欧的文化使者（考古学家、博物馆馆长、旅行作家、电影制作人和摄影师）以反对西方的国际主义者的身份来到非洲，努力兑现营造"友好关系"网络的承诺。这类文化外交还致力于巩固社会主义国家的执政合法性，并帮助动员东欧的年轻人加入全球社会主义事业。它还帮助几个社会主义国家摆脱国际孤立局面。最引人注目的例子当数1948年与莫斯科决裂的南斯拉夫，以及1956年爆发起义后的匈牙利，还有遭到西德在外交政策上实施严格孤立的东德。[14]

开罗在第二世界与第三世界的文化关系领域中占据着特殊地位，是国际竞争上演的舞台。这座埃及的首都被认为是阿拉伯世界和非洲世界的文化中心，美国、英国、西德、苏联、东欧和中国竞相在那里发挥影响力。在20世纪50—60年代，苏联和东欧的文化外交总是以向世界各地输出高雅文化为形式。波修瓦芭蕾舞团国际巡回演出被用于呈现苏联文化的高雅形象，当时这个星光熠熠的古典芭蕾舞团定期在美国进行表演，而美国也派出了它的现代舞蹈团队和爵士音乐家以文化大使的身份前往苏联。苏联文化向全球南方的推广在当时受到更广泛的关注。1961年，波修瓦芭蕾舞团在埃及进行巡回演出，受到了广泛的媒体报道，苏联的作曲家、小提琴家、钢琴家和歌剧演唱家在阿根廷、智利、墨西哥、古巴和乌拉圭举行了数百场演奏会。其他东欧政权纷纷效仿，派遣国家交响乐团到非洲、亚洲和拉丁美洲。譬如，1959年铁托出访开罗时，贝尔格莱德歌剧团（Belgrade Opera）在开罗的表演得到了大量的媒体关注，这既是在展现南斯拉夫的高雅文化，也是在挑战法国与意大利的艺术主导地位。捷克与波兰的交响乐团也曾在这座埃及的首都进行表演，但到20世纪60年代末，德意志民主共和国是在埃及推广社会主义歌剧的领头者。古典音乐成为东欧人与西方展开竞争和彼此间相互竞争以证明自己是欧洲音乐遗产继承人的一种手段。[15]

开罗成为焦点并非偶然。对这座城市的集中关注反映了旧时欧洲对这片大陆文化地理的态度。值得注意的是，莫斯科从未向撒哈拉以南的非洲派遣过交响乐团或芭蕾舞团，暴露了长久以来欧洲人认为西北非和撒哈拉以南非洲存在文化差异的偏见。这些价值判断并不只是欧洲人的感受，许多非洲政治家也多次阐述非洲内部的各个文明存在高下差别。埃及革命发生两年后，在出版于1954年的专著《革命哲学》(The Philosophy of the Revolution)中，贾迈勒·阿卜杜勒·纳赛尔写道：埃及人绝不能"放弃我们帮助将知识与文明之光传到这片大陆深处的原始森林的责任"。1961年，在法国的牢狱中，阿尔及利亚民族解放阵线的领导人艾哈迈德·本·贝拉构想："在两三代人的时间里，阿拉伯文明和阿拉伯语言将成为非洲所有国家的共同特征。"文明的话语夹杂着帝国主义、反帝国主义和后帝国主义等不同元素。[16]

对撒哈拉以南非洲的文化生活的态度是苏联和其他东欧国家尤其是南斯拉夫产生分歧的一个源头。欧洲的共产主义小国将更多的文化关注投向西北非以外的非洲，与加纳、马里、塞内加尔、几内亚和坦桑尼亚在一系列文化阵线上建立联系。它们还热切地确保这些新的关系不只是单向流动，非洲作家和艺术家定期受邀以文化大使的身份出访东欧。早在1962年，贝尔格莱德就举行了一场埃及当代艺术展，古巴国家芭蕾舞团（Cuban National Ballet）于1966年在罗马尼亚表演。开罗的歌手到贝尔格莱德并在贝尔格莱德歌剧团参加专门培训，南斯拉夫的音乐发行产业大规模制作了埃及作曲家阿布·贝克尔·海拉特（Abu Bakr Khairat）和其他阿拉伯音乐风格的唱片。东欧与非洲的文化交流向更加典型的苏联模式提出挑战，后者的内容是向世界各地输出高雅文化，同时欢迎其他文化到苏联做互惠式探访以展示"民俗"。相比较而言，东欧国家更专注于向第三世界的伙伴宣扬互惠互利的关系，并达成许多合作计划。1965年，加纳艺术文化学校（Ghana Institute of Art and Culture）派遣了戏剧系的学生前往德意志民主共和国，派出剧院技术人员前往捷克斯洛伐克，还安排了一个舞蹈团到罗马尼亚巡回演出。[17]

20世纪60年代是文化认同的黄金时期，象征了东欧与非洲之间的相互理解与友好关系，而这往往是迈向经济、外交乃至军事合作的第一步。它们的社会主义特征体现于这些关系通常是自上而下的、国对国的正式关系，民间社会团体或非政府组织并没有起到什么作用。这些关系大体上是双边的，每个国家都愿意展现自己最优秀和最特别的文化形式。东欧国家非常热切地启动这些交流，以塑造小国团结支持者的国际形象。此外，这些蓬勃发展的网络将东欧社会主义的文化疆域扩展到世界范围，这些横贯大陆的多样化联系已不仅仅以莫斯科为中心。有时候，东欧国家进行文化交流的热情令接受国感到过于热烈，这主要是因为那些国家通常并不具备定期参与文化交流的资源。加纳政府的一份内部报告提出警告："与社会主义国家进行演出团体的交流"或许是好事，但"我们的经济状况并不允许我们对那些举行交流活动的国家做出回报"。即便如此，西方观察家仍认为东欧国家在发展中世界的这一活动有危险的苗头。中央情报局一直在监视非洲、亚洲与拉丁美洲的书籍、报刊、电台、电影节、展览、跨国友好协会和经济援助。1966年，它的一份秘密报告指出：共产主义者正在成功利用"反西方的偏见"，以"乐善好施的形象"来"掩饰藏在文化斗篷下的政治灌输"。[18]

第八章　社会主义在非洲的文明教化使命　　　　　　　　　　　　341

共产主义世界还在致力于营造提供高科技合作和发展援助的国际形象，譬如20世纪60年代初埃及—苏联合作的加高阿斯旺大坝的计划等。这些计划被用于营造莫斯科作为社会主义现代化的首都和发展中世界的密友这一自我形象。1957年，斯普特尼克人造卫星成功上天，强化了苏联在世界范围内作为技术进步引领者的形象。向新的伙伴国家提供援助，其形式包括非现金补助、贷款或易货交易——譬如大型技术企业和发展计划——促使善意的种子在接受援助的国家播下，苏联的亚非团结委员会（Afro-Asian Solidarity Committee）资助外国领导人到苏联参观外高加索及中亚地区各个共和国的发展。这些探访（以及相伴随的宣传活动）帮助打响了苏联作为中亚发展与文化支持者的名声，向非欧洲人的世界展示了它作为进步的"亚洲力量"的资质。为了实现这一目的，中亚人被动员起来，发声证实苏联人非常重视通过教育宣扬亚洲的当地语言，在中亚周边国家进行经济投资，并保卫中亚的文化与遗产。[19]

东欧阵营的国家在20世纪60年代积极参与非洲的现代化运动，既与苏联、中国、南斯拉夫展开竞争，也在彼此间进行竞争。社会主义援助可以包括任何东西，从武器、奶粉到赞助电影节。交流的范畴从科学、医药、技术转移、军事援助、贸易、文化交流到留学项目。对非洲的援助在东欧国家受到民众支持，总是通过旅行写作、大众传媒以及工厂和学校的声援活动等形式融入了东欧人的日常生活。在这些场合里，贪婪成性的西方新帝国主义总是被拿来与社会主义的援助、团结和善意做对比。[20]

最引人注目的合作领域之一是现代建筑，尤其是在去殖民化后对非洲城市的重新设计。正如第六章中提到的，先锋建筑被视为对国家建设至关重要，因为新的非洲政府希望通过由政府主导的工业规划解决国家落后的局面，而东欧国家愿意为之提供现成的援助。波兰派遣建筑师前往加纳；匈牙利派遣设计师前往尼日利亚；东德

图34 亚采克·克里奥兹设计的国际贸易展览中心。加纳，阿克拉，1967年
图片来源：亚采克·克里奥兹档案，华沙

人去了朝鲜、桑给巴尔和叙利亚；罗马尼亚人去了苏丹和利比亚；南斯拉夫人去了利比亚和埃及；中国人去了几内亚。南斯拉夫的建筑师和工程师最为活跃和最有创新精神，因为铁托统治下的南斯拉夫共和国成为向新独立的国家宣扬社会主义建筑现代主义（socialist architectual modernism）的潮流引领者。共产主义群星争相绽放光芒的局面（莫斯科、北京、哈瓦那）对非洲的领导人而言是好事，让他们得以建立起有自己独特风格的，将新的与旧的、国际的与本土的元素相结合的现代国家。加纳就是这类发展的一个好例子，因为恩克鲁玛热切地借助东欧的社会主义现代主义装点他的新国家。他在1961年进行了为期8周的探访，游览了苏联、东欧和中国，参观了匈牙利的社会主义多瑙新城（Dunaújváros）和波兰的新钢铁厂（Nowa Huta）。加纳的一批前沿建筑师如A. W. 卡拉威（A. W. Charaway）和E. G. A. 唐·阿瑟（E. G. A. Don Arthur）在莫斯科接受培训。阿克拉的国际贸易展览中心（International Trade Fair Centre）于1967年开放（见图34），它由波兰建筑师亚采克·克里

奥兹（Jacek Chryosz）设计；而加纳的政府所在地旗杆馆（Flagstaff House）是由匈牙利建筑师卡尔·波兰尼（Károly Polónyi）在1964年设计的。在参观完东欧之后，恩克鲁玛更加坚定地带领自己的国家朝社会主义的发展方向前进，最好的体现是他受苏联启发的党纲"为了工作与幸福"（For Work and Happiness，1962年）和"七年发展计划"（Seven-Year Development Plan，1964年）。阿克拉的城市面貌结合了西方、社会主义与非洲现代主义，成为加纳和非洲其他地方的后殖民时代建筑多样性的典范。[21]

建筑被用作表示团结的语言，能沟通东欧和非洲的不同历史经历。在哈布斯堡帝国解体之后，中欧的现代主义者曾把建筑用作国家振兴的视觉表达，波兰和捷克的建筑师在"一战"过后特意将国际风格的现代主义和本土民族主义融合在一起，以帮助缔造新的文化身份。在20世纪60年代，东欧的建筑师声称他们自己在后帝国时代的经历令他们得以理解非洲人的历史处境。譬如说，波兰尼写道：东欧与中欧和非洲有着共同的"殖民经历"；他来自喀尔巴阡山脉地区，有过曾经被外部强权势力实施殖民统治的经历。著名波兰旅行作家雷沙德·卡普钦斯基（Ryszard Kapuściński）在他的书中表达了类似的观点，尤其是《太阳的影子》（*The Shadow of the Sun*）这部作品。在书中，他把后殖民主义时代的非洲国家和他在"被殖民"的东部波兰成长的经历联系在一起［他的许多其他作品，如出版于1978年的对埃塞俄比亚独裁者海尔·塞拉西的研究《皇帝：一个独裁者的垮台》（*The Emperor: Downfall of an Autocrat*）被解读为在苏联治下的波兰的寓言］。在波兰的大众媒体中可以找到类似的观点，如波兰的青年杂志《环球报》（*Dookoła Świata*）1963年的一篇文章遵照长久以来的浪漫主义传统，将波兰的历史命运描述为一系列的殉难与牺牲，并将波兰与非洲国家相提并论，因为波兰在历史上是"扮演着'白皮肤的黑人'角色而不是殖民者角色的欧洲国家"。这种想象中的文化关联不只是欧洲人的发明。20世纪60年代初，加纳的记者报道东欧国家建造的形象工程建筑在本国开放，加纳的殖民地历史与普鲁士、俄国和哈布斯堡对东欧实施奴役统治的历史由此而被联系在一起。1961年和1970年，非洲媒体对铁托在非洲各国引人注目的探访进行报道时，同样突出了南斯拉夫的反帝反苏身份与它们自己为了非洲自由而奋斗和奉行不结盟主义的故事之间的相似之处。譬如说，在铁托探访埃塞俄比亚时，该国记者大肆渲染南斯拉夫和埃塞俄比亚在"二战"期间都曾遭受意大利法西斯政权入侵的共同经历。在这些例子里，现代建筑不仅是体现发展的标志物，而且提供了东欧与非洲共同拥有的现代化视觉形象。[22]

东欧转向南方世界补充了它与西方建立联系的外交努力。在这一时期，苏联与其盟友重点关注的是"社会主义人本主义"（socialist humanism）这一理念，将其作为后斯大林时代社会价值观的基础，而西方的一些思想家也对人本主义感兴趣，因为它将有可能成为东西方阵营的交汇点。1965年举行的"社会主义人本主义专题研讨会"（Socialist Humanism: An International Symposium）是这一跨欧洲思想的里程碑。德裔美国社会心理学家与人本主义知识分子埃里希·弗洛姆（Erich Fromm）召集了来自西欧、东欧、亚洲与非洲的思想家，当中便包括桑戈尔。此次研讨会的背景是人们对不久前出版的佚失已久的马克思早期手稿，即所谓《经济学手稿（1857—1858）》与日俱增的兴趣，它揭示了年轻时期的马克思很早就关注作为现代工业生活症候的异化现象。1965年的研讨会文集反映了共通的"对非人化的反对"。探讨的出发点是弗洛姆称之为"人本主义在多个意识形态系统里再度复兴"的现象，跨越政治阵营的"相信人类能团结一致的信仰"，以应对"人类被机器和经济利益奴役"以及"核武器对人类的物质存在构成全新威胁"的恐惧。虽然

第八章　社会主义在非洲的文明教化使命

苏联的出版物将社会主义人本主义与国际社会争取和平和反殖民主义的宣传联系在一起，但它并没有被直接援引为沟通东欧与非洲的意识形态术语。内涵更为丰富的社会主义人性（socialist humanity）概念反而成为对地缘政治团结新纽带的更受欢迎的阐述。[23]

令人意想不到的是，对未来的担忧也促使东西欧人民以理解共同的"科技文明"的名义，抛下了彼此在意识形态上的差异。"后工业社会"的到来促使人们再度关注社会预测的性质和意义，以及对共同拥有的技术未来的管理。在之前的数十年里，这类思考曾是种种推测和科幻作品的内容，但在20世纪60年代，情况不同了，通过仔细规划从而实现对未来的理性控制既有可能实现，又迫在眉睫。未来主义预言者这个新的行业出现，并对个体、社区和文明本身的命运进行思考，与之相关联的人物大体上有诺伯特·维纳（Norbert Wiener）、丹尼尔·贝尔（Daniel Bell）、雅克·埃吕尔（Jacques Ellul）与其他研究未来学的人士。联合国教科文组织在团结这些思想家上也做出了贡献，他们当中许多人隶属于联合国教科文组织在维也纳设立的国际社会科学文献中心（International Social Science Documentation Center），该中心的主任是马克思主义哲学家亚当·沙夫（Adam Schaff）。社会主义世界参与了这类关于规划工业社会的国际讨论，这体现于新刊物的创办，以及多场会议和跨国交流的举行。[24]

一部具有开拓性意义的作品是拉多万·里什塔（Radovan Richta）于1969年在捷克斯洛伐克出版的《处在十字路口的文明：科技革命的社会与人文含义》（*Civilization at the Crossroads: Social and Human Implications of the Scientific and Technological Revolution*）。这本书是里什塔在布拉格的研究团队所取得的成果，翌年被翻译成英语后，引起了国际社会的轰动。该书的主旨是：当前的技术变革正在挑战"文明的根基"和"人在世界中的地位"。值得注意的是，它并不在意社会主义与资本主义之间的差异；恰恰相反，里什塔的这本书对"自动化控制"（cybernation）、异化和一个由技术官僚精英统治的世界进行了更加深入的探讨，并指出社会主义必须"以自己的文明为基础逐步演变"。他的作品糅合了早期马克思主义和系统理论，他关于新"社会主义人格"（socialist personality）的假说受到新技术需求的影响，与当时盛行于西方的关于"技术人"（technological man）的到来这类理念并没有太大的区别。这些关于多元化未来的带有修正主义色彩的社会主义理念——以及里什塔的研究项目的命运——在 1968 年秋天因为莫斯科对"布拉格之春"的军事镇压而被迫中止，自此之后，这类开放式的社会主义未来学研究就遭到禁止。即便如此，更重要的仍然是：技术文明的语言成为沟通东西方的概念之桥。确实，关于现代性和历史时间（historical time）的理念将东欧与非洲在社会主义发展的叙事中联系起来，但社会主义技术文明所起到的作用则相对较弱。东欧人对与非洲共同的社会主义文明的理解反而总是指向其古老过去的遗产。[25]

东欧与非洲的合作并不只局限于发展基础设施和展现前卫的现代主义建筑。事实上，共产主义世界并不总是着眼于未来，也不总是着眼于现代化。这段关系还有另外一面，而关于这个主题的为数不多的文献几乎没有被注意到，那就是社会主义者对非洲文化遗产的态度。正是在这一领域，文明的话语以令人意想不到的方式再度出现。

去殖民化重新激发了苏联和东欧阵营对非洲历史与文化遗产的兴趣。然而，这并不是一件容易的事情，因为马克思、恩格斯和列宁几乎从未谈及非洲。莫斯科对非洲的态度主要源自 1922 年共产主义国际委任的黑人委员会（Negro Commission）拟定的建议，该组织致力于在各大洲缔造团结一致的黑人运动。直到 20 世纪 50 年

第八章　社会主义在非洲的文明教化使命

代末,苏联的外交部或克格勃(KGB)都没有设立专门处理非洲事务的部门;事实上,克里姆林宫里没有几位关于非洲或亚洲事务的专家。虽然从19世纪末到20世纪50年代,德国与俄国有研究非洲的悠久传统,但其他东欧国家对那片大陆并不具备多少专业知识。就连俄国和德国这两个有丰富知识储备的国家,也不得不重新构思研究非洲的社会主义方法。在1958年举行的全苏东方学家会议(Conference of Soviet Orientalists)上,记者格奥尔吉·朱可夫(Georgii Zhukov)发出警告,"我们已经跟不上生活的步伐了,我们并没有为如何与亚洲和非洲打交道做好准备",还补充说,"我们需要自己的苏维埃传教士,我们自己的苏维埃史怀哲医生(Doctor Schweitzer)"。[26]

　　东欧的非洲研究者并没有彻底否定"资产阶级东方主义"。在这一时期,东欧的人类学、考古学和古代史大致上向西方学者开放,并举行了多场跨越冷战边界的联席会议。有几位英国马克思主义非洲研究者,如戈登·柴尔德(Gordon Childe)、巴兹尔·戴维森(Basil Davidson)和彼得·欣尼(Peter Shinnie)在东欧出版的作品被以赞许的态度加以引述。知名波兰人类学家布罗尼斯拉夫·马林诺夫斯基(Bronisław Malinowski)在1945年后仍是波兰民族志研究的标杆人物。正如上一章里所探讨的,联合国教科文组织在以世界文明的名义团结来自非洲、西欧和东欧的专家这件事中扮演了关键角色,它的反种族主义理念赢得了非洲和东欧的精英对联合国教科文组织事业的支持。20世纪50年代中期,来自东欧各国的专家都支持联合国教科文组织的"东西方文化价值相互理解计划"(Mutual Appreciation of Eastern and Western Cultural Values)。然而,共产主义世界希望在非洲研究上做出自己的独特贡献。

　　新的观点在20世纪50年代开始传播。1951年出版的《苏联大百科全书》(*Great Soviet Encyclopedia*)表明苏联将东方视为具有同等地位的文明，与西欧和北美所支持的观点形成了鲜明对比。该条目写道："资产阶级东方学将所谓的'西方文明'与'东方文明'完全对立起来，诽谤亚洲人民是基本上无法主宰自身命运的劣等民族，还宣称他们只是历史的客体，而不是它的主体。"苏联逐渐开始利用社会主义文明这个概念作为它与发展中世界接触时替代西方文明的另一种方式。《真理报》就1958年在塔什干举行的亚非作家会议发表了一篇报道，利用这个机会宣称："资本主义文明导致对亚洲和非洲人民实施经济殖民，扼杀了他们的艺术形式；而社会主义文明则在促进不同民族艺术价值的发展。"这一话语如今逐渐被应用于东欧阵营内部的文化关系。正如赫鲁晓夫在1958年10月发表的关于俄国—波兰关系的演讲中所说："苏联人民和波兰人民正怀着兄弟般的情谊，携手共同建设一个伟大的社会主义文明。"[27]

在20世纪60年代，苏联和东欧国家开展对非洲知识的速成学习，这体现于社会主义国家的大学纷纷创立新的非洲研究学系。以颂扬共同拥有的前现代的过去和正在走向现代化的当下为基础的社会主义人本主义的名义，大批新的考古学和人类学机构与刊物被创建来研究非洲文明和亚洲文明。以波兰的英语刊物《非洲简报》（*Africana Bulletin*）为例，1964年它始创于华沙大学，以英文和法文出版。这份刊物的创刊号清楚地阐明这件事情的重要意义：非洲历史"必须摆脱殖民主义时代的歪曲"。它特别关注的是埃及学和埃及与苏丹的考古项目，并对波兰团队在尼罗河三角洲的考古发现以及非洲与波兰的联合人类学考察队在这片大陆的研究进行报道。[28]

另一个例子是捷克的杂志《新东方：亚非现代与古代文化刊物》（*New Orient: Journal for the Modern and Ancient Cultures of Asia and Africa*），它创刊于1960年，以英文出版，内容涵盖历史、考古学、艺术、音乐、戏剧、文学和民间故事。它致力于对古代即所谓的"古老东方"的理解，刊名中的"新"字表明，"我们致力于

第八章　社会主义在非洲的文明教化使命

不带过时的偏见去与东方接触，不为它披上异域风情或浪漫神秘的面纱"。里面的文章专注于世界文化的方方面面，如中国的考古研究、古印度的医药、越南的戏剧、刚果的面具以及联合国教科文组织的努比亚遗址抢救行动。1960年有一期刊登了来自世界各地的"东方研究"专家的简短陈述，他们全都强调要更深入地了解其他文明并倡导世界文明，目的是对抗认为这些古老文化是"没有历史的民族"的偏见。波兰的东方学者指出，由于波兰人没有推行帝国主义的历史，因此他们更能理解共享世界文明的理念。华沙大学东方研究所（Oriental Institute）的所长阿纳尼亚兹·扎贾克兹考斯基（Ananiasz Zajaczkowski）骄傲地声称："因为波兰人和捷克人没有半点殖民主义思想，而且对亚洲和非洲国家满怀同情，所以他们能更加轻松地与东方找到共同的语言与文化。"[29]

　　苏联及其盟友将大量的精力倾注于向非洲人表明共产主义世界对他们丰富的历史和文化成就深感兴趣。早在1954年，苏联的著名非洲研究者伊万·伊佐斯莫维奇·波捷欣（Ivan Izosimovich Potekhin）与D. A. 奥尔德罗格（D. A. Ol'derogge）出版了《非洲人民》（*The Peoples of Africa*），这是第一部从马克思列宁主义视角书写的非洲研究作品。1961年，两份前沿的苏联东方学刊物分别将名字从《当代东方》（*Contemporary East*）和《苏联东方学》（*Soviet Orientology*）改为《今日的亚洲与非洲》（*Asia and Africa Today*）和《亚洲与非洲人民》（*Peoples of Asia and Africa*），这表明了风向的改变。在这两份刊物里，文明的话语被用于构筑与非洲人民沟通的桥梁，它们声称在殖民主义介入之前非洲就已经是一个蓬勃发展的文明。在20世纪60年代举行了专门探讨非洲古代历史的多场会议，并出版了几部作品，焦点放在了阶级结构、奴隶制和普通人的生活上。这在一定程度上是为了将共产主义世界对非洲和亚洲的态度与西欧帝国主义的种族主义旧框架或美式现代化理论的新伪装区分开来。在他出版于1960年的小册子《展望未来的非洲》（*Africa Looks to the Future*）里，波捷欣呼吁建立非洲历史与非洲遗产的学术研究领域，摧毁敌对的西方帝国主义者的虚假学术主张。他直接斥责后者摧毁了"高度文明的非洲，但在苏联的帮助下，非洲人做好了重塑文明的准备"。在20世纪50年代末的一次电台广播节目里，他甚至更着重强调东欧的考古学家能帮助非洲人重新发掘他们自己的过去。在节目里，波捷欣声称后殖民时代的非洲知识分子"在来自东欧的进步学者的支持下"，正在"揭穿帝国主义炮制的非洲人没有自己的历史这个谎言"。而马克思主义历史学家的责任，是"帮助恢复历史的真相"。对他而言，真相的关键在于明确承认非洲文明自身的存在。[30]

人类学在传递这份团结。在应对西方根据美国的现代化理念发展非洲乡村国家的宣传时，东欧的人类学家希望能通过捍卫反资本主义的传统乡村生活并逐渐转向全面发展，以此赢得非洲人对社会主义事业的支持。他们提出，只有社会主义才可能通过结合人本主义、国际主义与革命去对抗美式现代化的毁灭性的文化力量。苏联的非洲研究者称赞民俗学作为新的混合文化形式在帮助非洲人民完成向现代生活的过渡中所起到的作用。正如1965年的一篇会议报告所说："作为苏联的非洲研究者，与非洲人民打交道时，我们的任务是保护和发展人本主义和无产阶级国际主义的传统，这个传统一直是俄国的革命民主和马克思列宁主义的内在本质。"克劳斯·恩斯特（Klaus Ernst）出版于1973年的被广泛援引的作品《非洲农村的传统与进步》（*Tradition and Progress in the African Village*）是这一社会主义思维的体现，因为前现代的传统乡村生活——在这本书里探讨的是马里——被视作非洲"非资本主义式发展"前景的基本要素。[31]

东欧对民间文化遗产的宣传并不单单只是指向欧洲之外的世

界。"二战"结束后,苏联和东欧以振兴民间艺术作为国际社会主义文化的基础,并将其与两场世界大战之间的共产主义意识形态联系在一起。俄国的民俗文化先是被共产主义革命者视为不受欢迎的反现代性的历史残余和农民对新布尔什维克政权的反抗,但斯大林很快意识到民俗文化可以成为支持苏联政权合法性的意识形态力量。在20世纪50年代,浪漫化的19世纪工人阶级民俗文化在苏联和东欧阵营复苏,以音乐会、舞蹈表演和戏剧节等形式呈现,此外还有陶瓷制作和装饰艺术——体现民族主义与社会主义以及农民文化与多民族现代性相结合的传统。譬如说,东德的《人民艺术》（*Volkskunst*）常常称赞传统艺术和手工艺,赞美来自世界各地的民间舞者,他们穿着传统服饰颂扬社会主义下各民族文化的多样性和统一性（见图35、图36）。

拥护国际社会主义民俗文化并不是对现代性的拒绝,而是现代性的强有力的表述,因为它将社会主义国家凝聚为一个新的大家庭,超越地缘政治的藩篱,并将过去与现在联系在一起。在20世纪60年代初,社会主义欧洲对传统文化的官样文章式支持一开始被视为狭隘守旧,甚至令致力于促进社会主义文化生活现代化的人士感到尴尬。但去殖民化赋予了民间文化运动以新生,在这个过程中,它被视为与第三世界沟通的方便桥梁。以与全世界的本土文化实现团结的名义,来自塞内加尔、几内亚和其他地方的舞蹈团定期受邀到东欧做巡回演出。[32]

在这种背景下,对于东欧社会而言,比起文明,文化是更切身的词语。1945年后,文化指的是一种进步的国家认同的构建,这种认同提升了社会主义国家建设的道德与意识形态使命,令各社会主义社会围绕传统与现代的交融实现团结。正是苏联与发展中世界的接触,激发了将社会主义文明作为沟通全球南方之桥梁的意识形态兴趣。随着东欧国家逐渐对非洲本土文化表示肯定,与殖民世界和

图35　东德的民间舞者,《人民艺术：民间艺术创作月刊》封面（东德）, 1952年6月刊

图 36　国际社会主义民俗节，《人民艺术：民间艺术创作月刊》封面（东德），1953 年夏季刊

后殖民世界共享的进步文明理念成为东欧在与独立的非洲国家打交道时外交政策与软实力关系的新意识形态支柱。[33]

在这一方面,考古学也同样重要。从20世纪60年代起,东欧在坦桑尼亚、肯尼亚和苏丹进行了一连串考古发掘行动。考古学被改造成社会主义政治科学,这体现于两方面:首先,考古学被用于记录长久以来非洲遭到外国势力压迫的历史,并强调同样的危险依然存在。其次,考古学被用于支持当下的新叙事。当尼雷尔在20世纪70年代初宣布他的"非洲社会主义"建设计划时,东德考古学家在努力证明坦桑尼亚所期盼的非资本主义式发展能够以它已存在了许多个世纪的平等主义传统作为基础。在这里,我们可以察觉到对俄国革命前的民粹主义的呼应,当时是19世纪末,俄国的知识分子深入乡村,教育农民关于农村社会主义的价值;这一欧洲社会主义的旧传统对尼雷尔、几内亚比绍的革命家阿米尔卡·洛佩斯·卡布拉尔(Amílcar Lopes Cabral)乃至弗朗茨·法农的思想产生了一定的影响。对遥远过去的重视具有不同的历史时间感,因为这些东欧考古学家认为不仅非洲人能在现代化的进程中利用前殖民时代的历史财富,而且从19世纪以来一直到"二战"结束后的再度殖民化所遭受的殖民暴力的惨痛经历只是非洲历史的一小段插曲。因此,他们认为:非洲的前现代过去与摆脱西方统治的当下能在社会主义团结的名义下被结合起来。[34]

非洲与欧洲团队曾合作进行了许多次致力于研究古代非洲文明的考古发掘,譬如在第六章中探讨过的,1961年在毛里塔尼亚进行的众所瞩目的11世纪奥达哥斯特遗址发掘行动。彼得·欣尼是苏格兰的共产党人,曾是20世纪50—60年代加纳大学考古队伍数十次发掘行动的带头人,做了大量工作来宣传史前苏丹和尼罗河三角洲的麦罗埃古城(Meroe)是非洲的本土文明。在出版于1967年的作品《麦罗埃:苏丹的文明》(*Meroe: A Civilization of the Sudan*)

第八章　社会主义在非洲的文明教化使命

里，欣尼总结指出："麦罗埃是一个非洲文明，牢牢植根于非洲的土地，由非洲人民发展。一个拥有文字并实现城市化的文明国家存在于非洲大陆深处，持续了将近千年之久，这本身就是了不起的成就。"从1960年到1966年，欣尼担任加纳大学在西德贝拉（Debeira West）发掘行动的指挥，并参与了联合国教科文组织的"拯救努比亚遗址"行动，之后他培训了几代非洲考古学家。数十年来，他与著名的东德考古学家、古代麦罗埃文明专家弗里茨·欣策（Fritz Hintze）密切合作。东欧的考古学家、人类学家和非洲艺术专家致力于提供记述非洲历史的另一种方式，强调这片大陆在前殖民时代曾有过以非资本主义式发展为特征的丰富的国家历史。他们还参与了以世界文明为名义来回避冷战敌意的国际保护项目。[35]

其他共产主义国家在保卫非洲传统文明的斗争中也发出了自己的声音。罗马尼亚在几内亚首都科纳克里的大使馆在1963年撰写了一篇报道，声称殖民势力摧毁了"非洲文明，却没有提供任何东西作为补充"，借此逼迫非洲人"陷入蒙昧无知和精神贫乏的状态"。相比较而言，罗马尼亚政府表示它将会致力于保存几内亚和马里的文化遗产和民间故事。康斯坦丁·约内斯库—古利安（Constantin Ionescu-Gulian）是罗马尼亚科学院哲学研究所（Romanian Academy's Institute of Philosophy）的所长，他在作品《论非洲人民的精神文化》（*On the Spiritual Culture of African Peoples*）里斥责"西方的东方主义"的种种歪曲，并称赞古代非洲"繁荣的文明"，这种文明"植根于原始公社强大的社会与道德传统"。就连与苏联展开竞争的中国革命者也在宣扬文明的话语。1956年，中国在新德里组织了一场亚洲作家会议，将自己定位为古代传统的守护者。中国的政府官员声称中国人、印度人、阿拉伯人和非洲人是古代伟大文明的继承者，但他们的文明都曾经遭到西方帝国主义的败坏，因此希望能够引领奋斗，去创造一个"由每一个文明最好的传统构成的为全人类造福的新文明"。[36]

在 20 世纪 60 年代，东欧人对非洲传统艺术的兴趣遵循着相同的脉络。非洲艺术受到欧洲人关注始于 19 世纪末，"一战"结束后在法国艺术界内外广受欢迎，1945 年后在西欧再度兴起，法国刊物《当代非洲》(Présence Africaine) 是最好的体现。鲜为人知的是，东欧在 20 世纪 60 年代也开始关注非洲艺术，由苏联、南斯拉夫、德意志民主共和国和捷克斯洛伐克做表率。在这一时期，社会主义世界倾注了大量精力颂扬传统艺术和手工艺，以此将东欧和非洲联系在一起。他们组织了数十场非洲传统艺术展览，创办了各种刊物，创建了新的博物馆，围绕前现代的艺术品深化这一国际团结。[37]

德意志民主共和国是最积极的国家。东德艺术批评家谴责西方（尤其是西德）通过拥抱现代主义和非洲旅游纪念品的廉价商业化——他们轻蔑地将其斥为"机场艺术"——悄悄摧毁了非洲本土艺术。20 世纪 60 年代初在世界范围内对传统本土文化的支持成为德意志民主共和国文化外交的正式纲领，东德举办了数场展览，宣扬非洲传统艺术的优点。艺术史学家布尔夏德·布伦特耶斯 (Burchard Brentjes) 在出版于 1965 年的作品《非洲岩石艺术》(African Rock Art) 中开篇便说：一代代的欧洲掠夺者强抢了非洲人"祖先遗留下来的艺术瑰宝"和"他们对过去的情怀，他们的历史意识"。他呼吁社会主义承担起守护传统的责任，以此抵制西方人斩断非洲人的根源和扼杀他们发起革命的潜在能力的做法。东德的非洲研究者通过恢复历史感与成就感，向"非洲直到与殖民者接触后才有了自己的历史"这个观念发起挑战。在他出版于 1968 年的广受欢迎的作品《从沙尼达尔到阿卡德：东方世界史七千年》(From Schanidar to Akkad: 7,000 Years of Oriental World History) 中，布伦特耶斯提出一个激进的社会主义时间观，并以古地图与废墟、雕像和面具的文献资料为佐证。对他而言，重要的是唤回古代历史以更好地了解资本主义本身有限的时间范围。在此基础上,他大胆地宣称:站在长时段历史的角度看,"从原始共产主义到高度工业化的共产主义之间只有短暂的过渡时期"。东德的非洲研究者们大力宣扬古代非洲文明,将其视为超越民族国家和泛非主义,捍卫非洲的社会主义历史和争取非洲潜在的社会主义未来的一种手段。[38]

在德意志民主共和国,最受欢迎的非洲艺术家是加纳的科菲·安图巴姆,我们在第六章中提到过他,他是恩克鲁玛的加纳艺术独立政策的支持者。安图巴姆既是社会主义者,又是传统主义者。在1957年加纳的新国家博物馆开馆仪式致辞中,他呼吁解除"保守的加纳传统与风俗对加纳的酋长与人民的思想束缚",并总结指出,在"社会主义时代,拥有特权的一小撮人继续维系他们所谓的与生俱来的权利,将人民委托给他们的财富用于一己享乐,这已经是过时或不得体的举动"。在1961年,安图巴姆受布伦特耶斯的邀请前往东柏林。他的作品在那里展览,而且他还被奉为研究传统艺术与文化并将非洲的文化传统与欧洲元素相结合的非洲艺术家的典范。在这次访问中,安图巴姆称赞了德意志民主共和国的支持,并呼吁所有非洲国家去拯救"本土生活方式"的文化遗产。安图巴姆——在恩克鲁玛统治下的加纳被誉为"重新发现非洲的十字军传教士"——在东欧阵营享有盛誉。东德政府委任他编撰一部关于加纳艺术遗产的作品。在这部作品的序文中,德非协会(German-African Society)的会长格拉尔德·戈廷(Gerald Götting)指出,尽管为殖民政策或新殖民政策辩护的所谓文明人长久以来都在诋毁非洲的文化与艺术是原始而粗鄙的,但现在它们已经"得到了与传统紧密相连的新内涵"。[39]

但恐惧依然存在。这在一定程度上与时机有关,因为共产主义世界对非洲的文化遗产感兴趣的时候,正值新的非洲国家在利用古代遗产构建新的国家身份和泛非身份。对于东欧的非洲研究者而言,问题不仅在于原始的民族主义，还涉及种族主义。引起最大敌意的人物是塞内加尔的诗人与总统利奥波德·塞达尔·桑戈尔。乍一看，桑戈尔原本应该是东欧向非洲递出橄榄枝的文化倡议的天然盟友。桑戈尔总是在谈论社会主义的重要性，是世界舞台上反帝国主义斗争的鼓舞人心的人物之一，总是坚持将社会主义与黑人精神结合的必要性。但他奉行的是另一种社会主义，植根于非洲的社会主义。正如桑戈尔在某个场合所说："在欧洲人出现之前，我们已经实现了社会主义。现在我们的使命是通过恢复它的精神维度令它获得新生。"桑戈尔斥责共产主义世界没有宗教信仰与思想自由，并立誓绝对不会让他的国家"仿效共产主义的榜样"。他所倡导的社会主义事业的精神维度引起了担忧，在东欧，对他提出批评的人士——尤其是苏联人和东德人，以及塞内加尔国内的共产主义批评者——都认为他的黑人精神理念有过于浓厚的种族主义色彩。讽刺的是，桑戈尔的黑人精神可以说是非洲版本的"泛斯拉夫主义"（pan-Slavism），这一主义在1945年后复兴（尤其是在考古学领域），目的是整合东欧的多民族团体，在文化上体现社会主义区域性团结。总之，东欧的文化精英反对桑戈尔的泛非主义，认为它带有排外的种族主义色彩，而这是因为他们被当作外来者而遭到排挤。种族压倒了阶级，成为共同分享后殖民时代非洲历史和流散民族身份的主要表述，并用于帮助非洲的文化遗产抵抗东欧地缘政治议程的影响。[40]

东欧的非洲研究者对桑戈尔在1966年举行的国际艺术节怀着矛盾的心情。一方面，苏联人为此次盛会制作了一部用来庆祝的纪实电影《非洲的韵律》（*African Rhythmus*），在各国为此次艺术节所制作的影片中，只有它是彩色的。艺术节期间，苏联人还借出一艘停靠在码头上的游轮，供艺术节的参与者居住，减轻了桑戈尔政府的住宿负担。居住在这艘苏联游轮上的客人还参观了一场名为"俄国人与黑人兄弟情深"（Russo-Negro Brotherhood）的展览。与之

第八章　社会主义在非洲的文明教化使命　　　　　　　　　　　　359

相伴的一场非洲面具展览在贝尔格莱德、萨格勒布和卢布尔雅那举行，作为1966年达喀尔艺术节的一部分，并在南斯拉夫更广泛地宣传非洲文化。另一方面，苏联和东德的艺术批评家斥责桑戈尔的黑人精神无可救药地受到西方资产阶级思想和种族思想的侵蚀。因此，即使苏联报刊称赞此次艺术节是"世界文化史上一次意义深远的事件，将会在非洲的文化复兴方面发挥重要作用"，《真理报》的报道中也没有提及桑戈尔的名字；相反，人们将关注的焦点放在了塞内加尔作家和电影制作人乌斯曼·塞姆班（Ousmane Sembène）身上，认为他是更真诚的社会主义者。[41]

　　东欧对非洲的文化遗产进行改造以适应他们的政治目的。捷克人一直对非洲艺术感兴趣，这体现于1862年创建的布拉格纳普斯特克博物馆（Náprstek Museum）内丰富的亚洲、非洲和美洲文化藏品。《新东方》曾撰文祝贺这座博物馆的百年志庆，称赞它"在我们这个文明急剧变迁的时代中保护了濒临灭绝的文化价值"。旧的博物馆正在进行改造，新的博物馆也在建设，如在1977年开放的贝尔格莱德非洲艺术博物馆（Belgrade Museum of African Art）。这座贝尔格莱德博物馆是南斯拉夫第一座专为非洲艺术而设的收藏机构，其藏品目录中写道：虽然在前殖民国家的首都有规模更大、更加丰富的藏品，但这座贝尔格莱德非洲艺术博物馆是"友谊凝结的产物"和"不结盟运动的象征"，其灵感来自"对民俗艺术的成就报以欣赏的新态度"；这是一座神圣而独特的后殖民时代的博物馆，体现了不剥削与文明平等的思想。按照这个逻辑，只有在进步的东欧才能首先创建这种进步的博物馆。[42]

　　非洲的领导人和知识分子如何接受这个来自社会主义世界的主动示好的姿态并不容易揣度。的确，东欧的古代史专家受到加纳、塞内加尔与其他各国政府的邀请，担任项目顾问，帮助他们发掘和了解自己的古老过去。20世纪60年代，西方的专家参加了许多非洲的会议和研讨会，如桑戈尔在1966年举办的达喀尔黑人艺术节的相关会议。东欧的非洲研究者大体上被当作独立非洲的朋友，在这些文化活动中受到欢迎。文明这个词语（甚至比社会主义更频繁）被用于将这些文化联系在一起，因为比起西方世界，社会主义世界倾注了更多的精力来宣扬非洲在古代所取得的成就。当然，现代性是另一个被优先使用的词语，但在这件事情上，文明的话语被用于阻挡着眼未来的美国人成为合适的文化伙伴。在20世纪60年代，非洲的知识分子，从恩克鲁玛到尼雷尔，仍对西方文明的主张存有疑虑，因此更加支持社会主义世界的各个文明彼此相连、相互平等的反帝国主义理念。

在冷战的历史中，东欧与南方世界的文化关系大体上仍然是一个被遗忘的章节。虽然近年来人们对20世纪60年代的全球史和社会主义历史有了新的兴趣，但关注的焦点总是落在第一世界与第三世界的接触或所谓的"南南合作"（South-South interaction）上。相比较而言，东欧与南方世界的接触揭示了两个看似格格不入的地区如何在冷战国际关系的新地图里建立起联系，这种联系强调了小国在构筑跨大陆的伙伴关系中所起到的作用。这些接触帮助为东欧的社会主义事业注入活力，并且总是本着外交事务相对自主的精神被用于重新调整东欧与苏联的关系。这些活动不仅标志着社会主义版图的扩大，还代表了对社会主义时期的另一种观感。关键的问题是以技术和现代化为基础的对未来的浪漫展望，东欧的社会主义者希望对此提供充分的支持与帮助。然而，它还以选择性的目光看待非洲的"原始社会主义"古代历史。社会主义文明版图的扩张正值非洲的精英人士重新夺回自己的遗产作为后殖民时代国家振兴之象征的时期，无论那是基于民族主义、联邦主义、黑人精神还是泛非洲主义。东欧社会主义文明的全球视野在努力补充非洲当地人的集体叙事，并透过社会主义东方主义的视角提供另一种解读非洲历史的方式。

最重要的是，东欧与非洲的此次接触帮助东欧传播了一个作为更美好更进步的欧洲的自我新形象，即献身于解放斗争和帮助世界上被压迫者脱离困境。从这个视角出发，这些文化外交或许大体上可以被视为公关举动和软实力结盟，以推进社会主义的经济援助、军事援助和地缘政治影响等硬实力议题。但这个诠释忽略了与发展中国家文化关系的迅速升温标志着东欧国家在20世纪60年代与外部世界的再度接触，而这也意味着帝国统治结束后社会主义的全球使命在意识形态上的更新。对于许多东欧人而言，这些接触带来了改变，赋予了世界范围内更为宏观的社会主义事业以新的含义，其中一个重要原因是当时东欧本土的政治生活相对平静，而且抗拒改革。与非洲结盟带来的兴奋感体现于东欧的医生、记者、教师、农业专家和其他社会主义宣传人员的回忆录，他们在非洲和亚洲往往一待就是数年。本土媒体对东欧—第三世界接触的广泛报道也出现了同样的情形。国家元首与外国政要的探访、旅行写作、艺术展览、文化节和学生交流，所有这一切都在促使东欧与其他大陆上的人民达成真正的社会主义联盟，而文明的话语占据了中心地位。

但是，还有其他的隐性因素在起作用。东欧人援引曾经遭到贬斥的文明理念，不仅是为了以平等和互相尊重的旗帜否定旧时欧洲的等级体系和对世界其他地方的偏见，而且是为了让东欧与西欧在文化地位上平起平坐，以克服东欧自身因落后、孤立和曾被西欧国家殖民统治而产生的自卑。文化界的交流与东欧和发展中世界在其他范畴的交流之间的区别在于，文化交流是公开可见的。与经济关系或军事关系（此二者通常不受媒体关注，或被刻意隐瞒）不同，文化活动总是带有表演性质，与媒体报道有紧密联系。它们的用意是展现团结，在新的政治同盟里拉近与遥远陌生人的成就、斗争与事业之间的距离。它们不停改变的形式和内容反映了东欧对自己的身份、地域与在世界上的文化使命的理解也一直在改变。

主动将不同的国家、地区和民族包容在内的文明概念是20世纪60年代初进步的国际政治的一个突出特征，但它并没有被延续下去。在60年代余下的时间乃至之后的时间里，这些一体化理念遭到了强烈抵制，在非洲由少数白人统治的政权与欧洲的保守政权以种族、宗教和守旧的名义，再度利用文明来有效地为分离主义事业服务。

第九章

宗教、种族与多元文化主义

在 20 世纪 60 年代，对反主流文化运动做出反击的最著名的例子，是在 1969 年播出的具有里程碑意义的英国广播公司 13 集电视系列剧《文明》，该剧由英国著名艺术史专家肯尼斯·克拉克主持。早在 20 世纪 30 年代，克拉克就已经成为位于伦敦的英国国家美术馆（The National Gallery）最年轻的馆长，并在"二战"期间担任战争艺术家咨询委员会（War Artists Advisory Committee）主席。该机构负责为英国的艺术品建档，经常委托指定的艺术家记录战争对英国公众的影响。1939 年战争爆发后不久，克拉克主持了一项名为"记录英国"（Recording Britain）的相关计划，该计划招募艺术家为后世记录英国城市与乡村的生活与精神面貌，以防它们被纳粹势力的轰炸彻底摧毁。整理和保护面临危机的文化遗产是克拉克职业生涯的主线，在一定程度上也是《文明》这出节目的灵感来源。这部系列剧流畅地讲述了从蛮族征服古罗马帝国到动荡不安的 20 世纪 60 年代的历史，以宗教传统崩溃的威胁和陷入危机的文明为主题。在克拉克的叙事中，文明既脆弱又幸运，我们所了解的文明面对战争、破坏和衰落,历经九死一生才得以幸存。正如他所说:文明是"值得捍卫的事物,而它正处于危机中"。[1]

《文明》拨动了全世界观众的心弦。电视剧与衍生书籍的版权被售往60多个国家,没有哪一部其他的英国广播公司节目能企及它将艺术带给大众的影响力。这部系列剧紧随莫蒂默·惠勒(Mortimer Wheeler)的《希腊往昔的荣耀》(*The Glory That Was Greece*,1959年)和康普顿·麦肯齐(Compton Mackenzie)的《罗马往昔的辉煌》(*The Grandeur That Was Rome*,1960年)之后,却打破了所有的收视纪录。这部节目由12人组成的团队花费了3年时间,跋涉8万英里(约12.9万公里),探访11个国家才制作而成。克拉克对节目的目标总结如下:"我决心展现西方人尝试发现自我的历程",并且"我也决心表明,文明或许会因为自身与生俱来的缺陷而毁灭"。克拉克还希望在这个"旅游大巴上的导游"已成为"传统文化仅存的传播者"的时代传递过去的荣光。对他而言,文明主要是地中海家族的历史,其主角是法国与意大利,而德国、英国、荷兰和美国分饰配角。每一集的内容结合了古典人文主义与基督教人文主义,讴歌"成就丰功伟绩的伟大人物",克拉克以权威和富于洞察力的姿态主持了这部系列剧(见图37)。

对于英国广播公司而言,节目的探讨范围体现了时代特征——没有提及非洲、亚洲、伊斯兰世界或南美洲,也没有提及任何女性艺术家。即便如此,它受到了热烈的祝贺。J. B. 普里斯特利写道:这部系列剧"本身便是对文明的贡献",而另一位评论家将克拉克称为"麦克卢汉时代的吉本"(Gibbon of the McLuhan Age)。相比较而言,左翼批评家雷蒙德·威廉姆斯(Raymond Williams)则斥责克拉克的节目"是宣扬可耻历史的'旧餐桌礼仪'式宣传,也是否定今日世界的手段"。毕竟,1969年正值越南战争与尼日利亚内战的高潮,同年还举行了伍德斯托克音乐节(Woodstock

第九章　宗教、种族与多元文化主义　　　　　　　　　　　　　　　　365

图 37　英国艺术史学家肯尼斯·克拉克正在拍摄他的电视系列剧《文明》，1969 年
图片来源：《广播时报》（Radio Times），盖蒂图片社

Rock Festival）。20 世纪 60 年代的艺术界见证了对虔诚圣洁的"大写的艺术"的大肆嘲讽，其形式包括波普艺术与贫穷艺术（Arte Povera）。然而，所有这一切都没有影响克拉克的叙事，他回顾了西方艺术从中世纪晚期到现代的伟大时刻。于 1972 年播出的约翰·伯格（John Berger）的英国广播公司四幕系列剧《观看之道》（Ways of Seeing）是马克思主义者对克拉克的欧洲中心主义贵族姿态的尖锐回应，代表了新左派对于克拉克的艺术、鉴赏、文化遗产与文明

等传统观念的态度。[2]

克拉克对遭受抨击的文明的坚定捍卫在文化界和国际关系领域都是一种常见立场。虽然在 20 世纪 50—60 年代，文明的话语与反殖民主义事业密不可分，但从 20 世纪 60 年代中期开始，它逐渐被用于保卫各种旧制度（ancien régimes）和反革命事业。1968 年，西方世界到处爆发学生反抗运动，他们挑战心目中重建一代（the reconstruction generation）的虚伪偶像，公然嘲讽保卫文明的英勇行为是建制派专制价值观的表现。每一处都响起要求变革民主、自由和公民权利的呐喊。在 20 世纪 60 年代，南欧地区几个最残暴的政权——弗朗哥统治的西班牙和军人当政的希腊——以保卫基督教文明免遭共产主义与现代性侵蚀的名义为自己的政权辩护，令文明这个曾经有进步色彩的理念更加不受年轻人的待见。正是在这一时期，权利（公民权与人权）取代了文明，成为普世主义、平等与国际团结的话语。本章的主题是文明的概念如何从道德重建、反殖民主义和反西方主义的运动中，转移到巩固各个面临威胁的右翼政权。在 20 世纪 70—80 年代，文明是关于重新划定这片大陆的宗教乃至种族边界之讨论的中心话题，与包括种族隔离、激进的天主教信仰和抗拒多元文化主义在内的保守主义事业有着紧密联系。

正如第四章中所探讨的，保卫遭到围攻的传统是 20 世纪 60 年代西欧思想面对世俗化、消费主义和美式生活而做出的应对措施。忧虑还与帝国的终结有着直接联系，去殖民化运动引发了保守派对文明面临危机的焦虑。"对西方的反抗"令英国的国际主义思想家尤为不安。在 20 世纪 60 年代初，公共知识分子吉尔伯特·默里（Gilbert Murray）曾捍卫作为"基督教文明"最后的伟大希望之一的大英帝国，接着他预测，以穆斯林世界为首的那些联合起来反抗西方的人"可能会使大片大片的土地再度沦为蛮夷的领土"。历史学家休·塞顿—沃森（Hugh Seton-Watson）也认为去殖民化并不是"民主制度之光荣的延伸，而是文明之实现的悲剧性延迟，就像罗马帝国的衰亡，随之而来的是相同的结局：倒退回野蛮时代"。著名的国家关系学家马丁·怀特（Martin Wight）批评第三世界的"万隆霸权"（Bandung Powers），将联合国变成"反殖民主义运动的喉舌，一个逆转的神圣同盟"。在这些人与其他观察家看来，去殖民化代表了西方面临的深刻危机。人们对原先以欧洲为中心的"文化标准"在纷繁混乱的国际社会中走向崩溃的担忧到20世纪70年代仍在继续，因为人们认为，由于欧洲中心价值观遭到侵蚀，国际治理在政治理论学者赫德利·布尔（Hedley Bull）所说的后殖民时代"无政府主义社会"的国际关系中变得根本不可能实施。[3]

这些黑暗的预测并不局限于伦敦和其他欧洲大都市的权力机构。去殖民化将会释放野蛮的兽性这一反动论点在1967年引发争议的意大利电影《告别非洲》（Africa Addio）中达到了花哨的程度，这部电影由瓜尔蒂耶罗·亚科佩蒂（Gualtiero Jacopetti）和佛朗哥·普罗斯佩里（Franco Prosperi）执导。这部电影原本是拍给欧洲人看的，由耗时3年在非洲大陆各个热点地区拍摄的纪录影片剪辑而成。它的上映激起轩然大波，其中一个重要原因是它从负面来刻画新独立的非洲，大胆地暗示非洲最好得由欧洲统治。"旧时的非洲已经消失了，"旁白在哀叹，"在我们拍摄的大屠杀和毁灭中死去了。"与之形成对照的是，"在数千个白人与阿拉伯人、数百万黑人的坟茔上，在从前是禁猎区如今是凄凉的乱葬岗上，新的非洲出现了"。影片展现了茅茅（Mau Mau）地区的叛乱者在肯尼亚全境的杀戮、在桑给巴尔埋葬阿拉伯人的万人坑和刚果雇佣兵的行刑场面等极其血腥的片段。电影海报上印着对非洲解放斗争的批判，譬如"被野蛮吞没，在血海中孕育！"或"野蛮！暴行！惨无人道！

血流成河！"而另一张海报则故意将它与美国民权运动联系在一起，叫嚣道："这就是非洲的真面目！在那里有美丽的黑人、丑陋的黑人、残暴的黑人！"［这部电影原本的意大利片名在美国遭到否决显然是因为它不适合宣传推广，故而在美国上映时，它被改名为《浴血非洲》(Africa : Blood and Guts)］。虽然有一些批评家赞赏这部电影的"勇气与诚恳"，但其他评论家谴责《告别非洲》是"施虐情结和法西斯种族主义的狂欢"，将非洲人刻画为无可救药的"怪物和野蛮人"，是为欧洲的殖民主义辩解的倒行逆施之举。大约20个非洲国家的驻罗马大使馆向意大利政府提出正式抗议，但根本无济于事。不管怎样，欧洲人在非洲的"文明教化使命"的伤感结局奠定了这部电影的叙事及其反响的基调。[4]

在其他地方，对旧帝国政权的捍卫诉诸武力，20世纪60年代许多右翼人士发起的政治叛乱都被文明的话语合法化了。我们已经了解到，西班牙和葡萄牙的专制政权利用这套话语维持秩序并赢得国内外的支持，而法国在阿尔及利亚战争期间也在这么做。1967年4月21日发生的所谓希腊革命是新的一例。那年5月原本将举行希腊全国大选，许多人预测左倾的自由党人和共产党人将大获全胜、成功掌权，或许将令这个国家陷入宪政危机。随着选举的临近，右翼军官策划了一场武力夺权行动以"拯救国家"，坦克和伞兵涌入雅典的街头。仅在政变的第一个月里，就有将近8000人被捕。这场夺权行动后来被称为上校政变（Colonels' Coup），其背后的驱动力是为了抵挡据说会危及这个国家的各股力量——共产主义、世俗主义、物质主义、民族分裂和西方的腐蚀。这帮领导人受到了1936年至1941年间统治希腊的独裁者扬尼斯·梅塔克萨斯（Ioannis Metaxas）的专制民族主义政权的启发。梅塔克萨斯鼓吹他所谓的"第三希腊文明"（Third Hellenic Civilisation）的复兴是希特勒第三帝国之后必定会出现的结果。乔治斯·帕帕佐普洛斯（Georgios

Papadopoulos）上校是政变的首脑人物之一，他为1967年的军人干政事件做辩解时说："我们这个希腊—基督教文明国家陷入了无政府主义的泥沼。我们背离了所有的理想，背离了每一条基督教训诫，背离了所有的成文与不成文的法律。"其他几位上校声称镇压是必要之举，因为"希腊代表了一个使命，这个使命的内容就是复兴文明"。政变之后，希腊的中学课程以"希腊—基督教"民族主义的名义接受"净化"。墙上张贴着宣扬政变者指导理念的标语牌："安定——进步——重生"和"属于基督徒希腊人的希腊"。甚至到了1971年8月——政变已经过去了整整4年——希腊还通过了一则法律以钳制媒体，要求所有的记者，包括外国通讯记者，都必须遵守希腊—基督教的原则。这帮上校以带有极端民族主义色彩的"希腊美德辩论节"的形式复兴了20世纪30年代法西斯风格的运动赛事和军事阅兵。这场反对现代性的十字军运动走向了极端化——这帮上校查禁现代音乐，不许男人蓄长发，不许女人穿迷你裙，宫廷卫兵和仪仗队军官身着希腊传统服饰接受检阅。[5]

这场希腊军事政变遭到国际社会的谴责。欧洲委员会为了回应关于酷刑折磨和其他侵犯人权举动的广泛报道，于1969年暂停了希腊的成员国资格。国际社会的声讨与在第五章中探讨过的冷战时期关于希腊的政治活动构成了鲜明对比，当时陷于内战的希腊成为美国以西方文明的名义牵头成立军事同盟的重要借口。这一次，希腊人将文明的话语化为己用，重新构建他们的传统作为右翼军事叛乱的意识形态掩饰。但是，由于这个国家的地缘政治位置所拥有的战略意义，希腊的"北约"盟友一直支持这个军人执政集团，直至1974年它被推翻。

然而，最令国际社会关注的关乎文明与野蛮之争的问题，当属南非的种族隔离政策。在20世纪60年代初，南非的残暴统治和种族隔离政策一直遭到联合国和其他国家的谴责，尤其是经历了

1960年有69人遇难的沙佩维尔大屠杀（Sharpeville massacre）之后。种族隔离政策的正式确立与联合国通过《世界人权宣言》发生在同一年（1948年），预示着比勒陀利亚与联合国在未来将会产生冲突。在国内，种族隔离政策为南非白人的民族主义提供了目的感，并以道德使命和共同抵御南非土著黑人的名义将南非白人与英国殖民者团结在一起。南非国民党（Afrikaner National Party）在1948年选举获胜之后制定了种族隔离政策，并认为这是保证白人基督教文明长治久安的最佳措施。在1954年致美国教会人士的一封信里，南非国民党领导人D. F. 马兰（D. F. Malan）声称种族隔离政策"深深植根于南非白人的肤色意识中"，其本身"就体现了两种不可调和的生活方式之间的区别，即野蛮与文明之间的区别、异教信仰与基督教之间的区别"。总理亨德里克·维沃尔德（Hendrik Verwoerd）试图淡化种族隔离政策的暴力意味，说隔离等同于"美好的邻里关系"和对彼此都有好处的"隔离式发展"。[6]

白人文明这个概念援引了所谓"白人的重担"这个更为古老的跨大西洋论点，作为推行帝国主义的主要理由。前美国政府官员E. 亚历山大·鲍威尔（E. Alexander Powell）出版于1912年的作品《最后的边境：白人为了文明在非洲的战争》（*The Last Frontier: The White Man's War for Civilization in Africa*）是当时许多探讨种族、扩张与文明教化使命之间关系的作品之一。但这些观点并非统一的或达成共识，因为关于种族隔离和文明之间关系的其他声音还可以被听见。在20世纪30年代，伊萨克·沙佩拉（Isaac Schapera）编撰的《西方文明与南非土著》（*Western Civilisation and the Natives of South Africa*）探讨由市场驱动的欧洲文明与非洲社会的部落结构之间的相互作用，并总结指出二者都从中获益。历史学家阿瑟·凯佩尔·琼斯（Arthur Keppel Jones）出版于1951年的小册子《人种或文明？谁在摧毁南非的文明？》（*Race or Civilisation? Who*

Is Destroying Civilisation in South Africa?)记录了更多批判性观点。在小册子中，他表明人种与文明不可等同而论，文明是一个价值层次更高而且更有包容性的概念。凯佩尔·琼斯表示如果"非白人"不被接纳进更广义的"文明"概念里，那么，"在南非昙花一现的欧洲文明将只是历史上'一团只闪烁了几代人的火焰'，成为两个黑暗时代之间的历史插曲罢了"。在出版于1952年的小册子里，南非哲学家 E. E. 哈里斯（E. E. Harris）更进一步地批驳"白人文明"的理念不仅似是而非，而且于德不合，并倡导将渐进的种族融合作为南非种族紧张局面的解决方案。南非信奉基督教的自由主义者也保证会在南非缔造一个不带种族主义色彩、基于西方文化价值观的文明。[7]

1960年，英国首相哈罗德·麦克米伦（Harold Macmillan）著名的探访开普敦之旅对种族隔离政策的合法性提出考验。2月3日，他向南非议会两院发表了具有里程碑意义的"变革之风"（Wind of Change）演讲，主题是非洲民族主义浪潮不可阻挡。在他发表演讲的几天前，麦克米伦曾与南非两位地位最为显赫的政治家，总理亨德里克·维沃尔德和外交部部长埃里克·洛（Eric Louw）进行过交流。接下来发生的事情表明，帝国大都市与陷入困境的南非正渐行渐远。南非的政治家希望通过援引欧洲文明这套旧话语来赢得麦克米伦的支持。在维沃尔德看来，"我们称呼自己是欧洲人，但事实上，我们代表了非洲的白人。这些人不仅是南非联邦的人民，也是非洲主要地区的人民，是他们把文明带到了这里"。此外，维沃尔德还补充说，"如果英国和美国能对南非联邦政府推进西方事业的努力展现出更大的信心，那么，南非联邦政府将能对其他非洲国家施加更多压力，要求他们也这样做"。维沃尔德甚至将南非在国际上不受待见的状况归因于华盛顿与伦敦没有给予政治支持，肯尼迪总统将撒哈拉以南非洲爆发的反殖民地革命运动与1776年的精神联系在一起的做法令他感到尤为愤怒。虽然麦克米伦的态度很客气，但他对这些话置若罔闻。他的"变革之风"演讲令宾主之间的隔阂继续扩大；在这次演讲过程中，据说维沃尔德的脸色"逐渐变得更加苍白而紧绷"，其中一个重要原因是这篇演讲稿在事前并没有被交给南非政府过目，这违背了外交惯例。纳尔逊·曼德拉（Nelson Mandela）认为麦克米伦的演讲"非常精彩"，非洲人国民大会［African National Congress，简称非国大（ANC）］的领导人阿尔伯特·卢图利（Albert Luthuli）称赞它带来了"激励和希望"。即便如此，维尔沃德还是在麦克米伦的演讲结束时立刻做出应对，表示虽然意见分歧可以理解，但他希望"不是只有非洲的黑人才有资格得到公义，白人也应该得到公义"，而且人们绝不能忘记，由白人统治的南非不只是"抵抗共产主义的壁垒"，而且它还在维护"基督教文明的价值观"。维尔沃德在此其实是将共和民族主义和种族隔离意识形态合而为一，他的发言在南非的报刊里占据主要位置，表示支持的电报源源不断地涌入各家报社的办公室。即便如此，南非现在显然陷于被动，因为与政府关系密切的记者对西方态度明显转变所带来的高风险发出了警告。开普敦的《公民报》（Die Burger）严肃表示："西方的恐慌导致我们陷入紧急状态，只有各方团结力量，方能应付。这是一场为了文明而战的斗争。"此次冲突和翌年比勒陀利亚戏剧性地退出英联邦的做法巩固了维尔沃德的权力，面对日渐高涨的抵制力量，南非迎来了另一段长达20年的"高度种族隔离"时期。[8]

反种族隔离的活动家运用文明的话语呼吁终止种族隔离制度。卢图利便是一个好例子，他是阿玛克霍尔瓦族（Amakholwa）的酋长与"非国大"的主席，在1961年被授予诺贝尔和平奖。20世纪60年代，卢图利在以索韦托（Soweto）为总部的《金城邮报》（Golden City Post）上撰写的每周专栏中，直接针对白人文明的理念。卢图利是一位坚定的基督徒和非暴力运动的支持者，他对文明的愿景呼应了塞内加尔总统利奥波德·塞达尔·桑戈尔的观点。在1961年一篇名为《什么是白人文明？》(What Is This White Civilisation？)的文章里，卢图利坚称，"真正的文明不是白色、黑色或棕色"，而是一种"合成的颜色"。他总结指出，根本没有白人文明这回事。他拥护受联合国教科文组织启发的"广泛的世界文明"理念，这种文明以多种族融合的社会为基础，本身就是一种世界遗产。由外国人发起的反种族隔离行动也在讽刺文明的话语。著名的英国反种族隔离活动家迈克尔·斯科特（Michael Scott）牧师拍摄的影片是其中一例。1946年到1948年，斯科特曾在约翰内斯堡城外的棚户区工作，帮助摄制了名为《在南非接受审判的文明》(Civilization on Trial in South Africa)的时长24分钟的黑白电影，该影片在20世纪50年代初上映。这部电影的名字出自在引言中讨论过的汤因比于1948年出版的小册子《接受审判的文明》，其主旨是要激起观众的愤慨。电影一开头是约翰内斯堡"只有白人才能拥有的"奢华文明，与接下来反映凋敝的乡镇地区和破败的政府公屋的几组镜头形成了鲜明对比。它是在南非拍摄的第一部反种族隔离的电影，利用文明的虚伪增强道德批判的力度。[9]

到20世纪60年代初，反种族隔离已经成为在联合国激起义愤的人权问题。印度、加纳和苏联率先发难，由此确立了他们作为世界舞台上反对殖民主义先行者的身份。早在1946年，南非对印度劳工的种族主义行为就促使联合国提出第一份针对侵犯人权行为的请愿书，南非政权承受的压力日益沉重。非洲的法律专家也予以支持，他们立刻将种族隔离与人权和法治联系在一起。到了1961年，南非感到更加孤立，那一年，就连英国也在联合国大会第十六次会议上加入了其他成员国的行列，表示种族隔离政策现在是"绝无仅有的做法"。[10]

反种族隔离成为20世纪后半叶最引人注目的跨国社会运动之一。它在国际层面促成了一种新的道德政治,建立了横跨各个大陆和超越冷战阵营划分的新的政治联盟。这包括斯堪的纳维亚国家、英国、荷兰、美国和日本的非政府组织,它们大声批评那些与比勒陀利亚结盟的国家,并提供国际道德与财政支持。英国与瑞典的反种族隔离运动——最早进行也是最重要的运动——始自教会,并成为19世纪国际废奴运动的升级版本。随着时间推移,反种族隔离成为将第三世界团结在一起的普遍性议题,结合了反殖民主义和反种族主义。譬如说,在1965年的塞尔玛游行中,非裔美国民权活动家扛着联合国的会旗和美国的星条旗,抗议美利坚邦联旗帜*的展示。[11]

在共产主义世界里,反种族隔离与种族平等之间的联系也吸引了广泛的关注。从一开始,苏联就与"非国大"维持密切关系,而中国凭借种族隔离这个问题与第三世界的积极分子建立起联系。但反种族隔离的斗争在东欧国家以最为显著的方式被改写。这些卫星国家组织了数十场学术会议、交流会和文化展览,声援致力于探讨种族与权利之关系的南非自由斗士。或是因为自身的政治危机,或是因为不被联合国承认而遭到孤立的社会主义国家——譬如1956年发生动乱之后的匈牙利和外交上被孤立的德意志民主共和国——很快就意识到种族隔离问题是提高它们的国际声誉和影响力的手段。东方与南方以及东方与西方的团结总是通过联合国的斡旋而实现。1973年在联合国大会通过的《禁止并惩治种族隔离罪行国际公约》(International Convention on the Suppression and Punishment of the Crime of Apartheid)将种族隔离定性为反人类罪,得到了来自东欧国家代表的热烈支持。联合国教科文组织的出版物,譬

---

* 1861—1865年由11个宣布从美利坚合众国分裂而出的南方蓄奴州组成的政权。

第九章　宗教、种族与多元文化主义　　375

如1967年的《种族隔离政策：它对教育、科学、文化和信息的影响》（*Apartheid: Its Effects on Education, Science, Culture, and Information*），在东欧广泛传播。[12]

　　东德是这场反种族隔离运动中的一个特例。一方面，它热衷于表明自己已经彻底摆脱了第三帝国的种族政治。另一方面，反种族隔离问题成为削弱敌对的西德政权合法性的手段。诸如《波恩－比勒陀利亚同盟》（*The Bonn-Pretoria Alliance*）这类作品指责"西德的恢复失地运动者（revanchists）、军国主义者和新殖民主义者"试图"通过经济、外交和军事手段夺回他们在希特勒统治下失去的东西"。德意志民主共和国支持"非国大"的暴力抗争，为其战士提供资金支持，组织国际会议，出版了"非国大"的所有刊物和宣传册，譬如《国家》（*Sechaba*）与《非国大在呼吁》（*ANC Speaks*），甚至将受伤的"非国大"士兵空运到东柏林疗养。反种族隔离事业被东德的流行刊物努力宣传，并成为课堂的教学内容。这种联系还可以从著名的德国剧作家贝托尔特·布莱希特在南非受到的礼遇看出。在南非，全由黑人组成的剧团［如毒蛇剧团（Serpent Players）］在20世纪70年代初上演布莱希特的剧目，借此巩固布莱希特与反种族隔离事业之间的联系。南非剧作家阿索尔·富加德（Athol Fugard）在东柏林执导了一部戏剧，作为德意志民主共和国对南非进行国际性声援的一部分，法纳·凯卡纳（Fana Kekana）在1976年上演的反种族隔离戏剧《生存》（*Survival*）借鉴了布莱希特无与伦比的舞台技巧。塔博·姆贝基（Thabo Mbecki）长久以来都是"非国大"活动家，于1999年至2008年曾担任南非废除种族隔离政策后的第二任总统。据说他格外喜欢布莱希特影射希特勒崛起的讽刺剧《阿吐罗·魏发迹记》（*The Resistible Rise of Arturo Ui*），曾于1970年在伦敦观看过柏林剧团（Berliner Ensemble）上演这出剧目。[13]

虽然反种族隔离事业帮助缔造了一个超越冷战分歧的国际公民社会，但种族隔离作为基督教文明、反共产主义和经济自由主义的堡垒在南非仍岿然不动。这一保守主义身份政治甚至影响了比勒陀利亚对古代历史和考古学的理解。比勒陀利亚的德兰士瓦博物馆（Transvaal Museum）分别于1952年和1963年举办南非人类进化史展览时，承受着沉重的政治压力。对班图铁器时代（Bantu Iron Age）的考古学兴趣从20世纪60年代起就在奉行自由主义的英语校园里蓬勃兴起，人们将基督教文明的传播、白人殖民的推进和对心怀敌意的非洲本地人的镇压直接联系在一起，以此来挑战白人民族主义的叙事。比勒陀利亚大学甚至搁置了对马蓬古布韦（Mapungubwe）这个在前殖民地时代地域广袤、繁荣昌盛的非洲中世纪王国的考古研究，因为白人至上主义者拒绝接受这个有着丰富文化的王国是非洲本土文化的产物。在20世纪60年代，为了推进后殖民时代的民族主义、非洲文明和原始共产主义而受到赞誉的非洲文化遗址如今要么被忽略了，要么被种族隔离制度的辩护者重新解读，以证明白人殖民统治的合法性。[14]

罗得西亚*也遭受到来自国际社会的类似批判，在那里，文明的话语也被用以捍卫白人的特权。1964年，伊恩·史密斯（Ian Smith）成为罗得西亚的总理，并在1965年见证了这个国家的独立。他是白人统治下罗得西亚最后的领导人，直至1979年推行普选。史密斯总是说自己的国家建立起了"最高标准的文明"。在1965年罗得西亚宣布独立时发表的演讲中，他庄严地宣称："为了保卫正义、文明与基督教，我们已经采取了有力的行动。"在他的自传《伟大的背叛》（The Great Betrayal）中，史密斯以顽固守旧的殖民主义者口吻讲述了罗得西亚殖民社会的美好（"我们的黑人"是"世

---

* 即今天的津巴布韦。

界上最幸福的人"）；对他而言，英国对纳粹德国的战争与努力维护白人在罗得西亚的统治地位是相同的文明教化使命的一部分，更不用说他对葡萄牙总统安东尼奥·德·奥利维拉·萨拉查的强硬手腕和殖民政策的钦佩了。在史密斯眼中，罗得西亚代表了大英帝国在解体前的真正品质。他的信念是如此强烈，以至于在1966年接受《罗得西亚先驱报》（*Rhodesia Herald*）的一次采访时，史密斯甚至表示，"如果今天丘吉尔尚在人间，我相信他或许会移民到罗得西亚——因为我相信我们信奉、热爱并传授给孩子的可敬可叹的英国品质，在英国已不复存在"，这些价值在罗得西亚比"在它们的母国更为彰显"。罗伯特·穆加贝（Robert Mugabe）率领的反殖民主义抵抗运动的兴起激起了广泛的国际讨论，但许多人继续支持在史密斯统治下遭到排斥的非洲国家。1977年，面对"黑人恐怖分子首领的无理要求"，一位英国圣公会的牧师恳请国际社会奋起保卫"基督教文明"。[15]

希腊、南非和罗得西亚的政权利用文明的话语抗衡民主、平等与人权的力量。结果是，1945年后文明的进步、多元和世俗化特征在欧洲的周边地区和前殖民地被改造为反动、反共产主义与白人特权的论述。这个转变不仅仅只是回归19世纪的旧帝国主义根源，因为这一次，文明不再是势力扩张和社会工程的理由，而是对现状和欧洲保守派利益的捍卫。在这种背景下，文明成为这些被排斥的国家保护推行种族隔离政策的右翼政府的最后阵地。[16]

1975年两个关键的国际事件——《赫尔辛基协议》（Helsinki Accords）的签订和弗朗哥的去世——标志着欧洲政治进入新的时代，自由主义文明的力量（权利的扩散、法西斯主义的终结和经济的自由化）正以东西方关系缓和的精神与改革的精神重塑国际关系。西欧的地中海沿岸国家见证了威权主义在希腊、葡萄牙和西班牙的消亡，每一个国家都以非同寻常的不流血形式从独裁政权过渡到民主政权。20世纪70年代，欧洲执政时间最长的独裁体制宣告结束——从1932年至1968年，萨拉查一直统治着葡萄牙，而弗朗哥从1936年起一直统治西班牙，直至1975年逝世。这些国家能实现政权的和平过渡，在一定程度上是因为它们是"北约"成员和由美国主导的冷战西方阵营的成员。西班牙和葡萄牙没有被卷入"二战"，而且它们在冷战中的重大战略意义令其右翼政权得以保存，在数十年里不受外部强权的干涉。在20世纪50年代末，它们还放弃了自给自足的经济模式，转而支持快速现代化，以便向西欧贸易开放其相对封闭的经济。

在20世纪70年代中期驱动南欧边缘地区改革的口号是民主与自由，而不是文明。这个情况并不令人意外，因为南欧的反革命政权在冷战时期都以基督教文明保卫者的身份出现。对政权变革的呼吁将目标对准了地中海地区僵化的威权主义、国际孤立、经济落后和宗教保守主义的历史遗留问题。葡萄牙发生革命适逢它在安哥拉和莫桑比克仅剩的殖民地得到解放，这进一步加强了自由化与反殖民主义之间的联系。葡萄牙从独裁体制过渡到民主制度的过程短暂而激烈，西班牙的过渡则经过了相对缓慢的谈判。20世纪70年代的这些剧变并不表示公民社会的胜利，因为在这些国家中的大部分——尤其是葡萄牙——直到革命结束之后才开始动员民众。西班牙、葡萄牙和希腊政权的和平过渡出人意表，促使观察家将这个趋势命名为"南方新范式"，将欧洲不同地区的民主过渡吹捧为自由主义胜利的更大故事的一部分。[17]

南欧的自由化终结了"欧洲始于比利牛斯山"的旧偏见，之后，这些地中海周边国家在经济上和文化上进一步融入西欧的其他地区。1981年，在各方的关注下，希腊被纳入欧盟，接着在1986年，西班牙和葡萄牙也被欧盟接纳，它们这么做是为了帮助巩固自身在欧洲自由国家大家庭里的政治地位。西班牙再度被国际社会接纳的过程中，最重要的文化事件或许是毕加索的《格尔尼卡》(Guernica)回归祖国，这幅反映西班牙内战种种恐怖情形的旷世巨作在毕加索的要求下，自1939年后便一直流落纽约的现代艺术博物馆。毕加索特别交代，他的这幅杰作必须等到西班牙结束法西斯主义之后才能被送回马德里。1981年9月10日，《格尔尼卡》被送回弗朗哥时代结束后的西班牙，成为西班牙"国家财富"中的一部分，并被广泛视为（用《纽约时报》一位记者的话说）"对这个国家初生之民主的道德认可"。在当时，没有比这更能体现"文明的欧洲"向南扩张的事件了。[18]

这些地中海国家的加入改变了欧洲的文化地图。南欧不再像冷战时那样被视为基督教欧洲的边境，如今它们在西欧的文化地理中获得更接近中心的地位。朝这个方向前进的运动早在十年前就已经开始。在20世纪60年代中期，西班牙的旅游业开始为美国人和西欧人开发假期包机航班和跟团旅游，将旅游业与现代化、政治和平与文化外交联系起来。到60年代末，消费者对弗朗哥统治下的西班牙的抵制已经平息，西班牙因其所谓的"大众休闲文明"(mass leisure civilisation)而成为最受欢迎的旅游目的地。20世纪70年代该地区旅游业的蓬勃发展，以及进入法国、西德与其他地方的南欧移民数量的增加，标志着南方周边地区在更为多元的欧洲里有着日益增强的文化影响力。[19]

然而，如果说1975年帮助消除了南欧与北欧之间旧有的意识形态界限，那么东欧和西欧之间的边境则正在发生更为激烈的变革。1975年的《赫尔辛基协议》在东西关系方面引发了一场政治地震，即使其威力在当时并没有被感受到。这份协议是在芬兰首都举行的大型国际会议上取得的成果，几乎所有的欧洲国家［除了安道尔（Andorra）与阿尔巴尼亚］以及美国与加拿大都参加了此次会议。这场会议有35个国家参加，旨在解决战后三十年欧洲的政治版图问题。和"一战"之后的情形不同，1945年后并没有召开同等规模的和平会议以划分和确立国界线，因此，这场会议希望通过外交途径解决这些问题。苏联人主要关心的问题是让国际社会承认红军已占领东欧这个既定事实。边界问题是会议首要议题，也是最先达成协议的领域，这被誉为苏联在外交上的巨大成功，令美国保守主义者惊愕莫名，他们认为杰拉尔德·福特（Gerald Ford）总统轻率地在现实政治（realpolitik）的祭坛上牺牲了数千万被俘的东欧人的自由。然而，在谈判中期，所谓的第二部分协议和第三部分协议的意义更为重大。第二部分协议允许东欧与西欧之间有更多的接触和合作，形式包括分享科学与学术知识、增加东西方文化交流活动，以及扩大由于冷战壁垒而被分开的家庭之成员探访家人的权利。因此，虽然在协议的第一部分，铁幕被承认为国际军事局面的既定事实，但第二部分协议的用意是通过鼓励跨越东西边境的交通与交流，削弱柏林墙的阻隔作用。在这个意义上，这份协议建立在西德总理威利·勃兰特（Willy Brandt）的"东方政策"（Ostpolitik）的基础上，该政策旨在通过正式承认现状去尝试克服现状。

关于人权的第三部分协议或许是接下来局势演变最重要的方面。苏联和东欧阵营正式承认人权——在东欧签署国看来，这只不过是向西方做出的无关痛痒的让步，尤其是在国家主权不可侵犯这一凌驾于一切之上的原则已被正式承认的情况下——这激励了东欧的异见人士推动变革。当这些共产主义国家签订了这份协议文件，并将内容刊载登报时，东欧各国的改革者将报纸剪下，引述协议的内容，要求政府服从协议要求。此后不久，人权组织在东欧如雨后春笋般涌现，并与东欧的其他异见人士和西欧的活动家建立了联系，例如捷克斯洛伐克的《七七宪章》（Charter 77）和众多赫尔辛基观察团体在东欧阵营的建立。和20世纪70年代中期南欧政权的变革一样,《赫尔辛基协议》也是以民主与人权而不是文明作为改革的话语。在上一章探讨过的20世纪60年代中期东西方在技术文明带来的问题上的共同话语逐渐销声匿迹。[20]

这并不表示,在20世纪60年代,文明这一主题从东欧知识分子群体里彻底绝迹。瓦茨拉夫·哈维尔是持不同政见的捷克剧作家,并最终成为后共产主义时代捷克斯洛伐克的总统。他总是援引文明这个词语,通常是指"异化"这个现代社会的祸害以及他所说的"技术文明"的危险副作用。哈维尔一直醉心于德国哲学,尤其是马丁·海德格尔(Martin Heidegger)的思想,并从中发掘出这一主题。1978年,哈维尔发表了著名的文章《无权力者的权力》(The Power of the Powerless),文中处处提及文明的危机。他在文中写道,"现代人类"——无论来自哪一个意识形态阵营——都无法抵挡"技术文明"和"工业消费社会"的侵蚀。1984年,哈维尔被图卢兹大学授予荣誉博士学位,在他的演讲中(他无法亲自发表),他阐述了生活在"极权主义国家"的知识分子的悲剧性角色,但他很快就指出,无论是在东欧还是西欧,都面临相同的危险。哈维尔的总结是,东欧的"现代技术工业社会的极权体制"只是一个更深层问题最显眼的表征。他暗示东欧是"这个文明的全球性危机最先波及的范围,这种危机最先出现在欧洲,然后蔓延至欧美,最后遍及全球"。[21]

对于哈维尔和其他东欧的异见人士而言,倡导东西方团结的新口号是一个非常古老的词语——欧洲。伴随它的还有长久以来受到珍视的欧洲文明的价值观——法治、民主、文化融通和知识分子的主导角色——这些被纳入想象的文化地理,促使活跃人士在思想上超越民族国家与冷战阵营的界限。对于东欧人而言,这是令人惊讶的演变。毕竟,19世纪欧洲知识分子大体上是浪漫民族主义和国家建设的支持者;在中欧,知识分子早在这些民族国家建立之前就是国家的梦想者。正是俄国革命令欧洲的知识分子实现"欧洲化",并将他们当中许多人转变为各种各样的国际主义者。冷战的分歧和苏联的占领促使大部分东欧分子重新成为自己被挟持的祖国的代言人。但在赫尔辛基会议之后,国际交流和跨越铁幕双方阵营的思想得到了发展,因为旧有的意识形态区别让位于探索欧洲人的共同点。这种想法在1984年达到顶峰,在这一年,捷克作家米兰·昆德拉(Milan Kundera)在《纽约书评》(New York Review of Books)上发表了一篇文章,指出中欧的真正悲剧在于它作为"被绑架的西方"而被遗忘,遭受不受欢迎的"苏维埃文明"的残暴对待和文化帝国主义侵略。正如昆德拉所说:"中欧人民抵制苏联霸权的深层次含义是努力保全自己的身份——或换句话说,保全自己的西方性。"对他而言,这就是为什么"中欧文化家园的消失对于西方文明而言确实是本世纪最重要的事件之一"。就这样,文明的冲突正在东欧内部上演。[22]

　　人权和欧洲主义在20世纪70年代初的传播在一定程度上反映了这片大陆上紧张局势渐趋缓和、世俗主义正在抬头的时代特征。在欧洲和美洲,教会的影响力在逐渐衰退,因为越来越多的人(尤其是年轻人)正在远离宗教生活。基督教在美国的明显衰落促使《时代》杂志在1966年4月刊登了一篇封面故事,以"上帝死了吗?"为主题;在20世纪60年代末,法国进行了一次民意调查,发现只有15%的法国成年人表示每周会上教堂做礼拜。作为美国自由主义精神基础的犹太教—基督教文明理念在当时遭到抨击。早在20世纪50年代,一些犹太教神学家就担心冷战初期被大肆宣扬的犹太教—基督教信徒和睦共处的理念会威胁犹太教的生存,而到了20世纪60年代末,"共同传统"的虚伪遭到了尖锐的批评。阿瑟·科恩(Arthur Cohen)出版于1969年的辩论著作《犹太教—基督教传统的迷思》(The Myth of the Judeo-Christian Tradition)反驳说,犹太教与基督教的关系更应该被理解为漫长而痛苦的文化对抗的历史，二者并没有共同目标；20世纪70年代对民族特殊性的强调进一步削弱了20世纪50年代谋求共识的政治活动。同样，犹太教－基督教文明这个概念在越南战争期间以及战后逐渐遭到左翼思想家的贬斥，被认为是带有种族主义色彩的意识形态，为不公地对待世界各地的非西方人民做合理化的辩解。[23]

基督教欧洲的衰落是20世纪60年代最为突出但却悄无声息的革命性剧变。在制度层面，罗马教廷和基督教会没有在赫尔辛基发挥作用，冷战局势的缓和见证了基督教激进主义的衰落，尤其是在罗马天主教会内部。第二次梵蒂冈大公会议主张和平与包容，天主教和共产主义的长期对峙出现了令人意外的互不侵犯的局面。教宗若望二十三世在1963年发表的通谕《和平于世》表达了与共产主义并存的可能性，启动了新的梵蒂冈"东方政策"，预示着接下来的政治缓和。共产主义政权和教会达成协议：共产主义政权将会保护教会的权利，条件是教会必须承认共产主义政权的世俗权威，并断绝与海外兄弟教会的关系。在西方也出现了类似情形，美国和西欧的基督教会大体上不再像从前那样积极参与国际事务，而是越来越专注于国内事务，如学校课程、堕胎问题和"家庭的价值"。[24]

从前的冷战斗士如匈牙利枢机主教敏真谛成为一个逝去时代的尴尬遗老。到了20世纪70年代初，美国觉得敏真谛在美国驻布达佩斯公使馆长达15年的流亡生涯是改善美苏关系的绊脚石。于是在1971年，他被悄悄转移到维也纳的帕兹玛尼恩修道院，开始了"二次流放"。他从前的支持者对这一屈辱的事态演变大为不满。一位传记作者斥责教会从冷战初期就丧失了斗志。"早期的基督教徒对那些为了基督而承受苦难的弟兄充满敬意"，而如今，"腐朽没落的西方宁肯与异教徒和杀人凶手和平共处，也不愿皈依上帝本尊"，因为"被迫害者的血与泪成了商人做买卖和外交官员谈判时的难堪与妨害"。敏真谛于 1975 年逝世,但他的死并没有被遗忘,罗马天主教徒对其进行了广泛的报道,并举办了多场纪念活动。在俄亥俄州的克利夫兰(Cleveland),一座城市广场以他的名字命名;1956 年匈牙利起义之后,有成千上万名匈牙利人迁居至新泽西州的新不伦瑞克(New Brunswick),一座刻有其名的 10 英尺(约 3 米)高的雕像在这里的敏真谛广场揭幕;在智利的圣地亚哥,另一尊向他致敬的雕像也被竖立起来。[25]

几年后,罗马天主教的国际形象发生了巨大的转变。1978 年 10 月,此前相对不为人知的克拉科夫枢机主教嘉禄·若瑟·沃伊蒂瓦(Karol Józef Wojtyła),即若望·保禄二世(John Paul II)意外当选教宗。沃伊蒂瓦是 450 多年来第一位非意大利裔教宗和第一位斯拉夫教宗,当选时 58 岁,是一个多世纪以来最年轻的教宗。他所选择的名字标志着他将延续梵蒂冈的两位推动改革的教宗若望二十三世与保罗六世的作风。这位新的教宗决心要复兴罗马天主教会在全世界的使命,明确地将重新焕发活力的天主教、人本主义和他反复强调的"基督教文明"合而为一。敏真谛曾经从人权、基督教道德和基督教文明的角度阐释教会对共产主义进行的抗争,他的斗争活动在 20 世纪 70—80 年代被新一代的东欧天主教活跃分子继承。敏真谛在 20 世纪 50 年代的命运帮助促使了西欧诞生了一种新的政治良知;现在,敏真谛的遗留影响再度浮现,成为东欧新良知的一部分。天主教活动的重心从匈牙利和意大利转移到了波兰与这位波兰裔教宗身上。[26]

1979 年 6 月,若望·保禄二世前往波兰进行了为期一周的巡礼,这是一次影响深远的事件,其影响远远超出了波兰。他在 6 个城市做了 32 次布道,据估计有 1300 万听众(如图 38 所示)。在他巡礼期间,每隔几分钟就有专列抵达华沙车站,许多火车上挤满了来自东欧各地的朝圣者和虔诚信徒。在教宗车队路线上的住宅的窗户和门廊被改造为临时圣龛和祭坛,装饰着鲜花、旗帜和教宗的照

第九章　宗教、种族与多元文化主义　　385

图38　教宗若望·保禄二世。波兰，瓦多维采（Wadowice），1979年6月7日
图片来源：美联社

片。许多波兰人跪在路边表示尊敬和感激。不用说，沃伊蒂瓦盛大而壮观的重返波兰的场面对波兰当局而言是一个棘手问题。在他当选教宗后不久，波兰天主教领导人就邀请他回家乡参加于1979年5月举行的圣达尼老（St Stanisław）殉难900周年纪念活动，圣达尼老是一位波兰天主教圣徒，曾在1079年因反对勇敢者波列斯瓦夫一世（King Bolesław the Bold）的政策而被处决。波兰政府对纪念活动的时机感到不安，最后达成妥协，让他的行程延迟到下个月。当若望·保禄二世抵达波兰时，整个国家都变了。正如英国记者蒂莫西·加顿艾什（Timothy Garton Ash）所说："9天来，政府几乎已不复存在，因为每个人都认为波兰并不是一个共产主义国家——只是一个共产主义政权。"据自由欧洲电台报道，若望·保禄二世的当选激起了"民族自豪感与满足感的大规模爆发"，整个国家"突然获得了荣耀与尊严"。知名波兰记者亚当·米奇尼克（Adam

Michnik）表示，即使波兰人"不希望天上掉馅饼或得到军事的干预"，也不"指望'雅尔塔协定'在一夜间被废除"，但这位枢机主教荣升教宗仍不啻一个"奇迹"。[27]

1979年6月2日，若望·保禄二世在华沙胜利广场发表第一次大型演讲，一座高达50英尺（约15.2米）的十字架被竖立在广场中央，以便让这位新教宗能与100多万信众举行一场露天弥撒。若望·保禄二世借此机会，将波兰的历史与基督的历史联系起来，声称"没有基督，就不可能理解和评价波兰民族对人类与人性做出的贡献"。翌日，在格涅兹诺（Gniezno）这座古老的天主教城市发表布道时，若望·保禄二世提出了关于欧洲真正的身份这个思辨性问题："这位波兰裔教宗，这位斯拉夫民族的教宗，在这一时刻展示基督教欧洲在精神上的团结，这难道不是'基督意志'的体现吗？"在同一天面向格涅兹诺大主教辖区里的年轻人发表的演讲中，他表示："波兰文化仍是一条浩浩荡荡的大河，它的源头是福音书的启示。"他还以赞许的态度引述了伟大的波兰诗人亚当·密茨凯维奇（Adam Mickiewicz）的言论："一个真正配得上人类的文明，必定是基督教文明。"[28]

在他的几次布道、通谕和宣道讲话里，若望·保禄二世将天主教的教义引入新领域，总是援引长久以来非宗教的词语。首先，若望·保禄以第二次梵蒂冈大公会议的"文化权利"这个概念为基础，将它拓展为身份、历史和灵性的代名词，将其等同于超越物质事务和政治界限的基督教文明。他对人权及其世俗化的国际捍卫者联合国的态度也发生了同样的变化。虽然庇护十二世曾对联合国十分不信任，但若望二十三世认为它是一个正面的模式，相信1948年的联合国《世界人权宣言》是"朝正确方向走出的一步"，迈向"司法和政治秩序的世界共同体"。对于若望·保禄二世而言，人权始自人的尊严和宗教信仰自由，是一种以人为本的教义，大体上与20

世纪40年代到50年代初的进步的天主教神学思想一致,但他的反共产主义思想远远没有那么激进好战。若望·保禄二世希望让教会重新开展关于人权的讨论,在新的时代再度为人权洗礼。每个人都明白他的意思,正如一位评论家所说:"现在坚定地站在人这一边的,不是共产主义,而是教会。"教宗还对他所说的技术文明导致的精神异化和心理迷茫表达了日益加深的担忧,这与哈维尔和其他东欧知识分子的观点不谋而合。在1979年3月4日颁布的第一则通谕《人类救主》(*Redemptor Hominis*)里,他严肃表示,人类"不能沦为物质的奴隶,不能沦为经济体系的奴隶",因为"从本质上讲,纯粹物质主义的文明迫使人类沦为奴隶,即便有时候,这种情况毫无疑问地违背了其先驱的意图和设想"。[29]

东欧的报刊对教宗巡礼波兰的报道被限制在最小范围,试图消除此次巡回演讲带来的巨大影响。在群众热烈支持教宗的情况下,波兰当地的电台和电视台面临着更加困难的任务。波兰电视台的员工尝试淡化媒体的传播效果,在教宗发表演说时只拍摄他本人,没有任何横摇镜头,以免拍到聆听演讲的大批听众;影像报道刻意传达的信息是:教宗的号召力基本上只限于长者、修女和神职人员。一位法国记者指出,波兰媒体古怪的报道就像在电视转播足球比赛时,镜头什么都拍,就是不拍足球。即便如此,此次盛事的规模还是超出了所有人的期望。[30]

较少被提及的是,若望·保禄二世正在改写基督教欧洲的文化地理。一方面,他努力促成基督教东西分支之间关系的缓和。为此,这位教宗以1964年11月21日第二次梵蒂冈大公会议通过的带有泛基督教主义色彩的《大公主义法令》(*Unitatis redintegratio*)为基础,承认东正教会的丰富遗产和罗马天主教会在礼仪和教义上向它的借鉴。1980年,东正教会的圣徒西里尔(Cyril)、美多德(Methodius)与圣本笃(St Benedict)正式被册封为两大教会的共同圣徒。另一方面，20 世纪 80 年代初，教宗在前往西方时带去了复兴基督教欧洲的信息。1982 年，若望·保禄二世巡礼西班牙圣地亚哥时发出恳请："你，古老的欧洲，发现你的起源，为你的根赋予生命，"他还向欧洲和欧洲人发出呼吁，"你们依然能成为文明的灯塔，激励全世界的进步。"接着他表示："如果没有基督教，欧洲将迷失自己的身份"，是基督教"促使这片大陆的文明走向成熟"并"缔造它的辉煌"。这并不是无足轻重的修辞手法,正是因为人性、文明和人权这些宏观的、表达共同体观念的词语原本是为了表述四海之内皆兄弟的普世概念而产生的，在这里，若望·保禄二世努力想将它们纳入基督教使命的话语里。[31]

在这一时期思考欧洲文明和身份的人并不只有教宗。另一位令人意想不到的大人物不是别人，正是苏联共产党总书记米哈伊尔·戈尔巴乔夫。若望·保禄二世和戈尔巴乔夫分别是现代世界的两大反国家主义意识形态阵营——天主教与共产主义——的掌舵人，他们都期盼将自己的国际主义理念与欧洲身份认同结合在一起。戈尔巴乔夫在 1985 年的春天掌握了权力，立志对沉疴难愈的苏联实施激进改革。随着这位新的苏联领导人将其变革之风吹遍苏联全境，他双管齐下的改革方案——"开放"（*glasnost*）与"改革"（*perestroika*）——也受到了国内外的密切关注。相对不为人知的是戈尔巴乔夫的"新思维"的文化含义，尤其是他关于"欧洲共同家园"和将苏联与他所谓的"欧洲共同文明"相结合的主张。"欧洲共同家园"的说法由苏联总书记列昂尼德·勃列日涅夫（Leonid Brezhnev）在 1981 年访问波恩时首先提出，而戈尔巴乔夫将其列为文化改革政策的中心要义，以构想超越地缘政治藩篱的欧洲共同身份和遗产。正如戈尔巴乔夫在他的《改革》（*Perestroika*）中所说："在思考了这个形式多样但拥有共同本质的欧洲文明的共同根源之后，我有一种越来越强烈的感觉：东西阵营之间的对抗只是转瞬即

第九章　宗教、种族与多元文化主义

逝的人为现象，'铁幕'的理念已经过时了。"戈尔巴乔夫很推崇20世纪60年代末捷克共产主义改革者、前领导人亚历山大·杜布切克（Alexander Dubček）以及70年代西欧倾向自由主义的欧洲共产主义者。而且他被"'赫尔辛基精神'（spirit of Helsinki，它本身就是一样特别的成就）所蕴含的推行泛欧洲政策的潜在机会"深深吸引。虽然戈尔巴乔夫的观点主要着眼于以新缓和政策的精神消除东西方之间的矛盾，但它们确实标志着苏联的态度转变。20世纪60年代和70年代标志着共产主义势力在去殖民化运动后向南推进，而80年代则见证了政治、经济和文化明确的向西转。[32]

戈尔巴乔夫将在文明领域与教宗展开竞争，这乍一看或许令人感到惊讶，因为苏联长期以来一直对文明这个词语持贬斥态度，认为它与帝国主义和种族主义有密切关联。然而，正如上一章所探讨的，共产主义世界对文明这个词语的接受——包括社会主义文明这个理念——在很大程度上是它与发展中世界接触的结果。和若望·保禄二世一样，戈尔巴乔夫所阐述的文明没有咄咄逼人之势或排外色彩，而是被理解为倡导团结的意识形态，旨在沟通东西阵营，而不是南北世界。这一话语反映了新联盟和大陆身份正在形成。在冷战的最后十年里，若望·保禄二世和戈尔巴乔夫是促使欧洲实施改革并实现长治久安的两位斗士。

在冷战的最后十年里，渐趋缓和的东西方关系改变了欧洲大陆的文化地理，但这是以牺牲其他关系为代价的。譬如说，不是每个人都认同戈尔巴乔夫倒向西方的政策。许多非洲的观察家将戈尔巴乔夫的"欧洲共同家园"解读为欧洲中心主义的回归，以及社会主义世界正在放弃这片曾长期予以支持的大陆。[33]20世纪70年代初激进的第三世界运动在一定程度上是对正在升温的东西方关系和苏联逐渐放弃反殖民主义斗争的反应。安哥拉、埃塞俄比亚和阿富汗都在挑战缓和的局势，向苏联发出请求，声称自己才是正统马克思列宁主义者并且需要得到援助，在这个意义上促使冷战的敌意再度点燃。在20世纪70年代末，东欧与非洲之间的交流开始放缓。随着苏联的经济问题逐渐累积，人们意识到自己正将资源白白浪费在海外，到80年代末，戈尔巴乔夫削减了对拉丁美洲的共产党和世界范围内左翼运动的支持。这并不是说这些交流彻底结束了，因为南斯拉夫和东德仍致力于维持这些表示团结的倡议。但大体上说，20世纪60年代社会主义国家宣传国际主义的热情业已消退。[34]

东欧与西欧的关系缓和正在塑造新的文化认同。1977年在布达佩斯举行的欧洲友谊节（European Festival of Friendship）是《赫尔辛基协议》的后续行动，来自欧洲各地的艺术家表演古典音乐与民间音乐。1980年罗马尼亚境内第一个中央集权政权达契亚（Dacian）王国建国2050周年，以及次年保加利亚第一个中世纪国家建国1300周年的庆祝活动备受瞩目，这些传说中的古代历史遗迹展现了罗马尼亚和保加利亚在欧洲文明的中心地位。尽管对国家古老历史的关注（罗马尼亚的历史是一部反抗罗马的历史）是社会主义国家在经济下滑时期爱国主义动员的一部分，但这也标志着围绕国际社会主义的主题与全球南方的决裂。东欧的考古学家开始利用自己的工作展现伊斯兰和土耳其文明与欧洲文明完全不同的性质。东欧与非洲之间产生隔阂的一个佐证是著名的"六元老公开信事件"（Letter of Six）：1989年春天，有6位曾在罗马尼亚政治局任职的党内元老联名上书，斥责罗马尼亚在尼古拉·齐奥塞斯库的独裁统治下出现的经济政策与行政管理上的不当以及国际地位的下降。他们着重批评齐奥塞斯库没有遵循东欧邻国的西化改革［这是"赫尔辛基进程"（Helsinki Process）的一部分］的榜样，而是令罗马尼亚"脱离了欧洲"。最发人深省的是，这6位元老明确反对罗马尼亚在20世纪70年代向非洲示好的做法，提醒齐奥塞斯库"罗

第九章　宗教、种族与多元文化主义

马尼亚一直是并将永远是一个欧洲国家""你不能将罗马尼亚搬到非洲去"。[35]

　　同样的情绪也在非洲人的心中产生。以1977年在拉各斯（Lagos）举行的第二届世界黑人和非洲艺术文化节［Second World Black and African Festival of Arts and Culture，简称费斯塔克77（FESTAC 77）]为例，尼日利亚凭借此次活动成为全球"黑人主权"的中心，展现尼日利亚相对于长期的竞争对手塞内加尔日益上升的经济和文化实力。数十个非洲国家参加了此次庆典，"确保黑人和非洲文化价值与文明在全世界的重振与复兴"。在开幕式上，各国代表穿着传统服饰列队前进，几内亚的队伍挥舞着标语，上面写着"既非白人，也非黑人"和"每个民族都拥有自己的文化"。费斯塔克77是在第六章里探讨过的塞内加尔在1966年举行的黑人艺术节的对立面，其中一个重要原因是1966年的达喀尔明确排除了北非和阿拉伯世界。与桑戈尔的艺术节不同，这一次没有邀请西方专家，联合国教科文组织也没有到场。恰恰相反，人们热情呼吁归还陈列于外国博物馆与私人收藏的非洲古代艺术品。1977年的文化节还致力于营造比1969年在阿尔及尔举行的泛非文化节更有包容性的全非洲愿景，宣扬专注于阿拉伯文化和反殖民主义革命的更为激进的议程。1969年的文化节有来自巴西、印度和越南的激进运动和艺术团体的代表到场，此外还有来自美国黑豹党（Black Panther）的代表。苏联和东欧国家也受邀参加1969年的阿尔及尔艺术节，苏联还在苏维埃文化中心举行了一场以"透过苏联艺术家的目光看非洲"（Africa Through the Eyes of Soviet Artists）为主题的展览。相比较而言，苏联和东欧国家根本没有参加费斯塔克77的演出，将社会主义阵营的角色从协助者变为抱着良好祝愿的看客。[36]

　　20世纪70年代和80年代对人权态度的转变反映了旧的欧非大陆团结出现了新裂痕。正如第三章所探讨的，1950年的《欧洲人权公约》(Western European Convention on Human Rights)标志着冷战时期人权问题的区域化，但这一趋势在20世纪80年代得到了加强。1981年，非洲统一组织（Organisation of African Unity）起草了单独的《非洲人权与民族权利宪章》(African Charter of Human Rights and Peoples' Rights)；同年在伦敦和巴黎，伊斯兰委员会起草了《伊斯兰世界人权宣言》(Universal Islamic Declaration of Human Rights)。同样的，社会主义世界也致力于提出自己的社会主义人权宣言，作为"华约"集团内部的集体倡议，专注于社会主义在平等、福利、就业和反帝国主义团结等领域所取得的成就。但这一东欧地区的跨国倡议很快因为国情差异而宣告失败，证明了国际社会主义的局限性。其他人则抨击曾被广为宣扬的人权普世主义其实只是戴上面具的西方意识形态。沙特阿拉伯知识分子、联合国代表贾米勒·巴鲁迪（Jamil Baroody）在20世纪70年代率先发难，声称普世主义是老调重弹的文化帝国主义。对他而言，1948年的《世界人权宣言》只不过是西方的阴谋，"强行推广根据他们自己的文化规范所塑造的权利概念"，最根本的价值应该是"文化、社会、经济等领域的相对性，正如在政治领域中的一样"。新的防御性口号是文化相对主义，20世纪90年代，它在非西方世界逐渐变得强大。[37]

对欧非团结的强烈抵制在一定程度上是来到欧洲的外国留学生与工人造成的。在西欧和东欧，帮助全球南方的经济与基础设施实现现代化的使命包括培育新的技术精英。因此，从20世纪60年代起，教育成为在第一世界、第二世界和第三世界之间进行文化交流和构建沟通渠道的重要方式之一。虽然在西欧学习的非洲学生比在东欧的多，但东欧的交流计划作为社会主义团结的象征而得到了大量宣传。到20世纪60年代中期，大约有1万名第三世界的学生曾在东欧留学。1960年，备受瞩目的帕特里斯·卢蒙巴人民友谊大学（Patrice

第九章　宗教、种族与多元文化主义　　　393

Lumumba Peoples' Friendship University）在莫斯科开办，随后在捷克斯洛伐克、东德和保加利亚建立了类似的教育机构。[38]

　　大部分来自发展中国家的外国留学生在苏联和东欧学习时都有过正面的体验，他们总是为有机会在工业发达国家免费学习表示感激。这些早期在东欧学习或工作过的外国人至今仍怀着美好的回忆。但也有一些人吃了苦头，而正是这些人吸引了关注的目光。早在1960年3月，莫斯科的非洲留学生就向苏联政府写了一封公开信，控诉自己受到种族主义的不公对待。对生活方式的期盼和适应问题成为矛盾的根源之一。譬如说，尼日利亚留学生表达了对莫斯科生活的不满："这里没有汽车，没有咖啡厅，衣服不好看，东西也不好吃，什么都买不到，商店里什么都没有，没有一丝亮色能舒缓莫斯科潮湿灰暗的压抑感。这里没有半点像在巴黎能享受到的那种文明乐趣——甚至连达喀尔都比不上。"一部分摩擦事件的发生是因为这些非洲留学生当中有许多来自相对优渥的环境，他们对东欧的相对贫困和种族主义感到震惊。1963年5月在布拉格，非洲留学生在公众场合遭到殴打，显然是因为有人对他们享有特权身份感到不满。苏联与东欧政府总是责备外国留学生，声称他们感到不满的原因是他们优越的社会背景和资产阶级道德观。在20世纪80年代，数万亚洲产业工人来到东欧（如在捷克斯洛伐克的越南工人）并加剧了东欧社会的种族矛盾。但我们不能轻信这些报道的内容，因为在西方有一小撮人专门撰写外国留学生在苏联与其他东欧国家生活得不开心的故事，目的是捞取政治资本和羞辱东欧国家。不管怎样，这些交流的重要意义在于，它们是对曾经的多民族国家的多元文化主义的早期考验，这些国家曾遭到希特勒等人对犹太人和其他少数民族的暴力清洗。[39]

　　泛伊斯兰主义的加强令这些关系变得更加复杂。在20世纪70年代，伊斯兰文明的梦想成为超越地缘政治分歧的想象中伊斯兰情谊的指导理念。在 70 年代初，越来越多的人对伊斯兰人本主义思想以及传统在更新伊斯兰教思想方面所发挥的作用感兴趣。这体现于穆斯林世界对英国世界文明史学家阿诺德·汤因比日益增长的接纳程度。汤因比认为伊斯兰文明是经历了西方化之后硕果仅存的几个文明之一，他关于泛伊斯兰主义力量的思想受到广泛推崇。在 20 世纪 50 年代和 60 年代，汤因比应邀到开罗、贝鲁特、喀布尔、伊斯坦布尔和伊斯兰堡做巡回演讲，在当地得到媒体的广泛报道；他的许多作品随后被翻译成阿拉伯语。在数十年前，奥斯瓦尔德·斯宾格勒出版于 1918 年的经典作品《西方的没落》也影响了亚洲、非洲和拉丁美洲的知识分子，其中一个重要原因是斯宾格勒的这部作品似乎预示了他们自己的文化解放。斯宾格勒的文字在 20 世纪 20—30 年代受到中国的民族主义者和支持黑人精神的作家的热烈拥护。斯宾格勒认为每个民族都拥有属于自己的独特精神或文明［借用了 18 世纪德国哲学家约翰·戈特弗里德·赫尔德（Johann Gottfried Herder）的民族精神（*Volksgeist*）这一概念］，这个理念吸引了许多人。但引起那些寻求新的跨民族伊斯兰身份认同的人士共鸣的，是汤因比对西方物质主义的批判和在思想上超越民族国家国际体系的要求。[40]

泛伊斯兰主义诞生于 19 世纪末对西方帝国主义与随之而来的文化优越论意识形态的防御性反应。在 20 世纪 20 年代，随着"一战"后奥斯曼帝国的灭亡和协约国集团对中东的瓜分，泛伊斯兰主义成为一种动员民众的意识形态。在 20 年代初，苏联与穆斯林世界接触并传递共产主义与伊斯兰教可以和平共存的信息。在 1945 年之后的大部分时间里，随着去殖民化运动的兴起，穆斯林一直受到社会主义国家和国际社会主义意识形态的包容。在 20 世纪 50—60 年代，苏联加强了对伊斯兰世界的友好政策，并大力宣传其穆斯林公民理应享有的宗教自由和体制支持。譬如说，在苏联带领下的中亚和南斯拉夫不仅修建了许多清真寺,而且穆斯林共产党员拥有相当高的地位,并被视为宣传反帝国主义或不结盟国际主义的重要工具。虽然泛伊斯兰主义在冷战的前半段一直是次要因素,但情况正在发生变化。1974年,第二次伊斯兰国家首脑会议(Second Islamic Summit Conference)在巴基斯坦的拉合尔(Lahore)举行,这是泛伊斯兰主义的重大进展,标志着穆斯林精英人士对自由主义和共产主义这两项国际事业都感到失望并需要找到其他可行路线的关键时刻。[41]

现在,越来越多的文化批评将矛头指向西方。20世纪80年代,伊朗著名作家和知识分子贾拉勒·阿尔·艾哈迈德(Jalal Al-i Ahmad)在《西方毒化:一场来自西方的瘟疫》(*Occidentosis: A Plague from the West*)中提出了著名的批判,将西方批评为机械呆板而且没有灵魂的文明,还对发展中世界造成不当的侵蚀影响。该书的部分内容在1962年秘密刊印,在他去世后,于1978年在德黑兰全文出版。阿尔·艾哈迈德的论述被认为是对伊朗痴迷腐朽西方的分析,嘲讽毫无男子气概又被西方毒害的亲西方伊朗精英,以此作为文化绝望的案例分析。阿尔·艾哈迈德将"西方毒化"(*occidentosis*)定义为一种文化疾病和与旧传统的决裂,他称之为"一个民族的生活、文化、文明和思维模式中各种事件的总和,这个民族没有传统作为支持,没有历史延续性,没有渐进的转型,只有机器带给他们的好处"。这本书的出版只比阿亚图拉·霍梅尼(Ayatollah Khomeini)发起伊斯兰革命推翻伊朗国王的统治早了一年,但它很快就成为伊斯兰共和国建立后波斯文化生活的重要参考读物。阿尔·艾哈迈德本人是西方文学的翻译家,他总是引述尤内斯库(Ionesco)、毕加索和加缪的文本,而加缪的《鼠疫》(*The Plague*)成为书名的灵感来源。霍梅尼的政权标榜自己是抵抗西方文明侵蚀的伊斯兰教的伟大守卫者,阿尔·艾哈迈德"回归伊斯兰教"

的呼吁成为他那一代人的标志。[42]

1979年的伊朗革命加深了欧洲与穆斯林世界之间的隔阂,但首先在东欧产生了作用。起初,东欧的精英(尤其是苏联人士)为霍梅尼提供支持,并指示信奉共产主义的伊朗图德党(Tudeh Party)也这么做。东欧人相信伊斯兰政府的反资本主义经济纲领将会在下一阶段掀起世俗革命,而且那也将是反美的革命。譬如说,在阿尔巴尼亚的恩维尔·霍查(Enver Hoxha)看来,创立未久的伊朗共和国会长期坚持反帝国主义,而且可能会成为马克思主义政权。这个政权占领了美国大使馆,将美国人扣押为人质,并谴责美国是"大魔头撒旦",这些举动赢得了东欧的同情,即使伊朗共和国以"既非东方也非西方"为口号,明确坚持严格的不结盟立场。这场革命还受到社会主义国家的欢迎,因为它开启了与共产主义世界建立新的经济联系和石油贸易的大门。但是,东欧的观察家很快就因为伊朗拒不推行经济改革、对左翼运动做出抨击和滥用政治暴力而感到担忧。共产主义政权逐渐将正在东欧的大学里学习的阿拉伯留学生视为可能会对社会主义社会的保守意识形态造成威胁的间谍。1979年之后,东欧国家的国安机构对穆斯林公民实施更为严格的监控,并汇集整个阵营的情报以对抗他们眼中正逐步变得严重的危险。[43]

1979年,苏联入侵阿富汗,进一步失去了穆斯林群体的信任。这次干预行动令苏联自20世纪60年代初特意与阿拉伯世界建立起的良好关系毁于一旦。虽然苏联加倍努力修复与穆斯林精英的关系,通常采取的形式是加强与各穆斯林领导人的接触及外交讨论,但猜忌和幻灭的情绪仍在蔓延。泛伊斯兰主义的幽灵在拥有相当规模穆斯林少数民族的社会主义国家如保加利亚、南斯拉夫和苏联境内作祟。苏联的国安机构(由克格勃主导)相信,国际恐怖主义威胁主要来自中东地区和激进伊斯兰运动的兴起,而阿拉伯民族主义被视为这些运动最麻烦的因素。直到20世纪70年代中期,东欧各国政权才认为民族主义是20世纪50—60年代反殖民主义斗争中必不可少而且积极正面的因素,但在70年代,欧洲以外地区民族主义的宗教性质戕害了之前进步的内容,令它们在共产主义政权的眼中显得反动和倒退。[44]

东欧的专家开始强调东欧与中东之间的区别,其结论是中东阿拉伯地区受到反对进步的伊斯兰宗教信条的驱动。利比亚、埃及和伊朗的伊斯兰政权逐渐被视为残暴、偏执和未完成现代化的欠发达地区。东欧的东方学者曾一度致力于沟通第二世界和第三世界,如今他们意识到因循守旧的伊斯兰教与现代开明的欧洲和北美之间出现了新的文明上的分歧,伊斯兰政治活动被认为与社会主义的发展背道而驰。保加利亚斥责穆斯林是"第五纵队",并将境内的土耳其裔族群送去接受再教育。1985年,托多尔·日夫科夫(Todor Zhivkov)的政府强迫所有土耳其裔穆斯林将名字改用保加利亚语拼写,并剥夺他们用自己的语言教育子女的权利,甚至强迫他们皈依东正教。这些强硬的政策最终导致1989年夏天30万土耳其裔居民被驱逐。20世纪80年代末,保加利亚政府利用古代遗址证明穆斯林聚居地区原先是基督教的地盘,以支持基督教早在奥斯曼帝国的穆斯林到来之前就已经在该地区扎根的说法。这是在更大范围内确认东欧基督教传统的一部分,考古学再一次被利用以进行新的政治叙事。1987年6月,西班牙国王胡安·卡洛斯(Juan Carlos)访问布达佩斯,来到西班牙军队在1686年将布达(Buda)从土耳其人手中解救出来的古战场遗址,这场纪念活动旨在唤起这两个欧洲的边境国家对共同过去的记忆,强调它们所承担的保卫这片大陆的基督教文化遗产并对抗伊斯兰威胁的共同责任。因此,在冷战的最后十年里,保卫欧洲以抵御穆斯林的威胁这个理念正在社会主义世界重新兴起,比后共产主义时期更广为人知的东欧剧变和针对穆斯林公民的身份政治还早了几年。[45]

这些令人不安的观点在西欧也找到了回应，但在那里，事态的演变相对更加缓慢。在20世纪80年代，对于多元文化主义的担忧在西方内部加剧。20世纪70年代欧洲生活的主要趋势通常被认为是经济增长减缓，女权主义、环境保护主义和同性恋权利等新的社会运动兴起，以及新自由主义崛起。右翼分子在20世纪70年代对多元文化主义的敌意是导致60年代关于一体化和多元主义的许多梦想破灭的主要原因。当然，欧洲的身份定义一直以来与外部威胁——从十字军运动到奥斯曼帝国再到布尔什维克主义——有着密切关联。19世纪，外来人口在新成立的民族国家里也引起了巨大的担忧，无论是法兰西第三共和国境内的巴斯克人、德国人或布列塔尼人，还是俾斯麦统治下的德意志第二帝国境内的丹麦人、法国人和波兰人。但对于英国和法国而言，移民的历史主要是去殖民化运动造成的结果，这体现于20世纪40年代末来到英国的加勒比地区国家的公民，或生活在法国的三代阿尔及利亚人。当然，新来者并不只是他们。1945年后，移民到英国的最大的群体是爱尔兰人，其次是曾与纳粹势力抗争的波兰人，还有德国人和意大利战俘，以及其他来自东欧的难民。但在公众的想象中，移民的故事与来到大都市的有色人种有直接的联系。1953年到1961年，有24万加勒比人来到英国，引起了关于他们会对英国社会带来何种后果的忧虑。这种情绪促使保守党议员伊诺克·鲍威尔（Enoch Powell）于1968年发表了臭名昭著的"血河"（Rivers of Blood）演讲。在这番演讲里，他预测"再过15或20年，黑人将会凌驾于白人之上，占据支配地位"。英国首相爱德华·希斯（Edward Heath）立刻将鲍威尔解职，理由是他那番话"会加剧种族矛盾"，但鲍威尔仍得到了公众的支持。20世纪70年代，对移民社区的抱怨继续在右翼人士中间酝酿；20世纪80年代，就移民与种族多样性的社会影响问题，爆发了多场大规模全国性辩论。[46]

相似的局势演变也在法国发生。确实，法国的反穆斯林偏见并非新鲜事物。亚历西斯·德·托克维尔首次游历阿尔及利亚之后，在1843年写道："在世界范围内，没有哪个宗教像穆罕默德的宗教那样带来如此病态的影响。在我看来，它是如今伊斯兰世界明显走向堕落的首要原因。"虽然这种态度在法国的殖民者圈子里扩散，一直延续到第二次世界大战乃至战后，但在阿尔及利亚战争期间，这一敌意迅速变得尖锐。20世纪50年代末，阿尔及利亚民族解放阵线以破坏和暗杀警察为形式，将战争引到法国的首都，法国媒体利用"阿拉伯人都是罪犯和阿尔及利亚人都是野蛮人"的刻板印象大肆宣传。敌对状态结束后，大批阿尔及利亚人移民至法国，强化了这些看法。1962年到1965年，超过11.1万名阿尔及利亚人迁至法国，远超阿尔及利亚战争期间每年约1.1万移民的平均数目。1974年，持保守主义态度的瓦莱里·吉斯卡尔·德斯坦（Valéry Giscard d'Estaing）总统上台后，认为政府根本无力管理这等规模的移民，随后他的政府便致力于彻底限制所有移民。德斯坦甚至在1979年组织了一场大规模行动，强制遣返50万阿尔及利亚人，但这一措施因为遭到反对党、工会和教会的抗议而被迫停止。[47]

对阿尔及利亚人来到法国的日益加剧的不安体现于让－玛里·勒庞（Jean-Marie Le Pen）在1972年创建的"国民阵线"（Front Nationale）。勒庞曾在阿尔及利亚战争中以伞兵身份服役，并在20世纪50年代末担任退伍军人组织"战斗人员国民阵线"（National Front of Combatants）的主席。长期以来，他一直被指控在战争期间折磨阿尔及利亚人。他发起的政治运动是为了保住他眼中神圣的法兰西民族单一文化主义。20世纪80年代初，移民成为法国政治讨论的中心话题。这个问题在法国国内政治生活中如此具有爆炸性，以至于法国的社会党总统候选人弗朗索瓦·密特朗和吉斯卡尔·德斯坦都同意不在1981年5月的电视辩论上谈及移民问题。总之，勒庞将密特朗用"差异的权利"（right to difference）来为更大程度的地区自治和民族多样性辩护的话语改造成他所谓的"法国文化主权的正当权利"。1981年密特朗的社会党获得选举胜利之后，勒庞的"法国由法国人做主"指导思想作为激进右翼分子的新声音进一步吸引了民众的支持。在勒庞看来，移民对法国公民身份的要求在身份认同这场零和游戏中对法国"本土人民"造成冲击，他反复斥责阿拉伯和伊斯兰文化对法兰西民族灵魂的败坏。他以捍卫西方文明、抵挡多元文化主义腐蚀的话语作为其保守主义思想的表述。"国民阵线"拉响了"西方文明处于危难之中"的警报，提出如果"白人种族面临被第三世界淹没的危险，那么，难道他们不应该保卫自己吗？"这个充满恫吓意味的问题。法国的主流媒体纷纷加入战局。持保守立场的《费加罗》（Le Figaro）杂志将1985年10月刊用于探讨法国的未来，提出"30年后我们还会是法国人吗？"的问题，甚至承诺会披露当前的人口趋势背后的"秘密数字"，而这些数字将在接下来的几年里"令我们的国家陷入身份危机，并决定我们文明的命运"。[48]

到了20世纪80年代末，关于多元文化主义的益处逐渐受到质疑，并引起一场关于文明处于危机之中的大辩论。多元文化主义这个词语首次出现于20世纪70年代的美国，是多元社会的正面称谓，但在20世纪80年代，西方显然在回避这个理念。随着时间的推移，外国人无法融入本国社会的情形成为英国、法国和西德的新身份政治的中转站（staging post）。[49]伊斯兰教逐渐被视为西方价值观和欧洲自由理念的对立面，结果穆斯林的地位和行为成为多元文化主义是否可行的试金石。1989年，发生于英国的臭名昭著的萨尔曼·拉什迪事件（Salman Rushdie Affair）令这些问题到了非处理不可的紧要关头。他出版于1988年末的流浪汉小说《撒旦诗篇》（The Satanic Verses）激起了巨大的国际争议。1989年1月14日，

第九章 宗教、种族与多元文化主义　　401

图39　焚烧萨尔曼·拉什迪的作品《撒旦诗篇》。英国，布拉德福德，1989年
图片来源：盖蒂图片社

西约克郡布拉德福德市（West Yorkshire city of Bradford）的将近2000名愤怒的穆斯林居民在市区游行示威，公开焚烧他的书籍（如图39所示），随后在孟买、克什米尔、达卡（Dacca）和伊斯兰堡也发生了类似的焚书事件。一个月后，伊朗领导人阿亚图拉·霍梅尼下达对拉什迪的追杀令，呼吁穆斯林杀死这位作家和他的出版商，因为他们亵渎了先知穆罕默德。这份追杀令逼得拉什迪藏匿了十年之久，但与这本书相关的其他人则没有那么幸运——伦敦一间销售这本书的书店遭到汽油弹袭击，而该书日语译者被刺伤，挪威文译本的出版商惨遭枪杀。这些事件震撼了英国的公共舆论并使之走向两极分化，英国媒体报道了穆斯林的暴行，作为揭露伊斯兰教残暴而好战的本质以及穆斯林公民根本不可能融入西方"开放社会"的

证据。持保守主义立场的英国记者查尔斯·摩尔（Charles Moore）为这次辩论推波助澜，在一份报纸的社论上声称"英国的本质是英语、基督教和白人社会"，并以如果事态没有改变，"这帮缠着头巾的乌合之众将赢得胜利"这番带有挑衅意味的话结束。[50]

同年，法国也卷入了与伊斯兰教和多元文化主义有关的争议中。拉什迪事件过去几个月后，就读于巴黎城外的克雷伊镇（Creil）一间中学的莱拉·阿查本（Leila Achaboun）与法蒂玛·阿查本（Fatima Achaboun）姐妹因为拒绝在上课时摘下头巾而被勒令回家。她们以宗教为由而拒不服从的态度被解读为对法兰西共和国政教分离理念（laïcité）或世俗主义的挑战，因为所有的学校和公民机构都应该是恪守中立的场所，不受宗教价值观或图像的影响。对于许多赞同法国共和精神的批评家而言，这些传统头巾是伊斯兰教父权制度、反启蒙价值观和拒绝融入法国社会的邪恶象征。拯救和解放穆斯林妇女现在成为国家实施干预的理由。英国人和法国人总是担心多元文化主义会对国家认同造成冲击，其他人则对这番话语加以拓展，将事态演变解读为西方文明自身的危机。在这个意义上，南非和罗得西亚这两个海外前殖民地的白人少数族裔文化遭到威胁时的防御性语言，现在披着为信奉宗教并带有种族偏见的大众保全单一文化主义的伪装回到了宗主国。[51]

20世纪80年代末，美国以另一种方式卷入了自身文明的危机。在这件事情上，对多元文化主义的抨击并不是由恐怖主义或伊斯兰教的危险驱动的。恰恰相反，这种焦虑反映了里根执政时期的新保守主义，它希望消除进步主义教育的"过分影响"，并巩固美国的身份认同以抵挡来自左翼教育者的威胁。关注的焦点是大学。教育部长威廉·贝内特（William Bennett）定下了基调，他怒斥左翼人士对大学教程的激进变革，认为这侵蚀了作为高等教育和良好公民意识基石的西方文明的根本价值观。这一情怀与克拉

第九章　宗教、种族与多元文化主义

克的《文明》系列主旨相近，但贝内特有许多志同道合的保守主义斗士。阿兰·布鲁姆（Allan Bloom）的作品《美国精神的封闭》（*The Closing of the American Mind*）和 E.D. 赫希（E. D. Hirsch）的《文化素养：每一个美国人需要知道的事情》（*Cultural Literacy: What Every American Needs to Know*）都在 1987 年出版并成为全国畅销书。它们在哀叹美国人"文化素养"的下降和对历史的轻蔑。对于布鲁姆而言，以他所谓的"左翼的尼采化和尼采的左翼化"（Nietzscheanization of the Left and vice versa）为基础的盛行一时的道德相对主义证明了"高等教育如何辜负了民主，令如今的年轻人精神贫乏"并导致他所感受到的"美国式的精神虚无主义"。长期以来备受珍视的关于西方文明的大学基础课程正在被后殖民主义研究、女权主义理论和少数民族文学所削弱或取代——伏尔泰被剔除，弗朗茨·法农和托尼·莫里森（Toni Morrison）被纳入——这些情况令贝内特、赫希和布鲁姆感到尤为不安。正如第四章所探讨的，自从 20 世纪 20 年代起，西方文明课程就一直是美国大学课程的固定内容，目的是让学生了解美国作为西方文化守护者在世界中的地位。在 80 年代，多所精英大学的学生，尤其是斯坦福大学和杜克大学，率先以多元文化主义和进步主义教育的名义发起反击。他们的反驳是：自 20 世纪 50 年代以来，国家、世界和大学已经发生了翻天覆地的变化，大学的阅读书目清单应该反映和探索"已故的欧洲白人男子"老掉牙典籍之外的世界。美国国内媒体以夸张的语言报道这场争议：《新闻周刊》（*Newsweek*）杂志发表了一篇以《晚安吧，苏格拉底：斯坦福大学终结了西方文明》（*Say Goodnight Socrates: Stanford University Puts an End to Western Civilization*）为标题的报道。全国各地的校园都加入了抗议，高潮是 1987 年在美国斯坦福大学举行的有大约 500 名学生参加的集会，公民权利活动家杰西·杰克逊牧师带头高喊"嘿嘿嘿，呵呵呵，西方文明必须撤"

图40　杰西·杰克逊牧师参加反对西方文明课程的游行。斯坦福大学，1987年

图片来源：斯坦福大学图书馆特别收藏与大学档案处（Department of Special Collections and University Archives）

这句口号（见图40）。人文学科以独立和思想自由的名义有效地挫败了右翼宣传运动，但这场辩论标志着保守主义向教育与文化的领域发起了新一轮的进攻。最起码，它揭示了美国为了西方文明与多元文化主义之间展开的欧洲文化战争，在自己的阵线投入战斗。[52]

与20世纪前半叶不同，1945年后欧洲的国家体系没有发生实质性的领土变动，《赫尔辛基协议》为国际社会巩固了战后欧洲已成既定事实的版图。东欧仍然是红军占领下的一座延伸的兵营，而西欧的版图全部回到了查理曼帝国疆域的轮廓中。然而，即使欧洲的地缘政治边界没有改变，这片大陆的文化地理也在20世纪70年代和80年代经历了重大转变。"东方政策"和《赫尔辛基协议》令柏林墙变得更加形同虚设，人员、货物和思想理念如今可以更

第九章　宗教、种族与多元文化主义

轻松地跨越边境。南欧和北欧的内部区别也正在消失，因为希腊、葡萄牙和西班牙正被纳入西欧的版图。1985年6月《申根协议》（Schengen Agreement）的通过进一步废除了内部的边界，促使法国、西德与比、荷、卢三国解除共同的国界线，允许国民完全自由地行动，昭示着第一次世界大战前不用护照便可以自由通行的欧洲正在回归。但在这里，撤除内部边界也导致欧洲构建新的外部边境，以保护自身免遭外敌入侵，形式包括更加严密的安检和对外国人的审查。正如历史学家托尼·朱特所说："文明的欧洲人的确能超越边界的约束，但必须将'蛮夷'彻底排除在外。"毕竟，只有篱笆筑得牢，文明才能建设好*。[53]

因此，20世纪80年代见证了保守主义欧洲的回归，文明的论调体现了普遍存在的惶恐不安与身份危机感。右翼转向是针对70年代的局势缓和与自由主义文化梦想的反应，与社会阶层、文化规范、性行为规范以及国家边界的松动有着密切关联。在欧洲及其前殖民地的变革力量——天主教与伊斯兰教的复兴、对多元文化主义的抗拒以及捍卫白人特权——实质是旧意识形态的复仇，是所谓的革命传统主义的体现。马克思主义和世俗民族主义不再拥有同样的意识形态吸引力，因为新构想的超越国家和地域边界的文化身份变得更为凸显。

在20世纪70年代和80年代，欧洲的地域边界与思想边界正在被重新划分。在面对来自发展中世界的人与思想时，来自欧洲东西两边阵营的声音都在表达自身的脆弱。关于文明新危机的焦虑反映了右翼人士对文化衰落和身份被窃夺的日益加剧的担忧。在冷战的最后20年乃至以后，保卫遭受攻击的欧洲文明的宗教和民族遗产的呼吁加重了这种恐惧，并助长了欧洲保守主义的幻想。

---

* 此句是对英文谚语"篱笆筑得牢，邻居处得好"（Good fences make good neighbors）的改写。

结论
新铁幕

  2015年8月24日，保加利亚籍联合国教科文组织总干事伊琳娜·博科娃（Irina Bokova）就"伊斯兰国"持续破坏叙利亚古城帕尔米拉一事发表声明（见图41）。在这番声明中，她敦促国际社会"团结一致抵制无休止的文化清洗"，因为该行径正在摧毁"叙利亚的历史与身份的多样性与丰富性"。博科娃是第一位成为联合国教科文组织总干事的女性及东欧人，她借助这个组织引起了国际社会对"伊斯兰国"在伊拉克和叙利亚蓄意破坏文化瑰宝的关注，尤其是"伊斯兰国"拍摄的夸耀自己毁灭尼姆鲁德古城（ancient city of Nimrud）和哈特拉世界遗产地（World Heritage site of Hatra）的视频的传播。帕尔米拉古城巴尔夏明神庙遭到毁灭的一周之前，"伊斯兰国"将曾看管神庙遗址长达40年之久的年迈的考古学家哈立德·阿萨德（Khaled al-Asaad）斩首。而就在几天前，"伊斯兰国"还将位于叙利亚盖尔亚廷镇（al-Qaryatayn）的圣埃利安修道院（Mar Elian monastery）夷为平地。2015年3月，博科娃发起了"为遗产而团结"的倡议（Unite4Heritage initiative），作为

图 41 "伊斯兰国"摧毁帕尔米拉，2015 年 8 月
图片来源：布里奇曼图片社

全球合作行动的一部分，以对抗"冲突地区对文化遗产的破坏和掠夺，近期大部分发生在伊拉克"。超过 2000 万人关注了联合国教科文组织的谷歌博客文章，"为遗产而团结"已经成为一场大规模的媒体宣传，旨在唤醒人们对"伊斯兰国"在中东地区破坏行为的认识。就像自 20 世纪 40 年代末以来的许多时刻那样，联合国教科文组织将自己定位为世界文明及其全球濒危遗产地的守护者。[1]

博科娃以联合国教科文组织的经典术语形容这些破坏行为的严重性。2016 年在耶鲁大学的一次演讲中，她表示："我们知道帕尔米拉属于全体叙利亚人民，但我想说的是，它也属于全人类。这就是我们要努力促成国际社会团结一致的原因。"几个月后，在爱丁堡发表的一次演讲里，博科娃的发言变得更加尖锐，她表示："今天，我们见到暴力极端分子蓄意破坏文化遗产，想将层层叠叠的文明彻底抹除。"博科娃坚称："文明之间并没有冲突，但拒绝'共同生活'的人与相信人类大同世界的人之间存在分歧。"值得注意的是，她还将人权与文化破坏联系在一起，耐人寻味地将炸毁帕尔米拉遗址称为"针对文明的罪行"。这些并不是孤立或空洞的语句——国际社会呼吁正义的要求促使海牙国际刑事法院（International Criminal Court in The Hague）于2016年第一次将毁灭文化遗产作为战争罪起诉。被告艾哈迈德·法基·迈赫迪（Ahmad al-Faqi al-Mahdi）是与"基地"组织相关联的圣战组织成员之一，曾参与破坏马里廷巴克图（Timbuktu）的许多宝贵的古代遗迹。审判结束时，艾哈迈德·法基·迈赫迪请求原谅，恳求廷巴克图的人民"接受我深深的歉意"。[2]

2016年12月，"伊斯兰国"再次对帕尔米拉进行破坏，令人震惊的场面激起了全世界新一轮的谴责，但到了这个时候，恐怖主义和文明之间的界限已开始变得模糊。2016年5月5日，被列为世界遗产地的帕尔米拉古罗马圆形露天剧场遗址被用作俄罗斯马林斯基交响乐团（Russian Mariinsky Orchestra）举办古典音乐会的极具戏剧效果的背景。这场音乐会名为"为帕尔米拉祈祷——音乐唤醒古代遗址"（Praying for Palmyra—Music Revives Ancient Ruins），演奏了约翰·塞巴斯蒂安·巴赫（Johann Sebastian Bach）与两位俄国作曲家谢尔盖·普罗科菲耶夫（Sergei Prokofiev）和罗季翁·谢德林（Rodion Shchedrin）的作品（见图42）。俄罗斯指挥家瓦莱里·捷杰耶夫（Valery Gergiev）形容这次音乐会是"我们为了和平与安宁而呼吁，我们向摧毁宝贵的世界文化遗产的野蛮人提出抗议"。但是，正如考古学家林恩·梅斯克尔（Lynn Meskell）所说：这场音乐会是在公开庆祝俄罗斯对"伊斯兰国"的军事胜利，演奏古典音乐是为了纪念"极端主义分子的受害者"，并展现俄罗斯总统弗拉基米尔·普京所说的文明对野蛮的胜利。在很大程度上，传达这一信息的音乐会旨在转移国际社会对俄罗斯在叙利亚展开大规

图 42　马林斯基交响乐团在帕尔米拉表演。叙利亚，2016 年

图片来源：瓦西里·马克西莫娃（Vasily Maximova）摄，法新社通过盖蒂图片社发布

模空袭以支持叙利亚总统巴沙尔·阿萨德（Bashar al-Assad）政权的批评。普京在黑海的度假别墅中发出一条动态信息，表达了"从国际恐怖主义这个可怕的威胁中抢救现代文明"的紧迫需要。俄罗斯外交部人权司司长康斯坦丁·多尔戈夫（Konstantin Dolgov）跟着在推特上发帖，称这场音乐会"是对那些蓄意摧毁叙利亚和剥夺其基督教原则之人的精神反击"。[3]

然而，这些庆祝还为时过早。到 2016 年底，帕尔米拉再度被"伊斯兰国"攻占。为了洗刷 6 个月前被俄罗斯军队击退的耻辱，"伊斯兰国"将那座俄罗斯音乐家曾演奏过的古代剧场的部分遗址夷为平地。此外，他们还制作了一段视频来报复联合国教科文组织将他们破坏世界遗产地的举动定性为战争罪行，并称："我们将会摧毁你们所有地方的文物和偶像，'伊斯兰国'将会统治你们的土地。"

这场俄罗斯与"伊斯兰国"之间的交锋以戏剧化的形式展现了双方如何将文明与野蛮的壮观场面作为军事宣言来上演。令情况变得更加复杂的是，在叙利亚的文化掠夺造成黑市文物倒卖猖獗一时。正如博科娃在爱丁堡的演讲中所承认的那样，从叙利亚和伊拉克流出的数量惊人的文物在各个国家被查获，包括芬兰、土耳其、法国、美国和英国。她继续表示，劫掠与销赃的生意是如此兴旺，以至于在2007年至2009年间，希思罗机场（Heathrow Airport）的英国海关官员扣押了3.4吨被盗的文物。文明的军事化和商业化就此携手。尽管如此，国际社会还是加紧了要求实施报复和做出补偿的呼吁。对野蛮行径的斥责在当时非常普遍，呼应了外国人在1945年对饱受摧残的德国的观察。但这一次，毁灭的情景在欧洲范围之外，这些受到威胁的遗址被国际社会接纳为世界遗产。[4]

野蛮与文明之间的矛盾构成了2018年英国广播公司制作的8集电视系列剧《文明》（*Civilisations*），该剧由英国历史学家西蒙·沙玛（Simon Schama）、玛丽·比尔德和戴维·奥卢索加（David Olusoga）共同主持。这出节目是1969年具有里程碑意义的肯尼斯·克拉克的《文明》系列的续集。这部《文明》的标题是复数形式，清楚地表明它背离了克拉克的单一文明理念和欧洲中心论框架，几位主持人讲述了全球文明从史前时期发展到当下的故事，生动地描述了世界文化的丰富内涵。沙玛、比尔德和奥卢索加放弃了克拉克的居高临下的博物馆馆长式视角，选择了多重的主题和地域观点，突出了性别、阶级、种族和视觉政治等问题。然而，它与先前克拉克的系列剧保持了延续性。第一集——其标题为《创世纪的第二个瞬间》（The Second Moment of Creation），由沙玛讲述——开篇是极具戏剧张力的"伊斯兰国"炸毁帕尔米拉的画面，呼应了克拉克认为文明遭遇危机的出发点。该节目努力宣扬联合国教科文组织的普世主义、和平、包容与跨文化影响等议题的方式则不那么明显。

沙玛为反映文物破坏的视频所做的旁白令观众意识到，这一行径也是对我们所有人的侵犯，因为"我们都是一段无穷无尽的回忆之链的继承者"。

帕尔米拉绝不是近期唯一激发"文明处于危机之中"这一理念的国际事件。以法国为例，2015年11月13日，巴黎遭受恐怖主义袭击，"伊斯兰国"表示对此事负责。此次事件冲击了法国政体，它所引发的震惊和困惑立刻唤起了"文明与野蛮"的主题。法国总理曼努埃尔·瓦尔斯发出警告，将这场冲突渲染上史诗色彩——"这是一场为了价值观的战斗，这是一场为了文明的战斗"。为了平息这番煽动性言论的影响，法国社会党总统弗朗索瓦·奥朗德（François Hollande）向法国公众和国际社会保证："我们并没有在进行一场文明之间的战争，因为这些袭击者并不能代表一个文明，"他澄清说，"我们是在与威胁到全世界的圣战恐怖主义作战。"2天后，奥朗德在联合国教科文组织发表演讲——之前他曾应邀在该组织成立70周年志庆典礼上发表演讲——尝试将"伊斯兰国"的文化破坏放在更宽泛的语境里。"联合国教科文组织是人类的道德良知"，"它的基础是对文化多样性的宣扬"，"这一多样性植根于不同文化拥有相同尊严的承认，因为每个民族都为这个世界做出了特殊贡献"。即便如此，对于奥朗德和法国人而言，这场精心策划的恐怖主义袭击同时是对法国文明（以政教分离的价值观为基础）和世界文明的进犯。[5]

其他欧洲国家的元首也在使用类似的文明受到威胁的词汇，但语境各不相同。自苏联在1991年解体后，俄罗斯历届总统，从鲍里斯·叶利钦（Boris Yeltsin）到弗拉基米尔·普京，都重新确立了将基于独特的欧亚文明的欧亚主义理念作为俄罗斯外交政策的首要原则，特别是在对"北约"东扩的回应中。2015年，匈牙利总理维克托·欧尔班推行强硬政策，拒绝接受逃离叙利亚、阿富汗与其他地方的难民潮,并竖起带铁蒺藜的围栏将他们挡在国门之外,从而一举成名。欧尔班声称自己是奉基督教文明的名义而采取这一做法的。当欧盟就这场地中海危机展开激烈的争辩时,他声称这些"移民"将会永远改变"欧洲文明"。在2015年9月发表的一番演讲中,他拒绝国际社会要求匈牙利接受叙利亚难民的呼吁,并声称那些来到欧洲的难民"在另一个宗教的熏陶下成长,代表了一个完全不同的文化"。接着他表示,"欧洲和欧洲文化植根于基督教",必须采取行动保卫边境,因为"欧洲的基督教文化几乎没有能力守护欧洲自身的基督教价值观"。2017年9月17日,在克特切(Kötcse)举行的市民野餐会上,欧尔班发表了更有煽动性的演讲,宣称虚伪的"自由主义胡言乱语"的时代已经结束了,他还声称,"我们正被不计其数的移民淹没;这是一场侵略,敌人已冲破防线",而匈牙利"必须保卫它的边境,以及构成它的民族与文化",这些话不由得令人想起了伊诺克·鲍威尔。在匈牙利以及东欧的其他地方,右翼精英人士正在利用单一民族生活在同一地区而且不受殖民主义奴役这个幻想,来拒绝承担安顿非欧洲、非基督教难民的责任。[6]

开放的边境,原本长久以来一直被1989年几场著名革命的支持者视为自由与人权的体现,现在却被认为是造成不安局势的根本原因。面对移民的大量涌入,国家认同遭到侵蚀的普遍看法与人口的双重变动趋势有着密切关系——大批大批的"本土"东欧人迁往法国、德国,特别是英国寻求就业,同时还有来自中东和北非的移民,而波兰、匈牙利和塞尔维亚等国也有一小部分人夹杂其中。这引发了沿着从前的东西方分界线发生的充满恶意的再民族化政治(renationalisation of politics),而这一政策引发了某些人所说的欧洲社会的"棕化现象"——它既表示移民的肤色在加深,也表示对新法西斯主义的同情。自由主义对少数族裔权利的关注已经被民粹主义者为大多数人权利的主张所取代。欧尔班、波兰的法律与公正党［Poland's Law and Justice Party，简称法公党（PiS）］领导人雅罗斯瓦夫·卡钦斯基（Jarosław Kaczyński）与其他中欧领导人率先对世俗主义、自由迁徙和多元文化主义的西方塞壬之歌发难，斥责西方长期以来鼓吹的普世主义纯粹只是富人的特殊恩宠论（particularism）。一些保守主义的波兰人甚至斥责在国际上盛行的西方自由主义是"关于死亡的文明"，因为它倡导同性恋和流产的权利。文明的呼吁现在意味着保卫白人基督教身份和关闭边境拒绝移民。在这些新的本土主义者心目中，中欧才是"真正的欧洲"，是欧洲最后的堡垒。虽然文明的话语从19世纪到去殖民化及其后经历了巨大的历史转变，但自2015年的难民危机起，它的主要含义被保守主义者用于表达种族的纯洁与败坏。和之前的共产主义一样，自由主义被斥为另一个失败了的上帝。[7]

东欧政治转向保守主义的主要原因很容易会被归结为共产主义的垮台。的确，这片地区在1989年经历了政治上翻天覆地的改变，但值得指出的是，在动乱中并没有出现文明的话语。然而几个月前的情况并非如此。在1989年初，波兰部长会议发言人耶日·乌尔班（Jerzy Urban）承认，"西方文明的优越性已经有目共睹"。同年3月，波兰共产主义时代最后一任外交部部长居拉·霍恩（Gyula Horn）表示，该国将"赶上文明国家的步伐，否则将无可挽回地被驱逐到世界发展的边缘"。但在那年夏天和秋天发生的动荡中，人们高喊的口号是让这些长期被禁锢的国家获得自由、权利和独立。同年秋天，捷克人和斯洛伐克人利用这个时机声称他们正在缔造"新的文明"，但大体上只有他们在运用这种话语。那一年其他的事态演变也表明了欧洲文明的意义正在改变。譬如说，敏真谛枢机主教的殉难再次引起匈牙利人民的关注。1989年，他的案件被重审，这位枢机主教名人被正式撤销了共产主义政府对他的所有指控。敏真谛的骸骨被重新安葬在布达佩斯西北方向50英里（约80公里）处匈牙利天主教会的总部埃斯泰尔戈姆大教堂（Esztergom Cathedral），他的墓冢现在已成为朝圣地点。2010年，两部关于敏真谛的电影在匈牙利上映——加博尔·科尔塔伊（Gábor Koltay）的《白人殉道者》（*The White Martyr*）和若尔特·波日高伊（Zsolt Pozsgai）的《我爱你，浮士德》（*I Love You, Faust*），这两部电影都将这位枢机主教刻画为德国国家社会主义党和匈牙利当局的双重受害者。欧尔班的政权利用这位遭囚禁的枢机主教在人民心目中经久不衰的魅力，将匈牙利的历史重写为基督徒殉难和民族重生的故事。[8]

或许，表明欧洲政治形态正在改变的最具戏剧性的事件是1989年12月1日教宗若望·保禄二世与米哈伊尔·戈尔巴乔夫在梵蒂冈宗座宫（Apostolic Palace）的会面。在这里，两位冷战的大人物正式会晤——一位是波兰人，另一位是俄国人；一位是枢机主教，另一位是共产党人；一位是基督徒，另一位是马克思主义者。这是世界上首个共产主义国家的领导人和罗马天主教会的领导人之间的外交会晤，他们各自代表着其遍布全球的忠诚同盟，尽管当时戈尔巴乔夫的帝国正在迅速瓦解，尤其是在东欧地区。现场的一位记者写道，这两个"在促成欧洲新秩序方面厥功至伟"的斯拉夫人正坐在一起平静地对话。戈尔巴乔夫宣布会放弃70年的激进无神论和宗教迫害，宣布苏联的所有信众都有权利"满足自己的精神需要"，令听众感到十分惊讶。同年的早些时候，戈尔巴乔夫甚至承认自己在童年时曾受过洗礼。在这次会面中，两位领导人都承诺会支持"赫尔辛基进程"，确认天主教世界观和共产主义世界观在文化和人道主义等领域之间存在交集。这次早已被遗忘的会晤是戈尔巴乔夫的"令苏联成为欧洲共同文明的正式合作伙伴"这一宏大使命的部分内容。换成十年前，这么一场会晤是不可想象的。早在1979年，苏联外交部长安德烈·葛罗米柯（Andrei Gromyko）就曾语带讥讽地将若望·保禄二世回到波兰与霍梅尼凯旋伊朗相提并论，但葛罗米柯并没有意识到自己确有先见之明，预测到就在十年之后，宗教将对波兰以及东欧地区造成的影响。[9]

1989年的事态演变不仅揭示了宗教和民族主义在东欧的持久影响力，而且昭示着国际主义的衰落。这番话乍一听或许有悖常理，尤其是1989年最强势的神话之一是它令东欧曾长年受宠的锈带经济（rust-belt economies）再度国际化。20世纪90年代见证了西方的众多象征堂而皇之地进入东欧，从哈佛大学的工商管理硕士到麦当劳快餐，从"北约"到必胜客餐厅。可是，美国化与全球化不能等同而论。自20世纪50年代中期以来，东欧就与全球南方以不计其数的方式进行交流，这体现于贸易、劳动培训、军事协助、教育、文化宣传和人道主义支援等领域。一些人甚至声称在冷战相当长的一段时期里，社会主义世界在国际贸易与互动方面比西方世界更加开放，以至于后冷战时代的新自由主义的真正起源可以说是社会主义东欧。我们正在见证的，是自共产主义垮台以来被切断的与全球南方的经济和政治联系以及东欧政治以新的方式再度部落化所产生的影响。[10]

戈尔巴乔夫在20世纪80年代对"欧洲共同家园"的宣传为重新思考超越冷战边界的欧洲身份认同起到了重要作用。同在全球北方（Global North）的东欧与西欧团结一致、逐渐形成的共识总是以牺牲经过长期奋斗才争取到的南北间的忠诚为代价，而且正如上一章所探讨的，到20世纪80年代末，戈尔巴乔夫削减了苏联对拉丁美洲各国共产党和世界范围内左翼运动的支持。一些非洲观察家将他的"欧洲共同家园"理念解读为对欧洲中心主义以及非洲大陆的边缘化做出的新辩护。1989年东欧地区的局势动荡更是加速了东欧与非洲渐行渐远的趋势。许多在东欧学习和工作多年的亚非劳工移民作为不受欢迎的社会主义国际主义的代表，在1989年突然被遣返回国。大约有8万名来自越南、安哥拉、莫桑比克和古巴的合同工人在东德政权垮台期间被迫离开，因为波恩政府不希望他们在德国定居；捷克斯洛伐克政府在1989年末驱逐了大约3.7万名越南劳工移民。这些行动反映了更大范围的国际形势重组。尼日利亚少将约瑟夫·加尔巴（Joseph Garba）曾于1989年至1990年担任联合国大会主席，他在联合国发表的一系列演讲里公开表达了自己的顾虑，担心1989年对于非洲而言将意味着不好的消息，因为先前被冷战阵营隔绝的欧洲人现在以牺牲全球南方为代价彼此抱团。加尔巴指出，在东欧发生的事件已经对这个地区在南半球的长期贸易与政治伙伴造成了冲击，此外，西方的援助和食物供应正被大批量地从非洲转移到"东欧新成立的（白人）民主政权"。在他看来，"冷战已经结束，但获胜的是日本，捞到好处的是东欧国家，而蒙受损失的是非洲"。[11]

  欧洲的身份正在其他方面受到挑战。20世纪90年代初的波斯尼亚战争（Bosnian War）标志着这片大陆新的身份认同危机，其中一个重要原因是这场战争见证了"种族清洗"和种族灭绝自"二战"之后首次令人痛心疾首地回归欧洲。它促使对人权与文明的道德理解发生了改变。首先，这场战争见证了20世纪90年代末人权被转化为对塞尔维亚实施军事干预的正当理由，彻底改变了——按照某些人的说法，彻底断送了——他们之前的普世主义呼吁与和平使命；在"北约"实施轰炸之后，这些关于人权的言论逐渐遭到国际社会的批评，被认为只是西方发动战争的借口。人权的军事化还和捍卫文明扯上了关系，进一步令20世纪60年代文明概念再度转向和平沦为空谈。以伯纳德—亨利·莱维（Bernard-Henri Lévy）和安德烈·格卢克斯曼（André Glucksmann）为首的法国知识分子立刻将这场意义重大的战争重新定义为一场文明的危机。莱维在1992年声称，萨拉热窝遭到围剿象征着欧洲关于和平与共处的价值观的命运；对他而言，萨拉热窝"是一座文明的城市，是一座欧洲的城市。如果欧洲意味着开放、包容和世界主义，那么萨拉热窝无疑是最伟大的首都之一，不仅是巴尔干欧洲的首都，也是欧洲本身的首都"。格卢克斯曼形容南斯拉夫人民军（Yugoslav People's Army）在1991年末对克罗地亚的武科瓦尔（Vukovar）和杜布罗夫尼克（Dubrovnik）的轰炸是"将作为文明的欧洲钉在十字架上"和"道德意义上的珍珠港袭击"。然而，发生于1995年7月的斯雷布雷尼察（Srebrenica）种族灭绝大屠杀——塞尔维亚部队在拉特科·姆拉迪奇（Ratko Mladić）将军的率领下突袭一支守卫着由联合国标识为"安全区"的荷兰维和部队小分队，然后残忍地屠杀了超过8000名波斯尼亚穆斯林——引起了国际社会的关注，成为文明遭遇危机的残酷证据。波斯尼亚遇害者令人心碎的故事和照片让许多人想起了犹太人大屠杀。波兰政治家、联合国人权委员会（UN's Commission on Human Rights）南斯拉夫特派调查员塔德乌什·马佐维耶茨基（Tadeusz Mazowiecki）对联合国在这场战争中的不作为和无能感到震惊；1995年7月27日，在向人权委员会主席提交的辞呈中，他表达了这场悲剧的重大意义，表示："波斯尼亚问题危及国际秩序和文明原则的稳定性。"[12]

　　2001年9月11日发生在美国的恐怖主义袭击进一步强化了这番文明面临危机的言论，并深刻改变了美国参与国际事务的方式。20世纪90年代传播民主的使命让位于捍卫文明的感性呼吁，尽管在关于伊拉克和阿富汗政权变更的论述中，两者被结合起来。乔治·W. 布什总统在多次关于"反恐战争"的演讲中带头采用捍卫文明的话语。恐怖袭击过后一周，他坚称，"这并不只是美国的战斗。面临危险的不只是美国的自由。这是全世界的战斗。这是文明的战斗"。同年11月，他进一步强调这番好斗的言论，声称"我们发动战争是为了拯救文明。"在该月月底，布什描绘了一幅新时代的残酷画面："在我们的时代存在严重的分歧——不是宗教之间或文化之间的分歧，而是文明与野蛮之间的分歧。"从2001年9月11日到2004年5月，布什在演讲、访谈和致辞中提及"文明"或"教化"多达62次。[13]

对后冷战时代文明教化使命重新燃起的兴趣与保守主义者关于美国式"罗马和平"（Pax Romana）来临的讨论有关。"9·11"事件之后，这番论述转而为新的美国单边主义的合法性和由美国担任世界警察与全球事务的道德执法者辩解。美国的保守主义学者罗伯特·卡根（Robert Kagan）在他出版于2003年的作品《天堂与权力：世界新秩序中的美国与欧洲》（*Of Paradise and Power: America and Europe in the New World Order*）里为美国干预伊拉克事务辩护时，直接谈及欧洲和美国之间逐渐扩大的文化差异。他提出了一个著名的观点："在重大的战略问题与国际问题上，美国人与欧洲人的区别之大，简直可以说前者来自火星而后者来自金星。"重新塑造的"文明与野蛮的对决"的国际关系话语成为一块共同的镜片，人们透过它去观察美国与世界其他国家的关系。更多近期出版的书籍，譬如尼尔·弗格森（Niall Ferguson）出版于2011年的《文明：西方强权的六个杀手锏》（*Civilization: The Six Killer Apps of Western Power*），继续哀叹西方文明的衰落，并呼吁西方重新夺回全球的领导权与它的杀手锏：竞争、科学、财富、医学、消费主义和职业道德。[14]

"9·11"事件后，美国激进的外交政策在欧洲遇到了抵制。杰出的欧洲知识分子雅克·德里达（Jacques Derrida）和尤尔根·哈贝马斯（Jürgen Habermas）试图将反美主义变成欧洲大陆的新价值观，他们在刊登于2003年2月15日德国《时代周报》（*Die Zeit*）里的一封联名信中表示，在巴黎、伦敦、罗马、马德里和柏林举行的抗议美国入侵伊拉克的大规模示威活动——自"二战"以来规模最大的群众动员——标志着一个新欧洲和欧洲公共领域（European public sphere）的到来。他们呼吁欧洲人"在国际领域和联合国内抗衡美国的霸权主义和单边主义"。对哈贝马斯和德里达而言，欧洲是文明国家的集合，其底层支撑是对法律和人权的尊重。然而，西欧与东欧之间出现了新的裂痕。2003年1月刊登的所谓"八大人物公开信"（Letter of Eight）便是一个很好的例子，该信函公开支持由美国牵头的入侵伊拉克行动。署名者包括捷克共和国总统瓦茨拉夫·哈维尔、波兰总理莱谢克·米勒（Leszek Miller）、匈牙利总理迈杰希·彼得（Péter Medgyessy），他们援引捍卫"民主、个体自由、人权与法治"这些共同拥有的价值作为辩护理由。在由十几个东欧国家组成的所谓"维尔纽斯集团"（Vilnius Group）又刊登了一封表示支持的公开信之后，法国总统雅克·希拉克（Jacques Chirac）明确表示，这些欧洲的新成员"错失了保持缄默的好机会"。欧洲的老成员和新成员似乎较上了劲儿。波兰记者亚当·克热明斯基（Adam Krzemiński）对哈贝马斯和德里达的西欧式傲慢表示不满，他提醒这些人，东欧本土的公民社会早在很久以前就打倒了共产主义，并尖酸地补充说："在东欧与中欧发生'人民之秋'后，西欧人并没有因此而欢欣鼓舞。"事实上，德国统一在巴黎或伦敦引起了相当程度的难堪和不满，人们害怕穷人会涌入西欧。即便在14年之后，"核心欧洲"对于欧盟东扩显然也并不感到高兴。欧洲内部的争吵或许表明欧洲内部存在深刻的地域差异，但它也揭示了文明的话语在伊拉克战争的欧洲支持者或批判者中并没有起到什么作用。[15]

相反，在"9·11"事件后，人们对安全问题的担忧与日俱增，由此引发了多元文化主义危机，并使文明的话语再度浮现。随着欧洲紧张局势的加剧，许多西欧领导人都认为多元文化主义已经宣告失败。在2010年基督教民主联盟（Christian Democratic Union）的一次会议上，德国总理安格拉·默克尔（Angela Merkel）声称："多元文化主义的概念失败了，彻彻底底地失败了。"几个月后，法国总统尼古拉·萨科齐（Nicolas Sarkozy）也声称多元文化主义"宣告失败"，并说："一直以来，我们所有的民主国家都太过于关心新移民的身份认同，却忽视了接纳他们的国家的身份认同。"在2011年2月5日发表的演讲中，英国首相戴维·卡梅隆（David Cameron）也表达了自己对价值观转变的看法，"我们曾遵循国家多元文化主义的信条，鼓励不同的文化过着独立的生活、彼此隔离并自绝于主流文化之外"，以至于"我们甚至容忍这些孤立的群体做出与我们的价值观完全背道而驰的行为"。越来越多的文化评论家谴责欧洲的多元文化主义政策，认为它放任有分离主义倾向的民族认同感肆意滋长，并培养了本土的极端分子。当然，有人对此表示反对，譬如说巴基斯坦裔英国知识分子塔里克·莫杜德（Tariq Modood）等人发起了支持多元文化主义的运动，并指出对伊斯兰恐怖主义的恐惧成为对民主公民身份的严肃考验。但是，西欧的气氛很明确，伊斯兰教逐渐被视为与"英国的价值观"、德国的自由主义和法国的共和主义格格不入的另类。犹太教—基督教文明的话语也卷土重来。正如第三章中所探讨的，这个冷战早期的词语以自由民主和反共产主义的名义被用于沟通犹太教和基督教。在更为近期的关于伊斯兰教威胁的辩论中，荷兰的极右翼政治人物海尔特·维尔德斯（Geert Wilders）一直在呼吁面对伊斯兰教的侵略，欧洲要捍卫"犹太教—基督教文化"。米歇尔·维勒贝克（Michel Houellebecq）的小说《投降》（Submission，2015年出版）的核心是关于一个激进的穆斯林政党在2022年法国总统大选中获胜之后将可能出现的后果，是让·拉斯帕伊（Jean Raspail）出版于1973年的畅销小说《圣徒的营地》（The Camp of Saints）的一种新版本。拉斯帕伊的故事围绕着虚构的第三世界发起的侵略行动展开，100万移民搭乘100艘轮船，从加尔各答抵达法国的南部海岸并攻占了这个国家，并在短时间内导致"白人种族的灭亡"。长期以来，拉斯帕伊的小说一直是欧洲和北美右翼极端分子的指南读物。[16]

对伊斯兰教和多元文化主义的焦虑并不只是个别民族国家的内部问题，这种焦虑在关于欧盟扩张的辩论中也引起了共鸣，尤其在土耳其可能加入欧盟的问题上。"9·11"恐怖主义袭击为始于2005年9月的有关土耳其加入欧盟的讨论蒙上了阴影。自由主义者认为土耳其是沟通西方与穆斯林世界的潜在桥梁，可以借助它克服正在固化的文明冲突的思维框架。保守主义者则反驳说，土耳其和伊斯兰教的异教色彩过于浓厚，证明欧盟、民主与伊斯兰教根本格格不入。在这里，文明的话语被用于强化欧洲的文化边界。反穆斯林情绪甚至让东欧国家有机会重写自己的国家认同和战争记录。譬如说，一些塞尔维亚知识分子利用围绕2005年丹麦出版的关于先知穆罕默德的漫画所产生的争议，证明20世纪90年代波斯尼亚战争期间针对波斯尼亚与科索沃的穆斯林采用暴力手段的正当性，将塞尔维亚奉为西方文明的伟大捍卫者之一。[17]

关于"白人文明"陷入危机的偏执已经在一些国家的"另类右翼"（alt-right）圈子里扎根，这一情况同样令人感到不安。正如最后一章所探讨的，这类言论在20世纪60年代开始出现，从希腊的上校军官发动政变到伊诺克·鲍威尔的"血河"演讲。1968年在法国尼斯（Nice），数十个法国极右翼激进分子创建了欧洲文明研究小组（Research and Study Group for European Civilisation），按照法语的缩写形式，通常被称为"格里斯"（GRECE）。这个团体以新右翼（*Nouvelle Droite*）的名义宣扬其理念，大肆宣传西方文明的优越性和捍卫它的必要性。阿兰·德·伯努瓦（Alain de Benoist）是该团体的创建者之一，1977年他声称："在长达2000年的平等主义意识形态的倡导和努力下，世界正在逐渐趋于一致，而这种一致将会成为一种邪恶。"近期更加激进的为白人文明辩护的言论体现于另一位极右翼法国思想家雷诺·加缪（Renaud Camus）

的作品，尤其是他臭名昭著的"大更替"（le grand remplacement）理论。加缪（与那位法国诺贝尔奖得主并没有关系）是欧洲抵抗运动全国委员会（National Council of European Resistance）的主席与联合创始人之一，该组织致力于抵抗"对欧洲及欧洲人的侵略与毁灭"。《大更替》（Le Grand Remplacement）是他出版于2011年的作品，该书呼吁扭转欧洲的本土"白人"被"潮水般涌入欧洲大陆"的黑色与棕色人种移民"反向殖民"的趋势，这些移民威胁到白人文明，可能会令其灭亡。对他与他的追随者而言，关键的问题在于"种族与文明的更替"这个预示大灾变的幽灵。过去几年来，加缪的反动理念在国际另类右翼"认同主义者"（identitarian）群体中吸引了大批追随者。[18]

这些话语在右翼思想家与活跃分子的言论中经常出现。法国的国民集会党（National Rally party）主席玛丽娜·勒庞（Marine Le Pen）在2017年法国大选前夕直白地向她的追随者发出警告称，法国文明正受到移民的威胁，法国人"觉得在自己的国家，他们才是另类"。加缪甚至在2018年4月底向欧尔班致公开信，祝贺他连任成功，并称赞匈牙利"是欧洲抵抗运动的中流砥柱"，它的领导人明白"入侵、殖民和种族更替对于欧洲文明而言是关乎生死存亡的大事"。加缪的理念直接鼓舞极右翼分子于2017年8月11日在美国弗吉尼亚州夏洛茨维尔（Charlottesville）举行了"团结右翼"（Unite the Right）集会。在集会上，示威者高喊："犹太人绝不能取代我们！"2019年3月15日，新西兰的基督城（Christchurch）发生了清真寺枪击案，有51人遇害，凶手是白人至上主义者，他在"脸书"留言中声称将采取行动，阻止"白人的种族灭绝"，并保护遭到威胁的"白人文明"。其他右翼政党也利用复兴文明作为他们的战斗口号。不久前，荷兰历史学家蒂埃里·鲍德特（Thierry Baudet）创立了极右翼的民主论坛党（Forum for Democracy）。他形容荷兰正沦为"灿烂文明的废墟"。2019年5月18日,意大利副总理马泰奥·萨尔维尼(Matteo Salvini)在米兰举行了一场群众集会,参加者当中有前沿右翼人物,如玛丽娜·勒庞、荷兰自由党(Party for Freedom)的党魁海尔特·维尔德斯与德国的德国选择党(Alternative für Deutschland)主席耶尔格·默尔腾(Jörg Meuthen),反对移民和保护欧洲文明成为他们的共同政纲。欧洲的民族主义、宗教保守主义和种族主义的酝酿是对20世纪90年代新自由主义与经济紧缩冲击的应对,西欧与东欧的右翼政党利用了异化、挫折和被主流政党抛弃的普遍感受。对陷入困境的国家与欧洲文明的保卫继续推动着另类右翼人士寻找新的宣泄渠道。[19]

在美国,道德警告也在接二连三地响起。2017年7月6日,特朗普总统在华沙的克拉辛斯基广场(Krasinski Square)发表了臭名昭著的演讲,5次提到了保卫文明,呼吁欧洲和美国携手抗击恐怖主义和正在西方的脆弱边境集结的"新蛮夷"。这次演讲没有提及波兰右翼政府不久前对法官和记者的镇压,也没有提及华沙拒绝接受更多移民——这是当时令波兰的欧盟伙伴国感到困扰的两个主要问题。特朗普公然重提文明的冲突这个主题,而巴拉克·奥巴马总统曾刻意回避这个主题,以免它被极端激进分子利用,将这场冲突定性为西方与伊斯兰教而不仅仅是与吉哈德势力(jihadists)之间的矛盾。用特朗普的话说:"我今天向世界宣布:西方永远不会被打垮,绝对不会。""我们的价值观将长盛不衰。我们的人民将兴旺发达。我们的文明将会获得胜利。"最令听众感到不安的是,特朗普声称,"我们这个时代的根本问题,是西方是否拥有继续活下去的意志",而这番话或许是为了坚定即将展开战斗的军事决心。这也难怪《华盛顿邮报》(Washington Post)的一位记者称他俨然是"十字军首领"。同样引人注目的是,文明如何取代了其他更加为人所熟知的词语。2003年,乔治·W.布什总统曾在华沙发表演讲,提到了民主多达13次；与之相比，特朗普只提到民主一次，而人权则根本没有被提起。在特朗普的用语里，文明取代了民主和人权，成为效忠和认同的源头。2017年1月20日，在就职演讲里，特朗普立誓要保卫"文明世界"，对抗恐怖主义。从杜鲁门时代起在总统演讲里经常出现的"自由世界"这个概念被抛弃了。这个措辞上的差异或许很细微，但它反映了身份政治的基调正在转变，这种变化将欧洲与美国持保守主义立场的领导人团结在一起。2016年11月特朗普意外地赢得大选后的第二天，欧尔班在接受英国《每日邮报》的采访中得意地说："今天是历史重大事件的第二天，西方文明似乎成功摆脱了意识形态的束缚。"[20]

右翼对文明这个词语的采纳是一个新的演变，但它并非没有遭到抵抗。从1945年到20世纪60年代末这段时期，文明重建的理念并不局限于欧洲或帝国主义强权，而是与跨越政治谱系的事业联系在一起。它的改头换面从多个角度成为去殖民化时期进步政治思想的支柱。1945年后，这个概念被它的对立面（野蛮）的阴影所笼罩，因此，文明与在何种程度上意识形态能证明排斥与暴力的合法性这个更大的问题有着紧密联系。作为回应，新的文明使命的中心纲领是普世主义与包容性，总是与致力于实现和平、世界主义和跨文化交流的国际组织（如联合国和联合国教科文组织）联系在一起。它们或许不再拥有往时的权威，但它们仍然为毁灭与重生提供了另一个强烈的愿景。

值得关注的还有表现的形式。譬如说，战争刚刚结束时，人们努力将欧洲文明的毁灭与重建视觉化，并体现于反映瓦砾废墟以及人道主义救济工作者向整个欧洲需要帮助的幸存者提供援助的慈善行动的摄影作品中。接着，关注文明的视觉焦点转移到要求和平与繁荣的政治呼吁上，从在英国和西德展开的反核武器游行到新的房屋修建、建设，再到以崭新闪亮的消费品作为国家恢复与振兴的象征。文明与战争和征服之间的视觉联系——从帝国主义时代直到"二战"是司空见惯的现象——在冷战时期的欧洲几乎没有再出现，但殖民战争显然是例外，尤其是阿尔及利亚战争，双方都在利用惨剧的影像，希望赢得国际社会对各自事业的支持。暴力与反文明的恐怖影像在20世纪90年代初的波斯尼亚战争以及不久前发生在巴黎与欧洲其他地方的恐怖主义袭击中重回欧洲。但是，从20世纪60年代直到90年代初，文明面临威胁的视觉表达几乎消失了，因为辩论与表述的焦点转移到了其他领域。在一定程度上，这正是为什么本书以欧洲在"二战"结束时的毁灭为开始，以炸毁帕尔米拉为结束。在每一次灾难中，都有外国人抵达现场帮助拯救沦为废墟的文明——在1945年，这包括了英国、美国和法国的人道主义工作者，以及同盟国在德国和饱受战乱的欧洲各地的军事当局；而到了2016年，援助者由以欧洲为基地的国际机构与志愿团体构成。在这两场灾难之间响起了各种呼吁，希望再度利用被毁灭的文化遗产去开创战后的新世界。

同样引人注目的是陷入危机的文明的性别意象问题。正如第一章所探讨的，战后女性救济工作者作为欧洲解放后的第一批建设者与讲述者，在重建初期扮演了重要角色。妇女还以多种方式在铁幕两边直接参与了这片大陆在和平时期的改造，从住房建设、设计、公共卫生、职业生活到日常文化。像西蒙娜·德·波伏娃和汉娜·阿伦特等知识分子对欧洲的繁荣文化，尤其是美国文化入侵的危险，做出尖锐的批判。但随着欧洲局势在20世纪50年代逐步稳定，对文明的不同阐述在很大程度上转移到了掌握权力的男性精英身上——政府、行政机构、教会与社会机构的领导人。耐人寻味的是，逐渐兴起的女性平权运动利用的是权利与自由而不是文明的话语。20世纪60年代西欧的女权运动——以及后来相对较为沉默的东欧女权运动——专注于克服社会和政治的壁垒；相比较而言，文明（至少在20世纪60年代中期之后）逐渐成为保守主义人士推行边境建设和社会控制以保护（据称受到移民与寻求政治庇护者威胁的）主流文化的正当化理由。

如果说文明的变迁在一定程度上与性别有关，那么它也与种族有关。这正是为什么关于欧洲前殖民地的探讨如此重要。加纳、阿尔及利亚、塞内加尔对欧洲文明理念的引述表明，在世界历史的欧洲时代的尾声中，欧洲的意识形态遗产在欧洲以外的地区是如何被改造的。从帝国主义时代到法西斯时代再到"二战"爆发，文明与种族暴力的融合塑造了欧洲与外部世界之间的关系。1945年捷克斯洛伐克和波兰粗暴地驱逐德意志人，以及20世纪40年代法国与荷兰帝国重建（当然还有当时英国、比利时和葡萄牙的海外殖民帝国的延续），充分展现了这个暴虐的历史遗留问题并没有随着1945年战争结束而终止。随着时间流逝，非洲的精英人士努力掉转欧洲文明的论述用于对付欧洲人自己，同时宣扬以非洲为中心的新的文明观念，作为政治主权、国家建设和文化振兴的主张。

在20世纪60年代，欧洲关于种族与文明高下有别而且固定不变的旧观念让位于与和平及沟通相关的文明的新观念，这体现于非洲民族主义者、联合国教科文组织保存主义者和东欧的非洲研究者的努力。但这个包容性的时刻并没有一直持续下去。欧洲人在非洲的殖民地，如南非和罗得西亚，也将文明的话语化为己用，为种族隔离制度和白人少数统治辩护。20世纪60年代颠覆19世纪将文明等同于特权与排外观念的努力在那个十年即将结束时遭到逆转，非洲南部几个欧洲殖民地的意识形态倡导者将文明的理念回归到帝国主义和种族主义色彩浓厚的开端。接下来发生的事情令人始料未及：这个重振文明以巩固非洲南部白人少数统治的殖民主义逻辑在20世纪70年代又回到欧洲本土。现在，保卫文明被用于警惕白人主流文化（在西欧与东欧）遭到大约十年前来自欧洲的前殖民地和贸易伙伴国的移民实施"反向殖民"的危险。

这种带有限制性和右翼色彩的对文明的重新定义受到欧洲更具包容性的声音与愿景的挑战。1999年推倒柏林墙十周年，瓦茨拉夫·哈维尔写了一篇文章，名为《在全球文明中寻找意义》（The Search for Meaning in a Global Civilization）。在这篇文章里，他分析了殖民主义和共产主义结束后的世界形势，并断定这个时代的问题在于精神指引和道德方向的缺失："我们所经历的世界似乎充满了混乱，支离破碎，令人困惑。似乎没有整合的力量，没有一致的含义，没有对我们在这个世界的经验的真实而深入的理解。专家可以向我们解释关于客观世界的任何事情，可我们对自己的生活却越来越糊涂。"这种困境绝不仅限于欧洲，哈维尔的文章也不是悲观主义的颂歌。对于哈维尔而言，"在本世纪的最后几年里，最主要的政治任务"仍然是"缔造一个共存的新模式，将各种文化、民族、种族和宗教纳入单一的相互联系的文明之中"。[21]

正如第六章里所探讨的，将世界历史重写为彼此间相互联系并相互影响的故事在很久以前就体现于桑戈尔等人的作品。但值得记住的是，在当时这是大胆而且充满争议性的观点，在民族主义盛行的时代遭到了相当大的阻力。一个有代表性的例子是不久前发现的两位法国最具影响力的历史学家吕西安·费弗尔和弗朗索瓦·克鲁泽（François Crouzet）创作于1950年但没有出版的书稿。吕西安·费弗尔是法兰西公学院教授、年鉴学派的重要人物之一；而弗朗索瓦·克鲁泽是他资历较浅的同事、索邦大学经济史学者。他们的手稿书名是带有争议性的《文明的国际起源：法国历史的基本构成》（Origines internationales d'une civilisation: Eléments d'une histoire de France），书中做出带有修正主义色彩的论述，认为法国历史是许多个世纪以来全球影响的产物。他们的主旨是：法国一直有众多民族聚居，包括土耳其人、阿拉伯人和非洲人；对于他们而言，重点是"我们所有人都是混血儿"。法国的动植物与食材也同样受到来自法国境外的影响。费弗尔和克鲁泽以与联合国教科文组织重写世界历史相同的治学方法，声称法国的历史是一个不断向世界各地借鉴和仿效的漫长故事，强调法国人是"多样化历史的传承者"。在这个例子中，他们的项目与联合国教科文组织有直接联系，他们受到该机构的委托而创作，向以民族为中心的传统历史叙事提出挑战。他们以充满活力的反民族主义热情书写法国历史，旨在促进国际理解，并帮助克服种族—民族主义和欧洲中心主义对教育的祸害。然而在1950年，费弗尔和克鲁泽所书写的历史对于联合国教科文组织而言太过于激进，一些人认为他们否定民族国家和欧洲全球霸权的中心地位这一做法实在过火，阻止了这部作品的出版。两位作者放弃了书稿，它被束之高阁长达数十年之久，60年过后才重见天日。它迟来的出版起初或许表示我们生活在一个更加全球化的时代，在这个时代，反民族主义和不以欧洲为中心的历史陆续得以出版，甚至几乎成为如今学术界的惯例。但文明的话语已经从今天对全球化历史的论述中被抹除了。对于左翼人士而言，文明这个词语仍然是悔恨与憎恶的源泉，一个来自帝国主义时代的不受待见的历史残留。反民族主义和反欧洲中心主义的历史在如今依然引起公众心中的不悦，而费弗尔和克鲁泽的故事使人们注意到了这一点。[22]

今天，这些哈维尔、费弗尔和克鲁泽的思考结晶就像来自另一个纪元。"9·11"袭击和难民危机助长了右翼民族主义、部落式民粹主义和反穆斯林仇外情绪的卷土重来，对文明遭遇危机的感受帮助证明了拉起吊桥隔绝于世的必要性。最能体现我们这个世界正在发生改变的证据是欧洲和其他地方的狂热的筑墙行动。近几年来，欧洲东部地区与东南地区竖起了超过745英里（约合1200公里）

长的围墙和新的国界线,这主要是为了应对始于 2015 年的难民危机。对于许多东欧人而言,体现世界主义精英价值观的自由行动理念被视为威胁,而不是认同感的来源。1989 年发生了民主革命,接着发生了反对开放的群众反革命运动。中东、中亚、东南亚、远东和北美也有类似的筑墙行动。至少有 65 个国家(占全世界国家总数的三分之一)在过去 20 年里沿国界线筑起了新的围墙,自"二战"之后修筑的围墙当中,有一半在公元 2000 年之后修筑。保护遭受威胁的文明这个要求伴随着新铁幕的强化而出现,既是新边界划定的政治原因,也是其结果。[23]

因此,一个新的幽灵正在欧洲游荡,它从前的名字唤作文明。今天,欧洲将文明这个词语当作意识形态的护墙,以抵御"新蛮夷"入侵的危险,这可能会让那些倡导和平的组织数十年来的努力全都化为乌有,而这些组织致力于推进带有普世主义色彩的、后帝国主义的共同世界文明理念。20 世纪 50 年代初将文明与科学、舒适、权利和保护战区平民联系在一起的理念早已被放弃,而文明与房屋建设、消费品和礼仪读物之间的关系也一样。旧时利用文明将各大洲以国际团结的名义联系在一起的努力〔包括联合国教科文组织、国际特赦组织(Amnesty International)和形形色色的非政府组织等〕也经历了同样的情形。相反,文明正被狭隘地重新定义为关于宗教认同和文化防御的阐述,有时候还涉及军事扩张——倒退回了 19 世纪。和 19 世纪一样,这些观点并不局限于西方国家,世界范围内手段强硬的领导人——从匈牙利、土耳其、俄国、埃及到美国——都在利用这个词语以巩固他们的保守主义政治观点。面对全球化和"9·11"事件的影响,对"文明本质"再度燃起的兴趣持续了 20 年之久。这种防御性的身份认同感体现于形形色色的"亚洲价值"、非洲中心主义、宗教原教旨主义,就连欧洲中心主义也死灰复燃。与基于交流和相互影响为基础的对世界的认识相反,现今对文明的理解专注于以文化自治和受管制的现代化为名义的壁垒分明的国界、差异和种族同质化。[24]

然而,正在进行的对文明的改造并不只是毁灭与绝望、武力威胁和加强边境设防的故事。譬如说,中国的社会学家正在重新思考"共产主义文明"的历史,着眼于从国际共产主义的视角理解国家与市场之间的关系。[25] 联合国教科文组织及其遍布世界各地的国家委员会正在高举世界文明的旗帜以继续他们的保护工作,新一代的环境史学家——还有环境保护主义者——开启了超越民族国家的全球历史和国际政治的新视野,研究世界范围内无国界的工业文明的发展及其效应。尽管抗议战后工业化负面影响的绿色环保组织在20世纪60—70年代第一次发出自己的声音,但在过去的20年里,这个领域一直在突飞猛进地发展。在某些国家(尤其是中国)现在正谈论可持续的"生态文明"的到来,作为迈向更美好未来的一步。2019年底,新冠肺炎全球大流行引发了国际社会对一场更为深刻的全球文明危机的担忧,再度唤醒了关于人类与文明本身终将灭亡这一事实的"同一个世界同一个地球"的意识。这是否将会促成基于守护人类、拥抱未来的更具普世主义色彩的价值观的协调行动,在眼下不可能做出断言。重要的是,在当下的政治话语中过热的文明军事化和种族化的局势演变的确值得严肃考虑,但这种情况或许不会一直持续下去,而且它绝对不是当今文明的唯一出路。[26]

几个世纪以来,文明这个词语根据语境和倡导群体的不同,发生了剧烈的变化,本书尝试跟踪战后它在欧洲大陆及其他地区的演变与重塑。正如汤因比在许多年前留意到的,文明"是一种运动而不是一种状态,是一次航行而不是一个港口"。我们没有理由认为文明在未来不再是中心命题或不那么反复多变,因为时至今日,它仍是引发强烈争议的描述身份、可能性、损失和渴求的词语,而这正是因为它的政治色彩是如此浓烈。[27]

在此，也许有必要反思 V. S. 奈保尔（V. S. Naipaul）在 30 年前关于文明的论述。1990 年 10 月 30 日，这位出生于特立尼达的诺贝尔文学奖得主在纽约的曼哈顿研究所（Manhattan Institute）发表了沃尔特·B. 里斯顿公共关系讲座（Walter B. Wriston Lecture in Public Policy），主题是"我们的普世文明"（Our Universal Civilization）。奈保尔开篇便承认这是一个"宏大的命题"，他"为此感到有点局促不安"。即便如此，他还是在接下来的内容里继续为普世文明这个理念做辩护，因为这个文明令他得以"从特立尼达的边远地带来到伦敦这座中心"，因为"尽管我出身于特立尼达，但我是一个更宏大的文明的一分子"。对于奈保尔而言，这不是一个轻松的故事，因为普世文明"在从前并不像如今这么吸引人。欧洲的扩张令它在至少 3 个世纪的时间里沾染上种族主义色彩，至今仍带来痛苦。我生于特立尼达，成长于那个种族主义时代的尾声，或许令我更能真切地理解战争结束后所发生的巨大改变，理解这个文明所做出的接纳与包容世界其他部分及其全部思潮的了不起的尝试"。虽然并不是每个人都认同这里所描述的文明积极正面的或包容性的品质，但奈保尔的演讲强调了 1945 年后对世界各地的许多人（而不仅仅是欧洲人）而言，关于文明的多样化的理解、经历和含义。奈保尔的话描述的究竟是"普世文明"的过去还是未来，在当下根本不可能做出断言，但或许二者皆有可能。[28]

抢救处于危险中的文明是欧洲大陆在"二战"后阐述文化、社会和政治转变的中心主题，而在当今时代，整个欧洲对其在世界上所处困境的焦虑再次加剧。"9·11"事件和欧洲当前面对恐怖主义和难民危机的困境以冷战初期以来从未有过的方式再次唤醒了"文明面临危机"这个主题。它为恐惧、不安和集体认同的情绪化话语提供了意识形态的借口。动用这一话语支持边境防卫或发动侵略，这当然会令缔结和平与促进跨文化理解在地缘政治冲突结束之后变得更加困难，这体现于围绕帕尔米拉的暴力交锋。到最后，像文明这样可能具备普世意义的概念——或人性这个同样备受攻讦的理念——或许是我们想象和平与国际合作前景的唯一话语。文明将如何被用于叙述政治恐惧和变革是一个悬而未决的问题，但它仍在继续定义一个感到自身遭受威胁的大陆。

后记与鸣谢

这本书已隐隐约约在我的脑海里酝酿了许多年。从某种程度上说，它是20世纪80—90年代我在哈弗福德学院（Haverford College）和芝加哥大学的求学经历促成的结果。这两所大学的历史系都致力于开设西方文明经典作品课程。第一次世界大战之后，多所美国大学率先开设了这门课程，目的是帮助复员士兵理解美国在动荡的全球化世界中的地位与使命。芝加哥大学（以及哥伦比亚大学）是这个倡议的引领者，"西方文明"必修课程从20世纪50年代起被大多数美国高等院校采纳。80年代中期我从哈弗福德学院毕业，几年后我入读芝加哥大学研究生院，在这一时期，作为（里根时代围绕美国的身份和历史使命的）文化战争的一部分，这些经典作品在全国遭到抨击，关于这门基础课程的希冀、盲点和争议在许多方面影响了本书内容。我的导师莱因哈特·科泽勒克（Reinhart Koselleck）曾在芝加哥大学执教，其治学方法也产生了深刻影响。他在概念史（*Begriffsgeschichte*）的前沿性研究促使我开始思考观念自身作为政治力量的历史。

20世纪70年代初我在亚利桑那州凤凰城（Phoenix）读小学，当时我第一次接触到"文明"这个词语，它应该是出自一本紫色的油印家庭作业本，里面讲述了阿兹特克、埃及、中国和欧洲等古老文明的伟大成就。当时"文明"可能是我认识的最长的单词，含义也无疑最为沉重。或许本书更深层面而不是那么明显的促成因素是源于对K太太的六年级英语课的强烈回忆。K太太是一位作风老派但备受尊敬的小学教师，对自己的工作尽心尽职，视自己为知识与传统的传播者。和所有小学教师一样，所有的基础科目都由她教，但在文法课上，她倾注了传教士般的热忱。她一丝不苟地讲解英语的深层结构，画出细致的示意图，上面写满了陌生的语法要素：主语、动词、谓语、限定语、助动词。有一回，班上一个同学问她为什么要学这些，她冷冰冰地回答：得体的英语代表了划分文明与野蛮的细微界线。在她看来，教育是宣扬上进与优雅的福音布道，而语言的正确使用是将我们这些生活在从前属于墨西哥领土的人和美国其他地区的同胞联系在一起，甚至与英国共同分享西方文化遗产的关键。当然，当时的我根本无法理解如此崇高的意义，但这番话一直留在我的脑海里。我就读的西凤凰城小学人种混杂，有西班牙裔、美洲原住民和盎格鲁裔的学生，我甚至记得当时我在纳闷到底她捍卫得体正确地运用英语的这番话是针对我们所有人还是只针对一部分人。不过，还有另一件事情令我毕生难忘：当时她站在黑板前面，手里拿着粉笔，在她右边的教室门口有一个大钩子，上面吊着一把旧木头戒尺，象征着教师的权威，学校里的老师有时会用它惩戒学生。这个将语法和体罚联系在一起的鲜明的视觉特征一直留在我心中。语法规则和那把带有威胁意味的戒尺塑造了她的形象，生动地表达了构成文明的两面性——教育与和解，文化与暴力——而这也构成了本书的特征。

在此我谨向令这本书得以顺利出版的机构和人士致谢。首先，我非常感激被授予2018—2019年度利华休姆高级研究员（Leverhulme Senior Research Fellowship）资格，这让我有时间进行研究并撰写本书。我还是一个大型协作项目艺术与人文研究理事会/英国资助项目（2014-2017）：走向全球化的社会主义："第二世界"与"第三世界"之间的冷战联系（Socialism Goes Global: Cold War Connections Between the "Second" and "Third Worlds"）的合作研究者，本书的部分材料（尤其是第八章与第九章）便是得益于那笔慷慨的津贴。牛津大学历史系与圣安东尼学院（St Antony's College）也在几个重要方面给予我支持。伦敦的国家档案馆（National Archive）员工、加纳阿克拉的公共记录与档案管理处（Public Records and Archives Administration Department）、伦敦的帝国战争博物馆、剑桥大学图书馆的特别馆藏（Cambridge University Library's Special Collections）、柏林的国立图书馆（Staatsbibliothek）、牛津大学的博德利图书馆（Bodleian Library）对我有很大的帮助。第二章有几部分内容出版于由约翰尼斯·保尔曼(Johannes Paulmann)编撰的《人道主义与媒体：1900年直至今日》（Humanitarianism and Media: 1900 to the Present, Oxford/New York: Berghahn, 2018）第126页至150页的文章《关于怜悯的辩论：英国的柏林照片（1945—1947年）》（The Polemics of Pity: British Photographs of Berlin, 1945–1947）；第三章有几部分内容出版于由保罗·贝茨和斯蒂芬·A. 史密斯（Stephen A. Smith）编撰的《欧洲冷战时期的科学、宗教与共产主义》（Science, Religion and Communism in Cold War Europe, London: Palgrave, 2016）第275—307页的文章《宗教、科学与冷战反共产主义：1949年对枢机主教敏真谛的作秀式审判》（Religion, Science and Cold War Anti-Communism: The 1949 Cardinal Mindszenty Show Trial）；第四章的一部分内容出版于由弗兰克·比斯(Frank Biess)和罗伯特·莫勒（Robert Moeller）编撰的《战后历史：第二次世界大战对欧洲的影响》(*Histories of the Aftermath: The Legacies of the Second World War in Europe*，Oxford/New York: Berghahn, 2010）第 196—214 页的文章《礼仪、道德与文明：对战后德国礼仪读物的反思》(*Manners, Morality and Civilization: Reflections on Postwar German Etiquette Books*）；第七章有几部分内容刊登于《过去与现在》(*Past and Present*，第 228 期第一卷，2015 年 8 月）第 249—285 页的文章《人类的新遗产：联合国教科文组织和重写世界历史》(*Humanity's New Heritage: UNESCO and the Rewriting of World History*）；以及由保罗·贝茨与科里·罗斯（Corey Ross）编撰的《现代世界的文化遗产》(*Heritage in the Modern World*，《过去与现在》第 226 期，增刊第 10 期，2015 年）第 100—125 页的文章《世界文明的守护者：联合国教科文组织与努比亚遗迹的抢救行动》（*The Warden of World Civilization: UNESCO and the Rescue of the Nubian Monuments*）。我要向所有的出版社允许我再版这些内容表示感谢。

我还要向几位朋友与同事致谢，他们付出了宝贵的时间并给予反馈与支持。2019 年 7 月，我组织了一次书稿工作坊，审读完整的初稿，我很感谢参加者提出的建设性批评意见：帕特里夏·克莱文（Patricia Clavin）、安妮·戴顿（Anne Deighton）、马丁·康威（Martin Conway）、斯蒂夫·史密斯（Steve Smith）、索尔·杜博（Saul Dubow）。索尔几年来阅读了许多章节，他锐利的编辑目光令这部手稿的质量大为改善。安妮·戴顿为前面几个章节的手稿提供了不少意见；斯蒂夫·史密斯阅读了序文的几个版本，我很感激他提出的建议和鼓励。科里·罗斯、林恩·梅斯克尔、尼克·斯塔加德特（Nick Stargardt）、简·卡普兰（Jane Caplan）、马丁·盖尔（Martin Geyer）、莫妮卡·布莱克（Monica Black）、凯特·斯

后记与鸣谢

金纳（Kate Skinner）、鲁思·哈里斯（Ruth Harris）、阿隆·康菲诺（Alon Confino）和斯蒂凡-路德维希·霍夫曼（Stefan-Ludwig Hoffmann）热心地阅读了手稿的部分内容，令我获益匪浅。我要特别提及鲍勃·莫勒（Bob Moeller），因为他阅读了每一个章节（有几章还读了两次），长期以来，他是格外关心我的朋友与读者。戴维·普里斯特兰（David Priestland）、费萨尔·德夫吉（Faisal Devji）、戴斯·泽诺夫斯卡（Dace Dzenovska）和雅科夫·雅德加（Yaacov Yadgar）帮助我构思了开头。我要感谢乔凡尼·卡迪奥利（Giovanni Cadioli）在几个主题的研究工作，尤其是在俄语和意大利语的信息来源上的协助。我曾与玛格丽特·麦克米伦（Margaret MacMillan）、尤金·米切尔（Eugene Michail）和约翰尼斯·保尔曼进行过交流，他们的鼓励令这个出版计划受益匪浅。我还要向圣安东尼学院欧洲研究中心（European Studies Centre）的所有同事致谢，感激他们的支持与团结。我的经纪人费莉西蒂·布莱恩（Felicity Bryan）和副经纪人乔治·卢卡斯（George Lucas）每次都给予我帮助和鼓励，能与他们共事，我感到十分荣幸。但费莉西蒂在本书出版前不幸去世，我会非常怀念她的热情、风趣和专业精神。我还要感谢轮廓出版社（Profile）的安德鲁·富兰克林（Andrew Franklin）和基础读物出版社（Basic）的劳拉·海默特（Lara Heimert）接纳了本书的出版计划，我要感谢我的编辑团队——基础读物出版社的康纳·盖伊（Connor Guy）和轮廓出版社的塞茜尔·盖福德（Cecily Gayford）——出色的编辑工作和如何面向更广泛读者群体的指导意见。我衷心感谢基础读物出版社和轮廓出版社的制作团队，卡拉·辛格尔顿（Calah Singleton）迅速而娴熟地完成了配图工作；在本书制作期间，罗杰·拉布利（Roger Labrie）和苏珊·万赫克（Susan VanHecke）两位专家分别担任行文编辑和文字编辑，我要感谢他们细致严谨的工作。

我最感激的是我的家人。我的两个女儿露西（Lucie）与安娜（Anna），这本书的出版计划或许让她们听腻了，但她们提供了不少好的建议和视角，并且有机会让我放松身心。我的姐姐莎伦·斯特拉·贝茨（Sharon Stella Betts）和我的姐夫戴维·利文（David Leven）一直陪伴着我，分享他们对序文初稿的观感。我的母亲佩特拉·贝茨（Petra Betts）从一开始就对这本书很感兴趣，但我的父亲查尔斯·贝茨（Charles Betts）在本书完成之前不幸去世。我的妻子西尔维（Sylvie）伴随着我，在每一个环节都提出她的想法、建议、宽慰和宽泛的意见等，不一而足。我将本书献给她、露西和安娜。

注释及参考文献

引言　为旧世界带来新生

1. Tanja Collet, 'Civilization and Civilized in Post-9/11 US Presidential Speeches', *Discourse and Society* 20, no. 4 (2009): 455–475, and www.white house.gov/briefings-statements/remarks-president-trump-people-poland; www.lemonde.fr/politique/article/2015/06/29/la-guerre-de-civilisation-de-valls-rejouit-la-droite_4663488_823448.html; 'Refugees Threaten Christian Roots, Says Hungary's Orban', *Reuters*, 3 September, 2015, and Andrew Rettman, 'Orban Says Migrants Will Change European Civilization', *EU Observer*, 2 June, 2015; Constantine Pleshakov, *The Crimean Nexus: Putin's War and the Clash of Civilizations* (New Haven: Yale University Press, 2017); Habib Afram, president of the Syriac League of Lebanon, asserted that ISIS is 'not destroying our pres- ent life, or only taking the villages, churches, and homes, or erasing our attired future – they want to erase our culture, past and civilization', drawing a parallel to the Mongol invasion of the Middle East, in Kareem Shaheen, 'Outcry Over Isis Destruction of Ancient Assyrian Site of Nimrud', *Guardian*, 6 March, 2015.

2. Jürgen Osterhammel, *The Transformation of the World: A Global History of the Nineteenth Century*, trans. Patrick Camiller (Princeton: Princeton University Press, 2014 [2009]), 826–873; Tony Judt, *Postwar: A History of Europe since 1945* (London: Allen Lane, 2005), 5.

3. Hannah Arendt, 'Nightmare and Flight', in *Hannah Arendt: Essays in Understanding, 1930–1954*, ed. Jerome Kohn (New York: Harcourt, Brace & Co., 1993), 134; Dan Diner, 'Den Zivilisationsbruch erinnern: Über die Entstehung und Geltung eines Begriffs', in *Zivilisationsbruch und Gedächtniskultur: das 20. Jahrhundert in der Erinnerung des beginnenden 21. Jahrhunderts*, ed. Heidemarie Uhl (Innsbruck: Studien Verlag, 2003), 17–34.

4. Brett Bowden, *The Empire of Civilization: The Evolution of an Imperial Idea* (Chicago: University of Chicago Press, 2009).

5. Samuel P. Huntington, *The Clash of Civilizations and the Remaking of World Order* (New York: Simon & Schuster, 1996), 28; ed. Stig Jarle Hansen, Atle Mesoy, and Tucany Kardas, eds, *The Borders of Islam: Exploring Samuel Huntington's Faultlines, from Al-Andalus to the Virtual Ummah* (New York: Columbia University Press, 2009).

6. Arnold J. Toynbee, 'Post-War Paganism Versus Christianity', *The Listener*, 20 January, 1937, 124; Toynbee, *A Study of History*, abridgement of volumes I–VI by D. C. Somervell (New York: Oxford University Press, 1947), 1–11, 35–42, 567–578; Toynbee, *Christianity and Civilisation* (London: Student Christian Movement Press, 1940); Toynbee, *Civilization on Trial* (London, 1948), 24; William H. McNeill, *Arnold J. Toynbee: A Life* (Oxford: Oxford University Press, 1989), 205–234.

7. Kenneth Clark, *Civilisation: A Personal View* (London: John Murray, 1969), 1; Felipe Fernández-Armesto, *Civilizations* (London: Macmillan, 2000); Reinhold Niebuhr, 'Culture and Civilization', *Confluence: An International Forum* 1, no. 1 (March 1952): 67; Claude Lévi-Strauss, *Tristes Tropiques* (London: Jonathan Cape, 1973 [1955]), 448.

8. Mary Beard, *Civilisations: How Do We Look? The Eye of Faith* (London: Profile, 2018), 203.

9. Régis Debray, *Civilisation: Comment nous sommes devenus américaine* (Paris: Gallimard, 2017), 11; Martin Conway, 'Democracy in Western Europe after 1945', in *Democracy in Modern Europe*, ed. Jussi Kurunmäki, Jeppe Nevers and Henk te Velde (New York: Berghahn, 2018), 231–256.

10. Lucien Febvre, 'Civilisation: Évolution d'un Mot et d'un Groupe d'Idées', in *Civilisation: Le Mot et L'Idée*, ed. Lucien Febvre et al. (Paris: Renaissance du Louvre, 1930), 1–55; Fernand Braudel, *A History of Civilizations*, trans. Richard Mayne (London: Penguin, 1993 [1987]), 3–23, and Raymond Williams, 'Civilisation', in *Keywords: A Vocabulary of Culture and Society* (London: Fontana, 1988), 57–60; Norbert Elias, *The Civilizing Process*, vol. 1: *The History of Manners* (New York: Urizen Books, 1978 [1939]).

11. Philippe Bénéton, *Histoire de mots: Culture et civilisation* (Paris: Presses de la fondation nationale des sciences politiques, 1975), 40–41, 81–82, 104–105; Stuart Woolf, 'French Civilization and Ethnicity in the Napoleonic Empire', *Past & Present* 124 (August 1989), 105–106; Jörg Fisch, 'Zivilisation, Kultur', in *Grundliche Grundbegriffe: Historisches Lexikon zur politisch-sozialen Sprache in Deutschland*, ed. Otto Brunner, Werner Conze and Reinhart Koselleck, Bd. 7 (Stuttgart: Klett-Cotta, 1992), 679–774; Fred Bridgham, ed., *The First World War as a Clash of Cultures* (London: Camden House, 2006).

12. John Horne and Alan Kramer, *German Atrocities, 1914: A History of Denial* (New Haven: Yale University Press, 2001), 214–217, and Barbara Besslich, *Wege in der 'Kulturkrieg': Zivilisationskritik in Deutschland, 1890–1914* (Darmstadt, Germany: Wissenschaftliche Buchgesellschaft, 2000); Thomas Mann, *Reflections of a Non-Political Man*, trans. Walter Morris (New York: Frederick Ungar, 1983), 23; Vejas Gabriel Liulevicius, *The German Myth of the East: 1800 to the Present* (Oxford: Oxford University Press, 2009), 131–147.

13. Paul Valéry, *Variété* (Paris: Editions de la Nouvelle revue française, 1924), 11–12.

14. Prasenjit Duara, 'The Discourse of Civilization and Decolonization', *Journal of World*

History 15, no. 1 (March 2004): 1–5; C. E. M. Joad, *For Civilization* (London: Macmillan & Co., 1940); James McMillan, 'War', in *Political Violence in Twentieth-Century Europe*, ed. Donald Bloxham and Robert Gerwarth (Cambridge: Cambridge University Press, 2011), 50–54, 68–69.

15. Richard Overy, *The Morbid Age: Britain and the Crisis of Civilization, 1919–1939* (London: Penguin, 2009), 42–44, 182–183.

16. Margrit Pernau, Helge Jordheim et al, eds, *Civilizing Emotions: Concepts in Nineteenth-Century Asia and Europe* (Oxford: Oxford University Press, 2015).

17. Vera Micheles Dean, *The Four Cornerstones of Peace* (London: McGraw-Hill, 1946), 54; '*We the People*···' *United Nations Conference on International Organisation: The Story of the Conference in San Francisco* (London: UN Information Organisation, 1946), 6–13; Clyde Eagleton, 'The Charter Adopted at San Francisco', *American Political Science Review* 39 (October 1945): 935; Virginia Crocheron Gildersleeve, *Many a Good Crusade* (New York: Macmillan, 1954), 316; Glenda Sluga, *Internationalism in the Age of Nationalism* (Philadelphia: University of Pennsylvania Press, 2013), 88.

18. Irving Norman Smith, 'San Francisco First Steps to Peace', *Behind the Headlines* 5, no. 6 (September 1945): 1, 31.

19. *Charter of the United Nations: Report to the President on the Results of the San Francisco Conference by the Chairman of the US Delegation, the Secretary of State, June 26, 1945* (Washington, DC: Department of State, 1945), 11, 19; Gilder-sleeve, 331–332; Harry Truman, Verbatim Minutes of the Opening Session, April 25, 1945, in *UNIO, Documents* (New York: United Nations, 1945), 425, and *The United Nations Conference on International Organization: Selected Documents* (Washington, DC: US Government Printing Office, 1946), 939.

20. Edward Keene, *Beyond the Anarchical Society: Grotius, Colonialism and World Politics* (Cambridge: Cambridge University Press, 2002), 136–140; 'Peace Terms for Italy: A Letter from Benedetto Croce', *Manchester Guardian*, 10 September, 1945, 4; *The San Francisco Conference and the Colonial Issue: Statement by the Council on African Affairs, April 1945* (New York: Council on African Affairs, Inc., 1945), 4–5; Paul Gordon Lauren, 'First Principles of Racial Equality: History and the Politics and Diplomacy of Human Rights Provisions in the United Nations Charter', *Human Rights Quarterly* 5, no. 1 (1983): 21; Sluga, 91.

21. *Women's Share in Implementing the Peace: United Women's Conference, San Francisco, May 19, 1945* (San Francisco: United Women's Conference, 1945); Johannes Morsink, 'Women's Rights and the Universal Declaration', *Human Rights Quarterly* 13 (1991): 229–256; Marika Sherwood, '"There Is No New Deal for the Blackman in San Francisco" : African Attempts to Influence the Founding Conference of the United Nations, April–July 1945', *International Journal of African Historical Studies* 29, no. 1 (1996): 93; Mark Mazower, *No Enchanted Palace: The End of Empire and the Ideological Origins of the United Nations* (Princeton: Princeton University Press, 2009), 7–62, quotation 63.

22. Martti Koskenniemi, *The Gentle Civilizer of Nations: The Rise and Fall of International Law, 1870–1960* (Cambridge: Cambridge University Press, 2009); Gerrit W. Gong, *The Standard*

of *'Civilization' in International Society* (Oxford: Clarendon Press, 1984); Mark Mazower, 'The End of Civilization and the Rise of Human Rights', in *Human Rights in the Twentieth Century*, ed. Stefan-Ludwig Hoffmann (Cambridge: Cambridge University Press, 2010), 29–44; Judt, *Postwar*; Mark Mazower, *Dark Continent: Europe's Twentieth Century* (London: Penguin, 1998); Konrad Jarausch, *Out of Ashes: A New History of Europe in the Twentieth Century* (Princeton: Princeton University Press, 2015); Ian Kershaw, *Roller- Coaster: Europe, 1950–2017* (London: Penguin, 2018).

第一章　呼吁救济

1. Stephen Spender, *Ruins and Visions* (London: Faber & Faber, 1942); Spender, *European Witness* (London: Hamish Hamilton, 1946), 21–22. See Florian Alix-Nicolaï, 'Ruins and Visions: Stephen Spender in Occupied Germany', *The Modern Language Review* 109, no. 1 (2014): 54–74.

2. Spender, *European*, 23–24, 68, 109.

3. Keith Lowe, *Savage Continent: Europe in the Aftermath of World War II* (New York: Viking, 2012), 3–6; William Shirer, *Twentieth-Century Journey: A Native's Return, 1945–1988* (New York: Simon & Schuster, 1990), 9; William Peters, *In Germany Now: The Diary of a Soldier* (London: Progress Publishing Company, 1945), 8; B. Gorbatov and M. Merzhanov, 'We Talk to Berlin's Cave Dwellers', 2 May, 1945, in *What We Saw in Germany with the Red Army to Berlin, by Thirteen Leading Soviet War Correspondents* (Moscow: Soviet War News, 1945), 55.

4. William Shirer, *End of a Berlin Diary* (New York: Knopf, 1947), 160; Janet Flanner, 'Letter from Cologne', *Janet Flanner's World: Uncollected Writings, 1932–1975*, ed. Irving Drutman (London: Secker & Warburg, 1980), 98; William I. Hitchcock, *Liberation: The Bitter Road to Freedom, Europe, 1944–1945* (London: Faber & Faber, 2008), 192.

5. Klaus Mann, *Stars and Stripes*, quoted in Susan T. Pettiss, with Lynne Taylor, *After the Shooting Stopped: The Story of an UNRRA Welfare Worker in Germany, 1945–1947* (Victoria, Canada: Trafford, 2004), 74; Theodor Plievier, *Berlin: A Novel* (London: Hammond, 1956), 9; Arnold Zweig, 'Fahrt durch die Ruinenstadt' (1948), cited in *Berlin 1945: A Documentation*, ed. Reinhard Rürup (Berlin: Wilhelm Arenhövel, 1995), 66.

6. Spender, *European Witness*, 235, and Isaac Deutscher, *Reportagen aus Nachkriegsdeutschland* (Hamburg: Junius, 1980), 114, quoted in Rürup, 62.

7. Letter of 9 August, 1945, in Grigor McClelland, *Embers of War: Letters from a Quaker Relief Worker in War-Torn Germany* (London: I.B. Tauris, 1997), 49; letter of 25 May, 1946, in McClelland, 173–177; Walter Kempowski, *Swansong 1945: A Collective Diary from Hitler's Last Birthday to VE Day*, trans. Shaun Whiteside (London: Granta, 2014 [2005]), 312, 337, 394, 414.

8. Dwight D. Eisenhower, *Crusade in Europe* (London: William Heineman Ltd, 1956 [1950]), 446; *Atrocities and Other Conditions in Concentration Camps in Germany* (Washington, DC: United States Government Printing Office, 1945), 15; Mavis Tate, MP, 'More on Buchenwald', *Spectator*, 4 May, 1945, 402–403; George Gallup, 'Public Says U.S. and Germans Should See Nazi Horror Films', *Washington Post*, 20 May, 1945, 5B; Benjamin A. Lindsey, '"Organized

Crime Against Civilization": The Congressional Investigation of Liberated Concentration Camps in 1945' (master's thesis, University of Vermont, 2012).

9. *The Relief of Belsen, April 1945: Eyewitness Accounts* (London: Imperial War Museum, 1991), 11; Douglas Botting, *From the Ruins of the Reich, Germany, 1945–1949* (New York: Meridian, 1985), 45–46; Ben Shephard, *After Daybreak: The Liberation of Belsen, 1945* (London: Jonathan Cape, 2005), 72.

10. Freddie Knoller, with John Landaw, *Living with the Enemy: My Secret Life on the Run from the Nazis* (London: Metro Publishing, 2005), 209; Brian Urquhart, *A Life in Peace and War* (New York: Harper & Row, 1987), 85; *Conditions of Surrender: Britons and Germans Witness the End of the War*, ed. Ulrike Jordan (London: German Historical Institute, 1997), 95; Dan Stone, *The Liberation of the Camps: The End of the Holocaust and Its Aftermath* (New Haven: Yale University Press, 2015), 104.

11. Richard Bessel, *Germany 1945: From War to Peace* (London: HarperCollins, 2009), 6.

12. Hans Ostwald, *Sittengeschichte der Inflation: Ein Kulturdokument aus den Jahren des Marktsturzes* (Berlin: Neufeld und Henius Verlag, 1931), 7–8, and Bernd Widdig, *Culture and Inflation in Weimar Germany* (Berkeley: University of California Press, 2001).

13. Stig Dagerman, 5, quoted in Werner Sollors, *The Temptation of Despair: Tales of the 1940s* (Cambridge: Harvard University Press, 2014), 114.

14. Sharif Gemie, Fiona Reid, and Laure Humbert, *Outcast Europe: Refugee and Relief Workers in an Era of Total War, 1936–1948* (London: Continuum, 2012), 234; Zorach Warhaftig, *Relief and Rehabilitation: Implications of the UNRRA Program for Jewish Needs* (New York: Institute of Jewish Affairs of the American Jewish Congress and World Jewish Congress, 1944), 90; Lowe, 35–39, 24; Alice Bailey, *The Problems of the Children in the World Today* (New York, 1946), 9–10.

15. Szabolcs Szita, *Trading in Lives? Operations of the Jewish Relief and Rescue Committee in Budapest, 1944–1945* (Budapest: Central European University Press, 2005); *Aiding Jews Overseas* (New York: American Jewish Joint Distribution Committee, 1942), 13; Amy Zahl Gottlieb, *Men of Vision: Anglo-Jewry's Aid to Victims of the Nazi Regime, 1933–1945* (London: Weidenfeld & Nicolson, 1998), 178–182.

16. Paul Weindling, '"For the Love of Christ": Strategies of International Catholic Relief and the Allied Occupation of Germany, 1945–1948', *Journal of Contemporary History* 43, no. 3 (July 2008): 477–492, quotation 481.

17. John W. Bachman, *Together in Hope: 50 Years of Lutheran World Relief* (Minneapolis: Kirk House, 1995), 13–35; Lyn Smith, *Pacifists in Action: The Experience of the Friends Ambulance Unit in the Second World War* (York, UK: William Sessions Ltd, 1998).

18. Robert Collis and Hans Hogerzeil, *Straight On* (London: Methuen, 1947), 28; Gemie et al., 170; Rhoda Dawson, 'The Stagnant Pool: Work among Displaced Persons in Germany, 1945–1947', 19, typed manuscript, file: Mrs R.N. Bickerdale 95/26/1, Imperial War Museum, London.

19. Eryl Hall Williams, *A Page of History in Relief: London – Antwerp – Belsen – Brunswick. Quaker Relief: 1944–1946* (York, UK: Sessions Book Trust, 1993), 45, 51.

20. Clifford Barnard, *Binding the Wounds of War: A Young Relief Worker's Letters Home,*

1943–1947 (London: Pronoun Press, 2010), 69; Roger C. Wilson, *Quaker Relief: An Account of the Relief Work of the Society of Friends, 1940–1948* (London: George Allen & Unwin, 1952), 322; Margaret McNeill, *By the Rivers of Babylon: A Story of Relief Work among the Displaced Persons of Europe* (London: Bannisdale, 1950), 100.

21. Gemie et al., 200; Margaret McNeill, 77; Juliane Wetzel, 'An Uneasy Existence: Jewish Survivors in Germany After 1945', in *The Miracle Years: A Cultural History of West Germany, 1949–1968*, ed. Hanna Schissler (Princeton: Princeton University Press, 2001), 137; Hannah Arendt, 'The Aftermath of Nazi Rule: Report from Germany', *Commentary* 10 (October 1950): 342–343; Robert Moeller, *War Stories: The Search for a Usable Past in the Federal Republic of Germany* (Berkeley: University of California Press, 2001).

22. Carson, 79; Margaret McNeill, 152, 154.

23. Grace Fox, 'The Origins of UNRRA', *Political Science Quarterly* 65, no. 4 (December 1950): 561–584; Rana Mitter, 'Imperialism, Transnationalism, and the Reconstruction of Post-war China 1944–7', in *Transnationalism and Contemporary Global History*, ed. Matthew Hilton and Rana Mitter, *Past & Present* 218, sup- plement 8 (2013): 51–70; *Helping the People to Help Themselves: The Story of the United Nations Relief and Rehabilitation Administration* (London: United Nations Information Organisation, 1944), 2.

24. Philip Noel-Baker, foreword, Leonard Woolf, introduction, Julian Huxley, 'Relief and Reconstruction', H. J. Laski, 'The Machinery of International Relief ', in *When Hostilities Cease: Papers on Relief and Reconstruction Prepared for the Fabian Society*, ed. Julian Huxley et al. (London: Victor Gollancz, 1943), vii, 11–13, 17, 21, 33, 39; see too the International Labour Office report by Eugene M. Kulischer, *The Displacement of Population in Europe* (Montreal: International Labour Office, 1943).

25. Jessica Reinisch, 'Internationalism in Relief: The Birth (and Death) of UNRRA', in *Postwar Reconstruction in Europe: International Perspectives, 1945– 1949*, ed. Mark Mazower, Jessica Reinisch and David Feldman, *Past & Present* 210, supplement 6 (2011): 269.

26. Gary J. Bass, *Freedom's Battle: The Origins of Humanitarian Intervention* (New York: Knopf, 2008), 273.

27. Laure Humbert, 'French Politics of Relief and International Aid: France, UNRRA and the Rescue of European Displaced Persons in Postwar Germany, 1945–1947', *Journal of Contemporary History* 51, no. 3 (2016): 606–634.

28. Jessica Reinisch, '"Auntie UNRRA" at the Crossroads', in *Transnationalism and Contemporary Global History*, ed. Matthew Hilton and Rana Mitter, *Past & Present* 218, supplement 8 (2013): 92; Marshall MacDuffie, *The Red Carpet: 10,000 Miles Through Russia on a Visa from Khrushchev* (London: Cassell & Co., 1955), 197–214; Andrew Harder, 'The Politics of Impartiality: The United Nations Relief and Rehabilitation Administration in the Soviet Union, 1946–7', *Journal of Contemporary History* 47, no. 2 (2012): 358.

29. *Times* (London), 21 January, 1944; Hitchcock, 220; Harder, 366; Reinisch, '"Auntie UNRRA"' , 87, 97.

30. *The Story of UNRRA* (Washington, DC: Office of Public Information, UNRRA, 1948), 30–31.

31. Susan Armstrong-Reid and David Murray, *Armies of Peace: Canada and the UNRRA Years*

(Toronto: University of Toronto Press, 2008); Hitchcock, 222; Francesca M. Wilson, *Aftermath: France, Germany, Austria, Yugoslavia, 1945 and 1946* (London: Penguin, 1947), 28; Ben Shephard, *The Long Road Home: The Aftermath of the Second World War* (London: Bodley Head, 2010), 59.

32. Margaret McNeill, 228; Paul Weindling, '"Belsenitis" : Liberating Belsen, Its Hospitals, UNRRA, and Selection for Re-emigration, 1945–1948', *Science in Context* 19, no. 3 (2006): 401–418; Tara Zahra, *The Lost Children: Reconstructing Europe's Families After World War II* (Cambridge: Harvard University Press, 2011), 71, 91.

33. Wilson, *Aftermath*, 10, 41, 51, 253.

34. Kathryn Hulme, *The Wild Place* (Boston: Little, Brown, 1953), x–xi, 107; Gemie et al., 201; Pettiss, 7–8, 50.

35. Heide Fehrenbach and Davide Rodogno, eds, *Humanitarian Photography: A History* (Cambridge: Cambridge University Press, 2015), 1–21.

36. Dean Acheson, *Present at the Creation: My Years in the State Department* (New York: W. W. Norton, 1969), 201; Silvia Salvatici, 'Sights of Benevolence: UNRRA's Recipients Portrayed', in Fehrenbach and Rodogno, 200–210.

37. Margaret McNeill, 130; *Poland, 1946: The Photographs and Letters of John Vachon*, ed. Ann Vachon (Washington, DC/London: Smithsonian, 1995), 53; Anna Holian, *Between National Socialism and Soviet Communism: Displaced Persons in Postwar Germany* (Ann Arbor: University of Michigan Press, 2011), 48–50.

38. Dawson, 63; Gemie et al., 195.

39. Margaret McNeill, 107; Shephard, *Long Road*, 146.

40. Lorna Hay, 'Can UNRRA Relieve the Chaos in Europe?', *Picture Post*, 15 September, 1945; Hitchcock, 226; Shephard, *Long Road*, 177.

41. Peter Gatrell, *The Making of the Modern Refugee* (Oxford: Oxford University Press, 2013), 90.

42. G. Daniel Cohen, *In War's Wake: Europe's Displaced Persons in the Postwar Order* (Oxford: Oxford University Press, 2011), 2; Hulme, *Wild Place*, 44; Bessel, 256–257; Dawson, 229; Eleanor Roosevelt, *On My Own* (New York: Harper, 1958), 50.

43. Zorach Warhaftig, *Relief and Rehabilitation: Implications of the UNRRA Program for Jewish Needs* (New York: Institute of Jewish Affairs of the American Jewish Congress and World Jewish Congress, 1944), 21; Cohen, 11, 127–129; Bartley Cavanaugh Crum, *Behind the Silken Curtain: A Personal Account of Anglo-American Diplomacy in Palestine and the Middle East* (New York: Simon & Schuster, 1947), 145; Pettiss, 62.

44. W. Arnold-Forster, 'UNRRA's Work for Displaced Persons in Germany', *International Affairs* 22, no. 1 (January 1946): 1–13; Wilson, *Quaker Relief*, 118–126; Martha Branscombe, 'The Children of the United Nations: UNRRA's Responsibility for Social Welfare', *Social Service Review* 19, no. 3 (September 1945): 310, 316, 323.

45. Cardinal Aloisius Muench, 'One World in Charity', reprinted in Suzanne Brown-Fleming, *The Holocaust and Catholic Conscience: Cardinal Aloisius Muench and the Guilt Question in Germany* (Notre Dame, IN: University of Notre Dame Press, 2006), 45, 140–145.

46. *Investigation of Starvation Conditions in Europe and the Report of the Emergency Economic Committee for Europe, January 29, February 1 and 7, 1946* (Washington, DC: US Government Printing Office, 1946), 8, 12–13, 22–24, 29; Lucius D. Clay, *Decision in Germany* (Garden City, NJ: Doubleday, 1950), 265.
47. Cohen, 67. In the end, UNRRA reportedly aided 7 million displaced Soviet laborers and POWs, 1.6 million Poles, 1.8 million French, 696,000 Italians, 389,000 Yugoslavs, 348,000 Czechs and 285,000 Hungarians. Zahra, 7, 19; *The Story of UNRRA*, 47; Harder, 363; Hitchcock, 247; Reinisch, ' "Auntie UNRRA" ', 87–89.
48. 'Trümmerfrauen: Contested Memories of Germany's "Rubble Women" ', OpenLearn, 4 September, 2017, www.open.edu/openlearn/history-the-arts/history/trummerfrauen-contested-memories-germanys-rubble-women; Elizabeth Heineman, 'The Hour of the Woman: Memories of Germany's "Crisis Years" and West German National Identity', *American Historical Review* 101, no. 2 (April 1996): 354–395.
49. Edmund Wilson, *Europe Without Baedeker: Sketches Among the Ruins of Italy, Greece and England* (London: Secker & Warburg, 1948), 86–87, 120.

第二章　惩罚与悲悯

1. Mary Fulbrook, *Reckonings: Legacies of Nazi Persecution and the Quest for Justice* (Oxford: Oxford University Press, 2018), 213; Bradley F. Smith, *The American Road to Nuremberg* (Stanford, CA: Hoover Institution Press, 1982), 199.
2. Lawrence Douglas, *The Memory of Judgment: Making Law and History in the Trials of the Holocaust* (New Haven: Yale University Press, 2001), 13; Philippe Sands, *East West Street: On the Origins of 'Genocide' and 'Crimes Against Humanity'* (London: Weidenfeld & Nicolson, 2017), 281.
3. Douglas, 85; Hartley Shawcross, 'On the Law of the Charter on Crimes Against Humanity, 26 July, 1946', reprinted in *The Nuremberg War Crimes Trial, 1945–46: A Documentary History*, ed. Michael Marrus (Boston: Bedford, 1997), 189; John W. Dower, *Embracing Defeat: Japan in the Wake of World War II* (New York: Norton, 1999), 443–484.
4. John Haynes Holmes, 'The Judgment of the Court', in *The Case of Civilization Against Hitlerism* (New York: Robert Ballou, 1934), 143, 145; and *New York Times*, 8 March, 1934, recounted in Peter Fritzsche, *Iron Wind: Europe Under Hitler* (New York: Basic Books, 2016), 26–27; Pierre Van Paassen and James Waterman Wise, eds, *Nazism: An Assault on Civilization* (New York: Harrison Smith and Robert Haas, 1934), vii.
5. Christiane Wilke, 'Reconsecrating the Temple of Justice: Invocations of Civilization and Humanity in the Nuremberg Justice Case', *Canadian Journal of Law and Society* 24, no. 2 (2009): 181–201; H. G. Wells, *The Rights of Man, or What Are We Fighting For?* (London: Penguin, 1940), 101; Charles de Gaulle, 'Oxford Speech', in *War Memoirs*, vol. 1, *The Call to Honor 1940–1942, Documents* (New York: Viking, 1955), 313, 320; Michaela Hoenicke Moore, *Know Your Enemy: The American Debate on Nazism, 1933–1945* (Cambridge: Cambridge University Press, 2010), 298; Frank Ninkovich, *Modernity and Power: A History of*

the Domino Theory in the Twentieth Century (Chicago: University of Chicago Press, 1994), 2–8, 120–122; Konrad H. Jarausch, *After Hitler: Recivilizing Germans, 1945–1995* (Oxford: Oxford University Press, 2006), 47.

6. V. I. Lenin, 'What Is to Be Done?', in *Collected Works* (Moscow, 1960– 1977), vol. 5, 373; V. I. Lenin, 'The Socialist Party and Non-Party Revolutionism', in *Collected Works* (Moscow, 1960–1977), vol. 10, 76; J. V. Stalin, 'On an Article by Engels, July 19, 1934', in *Works* (Moscow, 1946–1954), vol. 14, 17; J. W. Stalin, *Werke* (Berlin: Dietz Verlag, 1953), Bd. 10, 211, quoted in S. Datlin, *Afrika unter dem Joch des Imperialismus* (Berlin: Dietz Verlag, 1953); Trotsky's full speech: www.marxists.org/archive/trotsky/1932/11/oct.htm. I thank Steve Smith for this reference.

7. V. Kemenov, 'In Defence of Civilization Against Fascist Barbarism', and Hewlett Johnson, 'The Soviet Peoples Are Carrying Civilization's Banner', in *In Defence of Civilization Against Fascist Barbarism: Statements, Letters and Telegrams from Prominent People* (Moscow: VOKS, 1941), 5–9, 102.

8. 'Avantyura fashisma neset emu gibel', *Pravda*, 24 June, 1941, 4; 'Krasnaya armiya zashchishchaet mirovuyu zivilizaziyu', *Pravda*, 30 August, 1941, 3; 'Znamya pobedi vodruzheno pod Berlinom!', *Pravda*, 3 May, 1945, 1; 'Velikoe torzhestvo sovetskoi kulturi', *Pravda*, 16 June, 1945, 1. I thank Giovanni Cadioli for these and subsequent Russian language sources.

9. James Brown Scott, ed., *The Proceedings of the Hague Peace Conferences: The Conference of 1899* (Buffalo: William S. Hein, 2000), 15, 461 and 714, cited in Marco Duranti, *The Conservative Human Rights Revolution: European Identity, Transnational Politics, and the Origins of the European Convention* (Oxford: Oxford University Press, 2017), 23; Arthur Eyffinger, *The 1907 Hague Peace Conference: 'The Conscience of the Civilized World'* (The Hague: Judicap, 2007).

10. Ilya Ehrenburg, *We Come as Judges* (Moscow: Soviet War News, 1945), and Ian Buruma, *Year Zero: A History of 1945* (London: Atlantic Books, 2013), 225–226.

11. Ilya Ehrenburg, *We Will Not Forget* (Washington, DC: Embassy of the USSR, 1944); Keith Lowe, *Savage Continent: Europe in the Aftermath of World War II* (New York: Viking, 2012), 55; Miriam Gebhardt, *Crimes Unspoken: The Rape of German Women at the End of the Second World War* (London: Polity, 2017), 13–22.

12. Lowe, 248; István Deák, Jan T. Gross, and Tony Judt, eds, *The Politics of Retribution in Europe: World War II and Its Aftermath* (Princeton: Princeton University Press, 2000), 134–135; Fabrice Virgili, *Shorn Women: Gender and Punishment in Liberation France*, trans. John Flower (Oxford/New York: Berghahn, 2002), 173–189.

13. Francine Hirsch, 'The Soviets at Nuremberg: International Law, Propaganda, and the Making of the Postwar Order', *American Historical Review* 113, no. 3 (June 2008): 701–730; Kim Christian Priemel, *The Betrayal: The Nuremberg Trials and German Divergence* (Oxford: Oxford University Press, 2016), 109; 'Protsess glavnykh nemetskikh voyennykh prestupnikov v Nyurnberge', *Pravda*, 9 January, 1946, 9; A. Leontev, 'Proiskhozhdeniye i kharakter vtoroy miro- voy voyny', *Pravda*, 1 April, 1946, 3; 'Nemetsko-fashistskim prestupnikam net poshchady!', *Pravda*, 2 August, 1946, 1.

14. Wilke, 199.
15. Douglas, 83, 85.
16. Ulrike Weckel, *Beschämende Bilder: Deutsche Reaktionen auf alliierte Dokumentarfilme* über *befreite Konzentrationslager* (Stuttgart: Franz Steiner, 2012), 52; Dan Stone, *The Liberation of the Camps: The End of the Holocaust and Its Aftermath* (New Haven: Yale University Press, 2015), 29–39; Douglas, 23–30, 69. The film's close link to the Hollywood film industry could be seen in the fact that the camps' film was spliced in as a set piece in Stanley Kramer's 1961 film *Judgment at Nuremberg*.
17. Kevin Reynolds, 'That Justice Be Seen: The American Prosecution's Use of Film at the Nuremberg International Military Tribunal' (PhD thesis, University of Sussex, 2011), esp. 115–154; Janet Flanner, 'Letters from Nuremberg', in *Janet Flanner's World: Uncollected Writings, 1932–1975*, ed. Irving Drutman (London: Secker & Warburg, 1980), 99; Weckel, 'Watching the Accused Watch the Nazi Crimes: Observers' Reports on the Atrocity Film Screening in the Belsen, Nuremberg and Eichmann Trials', *London Review of International Law* 6, no. 1 (March 2018): 45–73.
18. Richard Bessel, *Germany 1945: From War to Peace* (London: HarperCollins, 2009), 209; Priemel, 149; Richard Overy, 'Interwar, War, Postwar: Was There a Zero Hour in 1945?', in *The Oxford Handbook of Postwar European History*, ed. Dan Stone (Oxford: Oxford University Press, 2012), 62; Werner Sollors, *The Temptation of Despair: Tales of the 1940s* (Cambridge: Harvard University Press, 2014), 187–188.
19. Hirsch, 720, 725–726, 730.
20. Carl Schmitt, *The Nomos of the Earth in the International Law of the Jus Publicum Europaeum*, trans. G. L. Ulmen (New York: Telos, 2006 [1950]), 228.
21. Lowe, 123; A. J. P. Taylor, *The Course of German History* (London: H. Hamilton, 1968 [1945]), 21; James Jay Carafano, *Waltzing into the Cold War: The Struggle for Occupied Austria* (College Station: Texas A&M University Press, 2002), 63.
22. James F. Tent, *Mission on the Rhine: Reeducation and Denazification in American-Occupied Germany* (Chicago: University of Chicago Press, 1982), 46 and 254–311; Maria Höhn, *GIs and Fräuleins: The German-American Encounter in 1950s West Germany* (Chapel Hill: University of North Carolina Press, 2002), 61–66.
23. Douglas Botting, *From the Ruins of the Reich, Germany, 1945–1949* (New York: Meridian, 1985), 161; Patricia Meehan, *A Strange Enemy People: Germans Under the British, 1945–1950* (London: Peter Owen, 2001), 161, 165; Gabriele Clemens, *Britische Kulturpolitik in Deutschland, 1945–1949* (Stuttgart: Franz Steiner, 1997).
24. Timothy R. Vogt, *Denazification in Soviet-Occupied Germany: Brandenburg, 1945–1948* (Cambridge: Harvard University Press, 2000), and Norman M. Naimark, *The Russians in Germany: A History of the Soviet Zone of Occupation, 1945–1949* (Cambridge: Harvard University Press, 1995), 38, 401–466.
25. F. Roy Willis, *The French in Germany, 1945–1949* (Stanford, CA: Stanford University Press, 1962), 16.
26. Willis, *The French in Germany*, 75, 78, 148–151, 179, 247; Alan Milward, *The European*

Rescue of the Nation-State (London: Routledge, 2000), 335; F. Roy Willis, *France, Germany, and the New Europe, 1945–1963* (Stanford, CA: Stanford University Press, 1965), 35; Tent, 313.

27. Atina Grossmann, *Jews, Germans, and Allies: Close Encounters in Occupied Germany* (Princeton: Princeton University Press, 2007), 17–22.
28. Lisa Haushofer, 'The "Contaminating Agent" : UNRRA, Displaced Persons, and Venereal Disease in Germany, 1945–1947', *American Journal of Public Health* 100, no. 6 (June 2010): 993–1003; Carafano, 65; Meehan, 150–151.
29. Hitchcock, *Liberation*, 179–181.
30. Quoted in Meehan, 40, 89.
31. *Pocket Guide to Germany* (Washington, DC: Army Information Branch, US Army, 1944), 2–3, 18, 32; *Germany: The British Soldier's Pocketbook* (London: Political War Executive, 1944), 2–5, 31, 41.
32. Percy Knauth, 'Fraternization: The Word Takes on a Brand-New Meaning in Germany', *Life*, 2 July, 1945; Buruma, *Year Zero*, 24, 28.
33. Bessel, 177–181; Willis, *The French in Germany*, 248–249; Naimark, *Russians in Germany*, 31; Jessica Reinisch, *The Perils of Peace: The Public Health Crisis in Occupied Germany* (Oxford: Oxford University Press, 2013), 293.
34. Leonard Mosley, *Report from Germany* (London: Victor Gollancz, 1945), 114–115, 122, 123–124; 'British Wives in Germany', *Times* (London), 10 October, 1946, 5.
35. Petra Goedde, 'From Villains to Victims: Fraternization and the Feminization of Germany, 1945–1947', *Diplomatic History* 23, no. 1 (Winter 999): 1–20; Ann Elizabeth Pfau, *Miss Yourlovin: GIs, Gender, and Domesticity During World War II* (New York: Columbia University Press, 2013), 157–164.
36. Carafano, 125–129; Heide Fehrenbach, *Race After Hitler: Black Occupation Children in Postwar Germany and America* (Princeton: Princeton University Press, 2005), 17–45; Höhn, 91–93; Robert Knight, 'National Construction Work and Hierarchies of Empathy in Postwar Austria', *Journal of Contemporary History* 49, no. 3 (July 2014): 491–513.
37. Perry Biddiscombe, 'Dangerous Liaisons: The Anti-Fraternization Movement in the US Occupation Zones of Germany and Austria, 1945–1948', *Journal of Social History* 34, no. 3 (Spring 2001): 611–647; John Willoughby, 'The Sexual Behavior of American GIs during the Early Years of the Occupation of Germany', *Journal of Military History* 62, no. 1 (January 1998): 166–167.
38. Bessel, 205.
39. Martha Gellhorn, *The Face of War* (New York: Atlantic Monthly Press, 1988), 162, and Ira A. Hirschmann, *The Embers Still Burn: An Eye-Witness View of the Postwar Ferment in Europe and the Middle East and Our Disastrous Get-Soft- with-Germany Policy* (New York: Simon & Schuster, 1949), 94–95.
40. Phillip Knightley, *The First Casualty* (London, 1978), 322, quoted in Martin Caiger-Smith, *The Face of the Enemy: British Photographers in Germany, 1944–1952* (London: Dirk Nishen, 1988), 9; Ludger Derenthal, *Bilder der Trümmer- und Aufbaujahre: Fotografie im sich*

teilenden Deutschland (Marburg, Germany: Jonas, 1999), 44–45; Stefan-Ludwig Hoffmann, 'Gazing at Ruins: German Defeat as Visual Experience', *Journal of Modern European History* 9, no. 3 (2011): 340–341; Tom Allbeson, 'Ruins, Reconstruction and Representation: Photography and the City in Postwar Western Europe, 1945–1958' (PhD thesis, University of Durham, 2012).

41. David Shneer, *Through Soviet Jewish Eyes: Photography, War, and the Holocaust* (New Brunswick, NJ: Rutgers University Press, 2011); Dagmar Barnouw, *Germany 1945: Views of War and Violence* (Bloomington: Indiana University Press, 1996), 25 and related images on 14, 23, 30, 31.

42. Margaret Bourke-White, '*Dear Fatherland*', 38–39, and Lee Miller, 'Germans Are Like This', *Vogue*, June 1945, 192, cited in Sollors, 62–63; Charles E. Egan, 'All Reich to See Camp Atrocities: Allies Want Billboard in Each Community to Teach Germans They Have Guilt', *New York Times*, 24 April, 1945, 6; Richard Bessel, *Lee Miller: Deutschland 1945* (Cologne: Greven Verlag, 2018), 1–29.

43. *Life*, 15 October, 1945, 107–115.

44. Kevin Jackson, *Humphrey Jennings* (London: Picador, 2004), 310–313.

45. Caiger-Smith, 7; Norman Clark, '25,000 Seek Food Every Day at the Gates of Berlin', *News Chronicle*, 24 August, 1945, 1, 4.

46. Lorna Hay and Haywood Magee, 'Report on Chaos', *Picture Post*, 8 September, 1945, 9; Lorna Hay and Haywood Magee, 'Can UNRRA Relieve the Chaos in Europe?' *Picture Post*, 15 September, 1945, 16–19, 26.

47. Charles Bray, 'Retribution … It Falls on Women and Children', *Daily Herald*, 24 August, 1945, 2.

48. *Picture Post*, 1 December, 1945, cited in Barnouw, 152; Conway Hall Speech, 8 October, 1945, MS Bonham Carter 355, fos. 88–101, Bodleian Library, Oxford.

49. Andrew Chandler, *The Church and Humanity: The Life and Work of George Bell, 1883–1958* (Farnham, UK: Ashgate, 2012); A. C. Grayling, *Among the Dead Cities: The History and Moral Legacy of the WWII Bombing of Civilians in Germany and Japan* (London: Bloomsbury, 2006), 179–180; A. Chandler, 'The Church of England and the Obliteration Bombing of Germany in the Second World War', *English Historical Review* 108, no. 429 (October 1993): 920–946; Bishop of Chicester, *If Thine Enemy Hunger* (London: Victor Gollancz, 1946), 3, 4 and 8.

50. Benjamin Frommer, *National Cleansing: Retribution Against Nazi Collaborators in Postwar Czechoslovakia* (Cambridge: Cambridge University Press, 2005), esp. 33–62, 95–267, quotation 42; Norman M. Naimark, *Fires of Hatred: Ethnic Cleansing in Twentieth-Century Europe* (Cambridge: Harvard University Press, 2002), 108–139, and Peter Gatrell, *The Unsettling of Europe: The Great Migration, 1945 to the Present* (London: Penguin, 2019), 23–25, 92.

51. *New York Times*, 13 November, 1946, 26; 'The Sudetenland', *Manchester Guardian*, 15 June, 1945; 'The Watch Tower', *Record*, 21 September, 1945, quoted in Matthew Frank, *Expelling the Germans: British Opinion and Post–1945 Population Transfer in Context* (Oxford: Oxford University Press, 2008), 179; 'Church Council Warns Against Vengeful Peace:

Victors Urged to Alter Their Outlook', *Chicago Daily Tribune*, 26 February, 1946, 9, quoted in Sollors, 123.

52. *The Land of the Dead: Study of the Deportations from Eastern Germany* (New York: Committee Against Mass Expulsion, 1947), 3–5, 32; Lora Wildenthal, *The Language of Human Rights in West Germany* (Philadelphia: University of Pennsylvania Press, 2013).

53. Julian Hochfeld, 'An Open Letter from a Polish Socialist to a Friend in the Labour Party', quoted in Frank, *Expelling*, 95, 223, and 241.

54. George Bilainkin, *Second Diary of a Diplomatic Correspondent* (London: Sampson Low, Marston & Co., 1947), diary entry for 14 August, 1945, 181.

55. Victor Gollancz, *What Buchenwald Really Means* (London: V. Gollancz, 1945), 16; Ruth Dudley Edwards, *Victor Gollancz: A Biography* (London: Victor Gollancz, 1987), 404–405.

56. Matthew Frank, 'The New Morality – Victor Gollancz, 'Save Europe Now' and the German Refugee Crisis, 1945–1946', *Twentieth-Century British History* 17, no. 2 (2006): 238. Victor Gollancz, *Leaving Them to Their Fate: The Ethics of Starvation* (London: Victor Gollancz, 1946), 34, 43; Gollancz, *Leaving*, 1, 21, 30–32.

57. Victor Gollancz, *Our Threatened Values* (London: Victor Gollancz, 1946), 7, 116, 155, 156.

58. Victor Gollancz, *Is It Nothing to You?* (London: Victor Gollancz, 1945), 2–3.

59. Shephard, *Long Road*, 253; Reinisch, *Perils*, 153.

60. Frank, *Expelling*, 147–149; UNRRA, *Gateway to Recovery* (Washington, DC: National Planning Association, 1944), 9. *New York Times*, 22 November, 1943.

61. Gollancz, *Leaving*, 11; *Save Europe Now, 1945–1948: Three Years' Work* (London: Victor Gollancz, 1948), 5, 9.

62. Peters, *In Germany Now*, 105; Franz Burger, *Gollancz's Buchenwald Never Existed* (London: Hutchinson, 1945), 3; Edwards, 548, 623; Frank, 'New Morality', 254.

63. Konrad Adenauer, *Memoirs, 1945–1953* (London: Weidenfeld & Nicolson, 1966), 60; Edwards, 458–462.

64. Lynn Hunt, *Inventing Human Rights: A History* (London: W. W. Norton, 2007); *The Book of Needs* (Paris: UNESCO, 1947); Heide Fehrenbach, 'Children and Other Civilians: Photography and the Politics of Humanitarian Image-Making', in Heide Fehrenbach and Davide Rodogno, eds, *Humanitarian Photography: A History* (New York: Cambridge University Press, 2015), 167–187; *Children of Europe*, photos by David Seymour (Paris: UNESCO, 1949); *The Family of Man*, ed. Edward Steichen (New York: Museum of Modern Art, 1955), 4.

第三章　信仰与边界

1. István Rév, 'The Suggestion', *Representations* 80, no. 1 (Fall 2002): 64.

2. Paul A. Hanebrink, *In Defense of Christian Hungary: Religion, Nationalism, and Antisemitism, 1890–1944* (Ithaca: Cornell University Press, 2006), 228; Hansjakob Stehle, *Eastern Politics of the Vatican, 1917–1979*, trans. Sandra Smith (Athens: Ohio University Press, 1981), 258.

3. 'A Cardinal on Trial: Charges against the Hungarian Primate', *Times* (London), 3 February, 1949, 5; Jonathan Luxmoore and Jolanta Babiuch, *The Vatican and the Red Flag: The Struggle for the Soul of Eastern Europe* (London: Geoffrey Chapman, 1999), 43; József Cardinal Mindszenty, *Memoirs*, trans. Richard and Clara Winston (London: Weidenfeld and Nicolson, 1974), 75–77.

4. Nicholas Perry and Loreto Echeverría, *Under the Heel of Mary* (London: Routledge, 1988), 231–257; James Baaden, 'Post-War Saints, 1945–1960', *History of European Ideas* 40 (2014): 1–20; Ruth Harris, *Lourdes: Body and Spirit in the Secular Age* (London: Allen Lane, 1999), 249–255.

5. David Blackbourn, *Marpingen: Apparitions of the Virgin Mary in Bismarckian Germany* (Oxford: Clarenden, 1993), 378; Monique Scheer, 'Catholic Piety in the Early Cold War Years; or, How the Virgin Mary Protected the West from Communism', in *Cold War Culture: Perspectives on Eastern and Western European Societies*, ed. Annette Vowinckel, Marcus M. Payk, and Thomas Lindenberger (Oxford/New York: Berghahn, 2012), 131, 134, 138; Mary Vincent, 'Made Flesh? Gender and Doctrine in Religious Violence in Twentieth-Century Spain', *Gender & History* 25, no. 3 (November 2013): 678–680; Monica Black, 'Miracles in the Shadow of the Economic Miracle: The "Supernatural '50s" in West Germany', *Journal of Modern History* 84, no. 4 (December 2012): 836, as well as Black, *A Demon-Haunted Land: Witches, Wonder Doctors, and the Ghosts of the Past in Post– World War II Germany* (New York: Metropolitan, 2020), chapter 7.

6. Perry and Echeverría, 238; Damian van Melis, ' "Strengthened and Purified Through Ordeal by Fire" : Ecclesiastical Triumphalism in the Ruins of Europe', in *Life After Death: Approaches to a Cultural and Social History of Europe During the 1940s and 1950s*, ed. Richard Bessel and Dirk Schumann (New York: Cambridge University Press, 2003), 231–242.

7. Nicholas Boér, *Cardinal Mindszenty and the Implacable War of Communism Against Religion and the Spirit* (London: BUE Limited, 1949), 215–216.

8. *Documents on the Mindszenty Case* (Budapest: Atheneum, 1949), 7–11.

9. Mindszenty, *Memoirs*, 114–116; Jószef Mindszenty, *Four Years Struggle of the Church in Hungary: Facts and Evidence Published by Order of Josef, Cardinal Mindszenty*, trans. Walter C. Breitenfeld, intro. Christopher Hollis (London: Longmans, 1949), xi–xiii; Boér, 287; *New York Times*, 17 February, 1949.

10. Charles Gallagher, 'The United States and the Vatican in Yugoslavia, 1945–1950', in *Religion and the Cold War*, ed. Dianne Kirby (London: Palgrave, 2002), 118–144.

11. Peter C. Kent, *The Lonely Cold War of Pope Pius XII: The Roman Catholic Church and the Division of Europe, 1943–1950* (Montreal: McGill-Queen's University Press, 2002), 156–170; Jonathan P. Herzog, *The Spiritual-Industrial Complex: America's Religious Battle Against Communism in the Early Cold War* (New York: Oxford University Press, 2011), 64; Stephen D. Kertesz, 'Human Rights in the Peace Treaties', *Law and Contemporary Problems* 14, no. 4 (Autumn 1949): 627–646.

12. Melissa Feinberg, *Curtain of Lies: The Battle over Truth in Stalinist Eastern Europe* (New York: Oxford University Press, 2017), 3–12.

13. So pervasive were these media images of the martyred archbishop that Mindszenty himself

opened his 1974 memoirs by correcting *The Prisoner* film's inaccuracies and misleading scenes, ranging from the wrongly featured 'luxurious' furniture in his prison cell to what he called the film's wrongful emphasis on the courtesy of the sentries, the prison's good food, and supposedly 'pleasant and con- genial' conversations with guards. Mindszenty, *Memoirs*, xxvii–xxviii.

14. Dianne Kirby, 'Harry Truman's Religious Legacy: The Holy Alliance, Containment and the Cold War', in Kirby, 77–102; Myron C. Taylor, ed., *Correspondence Between President Truman and Pope Pius XII* (New York, 1953), 9–10; Herzog, 78, 99–100; Kent, 192; William Inboden, *Religion and American Foreign Policy, 1945–1960: The Soul of Containment* (Cambridge: Cambridge University Press, 2008), 257.

15. Patrick Thaddeus Jackson, *Civilizing the Enemy: German Reconstruction and the Invention of the West* (Ann Arbor: University of Michigan, 2006); Konrad Adenauer, 'Christian Civilization Is at Stake', in his *World Indivisible: With Liberty and Justice for All* (New York: Harper & Brothers, 1955), 12–13.

16. Kent, 228–229; 'Roman Catholics' Strong Protest: Denial of Human Rights Denounced', *Manchester Guardian*, 8 February, 1949, 5; Enda Delaney, 'Anti-Communism in Mid-Twentieth Century Ireland', *English Historical Review* 126, no. 521 (August 2011): 892; Boér, 9–10; 'Atlantic Pact and Western Union', *Round Table: The Commonwealth Journal of International Affairs* (1948): 105–110; Luxmoore and Babiuch, 95; 'Communists Make Martyr of Cardinal', *Life*, 21 February, 1949, 27; Francois Honti, *Le Drame Hongrois: Une Grande Bataille de la Civilisation Chrétienne* (Paris: Editions du Triolet, 1949), esp. 118–184.

17. Zoltán K. J. Csáky, *Ich schwöre, dass Kardinal Mindszenty unschuldig ist* (Zurich: Thomas Verlag, 1949), and R. P. Jérôme Szalay, *Le Cardinal Mindszenty: Confesseur de la Foi, Defenseur de la Cité* (Paris: Mission Catholique Hongroise, 1950); *The Trial of Jószef Mindszenty* (Budapest: Hungarian State Publishing House, 1949), 4, 5, 11.

18. J. Fred MacDonald, 'The Cold War as Entertainment in 'Fifties Television', *Journal of Popular Film* 7, no. 1 (1978): 1–27; Tony Shaw, 'Martyrs, Miracles, and Martians: Religion and Cold War Cinematic Propaganda in the 1950s', *Journal of Cold War Studies* 4, no. 2 (Spring 2002): 15–17.

19. Feinberg, 83–85.

20. Wolfram Kaiser, *Christian Democracy and the Origins of European Union* (Cambridge: Cambridge University Press, 2007), 181; Stehle, 296; John Pollard, 'The Vatican, Italy and the Cold War', in Kirby, 103–117.

21. 'Plot to Drug Mindszenty Revealed', *Washington Post*, 23 January, 1949, M3.

22. The phrase was attributed to Bela Fábián, former leader of the Hungarian Independent Democratic Party, in 'Mindszenty Trial Held Soviet Farce', *New York Times*, 10 February, 1949, 5; 'Spellman Warns', 1–2; Boér, 287.

23. Edward Hunter, *Brain-Washing in Red China: The Calculated Destruction of Men's Minds* (New York: Vanguard, 1951), 12, 233; the British Ministry of Defence published its own report on the brainwashing of British POWs in the Korean War, though it was mocked in the British press and not taken very seri- ously. Ministry of Defence, *The Treatment of British POWs in Korea* (1954), cited in Cyril Cunningham, ' 'Brainwashing',' *RUSI Journal* 118, no.

3 (1973): 39–43.

24. Susan L. Carruthers, 'Redeeming the Captives: Hollywood and the Brainwashing of America's Prisoners of War in Korea', *Film History* 10, no. 3 (1998): 275–294.
25. '"Truth Serum" Ban Is Dropped in UN', *New York Times*, 1 April, 1950, 3.
26. John M. Crewson, 'Files Show Tests for Truth Drug Began in OSS', *New York Times*, 5 September, 1977, 1; John Marks, *The Search for the 'Manchurian Candidate': The CIA and Mind Control* (New York: W. W. Norton, 1979), 11, 24–25.
27. US Central Intelligence Agency, 'Security Research Section: Interrogation Techniques of Unfriendly Countries, #184367', 24 February, 1949, 1–3; 'Communist "Confession" Techniques, #144891', May 1949, 5, 17; 'Proposed Memorandum for the Secretary of Defense, #144688', January 1952, 5, 20. All part of MKULTRA Collection, CIA Archives, Washington, DC (hereafter cited as MKULTRA).
28. 'Mind-Control Studies Had Origins in Trial of Mindszenty', *New York Times*, 2 August, 1977, 16; Marks, 25, 31; 'Assistant Director, Scientific Intelligence to Deputy Director for Central Intelligence, Memo: Project Artichoke, #144689', 4 February, 1952, 1, 5, MKULTRA; Crewson, 1; 'Out of Soviet Laboratories – Brainwashing, #146095', 1955, 3, MKULTRA; Martin A. Lee and Bruce Schlain, *Acid Dreams: The CIA, LSD, and the Sixties Rebellion* (New York: Grove, 1985); Giles Scott-Smith, 'Interdoc and West European Psychological Warfare: The American Connection', *Intelligence and National Security* 26, nos. 2–3 (April–June 2011): 355–376; Jens Gieseke, *Mielke-Konzern: Die Geschichte der Stasi, 1945–1990* (Stuttgart: Deutsche Verlags-Anstalt, 2001).
29. Timothy Melley, *The Covert Sphere: Secrecy, Fiction, and the National Security State* (Ithaca: Cornell University Press, 2012), 44–72; W. H. Lawrence, 'Why Do They Confess? A Communist Enigma', *New York Times*, 8 May, 1949; David Seed, 'Brainwashing and Cold War Demonology', *Prospects* 22 (October 1997): 535–573; J. Edgar Hoover, *Masters of Deceit* (New York: Pocket, 1958), 75.
30. Mary Dudziak, *Cold War Civil Rights* (Princeton: Princeton University Press, 2000), 19–46.
31. Christopher Dawson, *The Judgment of the Nations* (New York: Catholic University of America, 1942), 185–186; Inboden, 39; Samuel Moyn, *Christian Human Rights* (Philadelphia: University of Pennsylvania Press, 2015).
32. Jacques Maritain, *Humanisme Intégral: Problèmes temporels et spirituels d'une nouvelle chrétienté* (Paris: Aubier, 1968), 10; Jacques Maritain, *The Twilight of Civilization*, trans. Lionel Landry (London Sheed & Ward, 1946), 11, 15–16, 45–46.
33. 'Roman Catholics' Strong Protest: "Denial of Human Rights" Denounced', *Manchester Guardian*, 8 February, 1949, 5; Pope Pius XII, 'The Mindszenty Trial', in *Vital Speeches of the Day*, 15 February, 1949, 265–266; John Epstein, *Defend These Human Rights: Each Man's Stake in the United Nations: A Catholic View* (New York: The America Press, 1947), 47–53; Canon John Nurser, 'The "Ecumenical Movement" Churches, 'Global Order', and Human Rights: 1938–1948', *Human Rights Quarterly* 25, no. 4 (November 2003): 841–881.
34. 'Loss of Human Rights in East Europe: Sir Hartley Shawcross's Plain Speaking at the UN', *Times* (London), 7 October, 1949, 4; 'May Cardinal Mindszenty's Martyrdom Not Be in Vain Says Sir David Maxwell Fyfe', *Catholic Herald*, 29 April, 1949, 1.

35. *Trial*, 15; 'The Cardinal's Sentence', *Times* (London), 10 February, 1949, 4; Kertesz, 'Human Rights in the Peace Treaties', 627–646.

36. Inboden, 157, 186; Samuel Moyn, *Christian Human Rights* (Philadelphia: University of Pennsylvania Press, 2015); this regionalisation of human rights spurred similar efforts elsewhere, as noted in the 1970 Latin American Human Rights Convention and the 1981 African Charter on Human and Peoples' Rights.

37. James Chappel, *Catholic Modern: The Challenge of Totalitarianism and the Remaking of the Church* (Cambridge: Harvard University Press, 2018), esp. 22–107; Giuliana Chamedes, 'The Vatican, Nazi-Fascism, and the Making of Transnational Anti-Communism in the 1930s', *Journal of Contemporary History* 51 (April 2016): 261–290; www.vatican.va/offices/papal_docs_list_it.html; Udi Greenberg, 'Catholics, Protestants, and the Violent Birth of European Religious Pluralism', *American Historical Review* 124, no. 2 (April 2019): 519.

38. Mindszenty, *Four Years Struggle*, 178.

39. Paul Hanebrink, 'Islam, Anti-Communism and Christian Civilization: The Ottoman Menace in Interwar Hungary', *Austria History Yearbook* 40 (2009): 114–124; Rosario Forlenza, 'The Enemy Within: Catholic Anti-Communism in Cold War Italy', *Past & Present* 235, no. 1 (May 2017): 227.

40. Hanebrink, *A Specter Haunting Europe: The Myth of Judeo-Bolshevism* (Cambridge: Harvard University Press, 2018), 224–225; Mark Silk, 'Notes on the Judeo-Christian Tradition in America', *American Quarterly* 36, no. 1 (Spring 1984): 65; Herzog, 66, 69.

41. Kevin M. Schultz, *Tri-Faith America: How Catholics and Jews Held Postwar America to its Protestant Promise* (New York: Oxford University Press, 2011), 15–42, 68–96.

42. Waldemar Gurian, 'In the Face of the World's Crisis: A Manifesto by European Catholics Sojourning in America', *Commonweal*, 21 August, 1942, 415–418; Carl J. Friedrich, 'Anti-Semitism: Challenge to Christian Culture', in *Jews in a Gentile World: The Problem of Anti-Semitism*, ed. Isacque Graeber and Steuert Britt (New York: Macmillan, 1942), 1–18; for discussion, see Udi Greenberg, *The Weimar Century: German Émigrés and the Ideological Foundations of the Cold War* (Princeton: Princeton University Press, 2014), 1–75, 120–165.

43. Elena Aga Rossi and Victor Zaslavsky, *Stalin and Togliatti: Italy and the Origins of the Cold War* (Stanford: Stanford University Press, 2011), 131–157; Rosario Forlenza, 'The Politics of the Abendland: Christian Democracy and the Idea of Europe After the Second World War', *Contemporary European History* 26, no. 2 (2017): 230–240.

44. Judith Keene, *Fighting for Franco: International Volunteers in Nationalist Spain During the Spanish Civil War, 1936–1939* (London: Continuum, 2004), vii; Giuliana Chamedes, *A Twentieth-Century Crusade: The Vatican's Battle to Remake Christian Europe* (Cambridge: Harvard University Press, 2019), 182–183; David Brydan, *Franco's Internationalists: Social Experts and Spain's Search for Legitimacy* (Oxford: Oxford University Press, 2019), chapter 5.

45. Michael Lang, 'Globalization and Global History in Toynbee', *Journal of World History* 22, no. 4 (December 2011): 747–783; Richard Overy, *The Morbid Age: Britain and the Crisis of Civilisation, 1919–1939* (London: Penguin, 2009), 271–275, 294; Herzog, 15–16.

46. Quoted and perceptively discussed in Marco Duranti, *The Conservative Human Rights*

Revolution, 133, 147.

47. Winston Churchill, 'Something That Will Astonish You', Zurich, 19 September, 1946, in *Blood, Toil, Tears, and Sweat: Winston Churchill's Famous Speeches*, ed. David Cannadine (London: Cassell, 1989), 312; Duranti, *Conservative*, 143; E. H. Carr, 'A Voice from Zürich', *Times* (London), 20 September, 1946, in Duranti, *The Conservative*, 146.
48. Greenberg, 'Catholics', 511–536.
49. Kent, *Lonely*, 157; Philippe Chenaux, *De la chrétienté a l'Europe: Les catholiques et l'idee européenne au XXe siècle* (Tours, France: Éditions CLD, 2007), 9; Paul-Henri Spaak, 'The Integration of Europe: Dreams and Realities', *Foreign Affairs* 29, no. 1 (October 1950): 94–100, and 'The West in Disarray', *Foreign Affairs* 35, no. 2 (January 1957): 184–190; A. W. Brian Simpson, *Human Rights and the End of Empire: Britain and the Genesis of the European Convention* (Oxford: Oxford University Press, 2001), 569.
50. Vanessa Conze, *Das Europa der Deutschen: Ideen von Europa in Deutschland zwischen Reichstradition und Westorientierung (1920–1970)* (Munich: Oldenbourg, 2005), 27–56; Forlenza, *Politics*, 261–286.
51. Robert Schuman, 'L'Europe est une communauté spirituelle et cul- turelle', *L'Annuaire européen* (1955), 17–23; Forlenza, *Politics*, 269; Maria Mitchell, 'Materialism and Secularism: CDU Politicians and National Socialism, 1945–1949', *Journal of Modern History* 67, no. 2 (June 1995): 278–308; Richard Coudenhove-Kalergi, *An Idea Conquers the World*, with a preface by Winston Churchill (London: Hutchinson, 1953), 310, cited in Forlenza, *Politics*, 268; Jean Monnet, *Mémoires* (Paris: Fayard, 1976), 339.
52. Christoph Hendrik Müller, *West Germans Against the West: Anti- Americanism in Media and Public Opinion in the Federal Republic of Germany, 1949– 1968* (New York: Palgrave, 2010); Greenberg, *Weimar*, 158; Jackson, *Civilizing*, ix, 93, 126.
53. K. H. Schmolz, *Der Dom zu Köln, 1248–1948* (Düsseldorf: L. Schwann, 1948), and Hermann Schnitzler, *Der Dom zu Aachen* (Düsseldorf: L. Schwann, 1950); Tom Allbeson, 'Visualising Wartime Destruction and Postwar Reconstruction: Herbert Mason's photograph of St Paul's Re-Evaluated', *Journal of Modern History* 87, no. 3 (September 2015): 532–578; Michael Meng, *Shattered Spaces: Encountering Jewish Ruins in Postwar Germany and Poland* (Cambridge: Harvard University Press, 2011).
54. William McNeill, *Arnold J. Toynbee: A Life* (New York: Oxford University Press, 1989), 213–217; Duranti, *Conservative*, 100, 108, 114, 176.
55. Marco Duranti, ' "A Blessed Act of Oblivion" : Human Rights, European Unity and Postwar Reconciliation', in *Reconciliation, Civil Society, and the Politics of Memory*, ed. B. Schwelling (Bielefeld, Germany: Transcript, 2012), 115–139; James Sloan Allen, *The Romance of Commerce and Culture: Capitalism, Modernism, and the Chicago-Aspen Crusade for Cultural Reform* (Chicago: University of Chicago Press, 1983), 147–200; Duranti, *Conservative*, 193.
56. Duranti, *Conservative*, 301.
57. 'Mindszenty Urges UN to Assist Hungarians', *Milwaukee Journal*, 12 November, 1956, 1; Victor Conzemius, 'Protestants and Catholics in the German Democratic Republic, 1945–90: A Comparison', *Religion, State and Society* 26, no. 1 (1998): 56.

58. Letter from Mindszenty to John Foster Dulles, 8 November, 1957, in *His Eminence Files: American Embassy Budapest*, ed. Árpád Ádám Somorjai (Budapest: Magyar Egyháztörténeti Enciklopédia Munkaközössége, 2008), 30.
59. Mindszenty, *Memoirs*, 235; József Közi-Horvath, *Cardinal Mindszenty: Confessor and Martyr of Our Time*, trans. Geoffrey Lawman (Williton: Cox, Sons and Co., 1979), 7.
60. Paul-Henri Spaak, *Combats Inachevés*, vol. 1 (Paris: Fayard, 1969), 149.

第四章 科学、住所与礼仪

1. Ivor Montagu, *What Happened at Wrocław: An Account of the World Conference of Intellectuals for Peace, 1948* (London: British Cultural Committee for Peace, 1949), 15, 26.
2. Feliks Topolski, *Confessions of a Congress Delegate* (London: Gallery Editions, 1949), 10, 14, 17; Vladimir Dobrenko, 'Conspiracy of Peace: The Cold War, the International Peace Movement, and the Soviet Peace Campaign, 1946– 1956' (PhD thesis, London School of Economics, 2016), 65–66; *Six Hundred Millions for Peace: A Report on the World Congress for Peace, Paris, April 20th to 25th, 1949* (London: British Cultural Committee for Peace, 1949), 3, 12.
3. Lawrence S. Wittner, *The Struggle Against the Bomb*, vol. 1, *One World or None: A History of the World Nuclear Disarmament Movement Through 1953* (Stanford: Stanford University Press, 1993), 58; Paul Boyer, *By the Bomb's Early Light: American Thought and Culture at the Dawn of the Atomic Age* (New York: Pantheon, 1985), 179–240; Jussi Hanhimäki and Odd Arne Westad, eds, *The Cold War: A History in Documents and Eyewitness Accounts* (Oxford/ New York: Oxford University Press, 2003), 142.
4. Quoted in Barton Bernstein, ed., *The Atomic Bomb: The Critical Issues* (Boston: Little, Brown, 1975), viii; *Times* (London), 20 November, 1945; Wittner, 109; Boyer, 37.
5. Joseph Preston Baratta, *The Politics of World Federation* (Westport: Praeger, 2004), 304–305; Wittner, 161; Mark Mazower, *Governing the World: The History of an Idea* (London: Penguin, 2012), 230–243.
6. Wittner, 59; Larry G. Gerber, 'The Baruch Plan and the Origins of the Cold War', *Diplomatic History* 6, no. 1 (January 1982): 69–96; Dexter Masters and Katharine Way, eds, *One World or None, a Report to the Public on the Full Meaning of the Atomic Bomb* (New York: McGraw-Hill, 1946).
7. Christoph Lauch, 'Atoms for the People: The Atomic Scientists' Association, the British State and Nuclear Education in the Atom Train Exhibition, 1947– 1948', *British Journal for the History of Science* 45, no. 4 (December 2012): 591–608; Kenneth Osgood, *Total Cold War: Eisenhower's Secret Propaganda Battle at Home and Abroad* (Lawrence: University of Kansas Press, 2006), 161, 179.
8. Joseph Rotblat, *Science and World Affairs: History of the Pugwash Conferences* (London: Dawsons of Pall Mall, 1962), 6; David Holloway, 'Nuclear Weapons and the Escalation of the Cold War, 1945–1962', in *The Cambridge History of the Cold War*, vol. 1, ed. M. P. Leffler and O. A. Westad (Cambridge: Cambridge University Press, 2010), 383; 'Plamennii Priziv:

Prishlo Vremya Deistvovat!', *Pravda*, 12 July, 1962, 1.

9. 'Vashnaya i pochetnaya rol uchenih v borbe za mir', *Pravda*, 4 September, 1962, 1; Yale Richmond, *Cultural Exchange and the Cold War: Raising the Iron Curtain* (University Park: Penn State University Press, 2003), 96–101.

10. Jean S. Pictet, *Commentary: The Geneva Conventions of 1949* (Geneva: International Committee of the Red Cross, 1952), 8, 16; Helen M. Kinsella, *Image Before the Weapon: A Critical History of the Distinction between Combatant and Civilian* (Ithaca, NY: Cornell University Press, 2011), 112, n48.

11. Kinsella, 57; Jean S. Pictet, 'The New Geneva Conventions for the Protection of War Victims', *American Journal of International Law* 45, no. 3 (July 1951): 464, 475.

12. P. H. Vigor, *The Soviet View of War, Peace and Neutrality* (London/Boston: Routledge & Kegan Paul, 1975), 174–175.

13. *Final Record of the Diplomatic Conference of Geneva of 1949*, vol. 2, sec- tion B, 495–509; Boyd van Dijk, ' "The Great Humanitarian" : The Soviet Union, the International Committee of the Red Cross, and the Geneva Conventions of 1949', *Law and History Review* 37, no. 1 (February 2019): 209–235.

14. Timothy Johnston, 'The Soviet Struggle for Peace, 1948–54', *The Slavonic and East European Review* 86 (April 2008): 259–282.

15. Young-Sun Hong, *Cold War Germany, the Third World, and the Global Humanitarian Regime* (Cambridge: Cambridge University Press, 2017); Péter Apor, 'War and Peace', in *When Socialism Went Global: Connecting the Second and Third Worlds*, ed. James Mark and Paul Betts (forthcoming).

16. Michael Howard, *The Invention of Peace* (New Haven: Yale University Press, 2000), 100; Paul Betts, 'When Cold Warriors Die: The State Funerals of Konrad Adenauer and Walter Ulbricht', in *Between Mass Death and Individual Loss: The Place of the Dead in Twentieth-Century Germany*, ed. Alon Confino, Paul Betts and Dirk Schumann (New York/Oxford: Berghahn, 2008), 151–176.

17. Christopher Driver, *The Disarmers: A Study in Protest* (London: Hodder & Stoughton, 1964), 58; Bertrand Russell, 'A Fifty-Six Year Friendship', in *Gilbert Murray: An Unfinished Autobiography* (London: Allen & Unwin, 1960), 209; Holger Nehring, *The Politics of Security: British and West German Protest Movements and the Early Cold War, 1945–1970* (Oxford: Oxford University Press, 2013), 28–30, 160–161; Andrew Oppenheimer, 'West German Pacifism and the Politics of Solidarity, 1945–1974', in *Peace Movements in Western Europe, Japan and the USA During the Cold War*, ed. Benjamin Ziemann (Essen, Germany: Klartext, 2008), 41–60.

18. Ian Kershaw, *Roller-Coaster: Europe, 1950–2017* (London: Allen Lane, 2018), 26; Celia Donert, 'From Communist Internationalism to Human Rights: Gender, Violence and International Law in the Women's International Democratic Federation Mission to North Korea, 1951', *Contemporary European History* 25, no. 2 (May 2016): 320; *We Accuse! Korea: Report of the Commission of the Women's International Democratic Federation in Korea, May 16 to 27, 1951* (Berlin: WIDF, 1951); Katharine McGregor, 'Opposing Colonialism: The Women's International Democratic Federation and Decolonisation Struggles in Vietnam and

Algeria, 1945–1965', *Women's History Review* 25, no. 6 (2016): 1–20.

19. Quoted in Richard Kuisel, *Seducing the French: The Dilemma of Americanization* (Berkeley: University of California Press, 1993), 37–38.

20. Sarah Fishman, *From Vichy to the Sexual Revolution: Gender and Family Life in Postwar France* (Oxford: Oxford University Press, 2017), 130; Frank Trentman, *Empire of Things: How We Became a World of Consumers, from the 15th Century to the 21st* (London: Penguin, 2016), 301; *When the War Was Over: Women, War and Peace in Europe, 1940–1956*, ed. Claire Duchen and Irene Bandhauer-Schöffmann (London: Leicester University Press, 2000).

21. *Design and Cultural Politics in Postwar Britain: The Britain Can Make It Exhibition of 1946*, ed. Patrick J. Maguire and Jonathan M. Woodham (London: University of Leicester Press, 1998), 3–66; Nicole Rudolph, *At Home in Postwar France: Modern Mass Housing and the Right to Comfort* (New York/Oxford: Berg-hahn, 2015), 53–86; Rebecca J. Pulju, *Women and Mass Consumer Society in Postwar France* (Cambridge: Cambridge University Press, 2011), 95–142; Katarzyna Jezowska, 'Imagined Poland: Representations of the Nation State at the Exhibitions of Industry, Craft and Design, 1948–1974' (PhD thesis, University of Oxford, 2018).

22. Paolo Scrivano, 'Signs of Americanization in Italian Domestic Life: Italy's Postwar Conversion to Consumerism', *Journal of Contemporary History* 40, no. 2 (2005): 317–340; Greg Castillo, *Cold War on the Home Front: The Soft Power of Midcentury Design* (Minneapolis: University of Minnesota Press, 2010), 67–69; Paul Betts, *The Authority of Everyday Objects: A Cultural History of West German Industrial Design* (Berkeley: University of California Press, 2004), 197–198, and Michael Meng, *Shattered Spaces: Encountering Jewish Ruins in Postwar Germany and Poland* (Cambridge: Harvard University Press, 2011), 2, 124–126; Herbert Nicolaus and Alexander Obeth, *Die Stalinallee: Geschichte einer deutschen Strasse* (Berlin: Verlag für Bauwesen, 1997), 171–220.

23. Christina Varga-Harris, *Stories of House and Home: Soviet Apartment Life during the Khrushchev Years* (Ithaca, NY: Cornell University Press, 2015), 24–52; Katherine Lebow, *Unfinished Utopia: Nowa Huta, Stalinism, and Polish Society, 1949–1956* (Ithaca, NY: Cornell University Press, 2013).

24. Karal Ann Marling, *As Seen on TV: The Visual Culture of Everyday Life in the 1950s* (Cambridge: Harvard University Press, 1994), 278; Mary Nolan, 'Consuming America, Producing Gender', in *The American Century in Europe*, ed. R. Laurence Moore and Maurizio Vaudagna (Ithaca, NY: Cornell University Press, 2003), 251.

25. Erica Carter, *How German Is She? Postwar West German Reconstruction and the Consuming Woman* (Ann Arbor: University of Michigan Press, 1997); M. L. Roberts, *Civilization Without Sexes: Reconstructing Gender in Postwar France, 1917–1927* (Chicago: University of Chicago Press, 1994); Victoria de Grazia, *How Fascism Ruled Women: Italy, 1922–1945* (Berkeley: University of California Press, 1992), 41–115; Elizabeth D. Heineman, *What Difference Does a Husband Make? Women and Marital Status in Nazi and Postwar Germany* (Berkeley: University of California Press, 1999), 17–74; Fishman, 15, 72–73, and Till van Rahden, 'Fatherhood, Rechristianization, and the Quest for Democracy in Postwar West Germany', in *Raising Citizens in the 'Century of the Child': The United States and*

German Central Europe in Comparative Perspective, ed. Dirk Schuman (New York/ Oxford: Berghahn Books, 2010), 141–164.

26. Robert G. Moeller, *Protecting Motherhood: Women and the Family in the Politics of Postwar West Germany* (Berkeley: University of California Press, 1993), 109–141; R. H. S. Crossman, *Socialist Values in a Changing Civilisation* (London: Fabian Publications, 1950), 5, 16.

27. Ina Merkel, ··· *und Du, Frau an der Werkbank: Die DDR in den 50er Jahren* (Berlin: Elefanten Press, 1990), 76–105.

28. Barbara Einhorn, *Cinderella Goes to Market: Citizenship, Gender and Women's Movements in East Central Europe* (London: Verso, 1993); Donna Harsch, *Revenge of the Domestic: Women, the Family, and Communism in the German Democratic Republic* (Princeton: Princeton University Press, 2006).

29. Nina Witoszek, 'Moral Community and the Crisis of the Enlightenment: Sweden and Germany in the 1920s and 1930s', in *Culture and Crisis: The Case of Germany and Sweden*, ed. Nina Witoszek and Lars Trägardh (New York/ Oxford: Berghahn, 2002), 58; Thomas Etzemüller, *Alva and Gunnar Myrdal: Social Engineering in the Modern World* (Lanham, MD: Lexington, 2014); Francis Sejersted, *The Age of Social Democracy: Norway and Sweden in the Twentieth Century* (Princeton: Princeton University Press, 2011), 241–332.

30. James Sheehan, *Where Have All of the Soldiers Gone? The Transformation of Modern Europe* (Boston: Houghton Mifflin, 2008), 172–197; Ronald Inglehart, *The Silent Revolution: Changing Values and Political Styles Among Western Publics* (Princeton: Princeton University Press, 1977).

31. Jeffrey Herf, *Reactionary Modernism: Technology, Culture, and Politics in Weimar and the Third Reich* (New York: Cambridge University Press, 1984), and Mary Nolan, *Visions of Modernity: American Business and the Modernization of Germany* (Oxford: Oxford University Press, 1994); Judt, *Postwar*, 353.

32. Victoria de Grazia, *Irresistible Empire: America's Advance through 20th Century Europe* (Cambridge: Harvard University Press, 2005), 10; Helmut Klages, *Technischer Humanismus: Philosophie und Soziologie der Arbeit bei Karl Marx* (Stuttgart: Ferdinand Enke, 1964).

33. Jean Améry, *Preface to the Future: Culture in a Consumer Society*, trans. Palmer Hilty (New York: Ungar, 1964), 298; Jean-Jacques Servan-Schreiber, *The American Challenge*, trans. Ronald Steel (London: Hamish Hamilton, 1968), 298; De Grazia, *Irresistible Empire*, 336–376.

34. Servan-Schreiber, 34.

35. Günther Anders, *Die Antiquiertheit des Menschen*, vol. 2, Über die Zerstörung des Lebens im Zeitalter der dritten industriellen Revolution (Munich: Beck, 1987 [1956]), 23, 25.

36. A. Dirk Moses, '*Das römische Gespräch* in a New Key: Hannah Arendt, Genocide, and the Defense of Republican Civilization', *Journal of Modern History* 85, no. 4 (December 2013): 867–913; Hannah Arendt, *The Human Condition* (Chicago: University of Chicago Press, 1958), 59, 137.

37. De Grazia, 11.

38. Arthur M. Schlesinger, *Learning How to Behave: A Historical Study of American Etiquette*

Books (New York: Macmillan, 1946), and Harold Nicolson, *Good Behavior: Being a Study of Certain Types of Civility* (New York: Constable, 1955).

39. Horst-Volker Krumrey, *Entwicklungsstrukturen von Verhaltensstandarden: Eine soziologische Prozessanalyse auf der Grundlage deutscher Anstands- und Manierenbücher von 1870–1970* (Frankfurt: Suhrkamp, 1984), 27; Catriona Kelly, *Refining Russia: Advice Literature, Polite Culture, and Gender from Catherine to Yeltsin* (Oxford: Oxford University Press, 2001), 403.

40. Hans-Otto Meissner and Isabella Burkhard's *Gute Manieren stets gefragt: Takt, Benehmen, Etiquette* (Munich: Verlag Mensch und Arbeit, 1962), 44–51; Wilhelm Von Ginök, *Lebenskunst: Ein Buch vom guten Benehmen für jedermann* (Krefeld: Verlag 'Lebenskunst', 1950), 15.

41. W. A. Nennstiel, *Richtiges Benehmen, beruflich und privat: Eine nützliche Anleitung für junge Menschen* (Mannheim: Max Rein, 1949), 3, 5.

42. Hans Martin, *Darf ich mir erlauben···? Das Buch der Guten Lebensart* (Stuttgart: Walter Hädecke, 1949), 109, and W. von Hilgendorff, *Gutes Benehmen, Dein Erfolg* (Vienna: Humboldt Taschenbuch, 1953), 160–161; Cas Wouters, *Informalization: Manners and Emotions Since 1890* (London: Sage, 2007), 64–69.

43. Cas Wouters, *Sex and Manners: Female Emancipation in the West, 1890– 2000* (London: Sage, 2004), 43–46; Nennstiel, 17, 25, 33, 37, 46.

44. Kevin M. Schultz, 84; George Mikes, *How to Be an Alien* (London: Penguin, 1971 [1946]).

45. Amelia H. Lyons, *The Civilizing Mission in the Metropole: Algerian Families and the French Welfare State During Decolonization* (Stanford: Stanford University Press, 2013), 104–105; Elizabeth Buettner, *Europe After Empire: Decolonization, Society, and Culture* (Cambridge: Cambridge University Press, 2016), 216–221.

46. Varga-Harris, 132; Kelly, 315, 318–321, 342, 347, 403.

47. *Kahlschlag: Das 11. Plenum des ZK der SED 1965: Studien und Dokumente* (Berlin: Aufbau Verlag, 1991), 241; Deborah A. Field, *Private Life and Communist Morality in Khrushchev's Russia* (New York: Peter Lang, 2007), and Anna-Sabine Ernst, 'The Politics of Culture and the Culture of Everyday Life in the DDR in the 1950s', in *Between Reform and Revolution: German Socialism and Communism from 1840 to 1990*, ed. David E. Barclay and Eric Weitz (New York/Oxford: Berg- hahn, 1998), 489–506.

48. Ernst, 503 n7.

49. Karl Smolka, *Gutes Benehmen von A–Z* (Berlin: Verlag Neues Leben, 1974 [1957]), 16.

50. Smolka, 7–8; Kleinschmidt, 233.

51. Karl Smolka, *Junger Mann von heute* (Berlin: Verlag Neues Leben, 1964), 8; Dagmar Herzog, *Sex After Fascism: Memory and Morality in Twentieth- Century Germany* (Princeton: Princeton University Press, 2007), 184–219, and Josie McLellan, *Love in the Time of Communism: Intimacy and Sexuality in the GDR* (Cambridge: Cambridge University Press, 2011); W. K. Schweickert and Bert Hold, *Guten Tag, Herr von Knigge: Ein heiteres Lesebuch für alle Jahrgänge über alles, was 'anständig' ist* (Leipzig: VEB Friedrich Hofmeister, 1959), 8.

52. Andrew St George, *The Descent of Manners: Etiquette, Rules and the Victorians* (London: Chatto & Windus, 1993), xi.

第五章 再造帝国

1. Jean-Louis Planche, *Sétif 1945: Histoire d'un massacre annoncé* (Paris: Perrin, 2006); Jean-Pierre Peyroulou, *Guelma, 1945: Une subversion française dans l'Algérie coloniale* (Paris: Éditions la Découverte, 2009), 103–141; James McDougall, *A History of Algeria* (Cambridge: Cambridge University Press, 2017), 179–180; Martin Evans and John Phillips, *Algeria: Anger of the Dispossessed* (New Haven: Yale University Press, 2007), 52.

2. Niall Ferguson, *The War of the World: History's Age of Hatred* (London: Penguin, 2009), 613.

3. Walter Lipgens, *A History of European Integration*, vol. 1 (Oxford: Oxford University Press, 1982), 46.

4. www.consilium.europa.eu/media/26207/134126.pdf; Peo Hansen and Stefan Jonsson, *Eurafrica: The Untold History of European Integration and Colonialism* (London: Bloomsbury, 2014), 1–7.

5. Britta Schilling, *Postcolonial Germany: Memories of Empire in a Decolonized Nation* (Oxford: Oxford University Press, 2014), and Jared Poley, *Decolonization in Germany: Weimar Narratives of Colonial Loss and Foreign Occupation* (Bern: Peter Lang, 2005); Susan Pedersen, *The Guardians: The League of Nations and the Crisis of Empire* (Oxford: Oxford University Press, 2015), 32, 115, 196, 330.

6. www.mussolinibenito.net/discorso-di-trieste/; www.mussolinibenito.net/secondo-discorso-di-trieste/; Mussolini continued with this 'vector of world civilization' theme in his Milan Speech, Piazza Duomo, 25 October, 1932, www.mussolinibenito.net/discorso-di-milano-1932/; Benito Mussolini, 'The Birth of a New Civilization', in *Fascism*, ed. Roger Griffin (Oxford: Oxford University Press, 1995), 72–73; Amaila Ribi Forclaz, *Humanitarian Imperialism: The Politics of Anti-Slavery Activism, 1880–1940* (Oxford: Oxford University Press, 2015), esp. chapters 4 and 5.

7. www.lorien.it/x_inni/pg_canzoni-d/Disc_BM/Discorso_BM_1936-05-05.html; Davide Rodogno, *Fascism's European Empire: Italian Occupation During the Second World War* (Cambridge: Cambridge University Press, 2006 [orig. Italian 2003]), esp. 44–53, 145–157; www.mussolinibenito.net/lultimo-discorso-del-dvce-dal-teatro-lirico-di-milano/. I thank Giovanni Cadioli for these Italian sources.

8. Christopher Duggan, *Fascist Voices: An Intimate History of Mussolini's Italy* (London: Vintage, 2013), 253, 267, 275.

9. Christian Helfer, 'Humanitätsdüselei – zur Geschichte eines Schlagworts', *Zeitschrift für Religions- und Geistesgeschichte* 16, no. 2 (1964): 179–182; Lorna Waddington, *Hitler's Crusade: Bolshevism and the Myth of the International Jewish Conspiracy* (London: I. B. Tauris, 2008); Philip Gassert, 'No Place for 'the West': National Socialism and the 'Defence of Europe',' in *Germany and "The West" : The History of a Modern Concept*, ed. Riccardo Bavaj and Martina Steber (New York/Oxford: Berghahn, 2015), 216–229; David B. Dennis, *Inhumanities: Nazi Interpretations of Western Culture* (Cambridge: Cambridge University Press, 2012), esp. 359–451.

10. Benjamin G. Martin, *The Nazi-Fascist New Order for European Culture* (Cambridge: Harvard University Press, 2016), esp. 1–4, 16, 74, 80, 119, 151, 186– 187, 246–255; Nicola Lambourne,

War Damage in Western Europe: The Destruction of Historic Monuments During the Second World War (Edinburgh: Edinburgh University Press, 2001), 102–103.

11. Philippe Sands, *East West Street: On the Origins of Genocide and Crimes Against Humanity* (London: Weidenfeld & Nicolson, 2016), 216, 222 and 238; Elizabeth Harvey, 'Documenting *Heimkehr*: Photography, Displacement and "Homecoming" in the Nazi Resettlement of Ethnic Germans, 1939–1940', and Julie Torrie, 'Visible Trophies of War: German Occupiers' Photographic Perceptions of France, 1940–44', both in *The Ethics of Seeing: Photography and Twentieth-Century German History*, ed. Jennifer Evans, Paul Betts, and Stefan- Ludwig Hoffmann (New York/Oxford: Berghahn Books, 2018), 79–107 and 108–137, respectively; Jane Caplan, *'Jetzt Judenfrei': Writing Tourism in Nazi- Occupied Poland* (London: GHIL, 2013); Mark Mazower, *Hitler's Empire: Nazi Rule in Occupied Europe* (London: Allen Lane, 2008), 181; Edwin Erich Dwinger, *Der Tod in Polen: Die volksdeutsche Passion* (Jena, Germany: Diederichs, 1940), 123–124.

12. Ewa Manikowska, *Photography and Cultural Heritage in the Age of Nationalisms: Europe's Eastern Borderlands (1867–1945)* (London: Bloomsbury, 2019), 165–191; *The German Invasion of Poland: Polish Black Book* (London: Hutchinson & Co., 1939), 75, 125; *The German New Order in Poland* (London: Hutchinson & Co., 1941), 17–18; Wacław Borowy, *General Observations on the Problem of Reparations with Regard to Art and Culture* (Warsaw: Ministry of Culture and Art, 1945); Michael Meng, *Shattered Spaces: Encountering Jewish Ruins in Postwar Germany and Poland* (Cambridge: Harvard University Press, 2011), 69–70.

13. Loring M. Danforth and Riki Van Boeschoten, *Children of the Greek Civil War: Refugees and the Politics of Memory* (Chicago: University of Chicago Press, 2012); Mark Mazower, ed., *After the War Was Over: Reconstructing the Family, Nation, and State in Greece, 1943–1960* (Princeton: Princeton University Press, 2000).

14. André Gerolymatos, *An International Civil War: Greece, 1943–1949* (New Haven: Yale University Press, 2016), 258–259.

15. Daniel Chomsky, 'Advance Agent of the Truman Doctrine: The United States, the *New York Times*, and the Greek Civil War', *Political Communication* 17, no. 4 (2000): 415–432; Anne O'Hare McCormick, 'The British Retreat in the Mediterranean', *New York Times*, 3 March, 1947, 20; Hanson W. Baldwin, 'Survival of Western Civilization Is Held to Depend on Our Actions', *New York Times*, 2 March, 1947, 4.

16. Patrick Thaddeus Jackson, *Civilizing the Enemy: German Reconstruction and the Invention of the West* (Ann Arbor: University of Michigan Press, 2006), 150, 153–155, 160, 164–165.

17. 'A "Confession of Imperialism"', *Manchester Guardian*, 15 March, 1947, 6; Alexander Werth, 'Moscow Starts Attack on Truman', *Manchester Guardian*, 15 March, 1947, 5; Alistair Cook, 'Mr Gromyko Wins Support on Greece', *Manchester Guardian*, 9 April, 1947, 6; C. P. Trussell, 'Congress Is Solemn: Prepares to Consider Bills After Hearing the President Gravely', *New York Times*, 13 March, 1947, 1.

18. Igor Lukes, 'The Czech Road to Communism', in *The Establishment of Communist Regimes in Eastern Europe, 1944–1949*, ed. Norman Naimark and Leonid Gibianskii (New York: Routledge, 2018), 265 n70.

19. *Foreign Relations of the United States, 1947*, vol. 1 (Washington, DC: US Department of State, 1947), 76–79.

20. Daniel A. Segal, '"Western Civ" and the Staging of History in American Higher Education', *American Historical Review* 105, no. 3 (June 2000): 770–805; Gilbert Allardyce, 'Toward World History: American Historians and the Coming of the World History Course', *Journal of World History* 1, no. 1 (1990): 23–75, and Katja Naumann, 'Teaching the World: Globalization, Geopolitics, and History Education at US Universities', *German Historical Institute Bulletin Supplement* 5 (2008): 123–144.

21. Serge Guilbaut, *How New York Stole the Idea of Modern Art: Abstract Expressionism, Freedom, and the Cold War* (Cambridge, MA: MIT Press, 1990), and Penny M. Von Eschen, *Satchmo Blows Up the World: Jazz Ambassadors Play the Cold War* (Cambridge: Harvard University Press, 2004); Benjamin Martin, 274; Mazower, *Hitler's Empire*, 564.

22. Norman Stone, *The Atlantic and Its Enemies: A Personal History of the Cold War* (London: Allen Lane, 2010), 17; Geir Lundestad, 'Empire by Invitation? The United States and Western Europe, 1945–1952', *Journal of Peace Research* 23, no. 3 (September 1986), 267; Georgette Elgey, *La république des illusions, 1945– 1951* (Paris: Fayard, 1965), 382.

23. Gilbert Rist, *The History of Development: From Western Origins to Global Faith* (London: Zed Books, 2008), 47–79.

24. Sven Beckert, 'American Danger: United States Empire, Eurafrica, and the Territorialization of Industrial Capitalism, 1870–1950', *American Historical Review* 122, no. 4 (October 2017): 1161–1162; Dina Gusejnova, *European Elites and Ideas of Empire, 1917–1957* (Cambridge: Cambridge University Press, 2016), esp. 69–97; Richard Coudenhove-Kalergi, *Pan-Europe* (New York: Knopf, 1923), 29; Richard Coudenhove-Kalergi, *Europe Must Unite* (Glarus, Switzerland: Paneuropa Editions, 1939), 19–20; Julia Nordblad, 'The Un-European Idea: Vichy and Eurafrica in the Historiography of Europeanism', *European Legacy* 19, no. 6 (September 2014): 711–729; Hansen and Jonsson, 26–27, 31, 41.

25. Beckert, 1168; Arnold Rivkin, *Africa and the European Common Market* (Denver: University of Denver, 1964), and P. N. C. Okigbo, *Africa and the Common Market* (London: Longmans, 1967).

26. Anne Deighton, 'Entente Neo-Coloniale? Ernest Bevin and the Proposals for an Anglo-French Third World Power', *Diplomacy and Statecraft* 17, no. 4 (2006): 835–852; Anton Zischka, *Afrika: Europas Gemeinschaftsaufgabe Nr. 1* (Oldenburg, Germany: Gerhard Stilling, 1951), 9–59; Gustav-Adolf Gedat, *Europas Zukunft liegt in Afrika* (Stuttgart: Steinkopf, 1954), and Pierre Nord, *L'Eurafrique, notre dernière chance* (Paris: Arthème Fayard, 1955); Robert Skidelsky, *Oswald Mosley* (London: Macmillan, 1975), 485–486.

27. Irving Wall, *France, the United States, and the Algerian War* (Berkeley: University of California Press, 2001), 21; Alfred Grosser, 'France and Germany in the Atlantic Community', *International Organisation* 17, no. 3 (Summer 1963): 558; U. W. Kitzinger, 'Europe: The Six and the Seven', *International Organization* 14, no. 1 (1960): 31; Hansen and Jonsson, 238.

28. Elizabeth Buettner, *Europe After Empire: Decolonization, Society, and Culture* (Cambridge: Cambridge University Press, 2016), 91, 94; Carl Romme, Catholic People's Party, *Handelingen der Staten-Generaal: 1946–1947, II, 29ste Vergadering*, 16 December, 1946, 860. See too

the comments of Johann Logemann (Dutch Independent Socialist minister) in *Handelingen der Staten-Generaal: Tijdelijke zitting 1945, II, 5de Vergadering*, 16 October, 1945, 86, and Hendrik Tilanus (CHU), *Handelingen der Staten-Generaal: 1946-1947, II, 29ste Vergadering*, 16 December, 1946, 893. I thank Pieter-Jan Sterenborg for his research assistance on this point. H. L. Wesseling, 'Post-Imperial Holland', *Journal of Contemporary History* 15, no. 1 (January 1980): 125–142.

29. R. W. Heywood, 'West European Community and the Eurafrica Concept in the 1950's', *Journal of European Integration* 4, no. 2 (1981): 199–210, quotation 207.

30. Jakov Etinger, *Bonn greift nach Afrika* (Berlin: Dietz Verlag, 1961), 72, 99–100.

31. W. R. Louis and R. Robinson, 'The Imperialism of Decolonization', *Journal of Imperial and Commonwealth History* 22, no. 3 (1994): 462–511; Guy Mollet, *Bilan et perspectives socialistes* (Paris: Plon, 1958), 35, 45–46; Talbot C. Imlay, 'International Socialism and Decolonization During the 1950s: Competing Rights and the Postcolonial Order', *American Historical Review* 118, no. 4 (October 2013): 1124, and Anne-Isabelle Richard, 'The Limits of Solidarity: Europeanism, Anti-Colonialism and Socialism at the Congress of the Peoples of Europe, Asia and Africa in Puteaux, 1948', *European Review of History* 21, no. 4 (July 2014): 519–537.

32. Quotations from Hansen and Jonsson, 270–271.

33. Frederick Cooper, 'French Africa, 1947–1948: Reform, Violence, and Uncertainty in a Colonial Situation', *Critical Inquiry* 40, no. 4 (Summer 2014): 476; Guiliano Garavini, *After Empires: European Integration, Decolonization, and the Challenge from the Global South, 1957–1986* (Oxford: Oxford University Press, 2012), 22; L. S. Senghor, *Liberté*, vol. 2 (Paris: Sevil, 1977), 91; Gary Wilder, *Freedom Time: Negritude, Decolonization, and the Future of the World* (Durham, NC: Duke University Press, 2015), 7.

34. Hansen and Jonsson, 158–166, 182; Frederick Cooper, *Citizenship between Empire and Nation: Remaking France and French Africa, 1945–1960* (Princeton: Princeton University Press, 2014), Chapter 4.

35. Mazower, *No Enchanted Palace*.

36. Mr Altman (Poland), 'General Assembly, Third Committee, Summary Records', General Assembly document A/C.3/SR.295, 1950, 158, in Roger Normand and Sarah Zaidi, *Human Rights at the UN: The Political History of Universal Justice* (Bloomington: Indiana University Press, 2008), 231–232; Evan Luard, *A History of the United Nations*, vol. 2, *The Age of Decolonization, 1955–1965* (Basingstoke, UK: Palgrave, 1989), 78–79.

37. Dwight Eisenhower, *The White House Years: Waging Peace, 1956–1961* (New York: Doubleday, 1969), 34; Philip E. Muehlenbeck, *Betting on the Africans: John F. Kennedy's Courting of African Nationalist Leaders* (Oxford: Oxford University Press, 2012), 8.

38. Quoted in Jessica Lynne Pearson, 'Defending Empire at the United Nations: The Politics of International Colonial Oversight in the Era of Decolonisation', *Journal of Imperial and Commonwealth History* 45, no. 3 (2017): 530–531.

39. William Roger Louis, 'Public Enemy Number One: The British Empire in the Dock at the United Nations, 1957–1971', in *The British Empire in the 1950s: Retreat or Revival?* ed. Martin Lynn (London: Palgrave, 2006), 186–213.

40. Sir Alan Burns, *In Defence of Colonies* (London: George Allen & Unwin, 1957), 5, 17–19; the idea of the 'Salt Water Fallacy' derives from Sir Hilton Poynton's speech at the Fourth Committee of the General Assembly at the UN, 3 October, 1947, as noted by Burns.

41. Buettner, 171; 'The Belgian Congo: From Wilderness to Civilization', special issue of *Les Beaux-Arts*, 1955.

42. *The Sacred Mission of Civilization: To Which People Should the Benefits Be Extended? The Belgian Thesis* (New York: Belgian Government Information Center, 1953), 7, 16–17, 28.

43. Fernand van Langenhove, *The Question of the Aborigines Before the United Nations: The Belgian Thesis* (Brussels: Royal Colonial Institute, 1954), 44, 94; Pierre Ryckmans, *Report from Belgium* (Brussels: Belgian Ministry of Foreign Affairs and External Trade, 1955), 4, 7; Guy Vanthemsche, *Belgium and the Congo, 1885–1980* (Cambridge: Cambridge University Press, 2012), 121–142, 203–204.

44. Buettner, 198; Miguel Bandeira Jerónimo and António Costa Pinto, 'A Modernizing Empire? Politics, Culture, and Economy in Portuguese Late Colonialism', in their co-edited *The Ends of European Colonial Empires* (London: Palgrave Macmillan, 2015), 51–80.

45. Patricia Wohlgemuth, *The Portuguese Territories and the United Nations* (New York: Carnegie Endowment for International Peace, 1963), 7–12, 24–25; Luís Nuno Rodrigues, 'The International Dimensions of Portuguese Colonial Crisis', in Bandeira Jerónimo and Costa Pinto, 243–267.

46. Alberto Franco Nogueira, *The United Nations and Portugal: A Study of Anti-Colonialism* (London: Tandem Books Limited, 1964), 50, 57, 178; George Martelli, 'Portugal and the United Nations', *International Affairs* 40, no. 3 (July 1964): 453–465.

47. Wohlgemuth, 26–27; Adriano Moreira, *Provocation and Portugal's Reply* (Lisbon: Bertrand, 1961).

48. Gilberto Freyre, *Portuguese Integration in the Tropics* (Lisbon: Realizacao Grafica, 1961), 12–13, 23, 31, 74–75. For discussion, Buettner, 194–195.

49. This paragraph summarises Udi Greenberg, 'Protestants, Decolonization, and European Integration, 1885–1961', *Journal of Modern History* 89 (June 2017): 314–354, and his 'Catholics, Protestants, and the Violent Birth of European Religious Pluralism', *American Historical Review* 124, no. 2 (April 2019): 519; Denis de Rougemont, *The Meaning of Europe* (London: Sidgwick & Jackson, 1965), 96.

50. Wohlgemuth, 32–34.

51. Quotations in Gerolymatos, 295–296.

第六章　去殖民化与非洲文明：加纳、阿尔及利亚和塞内加尔

1. June Milne, *Kwame Nkrumah: A Biography* (London: Panaf, 1999), 57–74; Kwame Nkrumah, *Towards Colonial Freedom: Africa in the Struggle Against World Imperialism* (London: Heinemann, 1962), 42.

2. Kwame Nkrumah, *I Speak of Freedom: A Statement of African Ideology* (New York:

Frederick A. Praeger, 1961), 107.

3. 'How Britain Saluted Our New Nation', *Daily Graphic*, 7 March, 1957, 10; Kevin K. Gaines, *American Africans in Ghana: Black Expatriates and the Civil Rights Era* (Chapel Hill: University of North Carolina Press, 2006), 81; Jeffrey S. Ahlman, *Living with Nkrumahism: Nation, State, and Pan-Africanism in Ghana* (Athens, OH: Ohio University Press, 2017), 3, 11, 14.

4. Kwame Nkrumah, *Africa Must Unite* (London: Heinemann, 1963), xiv, xv; Philip E. Muehlenbeck, *Betting on the Africans: John F. Kennedy's Courting of African Nationalist Leaders* (Oxford: Oxford University Press, 2012), 25; Ed Naylor, introduction to his edited *France's Modernising Mission: Citizenship, Welfare and the Ends of Empire* (London: Palgrave, 2018), xix; Todd Shepard, '"Of Sovereignty" : Disputed Archives, "Wholly Modern" Archives, and the Post- Decolonization French and Algerian Republics, 1962–2012', *American Historical Review* 120, no. 3 (June 2015): 869–883.

5. Letters from Nkrumah to S. G. Ikoku, 2 March, 1964, and to Kodwo Addison,9 March, 1964, RG 17/1/380,Public Records and Archives Adminstrative Department (hereafter cited as PRAAD), Accra, Ghana.

6. Nkrumah, *I Speak*, 48; *Philosophy & Opinions of Kwame Nkrumah*, ed. Kofi Yeboah Tuafo (Accra: Africanstories Press, 2016), 202; Osagyefo Dr. Kwame Nkrumah, 'The African Genius', Speech Delivered at Opening of the Institute of African Studies, 25 October, 1963, Bodleian Library, Oxford University; Takyiwaa Manuh, 'Building Institutions for the New Africa: The Institute of African Studies at the University of Ghana', in *Modernization as Spectacle in Africa*, ed. Peter Jason Bloom, Stephen Miescher and Takyiwaa Manuh (Bloomington: Indiana University Press, 2009), 270–279.

7. Harcourt Fuller, *Building the Ghanaian Nation-State: Kwame Nkrumah's Symbolic Nationalism* (London: Palgrave, 2014), 74–79; Nkrumah, *Africa Must Unite*, 49; Paul Schauert, *Staging Ghana: Artistry and Nationalism in State Dance Ensembles* (Bloomington: Indiana University Press, 2007), 39–77.

8. G. A. Stevens, 'The Future of African Art: With Special Reference to Problems Arising in the Gold Coast Colony', *Africa: Journal of the International African Institute* 3, no. 22 (1930): 150–160; Shoko Yamada, '"Traditions" and Cultural Production: Character Training at the Achimota School in Colonial Ghana', *History of Education* 38, no. 1 (January 2009): 29–59; Rhoda Woets, 'The Recreation of Modern and African Art at Achimota School in the Gold Coast, 1927–52', *Journal of African History* 55, no. 3 (2014): 445–465.

9. H. Nii Abbey, *Kofi Antubam and the Myth Around Ghana's Presidential Seat* (Accra: Studio Brian Communications, 2008), 44–45; Kofi Antubam, *Ghana's Heritage of Culture* (Leipzig: Koehler and Amelang, 1963), 20–21; Jean Marie Allman, *The Quills of the Porcupine: Asante Nationalism in an Emergent Ghana* (Madison: University of Wisconsin Press, 1993), 9–11, 45–49; Fuller, 69–71; in his obituary in the *Ghanaian Times* on 6 April, 1964, Antubam was described as a 'mis- sionary in the crusade of African rediscovery' and a 'great disciple of Nkrumahist- socialism', whose works 'were a reflection of African renaissance', as noted in Nii Abbey, 44–45.

10. Kwame Botwe-Asamoah, *Kwame Nkrumah's Politico-Cultural Thought and Policies: An*

African-Centered Paradigm for the Second Phase of the African Revolution (London: Routledge, 2005), 149–176; Janet Hess, 'Exhibiting Ghana: Display, Documentary, and "National" Art in the Nkrumah Era', *African Studies Review* 44, no. 1 (April 2001): 59–77, and Peter J. Bloom and Kate Skinner, 'Modernity and Danger: *The Boy Kumasenu* and the Work of the Gold Coast Film Unit', *Ghana Studies* 12 (2009): 121–153; Cati Cole, *Dilemmas of Culture in African Schools: Youth, Nationalism, and the Transformation of Knowledge* (Chicago: University of Chicago Press, 2005), 53–86.

11. Magnus J. Sampson, foreword to D. A. Sutherland, *State Emblems of the Gold Coast* (Accra: Government Printing Department, 1954), 3; Kwame Nkrumah, *I Speak of Freedom: A Statement of African Ideology* (London: Heinemann, 1961), 129.

12. Alex Quaison-Sackey, *Africa Unbound* (New York: Frederick A. Praeger, 1963), 37; V. Y. Mudimbe, *The Invention of Africa: Gnosis, Philosophy, and the Order of Knowledge* (Bloomington: Indiana University Press, 1988), 88–89; Basil Davidson, 'Historical Inheritance of Ghana', *United Asia: International Magazine of Asian Affairs*, special issue on 'Ghana and African Nationalism', 9, no. 1 (1957): 14.

13. Ghana Museum and Monuments Board, Memorandum on Renovation of Old Castle, to Ministry of Education, 9 January, 1959, file page 55, RG 11/1/245, PRAAD; letter from director of Ghana Museum and Monuments Board (illegible signature) to minister of education, Accra, December 6, 1960, file doc. number 248, RG 11/1/245, PRAAD, Accra.

14. Maxwell Fry and Jane Drew, *Tropical Architecture in the Humid Zone* (London: Batsford Ltd, 1956), 20; Iain Jackson and Jessica Holland, *The Architecture of Edwin Maxwell Fry and Jane Drew: Twentieth Century Architecture, Pioneer Modernism and the Tropics* (London: Ashgate, 2014), 147–182; Manuel Herz, 'The New Domain: Architecture at the Time of Liberation', in *African Modernism: The Architecture of Independence*, ed. Manuel Herz, with Ingrid Schröder, Hans Focketyn and Julia Jamrozik (Zurich: Park Books, 2015), 4–15.

15. 'National Museum for Ghana', *Times* (London), 11 March, 1957, 8; Agbenyega Adedze, 'Museums as a Tool for Nationalism in Africa', *Museum Anthropology* 19, no. 2 (1995): 58–64, and Arianna Fogelman, 'Colonial Legacy in African Museology: The Case of the Ghana National Museum', *Museum Anthropology* 31, no. 1 (2008): 19–26.

16. Richard Rathbone, *Nkrumah and the Chiefs: The Politics of Chieftaincy in Ghana, 1951–1960* (Oxford: James Currey, 2000), 89–149; Fuller, 89–90; Mark Crinson, 'Nation-Building, Collecting and the Politics of Display: The National Museum, Ghana', *Journal of the History of Collections* 13, no. 2 (2001): 231–250.

17. Jeffrey James Byrne, *Mecca of Revolution: Algeria, Decolonization, and the Third World Order* (Oxford: Oxford University Press, 2016), 3; Jeffrey S. Ahlman, 'The Algerian Question in Nkrumah's Ghana, 1958–1960: Debating "Violence" and "Nonviolence" in African Decolonization', *Africa Today* 57, no. 2 (Winter 2010): 66–84.

18. James McDougall, *A History of Algeria* (Cambridge: Cambridge University Press, 2017), 232–233; Marnia Lazreg, *Torture and the Twilight of Empire: From Algiers to Baghdad* (Princeton: Princeton University Press, 2008), 53–54; Martin Thomas, *Fight or Flight: Britain, France, and Their Roads from Empire* (Oxford: Oxford University Press, 2014), 289.

19. Lazreg, 191; Cheryl B. Welch, 'Colonial Violence and the Rhetoric of Evasion: Tocqueville on

Algeria', *Political Theory* 31, no. 2 (April 2003): 235–264, quotation 248.

20. Aimé Césaire, *Discourse on Colonialism*, trans. Joan Pinkham (New York: Monthly Press Review, 1972), 1–2, 5, 75.

21. Alice L. Conklin, *A Mission to Civilize: The Republican Idea of Empire in France and West Africa, 1895–1930* (Stanford, CA: Stanford University Press, 1997); Muriam Haleh Davis, '"The Transformation of Man" in French Algeria: Economic Planning and the Postwar Social Sciences, 1958–62', *Journal of Contemporary History* 52, no. 1 (January 2017): 73–94; James McDougall, 'The Impossible Republic: The Reconquest of Algeria and the Decolonization of France, 1945–1962', *Journal of Modern History* 89, no. 4 (December 2017): 807; Amelia H. Lyons, *The Civilizing Mission in the Metropole: Algerian Families and the French Welfare State During Decolonization* (Stanford, CA: Stanford University Press, 2013).

22. Matthew Connelly, 'Taking Off the Cold War Lens: Visions of North- South Conflict During the Algerian War for Independence', *American Historical Review* 105, no. 3 (June 2000): 757; McDougall, 'Impossible', 792–793; Daniel Just, 'The War of Writing: French Literary Politics and the Decolonization of Algeria', *Journal of European Studies* 43, no. 3 (2013): 227–243; Robert Gildea, *Empires of the Mind: The Colonial Past and the Politics of the Present* (Cambridge: Cambridge University Press, 2019), 92.

23. Arnold Fraleigh, 'The Algerian Revolution as a Case Study in International Law', in *The International Law of Civil War*, ed. Richard Falk (Baltimore: Johns Hopkins, 1971), 226; Mohamed Alwan, *Algeria Before the United Nations* (New York: Robert Speller & Sons, 1959).

24. Matthew Connelly, *A Diplomatic Revolution: Algeria's Fight for Independence and the Origins of the Post–Cold War Era* (Oxford: Oxford University Press, 2002), 107, 127–134.

25. Lazreg, 5; James D. Le Sueur, *Uncivil War: Intellectuals and Identity Politics During the Decolonization of Algeria* (Philadelphia: University of Pennsylvania Press, 2001), 98–99; David Carroll, 'Camus's Algeria: Birthrights, Colonial Injustice, and the Fiction of a French-Algerian People', *Modern Language Notes* 112 (1997): 517–549.

26. Emma Kuby, 'A War of Words over an Image of War: The Fox Movietone Scandal and the Portrayal of French Violence in Algeria, 1955–1956', *French Politics, Culture & Society* 30, no. 1 (Spring 2012): 46–67; *Documents on the Crimes and Outrages Commited [sic] by the Terrorists in Algeria* (Algiers: Societé d'Editions et de Regie Publicitaire, 1956), 5–6, 88; McDougall, 'Impossible', 791; Connelly, *Diplomatic Revolution*, 127–128.

27. Fabian Klose, *Human Rights in the Shadow of Colonial Violence: The Wars of Independence in Kenya and Algeria* (Philadelphia: University of Pennsylvania Press, 2013), 212, 214; *Genocide in Algeria*, FLN brochure, June 1958, unpaginated; Mohammed Bedjaoui, *Law and the Algerian Revolution* (Brussels: International Association of Democratic Lawyers, 1961), 211.

28. Pierre-Henri Simon, *Contre la torture* (Paris: Editions du Seuil, 1957), 24; Alastair Horne, *A Savage War of Peace: Algeria 1954–1962* (London: Macmillan, 1996 [1977]), 196, 485–489; Klose, 100, 124; Byrne, *Mecca of Revolution*, 50.

29. François Méjean, *Le Vatican contre la France d'Outre Mer* (Paris: Librarie Fischbacher, 1957); Lazreg, 194–195; Darcie Fontaine, *Decolonizing Christianity: Religion and the End of Empire in France and Algeria* (Cambridge: Cambridge University Press, 2016), 106–145.

30. Lazreg, 117; Jean-Paul Sartre, preface to Henri Alleg, *The Question*, trans. John Calder (London: John Calder, 1958), 12, 13–14. This is an English transla- tion of Sartre's *L'Express* article published two weeks after the book's release.

31. Neil McMaster, *Burning the Veil: The Algerian War and the 'Emancipation' of Muslim Women, 1954–62* (Manchester: Manchester University Press, 2009), 209–216; Simone de Beauvoir and Gisèle Halimi, *Djamila Boupacha: The Story of the Torture of a Young Algerian Girl Which Shocked Liberal French Opinion*, trans. Peter Green (London: Andre Deutsch, 1962), 12–21, 246.

32. *White Paper on the Application of the Geneva Conventions of 1949 to the French-Algerian Conflict* (New York: Algerian Office, 1960), 12, 15, 58; Jennifer Johnson, *The Battle for Algeria: Sovereignty, Health Care, and Humanitarianism* (Philadelphia: University of Pennsylvania Press, 2016), 104, 110, 115–116, 124–157.

33. Bedjaoui, 215; *Le Monde*, 5 January, 1960, 1; Evan Luard, *History of the United Nations*, vol. 2, *The Age of Decolonization, 1955–1965* (Basingstoke, UK: Macmillan, 1989), 75–103; Johnson, 157–191.

34. These two paragraphs build on the excellent article by Andrew Bellisari, 'The Art of Decolonization: The Battle for Algeria's French Art, 1962–1970', *Journal of Contemporary History* 52, no. 3 (2017): 625–645; Paul-Albert Février, *Art de l'Algérie antique* (Paris: E. de Boccard, 1971).

35. Daniel Herwitz, *Heritage, Culture, and Politics in the Postcolony* (New York: Columbia University Press, 2012), 1–25.

36. L. S. Senghor, *Liberté I: Négritude et humanisme* (Paris: Seuil, 1964), 124; Gary Wilder, *Freedom Time: Negritude, Decolonization, and the Future of the World* (Durham: Duke University Press, 2015), 49–73, 143, 206–240.

37. Senghor, 'La Négritude', 108, quoted in Wilder, 52; Janet G. Vaillant, *Black, French, and African: A Life of Léopold Sédar Senghor* (Cambridge, MA: Harvard University Press, 1990), 243–271; Nancy Jachec, 'Léopold Sédar Senghor and the Cultures de l'Afrique Noire et de l'Occident (1960): Eurafricanism, Négritude and the Civilisation of the Universal', *Third Text* 24, no. 2 (March 2010): 201; Kahuidi C. Mabana, 'Leopold Sédar Senghor and the Civilization of the Universal', *Diogenes* (July 2013): 1–9.

38. Michael J. C. Echeruo, 'Negritude and History: Senghor's Argument with Frobenius', *Research in African Literatures* 24, no. 4 (Winter 1993): 1–13; Marcel Mauss, 'Civilisations, Their Elements and Forms (1929/1930)', in Marcel Mauss, *Techniques, Technology and Civilisation*, ed. Nathan Schlanger (New York/ Oxford: Berghahn, 2006), 61–62; Keith Thomas, *In Pursuit of Civility: Manners and Civilization in Early Modern England* (New Haven: Yale University Press, 2018), 267; Léopold Sédar Senghor, 'The Lessons of Leo Frobenius', in *Leo Frobenius: An Anthology*, ed. Eike Haberland, trans. Patricia Crampton (Wies- baden: Franz Steiner, 1973), vii; Césaire, *Discourse*, 10.

39. Tareq Y. Ismael, *The U.A.R. in Africa: Egypt's Policy Under Nasser* (Evanston, IL: Northwestern University Press, 1971), 36, 103; Cheikh Anta Diop, *Nations nègres et culture: De l'antiquité nègre-égyptienne aux problèmes cul- turels de l'Afrique noire d'aujourd'hui* (Paris: Éditions Africaines, 1955); Cheikh Anta Diop, *L'Afrique noire précoloniale: Étude*

comparée des systèmes politiques et sociaux de l'Europe et de l'Afrique noire, de l'antiquité à la formation des états mod- ernes (Paris: Présence Africaine, 1960); Mudimbe, 89–97; Manuh, 270.

40. Vijay Prashad, *The Darker Nations: A People's History of the Third World* (New York: New Press, 2007), 45; Sarah van Beurden, 'The Art of (Re)Possession: Heritage and the Cultural Politics of Congo's Decolonization', *Journal of African History* 56, no. 1 (March 2015): 143–164, and Cynthia Scott, 'Renewing the "Special Relationship" and Rethinking the Return of Cultural Property: The Netherlands and Indonesia, 1949–79', *Journal of Contemporary History* 52, no. 3 (July 2017): 646–668; Robert Ardrey, *African Genesis* (London: Collins, 1961), and Richard E. Leakey, *The Making of Mankind* (London: Michael Joseph, 1981), 11–15; Saul Dubow, 'Henri Breuil and the Imagination of Prehistory: "Mixing Up Rubble, Trouble and Stratification" ', =*South African Archaeological Society* 12 (2018): 1–13; *Congrès panafricain de préhistoire, Dakar 1967*, ed. Henri J. Hugot (Dakar: Les Imprimeries Réunies de Chambéry, 1967), 18–19.

41. Senghor, 'La Négritude comme culture des peuples noirs, ne saurait être dépassé', in his *Liberté* 5, 95; Tracy D. Snipe, *Arts and Politics in Senegal, 1960–1966* (Trenton, NJ: Africa World Press, 1998), 43–49; Senghor, 'Socialisme et culture', *Liberté II*, quoted in Wilder, 216; Sékou Touré, 'Le Leader politique considéré comme le représentant d'une culture', in *Présence Africaine* 24–25 (February– May 1959): 115; Senghor, 'Éléments constructifs d'une civilisation d'inspiration négro-africaine', *Présence Africaine* 24–25 (February–May 1959): 279.

42. Augustin F. C. Holl, 'Worldviews, Mind-Sets, and Trajectories in West African Archaeology', in *Postcolonial Archaeologies in Africa*, ed. Peter Schmidt (Santa Fe, NM: School for Advanced Research Press, 2009), 135–139.

43. *Premier festival mondial des arts nègres*, exhibition catalogue (Dakar, 1966), unpaginated; Engelbert Mveng, 'Signification africaine de l'art', in *Colloque: Fonction et signification de l'art nègre dans la vie du people et pour le people, 30 mars–8 avril, 1966* (Paris: Présence Africaine, 1967), 8; L. S. Senghor, 'Fonction et signifi- cation du Festival mondial des Arts nègres', in *Liberté III*, 58–63; David Murphy, 'Introduction: The Performance of Pan-Africanism', in *The First World Festival of Negro Arts, Dakar 1966: Contexts and Legacies*, ed. David Murphy (Liverpool: Liverpool University Press, 2016), 1–40.

44. L. S. Senghor, foreword, Georges-Henri Riviere, preface, Engelbert M'Veng, introduction to *L'art nègre: Sources, evolution, expansion* (Dakar/Paris: Réunion des Musées Nationaux Français, 1966), xiv, xxxviii, xxiv–xxxi, respectively; Herbert Pepper, 'La notion d'unité, notion clé de l'expression négro-africaine', in *Colloque*, 231–241; Ekpo Eyo, 'La préservation des oeuvres d'art et d'artisanat', in *Colloque*, 624 and 632.

45. Frantz Fanon, *Wretched of the Earth*, 10–13, 151–154, 170; Elizabeth Harney, *In Senghor's Shadow: Art, Politics, and the Avant-Garde in Senegal, 1960– 1995* (Durham: Duke University Press, 2004), 9, 45; Jacques Louis Hymans, *Léopold Sédar Senghor: An Intellectual Biography* (Edinburgh: Edinburgh University Press, 1971), 129; R. Depestre, *Bonjour et adieu à la négritude* (Paris: Laffont, 1980), 198.

46. Vaillant, 275–279, 289, 291–292.

47. Frederick Cooper, *Citizenship Between Empire and Nation: Remaking France and French*

Africa, 1945–1960 (Princeton: Princeton University Press, 2014), 434.

48. A. W. Brian Simpson, *Human Rights and the End of Empire* (Oxford: Oxford University Press, 2004), 739; Talbot C. Imlay, 'International Socialism and Decolonization During the 1950s: Competing Rights and the Postcolonial Order', *American Historical Review* 118, no. 4 (October 2013): 1105–1132; Roland Burke, *Decolonization and the Evolution of International Human Rights* (Philadelphia: University of Pennsylvania Press, 2010), 94–108.

第七章　世界文明

1. Max Frisch, *Homo Faber*, trans. Michael Bullock (London: Penguin, 1974 [1957]), 55.
2. James Sewell, *Unesco and World Politics: Engaging in International Relations* (Princeton: Princeton University Press, 1975), 119, 135; Marian Neal, 'United Nations Technical Assistance Programs in Haiti', *International Conciliation* 468 (February 1951): 102–111, and Glenda Sluga, *Internationalism in the Age of Nationalism* (Philadelphia: University of Pennsylvania Press, 2013), 108–111.
3. Akira Iriye, *Cultural Internationalism and World Order* (Baltimore: Johns Hopkins Press, 1997), 131–176; UNESCO, Preparatory Commission, *Conference for the Establishment of the United Nations Educational, Scientific and Cultural Organization, Held at the Institute of Civil Engineers, London, from the 1st to the 16th November, 1945* (London: Preparatory Commission UNESCO, 1946), 87.
4. Chloé Maurel, 'L'Histoire de l'humanité de l'UNESCO (1945–2000)', *Revue d'Histoire des Sciences Humaines* 22 (2010): 165; Iriye, 93; Walter H. C. Laves, 'Can UNESCO Be of Aid in World Crisis?' *Foreign Policy Bulletin* 38, no. 4 (1 November, 1958): 29–31.
5. Julian Huxley, *Memories II* (London: George Allen & Unwin, 1973), 23–24; Luther Evans, Françoise Choay, and Lucien Hervé, *Unesco Headquarters in Paris: A Symbol of the Twentieth Century* (Paris: Vincent Fréal, 1958), and Christopher Pearson, *Designing UNESCO: Art, Architecture and International Politics at Mid-Century* (Burlington, VT: Ashgate, 2010).
6. Julian Huxley, *UNESCO: Its Purpose and Its Philosophy* (Washington, DC: Public Affairs Press, 1947), 17, 61.
7. Joseph Needham, *Chinese Science* (London: Pilot Press, 1945); letter from Needham to Huxley, 13 October, 1948, NCUAC 54.3.95, D161, Joseph Needham Papers, University of Cambridge (hereafter cited as JNP); Patrick Petitjean, 'Giving Science for Peace a Chance', in *Sixty Years of Science at UNESCO, 1945–2005* (Paris: UNESCO, 2006), 55; *Science Liaison: The Story of UNESCO's Science Co-Operation Offices* (Paris: UNESCO, 1954), 9–10; C. P. Snow, *The Two Cultures* (New York: Cambridge University Press, 1959).
8. Céline Giton, 'Weapons of Mass Distribution: UNESCO and the Impact of Books', in *A History of UNESCO: Global Actions and Impacts*, ed. Poul Duedahl (London: Palgrave, 2016), 51–53, 57; Josué Mikobi Dikay, 'Education for Independence: UNESCO in the Post-Colonial Democratic Republic of Congo', in Duedahl, 171.
9. *Allied Plan for Education: The Story of the Conference of Allied Ministers of Education* (London: UN Information Organisation, 1945), 29, 33; *Report of the Director General on*

the Activities of the Organisation in 1947: Presented to the Second Session of the General Conference at Mexico City, November–December 1947 (Paris: UNESCO, 1947), 6–7.

10. Jacques Maritain, introduction to *Human Rights: Comments and Interpretations* (London: Wingate, 1949), 10; Mary Ann Glendon, *A World Made New: Eleanor Roosevelt and the Universal Declaration of Human Rights* (New York: Random House, 2001), 73–78.

11. Exhibition of Human Rights, conspectus of the display, April 1949, 1–2:342.7 (100) A066 '54', UNESCO Archives, Paris (hereafter cited as AUP).

12. Julian S. Huxley and A. C. Haddon, *We Europeans: A Survey of 'Racial' Problems* (London: Jonathan Cape, 1935), 107; Glenda Sluga, 'UNESCO and the (One) World of Julian Huxley', *Journal of World History* 21, no. 3 (2010): 397–414; 'Statement on Race', in UNESCO, *The Race Concept: Results of an Inquiry* (Paris: UNESCO, 1952), 496–501; Michelle Brattain, 'Race, Racism, and Antiracism: UNESCO and the Politics of Presenting Science to the Postwar Public', *American Historical Review* 112, no. 5 (December 2007): 1386–1413; Claude Lévi-Strauss, *Tristes Tropiques* (London: Jonathan Cape, 1973 [1955]), 436–448; Lévi-Strauss, 'The Crisis of Anthropology', *Uunesco Courier*, November 1961, 12–17.

13. Anthony Q. Hazard Jr., *Postwar Anti-Racism: The United States, UNESCO and 'Race', 1945–1968* (London: Palgrave, 2012), 63–84; Paul Duedahl, 'Out of the House: On the Global History of UNESCO, 1945–2015', in Duedahl, 5–6; Penny Von Eschen, *Race Against Empire: Black Americans and Anticolonialism, 1937–1957* (Ithaca, NY: Cornell University Press, 1997), 69–95.

14. John A. Armstrong, 'The Soviet Attitude Toward UNESCO', *International Organization* 8, no. 2 (May 1954): 217–233.

15. Takashi Saikawa, 'Returning to the International Community: UNESCO and Post-War Japan, 1945–1951', in Duedahl, 117–121. See too Liang Pan, *The United Nations in Japan's Foreign and Security Policymaking, 1945–1962* (Cambridge, MA: Harvard University Press, 2005).

16. Eighth Plenary Meeting, 21 June, 1951, *Records of the General Conference, 6th Session, Paris 1951: Proceedings* (Paris: UNESCO, 1951), 112–116.

17. E1/164 Press Review, 1947–1953, 27 June, 1952, 17 October, 1952, UAP; Sewell, 151; *Records of the General Conference, 7th Session, Paris 1952: Proceedings* (Paris: UNESCO, 1953), 46–53.

18. Sluga, 'UNESCO', 393–417, and Poul Duedahl, 'Selling Mankind: UNESCO and the Invention of Global History, 1945–1976', *Journal of World History* 22, no. 1 (2011): 101–133.

19. T. V. Sathyamurthy, *The Politics of International Cooperation: Contrasting Conceptions of UNESCO* (Geneva: Librairie Droz, 1964), 98; Julian Huxley, 'The Advance of World Civilization', *Unesco Courier* 1, no. 10 (November 1948): 1–6; Huxley, *Memories II*, 69.

20. Cemil Aydin, 'Beyond Civilization: Pan-Islamism, Pan-Asianism and the Revolt Against the West', and Dominic Sachsenmeier, 'Searching for Alternatives to Western Modernity: Cross-Cultural Approaches in the Aftermath of the Great War', *Journal of Modern European History* 4, no. 2 (2006): 204–223 and 241–260, respectively; Michael Adas, 'Contested Hegemony: The Great War and the Afro- Asian Assault on the Civilizing Mission Ideology', *Journal of World History* 15, no. 1 (March 2004): 31–63.

21. H. G. Wells, *The Outline of History: Being a Plain History of Life and Mankind* (London: Cassell and Company, 1934 [1920]), 1144–1147.

22. Arnold Toynbee, personal paper to special joint committee on UNESCO Project for a Scientific and Cultural History of Mankind, 20 February, 1950, ED 157/30, National Archives, London (hereafter cited as NAL); Charles Morazé, 'Obituary of Lucien Febvre', *Cahiers d'Histoire Mondiale/Journal of World History* 3 (1956): 553–557; UNESCO General Conference, 4th Session, 'Present Position of the Project Concerning the "Scientific and Cultural History of Mankind" ', Paris, 30 August, 1949, 4: NCUAC 54.3.95, D163, JNP; Lucien Febvre, foreword to *Cahiers d'Histoire Mondiale/Journal of World History* 1, no. 1 (July 1953): 7–9.

23. Patrick Petitjean, 'The Ultimate Odyssey', in *Sixty Years*, 86; Michael Lang, 'Globalization and Global History in Toynbee', *Journal of World History* 22, no. 4 (2011): 747–783.

24. Walter H. C. Laves and Charles A. Thomson, *UNESCO: Purpose, Progress, Prospects* (Bloomington: Indiana University Press, 1957), 400.

25. 'A World History for World Peace', *The Reconstructionist* 17, no. 20 (8 February, 1952): 5–6; letter from UNESCO secretary-general Guy Métraux to Gottschalk, 20 June, 1956, box 17, folder 9, Louis Gottschalk Papers, University of Chicago; *Gazette* (Montreal), 18 January, 1950, as well as 'L'Unesco Raye-t-Elle Christ?', *La France Catholique*, 5 April, 1951; Duranti, *The Conservative*, 318, 320.

26. M. K. Haldar, 'History Under UNESCO', *Thought* (India), 25 February, 1967; Alex Comfort, 'All Those in Favour?', *Guardian*, 25 November, 1966; 'UN Goes into the History Business', *Chicago Daily Tribune*, 24 December, 1951; Duedahl, 'Selling', 123–125.

27. Duedahl, 'Selling', 130; Todd Shepard, 'Algeria, France, Mexico, UNESCO: A Transnational History of Anti-Racism and Decolonization, 1932– 1962', *Journal of Global History* 6, no. 2 (2011): 273–297.

28. Philip L. Kohl and Clare Fawcett, *Nationalism, Politics, and the Practice of Archaeology* (Cambridge: Cambridge University Press, 1995); Tom Little, *High Dam at Aswan: The Subjugation of the Nile* (London: Methuen, 1965), 157.

29. Hussein M. Fahim, *Dams, People and Development: The Aswan High Dam Case* (New York: Pergamon Press, 1981), 7–15; David Gange, 'Unholy Water: Archaeology, the Bible, and the First Aswan Dam', in *From Plunder to Preservation: Britain and the Heritage of Empire, c. 1800–1940*, ed. Astrid Swenson and Peter Mandler (London: British Academy, 2013), 93–114.

30. Michael Elliott and Vaughn Schmutz, 'World Heritage: Constructing a Universal Cultural Order', *Poetics* 40, no. 3 (June 2012): 262–263; Sarah M. Titchen, 'On the Construction of Outstanding Universal Value: UNESCO's World Heritage Convention (Convention Concerning the Protection of the World Cultural and Natural Heritage, 1972) and the Identification and Assessment of Cultural Places for Inclusion in the World Heritage List' (PhD thesis, Australian National University, April 1995), 15–35.

31. Elliott and Schmutz, 265; *Cuzco: Reconstruction of the Town and Restoration of Its Monuments* (Paris: UNESCO, 1952). For discussion, see Lynn Meskell, *A Future in Ruins: UNESCO, World Heritage, and the Dream of Peace* (Oxford: Oxford University Press, 2018), 18.

32. Fekri A. Hassan, 'The Aswan High Dam and the International Rescue Nubia Campaign', *African Archaeological Review* 24, no. 3 (January 2007): 79; George Rodger, *The Village of the Nubas* (London: Phaidon, 1955); for alternative design plans, Lucia Allais, *Designs of Destruction: The Making of Monuments in the Twentieth Century* (Chicago: University of Chicago Press, 2018), 219–254.

33. 'March 8 Appeal by Vittorio Veronese, Director-General of Unesco', *Unesco Courier* 13 (May 1960): 7; Gange, 112–114; Ali Vrioni, 'Victory in Nubia', *Unesco Courier* 17 (December 1964): 5.

34. Message of Mr. John F. Kennedy, president of the United States of America, delivered to the US Congress on April 7, 1961, concerning the participation of the United States of America in the international campaign to save the monuments of Nubia, CUA/107/ Annex II: CLT/CIH/MCO box 28, UAP; André Malraux, 'TVA of Archaeology', *Unesco Courier* 13 (May 1960): 10.

35. Walter G. Langlois, *André Malraux: The Indochina Adventure* (London: Pall Mall Press, 1966), 3–51, and Herman Lebovics, *Mona Lisa's Escort: André Malraux and the Reinvention of French Culture* (Ithaca, NY: Cornell University Press, 1999); André Malraux, 'TVA', 10.

36. Statement by President Gamal Abdel Nasser on the safeguarding of the Nubian monuments, 5 June, 1961, CUA/107/ Annex 1: CLT/CIH/MCO box 28, UAP; Negm-el-Din Mohammed Sherif, 'Victory in Nubia: The Sudan', *Unesco Courier*, special issue on 'Victory in Nubia', February–March 1980, 19, and Meskell, 55.

37. Torgny Säve-Söderbergh, ed., *Temples and Tombs of Ancient Nubia: The International Rescue Campaign at Abu Simbel, Philae and Other Sites* (Paris: Thames & Hudson and UNESCO, 1987), 68; Little, 164; 17 March, 1964, 4, E1/ 168, 1947–1966, UAP; Friedrich W. Hinkel, *Auszug aus Nubien* (East Berlin: Akademie-Verlag, 1978); Hassan, 320.

38. C. L. Sulzberger, 'No Cold War in the Land of Kush', *New York Times*, March 20, 1961, 28; 'March 8 Appeal by Vittorio Veronese, Director-General of UNESO', *Unesco Courier* 13 (May 1960): 7; Zbynek Žába, 'Ancient Nubia Calls for Help', *New Orient* 1, no. 3 (June 1960): 9.

39. Sewell, 246; Kemal Baslar, *The Concept of the Common Heritage of Mankind in International Law* (The Hague: Martinus Nijhoff, 1998), xix–38.

40. John A. Larson, *Lost Nubia: A Centennial Exhibit of Photographs from the 1905–1907 Egyptian Expedition of the University of Chicago* (Chicago: Oriental Institute, 2006), x; Fred Wendorf, ed., *The Prehistory of Nubia*, vols. 1 and 2 (Dallas: Southern Methodist University Press, 1968); Hassan, 'High Dam', 81; 11 February, 1966, 3, E1/168, 1947–1966, UAP.

41. Little, 135–139; Hussein M. Fahim, *Egyptian Nubians: Resettlement and Years of Coping* (Salt Lake City: University of Utah Press, 1983), 40–41; Säve- Söderbergh, *Temples,* 73; Georg Gerster, 'Saving the Ancient Temples at Abu Simbel', *National Geographic Magazine* 129, no. 5 (May 1966): 709.

第八章 社会主义在非洲的文明教化使命

1. *Analysis of the Khrushchev Speech of January 6, 1961: Hearing Before the Subcommittee to Investigate the Administration of the Internal Security Act and Internal Security Laws of the Committee on the Judiciary United States Senate, 87th Congress, First Session* (Washington, DC: US Government Printing Office, 1961), Appendix, 52–73, quotations 69 and 71; Philip E. Muehlenbeck, *John F. Kennedy's Courting of African Nationalist Leaders* (Oxford: Oxford University Press, 2012), xii; Jeremy Friedman, 'Soviet Policy in the Developing World and the Chinese Challenge in the 1960s', *Cold War History* 10, no. 2 (2010): 247–272.

2. Thomas J. Noer, 'New Frontiers and Old Priorities in Africa', in *Kennedy's Quest for Victory: American Foreign Policy, 1961–1963*, ed. Thomas Paterson (Oxford: Oxford University Press, 1989), 253–283; Muehlenbeck, xi–xv, 48, and Odd Arne Westad, *The Global Cold War: Third World Interventions and the Making of Our Times* (Cambridge: Cambridge University Press, 2007), 110–157.

3. Zbigniew Brzezinski, introduction to his edited *Africa and the Communist World* (London: Oxford University Press, 1964), 5.

4. Frederick Jackson Turner, *The Significance of the Frontier in American History* (London: Penguin, 2008 [1893]), 2.

5. Frederick C. Barghoorn, *The Soviet Cultural Offensive: The Role of Cultural Diplomacy in Soviet Foreign Policy* (Princeton: Princeton University Press, 1960); Yale Richmond, *Cultural Exchange and the Cold War: Raising the Iron Curtain* (University Park: Pennsylvania State University Press, 2003); B. Smirnov, *To Know Each Other* (Moscow: Novosti Press Agency Publishing House, 1967), 1–8.

6. Michael David-Fox, *Showcasing the Great Experiment: Cultural Diplomacy and Western Visitors to the Soviet Union, 1921–1941* (Oxford: Oxford University Press, 2012); Patryk Babiracki, *Soviet Soft Power in Poland: Culture and the Making of Stalin's Empire, 1943–1957* (Chapel Hill: University of North Carolina Press, 2015); Alvin Z. Rubinstein, *The Soviets in International Organizations: Changing Policy Toward Developing Countries, 1953–1963* (Princeton: Princeton University Press, 1964), 36.

7. Chanakya Sen, *Against the Cold War: A Study of Asian-African Policies Since World War II* (London: Asia Publishing House, 1962), 125–126.

8. Tobias Rupprecht, *Soviet Internationalism After Stalin: Interaction and Exchange Between the USSR and Latin America During the Cold War* (Cambridge: Cambridge University Press, 2015), 5, and Anne E. Gorsuch, *All This Is Your World: Soviet Tourism at Home and Abroad After Stalin* (Oxford: Oxford University Press, 2011); Pia Koivunen, 'The 1957 Moscow Youth Festival: Propagating a New, Peaceful Image of the Soviet Union', in *Soviet State and Society Under Nikita Khrushchev*, ed. Melanie Ilic and Jeremy Smith (London: Routledge, 2009), 46–65.

9. Radina Vučetić, 'Tito's Africa: Representation of Power During Tito's African Journeys', in *Picturing Solidarity: Tito in Africa*, ed. Radina Vučetić and Paul Betts (Belgrade: Museum of Yugoslav History, 2017), 12–45; 1959 Report, Teritoriální odbory – obyčejné, Guinea, 1945–1959, karton 1, Archive of the Ministry of Foreign Affairs, Prague (hereafter cited as AMZV);

Teritoriální odbory – obyčejné, Etiopie, 1945–1959, karton 1, AMZV; Report 19, April 1963, Fond 02/1, sv. 17, ar.j. 18, 14, Bod, Czech National Archive, Prague (hereafter cited as CNA); Report 15, April 1965, Fond 02/1, sv. 107, ar.j. 110, 6, Bod, CNA. I thank Alena Alamgir for these Czech references.

10. Senghor, 'Éléments constructifs d'une civilisation d'inspiration négro- africaine', *Présence Africaine* 24–25 (February–May 1959): 277; V. Y. Mudimbe, *The Invention of Africa: Gnosis, Philosophy, and the Order of Knowledge* (Bloomington: Indiana University Press, 1988), 91–95.

11. Roland Burke, *Decolonization and the Evolution of International Human Rights* (Philadelphia: University of Pennsylvania Press, 2010), 28; John Kotelawala, *An Asian Prime Minister's Story* (London: Harrap, 1956), 186–187; Richard Wright, foreword to George Padmore, *Pan-Africanism or Communism? The Coming Struggle for Africa* (London: Dennis Dobson, 1956), 12; A. G. Mezerik, ed., *Colonialism and the United Nations* (New York: International Review Service, 1964), 9.

12. James Mark and Quinn Slobodian, 'Eastern Europe', *The Oxford Handbook of the Ends of Empire*, ed. Martin Thomas and Andrew S. Thompson (Oxford: Oxford University Press, 2018), 351–373; D. N. Sharma, *Afro-Asian Group in the U.N.* (Allahabad: Chaitnya Publishing House, 1969), 74–81, 106; Byrne, *Mecca of Revolution*, 93; Mary Ann Heiss, 'Exposing "Red Colonialism" : U.S. Propaganda at the United Nations, 1953–1963', *Journal of Cold War Studies* 17, no. 3 (Summer 2015): 82–115.

13. W. A. C. Adie, 'China, Russia and the Third World', *China Quarterly* 11 (1962): 200–213; Jeffrey James Byrne, 'Beyond Continents, Colours, and the Cold War: Yugoslavia, Algeria, and the Struggle for Non-Alignment', *International History Review* 37, no. 5 (2015): 924; Jeffrey James Byrne, *Mecca of Revolution*, 268.

14. William Glenn Gray, *Germany's Cold War: The Global Campaign to Isolate East Germany, 1949–1969* (Chapel Hill: University of North Carolina Press, 2003).

15. Richmond, 124–125; Cadra Peterson McDaniel, *American-Soviet Cultural Diplomacy: The Bolshoi Ballet's American Premiere* (Lanham, MD: Lexington Books, 2015); Clare Croft, *Dancers as Diplomats: American Choreography in Cultural Exchange* (New York: Oxford University Press, 2015); Penny M. Von Eschen, *Satchmo Blows Up the World: Jazz Ambassadors Play the Cold War* (Cambridge: Harvard University Press, 2006); Ilya Prizel, *Latin America Through Soviet Eyes: The Evolution of Soviet Perceptions During the Brezhnev Era, 1964–1982* (Cambridge: Cambridge University Press, 1990).

16. Both quoted in Byrne, *Mecca of Revolution*, 214–215.

17. 'Tour of Rumania by the Ghana Workers Brigade Band No. 2', press release by J. Benibengor Blay, Esq. MP, minister of art and culture, 7 June, 1965, RG 3/7/13, PRAAD; 'Marionetten und Pantomimen: Kairoer Puppenspieler auf der Reise durch die sozialistische Staaten Europas', *Märkische Union* (Potsdam), 24 December, 1964, in DR1/24025, Bundesarchiv, Berlin (hereafter cited as BAB). I thank Radina Vucetic for the Yugoslavia references.

18. F. Morisseau-Leroy, National Organiser, Drama & Literature, Protocol Proposals, 27 January, 1965, files 269–271, RG 3/7/13, PRAAD; https://cia.gov/library/readingroom/docs/DOC_0000313542.pdf.

19. Artemy M. Kalinovsky, 'Writing the Soviet South into the History of the Cold War and Decolonization', in *Alternative Globalizations: Eastern Europe and the Postcolonial World*, ed. James Mark, Artemy M. Kalinovsky and Steffi Marung (Bloomington: Indiana University Press, 2020); Eren Tasar, 'Islamically Informed Soviet Patriotism in Postwar Kyrgyzstan', *Cahiers du monde russe* 52, nos. 2–3 (2011): 387–404.

20. David Caute, *The Dancer Defects: The Struggle for Cultural Supremacy During the Cold War* (Oxford: Oxford University Press, 2003).

21. See the special issue on 'Cold War Transfer: Architecture and Planning from Socialist Countries in the "Third World" ', edited by Łukasz Stanek, in *Journal of Architecture* 17, no. 3 (2012); Cole Roskam, 'Non-Aligned Architecture: China's Designs on and in Ghana and Guinea, 1955–1992', *Architectural History* 58 (2015): 261–291; Martino Stierli, 'Networks and Crossroads: The Architecture of Socialist Yugoslavia as a Laboratory of Globalization in the Cold War', in *Toward a Concrete Utopia: Architecture in Yugoslavia 1948–1980* (New York: Museum of Modern Art, 2018), 11–26; Łukasz Stanek, *Architecture in Global Socialism: Eastern Europe, West Africa, and the Middle East in the Cold War* (Princeton: Princeton University Press, 2020), 35–96.

22. Ákos Moravánszky, 'Peripheral Modernism: Charles Polónyi and the Lessons of the Village', *Journal of Architecture* 17, no. 3 (2012): 333–359; Ryszard Kapuściński, *The Shadow of the Sun* (New York: Knopf, 2001), 40; *Dookoła Świata* 44 (1963): 3–4, 10. I thank Hubert Czyzewski for this reference. Stanek, *Architecture*, 56–62; Paul Betts, 'A Red Wind of Change: African Media Coverage of Tito's Tours of Decolonizing Africa', in Vucetic and Betts, 47–77.

23. Y. P. Frantsev, *Istoricheskiy materializm i sotsial'naya filosofiya sovremennoy burzhuazii* (Moscow, 1960), 13–25; V. M. Chkhikvadze, *Sotsialisticheskiy guman- izm i prava cheloveka: Leninskiye idei i sovremennost'* (Moscow, 1978), 110–115, 150–162, 260–265; 'Strana Oktyabrya – Vernyi Drug Narodov Azii i Afriki', *Pravda*, 4 November, 1960, 1. I thank Giovanni Cadioli for the Russian references in this section. Erich Fromm, ed., *Socialist Humanism: An International Symposium* (London: Allen Lane, 1967), ix–xiv.

24. Jenny Andersson, *The Future of the World: Futurology, Futurists, and the Struggle for the Post–Cold War Imagination* (Oxford: Oxford University, 2018), 131, 138–139.

25. Radovan Richta, *Civilization at the Crossroads: Social and Human Implications of the Scientific and Technological Revolution* (Prague: International Arts and Sciences, 1969), 13, 51, 250–251; Andersson, 123–129.

26. From 1955 to 1957 the USSR sent forty-eight experts to underdeveloped countries via the UN; contrast this with the 924 sent from the US, 683 from France, and 1,143 from the UK. 'From the History of Studies of African Problems in the Soviet Union', in *Africa in Soviet Studies: 1968 Annual* (Moscow: 'Nauka' Publishing House, 1969), 145–152; Sergey Mazov, *A Distant Front in the Cold War: The USSR in West Africa and the Congo, 1956–1964* (Stanford, CA: Stanford University Press, 2010), 18.

27. *Great Soviet Encyclopaedia* (Moscow: USSR Academy of Sciences, 1951); 'Bogatstvo Kulturi Sozialisticheskih Nazii', *Pravda*, October 14, 1958, 1.

28. Editorial Board, 'Presentation', *Africana Bulletin* 1 (1964): 7; Elzbieta Dabrowska-Smektala,

'Polish Excavations in Egypt and Sudan', *Africana Bulletin* 2 (1965): 102–112; Tadeusz Dzierzykray-Rogalski, 'The Joint Arabic-Polish Anthropological Expedition in 1958–1962', *Africana Bulletin* 4 (1966): 105–107.

29. Zbynek Žába, 'Ancient Nubia Calls for Help', *New Orient* 1, no. 3 (1960): 5–9; 'Eastern Studies Today', *New Orient* 1, no. 4 (1960): 1.

30. Alexander Dallin, *The Soviet Union at the United Nations* (London: Methuen, 1962), 21; Pieter Lessing, *Africa's Red Harvest* (London: Michael Joseph, 1962), 33–34, 126; Ivan Potekhin, *L'Afrique regarde vers l'avenir* (Moscow: Editions de Littérature Orientale, 1962), 70–81.

31. Kirill Chistov, 'Folklore, "Folklorism" and the Culture of an Ethnos', in *Ethnocultural Development of African Countries* (Moscow: USSR Academy of Sciences, 1984), 119–139; V. S. Solodovnikov, 'Opening Address at the Conference on the Historical Relations of the Peoples of the Soviet Union and Africa, May 19, 1965', in *Russia and Africa* (Moscow: USSR Academy of Sciences, 1966), 7–15; Klaus Ernst, *Tradition and Progress in the African Village: The Non-Capitalist Transformation of Rural Communities in Mali* (London: C. Hurst, 1976 [1973]).

32. Teresa Brinkel, *Volkskundliche Wissensproduktion in der DDR* (Vienna: LIT, 2010), 39–76.

33. Frank J. Miller, *Folklore for Stalin: Russian Folklore and Pseudofolklore of the Stalin Era* (Armonk, NY: M. E. Sharpe, 1990); Yitzhak M. Brudny, *Reinventing Russia: Russian Nationalism and the Soviet State, 1953–1991* (Cambridge: Harvard University Press, 1998), and Christine Varga-Harris, *Stories of House and Home: Soviet Apartment Life During the Khrushchev Years* (Ithaca, NY: Cornell University Press, 2015), 43.

34. Mikhail Miller, *Archaeology in the USSR* (London: Atlantic Press, 1956), 132–168; G. S. P. Freeman-Grenville, *The Medieval History of the Coast of Tan- ganyika, with Special Reference to Recent Archaeological Discoveries* (Oxford: Oxford University Press, 1962); Dieter Graf, *Produktivkräfte in der Landwirtschaft und der nichtkapitalistische Weg Tansanias* (Berlin: Akademie Verlag, 1973); P. L. E. Idahosa, *The Populist Dimension to African Political Thought* (Trenton, NJ: African World Press, 2004).

35. P. L. Shinnie, *Meroe: A Civilization of the Sudan* (London: Thames & Hudson, 1967), 168–169; Fritz and Ursula Hintze, *Alte Kulturen im Sudan* (Leipzig: Leipzig Verlag, 1966); *Nichtkapitalistischer Entwicklungsweg: Aktuelle Probleme in Theorie und Praxis* (Berlin: Akademie Verlag, 1973).

36. Work Plan of the Romanian Embassy, Conakry, 7 February, 1963, MFA, 70/1962, Guinea; Constantin I. Gulian, *On the Spiritual Culture of African Peoples* (Bucuresti: Editura Stiintifica, 1964), 8, 81. I thank Bogdan Cristian Iacob for the Romanian references and translated passages. Richard Lowenthal, 'China', in *Africa and the Communist World*, ed. Zbigniew Brzezinski (London: Oxford University Press, 1964), 157; John Cooley, *East Wind over Africa: Red China's African Offensive* (New York: Walker, 1965), 16.

37. Tibor Bodrogi, *Afrikanische Kunst* (Leipzig: VEB E.A. Seemann, 1967); W. and B. Forman, *Kunst ferner Länder* (East Berlin: Artia Verlag, 1956); Ferdinand Herrmann, 'Die afrikanische Negerplastik als Forschungsgegenstand', in *Beiträge zur Afrikanische Kunst, Veröffentlichungen des Museums für Völkerkunde zu Leipzig,* Heft 9 (Berlin: Akademie-

Verlag, 1958), 3–29.

38. Christian Saehrendt, *Kunst im Kampf für das 'Sozialistische Weltsystem'*: *Auswärtige Kulturpolitik der DDR in Afrika und Nahost* (Göttingen: Franz Steiner, 2017), 40, 75; Burchard Brentjes, *African Rock Art* (London: J. M. Dent, 1969 [1965]), 1; Burchard Brentjes, *Von Schanidar bis Akkad: Sieben Jahrtausende orien- talischer Weltgeschichte* (Leipzig: Urania-Verlag, 1968), 5–6; *Der Beitrag der Völker Afrikas zur Weltkultur*, ed. Burchard Brentjes (Halle, Germany: Martin-Luther- Universität Halle-Wittenberg Wissenschaftliche Beiträge, 1977).

39. Kofi Antubam, *Ghana's Heritage of Culture* (Leipzig: Koehler & Amelang, 1963), 24, 207; Brentjes saw connections between his sculpture and that of the celebrated German artist Käthe Kollwitz, probably due to the fact that the German antifascist Vladimir Meyerowitz taught both Kollwitz and Antubam; Nii Abbey, 44–45; Roselene Decho, *Kofi Antubam: A Ghanesian Artist*, with an introduction by Burchard Brentjes (Berlin: Deutsche Akademie der Künste zu Berlin, 1961); Gerald Götting, preface to Antubam, *Heritage of Culture*, 11.

40. L. S. Senghor, *On African Socialism* (New York: Frederick A. Praeger, 1964); Senghor, *Rapport sur la doctrine et le programme du parti: Congrès Constitutif du Parti de la Féderation Africaine (Dakar, 1-3 juillet 1959)* (Paris: Présence Africaine, 1959), as well as 'Éléments constructifs d'une civilisation d'inspiration négro-africaine', *Présence Africaine* 24–25 (February–May 1959); Mazov, 149; Wilbert J. LeMelle, 'A Return to Senghor's Theme on African Socialism', *Phylon* 26, no. 4 (1965): 330–343; Ludomir R. Lozny, *Archaeology of the Communist Era: A Political History of Archaeology of the 20th Century* (Berlin: Springer, 2016), and Bruce Trigger, *A History of Archaeological Thought* (Cambridge: Cambridge University Press, 2006), 207–242.

41. Murphy, introduction to *First World Festival*, 8, 31–32; G. Abramov and P. Kaminskii, 'Isskustvo Derevnee, Vechno Zhivoe', *Pravda*, 20 April, 1966, 5.

42. Erich Herold, 'The Centenary of the Naprstek Museum', *New Orient* 3, no. 6 (December 1962): 177; Živorad Kovačević, 'The Opening of the Museum of African Art – a Significant Cultural and Political Event', in *Museum of African Art: The Veda and Zdravko Pečar Collection* (Belgrade: Museum of African Art, 1977), 1–2.

第九章 宗教、种族与多元文化主义

1. Clark, *Civilisation*, 1; Chris Stephens and John-Paul Stonard, eds, *Kenneth Clark: Looking for Civilisation* (London: Tate Britain, 2014), 13–29, 101–114, 123–131.

2. James Stourton, *Kenneth Clark: Life, Art and Civilisation* (London: HarperCollins, 2016), 326, 341–342, 345–346; Clark, *Civilisation*, 2.

3. Ian Hall, 'The Revolt Against the West: Decolonisation and Its Repercussions in British International Thought, 1945–1975', *International History Review* 33, no. 1 (March 2011): 43–64; Hedley Bull, *The Anarchical Society: A Study of Order in World Politics* (London: Macmillan, 1977).

4. *Africa Addio*, film by Gualtiero Jacopetti and Franco Prosperi, text by John Cohen (New York:

Ballantine, 1966), 7, 24–25; Marie-Aude Fouéré, 'Film as Archive: *Africa Addio* and the Ambiguities of Remembrance in Contemporary Zanzibar', *Social Anthropology* 24, no. 1 (February 2016): 82–96.

5. James Becket, *Barbarism in Greece: A Young American Lawyer's Inquiry into the Use of Torture in Contemporary Greece, with Case Histories and Documents* (New York: Walker and Company, 1970); Gonda Van Steen, 'Rallying the Nation: Sport and Spectacle Serving the Greek Dictatorships', *International Journal of the History of Sport* 27, no. 12 (August 2010): 2121–2154; Richard Clogg, 'The Ideology of the "Revolution of 21 April 1967" ', and Helen Vlachos, 'The Colonels and the Press', both in *Greece Under Military Rule*, ed. Richard Clogg and George Yannopoulos (London: Secker & Warburg, 1972), 36–58, and 73, respectively; Judt, *Postwar*, 507.

6. Quotations and discussion in Saul Dubow, *Apartheid, 1948–1994* (Oxford: Oxford University Press, 2014), 13, 30, 279.

7. E. Alexander Powell, *The Last Frontier: The White Man's War for Civilization in Africa* (London: Longmans, Green and Co., 1912); Isaac Schapera, ed., *Western Civilisation and the Natives of South Africa* (London: Routledge & Kegan Paul, 1967 [1934]), ix; Arthur Keppel-Jones, *Race or Civilisation? Who Is Destroying Civilisation in South Africa?* (Johannesburg: South African Institute of Race Relations, 1951), 12; E. E. Harris, *'White' Civilization: How It Is Threatened and How It Can Be Preserved in South Africa* (Johannesburg: South African Institute of Race Relations, 1952).

8. Saul Dubow, 'Macmillan, Verwoerd, and the 1960 "Wind of Change" Speech', *Historical Journal* 54, no. 4 (December 2011): 1087–1114; Ryan M. Irwin, *Gordian Knot: Apartheid and the Unmaking of the Liberal World Order* (Oxford: Oxford University Press, 2012), 18–19; Philip E. Muehlenbeck, *Betting on the Africans: John F. Kennedy's Courting of African Nationalist Leaders* (Oxford: Oxford University Press, 2012), 179–180.

9. A. Luthuli, 'What Is This White Civilization?' *Golden City Post*, 5 March, 1961, quoted and discussed in Scott Everett Couper, 'Chief Albert Luthuli's Conceptualisation of Civilisation', *African Studies* 70, no. 1 (April 2011): 55–57; Rob Gordon, 'Not Quite Cricket: "Civilization on Trial in South Africa" : A Note on the First Protest Film Made in South Africa', *History in Africa* 32 (2005): 457–466; Christabel Gurney, '"A Great Cause" : The Origins of the Anti-Apartheid Movement, June 1959–March 1960', *Journal of Southern African Studies* 26, no. 1 (March 2000): 213–244.

10. *The United Nations and Apartheid, 1948–1994* (New York: United Nations, 1994), 10–16; International Commission of Jurists, *African Conference on the Rule of Law, Lagos, Nigeria, January 3–7, 1961: A Report on the Proceedings of the Conference* (Geneva: International Commission of Jurists, 1961).

11. Håkan Thörn, *Anti-Apartheid and the Emergence of a Global Civil Society* (Basingstoke, UK: Palgrave, 2006); *A Global History of Anti-Apartheid*, ed. Rob Skinner and Anna Konieczna (London: Palgrave, 2019); Thomas Borstelmann, *The Cold War and the Color Line* (Cambridge: Harvard University Press, 2001), 189.

12. I. I. Filatova and A. B. Davidson, *The Hidden Thread: Russia and South Africa in the Soviet Era* (Johannesburg: Jonathan Ball, 2013); V. G. Shubin, *ANC: A View from Moscow*

(Johannesburg: Jacana Media, 2008); Ian Taylor, 'The Ambiguous Commitment: The People's Republic of China and the Anti-Apartheid Struggle in South Africa', *Journal of Contemporary African Studies* 18, no. 1 (2000): 91–106.

13. *The Bonn-Pretoria Alliance: Memorandum of the Afro-Asian Solidarity Committee of the German Democratic Republic* (Dresden: Zeit im Bild, 1967), 3–4; Loren Kruger, *Post-Imperial Brecht: Politics and Performance, East and South* (Cambridge: Cambridge University Press, 1994), 236, 238, 286–287.

14. Saul Dubow, 'Global Science, National Horizons: South Africa in Deep Time and Space', *Historical Journal* (March 2020): 1–28.

15. Bill Schwarz, *The White Man's World* (Oxford: Oxford University Press, 2011), 396–397, 414, 421; the role of 'white civilization' as the unspoken ideolog- ical justification with which whites learned 'to live with the colour bar in all its nuances and implications' is directly addressed in Doris Lessing's first novel, *The Grass Is Singing* (London: Michael Joseph, 1950), 27; *Rhodesia's Finest Hour: The Prime Minister of Rhodesia Addresses the Nation* (Salisbury, Rhodesia: Government Printer, 1965); Elizabeth Buettner, *Europe After Empire: Decolonization, Society, and Culture* (Cambridge: Cambridge University Press, 2016), 67–68; Ian Douglas Smith, *The Great Betrayal* (London: Blake, 1997), 25, 72–73; Brian David Williams, *What Rhodesia Must Do Now: The Threat to Christian Civilization in Africa* (Glastonbury, UK: Abbey Press, 1977).

16. Talbot C. Imlay, 'International Socialism and Decolonization During the 1950s: Competing Rights and the Postcolonial Order', *American Historical Review* 118, no. 4 (October 2013): 1105–1132.

17. Nikos Poulantzas, *The Crisis of the Dictatorships: Portugal, Greece, Spain*, trans. David Fernbach (London: NLB, 1976); Samuel P. Huntington, *The Third Wave: Democratization in the Late Twentieth Century* (Norman: University of Oklahoma Press, 1991), 3–30; Richard Gunther, Nikoforos Diamandouros, and Hans-Jürgen Puhle, eds, *The Politics of Democratic Consolidation: Southern Europe in Comparative Perspective* (Baltimore: Johns Hopkins University Press, 1995), and Juan J. Linz and Alfred Stepan, *Problems of Democratic Transition and Consolidation: Southern Europe, South America, and Post-Communist Europe* (Baltimore: Johns Hopkins University Press, 1996).

18. Grace Glueck, 'Picasso's Antiwar 'Guernica' Quietly Leaves U.S. for Spain', *New York Times*, 10 September, 1981, and James M. Markham, 'Spain Says Bienvenida to Picasso's "Guernica" ', *New York Times*, September 11, 1981.

19. Sasha D. Pack, *Tourism and Dictatorship: Europe's Peaceful Invasion of Franco's Spain* (London: Palgrave, 2006), 83–135.

20. Daniel C. Thomas, *The Helsinki Effect: International Norms, Human Rights, and the Demise of Communism* (Princeton: Princeton University Press, 2001).

21. Václav Havel, *The Power of the Powerless: Citizens Against the State in Central-Eastern Europe* (London: Routledge, 2010), 56; Václav Havel, *Politics and Conscience* (Stockholm: Charter 77 Foundation, 1984), 12–13.

22. Tony Judt, 'Nineteen Eighty-Nine: The End of Which European Era?', *Daedalus* 123, no. 3 (Summer 1994): 1–19; Milan Kundera, 'The Tragedy of Central Europe', *New York Review*

of Books 31, no. 7 (1984): 33–38.

23. Sarah Fishman, *From Vichy to the Sexual Revolution: Gender and Family Life in Postwar France* (Oxford: Oxford University Press, 2017), 117; Hugh McLeod, *The Religious Crisis of the 1960s* (Oxford: Oxford University Press, 2007), 188–213; Mark Silk, 'Notes on the Judeo-Christian Tradition in America', *American Quarterly* 36, no. 1 (Spring 1984): 80–83.

24. Andrew Preston, 'Universal Nationalism: Christian America's Response to the Years of Upheaval', in *The Shock of the Global: The 1970s in Perspective*, ed. Niall Ferguson (Cambridge, MA: Harvard University Press, 2011), 306–318.

25. József Közi-Horvath, *Cardinal Mindszenty: Confessor and Martyr of Our Time* (Chichester, UK: Aid to the Church in Need, 1979), 7, 128–130.

26. Pedro Ramet, *Cross and Commissar: The Politics of Religion in Eastern Europe and the USSR* (Bloomington: Indiana University Press, 1987), 66.

27. George Weigel, *Witness to Hope: The Biography of Pope John Paul II* (London: HarperCollins, 1999), 292; Timothy Garton Ash, *The Polish Revolution* (New Haven: Yale University Press, 2002), 32; J. B. Weydenthal, 'Poland's Politics in the Aftermath of John Paul II's Election', *The Pope in Poland* (Prague: Radio Free Europe Research, 1979), 10; Jonathan Luxmoore and Jolanta Babiuch, *The Vatican and the Red Flag: The Struggle for the Soul of Eastern Europe* (London: Geoffrey Chapman, 1999), 205.

28. *Return to Poland: The Collected Speeches of John Paul II* (London: William Collins & Sons, 1979), 43–44, 48.

29. Luxmoore and Babiuch, 119, 121, 211, 215, 235; Samuel Moyn, *Christian Human Rights* (Philadelphia: University of Pennsylvania Press, 2015); Christian Caryl, *Strange Rebels: 1979 and the Birth of the 21st Century* (New York: Basic Books, 2013), 344.

30. 'How the Eastern European and Soviet Media Viewed the Papal Visit', *Pope in Poland*, 107–128; Weigel, 322.

31. Henry Kamm, 'Pope, in Spain, Urges Europe to Be "Beacon of Civilization" ', *New York Times*, 10 November, 1982.

32. Mikhail Gorbachev, *Perestroika: New Thinking for Our Country and the World* (New York: Harper & Row, 1987), 194–195; Gorbachev, *Memoirs* (New York: Doubleday, 1996), 429; Marie-Pierre Rey, ' "Europe Is Our Common Home" : A Study of Gorbachev's Diplomatic Concept', *Cold War History* 4, no. 2 (2014): 33–65.

33. Charles Quist-Adade, 'From Paternalism to Ethnocentrism: Images of Africa in Gorbachev's Russia', *Race and Class* 46, no. 4 (2005): 88.

34. Byrne, *Mecca of Revolution*, 296; Odd Arne Westad, *The Global Cold War: Third World Interventions and the Making of Our Times* (Cambridge: Cambridge University Press, 2007), 364–395.

35. Denis Deletant, 'Romania's Return to Europe: Between Politics and Culture', in *Europe and the Historical Legacy in the Balkans*, ed. Raymond Detrez and Barbara Segaert (Brussels: Peter Lang, 2008), 83–99; Bogdan C. Iacob, 'Together but Apart: Balkan Historians, the Global South, and UNESCO's *History of Humanity, 1978–1989*', *East Central Europe* 45, nos. 2–3 (2018): 270; Vladimir Tismaneanu, *Stalinism for All Seasons: A Political History of*

Romanian Communism (Berkeley, CA: University of California Press, 2003), 227–229.

36. Andrew Apter, *The Pan-African Nation: Oil and the Spectacle of Culture in Nigeria* (Chicago: University of Chicago Press, 2005), 52–75; Kofi Akumanyi, 'The Festival of Arts, Culture', *Daily Graphic*, 15 January, 1977, 5; Samuel D. Anderson, '"Negritude is Dead" : Performing the African Revolution at the First Pan-African Cultural Festival (Algiers, 1969)', in *The First World Festival of Negro Arts, Dakar 1966: Contexts and Legacies*, ed. David Murphy (Liverpool: Liverpool University Press, 2016), 133–150; L. Pochivalov, 'Isskustvo za Rubezhom. Prazdnik v Lagose', *Pravda*, 24 February, 1977, 5. I would like to thank Giovanni Cadioli for this Russian reference.

37. Ned Richardson-Little, 'The Failure of the Socialist Declaration of Human Rights: Ideology, Legitimacy, and Elite Defection at the End of State Socialism', *East Central Europe* 46, nos. 2–3 (2019): 318–342; Roland Burke, *Decolonization and the Evolution of International Human Rights* (Philadelphia: University of Pennsylvania Press, 2010), 137–139.

38. Abigail Judge Kret, '"We Unite with Knowledge" : The People's Friendship University and Soviet Education for the Third World', *Comparative Studies of South Asia, Africa and the Middle East* 33, no. 2 (August 2013).

39. Rupprecht, 217–218, and Thomas Kunze and Thomas Vogel, eds, *Ostalgie International: Erinnerungen an die DDR von Nicaragua bis Vietnam* (Berlin: Ch. Links, 2010); Maxim Matusevich, 'Probing the Limits of Internationalism: African Students Confront Soviet Ritual', *Anthropology of East Europe Review* 27, no. 2 (2009); Maxim Matusevich, *No Easy Row for a Russian Hoe: Ideology and Pragmatism in Nigerian-Soviet Relations, 1960–1991* (Trenton, NJ: Africa World Press, 2003), 84; S. V. Mazov, *A Distant Front in the Cold War: The USSR in West Africa and the Congo, 1956–1964* (Stanford, CA: Stanford University Press, 2010), 234.

40. M. Dia, *Essais sur l'Islam*, vol. 1, *Islam et humanisme*, vol. 2, *Socio- Anthropologie de l'Islam*, vol. 3, *Islam et civilisations negro-africaine* (Dakar: Nouvelles editions africaine, 1977–1981); A. H. Ba, *Aspects de la civilisation africaine* (Paris: Présence Africaine, 1972); Toynbee, *Civilization on Trial* (New York: Oxford University Press, 1948), especially the chapter on 'Islam, the West and the Future'; *The Toynbee Lectures on the Middle East and Problems of Under- developed Countries* (Cairo: National Publications House, 1962); Michael Goebel, *Anti-Imperial Metropolis: Imperial Paris and the Seeds of Third-World Nationalism* (Cambridge: Cambridge University Press, 2015), 258; Cemil Aydin, *The Idea of the Muslim World: A Global Intellectual History* (Cambridge, MA: Harvard University Press, 2017), 193–197.

41. John Riddell, *To See the Dawn: Baku, 1920 – First Congress of the Peoples of the East* (New York: Pathfinder, 1993); Alexandre Bennigsen and Chantal Lemercier-Quelquejay, *Islam in the Soviet Union* (New York: Praeger, 1967); Aydin, 199–226; Brenna Miller, 'Faith and Nation: Politicians, Intellectuals, and the Official Recognition of a Muslim Nation in Tito's Yugoslavia', in *Beyond Mosque, Church, and State: Alternative Narratives of the Nation in the Balkans*, ed. Theodora Dragostinova and Yana Hashamova (Budapest: CEU Press, 2016), 129–150.

42. Jalal Al-i Ahmad, *Occidentosis: A Plague from the West*, trans. R. Campbell (Berkeley, CA: Mizan Press, 1984), 34.

43. Maryam Panah, *The Islamic Republic and the World: Global Dimensions of the Iranian Revolution* (London: Pluto Press, 2007), 65–69; Jeremy Friedman, 'The Enemy of My Enemy: The Soviet Union, East Germany, and the Iranian Tudeh Party's Support for Ayatollah Khomeini', *Journal of Cold War Studies* 20, no. 2 (Spring 2018): 3–25; Jordan Baev, 'Infiltration of Non-European Terrorist Groups in Europe and Antiterrorist Responses in Western and Eastern Europe (1969–1991)', in *Counter Terrorism in Diverse Communities*, ed. Siddik Ekici (Amsterdam: IOS Press, 2011), 60.

44. Baev, 58–74.

45. Zachary T. Irwin, 'The Fate of Islam in the Balkans: A Comparison of Four State Policies', in *Religion and Nationalism in Soviet and East European Politics*, ed. Pedro Ramet (Durham: Duke University Press, 1989), 378–407; Lolita Nikolova and Diana Gergova, 'Contemporary Bulgarian Archaeology as a Social Practice in the Later Twentieth to Early Twenty-First Century', in *Archaeology of the Communist Era: A Political History of Archaeology of the 20th Century*, ed. Ludomir R. Lozny (Berlin: Springer, 2016), 177–188.

46. Robert Gildea, *Empires of the Mind: The Colonial Past and the Politics of the Present* (Cambridge: Cambridge University Press, 2019), 123; Rita Chin, *The Crisis of Multiculturalism in Europe: A History* (Princeton: Princeton University Press, 2017), 92.

47. Joan Wallach Scott, *The Politics of the Veil* (Princeton: Princeton University Press, 2007), 46; Neil MacMaster, *Colonial Migrants and Racism: Algerians in France, 1900–62* (London: Macmillan, 1997), 198; Chin, 66, 75, 120.

48. Miriam Feldblum, *Reconstructing Citizenship: The Politics of Nationality Reform and Immigration in Contemporary France* (Albany: State University of New York Press, 1999), 36–39, 42.

49. Chin, 7–17.

50. Talal Asad, 'Multiculturalism and British Identity in the Wake of the Rushdie Affair', *Politics and Society* 18, no. 4 (1990): 455–480; Gildea, 165, 167.

51. Chin, 192–236; Francis Depuis-Déri, 'L'Affaire Salman Rushdie: Symptôme d'un "Clash of Civilizations" ?' *Études Internationales* 28, no. 1 (1997): 27–45.

52. Allan Bloom, 'Western Civ – and Me: An Address at Harvard University', *Commentary* 90, no. 2 (August 1990): 15–21; Richard Bernstein, 'In Dispute on Bias, Stanford Is Likely to Alter Western Culture Program', *New York Times*, 19 January, 1988.

53. Judt, *Postwar*, 534.

结论　新铁幕

1. 'The Right Head for UNESCO', *New York Times*, 28 September, 2009; http://whc.unesco.org/en/news/1254.

2. Irina Bokova, 'Preservation of Cultural Heritage: Challenges and Strategies' (address, Global Colloquium of University Presidents, hosted by Yale University, New Haven, CT, 11 April, 2016), http://unesdoc.unesco.org/images/0024/002448/244824e.pdf; Irina Bokova, 'Cultural Cleansing – the Imperative of Protecting Cultural Heritage and Diversity'

(address, Royal Society of Edinburgh, UK, 20 November, 2016), http://unesdoc.unesco.org/images/0024/002466/246668E.pdf; www.loc.gov/law/foreign-news/article/unesco-palmyra-temple-bombing-deemed-a-war-crime/; Marlise Simons, 'Extremist Pleads Guilty in Hague Court to Destroying Cultural Sites in Timbuktu', *New York Times*, 22 August, 2016.

3. www.youtube.com/watch?v=9b0hFIf4Zaw; Lynn Meskell, *A Future in Ruins: UNESCO, World Heritage, and the Dream of Peace* (Oxford: Oxford University Press, 2018), 176–194; 'Praying for Palmyra: Russian Maestro Leads Orchestra in Ruins of Ancient City', *RT*, 5 May, 2016, www.rt.com/news/341983-russia-gergiev-orchestra-palmyra/.

4. Meskell, 176–182, 296n22; Bokova, 'Cultural Cleansing', 10; Benjamin Isakhan and Lynn Meskell, 'UNESCO's Project to "Revive the Spirit of Mosul" : Iraqi and Syrian Opinion on Heritage Reconstruction After the Islamic State', *International Journal of Heritage Studies* 25, no. 11 (2019): 1–16.

5. www.lemonde.fr/politique/article/2015/06/29/la-guerre-de-civilisation-de-valls-rejouit-la-droite_4663488_823448.html; www.nytimes.com/live/paris-attacks-live-updates/hollande-says-france-is-at-war/; https://en.unesco.org/news/french-president-francois-hollande-invokes-unity-all-cultures-unesco-s-leaders-forum.

6. Andrei P. Tsygankov, 'Finding a Civilizational Idea: "West" , "Eurasia" , and the "Euro-East" in Russia's Foreign Policy', *Geopolitics* 12, no. 3 (2007): 375–399; Peter J. Katzenstein and Nicole Weygandt, 'Mapping Eurasia in an Open World: How the Insularity of Russia's Geopolitical and Civilizational Approaches Limits Its Foreign Policies', *Perspectives on Politics* 15, no. 2 (2017): 428–441; Andrew Rettman, 'Orbán Says Migrants Will Change European Civilisation', *EU Observer*, 2 June, 2015; Ian Traynor, 'Migration Crisis: Hungarian PM Says Europe in Grip of Madness', *Guardian*, 3 September, 2015; 'Refugees Threaten Europe's Christian Roots, Says Hungary's Orban', Reuters, 3 September, 2015; www.kormany.hu/en/the-prime-minister/the-prime-minister-s-speeches/viktor-orban-s-speech-at-the-14th-kotcse-civil-picnic.

7. Ivan Krastev, *After Europe* (Philadelphia: University of Pennsylvania Press, 2017), 19, 36–76; Ivan Krastev and Stephen Holmes, *The Light That Failed: A Reckoning* (London: Allen Lane, 2019), 46, 52, 57, 68; James Mark, Bogdan C. Iacob, Tobias Rupprecht, and Ljubica Spaskovska, *1989: A Global History* (Cambridge: Cambridge University Press, 2019), 284; Rogers Brubaker, 'Between Nationalism and Civilizationism: The European Populist Moment in Comparative Perspective', *Ethnic and Race Studies* 40, no. 8 (2017): 1191–1226.

8. Both quoted in Mark, Iacob, Rupprecht and Spaskovska, 126; James Krapfl, *Revolution with a Human Face: Politics, Culture, and Community in Czechoslovakia, 1989–1992* (Ithaca, NY: Cornell University Press, 2013), 17; Attila Leitner, 'Mindszenty Cleared Posthumously', *Budapest Times*, 30 March, 2012.

9. Michael Dobbs, 'Gorbachev, Pope Meet, Agree on Diplomatic Relations', *Washington Post*, 2 December, 1989; Felix Corley, 'Soviet Reaction to the Election of Pope John Paul II', *Religion, State and Society* 22, no. 1 (1994): 40–43.

10. Johanna Bockman, *Markets in the Name of Socialism: The Left-Wing Origins of Neoliberalism* (Palo Alto, CA: Stanford University Press, 2011), 189–214; Zsuzsa Gille, 'Is There a Global Postsocialist Condition?' *Global Society* 24, no. 1 (January 2010): 9–30.

11. Odd Arne Westad, *The Global Cold War: Third World Interventions and the Making of Our Times* (Cambridge: Cambridge University Press, 2007), 370; Charles Quist-Adade, 'From Paternalism to Ethnocentrism: Images of Africa in Gorbachev's Russia', *Race and Class* 46, no. 4 (2005): 88; Mark, Iacob, Rupprecht and Spaskovska, 165; Fatima Nduka-Eze, ed., *Joe Garba's Legacy: Thirty-Two Selected Speeches and Lectures* (New York: Xlibris, 2012), 288–292, 310, 330–331; 'Communism Collapses in Eastern Europe; the West Cheers, Africa Despairs', *The Economist*, 7 April, 1990, 15.

12. George P. Fletcher and Jens David Ohlin, *Defending Humanity: When Force Is Justified and Why* (Oxford: Oxford University Press, 2008); Michael Barrett, *Empire of Humanity: A History of Humanitarianism* (Ithaca, NY: Cornell University Press, 2011), 186; Nadège Ragaru, 'Missed Encounters: Engaged French Intellectuals and the Yugoslav Wars', *Südosteuropa* 61 (2013): 498–521; Norman M. Naimark, *Fires of Hatred: Ethnic Cleansing in Twentieth-Century Europe* (Cambridge, MA: Harvard University Press, 2001), 139–184; 'The Fall of Srebrenica and the Failure of UN Peacekeeping', *Human Rights Watch*, 15 October, 1995, unpaginated.

13. Tanja Collet, '*Civilization* and *Civilized* in Post-9/11 US Presidential Speeches', *Discourse and Society* 20, no. 4 (2009): 455–475.

14. Cullen Murphy, *Are We Rome? The Fall of an Empire and the Fate of America* (Boston: Houghton Mifflin, 2007); Ali Parchami, *Hegemonic Peace and Empire: The Pax Romana, Britannica and Americana* (Abingdon, UK: Routledge, 2009); Robert Kagan, *Of Paradise and Power: America and Europe in the New World Order* (New York: Vintage, 2004), 3–4; Mark B. Salter, *Barbarians and Civilization in International Relations* (London: Pluto, 2002); Niall Ferguson, *Civilization: The Six Killer Apps of Western Power* (London: Penguin, 2011), 324.

15. 'United We Stand', *Wall Street Journal*, 30 January, 2003, 10–11; Padraic Kenney, *The Burdens of Freedom: Eastern Europe Since 1989* (London: Zed, 2006), 154; Jacques Derrida and Jürgen Habermas, 'February 15, or, What Binds Europeans Together: Pleas for a Common Foreign Policy, Beginning in the Core Europe', and Adam Krzeminski, 'First Kant, Now Habermas: A Polish Perspective on "Core Europe" ', in *Old Europe, New Europe, Core Europe: Transatlantic Relations After the Iraq War*, ed. D. Levy, M. Pensky, and J. Torpey (London: Verso, 2005), 4, 146–147.

16. Tom Henegan, 'Sarkozy Joins Allies Burying Multiculturalism', Reuters, 11 February, 2011; Robert Gildea, *Empires of the Mind: The Colonial Past and the Politics of the Present* (Cambridge: Cambridge University Press, 2019), 133, 215, 220; Tariq Modood, *Multiculturalism: A Civic Idea* (London: Polity, 2007); Arun Kundnani, *The Muslims Are Coming! Islamophobia, Extremism, and the Domestic War on Terror* (London: Verso, 2014); Paul Hanebrink, *A Specter Haunting Europe: The Myth of Judeo-Bolshevism* (Cambridge, MA: Harvard University Press, 2018), 281.

17. Selcen Öner, 'Turkey's Membership to the EU in Terms of "Clash of Civilizations" ', *Journal of Interdisciplinary Economics* 20, no. 3 (2009): 245–261, and Catherine MacMillan, 'One Civilisation or Many? The Concept of Civilisation in Discourse for and Against Turkish EU Accession', *Balkan Journal of Philosophy* 4, no. 2 (2012): 215–217; Karmen Erjavec and Zala Volčič, ' "We Defend Western Civilization" : Serbian Representations of a Cartoon Conflict', *Islam and Christian-Muslim Relations* 19, no. 3 (July 2008): 305–321.

18. Tom McCulloch, 'The Nouvelle Droite in the 1980s and 1990s: Ideology and Entryism, the Relationship with the Front National', *French Politics* 4 (2006): 158–178.
19. Harriet Agnew and Anne-Sylvaine Chassany, 'Le Pen Steps Up Anti- Immigration Rhetoric Ahead of French Election', *Financial Times*, 18 April, 2017; Renaud Camus, 'An Open Letter to Viktor Orbán', National Council of European Resistance, 20 April, 2018, www.cnre.eu/en/open-letter-viktor-orban; Thomas Chatterton Williams, 'The French Origins of "You Will Not Replace Us" ', *New Yorker*, 4 December, 2017; Nafeez Ahmed, ' "White Genocide" Theorists Worm Their Way into the West's Mainstream', *Monde Diplomatique*, 25 March, 2019; Jean-Pierre Stroobants, 'Aux Pays-Bas, percée inattendue d'un nouveau parti de droite nationaliste', *Le Monde*, 22 March, 2019, 3; Angela Giuffrida, 'Far-Right Leaders Unite in Milan with a Vow to "Change History" ', *Guardian*, 19 May, 2019, 30–31.
20. Michael Hirsh, 'Team Trump's Message: The Clash of Civilizations Is Back', *Politico*, 20 November, 2016; www.whitehouse.gov/briefings-state- ments/remarks-president-trump-people-poland/; Eugene Robinson, 'Trump's Dangerous Thirst for a Clash of Civilizations', *Washington Post*, 6 July, 2017; Gideon Rachman, 'Trump, Islam and the Clash of Civilizations', *Financial Times*, 13 February, 2017; 'Donald Trump's Election Victory Marks the "End of Liberal Non-Democracy" , Declares Hungary's Prime Minister', *Daily Mail*, 10 November, 2016.
21. Václav Havel, 'The Search for Meaning in a Global Civilization', *English Academy Review* 16, no. 1 (December 1999): 3–7.
22. Lucien Febvre and François Crouzet, *Nous sommes des sang-mêlés: manuel d'histoire de la civilisation française* (Paris: Albin Michel, 2012); David Motadel, 'Globalizing Europe: European History After the Global Turn', unpublished manuscript.
23. Krastev, *After Europe*, 19, 36–76; Tim Marshall, *The Age of Walls: How Barriers Between Nations Are Changing Our World* (New York: Scribner, 2018), 2–3; Peter Andreas and Timothy Snyder, eds, *The Wall Around the West: State Borders and Immigration Controls in North America and Europe* (Lanham, MD: Rowman & Littlefield, 2000), esp. 153–228.
24. Sebastian Conrad, *What Is Global History?* (Princeton: Princeton University Press, 2016), 174–184; Stephen Hopgood, *The Endtimes of Human Rights* (Ithaca, NY: Cornell University Press, 2013), 53–54.
25. Aurore Merle, 'Towards a Chinese Sociology for "Communist Civilisation" ', *Chinese Perspectives* 52 (March–April 2004): 1–16.
26. Eileen Crist, *Abundant Earth: Toward an Ecological Civilization* (Chicago: University of Chicago Press, 2019); Arran Gare, *The Philosophical Foundations of Ecological Civilization: A Manifesto for the Future* (London: Routledge, 2016); Jiahua Pan, *China's Environmental Governing and Ecological Civilization* (Heidelberg: Springer, 2016); Kim Stanley Robinson, 'The Coronavirus Is Rewriting Our Imaginations', *New Yorker*, 1 May, 2020.
27. Arnold J. Toynbee, *Civilization on Trial* (Oxford: University Press, 1948), 55.
28. V. S. Naipaul, 'Our Universal Civilization', *City Journal*, Summer 1991, unpaginated, www.city-journal.org/html/our-universal-civilization-12753.html.

索 引

（索引中的页码系原书页码，即本书页边码）

A

刊物《西方世界》（*Abendland*）23, 135, 162–165, 230

阿查本，法蒂玛（Achaboun, Fatima）424

阿查本，莱拉（Achaboun, Leila）424

艾奇逊，迪安（Acheson, Dean）40, 51, 149

阿多，约翰·奥乌苏（Addo, John Owusu）279

阿登纳，康拉德（Adenauer, Konrad）120, 135, 163–164, 188, 246, 322

书籍《行为的美学》（*Aesthetics of Behavior*）215

电影《告别非洲》（*Africa Addio*）387–388

电影《浴血非洲》（*Africa: Blood and Guts*）388

小册子《展望未来的非洲》（*Africa Looks to the Future*），370

书籍《非洲必须团结》（*Africa Must Unite*）269

书籍《非洲：欧洲共同体的头等重要问题》（*Africa: The European Community's Number 1 Priority*）246–247

"透过苏联艺术家的目光看非洲"展览（*Africa through the Eyes of Soviet Artists*），413

非裔美国士兵（African American soldiers）56, 100–101

书籍《非洲帝国与文明》（*African Empires and Civilisations*）277

书籍《非洲的荣耀：消失的黑人文明的故事》（*African Glory: The Story of Vanished Negro Civilizations*）277

书籍《文明的非洲起源：神话或现实》（*African Origin of Civilization: Myth or Reality*）300

电影《非洲的韵律》（*African Rhythmus*）379

书籍《非洲岩石艺术》（*African Rock Art*）376

刊物《非洲简报》（*Africana Bulletin*）369

书籍《非洲：欧洲共同体的头等重要问题》（*Afrika: Europas Gemeinschaftsaufgabe*

Nr. 1）246–247

书籍《后果》（Aftermath）55

"援助海外犹太人"（'Aiding Jews Overseas,'）41

艾利，阿尔文（Ailey, Alvin）303

书籍《阿肯族的神之信条：黄金海岸的伦理与宗教一瞥》（Akan Doctrine of God: A Fragment of Gold Coast Ethics and Religion）276

阿萨德，哈立德（al-Asaad, Khaled）429

阿萨德，巴沙尔（al-Assad, Bashar）432

艾哈迈德，贾拉勒·阿尔（al-i Ahmad, Jalal）417

迈赫迪，艾哈迈德·法基（al-Mahdi, Ahmad al-Faqi）431

报纸《阿尔及利亚共和报》（Alger R.publicain）291

阿尔及利亚革命（Algerian Revolution）295

阿尔及利亚战争（Algerian War）190, 225, 281–284, 288, 293–296, 308–309, 331, 388, 421, 448

阿莱格，亨利（Alleg, Henri）291

救济（alms）31–73, 251

书籍《美国的挑战》（American Challenge, The）204

美国南北战争（American Civil War）184

美国犹太人大会（American Jewish Congress）65

美国全国黑人大会（American National Negro Congress）89

宣传册《驻德美军指导手册》（American Pocket Guide to Germany）97, 100

美国革命（American Revolution）206

埃默里，让（Améry, Jean）203

宣传册《非国大在呼吁》（ANC Speaks）395

安德斯，金特 Anders, Günther, 204–205

刊物《经济与社会史年鉴》（Annales d'histoire économique et sociale）327

《反弹道导弹条约》（Anti-Ballistic Missile Treaty）182

书籍《过时的人》（Antiquated Nature of Humanity, The）204–205

安图巴姆，科菲（Antubam, Kofi）273–275, 377

奥达哥斯特考古发掘行动（Aoudaghost excavation）301–302

书籍《种族隔离政策：它对教育、科学、文化和信息的影响》（Apartheid: Its Effects on Education, Science,Culture and Information）395

宣言《致文明世界呼吁书》（Appeal to the Civilized World, An）13

阿拉贡，路易（Aragon, Louis）191

阿伦特，汉娜（Arendt, Hannah）3, 46, 63, 205–206, 449

阿姆斯特朗，路易斯（Armstrong, Louis）241

刊物《人民艺术》（Art of the People）371–373

艾什，蒂莫西·加顿（Ash, Timothy Garton）406

刊物《今日的亚洲与非洲》（Asia and Africa Today）352, 370

小册子《阿尔及利亚叛乱的真相》（Aspects véritables de la rébellion alg.rienne）289

跨大西洋同盟（Atlantic Alliance）90, 240, 246, 266

《大西洋宪章》（Atlantic Charter）19, 49, 80, 88, 111, 146

杂志《大西洋月刊》（Atlantic Monthly）71

索引

"原子火车"('Atom Train')179–180
核武器(atomic weapons)19, 24, 142, 175–181, 185–190, 197–198, 204–205, 316
"和平利用原子能"运动('Atoms for Peace' campaign)179–181
奥福里,阿塔一世(Atta I, Ofori)276
艾德礼,克莱门特(Attlee, Clement)96, 119–120, 177
奥斯维辛集中营(Auschwitz camp)2, 46, 124, 186
刊物《今日的亚洲与非洲》(*Aziia i Afrika Segodnia*)352

B

巴赫,约翰·塞巴斯蒂安(Bach, Johann Sebastian)431
贝克,约瑟芬(Baker, Josephine)303
巴朗迪耶,乔治(Balandier, Georges)277
巴尔干联盟(Balkan Pact)351
电影《喋血战俘营》(*Bamboo Prison, The*)141
"禁止原子弹"运动('Ban the Bomb' campaign)188–189
万隆会议(Bandung Conference)300–301, 355–356
巴克利,W.J.(Barclay, W. J.,)37
巴鲁迪,贾米勒(Baroody, Jamil)413
巴索娃,瓦莱里娅(Barsova, Valeria)82
鲍德特,蒂埃里(Baudet, Thierry)446
比尔德,玛丽(Beard, Mary)10, 433
贝歇尔,约翰尼斯(Becher, Johannes)93
贝多芬,路德维希·范(Beethoven, Ludwig van)94
贝格特鲁普,博迪尔(Begtrup, Bodil)21
贝尔,丹尼尔(Bell, Daniel)365

贝尔,乔治(Bell, George)108–109
贝尔森集中营(Belsen camp)37–38, 42, 54–55, 102–104
本·贝拉,艾哈迈德(Ben Bella, Ahmed)307, 356, 359
本-古里安,大卫(Ben-Gurion, David)65
贝奈斯,爱德华(Beneš, Edvard)109
本雅明,瓦尔特(Benjamin, Walter)8
贝内特,威廉(Bennett, William)425
边沁,杰里米(Bentham, Jeremy)183
贝兰,若瑟(Beran, Josef)132
伯根集中营(Bergen camp)38, 104
伯格,约翰(Berger, John)385
伯克曼,保罗(Berkman, Paul)138
柏林空运行动(Berlin Airlift)33, 120–121
柏林封锁(Berlin Blockade)131
德国柏林(Berlin, Germany)33–35, 36
柏林墙(Berlin Wall)400–401, 427, 451
伯恩哈德王子(Bernhard, Prince)98
贝弗里奇,威廉(Beveridge, William)120
贝文,欧内斯特(Bevin, Ernest)119–120, 135, 149, 161, 250
皮杜尔,乔治(Bidault, Georges)162, 243
毕兰金,乔治(Bilainkin, George)112
生物武器(biological weapons)182, 185
《禁止生物武器公约》(Biological Weapons Convention)182
黑人艺术节(Black Arts festival)302–307, 303, 304, 342, 380, 412
小册子《黑皮书:德国的过去与现状》(*Black Book: Germans Past and Present*)83, 113
黑人士兵(black soldiers)56, 100–101
布罗姆乔斯,约瑟夫(Blomjous, Joseph)263
布鲁姆,阿兰(Bloom, Allan)425
鲍亚士,法兰兹(Boas, Franz)262

博德特，海梅·托雷斯（Bodet, Jaime Torres）31
书籍《人体入侵者》（Body Snatchers, The）141
玻尔，尼尔斯（Bohr, Niels）178
博科娃，伊琳娜（Bokova, Irina）429–430, 432–433
博兰，布里奇特（Boland, Bridget）137
书籍《威胁世界的布尔维什主义》（Bolschevismus als Weltgefahr）155
轰炸（bombings）24, 79–80, 103, 108–109, 166–167, 175–181, 185–188, 205, 231–233, 383, 440
炸弹（bombs）32, 142, 175–181, 185–188, 268, 282, 292, 316
博纳姆·卡特，维奥莱特（Bonham Carter, Violet）108, 118
书籍《波恩—比勒陀利亚同盟》（Bonn-Pretoria Alliance, The）395
博内，泰蕾兹（Bonney,Thérèse）115
书籍《需求之书》（Book of Needs, The）122
波斯尼亚战争（Bosnian War）439–440, 444, 448
布帕查，贾米拉（Boupacha, Djamila）292
布尔代，克劳德（Bourdet, Claude）291
布尔吉巴，哈比卜（Bourguiba, Habib）251
伯克—怀特，玛格丽特（Bourke-White, Margaret）104
鲍恩，伊丽莎白（Bowen, Elizabeth）92
电台节目《智囊团》（Brains Trust, The）315
洗脑（brainwashing）126, 140–145, 169, 172, 175
勃兰特，威利（Brandt, Willy）401
布莱希特，贝托尔特（Brecht, Bertolt）95, 173, 395–396

布伦特耶斯，布尔夏德（Brentjes, Burchard）376–377
布劳耶，马塞尔（Breuer, Marcel）314
白里安，阿里斯蒂德（Briand, Aristide）246
英国联盟运动（British Union Movement）227
"身在德国的英国妻子"（'British Wives in Germany,'）99
宣传册《纳粹恐怖行径棕皮书》（Brown Book of the Nazi Terror, The）112
布热津斯基，兹比格涅夫（Brzezinski, Zbigniew）156
布痕瓦尔德集中营（Buchenwald camp）36–37, 104, 113
比若，托马斯·罗伯特（Bugeaud, Thomas Robert）283
"营造更美好的生活"展览（Building Better Life exhibition）193–194
宣传册《保加利亚的种种恐怖情形与东方的问题》（Bulgarian Horrors and the Question of the East）50
《原子科学家公报》宣传（Bulletin of the Atomic Scientists）178
伯格，弗朗茨（Burger, Franz,）20
伯恩斯，艾伦（Burns, Alan）255–258
布什，乔治·W.（Bush, George W.）1, 266, 441, 447
书籍《在巴比伦的河边》（By the Rivers of Babylon）43, 46
拜伦勋爵（Byron, Lord）236

C

卡布拉尔，阿米尔卡·洛佩斯（Cabral, Amílcar Lopes）374
考尔德，亚历山大（Calder, Alexander）315

索 引

卡拉汉，詹姆斯（Callaghan, James）168
卡梅隆，戴维（Cameron, David）443
书籍《圣徒的营地》（Camp of Saints, The）444
反对核杀戮宣传（Campaign Against Atomic Death）188–189
核裁军运动（Campaign for Nuclear Disarmament）188–189
加缪，阿尔贝（Camus, Albert）177, 288, 324, 417
加缪，雷诺（Camus, Renaud）445–446
卡内蒂，埃利亚斯（Canetti, Elias）39
书籍《被禁锢的头脑》（Captive Mind, The）138
卡尔，E.H.（Carr, E. H.）160
卡萨尔斯，帕布罗（Casals, Pablo）324
"文明诉希特勒主义案"（'Case of Civilization Against Hitlerism, The'）79
天主教文明（Catholic civilisation）156–157, 229, 265
刊物《公教文明》（Catholic Civilisation）156
天主教团体（Catholic community）41–42, 125–171, 324–325
报纸《天主教先驱报》（Catholic Herald）148
天主教救济会（Catholic Relief Services）41–44
天主教（Catholicism）125–171, 262, 386, 404–409, 427
齐奥塞斯库，尼古拉（Ceausescu, Nicolae）352, 412
书籍《百夫长》（Centurions, The）286
塞泽尔，艾梅（Césaire, Aimé）283–284, 298, 299, 301, 303, 354
张伯伦，内维尔（Chamberlain, Neville）96, 233
张彭春（Chang, P. C）147
卡拉威，A. W.（Charaway, A. W.）362
查理曼（Charlemagne）162–163, 427
书籍《现代非洲的酋长，关于黄金海岸的特别探讨》（Chiefancy in Modern Africa, with Special Reference to the Gold Coast）276
柴尔德，戈登（Childe, Gordon）367
书籍《欧洲的孩子》（Children of Europe）122
中国革命（Chinese Revolution）347
书籍《中国科学》（Chinese Science）316
希拉克，雅克（Chirac, Jacques）442
杂志《基督教世纪》（Christian Century）68
基督教重生（Christian rebirth）165, 165–166, 166
宣传册《基督教与民主》（Christianity and Democracy）146
克里奥兹，亚采克（Chryosz, Jacek）362–363
丘吉尔，温斯顿（Churchill, Winston）19, 89–90, 110, 117, 146, 149–150, 159–160, 188, 239, 242, 246, 254, 323, 397
中央情报局（CIA）126, 140–143, 156–157, 169, 239–241, 360
民权运动（civil rights movement）145, 201, 320, 386–388, 394, 425–426
公民社会（civil society）7, 11–12, 91, 112, 177, 189, 220, 322, 360, 396–399, 442
电视系列剧《文明》（Civilisation）7, 10, 383–384, 425, 433
书籍《文明、战争与死亡》（Civilisation, War and Death）15
礼仪（civility）16, 29, 173–221

文明（civilisation）
  非洲文明（African civilisation）22–27, 267–310, 345–382, 412, 416
  违背文明（breach of）86–89, 142
  基督教文明（Christian civilisation）1, 12, 23, 89, 108, 124–136, 150–172, 213, 239, 243–245, 259–264, 283, 290–292, 386–392,
  396–398, 403–409, 434–444
  礼仪与文明（civility and）16, 29, 173–221
  文明的概念（concept of）1–23
  文明的危机（crisis of）18, 33, 70, 80, 126, 147, 176, 183, 202, 424, 428, 440, 452–456
  保卫文明（defence of）1–6, 14–15
  定义文明（defining）1–17, 20–28, 450–456
  文明的命运（fate of）3–4, 15–17
  文明的意识形态（ideology of）8–12, 16–17, 25–27, 453–456
  犹太—基督教文明（Judeo-Christian civilisation）23, 124, 153–155, 213, 243, 292, 403, 443–444
  文明的传承（legacy of）2–6, 25, 29
  文明的使命（mission of）22–29, 345–382
  文明的政治话语（political language of）1–17, 20–28, 85–89
  重塑文明的进程（re-civilising process）4–5, 16–17, 23–29, 208
  文明的废墟（ruins of）13, 28, 78, 206, 278, 313, 449–451
  科学与文明（science and）24, 173–221
  文明的术语（terminology for）1–17, 20–28, 86–87, 450–456
  普世文明（universal civilisation）87, 228,
  311–344, 326, 335–336, 393, 455–456
  书籍《处在十字路口的文明》（Civilization at the Crossroads）365
  小册子《接受审判的文明》（Civilization on Trial）7, 393
  电影《在南非接受审判的文明》（Civilization on Trial in South Africa）393
  书籍《文明：西方强权的六个杀手锏》（Civilization: The Six Killer Apps of Western Power）441
  "文明教化的进程"（'civilising process'）11–12, 29, 208
  书籍《文明教化的进程》（Civilizing Process, The）11
  克拉森，赫尔曼（Claasen, Hermann）165–166
  克拉克，肯尼斯（Clark, Kenneth）7–8, 383–385, 385, 425, 433
  书籍《文明的冲突与世界秩序的重建》（Clash of Civilizations and the Remaking of World Order, The）6
  克洛岱尔，保罗（Claudel, Paul）157
  克莱，卢修斯·D.(Clay, Lucius D.)68, 155
  书籍《走向封闭的美国精神》（Closing of the American Mind, The,）425
  科恩，阿瑟（Cohen, Arthur）403
  冷战冲突（Cold War conflict）6, 64, 71–72, 89, 102–103, 124–126, 138, 175, 329
  冷战文化（Cold War culture）27–29, 139–140, 144–145, 154–155
  冷战阵营（Cold War division）4, 24, 27–29, 71, 126–129, 133–134, 160–185, 200–208, 252, 313, 340–342, 394–402, 439
  冷战政治（Cold War politics）6, 133–134, 160–178, 180–185, 188–200, 213, 236, 240–243, 312–314, 322, 389

索 引

科利斯，罗伯特（Collis, Robert）43
刊物《评论》（*Commentary*）46
共产运动（Communist Movement）345
书籍《礼仪完全指南》（*Complete Guide to Etiquette*）213
集中营（concentration camps）
　奥斯维辛集中营（Auschwitz camp）2, 46, 124, 186
　贝尔森集中营（Belsen camp）37–38, 42, 54–55, 102–104
　伯根集中营（Bergen camp）38, 104
　布痕瓦尔德集中营（Buchenwald camp）36–37, 104, 113
　集中营的罪行（crimes of）2–4, 55, 102–104, 234, 288, 314
　达豪集中营（Dachau camp）104
　发现集中营（discovery of）118, 234
　集中营的幸存者（survivors of）36–41, 120
康登，理查德（Condon, Richard）141
书籍《良知主义》（*Conscientism*）354
君士坦丁堡计划（Constantine Plan）284
刊物《当代东方》（*Contemporary East*）352, 370
美国援助欧洲合作组织／援欧组织［Cooperative for American Remittances to Europe (CARE)］41
康登霍维–凯勒奇，理查德（Coudenhove-Kalergi, Richard）245–246
欧洲委员会（Council of Europe）145, 159, 167–168, 249–250, 308, 323, 389, 445
书籍《盲人的国度》（*Country of the Blind*）144
康茨，乔治·S.（Counts, George S.）144
科沃德，诺埃尔（Coward, Noël）120
克兰伯恩子爵（Cranbourne, Viscount）21

克里米亚战争（Crimean War）42
克罗齐，贝内德托（Croce, Benedetto）20, 318
克罗斯曼，理查德·S.（Crossman, Richard S.）198
电视节目《十字路口》（*Crossroads*）137
克鲁泽，弗朗索瓦（Crouzet, François）451–452
书籍《欧洲的十字军东征》（*Crusade in Europe*）36
文化自由协会（Cultural Freedom Congress）241–242
书籍《文化素养：每一个美国人需要知道的事情》（*Cultural Literacy: What Every American Needs to Know*）425
文化（culture）
　芭蕾舞（ballet）93, 350, 354, 358, 359
　基督教文化（Christian culture）113, 162, 183, 434–444
　文化中心（cultural centres）41, 91–96, 230–232, 294–295, 351, 354–359, 412–413, 431–432
　文化指南（cultural compass）95, 209, 435
　文化联系（cultural connections）25–26, 163, 270–271, 344–345, 371–374
　文化自由（cultural freedom）241–242
　文化身份（cultural identities）1–2, 6, 101, 206, 271, 278–280, 306, 363, 411, 427–428
　文化影响（cultural influences）241, 298, 342, 433
　文化传承（cultural inheritance）32, 98, 449
　文化交流（cultural interaction）193, 208–214, 241, 316, 328, 348
　文化政策（cultural policies）165, 301–302

犹太教—基督教文化（Judeo-Christian culture）113, 443–444
约瑟夫，西伦凯维兹（Cyrankiewicz, Józef）238

D

达豪集中营（Dachau camp）104
达格曼，斯蒂格（Dagerman, Stig）40
报纸《每日写真报》（*Daily Graphic*）268
报纸《每日先驱报》（*Daily Herald*）106–107
报纸《每日邮报》（*Daily Mail*）112, 447
报纸《达喀尔晨报》（*Dakar-Matin*）305
丹夸，J.B.（Danquah, J. B.）276
书籍《请问我可否……? 美好生活方式的指引》（*Darf ich mir erlauben . . . ? Das Buch der Guten Lebensart*）216
查尔斯，达尔文（Darwin, Charles）315
巴兹尔，戴维森（Davidson, Basil）277, 367
迈尔斯，戴维斯（Davis, Miles）241
罗达，道森（Dawson, Rhoda）64
德·波伏娃，西蒙娜（De Beauvoir, Simone）203, 288, 292, 449
德·伯努瓦，阿兰（De Benoist, Alain）445
德·加斯贝利，阿尔契（De Gasperi, Alcide）135, 163
戴高乐，夏尔（De Gaulle, Charles）51, 80, 163–164, 188, 269, 284
德·格拉夫特—约翰逊，J.C.（De Graft-Johnson, J. C.）277
德·格拉齐亚，维多利亚（De Grazia, Victoria）207
德·芒东，弗朗索瓦（De Menthon, François）77
德·鲁热蒙，丹尼斯（De Rougemont, Denis）264
德·托克维尔，亚历西斯（De Tocqueville, Alexis）220, 283, 421
书籍《亲爱的祖国，安息吧：关于希特勒的千年帝国陨落的报告》（'*Dear Fatherland, Rest Quietly*': *A Report on the Collapse of Hitler's 'Thousand Years'*）104
书籍《波兰命案》（*Death in Poland*）233
德布雷，雷吉斯（Debray, Régis）9
《世界人权宣言》（Declaration of Human Rights）146, 149, 308, 318, 390, 407, 413
书籍《西方的没落》（*Decline of the West, The*）162, 415
电影《一个被打败的民族》（*Defeated People, A*）106
德加，埃德加（Degas, Edgar）294
欧仁，德拉克洛瓦（Delacroix, Eugène）294
民主化（democratisation）81, 90–93, 200, 207, 308, 322
去纳粹化（denazification）88–93, 166–167
刊物《月份》（*Der Monat*）241
书籍《波兰命案》（*Der Tod in Polen*）233
书籍《西方的没落》（*Der Untergang des Abendlandes*）162
德里达，雅克（Derrida, Jacques）442
德斯坦，瓦莱里·吉斯卡尔（D'Estaing, Valéry Giscard）421–422
德维斯，让（Devisse, Jean）302
杜威，约翰（Dewey, John）111
书籍《过时的人》（*Die Antiquiertheit des Menschen*）204–205
报纸《公民报》（*Die Burger*）392
报纸《时代周报》（*Die Zeit*）442
丁布尔比，理查德（Dimbleby, Richard）37
迪奥普，谢赫·安塔（Diop, Cheikh Anta）

300

书籍《关于殖民主义的论述》（Discourse on Colonialism）283, 299, 354

迪斯尼，华特（Disney, Walt）180

流离失所者安置营［displaced person (DP) camps］33, 39–47, 53–72, 91, 107, 192

书籍《贾米拉·布帕查》（Djamila Boupacha）292

小册子《关于阿尔及利亚恐怖分子所犯下的罪行与侵略行径的文件》（Documents sur les crimes et attentats commis en Algérie par les terroristes）289

多尔戈夫，康斯坦丁（Dolgov, Konstantin）432

唐·阿瑟，E.G.A.（Don Arthur, E. G. A.）362

书籍《得体礼仪不须愁》（Don't Be Scared of Good Manners）217

报纸《环球报》（Dookoła Świata）363

多罗霍夫，A.（Dorokhov, A.）215

德莱塞，西奥多（Dreiser, Theodore）82

德鲁，简（Drew, Jane）278, 280

杜波伊斯，W. E. B.（Du Bois, W. E. B.）20–21, 300

杜布切克，亚历山大（Dubcek, Alexander）410

杜勒斯，约翰·福斯特（Dulles, John Foster）134, 138, 170

杜南，亨利（Dunant, Henry）182

杜朗·巴罗佐，若泽·曼努埃尔（Durão Barroso, José Manuel）225

杜拉斯，玛格丽特（Duras, Marguerite）288

迪韦尔热，莫里斯（Duverger, Maurice）202

德温格尔，埃德温·埃里希（Dwinger, Edwin Erich）233

E

"复活节游行"（'Easter marches,'）188–189

伊顿，赛勒斯（Eaton, Cyrus）181–182

杂志《乌木》（Ebony）101

杂志《经济学人》（Economist）69

埃德尔曼，莫里斯（Edelmann, Maurice）108

教育体制（educational system）91–94, 314–317, 361, 414, 424–426 另见学校（schools）

埃及革命（Egyptian Revolution）332–333

爱伦堡，伊利亚（Ehrenburg, Ilya）83

书籍《艾希曼在耶路撒冷》（Eichmann in Jerusalem）205–206

爱因斯坦，阿尔伯特（Einstein, Albert）15, 177, 181, 246

艾森豪威尔，德怀特·D.（Eisenhower, Dwight D.）36–37, 96, 106, 134, 154, 179–180, 254

爱森斯坦，谢尔盖（Eisenstein, Sergei）82

埃利亚斯，诺伯特（Elias, Norbert）11, 15

艾灵顿公爵（Ellington, Duke）303, 304

埃吕尔，雅克（Ellul, Jacques）365

艾吕雅，保罗（Éluard, Paul）173

书籍《余烬仍在燃烧：一个我们对德怀柔政策的见证者的讲述》（Embers Still Burn: An Eye-Witness Account of Our Get-Soft-with-Germany Policy）102

书籍《皇帝：一个独裁者的垮台》（Emperor: Downfall of an Autocrat）363

刊物《文汇》（Encounter）241

书籍《非洲百科全书》（Encyclopedia Africana）300

恩格斯，弗里德里希（Engels, Friedrich）367

启蒙（Enlightenment）11, 15, 29, 155, 162, 344, 424

瘟疫（epidemics）49, 118, 454

恩斯特，克劳斯（Ernst, Klaus）371

书籍《爱欲与文明》（Eros and Civilization）202

种族清洗（ethnic cleansing）439 另见种族灭绝（genocide）

种族群体（ethnic groups）84, 102–111, 232–233, 258–263, 273, 378, 421–422, 435–454

欧非共同体计划（Eurafrica project）224, 244–252

欧洲（Europe）

    欧洲的崩溃（collapse of,）16–17

    欧洲的命运（fate of,）3–4, 14, 22–24

    欧洲的身份危机（identity crisis for,）5, 439–440

    重塑文明（re-civilising,）4–5, 16–17, 23–29, 208

    再造文明（reclaiming,）223–266

"欧洲崛起"演讲（'Europe Arise' speech）159–160

书籍《欧洲必须团结》（Europe Must Unite）245

书籍《失去方向的欧洲》（Europe without Baedeker）43, 72

《欧洲人权公约》（European Convention on Human Rights）148–150, 308, 413

欧洲运动（European Movement）159–160, 242

欧洲核子研究组织／欧核组织［European Organisation for Nuclear Research (CERN)］178–179

欧洲复兴计划（European Recovery Program）69, 239, 254 另见马歇尔计划（Marshall Plan）

刊物《欧洲人》（European, The）227

欧洲联盟／欧盟［European Union (EU)］28, 161, 225–226, 244, 250, 399, 434, 442–444, 447

书籍《欧洲见闻》（European Witness）31

书籍《欧洲的孩子》（Europe's Children）115

F

费边社（Fabian Society）26, 48–49, 198, 250, 279

书籍《面朝肯尼亚山》（Facing Mount Kenya）276

法捷耶夫，亚历山大（Fadeev, Aleksandr）174

"人的家庭"展览（Family of Man）122

法农，弗朗茨（Fanon, Frantz）283–284, 306, 354, 374, 425

电影《告别非洲》（Farewell, Africa）387–388

费弗尔，吕西安（Febvre, Lucien）15, 327–328, 451–452

费斯特，费利克斯（Feist, Felix）137

费尔达芬流离失所者安置营（Feldafing camp）55

书籍《女性的奥秘》（Feminine Mystique, The）202

弗格森，亚当（Ferguson, Adam）11

弗格森，尼尔（Ferguson, Niall）441

宣传册《关于联总的五十个事实》（Fifty Facts about UNRRA）58, 58–59

芬尼，杰克（Finney, Jack）141

第一届世界黑人艺术节（First World Festival of Black Arts）302–307, 342, 380, 412

索 引

第一次世界大战／一战（First World War）2–3, 12–15, 38–43, 53–56, 86, 90, 97, 110, 114–122, 126, 162, 183, 192, 227–233, 240–251, 298, 314, 326, 334, 363, 376, 400, 416, 427

"5000 年的埃及艺术"展览（5,000 Years of Egyptian Art）335

福兰纳，珍妮特（Flanner, Janet）34, 88

福楼拜，古斯塔夫（Flaubert, Gustave）323

"为了世界共产主义运动的新胜利"演讲（'For New Victories of the World Communist Movement,'）345

"为了工作与幸福"纲领（'For Work and Happiness' program）362

福特，杰拉尔德（Ford, Gerald）400

杂志《外交事务》（Foreign Affairs）6, 161

福勒，吉恩（Fowler, Gene）58

弗朗哥，弗朗西斯科（Franco, Francisco）157, 167, 188, 324, 398–399

普法战争（Franco-Prussian War）22

弗兰克，汉斯（Frank, Hans）5–76, 232

弗兰肯海默，约翰（Frankenheimer, John）141

宣传册《法国教会领导人谴责军队在阿尔及利亚滥用酷刑》（French Church Leaders Denounce Army's Excesses and Use of Torture in Algeria）290

法国大革命（French Revolution）12, 16, 38, 129, 150, 162, 206, 230

弗洛伊德，西格蒙德（Freud, Sigmund）15

弗雷尔，吉尔贝托（Freyre, Gilberto）262

弗里丹，贝蒂（Friedan, Betty）202

弗里德里希，卡尔·J.（Friedrich, Carl J.）155–156

公谊会救济服务（Friends Relief Services）42–47

弗里施，马克斯（Frisch, Max）311

弗罗贝尼乌斯，利奥（Frobenius, Leo）298–299

书籍《从沙尼达尔到阿卡德：东方世界史七千年》（From Schanidar to Akkad: 7,000 Years of Oriental World History）377

"从战争到和平：欧洲的故事"（'From War to Peace: A European Tale,'）225–226

弗洛姆，埃里希（Fromm, Erich）364

弗赖，马克斯韦尔（Fry, Maxwell）278, 280

弗莱，瓦里安（Fry, Varian）111

富加德，阿索尔（Fugard, Athol）395

书籍《布尔什维克的未来》（Future of Bolshevism, The）155

G

加尔布雷思，约翰·肯尼思（Galbraith, John Kenneth）202

"人间惨剧"（'Gallery of Misery'）105–106

加利科，保罗（Gallico, Paul）140

圣雄甘地（Gandhi, Mahatma）9, 14, 318, 329

加尔巴，约瑟夫（Garba, Joseph）439

加斯科因－塞西尔，罗伯特·阿瑟·詹姆斯（Gascoyne-Cecil, Robert Arthur James）21

加特雷尔，彼得（Gatrell, Peter）63

盖尔霍恩，玛莎（Gellhorn, Martha）102

《日内瓦公约》（Geneva Conventions）182–186

种族灭绝（genocide）2–4, 124, 185, 192, 290, 439–440, 446

宣传册《阿尔及利亚种族灭绝》（Genocide in Algeria）290

国王乔治二世（George, King）238

捷杰耶夫，瓦莱里（Gergiev, Valery）432
书籍《德国之秋》（German Autumn）40
书籍《德国侵略波兰：波兰黑皮书》（German Invasion of Poland: Polish Black Book, The）233
书籍《德国在波兰推行的新秩序》（German New Order in Poland, The）234
小册子《德国：英国士兵手册》（Germany: The British Soldier's Pocketbook）97
书籍《熔炉之歌》（Gesang im Feuerofen）166
书籍《加纳的文化遗产》（Ghana's Heritage of Culture）377
吉尔德斯利夫，弗吉尼亚·C.（Gildersleeve, Virginia C.）18, 19
吉勒姆，科妮莉娅·斯特布勒（Gillam, Cornelia Stabler）34
格拉德斯通，威廉·尤尔特（Gladstone, William Ewart）50, 160
格兰微尔，彼得（Glenville, Peter）137
电视系列剧《希腊往昔的荣耀》（Glory That Was Greece, The）384
格卢克斯曼，安德烈（Glucksmann, André）440
书籍《失败的上帝》（God That Failed, The）198
戈培尔，约瑟夫（Goebbels, Joseph）5, 38, 75, 130, 231–233
歌德（Goethe）93–94, 168, 297, 316–317, 324
报纸《金城邮报》（Golden City Post）393
戈德史密斯，海曼·H.（Goldsmith, Hyman H.）178
格兰茨，维克多（Gollancz, Victor）78, 112–120, 124
书籍《良好行为完全手册》（Good Behavior from A to Z）216

书籍《得体举止助你迈向成功》（Good Behavior, Your Success）212
书籍《早上好，尼格先生！》（Good Morning, Herr Knigge!）216
戈尔巴乔夫，米哈伊尔（Gorbachev, Mikhail）409–411, 437–439
戈登，约翰（Gordon, John）11
戈林，赫尔曼（Göring, Hermann）75–76
戈廷，格拉尔德（Götting, Gerald）377
电视系列剧《罗马往昔的辉煌》（Grandeur That Was Rome, The）384
书籍《伟大的背叛》（Great Betrayal, The）397
书籍《大更替》（Great Replacement, The）445
书籍《苏联大百科全书》（Great Soviet Encyclopedia）368
世界大战（Great War）见第一次世界大战（First World War）
希腊内战（Greek Civil War）24, 224, 235–239, 242, 265–266, 388–389
格林，格雷厄姆（Greene, Graham）92, 173
教宗格里高利一世（Gregory the Great, Pope）162
葛罗米柯，安德烈（Gromyko, Andrei）438
格罗斯，阿尔弗雷德（Grosser, Alfred）247–248
格罗提渥，奥托（Grotewohl, Otto）352
书籍《经济学手稿（1857—1858）》（Grundrisse）203, 364
报纸《卫报》（Guardian）330, 340
画作《格尔尼卡》（Guernica）399
电影《叛国罪》（Guilty of Treason）137, 141
吉尼斯，亚历克（Guinness, Alec）137
古里安，瓦尔德马（Gurian, Waldemar）155

索 引

书籍《早上好，尼格先生！》（Guten Tag, Herr von Knigge!）216
书籍《良好行为完全手册》（Gutes Benehmen von A bis Z）216, 218

H

哈贝马斯，尤尔根（Habermas, Jürgen）442
哈布斯堡，奥托·冯（Habsburg, Otto von）130
《海牙公约》（Hague Conventions）82, 143, 167, 182, 233, 323, 334, 431
哈利米，吉赛尔（Halimi, Gisèle）292
哈尔斯坦，沃尔特（Hallstein, Walter）322, 324
哈马舍尔德，达格（Hammarskjöld, Dag）337
哈德曼，莱斯利（Hardman, Leslie）37
哈里斯，E. E.（Harris, E. E.）391
哈维尔，瓦茨拉夫（Havel, Václav）26, 401–402, 408, 442, 451–452
海，洛娜（Hay, Lorna）62, 107
希斯，爱德华（Heath, Edward）420
海德格尔，马丁（Heidegger, Martin）401
海因莱因，罗伯特（Heinlein, Robert）141
电影《你好，非洲！》（Hello, Africa!）352
黑尔莫尔特，汉斯·F.（Helmolt, Hans F.）326
《赫尔辛基协议》（Helsinki Accords）398–402, 411–412, 426–427, 437
赫尔德约翰·戈特弗里德（Herder, Johan Gottfried）416
希尔根朵夫，G. 冯（Hilgendorff, G. von）212
希姆莱，海因里希（Himmler, Heinrich）75, 130

欣策，弗里茨（Hintze, Fritz）375
裕仁天皇（Hirohito, Emperor）176
赫希，E.D.（Hirsch, E. D.）425
赫希曼，伊拉（Hirschmann, Ira）102
书籍《人类的历史》（History of Mankind）325–328, 330, 343
书籍《非洲文明的历史》（History of the African Civilization）299
希特勒，阿道夫（Hitler, Adolf）3, 16–17, 32–38, 63, 71–75, 79–84, 108–109, 133, 162, 223, 230–233, 265, 329, 415
霍尔德，伯特（Hold, Bert）216
奥朗德，弗朗索瓦（Holland, François）434
犹太人大屠杀（Holocaust）2, 79, 115, 124, 440
神圣同盟（Holy Alliance）168, 177, 387
电影《飘零无家终归返》（Home for the Homeless）64
书籍《能干的法贝尔》（Homo Faber）311
昂纳克，埃里希（Honecker, Erich）215
胡佛，J. 埃德加（Hoover, J. Edgar）144
霍普金斯，哈里（Hopkins, Harry）35
霍恩，居拉（Horn, Gyula）436
维勒贝克，米歇尔（Houellebecq, Michel）444
"女性时刻"（'Hour of the Woman,'）71
工业设计之家（House of Industrial Design）194–195
住房建设热潮（housing boom）191–221 另见住所（shelter）
书籍《如何做一个外国人：入门者与进阶者手册》（How to Be an Alien: A Handbook for Beginners and More Advanced Pupils）213
书籍《如何做到特立独行：在英国的岁月》

（*How to Be Inimitable: Coming of Age in England*）213

霍查，恩维尔（Hoxha, Enver）417

休斯，兰斯顿（Hughes, Langston）303

赫尔，科德尔（Hull, Cordell）83

休姆，凯瑟琳（Hulme, Kathryn）55–56, 64, 71

书籍《人的境况》（*Human Condition, The*）206

人权（human rights）64–66, 145–149, 175, 308, 318–319, 390, 407, 413, 430, 439–440, 442

"人权集册"展览（*Human Rights Album, The*）318–319, 330

人权理事会（Human Rights Commission）64, 440

人权会议（Human Rights Conference）308

《人权公约》（Human Rights Convention）148–150, 308, 413

人道主义援助工作者（humanitarian aid workers）31–73, 77–78, 117, 182–187, 282

人文主义（humanitarianism）22, 41, 50–56, 57, 58–73, 77–78, 103, 117–124, 182–187, 228, 262, 282, 293

休谟，大卫（Hume, David）11

电视节目《匈牙利革命》（*Hungarian Revolution, The*）213

亨特，爱德华（Hunter, Edward）140–141

亨廷顿，萨缪尔（Huntington, Samuel）6

赫胥黎，阿道司（Huxley, Aldous）173, 315, 318

赫胥黎，朱利安（Huxley, Julian）48–49, 314–316, 319, 325, 327, 337

赫胥黎，托马斯（Huxley, Thomas）315

I

电影《我爱你，浮士德》（*I Love You, Faust*）437

书籍《我谈自由：关于非洲意识形态的阐述》（*I Speak of Freedom: A Statement of African Ideology*）272

小册子《如果你的敌人在挨饿》（*If Thine Enemy Hunger*）109

报纸《意大利人民报》（*Il Popolo d'Italia*）228

杂志《画报》（*Illustrated*）105, 105–106

书籍《在最黑暗的德国》（*In Darkest Germany*）116, 116–117, 117

书籍《保卫文明，抗击法西斯野蛮行径：来自伟大民族的宣言、信件与电报》（*In Defence of Civilization Against Fascist Barbarism: Statements, Letters and Telegrams from Prominent People*）81

书籍《捍卫殖民地》（*In Defence of Colonies*）255–256

"捍卫十月"演讲（'In Defense of October' speech）81

英格尔哈特，罗纳德（Ingelhart, Ronald）201

杂志《国际事务》（*International Affairs*）250

《国际古迹保护与修复宪章》（International Charter for the Conservation and Restoration of Monuments and Sites）340

国际军事法庭（International Military Tribunal）75–78, 76, 83–88

国际红十字会（International Red Cross）68, 115, 183. 另见红十字会）Red Cross）

约内斯库-古利安，康斯坦丁（Ionescu-Gulian, Constantin）375, 417

索 引

伊朗革命（Iranian Revolution）388, 417
伊拉克战争（Iraq War）266, 443
铁幕（Iron Curtain）4, 24, 131–133, 137, 144–145,171–172, 175, 189, 400, 449
"铁幕演说"（'Iron Curtain' speech）89, 239
"上帝死了吗？"（'Is God Dead?'）403
宣传册《难道这对你来说根本无所谓吗？》（Is It Nothing to You?）114
《伊斯兰人权宣言》（Islamic Declaration of Human Rights）413
伊斯兰革命（Islamic Revolution）417
伊拉克与叙利亚伊斯兰国 / 伊斯兰国[Islamic State of Iraq and Syria (ISIS)] 1, 429–434
书籍《至关重要》（It Does Matter）215
报纸《消息报》（Izvestia）238

J

杰克逊，杰西（Jackson, Jesse）320, 426
杰克逊，罗伯特·H.（Jackson, Robert H.）75, 77, 85, 89
亚科佩蒂，瓜尔蒂耶罗（Jacopetti, Gualtiero）387
贾迈利，法迪勒（Jamali, Fadhel）355
贾劳施，康拉德（Jarausch, Konrad）27
雅斯贝尔斯，卡尔（Jaspers, Karl）241
杰布，埃格兰泰恩（Jebb, Eglantyne）41, 114, 117
詹宁斯，汉弗莱（Jennings, Humphrey）106
犹太人大会（Jewish Congress）65, 68
犹太救济与救援委员会（Jewish Relief and Rescue Committee）41
教宗若望·保禄二世（John Paul II, Pope）405–409, 410, 437–438
教宗若望二十三世（John XXIII, Pope）170, 263, 330, 404, 405, 407
约翰逊，休利特（Johnson, Hewlett）82
约里奥-居里，伊蕾娜（Joliot-Curie, Irène）173
刊物《世界史杂志》（Journal of World History）327, 328
《废墟之城行记》（'Journey through the City of Ruins'）35
胡安·卡洛斯国王（Juan Carlos, King）419
朱特，托尼（Judt, Tony）2, 27, 427
朱丽安娜公主（Juliana, Princess）98
书籍《如今的年轻人》（Junger Mann von heute）218–219

K

卡钦斯基，雅罗斯瓦夫（Kaczyński, Jarosław）436
卡根，罗伯特（Kagan, Robert）441
康德，伊曼努尔（Kant, Immanuel）94
卡普钦斯基，雷沙德（Kapuscinski, Ryszard）363
基南，约瑟夫·B.（Keenan, Joseph B.）78
凯塔，莫迪博（Keïta, Modibo）307, 351
凯卡纳，法纳（Kekana, Fana）395
肯尼迪，约翰·F.（Kennedy, John F.）266, 336, 346, 392
肯雅塔，乔莫（Kenyatta, Jomo）276–277, 329
凯佩尔·琼斯，阿瑟（Keppel Jones, Arthur）391
克肖，伊恩（Kershaw, Ian）27
海拉特，阿布·贝克尔（Khairat, Abu Bakr）359
霍梅尼，阿亚图拉（Khomeini, Ayatollah）417, 423

赫鲁晓夫，尼基塔（Khrushchev, Nikita）52, 182, 196–197, 345–346, 350–351, 355

金，马丁·路德（King, Martin Luther, Jr.）268

基辛格，亨利（Kissinger, Henry）156

克莱因施米特（Kleinschmidt）217

克洛斯特·因德斯多夫流离失所者安置营（Kloster Indersdorf camp）59

柯尼希，皮埃尔（Koenig, Pierre）94

库斯勒，阿瑟（Koestler, Arthur）241

科菲，文森特（Kofi, Vincent）273

科尔塔伊，加博尔（Koltay, Gábor）437

朝鲜战争（Korean War）141–142, 144, 186–187, 190

科斯托夫，特拉伊乔（Kostov, Traïcho）132

科泰，阿蒙（Kotei, Amon）273

科特拉瓦拉，约翰（Kotelawala, John）355

克拉考尔，齐格弗里德（Kracauer, Siegfried）138

克劳斯，卡尔（Kraus, Karl）13

克热明斯基，亚当（Krzeminski, Adam）442

书籍《非洲文化史》（Kulturgeschichte Afrikas）298

昆德拉，米兰（Kundera, Milan）402–403

L

刊物《公教文明》（La Civiltà Cattolica）156

杂志《新法兰西评论》（La Nouvelle Revue française）13

拉舍鲁瓦，查尔斯（Lacheroy, Charles）290

拉科斯特，罗伯特（Lacoste, Robert）285, 289

拉朗德，安德烈（Lalande, André）285

兰普雷希特，卡尔（Lamprecht, Karl）326

宣传册《亡者的土地：东德驱逐行动研究》（Land of the Dead: Study of the Deportation from Eastern Germany）111

朗恩霍弗，费尔南德·范（Langenhove, Fernand van）258

拉特盖，让（Lartéguy, Jean）286

拉斯基，哈罗德（Laski, Harold）48–49

书籍《人类的末日》（Last Days of Mankind, The）13

书籍《最后的边境：白人为了文明在非洲的战争》（Last Frontier: The White Man's War for Civilization in Africa）390

拉特尔·德·塔西尼，让·德（Lattre de Tassigny, Jean de）93–94

劳特派特，赫希（Lauterpacht, Hersch）77

劳伦斯，D.H.（Lawrence, D. H.）92

书籍《美国的挑战》（Le Défi Américain）204

杂志《费加罗》（Le Figaro）422

书籍《大更替》（Le Grand Remplacement）445

报纸《世界报》（Le Monde）294

勒庞，让—玛里（Le Pen, Jean-Marie）421

勒庞，玛丽娜（Le Pen, Marine）445, 446

国际联盟/国联（League of Nations）18, 20, 21, 114, 244, 313–314, 351

李奇，路易斯（Leakey, Louis）301

宣传册《他们的命运，由他们自己去面对：饥饿的伦理》（Leaving Them to Their Fate: The Ethics of Starvation）113

莱热，费尔南德（Léger, Fernand）173, 304

莱布尼茨，戈特弗里德·威廉（Leibniz, Gottfried Wilhelm）324

列宁，弗拉基米尔（Lenin, Vladimir）80, 367

书籍《美丽的形象》（Les Belles Images）203

索引

宣传册《容我的百姓去》(Let My People Go) 112

文件《占领区总司令关于非亲善政策的一封信》(Letter by the Commander-in-Chief on Non-Fraternisation) 96–97

"八大人物公开信"('Letter of Eight,') 442

"六元老公开信事件"('Letter of Six,') 412

莱托—福尔贝克,保罗·冯(Lettow-Vorbeck, Paul von) 227

列维—斯特劳斯,克洛德(Lévi-Strauss, Claude) 8, 299, 319, 329

列维,伯纳德—亨利(Lévy, Bernard-Henri) 440

杂志《快报》(L'Express) 202, 204, 291

《利伯法典》(Lieber Code) 183–184

书籍《在阿尔及利亚的中尉》(Lieutenant in Algeria) 204

电视节目《人生毕竟值得》(Life Is Worth Living) 137

杂志《生活》(Life) 52, 58, 136, 288

利夫顿,罗伯特·杰伊(Lifton, Robert Jay) 144

《部分禁止核试验条约》(Limited Test Ban Treaty) 182

利普根斯,沃尔特(Lipgens, Walter) 225

书籍《独立国家的原住民的生活与工作状况》(Living and Working Conditions of Aboriginal Populations in Independent Countries) 258

洛奇,亨利·卡伯特(Lodge, Henry Cabot) 266

洛奇,努希亚(Lodge, Nucia) 144

轰炸伦敦(London Blitz) 166–167, 167

报纸《伦敦工人日报》(London Daily Worker) 168

洛,埃里克(Louw, Eric) 391

卢斯,亨利·R.(Luce, Henry R.) 158

伦德斯塔德,盖尔(Lundestad, Geir) 243

报纸《联合报》(L'Unit) 168

伦斯,约瑟夫(Luns, Joseph) 248

路德宗世界救济会(Lutheran World Relief) 41–42

卢图利,阿尔伯特(Luthuli, Albert) 392–393

M

麦克达菲,马歇尔(MacDuffie, Marshall) 52, 69

麦肯齐,康普顿(Mackenzie, Compton) 384

麦克米伦,哈罗德(Macmillan, Harold) 391–392

马吉,海伍德(Magee, Haywood) 107

马兰,D.F.(Malan, D. F.) 390

马林科夫,格奥尔基(Malenkov, Georgy) 181

马里克,查尔斯(Malik, Charles) 147, 329

马林诺夫斯基,布罗尼斯拉夫(Malinowski, Bronisław) 367

马尔罗,安德烈(Malraux, André) 337–338

"人在非洲"展览(Man in Africa) 280

报纸《曼彻斯特卫报》(The Manchester Guardian) 20, 110

书籍《满洲候选人》(Manchurian Candidate, The) 141

曼德拉,纳尔逊(Mandela, Nelson) 392

曼哈顿计划(Manhattan Project) 178

曼,亨里希(Mann, Heinrich) 82, 246

曼,克劳斯(Mann, Klaus) 34

曼,托马斯(Mann, Thomas) 13, 93

曼施坦因,埃里希·冯(Manstein, Erich

von）160
毛泽东（Mao Zedong）141, 287, 356
马尔库塞，赫伯特（Marcuse, Herbert）202
玛格丽特公主（Margrethe, Princess）339
圣母庆典（Marian Festival）127–129
马里坦，雅克（Maritain, Jacques）146–147, 154, 178, 318
马克斯，约翰（Marks, John）143
马歇尔基金会（Marshall Fund）193
马歇尔，乔治（Marshall, George）161, 239
马歇尔计划（Marshall Plan）24, 52, 69, 71–72, 134, 239, 246, 248, 254, 260
马丁，汉斯（Martin, Hans）216
马克思，卡尔（Marx, Karl）93, 203, 219, 364, 366, 367
马萨里克，扬（Masaryk, Jan）111, 112
梅森，赫伯特（Mason, Herbert）166–167
马西斯，亨利（Massis, Henri）157
书籍《主人与奴隶》（Masters and the Slaves, The）262
莫德，约翰（Maud, John）323–324
莫尼，雷蒙德（Mauny, Raymond）302
莫里亚克，弗朗索瓦（Mauriac, François）291
莫斯，马塞尔（Mauss, Marcel）299
马克斯韦尔·法伊夫，大卫（Maxwell Fyfe, David）148–150
书籍《请问我可否……？美好生活方式的指引》（May I Allow Myself ...? The Guide to a Good Style of Life）216
马耶尔，丹尼尔（Mayer, Daniel）292
马佐尔，马克（Mazower, Mark）27, 253
姆贝基，塔博（Mbecki, Thabo）395
麦克洛伊，约翰（McCloy, John）76
麦库姆，伦纳德（McCombe, Leonard）105

麦考密克，安妮·奥海尔（McCormick, Anne O'Hare）110
麦克杜格尔，詹姆斯（McDougall, James）285
麦克尼尔，玛格丽特（McNeill, Margaret）46, 47
书籍《欧洲的意义》（Meaning of Europe, The）264
迈杰希，彼得（Medgyessy, Péter）442
梅洛，约斯特（Meerloo, Joost）144
书籍《我的奋斗》（Mein Kampf）85–86
默克尔，安格拉（Merkel, Angela）443
书籍《麦罗埃：苏丹的文明》（Meroe: A Civilization of the Sudan）374
梅斯克尔，林恩（Meskell, Lynn）432
梅塔克萨斯，扬尼斯（Metaxas, Ioannis）388
默尔腾，耶尔格（Meuthen, Jörg）446
墨西哥革命（Mexican Revolution）151
米什莱，雷蒙德（Michelet, Raymond）277
米奇尼克，亚当（Michnik, Adam）406
密茨凯维奇，亚当（Mickiewicz, Adam）406
米凯什，乔治（Mikes, George）213
米勒，李（Miller, Lee）104–105
米勒，莱谢克（Miller, Leszek）442
米利金，尤金（Millikin, Eugene）67
米沃什，切斯瓦夫（Miłosz, Czesław）120, 138
书籍《思想囚笼》（Mind Cage, The）141
思想控制（mind control）143–145, 169 另见洗脑（brainwashing）
敏真谛，若瑟（Mindszenty, József）125–172, 404–405, 437
米罗，琼（Miró, Joan）315
密特朗，弗朗索瓦（Mitterrand, François）

247, 422

姆拉迪奇，拉特科（Mladic, Ratko）440

莫迪利亚尼，阿梅代奥（Modigliani, Amedeo）304

莫杜德，塔里克（Modood, Tariq）443

摩勒，居伊（Mollet, Guy）250

莫奈，克劳德（Monet, Claude）294

莫内，让（Monnet, Jean）50, 94

门罗主义（Monroe Doctrine）238, 242

蒙塔古，艾弗（Montagu, Ivor）173

蒙哥马利，伯纳德·劳（Montgomery, Bernard Law）96–97, 114

摩尔，亨利（Moore, Henry）315

莫拉斯，约阿希姆（Moras, Joachim）15

莫里森，托尼（Morrison, Toni）425

莫斯科大清洗审判（Moscow Purge Trials）132

莫斯利，伦纳德·O.（Mosley, Leonard O.）99

莫斯利，奥斯瓦尔德（Mosley, Oswald）227, 247

姆赫雷雷，艾捷凯尔（Mphahlele, Ezekiel）306

明希，阿洛伊修斯·约瑟夫（Muench, Aloisius Joseph）66–67

穆加贝，罗伯特（Mugabe, Robert）397

多元文化主义（multiculturalism）383–428, 436, 443–444

默多克，艾丽斯（Murdoch, Iris）54

默里，吉尔伯特（Murray, Gilbert）386

默罗，爱德华·R.（Murrow, Edward R.）176

墨索里尼，贝尼托（Mussolini, Benito）13, 14, 83, 228–229, 329

米尔达，阿尔瓦（Myrdal, Alva）200

书籍《犹太教—基督教传统的迷思》（*Myth of the Judeo-Christian Tradition, The*）403

N

纳吉，伊姆雷（Nagy, Imre）169

奈保尔，V.S.（Naipaul, V. S.）455–456

拿破仑战争（Napoleonic Wars）16, 177, 333

纳赛尔，贾迈勒·阿卜杜勒（Nasser, Gamal Abdel）254, 282, 300, 332–335, 338, 353, 359

书籍《国家与家庭》（*Nation and Family*）200

杂志《国家》（*Nation*）238

杂志《国家地理》（*National Geographic*）335, 343

加纳国家博物馆（National Museum of Ghana）280, 281

北约（NATO）138, 169, 240–243, 252, 254

电影《纳粹集中营》（*Nazi Concentration Camps*）87

纳粹革命（Nazi Revolution）38

书籍《纳粹主义：对文明的冲击》（*Nazism: An Assault on Civilization*）79

尼德汉，约瑟夫／李约瑟（Needham, Joseph）315–316

黑人精神（*négritude*）296–306, 354, 378–381, 412, 416

黑人大会（Negro Congress）89

尼赫鲁，贾瓦哈拉尔（Nehru, Jawaharlal）307

宁斯蒂尔，W.A.（Nennstiel, W. A.）212

新非洲艺术展览（Neo-African Art）274

奈尔维，皮埃尔·路易吉（Nervi, Pier Luigi）315

杂志《新东方》（*New Orient*）369, 379

杂志《新共和国》(New Republic) 238
报纸《纽约邮报》(New York Post) 18
杂志《纽约书评》(New York Review of Books) 402
报纸《纽约时报》(New York Times) 110, 130, 177, 237, 287, 324, 329, 340, 399
杂志《纽约客》(New Yorker) 34, 205
纽毕真,莱斯利(Newbigin, Lesslie) 263
报纸《新闻纪事报》(News Chronicle) 107, 108, 113
杂志《新闻周刊》(Newsweek) 425
尼科尔森,哈德(Nicolson, Harold) 208
尼布尔,莱因霍尔德(Niebuhr, Reinhold) 8, 154
尼斯万特,威廉(Nieswandt, Wilhelm) 194
尼日利亚内战(Nigerian Civil War) 384
尼克松,理查德(Nixon, Richard) 171, 196–197, 268
恩克鲁玛,夸梅(Nkrumah, Kwame) 251–252, 267–275, 275, 276–282, 296, 300, 306–307, 310, 329, 351–354, 362, 377, 380
诺尔–贝克,菲利普(Noel-Baker, Philip) 48
野口勇(Noguchi, Isamu) 315
诺盖拉,阿尔贝托·弗兰克(Nogueira, Alberto Franco) 260–261
书籍《欧洲公法的国际法中的大地法》(Nomos of the Earth in the International Law of the Jus Publicum Europaeum) 89
不结盟运动(Non-Aligned Movement) 356–357
非亲善政策(nonfraternisation) 78, 95–106, 114, 119
努比亚遗迹(Nubian monuments) 332–335, 335, 336–343, 369, 460
《不扩散核武器条约》(Nuclear Non-Proliferation Treaty) 182
核武器(nuclear weapons) 174–182, 188–190, 365
纽伦堡审判(Nuremberg Trial) 26, 75–78, 76, 83–88, 109, 121–123, 148, 160, 334
尼雷尔,朱利叶斯(Nyerere, Julius) 347, 355, 374, 380

O

奥巴马,巴拉克(Obama, Barack) 447
报纸《观察者报》(Observer, The) 35
书籍《西方毒化：一场来自西方的瘟疫》(Occidentosis: A Plague from the West) 417
十月革命(October Revolution) 81, 417
书籍《天堂与权力：世界新秩序中的美国与欧洲》(Of Paradise and Power: America and Europe in the New World Order) 441
奥尔德罗格,D.A.(Ol'derogge, D. A.) 370
奥卢索加,戴维(Olusoga, David) 433
书籍《论非洲人民的精神文化》(On the Spiritual Culture of African Peoples) 375
书籍《单向度的人》(One-Dimensional Man) 202
书籍《慈善世界》(One World in Charity) 66–67
小册子《拥抱同一个世界或是毁灭》(One World or None) 178
"同一个世界"的愿景(one-world vision) 66, 102, 311, 325–326, 341–342, 454
欧尔班,维克托(Orbán, Viktor) 1, 434–437, 445, 447
奥达斯,路易斯(Ordass, Louis) 132
书籍《文明的国际起源：法国历史的基本构成》(Origines internationales d'une

索 引

civilisation: Eléments d'une histoire de France）451

奥尔特加·伊·加塞特，约瑟（Ortega y Gasset, José）168

东方政策（Ostpolitik policy）171, 401, 404, 427

电影《原子是我们的好朋友》（Our Friend the Atom）180

书籍《我们受到威胁的价值观》（Our Threatened Values）114

"我们的普世文明"（'Our Universal Civilization,'）455–456

书籍《世界史纲》（Outline of History, The）327

P

帕切利，欧金尼奥（Pacelli, Eugenio）153–153

帕卡德，万斯（Packard, Vance）202

帕德莫尔，乔治（Padmore, George）268, 351

书籍《泛欧》（Pan-Europe）245

大瘟疫（pandemics）49, 454

潘尼迦，K.M.（Panikkar, K. M.）328

帕帕佐普洛斯，乔治斯（Papadopoulos, Georgios）388

帕蓬，莫里斯（Papon, Maurice）288

杂志《巴黎竞赛》（Paris Match）288

巴黎和会（Paris Peace Conference）21, 314

教宗保禄六世（Paul VI, Pope）171, 405

和平运动（peace movements）21, 24, 186–191, 201–205, 314

书籍《非洲人民》（Peoples of African, The）370

刊物《亚洲与非洲人民》（Peoples of Asia and Africa）370

书籍《改革》（Perestroika）409

佩蒂斯，苏珊·T.（Pettiss, Susan T.）56, 66

书籍《革命哲学》（Philosophy of the Revolution, The）359

毕加索，巴勃罗（Picasso, Pablo）173, 304, 315, 399, 417

皮克泰，让·S.（Pictet, Jean S.）183–184

杂志《图画邮报》（Picture Post）62, 107, 108

毕沙罗，卡米耶（Pissarro, Camille）294

教宗庇护十一世（Pius XI, Pope）151

教宗庇护十二世（Pius XII, Pope）23, 126, 129, 134–138, 153, 161, 170, 233, 407

书籍《鼠疫》（Plague, The）417

普拉茨，赫尔曼（Platz, Hermann）162

效忠誓词（Pledge of Allegiance）134–135

普里维尔，西奥多（Plievier, Theodor）34

政治版图（political frontiers）125–172

波洛克，杰克逊（Pollock, Jackson）241

波兰尼，卡尔（Pólonyi, Károly）362–363

人民阵线（Popular Front）80, 83

波捷欣，伊万·伊佐斯莫维奇（Potekhin, Ivan Izosimovich）370

《波茨坦协定》（Potsdam Treaty）110

鲍威尔，E. 亚历山大（Powell, E. Alexander）390

鲍威尔，伊诺克（Powell, Enoch）420–421, 435, 445

书籍《无权力者的权力》（Power of the Powerless, The）401

波日高伊，若尔特（Pozsgai, Zsolt）437

报纸《真理报》（Pravda）85–86, 186, 368, 379

"为帕尔米拉祈祷——音乐唤醒古代遗址"（'Praying for Palmyra – Music Revives

Ancient Ruins,') 431–432

书籍《未来的序章》(Preface to the Future) 203

刊物《当代非洲》(Présence Africaine) 376

普里斯特利，J.B.（Priestley, J. B.）118, 120, 384

电影《囚徒》(Prisoner, The) 137, 141–142

"关于战争法规和惯例的国际宣言"（'Project of an International Declaration Concerning the Laws and Customs of War'）333

普罗科菲耶夫，谢尔盖（Prokofiev, Sergei）82, 431–432

宣传（propaganda）81–86, 139, 139–141, 213, 230–231, 240, 275, 287–291, 300, 370, 384

书籍《在工作场合与私人空间里的得体举止：为年轻人准备的行动指南》(Proper Behavior at Work and in Private: A Useful Guide for Young People) 211, 212

普罗斯佩里，佛朗哥（Prosperi, Franco）387

心理化学制剂（psychochemicals）142–144

心理战（psychological warfare）140–141, 290

帕格沃什会议（Pugwash Conference）181–182

书籍《傀儡主人》(Puppet Masters, The) 141

大清洗审判（Purge Trials）132

大清洗（purges）83, 92, 132, 242, 415

普京，弗拉基米尔（Putin, Vladimir）1, 432, 434

Q

梁启超（Qichao, Liang）14

贵格会救济服务（Quaker Relief Services）42–47, 54–55, 62, 64, 66

贵格公谊会救护队（Quakers' Friends Ambulance Unit）42–43

宣传册《联合国成立前的土著问题：比利时的论点》(Question of the Aborigines before the United Nations: The Belgian Thesis) 258

书籍《问题》(Question, The) 291

R

拉比诺维奇，尤金（Rabinowitch, Eugene）178

书籍《种族与历史》(Race and History) 299

书籍《种族与社会》(Race and Society) 320

宣传册《人种或文明？谁在摧毁南非的文明？》(Race or Civilisation? Who Is Destroying Civilisation in South Africa?) 391

书籍《种族问题与现代思想》(Race Question and Modern Thought, The) 320

书籍《现代科学的种族问题》(Race Question in Modern Science, The) 320

种族冲突（racial tensions）79, 101, 145–147, 256–261, 300–320, 331–356, 386–428, 446

拉伊克，拉斯洛（Rajk, László）132

拉科西，马加什（Rákosi, Mátyás）127, 148–149

书籍《对心理的强暴：思想控制的心理学》(Rape of the Mind: The Psychology of Thought Control) 144

拉斯帕伊，让（Raspail, Jean）444

里根，罗纳德（Reagan, Ronald）424

现实政治政策（Realpolitik policy）400

书籍《红地毯》(Red Carpet, The) 52

红十字会（Red Cross）41, 43, 62, 66, 68, 115, 118, 182–184, 293–294

书籍《一个与政治无关之人的反思》

索引

（*Reflections of a Non-Political Man*）13
勒尼奥神父（Regnault, Abbé）42
赖尼希，杰西卡（Reinisch, Jessica）50
救济工作者（relief workers）31–73, 59, 60
宗教（religion）125–172, 383–428
复兴（renewal）3–4, 13–39, 163–164, 245–248, 313, 446–454
雷诺阿，皮埃尔—奥古斯特（Renoir, Pierre-Auguste）294
遣返（repatriation）49, 56–69, 227, 295, 301, 399, 412, 421
"对混乱场面的报道"（'Report on Chaos'）107
小册子《关于国际原子能管制机构的报告》（*Report on the International Control of Atomic Energy*）178
戏剧《阿吐罗·魏发迹记》（*Resistible Rise of Arturo Ui, The*）396
报纸《罗得西亚先驱报》（*Rhodesia Herald*）397
里什塔，拉多万（Richta, Radovan）365–366
理斯曼，大卫（Riesman, David）202
"人的权利"（'rights of man,'）18, 80, 184
小册子《人的权利，或我们为何而战？》（*Rights of Man, or What Are We Fighting For?*）80
"血河"演讲（'Rivers of Blood' speech）420, 445
电影《归家路》（*Road Home, The*）64
罗伯逊，保罗（Robeson, Paul）20
罗曼，于乐（Romains, Jules）82
范龙佩，赫尔曼（Rompuy, Herman Van）225
龙嘉利，安哲卢·若瑟（Roncalli, Angelo Giuseppe）330

罗斯福，埃莉诺（Roosevelt, Eleanor）64–65
罗斯福，富兰克林·D.（Roosevelt, Franklin D.）17, 19, 35, 48, 80, 90–91, 102, 134, 146, 233, 314
罗斯福，西奥多（Roosevelt, Theodore）80
罗森堡，阿尔弗雷德（Rosenberg, Alfred）334
罗西里尼，罗伯托（Rossellini, Roberto）178
罗特布拉特，约瑟夫（Rotblat, Joseph）181
罗斯科，马克（Rothko, Mark）241
罗思坦，阿瑟（Rothstein, Arthur）57
"瓦砾女"（'rubble women,'）71, 118–119
鲁坚科，罗曼（Rudenko, Roman）86
遗迹（Ruins）
　古代遗迹（ancient ruins）206, 332–344, 396, 411, 419, 429–433
　考古遗址（archaeological ruins）332–344
　城市废墟（city ruins）3–4, 13, 31–36, 48–49, 70, 103–104, 164–167, 277–278
　文明的废墟（of civilisations）13, 28, 78, 206, 278, 313, 449–451
　遗迹的文献记载（documentation of）377
　毁灭与重生（renewal and）3–4, 13–39, 163–164, 245–248, 313, 446–454
书籍《毁灭与景象》（*Ruins and Visions*）31
拉姆斯菲尔德，唐纳德（Rumsfeld, Donald）266
鲁诺娃，I.S.（Runova, I. S.）215
拉什迪，萨尔曼（Rushdie, Salman）423–424
罗素，伯特兰（Russell, Bertrand）120, 181, 188–189, 241
罗素，多拉（Russell, Dora）189
俄国内战（Russian Civil War）184

俄国革命（Russian Revolution）14, 38, 81, 128, 151, 162, 402
里克曼斯，皮埃尔（Ryckmans, Pierre）258

S

书籍《文明的神圣使命：利益应延伸至哪个民族？》（Sacred Mission of Civilization: To Which People Should the Benefits Be Extended?）257
赛格，威利（Saeger, Willi）103
萨冈，弗朗索瓦丝（Sagan, Françoise）292
萨兰，拉乌尔（Salan, Raoul）290
萨拉查，安东尼奥·德·奥利维拉（Salazar, António de Oliveira）254, 259–262, 264, 397–398
《第一轮战略武器限制谈判协议》（SALT I agreement）182
书籍《拯救文明》（Salvaging of Civilization, The）326
萨尔维尼，马泰奥（Salvini, Matteo）446
宣传册《旧金山会议与殖民地问题》（San Francisco Conference and the Colonial Issue, The）20
桑德，奥古斯特（Sander, August）103
萨科齐，尼古拉（Sarkozy, Nicolas）443
萨特，让—保罗（Sartre, Jean-Paul）241, 242, 288, 290–292
书籍《撒旦诗篇》（Satanic Verses, The）423
书籍《卫星式的思维》（Satellite Mentality）138
"拯救欧洲，就是现在"宣传（'Save Europe Now' campaign）117–118, 121
救助儿童基金会（Save the Children Fund）41, 68, 114, 117, 122
沙夫，亚当（Schaff, Adam）365

沙玛，西蒙（Schama, Simon）433
沙佩拉，伊萨克（Schapera, Isaac）390
《申根协议》（Schengen Agreement）427
施莱辛格，小阿瑟（Schlesinger, Arthur, Jr.）208
施米特，卡尔（Schmitt, Carl）89–90
施奈德，阿尔弗雷德（Schneider, Alfred）43–44
学校（schools）40, 91–94, 164, 180, 214–215, 279, 289, 305–317, 347, 361, 414, 424–426
舒马赫，库尔特（Schumacher, Kurt）94
舒曼计划（Schuman Plan）322
舒曼，罗伯特（Schuman, Robert）94, 135, 163
斯韦科特，W.K.（Schweickert, W. K.）216
史怀哲，阿尔伯特（Schweitzer, Albert）168
科学（science）24, 173–221
书籍《中国科学技术史》（Science and Civilisation in China）315
"科学与文明"（'Science and Civilization,'）178
书籍《生命的科学》（Science of Life, The）327
斯科特，迈克尔（Scott, Michael）393
"寻求全球文明的意义"（'Search for Meaning in a Global Civilization, The,'）451
书籍《寻找"满洲候选人"：中央情报局与思想控制》（Search for the 'Manchurian Candidate': The CIA and Mind Control）143
宣传册《国家》（Sechaba）395
第二次世界大战／二战（Second World War）3–29, 34, 41–48, 56–65, 75–80, 124–

索引

146, 155–166, 179–192, 226–247, 315–325, 342–345, 371–374, 398, 421, 442, 448–450
电影《命运的种子》(*Seeds of Destiny*) 58
西格斯，安娜（Seghers, Anna）93, 173
种族隔离（segregation）21, 96, 100–101, 197, 390, 397, 443
塞登斯塔克，弗里德里希（Seidenstücker, Friedrich）103
塞勒，刘易斯（Seiler, Lewis）141
塞拉西，海尔（Selassie, Haile）352, 353, 363
塞姆班，乌斯曼（Sembène, Ousmane）379
桑戈尔，利奥波德·塞达尔（Senghor, Léopold Sédar）178, 251–252, 296–305, 305, 306–310, 319, 329, 342, 354, 364, 378–380, 393, 412, 451
塞顿—沃森，休（Seton-Watson, Hugh）386
"七年发展计划"（'Seven-Year Development Plan,'）362
塞尔旺—施赖伯，让—雅克（Sevran-Schreiber, Jean-Jacques）204
西摩，大卫·"希姆"（Seymour, David 'Chim,'）122–123
塞里格，亨利（Seyrig, Henri）295
书籍《太阳的影子》(*Shadow of the Sun*) 363
小册子《我们的孩子应该活下去还是死掉？关于德国人问题对范西塔特爵士的回应》(*Shall Our Children Live or Die? A Reply to Lord Vansittart on the German Problem*) 113
肖克罗斯，哈特利（Shawcross, Hartley）77, 148
谢德林，罗季翁（Shchedrin, Rodion）432
希恩，富尔顿（Sheen, Fulton）137
住所（shelter）39, 49, 164, 173, 191–221

欣尼，彼得（Shinnie, Peter）367, 374–375
夏勒，威廉（Shirer, William）33–34
肖斯塔科维奇，德米特里（Shostakovich, Dmitri）82
小册子《边疆在美国历史上的意义》(*Significance of the Frontier in American History, The*) 347
辛克莱，厄普顿（Sinclair, Upton）82
斯兰斯基，鲁道夫（Slánsky, Rudolf）132
史密斯，本（Smith, Ben）114
史密斯，伊恩（Smith, Ian）396–397
斯莫尔卡，卡尔（Smolka, Karl）216–219
史末资，扬·克里斯蒂安（Smuts, Jan Christiaan）18–21
斯诺，C. P.（Snow, C. P.）316
社会主义人权宣言（Socialist Declaration of Human Rights）413
书籍《社会主义人本主义专题论文集》(*Socialist Humanism: An International Symposium*) 364
公谊会（Society of Friends）42–47 另见贵格会救济服务（Quaker Relief Services）
电影《圣女之歌》(*Song of Bernadette, The*) 128
书籍《熔炉之歌》(*Songs from the Furnace*) 166
刊物《苏联东方学》(*Soviet Orientology*) 370
刊物《当代东方》(*Sovremennyi Vostok*) 352
索因卡，沃莱（Soyinka, Wole）303
斯巴克，保罗—亨利（Spaak, Paul-Henri）161, 171, 249
西班牙内战（Spanish Civil War）43, 55, 115, 122, 151, 157, 183, 188, 265, 289, 399
报纸《旁观者》(*Spectator*) 37
施佩尔，阿尔伯特（Speer, Albert）35,

75–76, 88

斯贝尔曼，方济各（Spellman, Francis）131–132, 136, 140

斯彭德，斯蒂芬（Spender, Stephen）31–32, 35, 70, 72

斯宾格勒，奥斯瓦尔德（Spengler, Oswald）6–7, 14, 162, 326, 328, 415–416

圣保罗大教堂（St Paul's Cathedral）166–167

斯大林，约瑟夫（Stalin, Joseph）80–85, 90, 131, 140, 188, 215, 329

报纸《星条旗报》（Stars and Stripes）34, 100

海报《一个挨饿的孩子》（'Starving Child, A'）114

斯塔金斯基，斯蒂凡（Starzynski, Stefan）233

史泰肯，爱德华（Steichen, Edward）122

斯坦贝克，约翰（Steinbeck, John）177–178

斯迪皮纳克，阿洛伊修斯（Stepinac, Aloysius）131–132

斯退丁纽斯，小爱德华·R.（Stettinius, Edward R., Jr.）19

史汀生，亨利（Stimson, Henry）176–177

斯特拉斯堡计划（Strasbourg Plan）249

"争取和平"的宣传（Struggle for Peace campaign）186

电视节目《一号摄影棚》（Studio One）137

书籍《历史研究》（Study of History, A）6, 158

书籍《投降》（Submission）444

苏加诺（Sukarno）307

戏剧《生存》（Survival）395

T

报纸《碑铭》（Tablet, The）139

泰戈尔，拉宾德拉纳特（Tagore, Rabindranath）14

泰特，梅维斯（Tate, Mavis）37

托尼，R.H.（Tawney, R. H.）299

泰勒，A.J.P.（Taylor, A. J. P.）91, 174

社会主义道德十诫（Ten Commandments of Socialist Morality）214–215

冈仓天心（Tenshin, Okakura）14

恐怖主义袭击（terrorist attacks）1–2, 28, 266, 433–434, 440–444, 452, 454, 456

《历史哲学论纲》（'Theses on the Philosophy of History,'）8

三十年战争（Thirty Years War）38–39

托马斯，诺曼（Thomas, Norman）111

汤普森，多萝西（Thompson, Dorothy）111, 177

书籍《思想改造与极权主义心理学》（Thought Reform and the Psychology of Totalism）144

蒂利希，保罗（Tillich, Paul）154

杂志《时代》（Time）158, 403

报纸《泰晤士报》（Times）99, 108, 111

铁托，约瑟普·布罗兹（Tito, Josip Broz）131–133, 188, 282, 352–358, 362–364

手册《了解彼此》（To Know Each Other）350

陶里亚蒂，帕尔米罗（Togliatti, Palmiro）156

东条英机（Tojo, Hideki）83

东京战争罪审判（Tokyo War Crimes Trials）78

托尔斯泰，阿列克谢（Tolstoy, Alexey）82

托波斯基，费利克斯（Topolski, Feliks）174

杜尔，塞古（Touré, Sékou, 251）269, 307, 351–355

汤因比，阿诺德·J.（Toynbee, Arnold J.）6–7,

索 引

14–15, 158, 326–328, 393, 415–416, 455
书籍《非洲农村的传统与进步》(Tradition and Progress in the African Village) 371
《洛桑条约》(Treaty of Lausanne) 109
《巴黎条约》(Treaty of Paris) 322
《罗马条约》(Treaty of Rome) 225–226, 248–249, 251
书籍《恐怖笼罩下的审判》(Trial by Terror) 140
"审判主要战犯的国际军事法庭"('Trial of the Major War Criminals Before the International Military Tribunal') 75 另见 纽伦堡审判(Nuremberg Trial)
书籍《忧郁的热带》(Tristes Tropiques) 8, 319
托洛茨基,列昂(Trotsky, Leon) 81
杜鲁门主义(Truman Doctrine) 33, 242–243, 266
杜鲁门,哈里(Truman, Harry) 19–20, 67, 101, 134, 236–239, 242–243, 314, 447
"瓦砾女"(Trümmerfrauen) 119 另见 "瓦砾女"('rubble women')
特朗普,唐纳德(Trump, Donald) 1, 446–447
特纳,弗里德里克·杰克逊(Turner, Frederick Jackson) 347–348
图坦卡蒙国王(Tutankhamun, King) 334, 336
书籍《文明的黄昏》(Twilight of Civilization, The) 146–147

U

乌布利希,瓦尔特(Ulbricht, Walter) 215
联合国教科文组织(UNESCO) 2, 5, 24, 122, 311–336, 337, 338–344, 365–369, 429, 452–453
书籍《联合国教科文组织:它的宗旨与哲学》(UNESCO: Its Purpose and Its Philosophy) 315
刊物《联合亚洲》(United Asia) 277
书籍《联合国与葡萄牙:反殖民主义研究》(United Nations and Portugal: A Study of Anti-Colonialism) 260–261
《联合国宪章》(United Nations Charter) 17–21, 147, 177, 211, 253–257, 261, 286
《联合国家共同宣言》(United Nations Declaration) 80, 146, 149, 308, 318, 390, 407
联合国善后救济总署/联总[United Nations Relief and Rehabilitation Administration (UNRRA)] 32, 47–60, 62–72, 312
《世界人权宣言》(Universal Declaration of Human Rights) 146, 149, 308, 318, 390, 407
《普世伊斯兰人权宣言》(Universal Islamic Declaration of Human Rights) 413
乌尔班,耶日(Urban, Jerzy) 436

V

欧洲胜利日(V-E Day) 22, 36, 53, 93, 223–224
瓦尚,约翰(Vachon, John) 57, 60
瓦雷里,保罗(Valéry, Paul) 13
瓦尔斯,纽埃尔(Valls, Manuel) 1, 434
范德比尔特,艾米(Vanderbilt, Amy) 212–213
范西塔特,罗伯特(Vansittart, Robert) 83
《威尼斯宪章》(Venice Charter) 340
韦库特,让(Vercoutter, Jean) 343
韦罗内塞,维托里奥(Veronese, Vittorio)

335–336, 340
《凡尔赛条约》（Versailles Treaty）227
维沃尔德，亨德里克（Verwoerd, Hendrik）390–392
越南战争（Vietnam War）185–187, 190, 225, 266, 384, 403
"新世界秩序愿景"（'Vision of the New World Order, A'）18
沃格勒，罗伯特（Vogeler, Robert）140, 141
沃格特，A.E.范（Vogt, A. E. van）141
杂志《时尚》（Vogue）104
报纸《人民观察家报》（Völkischer Beobachter）230, 232
刊物《人民艺术》（Volkskunst）371–373
伏尔泰（Voltaire）11, 425
维辛斯基，安德烈（Vyshinsky, Andrey）85, 239–240

W

华莱士，埃德加（Wallace, Edgar）137
华莱士，亨利（Wallace, Henry）239
《德国需要推行新政策》（'Wanted: A New Policy for Germany'）108
宣传册《战争与工人阶级》（War and the Working Class）52
战犯审判（war criminals trial）75–78, 76, 83–88, 109
"华沙在控诉"展览（Warsaw Accuses exhibition）234
"华约"（Warsaw Pact）252, 413
报纸《华盛顿邮报》（Washington Post）447
电视系列剧《观看之道》（Ways of Seeing）385
电影《非洲，我们与你同在！》（We Are with You, Africa!）352

书籍《替天行道》（We Come as Judges）83
书籍《我们欧洲人》（We Europeans）319
书籍《我们必须与小资产阶级的庸俗情怀作斗争》（We Must Struggle with Petty-Bourgeois Vulgarity）215
韦克尔，乌尔丽克（Weckel, Ulrike）88
魏森博恩，金特（Weisenborn, Günther）93
威尔斯，H.G.（Wells, H. G.）12, 80, 82, 326–327
韦尔弗，弗兰茨（Werfel, Franz）128
书籍《西方文明与南非土著》（Western Civilisation and the Natives of South Africa）390
小册子《布痕瓦尔德的真正含义》（What Buchenwald Really Means）113
惠勒，莫蒂默（Wheeler, Mortimer）384
惠里，肯尼斯·S.（Wherry, Kenneth S.）67
电影《白人殉道者》（White Martyr, The）437
宣传册《关于在法国—阿尔及利亚冲突中应用1949年〈日内瓦公约〉白皮书》（White Paper on the Application of the Geneva Conventions）293–294
书籍《为何会有战争？》（Why War?）15
维纳，诺伯特（Wiener, Norbert）365
怀特，马丁（Wight, Martin）387
书籍《蛮荒之地》（Wild Place, The）43, 55, 71
维尔德斯，海尔特（Wilders, Geert）444, 446
威尔金森，埃伦（Wilkinson, Ellen）118
威尔基，温德尔（Willkie, Wendell）325
威尔逊，埃德蒙（Wilson, Edmund）72–73
威尔逊，弗朗西丝卡·M.（Wilson, Francesca M.）54–55
威尔逊，罗杰（Wilson, Roger）45
威尔逊，伍德罗（Wilson, Woodrow）227

索引

"变革之风"演讲（'Wind of Change' speech）391–392

沃伊蒂瓦，嘉禄·若瑟（Wojtyła, Karol Józef）405–406

"妇女车队和平运动"（Women's Caravan of Peace）189–190

国际民主妇女联合会/国际妇联［Women's International Democratic Federation (WIDF)］189–190

妇女权利（women's rights）189–190, 449

伍尔夫，伦纳德（Woolf, Leonard）48–49

伍尔夫，弗吉尼亚（Woolf, Virginia）92

世界共产运动（World Communist Movement）345

世界联邦主义运动（World Federalist Movement）177–178

世界遗产（world heritage）24, 313, 338–344, 393, 429–433

书籍《大地上的苦难者》（Wretched of the Earth, The）283, 306, 354

赖特，理查德（Wright, Richard）268, 355

里斯顿，沃尔特·B.（Wriston, Walter B.）455

维辛斯基，斯特凡（Wyszyński, Stefan）132

Y

亚辛，卡提卜（Yacine, Kateb）224

雅尔塔会议（Yalta Conference）90

宣传册《黄色的污点》（Yellow Spot, The）112

叶利钦，鲍里斯（Yeltsin, Boris）434

书籍《如今的年轻人》（Young Man of Today）218–219

Z

扎卡里亚迪斯，尼科斯（Zachariadis, Nikos）238

扎贾克兹考斯基，阿纳尼亚兹（Zajaczkowski, Ananiasz）369

泽兰，保罗·范（Zeeland, Paul van）257–258

泽尔菲斯，伯纳德（Zehrfuss, Bernard）315

零点时刻（zero hour）32, 36, 38–39, 70

日夫科夫，托多尔（Zhivkov, Todor）419

朱可夫，格奥尔吉（Zhukov, Georgii）367

齐施卡，安东（Zischka, Anton）247

兹瓦里基涅，亚历山大（Zvorikine, Alexandre）329

茨威格，阿诺尔德（Zweig, Arnold）35

理想国译丛

imaginist [MIRROR]

001　没有宽恕就没有未来
　　　[南非] 德斯蒙德·图图 著

002　漫漫自由路：曼德拉自传
　　　[南非] 纳尔逊·曼德拉 著

003　断臂上的花朵：人生与法律的奇幻炼金术
　　　[南非] 奥比·萨克斯 著

004　历史的终结与最后的人
　　　[美] 弗朗西斯·福山 著

005　政治秩序的起源：从前人类时代到法国大革命
　　　[美] 弗朗西斯·福山 著

006　事实即颠覆：无以名之的十年的政治写作
　　　[英] 蒂莫西·加顿艾什 著

007　苏联的最后一天：莫斯科，1991年12月25日
　　　[爱尔兰] 康纳·奥克莱利 著

008　耳语者：斯大林时代苏联的私人生活
　　　[英] 奥兰多·费吉斯 著

009　零年：1945：现代世界诞生的时刻
　　　[荷] 伊恩·布鲁玛 著

010　大断裂：人类本性与社会秩序的重建
　　　[美] 弗朗西斯·福山 著

011　政治秩序与政治衰败：从工业革命到民主全球化
　　　[美] 弗朗西斯·福山 著

012　罪孽的报应：德国和日本的战争记忆
　　　[荷] 伊恩·布鲁玛 著

013　档案：一部个人史
　　　[英] 蒂莫西·加顿艾什 著

014　布达佩斯往事：冷战时期一个东欧家庭的秘密档案
　　　[美] 卡蒂·马顿 著

015　古拉格之恋：一个爱情与求生的真实故事
　　　[英] 奥兰多·费吉斯 著

016　信任：社会美德与创造经济繁荣
　　　[美] 弗朗西斯·福山 著

017　奥斯维辛：一部历史
　　　[英] 劳伦斯·里斯 著

018　活着回来的男人：一个普通日本兵的二战及战后生命史
　　　[日] 小熊英二 著

019　我们的后人类未来：生物科技革命的后果
　　　[美] 弗朗西斯·福山 著

020　奥斯曼帝国的衰亡：一战中东，1914—1920
　　　[美]尤金·罗根 著

021　国家构建：21世纪的国家治理与世界秩序
　　　[美]弗朗西斯·福山 著

022　战争、枪炮与选票
　　　[英]保罗·科利尔 著

023　金与铁：俾斯麦、布莱希罗德与德意志帝国的建立
　　　[美]弗里茨·斯特恩 著

024　创造日本：1853—1964
　　　[荷]伊恩·布鲁玛 著

025　娜塔莎之舞：俄罗斯文化史
　　　[英]奥兰多·费吉斯 著

026　日本之镜：日本文化中的英雄与恶人
　　　[荷]伊恩·布鲁玛 著

027　教宗与墨索里尼：庇护十一世与法西斯崛起秘史
　　　[美]大卫·I. 科泽 著

028　明治天皇：1852—1912
　　　[美]唐纳德·基恩 著

029　八月炮火
　　　[美]巴巴拉·W. 塔奇曼 著

030　资本之都：21世纪德里的美好与野蛮
　　　[英]拉纳·达斯古普塔 著

031　回访历史：新东欧之旅
　　　[美]伊娃·霍夫曼 著

032　克里米亚战争：被遗忘的帝国博弈
　　　[英]奥兰多·费吉斯 著

033　拉丁美洲被切开的血管
　　　[乌拉圭]爱德华多·加莱亚诺 著

034　不敢懈怠：曼德拉的总统岁月
　　　[南非]纳尔逊·曼德拉、曼迪拉·蓝加 著

035　圣经与利剑：英国和巴勒斯坦——从青铜时代到贝尔福宣言
　　　[美]巴巴拉·W. 塔奇曼 著

036　战争时期日本精神史：1931—1945
　　　[日]鹤见俊辅 著

037　印尼Etc.：众神遗落的珍珠
　　　[英]伊丽莎白·皮萨尼 著

038　第三帝国的到来
　　　[英]理查德·J. 埃文斯 著

039 当权的第三帝国
  [英] 理查德·J. 埃文斯 著

040 战时的第三帝国
  [英] 理查德·J. 埃文斯 著

041 耶路撒冷之前的艾希曼：平庸面具下的大屠杀刽子手
  [德] 贝蒂娜·施汤内特 著

042 残酷剧场：艺术、电影与战争阴影
  [荷] 伊恩·布鲁玛 著

043 资本主义的未来
  [英] 保罗·科利尔 著

044 救赎者：拉丁美洲的面孔与思想
  [墨] 恩里克·克劳泽 著

045 滔天洪水：第一次世界大战与全球秩序的重建
  [英] 亚当·图兹 著

046 风雨横渡：英国、奴隶和美国革命
  [英] 西蒙·沙玛 著

047 崩盘：全球金融危机如何重塑世界
  [英] 亚当·图兹 著

048 西方政治传统：近代自由主义之发展
  [美] 弗雷德里克·沃特金斯 著

049 美国的反智传统
  [美] 理查德·霍夫施塔特 著

050 东京绮梦：日本最后的前卫年代
  [荷] 伊恩·布鲁玛 著

051 身份政治：对尊严与认同的渴求
  [美] 弗朗西斯·福山 著

052 漫长的战败：日本的文化创伤、记忆与认同
  [美] 桥本明子 著

053 与屠刀为邻：幸存者、刽子手与卢旺达大屠杀的记忆
  [法] 让·哈茨菲尔德 著

054 破碎的生活：普通德国人经历的 20 世纪
  [美] 康拉德·H. 雅劳施 著

055 刚果战争：失败的利维坦与被遗忘的非洲大战
  [美] 贾森·斯特恩斯 著

056 阿拉伯人的梦想宫殿：民族主义、世俗化与现代中东的困境
  [美] 福阿德·阿贾米 著

057 贪婪已死：个人主义之后的政治
  [英] 保罗·科利尔 约翰·凯 著

058 最底层的十亿人:贫穷国家为何失败?
[英]保罗·科利尔 著

059 坂本龙马与明治维新
[美]马里乌斯·詹森 著

060 创造欧洲人:现代性的诞生与欧洲文化的形塑
[英]奥兰多·费吉斯 著

061 圣巴托罗缪大屠杀:16世纪一桩国家罪行的谜团
[法]阿莱特·茹阿纳 著

062 无尽沧桑:一纸婚约与一个普通法国家族的浮沉,1700—1900
[英]艾玛·罗斯柴尔德 著

063 何故为敌:1941年一个巴尔干小镇的族群冲突、身份认同与历史记忆
[美]马克斯·伯格霍尔兹 著

064 狼性时代:第三帝国余波中的德国与德国人,1945—1955
[德]哈拉尔德·耶纳 著

065 毁灭与重生:二战后欧洲文明的重建
[英]保罗·贝茨 著